【传世经典 文白对照】

资治通鉴

十四

唐纪

〔宋〕司马光　　编撰

沈志华　张宏儒　主编

中华书局

目录

卷第二百二十三　唐紀三十九

起癸卯(763)七月尽乙巳(765)十月凡二年

代宗睿文孝武皇帝上之下
广德元年(癸卯,763)

1　秋,七月壬寅,群臣上尊号曰宝应元圣文武孝皇帝。壬子,赦天下,改元。诸将讨史朝义者进官阶、加爵邑有差。册回纥可汗为颉咄登蜜施合俱录英义建功毗伽可汗,可敦为娑墨光亲丽华毗伽可敦;左、右杀以下,皆加封赏。

2　戊辰,杨绾上贡举条目:秀才问经义二十条,对策五道;国子监举人,令博士荐于祭酒,祭酒试通者升之于省,如乡贡法。明法,委刑部考试。或以为明经、进士,行之已久,不可遽改。事虽不行,识者是之。

3　以仆固场为朔方行营节度使。

4　吐蕃入大震关,陷兰、廓、河、鄯、洮、岷、秦、成、渭等州,尽取河西、陇右之地。唐自武德以来,开拓边境,地连西域,皆置都督、府、州、县。开元中,置朔方、陇右、河西、安西、北庭诸节度使以统之,岁发山东丁壮为戍卒,缯帛为军资,开屯田,供糗粮,设监牧,畜马牛,军城戍逻,万里相望。及安禄山反,边兵精锐者皆征发入援,谓之行营,所留兵单弱,胡虏稍蚕食之。数年间,西北数十州相继沦没,自凤翔以西,邠州以北,皆为左衽矣。

代宗睿文孝武皇帝上之下

唐代宗广德元年(癸卯,公元763年)

1　秋季,七月壬寅(初一),大臣们为唐代宗进献尊号,称作宝应元圣文武孝皇帝。壬子(十一日),大赦天下,改年号为广德。征讨史朝义有功的将领加官封爵,封赏食邑,各有等差。又册封回纥可汗为颉咄登蜜施合俱录英义建功毗伽可汗,册封回纥可敦为娑墨光亲丽华毗伽可敦,回纥左杀、右杀官职以下的将领也都有封赏。

2　戊辰(二十七日),杨绾提出新的科举考试条例:秀才问经义二十条,对策五道。国子监推举的人才,首先让博士向国子祭酒推荐,通过国子监祭酒考试后,再送到尚书省,如同科举制度中乡贡法一样。明法科的考试,则委托刑部进行。有人认为明经、进士两科的考试实施已久,不可以突然改变。杨绾的建议虽然未能实施,但有识之士却认为它是切实可行的。

3　代宗任命仆固场为朔方行营节度使。

4　吐蕃侵入大震关,攻陷兰州、廓州、河州、鄯州、洮州、岷州、秦州、成州、渭州等地,河西、陇右地区均为吐蕃占领。自从武德年间以来,唐朝向外开拓疆域,地域与西域相连。唐朝在这些地区都设置了都督、府、州、县等行政区域。开元年间,朝廷设朔方、陇右、河西、安西、北庭各节度使管理西北地区,每年征发崤山以东的壮丁去戍守边疆,用丝织品作为军费开支,开荒屯田,为军队提供食粮,设置监牧所,蓄养牛马,军城和巡逻哨所,万里相望。及至安禄山反叛的时候,边镇的精锐部队都被抽调回来援救朝廷,这些部队的临时驻地称为行营。剩下留守边镇的部队势单力薄,吐蕃军队便逐渐地将他们一一蚕食。数年时间,西北地区数十州相继沦陷,自凤翔以西,邠州以北,均为吐蕃军队所占领。

5　初，仆固怀恩受诏与回纥可汗相见于太原；河东节度使辛云京以可汗乃怀恩婿，恐其合谋袭军府，闭城自守，亦不犒师。及史朝义既平，诏怀恩送可汗出塞，往来过太原，云京亦闭城不与相闻。怀恩怒，具表其状，不报。怀恩将朔方兵数万屯汾州，使其子御史大夫玚将万人屯榆次，裨将李光逸等屯祈县，李怀光等屯晋州，张维岳等屯沁州。怀光，本勃海靺鞨也，姓茹，为朔方将，以功赐姓。中使骆奉仙至太原，云京厚结之，为言怀恩与回纥连谋，反状已露。奉仙还，过怀恩，怀恩与饮于母前，母数让奉仙曰："汝与吾儿约为兄弟，今又亲云京，何两面也？"酒酣，怀恩起舞，奉仙赠以缠头彩。怀恩欲酬之，曰："来日端午，当更乐饮一日。"奉仙固请行，怀恩匿其马，奉仙谓左右曰："朝来责我，又匿我马，将杀我也。"夜，逾垣而走。怀恩惊，遽以其马追还之。八月癸未，奉仙至长安，奏怀恩谋反；怀恩亦具奏其状，请诛云京、奉仙。上两无所问，优诏和解之。

怀恩自以兵兴以来，所在力战，一门死王事者四十六人，女嫁绝域，说谕回纥，再收两京，平定河南、北，功无与比。而为人构陷，愤怨殊深，上书自讼，以为："臣昨奉诏送可汗归国，倾竭家赀，俾之上道。行至山北，云京、奉仙闭城不出祗迎，仍令潜行窃盗。回纥怨怒，亟欲纵兵，臣力为弥缝，方得出塞。云京、奉仙恐臣先有奏论，遂复妄称设备，与李抱玉共相组织。

5　当初,仆固怀恩奉代宗命令在太原与回纥可汗会晤,因为回纥可汗是仆固怀恩的女婿,河东节度使辛云京害怕他们合谋袭击军府,所以关闭城门,守备森严,也不去犒劳他们的部队。史朝义被平定后,仆固怀恩奉命送回纥可汗北出边塞,往来途中都经过太原,辛云京也都闭城不见。仆固怀恩恼羞成怒,将辛云京所作所为向代宗一一禀报,但是没有得到答复。于是,仆固怀恩率领朔方镇兵数万人驻扎汾州,派遣其子御史大夫仆固玚率领士兵一万人驻扎榆次,部将李光逸、李怀光、张维岳等分别驻扎祁县、晋州、沁州。李怀光本是勃海靺鞨人,姓茹,是朔方将领,因功而被赐姓为李。中使骆奉仙到达太原,辛云京与他深深结纳,对他说仆固怀恩与回纥共谋叛乱,谋反的迹象已经暴露。骆奉仙在返京途中经过仆固怀恩的驻地,仆固怀恩当着自己母亲的面设宴款待骆奉仙。宴席中,仆固怀恩的母亲多次责问骆奉仙说:“你与我儿子是结拜兄弟,如今又和辛云京亲近,你为什么要要两面结交呢?”酒喝到尽兴时,仆固怀恩起身舞蹈,骆奉仙将缠头彩物赠送给他。仆固怀恩想要酬谢,说道:“到端午节时,我们再开怀痛饮一天。”骆奉仙坚持请求要返回京师,仆固怀恩便将他的马藏匿起来,骆奉仙对随从说:“早晨,仆固怀恩的母亲来责问我,仆固怀恩又藏了我的马,他们将要杀掉我了。”到夜里,骆奉仙就跳墙而逃。仆固怀恩大惊,赶紧追上去将马还给他。八月癸未(十三日),骆奉仙回到长安,上奏说仆固怀恩图谋造反;仆固怀恩也将全部情况上奏代宗,请求杀掉辛云京、骆奉仙。代宗不问双方情由,宽容地颁诏让他们和解。

仆固怀恩自认为,从他兴师讨伐叛军以来,每次战斗他都竭力拼杀,为报效朝廷而牺牲的家属就达四十六人,女儿远嫁回纥,又劝说回纥出兵,再度收复西京长安、东都洛阳,平息河南、河北两地的叛乱,功绩谁也无法相比。但是,如今蒙受谗人的诬陷,怨愤重重,他上书为自己辩解,认为:“先前奉诏送回纥可汗回国,我倾家荡产,才使得回纥可汗踏上归途。但是我们路经太原时,辛云京、骆奉仙不仅紧闭城门,不出来恭迎,还命令部下悄悄地出来盗窃财物。这一切引起了回纥人的愤怒,屡次打算纵兵掳掠,幸亏我竭力劝阻,缓和矛盾,方使得他们出塞回国。辛云京、骆奉仙害怕我先上奏论理,于是妄称回纥人设置军备,又与李抱玉相互勾结罗织我的罪名。

臣静而思之，其罪有六：昔同罗叛乱，臣为先帝扫清河曲，一也；臣男玢为同罗所虏，得间亡归，臣斩之以令众士，二也；臣有二女，远嫁外夷，为国和亲，荡平寇敌，三也；臣与男场不顾死亡，为国效命，四也；河北新附，节度使皆握强兵，臣抚绥以安反侧，五也；臣说谕回纥，使赴急难，天下既平，送之归国，六也。臣既负六罪，诚合万诛，惟当吞恨九泉，衔冤千古，复何诉哉？臣受恩深重，夙夜思奉天颜，但以来瑱受诛，朝廷不示其罪，诸道节度，谁不疑惧？近闻诏追数人，尽皆不至，实畏中官谗口，虚受陛下诛夷。岂惟群臣不忠？正为回邪在侧。且臣前后所奏骆奉仙，词情非不撼实，陛下竟无处置，宠任弥深。皆由同类比周，蒙蔽圣听。窃闻四方遣人奏事，陛下皆云与骠骑议之，曾不委宰相可否，或稽留数月不还，远近益加疑阻。如臣朔方将士，功效最高，为先帝中兴主人，乃陛下蒙尘故吏，曾不别加优奖，反信谗嫉之词。子仪先已被猜，臣今又遭诋毁，弓藏鸟尽，信匪虚言。陛下信其矫诬，何殊指鹿为马？傥不纳愚恳，且贵因循，臣实不敢保家，陛下岂能安国？忠言利行，惟陛下图之。臣欲公然入朝，恐将士留沮。今托巡晋、绛，于彼迁延，乞陛下特遣一介至绛州问臣，臣即与之同发。"

九月壬戌，上遣裴遵庆诣怀恩谕旨，且察其去就。怀恩见遵庆，抱其足号泣诉冤。遵庆为言圣恩优厚，讽令入朝。怀恩许诺。副将范志诚以为不可，曰："公信其甘言，入则为来瑱，

我冷静下来，默默地思索着，我的罪状有六条：第一，过去同罗叛乱，我为先帝扫清了河曲；第二，我儿子仆固玢被同罗俘虏，后来乘机逃回，我将他处斩以号令将士；第三，我有两个女儿，为了国家的和亲政策，消灭叛军，而远嫁外夷；第四，我与儿子仆固场不顾生死，为国效命；第五，河北叛军近来归附朝廷，节度使手中仍然掌握重兵，我前去抚慰，安定军心，使他们不再反叛；第六，我劝说回纥，使他们出兵解救朝廷的危难，天下已经平定，我又送他们回国。我既然有六条罪状，确实应当杀头，只该饮恨九泉、含冤千古，还有什么可说的呢？我深受朝廷的大恩，夙夜都想着到陛下身边侍奉。然而来瑱被杀，朝廷没有公布他的罪状，诸道节度使谁不疑虑恐惧呢？近来听说陛下颁诏要召回几个人，但是，他们都不敢来，这实际上是他们畏惧宦官的谗言，害怕枉遭陛下的杀戮。难道是大臣们不忠诚吗？恰恰相反，这正是因为邪恶的宦官伴随在陛下的身边的缘故。况且，我前后上奏控告骆奉仙，所言均是事实，但是，陛下不仅不处置骆奉仙，而且愈加宠幸。这都是由于像骆奉仙一类人结党营私，蒙蔽陛下视听的缘故。我私下听说地方上每次派遣使者上奏言事，陛下都说要与骠骑大将军程元振商议，却从来不曾委托宰相来决定事情是否可行。有时，陛下让使者滞留数月而不能返回，使得地方上更加疑虑。比如我所统领的朔方将士，功劳最大，是先帝中兴的中坚人物，又是陛下蒙尘落难时的旧部，陛下却未曾给予过嘉奖，反而听信那些诬陷嫉妒之辞。先前郭子仪已被猜疑，如今我又遭到诋毁。古语说鸟尽弓藏，我相信此话一点不假。陛下相信那些托言诬陷之词，这与指鹿为马有什么不同呢？倘若陛下不采纳我诚恳的意见，并且依然如故的话，我实在不敢保家，陛下又岂能安国？常言道，忠言有利于行事，只有请陛下多多考虑了。如果我公然入朝，恐怕部下会阻拦我。所以，现在我假托巡视晋州、绛州，在那里逗留拖延，恳求陛下特派一人到绛州问候我，那时，我就与他一同入朝。”

九月壬戌（二十二日），代宗派裴遵庆到仆固怀恩那儿去宣谕圣旨，并且观察他的去留动向。仆固怀恩一见到裴遵庆，立即抱住他的脚，痛哭流涕，诉说冤屈。裴遵庆对他说，皇上恩重如山，并劝令他入朝觐见皇上。仆固怀恩表示赞同。但是，仆固怀恩的副将范志诚认为这样不行，劝说道：“如果你相信他的甜言蜜语，入朝如同来瑱一样，

不复还矣!"明日,怀恩见遵庆,以惧死为辞,请令一子入朝。志诚又以为不可,遵庆乃还。御史大夫王翊使回纥还,怀恩先与可汗往来,恐翊泄其事,遂留之。

6 吐蕃之入寇也,边将告急,程元振皆不以闻。冬,十月,吐蕃寇泾州,刺史高晖以城降之,遂为之向导,引吐蕃深入。过邠州,上始闻之。辛未,寇奉天、武功,京师震骇。诏以雍王适为关内元帅,郭子仪为副元帅,出镇咸阳以御之。

子仪闲废日久,部曲离散。至是召募,得二十骑而行。至咸阳,吐蕃帅吐谷浑、党项、氐、羌二十馀万众,弥漫数十里,已自司竹园渡渭,循山而东。子仪使判官中书舍人王延昌入奏,请益兵,程元振遏之,竟不召见。癸酉,渭北行营兵马使吕月将将精卒二千破吐蕃于盩厔之西。乙亥,吐蕃寇盩厔,月将复与力战,兵尽,为虏所擒。

上方治兵,而吐蕃已度便桥,仓猝不知所为。丙子,出幸陕州,官吏藏窜,六军逃散。郭子仪闻之,遽自咸阳归长安,比至,车驾已去。上才出苑门,渡浐水,射生将王献忠拥四百骑叛还长安,胁丰王珙等十王西迎吐蕃。遇子仪于开远门内,子仪叱之,献忠下马,谓子仪曰:"今主上东迁,社稷无主,令公身为元帅,废立在一言耳。"子仪未应。珙越次言曰:"公何不言?"子仪责让之,以兵援送行在。丁丑,车驾至华州,官吏奔散,无复供拟,扈从将士不免冻馁。会观军容使鱼朝恩将神策军自陕来迎,上乃幸朝恩营。丰王珙见上于潼关,上不之责。退至幕中,有不逊语,群臣奏议诛之,乃赐死。

就不可能再回来了!"第二天,仆固怀恩拜见裴遵庆,以怕死为由,请求让他的一个儿子随同裴遵庆入朝。范志诚又认为不可以这样做,裴遵庆只好回去了。御使大夫王翊出使回纥回来,仆固怀恩早先与回纥可汗往来密切,害怕王翊泄露这些事,于是将他扣留。

6 吐蕃军队入侵唐朝,边镇将领告急,但是程元振都不向代宗禀报。冬季,十月,吐蕃军队进犯泾州,泾州刺史高晖举城投降,于是,高晖为吐蕃军队做向导,引导他们向内地深入。吐蕃军队经过邠州时,代宗才知道这个消息。辛未(初二),吐蕃军队进犯奉天、武功,京师大为震惊。代宗下诏任命雍王李适为关内元帅,郭子仪为副元帅,出镇咸阳抵御吐蕃军队的进攻。

郭子仪闲居京师已久,其部下早已离散。这时,郭子仪才临时招募,征得骑兵二十人,便匆匆启程。到咸阳时,吐蕃率领吐谷浑、党项、氐、羌等各族军队二十多万人,漫山遍野,前后达数十里,已经从司竹园渡过渭河,顺着山脉向东涌来。郭子仪派遣判官中书舍人王延昌入朝奏报军情,请求增兵支援。但是,由于受到程元振的阻拦,王延昌竟然没有被代宗召见。癸酉(初四),渭北行营兵马使吕月将率领精锐部队两千人,在盩厔以西打败了吐蕃军队。乙亥(初六),吐蕃军队进犯盩厔,吕月将再次与敌军拼死作战,士兵全部战死,吕月将也为吐蕃军队擒获。

代宗正在操练军队,这时,吐蕃军队已经跨过便桥,代宗临事仓促,不知所措。丙子(初七),代宗逃往陕州,官吏躲藏逃窜,禁军部队则一哄而散。郭子仪闻听此事,急忙从咸阳赶回长安,等到长安时,代宗已经走了。代宗才出宫苑门,渡过浐水,射生将王献忠就率领四百骑兵叛降后返回长安,胁迫丰王李珙等十王西去迎接吐蕃军队。当他们走到开远门内时,遇上郭子仪,郭子仪大声呵斥,王献忠跳下马来,跟郭子仪说道:"如今皇上已经东迁,国家无主,您身为元帅,皇上的废立就在于您一句话了!"郭子仪没有回答,李珙上前说道:"你为什么不说话?"郭子仪训斥他们一番,然后派兵护送他们前往行在。丁丑(初八),代宗到达华州,这时,州府官吏早已逃散,无法为代宗一行提供食宿,随从将士不免饥寒交迫。辛亏碰上观军容使鱼朝恩率领神策军从陕州前来迎驾,于是代宗前往鱼朝恩的营帐。丰王李珙在潼关拜见代宗,代宗没有责怪他。然而,李珙退回到营帐中,出言不逊。大臣们上奏建议杀掉李珙,于是,代宗将他赐死。

戊寅，吐蕃入长安，高晖与吐蕃大将马重英等立故邠王守礼之孙承宏为帝，改元，置百官，以前翰林学士于可封等为相。吐蕃剽掠府库市里，焚闾舍，长安中萧然一空。苗晋卿病卧家，遣人舆入，迫胁之，晋卿闭口不言，虏不敢杀。于是六军散者所在剽掠，士民避乱，皆入山谷。

辛巳，上至陕，百官稍有至者。郭子仪引三十骑自御宿川循山而东，谓王延昌曰："六军将士逃溃者多在商州，今速往收之，并发武关防兵，数日间，北出蓝田以向长安，吐蕃必遁。"过蓝田，遇元帅都虞候臧希让、凤翔节度使高升，得兵近千人。子仪与延昌谋曰："溃兵至商州，官吏必逃匿而人乱。"使延昌自直径入商州抚谕之。诸将方纵兵暴掠，闻子仪至，皆大喜听命。子仪恐吐蕃逼乘舆，留军七盘，三日乃行。比至商州，行收兵，并武关防兵合四千人，军势稍振。子仪乃泣谕将士以共雪国耻，取长安，皆感激受约束。子仪请太子宾客第五琦为粮料使，给军食。上赐子仪诏，恐吐蕃东出潼关，征子仪诣行在。子仪表称："臣不收京城无以见陛下。若出兵蓝田，虏必不敢东向。"上许之。鄜延节度判官段秀实说节度使白孝德引兵赴难，孝德即日大举，南趣京畿，与蒲、陕、商、华合势进击。

吐蕃既立广武王承宏，欲掠城中士、女、百工，整众归国。子仪使左羽林大将军长孙全绪将二百骑出蓝田观虏势，令第五琦摄京兆尹，与之偕行，又令宝应军使张知节将兵继之。全绪至韩公堆，昼则击鼓张旗帜，夜则多然火，以疑吐蕃。

戊寅（初九），吐蕃军队进入长安，高晖与吐蕃大将军马重英等立已故邠王李守礼之孙李承宏为皇帝，更改年号，设置百官，任命前翰林学士于可封等人为宰相。吐蕃军队大肆抢劫府库市里的财物，焚毁居宅，长安城中一片萧条。这时，苗晋卿正病卧在家，吐蕃派人将他抬来，胁迫他出任伪职，苗晋卿闭口不言，吐蕃也不敢杀他。当此时，溃逃的禁军也到处抢劫，士人平民纷纷逃入山谷，躲避战乱。

辛巳（十二日），代宗到达陕州，官员也有逐渐到达的。这时，郭子仪率领三十名骑兵从御宿川沿着山麓向东开来。郭子仪对王延昌说："溃逃的禁军将士大多在商州，如今，我们应当迅速前去收容他们，同时，征调防守武关的军队。几天之内，我军北出蓝田，直指长安，吐蕃军队必定会望风而逃的。"郭子仪经过蓝田时，遇到元帅都虞候臧希让、凤翔节度使高升，这样又得到近一千名士兵。郭子仪和王延昌商量说："溃逃的士兵到达商州，当地官吏一定会躲藏起来，那么当地就会人心大乱。"于是，郭子仪派王延昌抄近路去商州安抚人心。诸位将领正要纵兵房掠，听说郭子仪要来，都非常欣喜，甘愿听命。郭子仪恐怕吐蕃军队去进逼代宗的驻地，所以让军队停留在七盘山，三日后，郭子仪才率军启程。等到达商州，郭子仪就收容残兵，与武关守军合起来共达四千人，这时军队的力量稍有加强。于是，郭子仪哭着晓谕将士，勉励他们要共雪国耻，攻取长安，将士们颇受感动，都表示愿意受郭子仪的统帅。郭子仪请太子宾客第五琦担任粮料使，供应军粮。代宗给郭子仪下诏书，因为担心吐蕃军队东出潼关，所以召他前往行在。郭子仪上表说："我不收复京城，无法来见陛下。如果我出兵蓝田，吐蕃军队一定不敢向东出击。"代宗表示同意。鄜延节度判官段秀实劝说节度使白孝德率军前来急救国难，白孝德即日大举南下，奔赴京畿，与蒲州、陕州、商州、华州的军队同心协力，共击吐蕃军队。

吐蕃已经立广武王李承宏为皇帝，他们要想掳掠长安城中的士人、妇女和工匠，然后整队回国。郭子仪派左羽林大将军长孙全绪率领二百骑兵出蓝田城，前去观察吐蕃军队的形势，命令第五琦代理京兆尹，让他与自己一起行动，又命令宝应军使张知节率军跟随其后。长孙全绪到达韩公堆，白天就击鼓摇旗，夜里就燃起许多火堆，用来迷惑吐蕃军队。

前光禄卿殷仲卿聚众近千人,保蓝田,与全绪相表里,帅二百馀骑直渡浐水。吐蕃惧,百姓又绐之曰:"郭令公自商州将大军不知其数至矣!"虏以为然,稍稍引军去。全绪又使射生将王甫入城阴结少年数百,夜击鼓大呼于朱雀街,吐蕃惶骇,庚寅,悉众遁去。高晖闻之,帅麾下三百馀骑东走,至潼关,守将李日越擒而杀之。

壬辰,诏以元载判元帅行军司马,以第五琦为京兆尹。癸巳,以郭子仪为西京留守。甲午,子仪发商州。己亥,以鱼朝恩部将皇甫温为陕州刺史,周智光为华州刺史。

7 骠骑大将军、判元帅行军司马程元振专权自恣,人畏之甚于李辅国。诸将有大功者,元振皆忌疾欲害之。吐蕃入寇,元振不以时奏,致上狼狈出幸。上发诏征诸道兵,李光弼等皆忌元振居中,莫有至者,中外咸切齿而莫敢发言。太常博士柳伉上疏,以为:"犬戎犯关度陇,不血刃而入京师,劫宫闱,焚陵寝,武士无一人力战者,此将帅叛陛下也。陛下疏元功,委近习,日引月长,以成大祸,群臣在廷,无一人犯颜回虑者,此公卿叛陛下也。陛下始出都,百姓填然,夺府库,相杀戮,此三辅叛陛下也。自十月朔召诸道兵,尽四十日,无只轮入关,此四方叛陛下也。内外离叛,陛下以今日之势为安邪危邪?若以为危,岂得高枕,不为天下讨罪人乎?臣闻良医疗疾,当病饮药,药不当病,犹无益也。陛下视今日之病,何繇至此乎?必欲存宗庙社稷,独斩元振首,驰告天下,悉出内使隶诸州,持神策兵付大臣,然后削尊号,下诏引咎,曰:'天下其许朕自新改过,宜即募士西赴朝廷;若以朕恶不悛,则帝王大器,敢妨圣贤,

前光禄卿殷仲卿则聚集近一千人的军队保卫蓝田，与长孙全绪内外呼应，又率领两百多骑兵直接渡过浐水。看到这种形势，吐蕃军队有点害怕，而老百姓又哄骗他们说："郭令公已经从商州率领大军来了！军队多得数不清！"吐蕃军队信以为真，逐渐率军撤退。长孙全绪又派射生将王甫入城秘密纠集数百名少年，夜里在朱雀街击鼓呐喊，吐蕃军队更加惶恐不安，庚寅（二十一日），他们便都逃跑了。高晖听到吐蕃军队已逃跑，也率领部下三百多名骑兵向东出逃，到达潼关时，被潼关守将李日越抓获并杀死。

壬辰（二十三日），代宗下诏任命元载兼任元帅行军司马，第五琦为京兆尹。癸巳（二十四日），任命郭子仪为西京留守。甲午（二十五日），郭子仪从商州出发。己亥（三十日），代宗任命鱼朝恩部将皇甫温为陕州刺史，周智光为华州刺史。

7　骠骑大将军、判元帅行军司马程元振大权独揽，为所欲为。与李辅国相比，人们更害怕程元振。对那些军功卓著的将领，程元振都十分忌恨，总想加害他们。吐蕃进犯唐朝时，程元振不及时上奏，致使代宗狼狈出走。代宗颁发诏书征调诸道军队，李光弼等人都心恨程元振位居要职，没有一人前来赴难，朝廷内外也都咬牙切齿，敢怒而不敢言。太常博士柳伉上疏认为："吐蕃侵犯关陇地区，兵不血刃，就从容地进入京师，抢劫皇宫，焚烧陵寝，而士兵没有一人在拼死作战，这是将帅背叛陛下。陛下亲小人而远君子，天长日久，酿成大祸，而大臣们身居朝廷，却没有一人敢触犯龙颜，使陛下回心转意，这是公卿大臣背叛陛下。陛下才出都城，老百姓便大声鼓噪，争夺府库，互相残杀，这是三辅地区背叛陛下。从十月初一日颁下诏书征调诸道军队以来，已有四十天，但是没有一兵一卒入关赴难，这是地方背叛陛下。内外叛离，陛下认为今天的形势是安全呢，还是危险呢？如果陛下认为形势危险，难道能高枕无忧，不为天下讨伐罪人吗？我听说良医治病要对症下药，不对症下药是没有好处的。陛下看看今天的病根，是什么原因使陛下落到这种地步呢？假如一定要想让宗庙社稷保全下去，陛下只有将程元振斩首，通告天下，并且让担任内诸司使的宦官全部隶属各州，将神策军交付大臣统领。然后自削尊号，颁发诏书，引咎自责，说：'如果天下允许朕改过自新，那么，应当立即招募士兵西来救援朝廷；如果天下认为朕有恶不改，那么，朕愿意听从天下人心向归，

其听天下所往。'如此,而兵不至,人不感,天下不服,臣请阖门寸斩以谢陛下。"上以元振尝有保护功,十一月辛丑,削元振官爵,放归田里。

8 王甫自称京兆尹,聚众二千馀人,署置官属,暴横长安中。壬寅,郭子仪至浐水西,甫按兵不出。或谓子仪,城不可入。子仪不听,引三十骑徐进,使人传呼召甫;甫失据,出迎拜伏,子仪斩之,其兵尽散。白孝德与邠宁节度使张蕴琦将兵屯畿县,子仪召之入城,京畿遂安。

9 宦官广州市舶使吕太一发兵作乱,节度使张休弃城奔端州。太一纵兵焚掠,官军讨平之。

10 吐蕃还至凤翔,节度使孙志直闭城拒守,吐蕃围之数日。镇西节度使马璘闻车驾幸陕,将精骑千馀自河西入赴难。转斗至凤翔,值吐蕃围城。璘帅众持满外向,突入城中,不解甲,背城出战,单骑先士卒奋击,俘斩千计而归。明日,虏复逼城请战,璘开悬门以待之。虏引退,曰:"此将军不惜死,宜避之。"遂去,居于原、会、成、渭之地。

11 十二月丁亥,车驾发陕州。左丞颜真卿请上先谒陵庙,然后还宫,元载不从,真卿怒曰:"朝廷岂堪相公再坏邪?"载由是衔之。甲午,上至长安,郭子仪帅城中百官及诸军迎于浐水东,伏地待罪。上劳之曰:"用卿不早,故及于此。"

12 以鱼朝恩为天下观军容宣慰处置使,总禁兵,权宠无比,筑城于鄠县及中渭桥,屯兵以备吐蕃。以骆奉仙为鄠县筑城使,遂将其兵。

请访求圣贤登上帝王宝座。'如果陛下那样做了,而军队仍然不来救驾,人们仍不感动,天下仍然不服,那么,我就请求将我满门碎尸万段以向陛下谢罪。"代宗因为程元振曾经有保驾之功,十一月辛丑(初二),仅削去程元振的官爵,放归田里。

8 王甫自称京兆尹,聚集两千多人,设置属吏,并在长安城中横行霸道。壬寅(初三),郭子仪来到浐水西岸,王甫按兵不动。有人跟郭子仪说,不能到城里去。郭子仪不听,带领三十名骑兵慢慢向城里走去,同时派人去传呼王甫;王甫进退两难,只得出来伏拜迎接,于是,郭子仪杀掉了他,其部下也一哄而散。白孝德和邠宁节度使张蕴琦率兵驻扎在京畿各县,郭子仪将他们召入京城,于是京畿地区得到安宁。

9 广州市舶使宦官吕太一发兵叛乱,节度使张休放弃州城逃往端州。吕太一纵兵焚烧掠夺,最后被官军镇压下去。

10 吐蕃军队撤退到凤翔,节度使孙志直闭城坚守,吐蕃军队围城数天。镇西节度使马璘听说代宗逃往陕州,便率领一千多名精锐骑兵从河西前来救援。马璘一路转战来到凤翔,正好遇上吐蕃军队围城。马璘便率军队,手持满弓,直指吐蕃军队,突入城内,不等脱下盔甲,又出城作战,匹马单枪,身先士卒,奋击故人,俘杀故军数以千计,这才回城。第二天,吐蕃军队再次向凤翔城进逼挑战,马璘打开悬门,严阵以待。吐蕃军队一见马璘出现便退却了,说道:"这位将军不怕死,我们最好还是避开他吧!"于是,他们撤走了,并到原州、会州、成州、渭州地区留居下来。

11 十二月丁亥(十九日),代宗从陕州启程返京。左丞颜真卿请求代宗先拜谒祖宗陵庙,然后回宫,元载不听从他的建议,颜真卿愤怒地说:"难道朝廷还能经受住你再去败坏吗?"元载由此对他怀恨在心。甲午(二十六日),代宗到达长安,郭子仪率领城中群臣和军队,在浐水东岸迎接代宗,并且伏地等待代宗惩处。代宗慰问郭子仪说:"朕没能及早任用你,所以落到这种地步。"

12 代宗任命鱼朝恩为天下观军容宣慰处置使,总管禁军,至此,鱼朝恩的权势和受到的宠幸达到了巅峰。代宗又下令在鄠县以及中渭桥修筑城池,在那里屯兵防备吐蕃进攻。同时,代宗任命骆奉仙为鄠县筑城使,于是,骆奉仙掌握了那里的军队。

13　乙未，以苗晋卿为太保，裴遵庆为太子少傅，并罢政事；以宗正卿李岘为黄门侍郎、同平章事。遵庆既去，元载权益盛，以货结内侍董秀，使主书卓英倩潜与往来，上意所属，载必先知之，承意探微，言无不合，上以是益爱之。英倩，金州人也。

14　吐蕃既去，广武王承宏逃匿草野。上赦不诛，丙申，放之于华州。

15　程元振既得罪，归三原，闻上还宫，衣妇人服，私入长安，复规任用，京兆府擒之以闻。

16　吐蕃陷松、维、保三州及云山新筑二城，西川节度使高适不能救，于是剑南西山诸州亦入于吐蕃矣。

二年（甲辰，764）

1　春，正月壬寅，敕称程元振变服潜行，将图不轨，长流溱州。上念元振之功，寻复令于江陵安置。

2　癸卯，合剑南东、西川为一道，以黄门侍郎严武为节度使。

3　丙午，遣检校刑部尚书颜真卿宣慰朔方行营。上之在陕也，颜真卿请奉诏召仆固怀恩，上不许。至是，上命真卿说谕怀恩入朝。对曰："陛下在陕，臣往，以忠义责之，使之赴难，彼犹有可来之理。今陛下还宫，彼进不成勤王，退不能释众，召之，庸肯至乎？且言怀恩反者，独辛云京、骆奉仙、李抱玉、鱼朝恩四人耳，自馀群臣皆言其枉。陛下不若以郭子仪代怀恩，可不战而服也。"时汾州别驾李抱真，抱玉之从父弟也，知怀恩有异志，脱身归京师。上方以怀恩为忧，召见抱真问计，对曰："此不足忧也。

13　乙未(二十七日)，代宗任命苗晋卿为太保，裴遵庆为太子少傅，一并罢免了他们的宰相职务；又任命宗正卿李岘为黄门侍郎、同平章事。裴遵庆被免职后，元载的权势更盛，他用财物交结内侍董秀，派遣主书卓英倩与董秀私下往来。这样，代宗有什么意图，元载必然首先知道，他根据圣意做深入细致的考虑，言无不合，因此代宗更加宠爱他。卓英倩是金州人。

14　吐蕃军队撤走后，广武王李承宏便逃避到荒郊野外中。代宗赦令不杀，丙申(二十八日)，将他流放到华州。

15　程元振已被惩处，回到三原，听说皇上回到皇宫，便身着女装，私下潜入长安，谋求再次重用，但被京兆府抓获，并上报代宗。

16　吐蕃军队攻陷松州、维州、保州和云山县新修筑的两个城池，西川节度使高适不能前去救援，至此，剑南西山各州都被吐蕃攻陷。

唐代宗广德二年(甲辰，公元764年)

1　春季，正月壬寅(初四)，代宗颁发诏书宣称程元振改装潜行，将要图谋不轨，将他远远地流放到溱州。不久，代宗又想到程元振有保驾之功，又下令在江陵安置。

2　癸卯(初五)，代宗将剑南东川和剑南西川合为一道，任命黄门侍郎严武为剑南节度使。

3　丙午(初八)，代宗派遣检校刑部尚书颜真卿前去安抚慰问朔方行营。代宗在陕州时，颜真卿请求奉诏召回仆固怀恩，代宗不同意。这时，代宗命令颜真卿去劝说仆固怀恩入朝。颜真卿回答说："陛下在陕州时，我去用忠义的道理质问他，让他前来奔赴国难，他还有可来的道理。如今陛下已经回宫，他进不是勤王赴难，退则无法向大家解释，这时去召见他，他怎么肯前来呢？再说，告仆固怀恩谋反的人，仅辛云京、骆奉仙、李抱玉、鱼朝恩四人而已，其馀大臣都说他冤枉。我看陛下不如用郭子仪取代仆固怀恩，这样可以不战而使其屈服。"当时，李抱玉的堂弟汾州别驾李抱真知道仆固怀恩胸怀异志，便脱身回到京师。代宗正为仆固怀恩的事忧虑，于是，召见李抱真询问对策，李抱真回答说："陛下不必忧虑这件事。

朔方将士思郭子仪,如子弟之思父兄。怀恩欺其众云,郭子仪已为鱼朝恩所杀,众信之,故为其用耳。陛下诚以子仪领朔方,彼皆不召而来耳。"上然之。

4 甲寅,礼仪使杜鸿渐奏:"自今祀圜丘、方丘请以太祖配,祈谷以高祖配,大雩以太宗配,明堂以肃宗配。"从之。

5 乙卯,立雍王适为皇太子。

6 吐蕃之入长安也,诸军亡卒及乡曲无赖子弟相聚为盗。吐蕃既去,犹窜伏南山子午等五谷,所在为患。丁巳,以太子宾客薛景仙为南山五谷防御使,以讨之。

7 魏博节度使田承嗣奏名所管曰天雄军,从之。

8 仆固怀恩既不为朝廷所用,遂与河东都将李竭诚潜谋取太原。辛云京觉之,杀竭诚,乘城设备。怀恩使其子玚将兵攻之,云京出与战,玚大败而还,遂引兵围榆次。上谓郭子仪曰:"怀恩父子负朕实深。闻朔方将士思公如枯旱之望雨,公为朕镇抚河东,汾上之师必不为变。"戊午,以子仪为关内、河东副元帅、河中节度等使。怀恩将士闻之,皆曰:"吾辈从怀恩为不义,何面目见汾阳王?"

9 癸亥,以刘晏为太子宾客,李岘为詹事,并罢政事。晏坐与程元振交通;元振获罪,岘有功焉,由是为宦官所疾,故与晏皆罢。以右散骑常侍王缙为黄门侍郎,太常卿杜鸿渐为兵部侍郎,并同平章事。

10 丁卯,以郭子仪为朔方节度大使。二月,子仪至河中。云南子弟万人戍河中,将贪卒暴,为一府患。子仪斩十四人,杖三十人,府中遂安。

因为朔方将士思念郭子仪,如同子弟思念父兄一样。仆固怀恩用欺骗的手段跟部下说,郭子仪已为鱼朝恩所杀,部下信以为真,所以,他们被仆固怀恩利用。陛下如果让郭子仪统领朔方军队,他们都会不召而至的。"代宗认为这个办法可行。

4 甲寅(十六日),礼仪使杜鸿渐上奏说:"从今以后,祭圜丘、方丘时祔祭太祖,祈祷五谷丰登时祔祭高祖,求雨祭祀时祔祭太宗,在明堂祭祀时祔祭肃宗。"代宗同意。

5 乙卯(十七日),代宗立雍王李适为皇太子。

6 吐蕃军队攻入长安时,唐军逃亡士兵和乡里无赖子弟相聚为盗。吐蕃撤军后,他们仍然在南山的子午等五个山谷中流窜隐伏,成为当地一大祸害。丁巳(十九日),代宗任命太子宾客薛景仙为南山五谷防御使,前去讨伐他们。

7 魏博节度使田承嗣上奏,要将其所辖地区更名为天雄军,代宗表示同意。

8 仆固怀恩既然不为朝廷所重用,便与河东都将李竭诚密谋夺取太原。但是,此事被辛云京察觉,他杀掉李竭诚,登城设防,戒备森严。仆固怀恩只好派儿子仆固场率军攻打太原,辛云京出城应战,仆固场大败而归,于是率军围攻榆次。代宗对郭子仪说:"仆固怀恩父子太辜负朕了。朕听说朔方将士思念你如同久旱盼望甘雨一样,你为朕坐镇和安抚河东,汾阳的朔方军队一定不会叛变。"戊午(二十日),代宗任命郭子仪为关内、河东副元帅、河中节度等使。仆固怀恩的部将听说此事后,都说:"我们跟随仆固怀恩做不义的事,有何面目再见汾阳王郭子仪呢?"

9 癸亥(二十五日),代宗任命刘晏为太子宾客,李岘为詹事,一并停止他们参知政事。刘晏的罢免是因为与程元振交往密切而受株连;而李岘则是因为程元振获罪是他的功劳,所以为宦官所忌恨,因此,他与刘晏同时被罢免。代宗任命右散骑常侍王缙为黄门侍郎,任命太常卿杜鸿渐为兵部侍郎,两人一起同平章事。

10 丁卯(二十九日),代宗任命郭子仪为朔方节度大使。二月,郭子仪到达河中。当时,有一万名云南籍士兵在河中戍守,将官贪婪,士兵残暴,成为当地一大祸害。郭子仪杀掉十四人,杖挞三十人,于是河中安定。

11　癸酉,上朝献太清宫;甲戌,享太庙;乙亥,祀昊天上帝于圜丘。

12　仆固玚围榆次,旬馀不拔,遣使急发祁县兵,李光逸尽与之。士卒未食,行不能前,十将白玉、焦晖以鸣镝射其后者,军士曰:"将军何乃射人?"玉曰:"今从人反,终不免死。死一也,射之何伤?"至榆次,玚责其迟,胡人曰:"我乘马,乃汉卒不行耳。"玚捶汉卒,卒皆怨怒,曰:"节度使党胡人。"其夕,焦晖、白玉帅众攻玚,杀之。仆固怀恩闻之,入告其母。母曰:"吾语汝勿反,国家待汝不薄,今众心既变,祸必及我,将如之何?"怀恩不对,再拜而出。母提刀逐之曰:"吾为国家杀此贼,取其心以谢三军。"怀恩疾走,得免。遂与麾下三百渡河北走。

时朔方将浑释之守灵州,怀恩檄至,云全军归镇,释之曰:"不然,此必众溃矣。"将拒之,其甥张韶曰:"彼或翻然改图,以众归镇,何可不纳也?"释之疑未决。怀恩行速,先候者而至,释之不得已纳之。张韶以其谋告怀恩,怀恩以韶为间,杀释之而收其军,使韶主之,既而曰:"释之,舅也,彼尚负之,安有忠于我哉!"他日,以事杖之,折其胫,置于弥峨城而死。

都虞候张维岳在沁州,闻怀恩去,乘传至汾州,抚定其众,杀焦晖、白玉而窃其功,以告郭子仪。子仪使牙官卢谅至汾州,维岳赂谅,使实其言。子仪奏维岳杀玚,传首诣阙。群臣入贺,上惨然不悦,曰:"朕信不及人,致勋臣颠越,深用为愧,又何贺焉?"

11　癸酉(初五)，代宗在太清宫举行朝献礼；甲戌(初六)，代宗去太庙供祭祖先；乙亥(初七)，又在圜丘祭祀昊天大帝。

12　仆固玚围攻榆次已有十多天，但未能攻克，于是，派使者急速征调祁县的军队，李光逸将他的军队全部交付使者。因为士兵尚未吃饭，行军速度很缓慢，十将白玉、焦晖用响箭射击掉队者，士兵说道："将军为什么用箭射人？"白玉回答道："今天跟随他人造反，终究不免一死。反正都是一死，用箭射人又有什么关系呢？"军队到达榆次时，仆固玚训斥他们来迟了，胡人士兵说道："我们骑马，迟到的原因是因为汉人士兵不愿行动。"于是，仆固玚就鞭挞汉人士兵，汉人士兵愤怒不满，说道："节度使偏袒胡人士兵。"当日傍晚，焦晖、白玉率兵攻击仆固玚，并将他杀死。仆固怀恩闻听此事，立即前来告诉他母亲，他母亲说道："我曾经跟你说过，朝廷待你不薄，不要造反。如今众心已变，大祸必然殃及于我，那将如何是好？"仆固怀恩无言以答，拜了两拜，便走了出来。他母亲提刀出来追逐他，说道："我要为朝廷杀掉你这个叛贼，剖取你的心以向三军谢罪。"仆固怀恩快步逃走，才得幸免。于是，仆固怀恩与部下三百人渡过黄河，向北而去。

当时，朔方将领浑释之镇守灵州，仆固怀恩送来檄文说，他率领全军返回镇所，浑释之说："不对，这一定是军队溃逃了。"他想拒绝仆固怀恩入灵州，他的外甥张韶劝说："仆固怀恩或许幡然改悔，率领部众回归镇所，我们怎能不接纳他们呢？"浑释之迟疑不决。仆固怀恩行动迅速，不等接纳，便来到灵州。浑释之迫不得已只好接纳他们。张韶将他的阴谋告诉仆固怀恩，仆固怀恩即以张韶为内应，杀掉浑释之，收编其部下，并派张韶来统领。不久，仆固怀恩又说："浑释之是张韶的舅舅，张韶尚且背叛他，哪里会对我忠诚啊！"有一天，仆固怀恩借故杖挞张韶，打断他的小腿，将他抛置在弥峨城死去。

当时，都虞候张维岳在沁州，听说仆固怀恩已经离去，便乘驿马到达汾州，安抚其部众，又杀掉焦晖、白玉，将其功劳窃为己有，以此禀告郭子仪。郭子仪派牙官卢谅到汾州，张维岳贿赂卢谅，让他证实自己所说的都是事实。郭子仪奏称张维岳杀掉了仆固玚，并传送仆固玚的首级到朝廷。大臣们前来祝贺，代宗心情很不愉快，说道："朕未能信任好人，使得功臣遭受冷落，朕深感惭愧，有什么可庆贺的呢？"

命辇怀恩母至长安,给待优厚,月馀,以寿终,以礼葬之,功臣皆感叹。

戊寅,郭子仪如汾州,怀恩之众悉归之,咸鼓舞涕泣,喜其来而悲其晚也。子仪知卢谅之诈,杖杀之。上以李抱真言有验,迁殿中少监。

13　上之幸陕也,李光弼竟迁延不至。上恐遂成嫌隙,其母在河中,数遣中使存问之。吐蕃退,除光弼东都留守以察其去就。光弼辞以就江、淮粮运,引兵归徐州。上迎其母至长安,厚加供给,使其弟光进掌禁兵,遇之加厚。

14　戊子,赦天下。

15　自丧乱以来,汴水堙废,漕运者自江、汉抵梁、洋,迂险劳费,三月己酉,以太子宾客刘晏为河南、江、淮以来转运使,议开汴水。庚戌,又命晏与诸道节度使均节赋役,听便宜行毕以闻。时兵火之后,中外艰食,关中米斗千钱,百姓挼穗以给禁军,宫厨无兼时之积。晏乃疏浚汴水,遗元载书,具陈漕运利病,令中外相应。自是每岁运米数十万石以给关中。唐世推漕运之能者,推晏为首,后来者皆遵其法度云。

16　甲子,盛王琦薨。

17　党项寇同州,郭子仪使开府仪同三司李国臣击之,曰:“虏得间则出掠,官军至则逃入山。宜使羸师居前以诱之,劲骑居后以覆之。”国臣与战于澄城北,大破之,斩首捕虏千馀人。

18　夏,五月癸丑,初行《五纪历》。

19　庚申,礼部侍郎杨绾奏岁贡孝弟力田无实状,及童子科皆侥幸,悉罢之。

代宗下令用车接仆固怀恩的母亲到长安,待遇丰厚。一个多月后,其母寿终正寝,代宗又按照礼节将她埋葬,功臣们对此都很感叹。

戊寅(初十),郭子仪到达汾州,仆固怀恩旧部都来归顺,他们既欢欣鼓舞,又凄然泪下,高兴的是郭子仪来了,悲叹的是他来得晚了。当郭子仪得知卢谅所言有诈,即将他用乱棍打死。代宗因为李抱真的话被证实了,便提升他为殿中少监。

13　代宗逃奔陕州时,李光弼竟然拖延时间,不去救援。代宗担心因此产生嫌隙,恰好其母在河中,代宗就多次派遣中使前去慰问。吐蕃退兵后,唐代宗又任命李光弼为东都留守,以观察他的去留动向。李光弼借口江、淮粮运事,率军返回徐州。代宗将他母亲接到长安,供给丰厚;又让他弟弟李光进执掌禁兵,提高待遇。

14　戊子(二十日),大赦天下。

15　自从安史之乱以来,汴水荒废不治,漕运都溯长江而上,入汉水,运抵梁州、洋州,绕道险阻,劳费财力。三月己酉(十二日),代宗任命太子宾客刘晏为河南、江、淮以来转运使,商议开通汴水。庚戌(十三日),代宗又命令刘晏和诸道节度使节用赋役,见机行事,事后再行上报。当时,战乱之后全国粮食匮乏,关中一斗米价值一千钱,老百姓採搓麦穗来供给禁军,宫廷厨师也没有可供两个季节用的存粮。于是,刘晏就疏浚汴水,又给宰相元载上书,陈述漕运的利弊,要求全国各地响应。从此以后,每年运米数万石供给关中地区。终唐一代,掌管漕运之事最有才能的首推刘晏,后来者都遵循他的法令制度。

16　甲子(二十七日),盛王李琦去世。

17　党项进犯同州,郭子仪派开府仪同三司李国臣前去迎击,说:"党项往往乘隙来虏掠,官军到时则逃亡入山。因此,我们应当先派羸弱之师居前引诱他们出来,再以精锐骑兵殿后伏击他们。"在澄城以北,李国臣率军与党项交战,结果大获全胜,斩首和俘虏达一千多人。

18　夏季,五月癸丑(十七日),朝廷首次颁行《五纪历》。

19　庚申(二十四日),礼部侍郎杨绾上奏说,每年上报的孝弟力田科与实际情况不符;考中童子科的人都纯属侥幸,朝廷将两科全都取消。

20　郭子仪以安、史昔据洛阳,故诸道置节度使以制其要冲,今大盗已平,而所在聚兵,耗蠹百姓,表请罢之,仍自河中为始。六月,敕罢河中节度及耀德军。子仪复请罢关内副元帅,不许。

21　仆固怀恩至灵武,收合散亡,其众复振。上厚抚其家。癸未,下诏,称其"勋劳著于帝室,及于天下。疑隙之端,起自群小,察其深衷,本无他志;君臣之义,情实如初。但以河北既平,朔方已有所属,宜解河北副元帅、朔方节度等使,其太保兼中书令、大宁郡王如故。但当诣阙,更勿有疑。"怀恩竟不从。

22　秋,七月庚子,税天下青苗钱以给百官俸。

23　太尉兼侍中、河南副元帅、临淮武穆王李光弼,治军严整,指顾号令,诸将莫敢仰视,谋定而后战,能以少制众,与郭子仪齐名。及在徐州,拥兵不朝,诸将田神功等不复禀畏。光弼愧恨成疾,己酉,薨。八月丙寅,以王缙代光弼都统河南、淮西、山南东道诸行营。

24　郭子仪自河中入朝,会泾原奏仆固怀恩引回纥、吐蕃十万众将入寇,京师震骇,诏子仪帅诸将出镇奉天。上召问方略,对曰:"怀恩无能为也。"上曰:"何故?"对曰:"怀恩勇而少恩,士心不附,所以能入寇者,因思归之士耳。怀恩本臣偏裨,其麾下皆臣部曲,必不忍以锋刃相向,以此知其无能为也。"辛巳,子仪发,赴奉天。

25　甲午,加王缙东都留守。

26　河中尹兼节度副使崔寓发镇兵西御吐蕃,为法不一。九月丙申,镇兵作乱,掠官府及居民,终夕乃定。

20　郭子仪认为,过去安史叛军盘踞洛阳,所以诸道都设置节度使控制军事要冲,如今叛乱已经平息,而各节度使仍在当地聚集军队,加重百姓的负担,所以,上表请求取消节度使,仍由河中节度使开始。六月,代宗取消河中节度使和耀德军。郭子仪又请求免去他的关内副元帅职务,代宗没有同意。

21　仆固怀恩到达灵武,收罗逃散的士兵,部队再次壮大起来。然而,代宗却对他的家属厚加抚慰。癸未(十七日),代宗颁发诏书说,仆固怀恩“对皇室和天下都功绩卓著。他所以产生怨愤,是来自众小人的挑唆,考察他的内心,本无异志,君臣之间的情义,实际上宛如当初。然而,河北已经平定,朔方已经另有归属,因此,应当解除他河北副元帅、朔方节度使职务,仍为太保兼中书令、大宁郡王。仆固怀恩应当入朝,切勿迟疑。”仆固怀恩竟然不从圣旨。

22　秋季,七月庚子(初五),朝廷征收天下青苗钱税,以供给百官俸禄。

23　太尉兼侍中、河南副元帅、临淮武穆王李光弼治军严整,手指目视,发号施令,都令诸将不敢仰视。李光弼先决策而后战,能够以少胜多,与郭子仪齐名。及至李光弼回到徐州,把持重兵而不回朝,诸将如田神功等人便不再惧怕李光弼了。李光弼愧恨交加,积郁成疾,于己酉(十四日)去世。八月丙寅(初一),代宗以王缙代替李光弼统帅河南、淮西、山南东道各行营。

24　郭子仪从河中入朝,这时,泾源节度使上奏说,仆固怀恩招引回纥、吐蕃军队共十万人即将来犯,京师上下大为震惊。代宗颁下诏书,命令郭子仪率领诸将出镇奉天。同时,召见郭子仪询问对策,郭子仪答道:“仆固怀恩将无所作为。”代宗问道:“为什么?”郭子仪答道:“仆固怀恩虽然勇敢,但对部下缺少恩义,士兵并不归心于他,他们之所以能够前来进犯,这是因为思归故里的缘故。仆固怀恩本是我的部将,他的部下都是我的部曲,他们一定不忍兵刃相见,由此可知,仆固怀恩不可能有所作为。”辛巳(十六日),郭子仪发兵,奔赴奉天。

25　甲午(二十九日),加王缙东都留守一职。

26　河中尹兼节度副使崔寓征发镇兵西御吐蕃,执法不一。九月丙申(初二),镇兵叛乱,他们房掠官府和居民财物,持续一个傍晚才被平息。

27 丙午,加河东节度使辛云京同平章事。

28 辛亥,以郭子仪充北道邠宁、泾原、河西以来通和吐蕃使,以陈郑、泽潞节度使李抱玉充南道通和吐蕃使。子仪闻吐蕃逼邠州,甲寅,遣其子朔方兵马使晞将兵万人救之。

29 己未,剑南节度使严武破吐蕃七万众,拔当狗城。

30 关中虫蝗、霖雨,米斗千馀钱。

31 仆固怀恩前军至宜禄,郭子仪使右兵马使李国臣将兵为郭晞后继。邠宁节度使白孝德败吐蕃于宜禄。冬,十月,怀恩引回纥、吐蕃至邠州,白孝德、郭晞闭城拒守。

32 庚午,严武拔吐蕃盐川城。

33 仆固怀恩与回纥、吐蕃进逼奉天,京师戒严。诸将请战,郭子仪不许,曰:"虏深入吾地,利于速战,吾坚壁以待之,彼以吾为怯,必不戒,乃可破也。若遽战而不利,则众心离矣。敢言战者斩!"辛未夜,子仪出陈于乾陵之南。壬申未明,虏众大至。虏始以子仪为无备,欲袭之,忽见大军,惊愕,遂不战而退。子仪使裨将李怀光等将五千骑追虏,至麻亭而还。虏至邠州,丁丑,攻之,不克。乙酉,虏涉泾而遁。

34 怀恩之南寇也,河西节度使杨志烈发卒五千,谓监军柏文达曰:"河西锐卒,尽于此矣,君将之以攻灵武,则怀恩有返顾之虑,此亦救京师之一奇也!"文达遂将众击摧砂堡、灵武县,皆下之,进攻灵州。怀恩闻之,自永寿遽归,使蕃、浑二千骑夜袭文达,大破之,士卒死者殆半。文达将馀众归凉州,哭而入。志烈迎之曰:"此行有安京室之功,卒死何伤?"士卒怨其言。未几,吐蕃围凉州,士卒不为用,志烈奔甘州,为沙陀所杀。沙陀姓朱耶,世居沙陀碛,因以为名。

27　丙午(十二日),代宗加封河东节度使辛云京为同平章事。

28　辛亥(十七日),代宗任命郭子仪担任北道邠宁、泾原、河西以来通和吐蕃使,陈郑、泽潞节度使李抱玉担任南道通和吐蕃使。郭子仪听说吐蕃军队进逼邠州,甲寅(二十日),即派长子朔方兵马使郭晞率军一万人前去救援。

29　己未(二十五日),剑南节度使严武击败吐蕃七万人的军队,攻克当狗城。

30　关中地区遭蝗灾,又连绵大雨,米价一斗值一千多钱。

31　仆固怀恩的前军抵达宜禄,郭子仪急派右兵马使李国臣率军作为郭晞的后援。这时,邠宁节度使白孝德在宜禄击败吐蕃军队。冬季,十月,仆固怀恩又引回纥、吐蕃军队到邠州,白孝德、郭晞闭城坚守。

32　庚午(初六),严武攻克吐蕃的盐川城。

33　仆固怀恩与回纥、吐蕃军队进逼奉天,京师实行戒严。诸将请求出战,郭子仪不同意,他说:"敌军深入我内地,速战速决对他们有利,我军坚守壁垒等待他们,他们以为我军胆怯,必然戒备松懈,这时,我们就可以击败他们。假如仓促应战而无法取胜,军心势必涣散。谁再敢言战,当斩不赦!"辛未(初七),夜里,郭子仪在乾陵之南布列军阵。壬申(初八),天还不亮,敌军便蜂拥而来。起初,敌军以为郭子仪没有防备,想要突袭,忽然看到唐朝大军,大为惊愕,于是不战而退。郭子仪派部将李怀光等率五千骑兵追击敌军,追到麻亭才回师。敌军到达邠州,丁丑(十三日),进攻邠州,没有成功。乙酉(二十一日),敌军渡过泾河逃跑了。

34　当仆固怀恩南侵时,河西节度使杨志烈发动五千士兵,并对监军柏文达说:"河西的精锐部队都在这里,你率领他们进攻灵武,仆固怀恩就会有后顾之忧,这也是救援京师的一大奇计!"于是柏文达率军攻克了摧砂堡、灵武县,又进攻灵州。仆固怀恩闻讯,匆忙从永寿赶回,并派两千名吐蕃、吐谷浑骑兵夜袭柏文达。结果,唐军大败,死者近半数。柏文达率领残余部队返回凉州,痛哭而入。杨志烈前去迎接他说:"这次行动有安定京室的功劳,死了一些士兵又有什么关系呢?"士兵听后,颇为怨愤。不久,吐蕃围攻凉州,士兵都不愿为他卖命。杨志烈只好逃奔甘州,为沙陀所杀。沙陀姓朱耶,世代居住在沙陀碛,因而得名。

35　十一月丁未，郭子仪自行营入朝。郭晞在邠州，纵士卒为暴，节度使白孝德患之，以子仪故，不敢言。泾州刺史段秀实自请补都虞候，孝德从之。既署一月，晞军士十七人入市取酒，以刃刺酒翁，坏醸器，秀实列卒取十七人首注槊上，植市门。晞一营大噪，尽甲，孝德震恐，召秀实曰："奈何？"秀实曰："无伤也，请往解之。"孝德使数十人从行，秀实尽辞去，选老躄者一人持马至晞门下。甲者出，秀实笑且入，曰："杀一老卒，何甲也？吾戴吾头来矣。"甲者愕。因谕曰："常侍负若属邪，副元帅负若属邪？奈何欲以乱败郭氏？"晞出，秀实让之曰："副元帅勋塞天地，当念始终。今常侍恣卒为暴，行且致乱，乱则罪及副元帅，乱由常侍出，然则郭氏功名，其存者几何？"言未毕，晞再拜曰："公幸教晞以道，恩甚大，敢不从命？"顾叱左右："皆解甲，散还火伍中，敢哗者死！"秀实因留宿军中。晞通夕不解衣，戒候卒击柝卫秀实。旦，俱至孝德所，谢不能，请改。邠州由是无患。

36　五谷防御使薛景仙讨南山群盗，连月不克，上命李抱玉讨之。贼帅高玉最强，抱玉遣兵马使李崇客将四百骑自洋州入，袭之于桃虢川，大破之。玉走成固。庚申，山南西道节度使张献诚擒玉，献之，馀盗皆平。

37　十二月乙丑，加郭子仪尚书令。子仪以为："自太宗为此官，累圣不复置，近皇太子亦尝为之，非微臣所宜当。"固辞，不受，还镇河中。

35　十一月丁未（十四日），郭子仪从行营入朝。郭晞在邠州，放纵士兵残暴横行，节度使白孝德十分厌恨，因为郭子仪的缘故，不敢说出。泾州刺史段秀实自己请求担任都虞候，得到白孝德的许可。段秀实到任一个月后，郭晞部下十七人闯入市场，随意取酒作乐，又用兵刃刺酿酒老翁，砸坏酿酒器具。段秀实派兵围捕，砍下这十七人的头，用长矛串起来，树立在市门旁。于是郭晞营中一片嘈杂，士兵们都披上了战甲，白孝德对此十分惊恐，急忙召见段秀实说道："怎么办呢？"段秀实回答道："没有什么了不起的，请让我前去解决。"白孝德派数十人随同前往，段秀实将他们全部辞去，只选了一名跛脚老翁，为他牵马，一起来到郭晞营门前。这时，披甲的士兵从里面涌出，段秀实边笑边往里走着说："杀一个老兵，何必披甲呢？我是戴着我的脑袋来的。"士兵颇为惊愕。段秀实又晓谕他们说："郭常侍辜负你们了吗？副元帅辜负你们了吗？为什么你们想要作乱去败坏郭氏的声誉呢？"这时，郭晞出来，段秀实便责问他说："副元帅功盖天地，应当考虑善始善终。如今郭常侍放纵士兵为非作歹，他们的行动将会导致变乱，变乱则会株连副元帅。既然乱由郭常侍一手制造，那么，郭氏的功绩声望还能存下多少呢？"段秀实言犹未尽，郭晞拜了两拜说："多亏您到这里用大道理来教导我，你的恩情太大了，我哪敢不从命呢？"又回头训斥左右说："都给我脱掉战甲，回到队伍中去，谁敢吵嚷就斩首！"段秀实因此就在郭晞军中留宿。郭晞整夜未脱衣服，告诫哨兵敲着木梆守卫段秀实。早晨，段秀实和郭晞一同来到白孝德的官署，郭晞承认自己无能，请求让他改过。邠州从此平安无事。

36　五谷防御使薛景仙讨伐南山中的强盗，连续数月都未攻克，代宗便命令李抱玉前去讨伐。贼军统帅高玉实力最强，李抱玉就派遣兵马使李崇客率领四百骑兵从洋州进入南山，在桃虢川袭击高玉，结果大获全胜。高玉逃往成固。庚申（二十七日），山南西道节度使张献诚抓获高玉，并将他献给朝廷，其余强盗均被平定。

37　十二月乙丑（初二），代宗加封郭子仪为尚书令。郭子仪认为："自从太宗担任过尚书令以来，历朝皇帝都不再设置此职。近来皇太子也曾经担任尚书令，因此，尚书令的职位不是我所应该担任的。"郭子仪坚决推托不受，并回去镇守河中。

38　是岁，户部奏：户二百九十馀万，口一千六百九十馀万。

39　上遣于阗王胜还国，胜固请留宿卫，以国授其弟曜；上许之，加胜开府仪同三司，赐爵武都王。

永泰元年（乙巳，765）

1　春，正月癸卯朔，改元，赦天下。

2　戊申，加陈郑、泽潞节度使李抱玉凤翔、陇右节度使，以其从弟殿中少监抱真为泽潞节度副使。抱真以山东有变，上党为兵冲。而荒乱之馀，土瘠民困，无以赡军，乃籍民，每三丁选一壮者，免其租、徭，给弓矢，使农隙习射，岁暮都试，行其赏罚。比三年，得精兵二万，既不费廪给，府库充实，遂雄视山东。由是天下称泽潞步兵为诸道最。

3　二月戊寅，党项寇富平，焚定陵殿。

4　庚辰，仪王璲薨。

5　三月壬辰朔，命左仆射裴冕、右仆射郭英乂等文武之臣十三人于集贤殿待制。左拾遗洛阳独孤及上疏曰："陛下召冕等待制以备询问，此五帝盛德也。顷者陛下虽容其直而不录其言。有容下之名，无听谏之实，遂使谏者稍稍钳口饱食，相招为禄仕，此忠鲠之人所以窃叹，而臣亦耻之。今师兴不息十年矣，人之生产，空于杼轴。拥兵者第馆亘街陌，奴婢厌酒肉，而贫人羸饿就役，剥肤及髓。长安城中白昼椎剽，吏不敢诘。官乱职废，将堕卒暴。百揆隳刺，如沸粥纷麻。民不敢诉于有司，有司不敢闻于陛下。茹毒饮痛，穷而无告。陛下不以此时思所以救之之术，

38 这一年,户部上奏说:全国共有两百九十多万户,一千六百九十多万人。

39 代宗遣送于阗王尉迟胜回国,他坚持恳求留下来值宿警卫,并将国家传给他的弟弟尉迟曜;代宗表示同意,并加封尉迟胜为开府仪同三司,赐给他武都王的爵位。

唐代宗永泰元年(乙巳,公元765年)

1 春季,正月癸卯朔,改年号为永泰,大赦天下。

2 戊申(十六日),代宗加封陈郑、泽潞节度使李抱玉为凤翔、陇右节度使,任命其堂弟殿中少监李抱真为泽潞节度副使。李抱真认为崤山以东的节镇如有变故,上党便是军事要冲。然而,兵荒马乱之际,上党地区土地贫瘠,百姓困苦,没有力量供给军队。于是,李抱真将当地居民登记入册,每三个男丁选择一名强壮者,免除他的租税和徭役,发给弓箭,让这些人在农闲时练习武艺,年终进行考核,实行赏罚。到第三年,李抱真就练得精兵两万人,这样练兵既不费官府粮食,又使得官府仓库更加充实,于是,泽潞威震山东。由此,天下都称泽潞节度使的步兵是各镇中最强大的。

3 二月戊寅(十六日),党项进犯富平,焚烧中宗定陵的前殿。

4 庚辰(十八日),仪王李璲去世。

5 三月壬辰朔(初一),代宗命令左仆射裴冕、右仆射郭英义等文武大臣十三人在集贤殿待命。左拾遗洛阳人独孤及上疏说:"陛下召集裴冕等人待命以备随时询问,这是五帝般的大德。近来陛下虽然能够容忍臣下忠直之言,但并没有记录下来。因此,陛下虽有容忍臣下之名,但无听从劝告之实,于是使得进谏者逐渐闭口不言,饱食终日,为俸禄官位而互相应酬。这正是忠诚耿直之士私下感叹的原因,而我也感到羞耻。如今劳师出征,战火不息已有十年了,百姓失去谋生之业,难以耕织。拥有军队的将官宅第连接街道,其奴婢连酒肉都感到厌腻,而穷苦百姓拖着羸弱的身体去服劳役,遭受着敲骨吸髓的盘剥。长安城中光天化日之下竟有杀人越货者,而官吏不敢过问。官吏混乱,职事荒废,将官堕落,士兵暴虐。朝廷各种规章制度遭到破坏,如同煮沸的粥与纷乱的麻那样一塌糊涂。百姓不敢向有关部门申诉,有关部门也不敢让陛下知道。百姓茹毒饮痛,穷困潦倒却无处可告。陛下不在此时思考拯救危难的办法,

臣实惧焉。今天下惟朔方、陇西有吐蕃、仆固之虞,邠、泾、凤
翔之兵足以当之矣。自此而往,东洎海,南至番禺,西尽巴、
蜀,无鼠窃之盗而兵不为解。倾天下之货,竭天下之谷,以给
不用之军,臣不知其故。假令居安思危,自可厄要害之地,俾
置屯御,悉休其馀,以粮储扉屦之资充疲人贡赋,岁可减国租
之半。陛下岂可持疑于改作,使率土之患日甚一日乎?”上不
能用。

6 丙午,以李抱玉同平章事,镇凤翔如故。

7 庚戌,吐蕃遣使请和,诏元载、杜鸿渐与盟于兴唐寺。
上问郭子仪:“吐蕃请盟,何如?”对曰:“吐蕃利我不虞,若不
虞而来,国不可守矣。”乃相继遣河中兵戍奉天,又遣兵巡泾
原以觇之。

8 是春不雨,米斗千钱。

9 夏,四月丁丑,命御史大夫王翊充诸道税钱使。河东
道租庸、盐铁使裴谞入奏事,上问:“榷酤之利,岁入几何?”谞
久之不对。上复问之,对曰:“臣自河东来,所过见菽粟未种,
农夫愁怨,臣以为陛下见臣,必先问人之疾苦,乃责臣以营
利,臣是以未敢对也。”上谢之,拜左司郎中。谞,宽之子也。

10 辛卯,剑南节度使严武薨。武三镇剑南,厚赋敛以
穷奢侈。梓州刺史章彝小不副意,召而杖杀之。然吐蕃畏
之,不敢犯其境。母数戒其骄暴,武不从,及死,母曰:“吾今
始免为官婢矣!”

11 五月癸丑,以右仆射郭英乂为剑南节度使。

对此我实在感到害怕。如今天下只有朔方、陇西有吐蕃、仆固怀恩之患，而邠州、泾州、凤翔的军队足以抵挡。自今以后，东到大海，南至番禺，西达巴蜀，已无鼠窃之盗，然而军队仍不解散。朝廷倾尽天下的财物和粮食，用来供给闲的军队，我不知道这是什么缘故。假如陛下居安思危，自然可以扼守要害地区，使士兵在那里驻守防御，其馀军队全部解散，用这些军用物资，来充当穷苦百姓的贡赋，这样每年可以减少国家租赋的一半。陛下难道在改革面前可以持怀疑态度，使国家的忧患日益加重吗？"代宗没有采用他的建议。

6　丙午(十五日)，代宗任命李抱玉为同平章事，如过去一样镇守凤翔。

7　庚戌(十九日)，吐蕃派遣使者前来请和，代宗便下诏让元载、杜鸿渐在兴唐寺与吐蕃结盟。代宗又询问郭子仪说："吐蕃请求结盟，怎么办？"郭子仪回答道："吐蕃利用我们的没有准备，假如我们无备而他们前来的话，国家就保不住了。"于是，郭子仪相继派遣河中的军队戍守奉天，又派遣军队在泾原一带巡逻以观察吐蕃的动向。

8　这年春季没有下雨，一斗米值一千钱。

9　夏季，四月丁丑(十六日)，代宗任命御史大夫王翊充当诸道税钱使。这时，河东道租庸、盐铁使裴谞入朝奏报情况，代宗询问说："卖酒专利，每年能够收入多少？"裴谞沉默很久没有回答，代宗再次问他，裴谞才回答说："我自河东前来，沿途看到地里没有种庄稼，农民愁叹怨愤，我以为陛下见到我，一定首先询问百姓的疾苦，陛下却责问我营利之事，我所以没有敢回答。"代宗对他表示歉意，授予他左司郎中的官职。裴谞是裴宽的儿子。

10　辛卯(三十日)，剑南节度使严武去世。严武前后三次出镇剑南，横征暴敛，穷极奢侈。梓州刺史章彝稍不如其意，严武便将他召来用乱棍打死。然而，吐蕃却十分害怕他，不敢侵犯他的辖区。严武的母亲屡次告诫他不要骄横暴虐，严武不听，等到严武去世，他母亲说道："从今以后，我可以免掉做官婢的命运了！"

11　五月癸丑(二十二日)，代宗任命右仆射郭英乂为剑南节度使。

12　畿内麦稔,京兆尹第五琦请税百姓田,十亩收其一,曰:"此古什一之法也。"上从之。

13　平卢节度使侯希逸镇淄青,好游畋,营塔寺,军州苦之。兵马使李怀玉得众心,希逸忌之,因事解其军职。希逸与巫宿于城外,军士闭门不纳,奉怀玉为帅。希逸奔滑州,上表待罪,诏赦之,召还京师。秋,七月壬辰,以郑王邈为平卢、淄青节度大使,以怀玉知留后,赐名正己。时承德节度使李宝臣,魏博节度使田承嗣,相卫节度使薛嵩,卢龙节度使李怀仙,收安、史馀党,各拥劲卒数万,治兵完城,自署文武将吏,不供贡赋,与山南东道节度使梁崇义及正己皆结为婚姻,互相表里。朝廷专事姑息,不能复制,虽名藩臣,羁縻而已。

14　甲午,以上女昇平公主嫁郭子仪之子暧。

15　太子母沈氏,吴兴人也,安禄山之陷长安也,掠送洛阳宫。上克洛阳,见之,未及迎归长安。会史思明再陷洛阳,遂失所在。上即位,遣使散求之,不获。己亥,寿州崇善寺尼广澄诈称太子母,按验,乃故少阳院乳母也,鞭杀之。

16　九月庚寅朔,置百高座于资圣、西明两寺,讲《仁王经》,内出经二宝舆,以人为菩萨、鬼神之状,导以音乐卤簿,百官迎于光顺门外,从至寺。

17　仆固怀恩诱回纥、吐蕃、吐谷浑、党项、奴剌数十万众俱入寇,令吐蕃大将尚结悉赞摩、马重英等自北道趣奉天,党项帅任敷、郑庭、郝德等自东道趣同州,吐谷浑、奴剌之众自西道趣盩厔,回纥继吐蕃之后,怀恩又以朔方兵继之。

12 京畿地区麦子成熟,这时,京兆尹第五琦请求代宗征收百姓田税,十亩田收取一亩田的租税,说:"这是古代征收十分之一的规制。"代宗表示许可。

13 平卢节度使侯希逸坐镇淄青,此人喜欢游猎,又营建佛塔寺院,因此,所在军州颇受其苦。兵马使李怀玉颇得人心,因此侯希逸十分忌恨他,借故解除了他的军职。后来,侯希逸与巫师在城外住宿,士兵们就关闭城门不让他回城,同时拥立李怀玉为主帅。侯希逸只好逃奔滑州,上表等待惩处,代宗下诏赦免其罪,并将他召回京师。秋季,七月壬辰(初二),代宗任命郑王李邈为平卢、淄青节度大使,李怀玉担任留后,并赐李怀玉名字为李正己。这时,承德节度使李宝臣、魏博节度使田承嗣、相卫节度使薛嵩、卢龙节度使李怀仙收罗安史叛军的馀党,各自拥有精兵数万人。他们操练军队,修筑城池,自行任命文武官员,不向朝廷上贡赋税,与山南东道节度使梁崇义以及平卢、淄青留后李正己联姻,遥相呼应,内外勾结。然而,朝廷对此一味姑息,不能再控制他们。因而这些节度使虽然称为藩屏之臣,但实际上仅仅是维系朝廷与地方名义上的关系而已。

14 甲午(初四),代宗将女儿昇平公主嫁给郭子仪的儿子郭暧。

15 太子的母亲沈氏是吴兴人,当初安禄山攻陷长安,将沈氏掳送到东京洛阳的皇宫中。代宗攻克洛阳时,曾经见到沈氏,但来不及送回长安,又碰上史思明再度攻陷洛阳,于是沈氏下落不明。代宗登基即位后,就派遣使者到处寻访沈氏,都没有找到。己亥(初九),寿州崇善寺尼姑广澄诈称她就是太子的母亲,经查验,广澄是原少阳院的奶妈,于是,将她用乱鞭打死。

16 九月庚寅朔(初一),代宗在资圣寺、西明寺设置百尺高的坛座,请高僧宣讲《护国仁王经》,从皇宫内运出两车佛经,并让人装扮成菩萨和鬼神的模样,前面音乐仪仗队开道,百官在光顺门迎接,并且跟随着一起来到寺院。

17 仆固怀恩诱使回纥、吐蕃、吐谷浑、党项、奴剌数十万人众共同进犯唐朝,仆固怀恩命令吐蕃大将尚结悉赞摩、马重英等人从北道奔赴奉天,党项主帅任敷、郑庭、郝德等人从东道奔赴同州,吐谷浑、奴剌的部队从西道奔赴盩厔。回纥部队则跟随吐蕃后面,仆固怀恩又让朔方军队紧随其后。

郭子仪使行军司马赵复入奏曰:"虏皆骑兵,其来如飞,不可易也。请使诸道节度使凤翔李抱玉、滑濮李光庭、邠宁白孝德、镇西马璘、河南郝庭玉、淮西李忠臣各出兵以扼其冲要。"上从之。诸道多不时出兵。李忠臣方与诸将击球,得诏,亟命治行。诸将及监军皆曰:"师行必择日。"忠臣怒曰:"父母有急,岂可择日而后救邪?"即日勒兵就道。

怀恩中途遇暴疾而归,丁酉,死于鸣沙。大将张韶代领其众,别将徐璜玉杀之,范志诚又杀璜玉而领其众。怀恩拒命三年,再引胡寇,为国大患,上犹为之隐,前后敕制未尝言其反,及闻其死,悯然曰:"怀恩不反,为左右所误耳!"

吐蕃至邠州,白孝德婴城自守。甲辰,上命宰相及诸司长官于西明寺行香设素馔,奏乐。是日,吐蕃十万众至奉天,京城震恐。朔方兵马使浑瑊、讨击使白元光先戍奉天,虏始列营,瑊帅骁骑二百冲之,身先士卒,虏众披靡。瑊挟虏将一人跃马而还,从骑无中锋镝者。城上士卒望之,勇气始振。乙巳,吐蕃进攻之,虏死伤甚众,数日,敛众还营。瑊夜引兵袭之,杀千馀人。前后与虏战二百馀合,斩首五千级。丙午,罢百高座讲;召郭子仪于河中,使屯泾阳。己酉,命李忠臣屯东渭桥,李光进屯云阳,马璘、郝庭玉屯便桥,李抱玉屯凤翔,内侍骆奉仙、将军李日越屯盩厔,同华节度使周智光屯同州,鄜坊节度使杜冕屯坊州,上自将六军屯苑中。

郭子仪派行军司马赵复入朝奏报:"敌军都是骑兵,进军迅速,不可轻敌。请求陛下派遣凤翔节度使李抱玉、滑濮节度使李光庭、邠宁节度使白孝德、镇西节度使马璘、河南节度使郝庭玉、淮西节度使李忠臣分别出兵扼守各军事要冲。"代宗采纳了他的建议。当时,诸道节度使大多不按时出兵。然而李忠臣正与诸将领打马毬,得到诏书后,马上下令整队出发。诸将领及监军都说:"军队出发必须选择良辰吉日。"李忠臣气愤对他们说:"父母有急难,难道也要选择良辰吉日然后再去援救吗?"李忠臣当日就统率军队出发了。

仆固怀恩在进军途中突然得急病,只好返回灵武,丁酉(初八),在鸣沙县去世。大将张韶代理仆固怀恩统率军队,别将徐璜玉将他杀掉,其后范志诚又杀掉徐璜玉而统率军队。仆固怀恩抗拒圣命达三年之久,两次勾引外族军队进犯唐朝,成为国家一大祸害。但是代宗仍然隐晦此事,前后两次诏书中都没有提及仆固怀恩谋反。及至代宗听到仆固怀恩死讯时,十分哀痛怜悯地说道:"仆固怀恩没有造反,只是为部下所误罢了!"

吐蕃军队到达邠州,白孝德环城固守。甲辰(十五日),代宗命令宰相和各部门长官在西明寺烧香拜佛,摆设素斋,演奏音乐。当天,吐蕃十万大军到达奉天,京城一片惶恐。这时,朔方兵马使浑瑊、讨击使白元光率先戍守奉天,敌军刚开始布列阵营,浑瑊便率领二百名勇猛的骑兵冲击敌阵,他身先士卒,敌军惊慌溃败。浑瑊生擒敌军将领一人,便跃马而回,随从骑兵没有一人为敌军兵器所击中。城头上的士兵望到这一情景后,勇气顿时倍增。乙巳(十六日),吐蕃军队又进攻奉天,但伤亡更加惨重,几天后,吐蕃只好收兵回营。这时,浑瑊夜里率领士兵袭击吐蕃军营,杀死敌军一千多人。浑瑊与敌军交战前后达二百多次,共杀死敌军五千人。丙午(十七日),代宗取消在百尺高坛座宣讲佛经,又召见坐镇河中的郭子仪,让他驻兵泾阳。己酉(二十日),代宗命令李忠臣驻兵东渭桥,李光进驻兵云阳,马璘、郝庭玉驻兵便桥,李抱玉驻兵凤翔,内侍骆奉仙、将军李日越驻兵盩屋,同华节度使周智光驻兵同州,鄜坊节度使杜冕驻兵坊州,代宗亲自率领六军驻守禁苑之中。

庚戌,下制亲征。辛亥,鱼朝恩请索城中,括士民私马,令城中男子皆衣皂,团结为兵,城门皆塞二开一。士民大骇,逾垣凿窦而逃者甚众,吏不能禁。朝恩欲奉上幸河中以避吐蕃,恐群臣议论不一,一旦,百官入朝,立班久之,阁门不开,朝恩忽从禁军十馀人操白刃而出,宣言:"吐蕃数犯郊畿,车驾欲幸河中,何如?"公卿皆错愕不知所对。有刘给事者,独出班抗声曰:"敕使反邪?今屯军如云,不戮力扞寇,而遽欲胁天子弃宗庙社稷而去,非反而何?"朝恩惊沮而退,事遂寝。

自丙午至甲寅,大雨不止,故房不能进。吐蕃移兵攻醴泉,党项西掠白水,东侵蒲津。丁巳,吐蕃大掠男女数万而去,所过焚庐舍,蹂禾稼殆尽。周智光引兵邀击,破之于澄城北,因逐北至鄜州。智光素与杜冕不协,遂杀鄜州刺史张麟,坑冕家属八十一人,焚坊州庐舍三千馀家。

冬,十月己未,复讲经于资圣寺。

吐蕃退至邠州,遇回纥,复相与入寇,辛酉,至奉天。癸亥,党项焚同州官廨、民居而去。

丙寅,回纥、吐蕃合兵围泾阳,子仪命诸将严设守备而不战。及暮,二虏退屯北原,丁卯,复至城下。是时,回纥与吐蕃闻仆固怀恩死,已争长,不相睦,分营而居,子仪知之。回纥在城西,子仪使牙将李光瓒等往说之,欲与之共击吐蕃。回纥不信,曰:"郭公固在此乎?汝绐我耳。若果在此,可得见乎?"

庚戌(二十一日),代宗发布命令表示要亲自出征。辛亥(二十二日),鱼朝恩请求代宗在京城中搜刮士人平民的私人马匹,命令城中男子都穿黑衣服,并加以编组教练,使他们成为地方武装力量;又将各城门的两个通道关闭,只启用一个通道。士人平民闻讯后大为惊恐,翻城墙和凿地洞逃跑的人很多,官吏都无法禁止。鱼朝恩想要让代宗到河中去躲避吐蕃的进攻,但又害怕大臣们议论不一。有一天早晨,大臣们入朝,按班次站立,很长时间不见东西阁门打开。这时,鱼朝恩突然同禁军十多人手操兵器从门里出来,宣称:"吐蕃多次侵犯京畿郊县,皇上想要到河中去避难,你们看怎么样?"公卿大臣们都十分惊愕,不知如何答复。这时,有一位刘给事从朝班中独自站出来大声说:"宦官造反了吗?如今守军云集,你不同心戮力抵御敌寇,而是想匆忙胁迫天子放弃宗庙社稷而逃亡,不是谋反又是什么呢?"鱼朝恩既惊恐又沮丧,便惶惶而退。于是出走河中一事便搁置下来。

从丙午(十七日)到甲寅(二十五日),天一直下着大雨,所以吐蕃无法进军。于是吐蕃移师转攻醴泉,党项向西攻掠白水,向东侵犯蒲津。丁巳(二十八日),吐蕃大肆掳掠男子妇女数万人后便撤军而去,所经之处焚烧屋舍,践踏庄稼,毁之殆尽。周智光率军拦截阻击,在澄城以北击败吐蕃军队,并追逐敌军一直到达鄜州。周智光平素与杜冕不和,于是,他杀掉鄜州刺史张麟,坑杀杜冕家属八十一人,焚烧坊州民宅三千多家。

冬季,十月己未(初一),又在资圣寺开讲佛经。

吐蕃军队撤退到邠州时,遇到回纥军队,于是,他们相互联合再次前来进犯,辛酉(初三),敌军到达奉天。癸亥(初五),党项军队焚毁同州官署、民宅后便撤军而去。

丙寅(初八),回纥、吐蕃联军包围泾阳,郭子仪命令诸将领加强守备而不与敌军作战。等到傍晚时,回纥、吐蕃联军退驻北原。丁卯(初九),回纥、吐蕃联军再次来到城下。正当此时,回纥和吐蕃听说仆固怀恩已经去世,便开始互争尊长,不相和睦,分别设置营帐居住,郭子仪知道了这件事。其时,回纥军队住在城西,郭子仪便派牙将李光瓒等人前去游说回纥,打算联合回纥共同攻击吐蕃。回纥人不相信李光瓒,说道:"郭子仪真在这里吗?你不过是在欺骗我罢了。假如真在这里的话,我可以见见他吗?"

光瓒还报,子仪曰:"今众寡不敌,难以力胜。昔与回纥契约甚厚,不若挺身往说之,可不战而下也。"诸将请选铁骑五百为卫从,子仪曰:"此适足为害也。"郭晞扣马谏曰:"彼,虎狼也;大人,国之元帅,奈何以身为虏饵?"子仪曰:"今战,则父子俱死而国家危。往以至诚与之言,或幸而见从,则四海之福也!不然,则身没而家全。"以鞭击其手曰:"去!"遂与数骑开门而出,使人传呼曰:"令公来!"回纥大惊。其大帅合胡禄都督药葛罗,可汗之弟也,执弓注矢立于阵前。子仪免胄释甲投枪而进,回纥诸酋长相顾曰:"是也!"皆下马罗拜。子仪亦下马,前执药葛罗手,让之曰:"汝回纥有大功于唐,唐之报汝亦不薄,奈何负约,深入吾地,侵逼畿县,弃前功,结怨仇,背恩德而助叛臣,何其愚也!且怀恩叛君弃母,于汝国何有?今吾挺身而来,听汝执我杀之,我之将士必致死与汝战矣。"药葛罗曰:"怀恩欺我,言天可汗已晏驾,令公亦捐馆,中国无主,我是以敢与之来。今知天可汗在上都,令公复总兵于此,怀恩又为天所杀,我曹岂肯与令公战乎?"子仪因说之曰:"吐蕃无道,乘我国有乱,不顾舅甥之亲,吞噬我边鄙,焚荡我畿甸,其所掠之财不可胜载,马牛杂畜,长数百里,弥漫在野,此天以赐汝也。全师而继好,破敌以取富,为汝计,孰便于此?不可失也。"药葛罗曰:"吾为怀恩所误,负公诚深,今请为公尽力,击吐蕃以谢过。然怀恩之子,可敦兄弟也,愿舍之勿杀。"

李光瓒便回去向郭子仪汇报,郭子仪说:"如今我们寡不敌众,难于凭借军事力量取胜。过去我们曾与回纥缔结协约,交情甚厚,所以不如我挺身前往,去劝说他们,可以不战而胜。"诸将请求选派铁骑兵五百人作为郭子仪的警卫随从,郭子仪说:"此举恰恰会害了我。"郭晞拉住郭子仪的马劝说道:"他们是虎狼之辈,父亲大人你是一国元帅,怎么可以让自己成为敌人口中之食呢?"郭子仪回答道:"如今要是交战的话,那么我们父子俩都会牺牲,国家就危险了。我前去以真诚劝说他们,或许能侥幸使他们听从我的劝说,那就是国家的福分了!假如他们不听我的劝说,那么我虽身死而我们一家可以保全。"郭子仪扬鞭抽打郭晞拉马的手,说道:"走开!"郭子仪与几位骑兵打开城门,出城而去,郭子仪又派人传呼说:"郭令公来了!"回纥军队听说后大吃一惊。回纥统帅合胡禄都督药葛罗是回纥可汗的弟弟,他手执劲弓,箭上弓弦,立在军阵前列。郭子仪脱掉盔甲,放下长枪,向前走去,回纥各位酋长相互看了看,说道:"是郭子仪来了!"于是他们都下马一起围着郭子仪跪拜。郭子仪也下了马,上前拉着药葛罗的手,责备他说:"你们回纥对我们唐朝是有大功劳的,唐朝报答你们也不薄,你们为何背信弃义,深入我内地,侵犯进逼京畿郊县,放弃前功,新结怨仇,违背恩德而帮助叛臣,这是多么愚蠢啊!况且仆固怀恩背叛国君,抛弃母亲,对你们国家有什么好处?今天我挺身前来,任凭你们把我抓起来杀掉,可是我的部下必定与你们作殊死搏战。"药葛罗回答道:"仆固怀恩欺骗我,说大唐天子已经驾崩,令公您也已经去世,中国没有做主的人了,所以我才敢同他前来。如今我已经知道天子在上都长安,您又在这里统帅军队,仆固怀恩又为苍天所杀,我们难道愿意和您交战吗?"郭子仪因此劝说道:"吐蕃暴虐,乘我国有乱,不顾舅甥之国的关系,吞噬我边疆,焚毁扫荡我京畿地区,他们所掠夺的财物用车装都装不完,马牛和其他牲畜前后长达数百里,散布在荒野上,这是苍天赏赐给你们的。一方面使自己的军队完整而能与唐朝重归于好,另一方面击败敌军又能取得财富。从你那方面考虑,还有比这更有利的吗?机不可失啊!"药葛罗说道:"我上了仆固怀恩的当,辜负您实在太深,如今请让我为您尽力,攻击吐蕃以向您谢罪。然而,仆固怀恩之子是回纥可敦的兄弟,愿您放过他而不要杀他。"

子仪许之。回纥观者为两翼，稍前，子仪麾下亦进，子仪挥手却之，因取酒与其酋长共饮。药葛罗使子仪先执酒为誓，子仪酹地曰："大唐天子万岁！回纥可汗亦万岁！两国将相亦万岁！有负约者，身陨陈前，家族灭绝。"杯至药葛罗，亦酹地曰："如令公誓！"于是诸酋长皆大喜曰："向以二巫师从军，巫言此行甚安隐，不与唐战，见一大人而还，今果然矣。"子仪遗之彩三千匹，酋长分以赏巫。子仪竟与定约而还。吐蕃闻之，夜，引兵遁去。回纥遣其酋长石野那等六人入见天子。

药葛罗帅众追吐蕃，子仪使白元光帅精骑与之俱。癸酉，战于灵台西原，大破之，杀吐蕃万计，得所掠士女四千人。丙子，又破之于泾州东。

丁丑，仆固怀恩将张休藏等降。

辛巳，诏罢亲征，京城解严。

18 初，肃宗以陕西节度使郭英乂领神策军，使内侍鱼朝恩监其军，英乂入为仆射，朝恩专将之。及上幸陕，朝恩举在陕兵与神策军迎扈，悉号神策军，天子幸其营。及京师平，朝恩遂以军归禁中，自将之，然尚未得与北军齿。至是，朝恩以神策军从上屯苑中，其势寖盛，分为左、右厢，居北军之右矣。

19 郭子仪以仆固名臣、李建忠等皆怀恩骁将，恐逃入外夷，请招之。名臣，怀恩之侄也，时在回纥营。上敕并旧将有功者皆赦其罪，令回纥送之。壬午，名臣以千馀骑来降。子仪使开府仪同三司慕容休贞以书谕党项帅郑庭、郝德等，皆诣凤翔降。

郭子仪表示允许。这时,在两侧旁观的回纥人,逐渐向前靠近,郭子仪的部下也迎上去,郭子仪挥手让他们退后,于是取酒来与回纥酋长共饮。药葛罗让郭子仪先拿酒杯对天发誓,郭子仪便将酒洒在地上,发誓说:"大唐天子万岁!回纥可汗也万岁!两国的将相也万岁!谁要负约,就在阵前殒命,家族灭绝。"酒杯传到药葛罗手中,他也将酒洒在地上说:"我的誓言同郭令公一样!"于是回纥诸位酋长都非常高兴地说:"出发时,我们让两位巫师从军,巫师说这次行动非常安稳,不用与唐军交战,见到一位大人物就回师,如今果然如此。"郭子仪送给他们彩帛三千匹,回纥首长分出部分彩帛,奖赏巫师。郭子仪最后与回纥订好盟约才回来。吐蕃闻讯后,夜里便率领军队逃跑了。回纥派首长石野那等六人入朝觐见代宗。

药葛罗率领军队追击吐蕃军队,郭子仪派遣白元光率领精锐骑兵与回纥军队共同追击。癸酉(十五日),在灵台西原与吐蕃军队交战,将吐蕃军队打得一败涂地,杀死数以万计的吐蕃士兵,截获被吐蕃掠走的士人、妇女四千人。丙子(十八日),在泾州东面又将吐蕃军队打败。

丁丑(十九日),仆固怀恩部将张休藏等人向朝廷投降。

辛巳(二十三日),代宗下诏停止亲征,京城解除戒严。

18 当初,肃宗任命陕西节度使郭英义统领神策军,派遣内侍鱼朝恩为神策军监军。其后郭英义入朝担任仆射,鱼朝恩便专门统领神策军。等到代宗出走陕州,鱼朝恩便率领在陕州的部队和神策军前去接驾扈从,这些部队都号称为神策军,代宗便到了神策军的营中。等到京城平定,鱼朝恩便将神策军归入禁军中,并由自己统领,然而神策军尚未取得与北门六军平起平坐的地位。到这个时候,鱼朝恩率领神策军跟随代宗驻守禁苑中,神策军的势力逐渐增强,分为左厢、右厢两部分,其地位居北门六军之上。

19 因为仆固名臣、李建忠等人都是仆固怀恩手下的勇将,郭子仪担心他们逃到国外,便请求代宗招抚他们。仆固名臣是仆固怀恩的侄子,当时在回纥军营中。于是代宗下敕书赦免仆固名臣、李建忠和有军功的旧将的罪行,命令回纥将他们送归朝廷。壬午(二十四日),仆固名臣率领一千多名骑兵前来投降。郭子仪又派遣开府仪同三司慕容休贞携带书信晓示党项统帅郑庭、郝德等人,郑庭、郝德等人到凤翔投降。

20　甲申,周智光诣阙献捷,再宿归镇。智光负专杀之罪未治,上既遣而悔之。

21　乙酉,回纥胡禄都督等二百馀人入见,前后赠赉缯帛十万匹;府藏空竭,税百官俸以给之。

20　甲申(二十六日),周智光到皇宫报捷,过了两夜便回到镇所。周智光擅杀无辜之罪没有得到惩治,代宗让他回去之后颇为后悔。

21　乙酉(二十七日),回纥胡禄都督药葛罗等两百多人入朝觐见,朝廷前后赠送他们丝帛十万匹,库藏为之空竭,只好收纳百官俸禄税来供给回纥人。

卷第二百二十四　唐纪四十

起乙巳(765)闰十月尽癸丑(773)凡八年有奇

代宗睿文孝武皇帝中之上
永泰元年(乙巳,765)

1　闰十月乙巳,郭子仪入朝。子仪以灵武初复,百姓凋弊,戎落未安,请以朔方军粮使三原路嗣恭镇之。河西节度使杨志烈既死,请遣使巡抚河西及置凉、甘、肃、瓜、沙等州长史。上皆从之。

2　丁未,百官请纳职田充军粮,许之。

3　戊申,以户部侍郎路嗣恭为朔方节度使。嗣恭披荆棘,立军府,威令大行。

4　己酉,郭子仪还河中。

5　初,剑南节度使严武奏将军崔旰为利州刺史。时蜀中新乱,山贼塞路,旰讨平之。及武再镇剑南,赂山南西道节度使张献诚以求旰。献诚使旰移疾自解,诣武。武以为汉州刺史,使将兵击吐蕃于西山。连拔其数城,攘地数百里。武作七宝舆迎旰入成都以宠之。

武薨,行军司马杜济知军府事。都知兵马使郭英幹,英乂之弟也,与都虞候郭嘉琳共请英乂为节度使;旰时为西山都知兵马使,与所部共请大将王崇俊为节度使。会朝廷已除英乂,英乂由是衔之。至成都数日,即诬崇俊以罪而诛之,召旰还成都。

代宗睿文孝武皇帝中之上
唐代宗永泰元年（乙巳，公元765年）

1 闰十月乙巳（十七日），郭子仪回到朝廷。郭子仪认为灵武刚刚收复，百姓生计衰败，戎人部落尚未安定，因此请求代宗让朔方军粮使三原人路嗣恭出镇灵武。又因河西节度使杨志烈已经去世，郭子仪奏请派遣使者巡视和安抚河西地区，并且在凉州、甘州、肃州、瓜州、沙州等州设置长史职位。代宗全部采纳了他的建议。

2 丁未（十九日），大臣们奏请征收官员职田的税粮来充当军粮，代宗准许。

3 戊申（二十日），代宗任命户部侍郎路嗣恭为朔方节度使。路嗣恭到任后披荆斩棘，设立节度使幕府，军令得到执行。

4 己酉（二十一日），郭子仪返回河中。

5 从前，剑南节度使严武奏请任命将军崔旰为利州刺史。当时蜀中新近发生骚乱，山中贼寇堵塞了交通道路，崔旰前去讨伐，平息了骚乱。等到严武再次出镇剑南时，贿赂山南西道节度使张献诚以便得到崔旰。于是，张献诚让崔旰作书称病，辞去职务，前往严武处。严武让他担任汉州刺史，派他率军在西山攻击吐蕃。崔旰接连攻克吐蕃的几个城池，夺取了数百里的土地。为此严武特意制作七宝车将崔旰迎入成都，十分宠爱他。

严武去世后，行军司马杜济主持剑南节度的军政事务。都知兵马使郭英幹，是郭英义的弟弟，与都虞候郭嘉琳一起奏请任命郭英义为剑南节度使；而当时崔旰担任西山都知兵马使，他与部下一起奏请任命大将军王崇俊为剑南节度使。恰巧朝廷已经任命郭英义为剑南节度使，郭英义为此而对崔旰等人怀恨。郭英义到达成都数天，就以莫须有的罪名将王崇俊杀掉，同时命令崔旰返回成都。

盱辞以备吐蕃,未可归,英乂愈怒,绝其馈饷以困之。盱转徙入深山,英乂自将兵攻之,声言助盱拒守。会大雪,山谷深数尺,士马冻死者甚众。盱出兵击之,英乂大败,收馀兵,才及千人而还。

英乂为政,严暴骄奢,不恤士卒,众心离怨。玄宗之离蜀也,以所居行宫为道士观,仍铸金为真容。英乂爱其竹树茂美,奏为军营,因徙去真容,自居之。盱宣言英乂反,不然,何以徙真容自居其处?于是帅所部五千馀人袭成都。辛巳,战于城西,英乂大败。盱遂入成都,屠英乂家。英乂单骑奔简州。普州刺史韩澄杀英乂,送首于盱。邛州牙将柏茂琳、泸州牙将杨子琳、剑州牙将李昌夔各举兵讨盱,蜀中大乱。盱,卫州人也。

6 华原令顾繇上言,元载子伯和等招权受贿,十二月戊戌,繇坐流锦州。

7 自安、史之乱,国子监室堂颓坏,军士多借居之。祭酒萧昕上言:"学校不可遂废。"

大历元年(丙午,766)

1 春,正月乙酉,敕复补国子学生。

2 丙戌,以户部尚书刘晏为都畿、河南、淮南、江南、湖南、荆南、山南东道转运、常平、铸钱、盐铁等使,侍郎第五琦为京畿、关内、河东、剑南、山南西道转运等使,分理天下财赋。

3 周智光至华州,益骄横,召之,不至。上命杜冕从张献诚于山南以避之。智光遣兵于商山邀之,不获。智光自知罪重,乃聚亡命、无赖子弟,众至数万,纵其剽掠以悦其心。

崔旰则托辞防备吐蕃,不能返回,郭英乂更加气愤,便断绝粮饷以使崔旰陷入困境。崔旰转移到深山密林中,郭英乂又亲自率军进攻崔旰,声称帮助崔旰防御吐蕃。这时恰巧天下着大雪,山谷中积雪深达数尺,士兵和战马冻死很多。崔旰出兵反击,郭英乂大败,收集残兵,总共才一千人,狼狈而归。

郭英乂为政严酷残暴,骄奢淫逸,从不体恤士兵,致使众心离散,怨愤四起。玄宗离开蜀地后,郭英乂便将玄宗所居住的行宫改为道士观,还用铜铸造道家肖像。郭英乂喜爱观中竹林繁茂幽美,奏请将观改为军营,于是迁走道家肖像,自己居住在观中。崔旰宣称郭英乂谋反,否则,他为什么要迁走道家肖像,自己住到那里去呢?于是崔旰率领部下五千多人袭击成都。辛巳(二十四日),在成都城西双方交战,郭英乂大败。于是崔旰进入成都,屠杀了郭英乂一家。郭英乂只身单骑逃往简州。普州刺史韩澄杀掉郭英乂,将他的首级送给了崔旰。这时候,邛州牙将柏茂琳、泸州牙将杨子琳、剑州牙将李昌巙分别率军讨伐崔旰,蜀地一片混乱。崔旰是卫州人。

6 华原县令顾繇上书说,元载的儿子元伯和等人揽权受贿,十二月戊戌(初十),顾繇获罪,被朝廷流放到锦州。

7 自从安、史之乱以后,国子监的厅堂房舍毁坏严重,许多将士借这些房子来居住。国子祭酒萧昕进言说:"学校不应该因此而荒废。"

唐代宗大历元年(丙午,公元766年)

1 春季,正月乙酉(二十九日),代宗下敕令重新补充国子监学生。

2 丙戌(三十日),代宗任命户部尚书刘晏为都畿道、河南东道、淮南道、江南道、湖南道、荆南道、山南东道转运使、常平使、铸钱使、盐铁使,侍郎第五琦为京畿道、关内道、河东道、剑南道、山南西道转运使等职务,分别管理国家的财政赋税事务。

3 周智光回到华州后,更加飞扬跋扈,代宗召见,他也不去。代宗只好让杜冕跟随张献诚到山南躲避周智光。周智光派遣军队在商山拦截杜冕,但没有得到。周智光自知罪孽深重,便纠集亡命之徒、无赖子弟,其众多达数万,纵容他们烧杀虏掠以博取他们的欢心。

擅留关中所漕米二万斛,藩镇贡献,往往杀其使者而夺之。

4 二月丁亥朔,释奠于国子监。命宰相帅常参官、鱼朝恩帅六军诸将往听讲,子弟皆服朱紫为诸生。朝恩既贵显,乃学讲经为文。仅能执笔辨章句,遽自谓才兼文武,人莫敢与之抗。

辛卯,命有司修国子监。

5 元载专权,恐奏事者攻讦其私,乃请:"百官凡论事,皆先白长官,长官白宰相,然后奏闻。"仍以上旨谕百官曰:"比日诸司奏事烦多,所言多谗毁,故委长官、宰相先定其可否。"

刑部尚书颜真卿上疏,以为:"郎官、御史,陛下之耳目。今使论事者先白宰相,是自掩其耳目也。陛下患群臣之为谗,何不察其言之虚实?若所言果虚宜诛之,果实宜赏之。不务为此,而使天下谓陛下厌听览之烦,托此为辞,以塞谏争之路,臣窃为陛下惜之!太宗著《门司式》云:'其无门籍人,有急奏者,皆令门司与仗家引奏,无得关碍。'所以防壅蔽也。天宝以后,李林甫为相,深疾言者,道路以目。上意不下逮,下情不上达,蒙蔽暗嗚,卒成幸蜀之祸。陵夷至于今日,其所从来者渐矣。夫人主大开不讳之路,群臣犹莫敢尽言,况令宰相大臣裁而抑之,则陛下所闻见者不过三数人耳。天下之士从此钳口结舌,陛下见无复言者,以为天下无事可论,是林甫复起于今日也!昔林甫虽擅权,群臣有不咨宰相辄奏事者,

同时，又擅自截留漕运到关中的大米两万斛，对于各藩镇向朝廷贡献的方物，周智光常常杀掉使者而夺取之。

4　二月丁亥朔（初一），代宗在国子监祭奠孔子。代宗下令宰相率领日常参朝的官吏、鱼朝恩率领六军将领前往国子监听讲儒家经典，他们的子弟都穿紫红衣服作为学生。当时鱼朝恩的地位已经尊贵显赫，便学习讲演经典，撰述文章。他仅仅能执笔识读章句，就马上自称是文武全才，别人都不敢与他争辩。

辛卯（初五），代宗下令有关部门维修国子监。

5　元载大权独揽，又害怕上奏论事者揭露他的隐私，就奏请说："凡是大臣们上奏论事，都应当先告诉有关部门长官，由各长官告诉宰相，然后再奏报陛下。"他还以圣谕的名义告诉百官说："近来，各有关部门上奏论事繁多，所说的多是些谗言诋毁之词，所以委托诸长官、宰相首先确定所说的事是否可以上奏。"

刑部尚书颜真卿上书认为："郎官和御史都是陛下的耳目。如今让上奏论事者先告诉宰相，是陛下自己堵上自己的耳目。陛下如果害怕群臣们进谗言，为什么不考察一下他们所言之事的真假？假如所言之事果真是假，那就应该将他们杀掉；果真是真，那就应当奖赏他们。如果陛下不致力做到这一步，那么就会使天下的人都说陛下对听览臣下的奏章已经感到厌烦，所以以此为借口，堵塞臣下劝谏争辩的途径，我为陛下感到惋惜！太宗所著《门司式》说：'那些没有出入宫门凭证的人，如有急事上奏，都命令掌管宫门的人和执掌仪仗宿卫的人引导他们上奏，不许有任何阻挠。'用这样的方法是为了避免遭受蒙蔽。天宝以后，李林甫担任宰相，他非常讨厌上奏论事的人，人们只是道路以目，敢怒而不敢言。致使皇上的意图不能向下传达，而下面的情况皇上不能了解，皇上被蒙蔽，臣下缄口不言，终于酿成玄宗逃奔蜀地的大祸。国家衰败到今天这种地步，都是日积月累逐渐形成的。皇上大开直言不讳之路，大臣尚且不敢完全表达自己意见，更何况让宰相大臣先行裁决和压制，那么陛下所能听到和看到的人仅仅剩下三几个了。天下的有识之士从此沉默不语，陛下看到无人再上奏论事，就会认为天下没有可论的事情，这真像李林甫在今天又复活了似的！过去李林甫虽然大权独揽，但是群臣们仍有不征求宰相的意见而上奏论事的，

则托以他事阴中伤之,犹不敢明令百司奏事皆先白宰相也。陛下倪不早寤,渐成孤立,后虽悔之,亦无及矣!"载闻而恨之,奏真卿诽谤;乙未,贬峡州别驾。

6 己亥,命大理少卿杨济修好于吐蕃。

7 壬子,以杜鸿渐为山南西道剑南东、西川副元帅、剑南西川节度使,以平蜀乱。

8 以四镇、北庭行营节度使马璘兼邠宁节度使。璘以段秀实为三使都虞候。卒有能引弓重二百四十斤者,犯盗当死,璘欲生之,秀实曰:"将有爱憎而法不一,虽韩、彭不能为理。"璘善其议,竟杀之。璘处事或不中理,秀实力争之。璘有时怒甚,左右战栗,秀实曰:"秀实罪若可杀,何以怒为?无罪杀人,恐涉非道。"璘拂衣起,秀实徐步而出;良久,璘置酒召秀实谢之。自是军州事皆咨秀实而后行。璘由是在邠宁,声称殊美。

9 癸丑,以山南西道节度使张献诚兼剑南东川节度使,邛州刺史柏茂琳为邛南防御使,以崔旰为茂州刺史,充西山防御使。三月癸未,献诚与旰战于梓州,献诚军败,仅以身免,旌节皆为旰所夺。

10 夏,五月,河西节度使杨休明徙镇沙州。

11 秋,八月,国子监成;丁亥,释奠。鱼朝恩执《易》升高座,讲"鼎覆𫗧"以讥宰相。王缙怒,元载怡然。朝恩谓人曰:"怒者常情,笑者不可测也。"

对此,李林甫仅能借口其他事,暗中伤害他们,尚且不敢明目张胆地下令各有关部门上奏论事,都必须先告诉宰相。陛下倘若不及早醒悟,就会逐渐孤立,过后虽然心中懊悔,但也来不及了!"元载听到颜真卿上书很恼怒,奏称颜真卿有意诽谤;乙未(初九),代宗将颜真卿贬为峡州别驾。

6 己亥(十三日),代宗命令大理少卿杨济负责与吐蕃建立友好关系。

7 壬子(二十六日),代宗任命杜鸿渐为山南西道、剑南东川、剑南西川副元帅,剑南西川节度使,以平定蜀地的叛乱。

8 唐代宗让四镇、北庭行营节度使马璘兼任邠宁节度使。马璘让段秀实担任四镇、北庭和邠宁三节度使都虞候。马璘部下有一士兵,能拉开二百四十斤重的弓,因盗窃该当处死,而马璘想免他死罪,段秀实对马璘说:"将领有爱憎之情,就会执法不一,即使是韩信、彭越那样的名将也无法治理军队。"马璘对段秀实的一番议论颇为赞赏,最终杀掉那个士兵。有时,马璘处理事情不合理,段秀实就据理力争。有时使得马璘十分恼怒,身边的人也吓得胆战心惊,可段秀实说:"如果我犯了应该杀头的罪,你何必大发雷霆?但杀死无罪的人,恐怕是无道的。"马璘气得拂衣而起,段秀实则慢慢地走了出去;过了很久,马璘摆起酒席召见段秀实,以示道歉。从此,凡军州中事,马璘都征求段秀实意见然后施行。因此,马璘在邠宁地区的名声非常好。

9 癸丑(二十七日),代宗任命山南西道节度使张献诚兼任剑南东川节度使,邛州刺史柏茂琳为邛南防御使,崔旰为茂州刺史,担任西山防御使。三月癸未(二十八日),张献诚在梓州与崔旰交战,张献诚兵败,仅仅免于一死,节度使的旌节都被崔旰夺走。

10 夏季,五月,河西节度使杨休明将治所迁移到沙州。

11 秋季,八月,国子监修复完毕;丁亥(初四),在国子监献祭孔子。鱼朝恩手执《易经》,就座于高座上,宣讲《易经》中所说的"鼎折一足,鼎中美食就会倾覆",以此来讽刺宰相。王缙听后十分气愤,而元载和颜悦色,似乎十分坦然。鱼朝恩跟别人说:"发怒是常情,而微笑则是不可揣测的。"

12　杜鸿渐至蜀境,闻张献诚败而惧,使人先达意于崔
旰,许以万全。旰卑辞重赂以迎之,鸿渐喜。进至成都,见
旰,但接以温恭,无一言责其干纪,州府事悉以委旰。又数荐
之于朝,因请以节制让旰,以柏茂琳、杨子琳、李昌夔各为本
州刺史。上不得已从之。壬寅,以旰为成都尹、西川节度行
军司马。

13　甲辰,以鱼朝恩行内侍监、判国子监事。中书舍人
京兆常衮上言:“成均之任,当用名儒,不宜以宦者领之。”丁
未,命宰相以下送朝恩上。

14　京兆尹黎幹自南山引涧水穿漕渠入长安,功竟
不成。

15　冬,十月乙未,上生日,诸道节度使献金帛、器服、珍
玩、骏马为寿,共直缗钱二十四万。常衮上言,以为:“节度使
非能男耕女织,必取之于人。敛怨求媚,不可长也。请却
之。”上不听。

16　京兆尹第五琦什一税法,民苦其重,多流亡。十一
月甲子,日南至,赦,改元,悉停什一税法。

17　十二月癸卯,周智光杀陕州监军张志斌。智光素与
陕州刺史皇甫温不协,志斌入奏事,智光馆之,志斌责其部下
不肃,智光怒曰:“仆固怀恩不反,正由汝辈激之。我亦不反,
今日为汝反矣!”叱下斩之,脔食其肉。朝士举选人,畏智光
之暴,多自同州窃过,智光遣将将兵邀之于路,死者甚众。
戊申,诏加智光检校左仆射,遣中使余元仙持告身授之。智
光慢骂曰:“智光有大功于天下国家,不与平章事而与仆射!

12　杜鸿渐到达蜀地境内，听说张献诚兵败，感到很害怕，他派人先去崔旰处致意，保证让他不受伤害。崔旰以谦辞重礼迎接他，杜鸿渐很高兴。自己到达成都，又见了崔旰，仅以温和恭谦的态度进行接触，没有说一句责备他违反法纪的话，并且将州府事务全部委托崔旰处理。杜鸿渐又多次向朝廷推荐崔旰，而且请求朝廷将节度使职位让给崔旰，让柏茂琳、杨子琳、李昌巙分别担任本州刺史。代宗不得已，只好同意他的建议。壬寅（十九日），代宗任命崔旰为成都尹、西川节度行军司马。

13　甲辰（二十一日），代宗任命鱼朝恩为内侍监，兼管国子监事务。中书舍人京兆人常衮上书说：“国子监的官员应当起用名儒，不应该让宦官兼任。”丁未（二十四日），代宗命令宰相以下各级官员送鱼朝恩上任。

14　京兆尹黎幹从南山引涧水穿过漕渠进入长安，这项工程最终未能成功。

15　冬季，十月乙未（十三日），代宗生日，各道节度使贡献黄金玉帛、器物衣服、珍贵的玩赏物品和骏马作为寿礼，其价值共值缗钱二十四万。常衮向代宗进言，认为：“节度使本人不会男耕女织，因而这些财物必然从人民手中榨取。以招致人民的怨恨来讨好陛下，这种风气决不可以助长。请求陛下不要接受这些寿礼。”代宗不听常衮的劝告。

16　京兆尹第五琦实行十中取一的税制，民众颇受税重之苦，许多人流亡他乡。十一月甲子（十二日），冬至日，大赦天下，改年号为大历，十中取一的税制全部停用。

17　十二月癸卯（二十二日），周智光杀掉陕州监军张志斌。周智光一向与陕州刺史皇甫温有矛盾，张志斌入朝奏报公务，周智光将他留居馆舍，张志斌责备周智光部下不恭敬，周智光愤怒地说：“仆固怀恩本来并不造反，正是由于你这一类人激怒的缘故。我也没有造反，今天却因你而造反了！”于是叱令左右将张志斌推下去斩首，并且将他剁成肉条吃掉。朝廷官员推举的候选官员，都畏惧周智光的残暴，大多数从同州悄悄经过，周智光知道后，派遣将领率士兵在路途中阻截，被杀死的人很多。戊申（二十七日），代宗下诏将周智光晋升为检校左仆射，并派遣中使余元仙携带委任状去授予周智光。周智光谩骂道：“我周智光对国家有特大功劳，不给平章事而给仆射的职位！

且同、华地狭,不足展材,若益以陕、虢、商、鄜、坊五州,庶犹可耳。"因历数大臣过失,且曰:"此去长安百八十里,智光夜眠不敢舒足,恐踏破长安城。至于挟天子令诸侯,惟周智光能之。"元仙股栗。郭子仪屡请讨智光,上不许。

18　郭子仪以河中军食常乏,乃自耕百亩,将校以是为差,于是士卒皆不劝而耕。是岁,河中野无旷土,军有馀粮。

19　以陇右行军司马陈少游为桂管观察使。少游,博州人也,为吏强敏而好贿,善结权贵,以是得进。既得桂州,恶其道远多瘴疠。宦官董秀掌枢密,少游请岁献五万缗,又纳贿于元载子仲武。内外引荐,数日,改宣歙观察使。

二年(丁未,767)

1　春,正月丁巳,密诏郭子仪讨周智光,子仪命大将浑瑊、李怀光军于渭上;智光麾下闻之,皆有离心。己未,智光大将李汉惠自同州帅所部降于子仪。壬戌,贬智光澧州刺史。甲子,华州牙将姚怀、李延俊杀智光,以其首来献。

淮西节度使李忠臣入朝,以收华州为名,帅所部兵大掠,自潼关至赤水二百里间,财畜殆尽,官吏有衣纸或数日不食者。己巳,置潼关镇兵二千人。

2　壬申,分剑南置东川观察使,镇遂州。

3　二月丙戌,郭子仪入朝。上命元载、王缙、鱼朝恩等互置酒于其第,一会之费至十万缗。上礼重子仪,常谓之大臣而不名。

况且同州、华州地方狭小，不足以施展我的才能，假如给我增加陕州、虢州、商州、鄜州、坊州等五州，那样还差不多。"因而历数大臣们的过失，并且说道："这里距长安一百八十里地，我晚上睡觉时不敢伸展双足，害怕踏破长安城。至于挟天子以令诸侯，只有周智光才能办到。"余元仙吓得双腿直颤。郭子仪屡次请求讨伐周智光，代宗没有允许。

18　郭子仪因为河中军队的粮食经常匮乏，于是亲自耕地一百亩，将领们以此为差事，因此士兵们都无需劝导而从事农耕。本年，河中地区没有空旷的土地，军队也存有馀粮。

19　代宗任命陇右行军司马陈少游为桂管观察使。陈少游是博州人，做官机敏强干，但又喜欢行贿受贿，善于结交权贵，因此得以升官进阶。陈少游已经得到桂州，但他讨厌桂州路途遥远，而又多传染病。当时宦官董秀执掌枢密事务，陈少游请求每年献给董秀五万缗钱，同时又向元载的儿子元仲武行贿。于是董秀和元载分别于内外向代宗引荐陈少游，几天以后，代宗改任少游为宣歙观察使。

唐代宗大历二年(丁未,公元 767 年)

1　春季，正月丁巳(初六)，代宗秘密下诏让郭子仪讨伐周智光，郭子仪命令大将浑瑊、李怀光在渭水河畔驻扎军队；周智光的部下听说后，都有心脱离周智光。己未(初八)，周智光的大将李汉惠从同州率领部下向郭子仪投降。壬戌(十一日)，代宗将周智光贬为澧州刺史。甲子(十三日)，华州牙将姚怀、李延俊杀掉周智光，并将周智光的头颅献给朝廷。

淮西节度使李忠臣入朝，他以收复华州为名，率领他的部队大肆掠夺，从潼关到赤水二百里间，财物牲畜被掠殆尽，当地官员们有的以纸当衣，有的数天没有饭吃。己巳(十八日)，朝廷在潼关设置镇守部队两千人。

2　壬申(二十一日)，朝廷从剑南节度使中分置东川观察使，镇守遂州。

3　二月丙戌(初六)，郭子仪入朝。代宗命令元载、王缙、鱼朝恩等人分别在他们的宅第设置酒席款待郭子仪，一次宴席花费高达十万缗。代宗对待郭子仪礼遇厚重，常常称他为大臣而不直呼其名。

郭暧尝与昇平公主争言,暧曰:"汝倚乃父为天子邪?我父薄天子不为!"公主恚,奔车奏之。上曰:"此非汝所知。彼诚如是,使彼欲为天子,天下岂汝家所有邪?"慰谕令归。子仪闻之,囚暧,入待罪。上曰:"鄙谚有之:'不痴不聋,不作家翁。'儿女子闺房之言,何足听也?"子仪归,杖暧数十。

4　夏,四月庚子,命宰相、鱼朝恩与吐蕃盟于兴唐寺。

5　杜鸿渐请入朝奏事,以崔旰知西川留后。六月甲戌,鸿渐来自成都,广为贡献,因盛陈利害,荐旰才堪寄任。上亦务姑息,乃留鸿渐复知政事。秋,七月丙寅,以旰为西川节度使,杜济为东川节度使。旰厚敛以赂权贵,元载擢旰弟宽至御史中丞,宽兄审至给事中。

6　丁卯,鱼朝恩奏以先所赐庄为章敬寺,以资章敬太后冥福。于是穷壮极丽,尽都市之财不足用,奏毁曲江及华清宫馆以给之,费逾万亿。卫州进士高郢上书,略曰:"先太后圣德,不必以一寺增辉;国家永图,无宁以百姓为本。舍人就寺,何福之为?"又曰:"无寺犹可,无人其可乎?"又曰:"陛下当卑宫室,以夏禹为法,而崇塔庙踵梁武之风乎!"又上书,略曰:"古之明王积善以致福,不费财以求福;修德以消祸,不劳人以禳祸。今兴造急促,昼夜不息,力不逮者随以榜笞,愁痛之声盈于道路。以此望福,臣恐不然。"又曰:"陛下回正道于内心,求微助于外物,徇左右之过计,伤皇王之大猷,臣窃为陛下惜之!"皆寝不报。

郭暧曾经与昇平公主发生口角,郭暧说:"你倚仗你父亲是天子吗?我父亲是不屑于做天子的!"公主十分气愤,乘车飞奔入宫奏报此事。代宗说:"此事并非你所能知。他们真是这样,假使他们想要做天子,天下怎么会是你家的呢?"代宗安慰劝说一番,让公主回去。郭子仪听说此事后,将郭暧囚禁起来,自己入朝等待代宗的惩处。代宗对郭子仪说:"有一句俗话说:'不痴不聋,当不了家长。'儿女闺房中的话,哪值得去听呢?"郭子仪回家,打了郭暧数十大棍。

4 夏季,四月庚子(二十一日),代宗命令宰相及鱼朝恩在兴唐寺与吐蕃举行结盟仪式。

5 杜鸿渐请求入朝奏事,让崔旰担任西川留后。六月甲戌,杜鸿渐从成都入朝,贡献了许多财物,并且竭力陈述利害关系,推荐崔旰有才干,可以寄予重任。代宗也一味姑息,于是将杜鸿渐留在朝中,再次担任宰相。秋季,七月丙寅(十九日),代宗任命崔旰为西川节度使,杜济为东川节度使。崔旰增加赋税的征收,以此来贿赂权贵,因而元载将崔旰的弟弟崔宽提升为御史中丞,崔宽的哥哥崔审提升为给事中。

6 丁卯(二十日),鱼朝恩奏请将先前所赐给他的庄园改为章敬寺,为章敬太后祈求冥福。于是,鱼朝恩将章敬寺修建得极其宏伟壮丽,耗尽都市的木材还不够用,又奏请拆毁曲江和华清宫的馆舍来供给修寺,费用超一万亿。卫州人进士高郢上书,大略说:"已故太后德行崇高,不必以一座寺院来增添光彩;国家要长治久安,不如以百姓的利益作为治国之本。抛弃百姓的利益去修建寺院,怎么能够祈福呢?"他又说:"没有寺院尚可,但是能够没有百姓吗?"他又说:"陛下应当不看重宫室,应该效法夏禹,不应该步梁武帝的后尘而崇尚寺塔的修建。"他又上书,大略说:"古代贤明的君主多做好事以致福,不劳费资财以求福,修饰德行以消除灾祸,不劳费百姓以求得免灾。如今匆匆忙忙昼夜建造寺院,对体力不支的人随意殴打,道路上充满了愁叹哀痛的声音。用这样的方式祈福,我害怕会适得其反。"他又说:"陛下在内心回避正确的道理准则,而求助于佛寺这种外物的帮助,顺从身边人的错误估计,损害了帝王的行为准则,我暗自替陛下感到痛惜!"代宗对他的劝告不作任何答复。

　　始，上好祠祀，未甚重佛。元载、王缙、杜鸿渐为相，三人皆好佛。缙尤甚，不食荤血，与鸿渐造寺无穷。上尝问以"佛言报应，果为有无"？载等奏以："国家运祚灵长，非宿植福业，何以致之？福业已定，虽时有小灾，终不能为害。所以安、史悖逆方炽而皆有子祸；仆固怀恩称兵内侮，出门病死；回纥、吐蕃大举深入，不战而退：此皆非人力所及，岂得言无报应也？"上由是深信之，常于禁中饭僧百馀人；有寇至则令僧讲《仁王经》以禳之，寇去则厚加赏赐。胡僧不空，官至卿监，爵为国公，出入禁闼，势移权贵，京畿良田美利多归僧寺。敕天下无得棰曳僧尼，造金阁寺于五台山，铸铜涂金为瓦，所费巨亿；缙给中书符牒，令五台僧数十人散之四方，求利以营之。载等每侍上从容，多谈佛事。由是中外臣民承流相化，皆废人事而奉佛，政刑日紊矣。

　　7　八月庚辰，凤翔等道节度使、左仆射、平章事李抱玉入朝，固让仆射，言辞确至，上许之。癸丑，又让凤翔节度使，不许。

　　8　丁酉，杜鸿渐饭千僧，以使蜀无恙故也。

　　9　九月，吐蕃众数万围灵州，游骑至潘原、宜禄。诏郭子仪自河中帅甲士三万镇泾阳，京师戒严。甲子，子仪移镇奉天。

　　10　山獠陷桂州，逐刺史李良。

　　11　冬，十月戊寅，朔方节度使路嗣恭破吐蕃于灵州城下，斩首二千馀级；吐蕃引去。

起初，代宗喜欢祠堂祭祀，并不看重佛教。后来，元载、王缙、杜鸿渐担任宰相，他们三人都崇信佛教。王缙信奉尤笃，他不吃荤食，与杜鸿渐无止境地修造寺院。代宗曾经问他们"佛教所说的报应，果真有吗"？元载等人回答说："国家之所以能够国运长久，如果不是平素植下福业，怎么可能达到呢？福业已经确定，虽然时常有些小灾小难，但是终究没有危害。所以安禄山、史思明反叛朝廷，正当轰轰烈烈之际，便都遭到他们儿子的杀害；仆固怀恩率军进攻朝廷，才出门就得病而死；回纥、吐蕃大举深入内地，最后不战而退，这一切都不是人的力量所能达到的，难道能说没有报应吗？"代宗因此十分崇信佛教，经常在宫中设斋，供养一百多名和尚；有敌人前来进犯时就命令和尚宣讲《护国仁王经》，来祈祷免灾，敌人撤退后就赏赐给和尚丰厚的礼物。胡人和尚不空，官做到卿监，赐爵位为国公，经常出入宫中，连权贵们也得看他眼色行事，京畿地区的良田和获利大的事业多归佛寺所有。代宗下令天下不得鞭打和欺辱僧尼，又在五台山修造金阁寺，铸造鎏金铜瓦，所耗的资金数以亿计；王缙将中书省的文书发给和尚，命令五台山和尚数十人到全国各地去募捐集资，用来营建佛寺。元载等人每当侍奉皇上，从容闲暇时，往往谈论佛事。因此朝廷内外的官吏及百姓互相效仿、影响，都不做世人之事，而去崇奉佛教，政务刑法日益紊乱。

　　7　八月庚辰（初三），凤翔节度使、左仆射、平章事李抱玉入朝觐见，坚持要求辞掉仆射的职务，言辞十分坚决，代宗接受了他的请求。癸丑，李抱玉又请求辞去凤翔节度使职务，代宗没有答应。

　　8　丁酉（二十日），杜鸿渐设斋供养一千名和尚，以便使蜀地安然无恙。

　　9　九月，吐蕃军队数万人围攻灵州，流动出击的骑兵到达潘原、宜禄。代宗下诏让郭子仪从河中率领三万名士兵镇守泾阳，京师实行戒严。甲子（十七日），郭子仪移师镇守奉天。

　　10　山獠攻陷桂州，驱逐了桂州刺史李良。

　　11　冬季，十月戊寅（初一），朔方节度使路嗣恭在灵州城下击败吐蕃军队，杀死了两千多名敌军，吐蕃军队撤退。

12 十二月庚辰,盗发郭子仪父冢,捕之,不获。人以为鱼朝恩素恶子仪,疑其使之。子仪自奉天入朝,朝廷忧其为变。子仪见上,上语及之,子仪流涕曰:"臣久将兵,不能禁暴,军士多发人冢。今日及此,乃天谴,非人事也。"朝廷乃安。

13 是岁,复以镇西为安西。

14 新罗王宪英卒,子乾运立。

三年(戊申,768)

1 春,正月乙丑,上幸章敬寺,度僧尼千人。

2 赠建宁王倓为齐王。

3 二月癸巳,商州兵马使刘洽杀防御使殷仲卿,寻讨平之。

4 甲午,郭子仪禁无故军中走马。南阳夫人乳母之子犯禁,都虞候杖杀之。诸子泣诉于子仪,且言都虞候之横,子仪叱遣之。明日,以事语僚佐而叹息曰:"子仪诸子,皆奴材也。不赏父之都虞候而惜母之乳母子,非奴材而何?"

5 庚子,以后宫独孤氏为贵妃。

6 三月乙巳,朔,日有食之。

7 夏,四月戊寅,山南西道节度使张献诚,以疾举从父弟右羽林将军献恭自代。上许之。

8 壬寅,西川节度使崔旰入朝。

9 初,上遣中使征李泌于衡山,既至,复赐金紫,为之作书院于蓬莱殿侧,上时衣汗衫、蹋屦过之,自给、舍以上及方镇除拜、军国大事,皆与之议。又使鱼朝恩于白花屯为泌作外院,使与亲旧相见。

12 十二月,庚辰(初四),盗贼挖掘了郭子仪父亲的坟冢,官府搜捕,没有抓获。人们认为鱼朝恩向来讨厌郭子仪,怀疑是他派人干的。郭子仪从奉天入朝,朝廷害怕他因此背叛。郭子仪拜见代宗,代宗提到了这件事,郭子仪痛哭流涕地说:“我长久带兵,却不能禁止残暴的行为,因而许多士兵挖掘别人的坟墓。今天挖到我的头上,这是苍天在谴责我,不关乎人事。”朝廷于是安定下来。

13 这一年,朝廷将“镇西”重新改为“安西”。

14 新罗王金宪英去世,他的儿子金乾运继承王位。

唐代宗大历三年(戊申,公元768年)

1 春季,正月乙丑(二十日),代宗到章敬寺,接纳一千人出家当和尚、尼姑。

2 代宗追赠建宁王李倓为齐王。

3 二月癸巳(十八日),商州兵马使刘洽杀死防御使殷仲卿,不久朝廷讨伐并予以镇压。

4 甲午(十九日),郭子仪下令禁止在军营中无故驰马奔走。郭子仪的妻子南阳夫人奶妈的儿子触犯禁令,都虞候将他用乱棍打死。郭子仪的几个儿子在他面前哭诉,并且说都虞候专横,郭子仪狠狠地训斥并赶走了他们。第二天,郭子仪跟属僚们说起了这件事,并且叹息道:“我的几个儿子都是奴才。他们不赞赏父亲的都虞候,而是痛惜母亲的奶妈的儿子,不是奴才又是什么呢?”

5 庚子(二十五日),代宗册封后宫的独孤氏为贵妃。

6 三月乙巳朔(初一),出现日食。

7 夏季,四月戊寅(初四),山南西道节度使张献诚因为有病,推举堂弟右羽林将军张献恭代替自己职务。代宗准许。

8 壬寅(二十八日),西川节度使崔旰入朝。

9 当初,代宗派遣中使到衡山征召李泌入朝,李泌到来后,赐给他金鱼袋及紫衣,又在宫中蓬莱殿旁边为他修建书院,代宗经常穿着汗衫、拖着鞋过去问候他,自给事中、中书舍人等正五品官以上,及各藩镇节度使的任免,以及军政大事,代宗都和李泌商议。代宗又派鱼朝恩在白花屯为李泌修建外院,以便让李泌与亲朋故旧相会。

上欲以泌为门下侍郎、同平章事,泌固辞。上曰:"机务之烦,不得晨夕相见,诚不若且居密近,何必署敕然后为宰相邪?"后因端午,王、公、妃、主各献服玩,上谓泌曰:"先生何独无所献?"对曰:"臣居禁中,自巾至履皆陛下所赐,所馀惟一身耳,何以为献?"上曰:"朕所求正在此耳。"泌曰:"臣身非陛下有,谁则有之?"上曰:"先帝欲以宰相屈卿而不能得,自今既献其身,当惟朕所为,不为卿有矣!"泌曰:"陛下欲使臣何为?"上曰:"朕欲卿食酒肉,有室家,受禄位,为俗人。"泌泣曰:"臣绝粒二十馀年,陛下何必使臣隳其志乎?"上曰:"泣复何益!卿在九重之中,欲何之?"乃命中使为泌葬二亲,又为泌娶卢氏女为妻,资费皆出县官。赐第于光福坊,令泌数日宿第中,数日宿蓬莱院。

上与泌语及齐王倓,欲厚加褒赠,泌请用岐、薛故事赠太子,上泣曰:"吾弟首建灵武之议,成中兴之业,岐、薛岂有此功乎?竭诚忠孝,乃为谗人所害。向使尚存,朕必以为太弟。今当崇以帝号,成吾夙志。"乙卯制,追谥倓曰承天皇帝;庚申,葬顺陵。

10 崔旰之入朝也,以弟宽为留后,泸州刺史杨子琳帅精骑数千乘虚突入成都。朝廷闻之,加旰检校工部尚书,赐名宁,遣还镇。

11 六月壬辰,幽州兵马使朱希彩、经略副使昌平朱泚、泚弟滔共杀节度使李怀仙,希彩自称留后。闰月,成德军节度使李宝臣遣将将兵讨希彩,为希彩所败;朝廷不得已宥之。庚申,以王缙领卢龙节度使;丁卯,以希彩领幽州留后。

代宗想让李泌担任门下侍郎、同平章事职务,李泌坚持推托不受。代宗对他说:"军政大事十分烦劳,我们不可能朝夕相处,不如姑且住得近一些,何必要签署敕令之后再当宰相呢?"后来过端午节,王、公、妃子、公主分别向代宗进献服饰和玩物,代宗对李泌说:"为什么唯独你没有进献礼物呢?"李泌回答说:"我身居宫中,从头巾一直到鞋都是陛下赏赐的,剩下的仅仅是我这个人了,我拿什么来向陛下贡献呢?"代宗说:"朕所需求的正是你这个人。"李泌说:"我这个人不是陛下所有,谁还能有呢?"代宗说:"先帝曾经想让你屈尊担任宰相职务,但是没有能够得到你,从今以后,你既然已经将自己奉献给朕,就应当归朕所用,而不归你自己所有了!"李泌说:"陛下想让我做什么呢?"代宗说:"朕想让你吃酒肉,有家室,接受官职,还为俗人。"李泌哭着说:"我已经修炼二十多年,陛下何必让我毁了志向呢?"代宗说:"哭又有什么用!你在深宫之中,想上哪儿去?"于是,代宗命令中使为李泌埋葬双亲,又为李泌娶卢氏的女子为妻,一切费用都由县官支付。代宗赏赐给他一所光福坊的住宅,让李泌在自己的住宅中住几天,然后再在蓬莱院住几天。

代宗与李泌谈到齐王李倓,想要给予他隆厚的褒奖与追赠。李泌奏请采用岐王李范、薛王李业的先例追赠李倓为太子。代宗哭着说道:"我的弟弟首次提议先帝北上灵武,成就了中兴的大业,岐王李范、薛王李业难道有这样的功劳吗?他竭尽忠孝,却被进谗言的小人所害。假如他还活着,朕一定让他当皇太弟。如今应当追谥帝号来表示对他的崇敬,实现我的夙愿。"乙卯,唐代宗颁下制诰,追谥李倓为承天皇帝;庚申,将李倓埋葬在顺陵。

10 崔旰入朝后,让他的弟弟崔宽担任留后,泸州刺史杨子琳率领数千名精锐骑兵乘虚突袭,攻入成都。朝廷知道此事后、提升崔旰为检校工部尚书,并赐名为宁,派遣他回去镇守成都。

11 六月壬辰(二十日),幽州兵马使朱希彩、经略副使昌平人朱泚和他的弟弟朱滔一起杀死节度使李怀仙,朱希彩自称为留后。闰六月,成德军节度使李宝臣派遣将领率军讨伐朱希彩,被朱希彩打败,朝廷不得已,只好宽恕朱希彩。庚申(十八日),代宗任命王缙兼任卢龙节度使;丁卯(二十五日),让朱希彩兼任幽州留后。

12 崔宽与杨子琳战,数不利。秋,七月,崔宁姜任氏出家财数十万,募兵得数千人,帅以击子琳,破之;子琳走。

13 乙亥,王缙如幽州,朱希彩盛兵严备以逆之。缙晏然而行,希彩迎谒甚恭。缙度终不可制,劳军,旬馀日而还。

14 回纥可敦卒,庚辰,以右散骑常侍萧昕为吊祭使。回纥庭诘昕曰:"我于唐有大功,唐奈何失信,市我马,不时归其直?"昕曰:"回纥之功,唐已报之矣。仆固怀恩之叛,回纥助之,与吐蕃连兵入寇,逼我郊畿。及怀恩死,吐蕃走,然后回纥惧而请和,我唐不忘前功,加惠而纵之。不然,匹马不归矣。乃回纥负约,岂唐失信邪?"回纥惭,厚礼而归之。

15 丙戌,内出盂兰盆赐章敬寺。设七庙神座,书尊号于幡上,百官迎谒于光顺门。自是岁以为常。

16 八月壬戌,吐蕃十万众寇灵武。丁卯,吐蕃尚赞摩二万众寇邠州,京师戒严,邠宁节度使马璘击破之。

17 庚午,河东节度使、同平章事辛云京薨,以王缙领河东节度使,馀如故。

18 九月壬申,命郭子仪将兵五万屯奉天以备吐蕃。

19 丁丑,济王环薨。

20 壬午,朔方骑将白元光击吐蕃,破之。壬辰,元光又破吐蕃二万众于灵武。凤翔节度使李抱玉使右军都将临洮李晟将兵五千击吐蕃,晟曰:"以力则五千不足用;以谋则太多。"

12 崔宽与杨子琳交战,多次失利。秋季,七月,崔宁的偏房任氏拿出数十万的家产,招募了数千名士兵,率领他们进攻,并打败了杨子琳,杨子琳兵败逃跑。

13 乙亥(初四),王缙到幽州去,朱希彩布置精壮士兵,戒备森严地迎接王缙。王缙安然地走着,朱希彩颇为恭敬地迎接拜见王缙。王缙估计自己最终无法节制朱希彩,便慰劳军队,十多天返回京师。

14 回纥可敦去世,庚辰(初九),代宗任命右散骑常侍萧昕为吊祭使前去吊唁,回纥可汗当庭责问萧昕说:"我对唐朝是有大功的,唐朝为什么丧失信用,购买我的马,却不按时归还马价?"萧昕反驳说:"回纥的功劳,唐朝已经报答了。仆固怀恩叛乱,回纥帮助他,并与吐蕃联合侵犯唐朝,进逼我们京畿郊县。等到仆固怀恩去世,吐蕃逃走,后来回纥惧怕了,便向唐朝请求和解,我们唐朝并不忘记你们以前的功劳,所以给你们不少恩惠,放你们回去。不然的话,你们一个人也回不去。这是回纥违反了协约,难道能说是唐朝失去信用吗?"回纥可汗很惭愧,便送给萧昕一份厚礼,让他返回唐朝。

15 丙戌(十五日),代宗从宫内取出盂兰盆赏赐给章敬寺。设置七庙神灵牌座,将他们的尊号写在幡上,大臣们则在光顺门迎拜。从此以后,每年都举行这样的仪式。

16 八月壬戌(二十一日),吐蕃十万军队进犯灵武。丁卯(二十六日),吐蕃尚赞摩率军两万进犯邠州,京师实行戒严,邠宁节度使马璘打败了尚赞摩。

17 庚午(二十九日),河东节度使、同平章事辛云京去世,代宗让王缙兼任河东节度使,其馀职位不变。

18 九月壬申(初一),代宗命令郭子仪率军五万驻扎奉天,用以防备吐蕃。

19 丁丑(初六),济王李环去世。

20 壬午(十一日),朔方的骑兵将领白元光攻击吐蕃,并打败了他们。壬辰(二十一日),白元光在灵武又打败了吐蕃两万人的军队。凤翔节度使李抱玉派右军都将临洮人李晟率领五千人去攻击吐蕃,李晟说:"凭实力五千人是不够用的,凭智谋又太多了。"

乃将千人出大震关;至临洮,屠吐蕃定秦堡,焚其积聚,虏堡帅慕容谷种而还。吐蕃闻之,释灵州之围而去。戊戌,京师解严。

21 颍州刺史李岵以事忤滑亳节度使令狐彰,彰使节度判官姚奭按行颍州,因代岵领州事,且曰:"岵不受代,即杀之。"岵知之,因激怒将士,使杀奭,与奭同死者百馀人。岵走依河南节度使田神功于汴州。冬,十月乙巳,彰表言其状,岵亦上表自理。上命给事中贺若察往按之。

22 丁卯,郭子仪自奉天入朝。

23 十一月丁亥,以幽州留后朱希彩为节度使。

24 郭子仪还河中。元载以吐蕃连岁入寇,马璘以四镇兵屯邠宁,力不能拒,而郭子仪以朔方重兵镇河中,深居腹中无事之地,乃与子仪及诸将议,徙璘镇泾州,而使子仪以朔方兵镇邠州,曰:"若以边土荒残,军费不给,则以内地租税及运金帛以助之。"诸将皆以为然。十二月己酉,徙马璘为泾原节度使,以邠、宁、庆三州隶朔方。璘先往城泾州,以都虞候段秀实知邠州留后。

初,四镇、北庭兵远赴中原之难,久羁旅,数迁徙,四镇历汴、虢、凤翔,北庭历怀、绛、鄜然后至邠,颇积劳弊。及徙泾州,众皆怨诽。刀斧兵马使王童之谋作乱,期以辛酉旦警严而发。前夕,有告之者,秀实阳召掌漏者,怒之,以其失节,令每更来白,辄延之数刻,遂四更而曙,童之不果发,秀实欲讨之而乱迹未露,恐军中疑其冤。告者又云:"今夕欲焚马坊草,

于是李晟率领一千人，西出大震关；到达临洮后，李晟摧毁吐蕃的定秦堡，焚烧吐蕃囤积的军需物资，俘虏敌军守堡将领慕容谷种而凯旋。吐蕃听到此事后，就放弃对灵州的围困撤走了。戊戌（二十七日），京师解除戒严。

21　颍州刺史李岵因事冒犯了滑亳节度使令狐彰，令狐彰派节度判官姚奭巡行颍州，就此取代李岵主持州事务，并且对姚奭说："如果李岵不接受你去代理，你就杀掉他。"李岵知道此事后，就激怒将士，让他们杀掉姚奭，与姚奭一起被害的共有一百多人。其后，李岵逃往汴州投靠河南节度使田神功。冬季，十月乙巳（初五），令狐彰上表代宗禀报这一事件，李岵也上表替自己辩护。代宗命令给事中贺若察前去审查此事。

22　丁卯（二十七日），郭子仪从奉天入朝。

23　十一月丁亥（十七日），代宗任命幽州留后朱希彩为幽州节度使。

24　郭子仪返回河中。元载认为吐蕃连年进犯，马璘率领四镇军队驻扎邠宁，其兵力无法与吐蕃对抗，而郭子仪率领朔方重兵镇守河中，深居在没有战事的腹心之地，便与郭子仪和诸将领商议，让马璘移镇泾州，而让郭子仪率领朔方军队镇守邠州，元载说道："如果因为边地荒芜，军费不足，那么就用内地的租税和运送财物来资助。"诸将领都认为这种办法十分妥当。十二月己酉（初九），代宗让马璘改任泾原节度使，将邠州、宁州、庆州归属于朔方。马璘先去泾州修筑城墙，让都虞候段秀实担任邠州留后。

当初，四镇、北庭的军队远途跋涉奔赴中原，解救朝廷的危难，长久客居他乡，又多次迁移驻地，四镇的军队历经汴州、虢州、凤翔三地，北庭的军队历经怀州、绛州、鄜州三地，然后到达邠州，军队颇为辛劳疲惫。等到受命迁移泾州，军中兵士都有怨言。刀斧兵马使王童之图谋叛乱，确定在辛酉（二十一日）凌晨击鼓报晓时发难。前一天夜晚，有人将此事告诉段秀实，段秀实佯作召见执掌更漏的士兵，对他发一通火，借口时辰失调，命令他每到一更就前来禀告；每更故意延长几刻钟，于是到四更时天已破晓，王童之未能起事叛乱，段秀实想讨伐王童之，然而叛乱的迹象尚未暴露，害怕军中将士怀疑王童之蒙受冤屈。其后，告密的人又说："今天夜里王童之想焚烧马坊中草垛，

因救火谋作乱。"中夕,火果起,秀实命军中行者皆止,坐者勿起,各整部伍,严守要害。童之白请救火,不许。及旦,捕童之及其党八人,皆斩之。下令曰:"后徙者族,流言者刑!"遂徙于泾。

25　癸亥,西川破吐蕃万馀众。

26　平卢行军司马许杲将卒三千人驻濠州不去,有窥淮南意,淮南节度使崔圆令副使元城张万福摄濠州刺史。杲闻,即提卒去,止当涂。是岁,上召万福,以为和州刺史、行营防御使,讨杲。万福至州,杲惧,移军上元,又北至楚州大掠。淮南节度使韦元甫命万福追讨之;未至淮阴,杲为其将康自劝所逐。自劝拥兵继掠,循淮而东,万福倍道追而杀之,免者什二三。元甫将厚赏将士,万福曰:"官健常虚费衣粮,无所事。今方立小功,不足过赏,请用三分之一。"

四年(己酉,769)

1　春,正月丙子,郭子仪入朝,鱼朝恩邀之游章敬寺。元载恐其相结,密使子仪军吏告子仪曰:"朝恩谋不利于公。"子仪不听。吏亦告诸将,将士请衷甲以从者三百人。子仪曰:"我,国之大臣,彼无天子之命,安敢害我?若受命而来,汝曹欲何为?"乃从家僮数人而往。朝恩迎之,惊其从者之约。子仪以所闻告,且曰:"恐烦公经营耳。"朝恩抚膺捧手流涕曰:"非公长者,能无疑乎?"

2　壬午,流李岵于夷州。

借口救火来图谋叛乱。"午夜时分,草垛果然起火,段秀实命令军中正在行走的将士都停止走动,坐着的人不要起来,各自整理自己的队伍,严守要害之地。王童之禀告段秀实请求前去救火,没有得到同意。等到天亮,段秀实逮捕了王童之及其同伙八人,将他们全都杀掉。同时又下命令说:"迁移迟的人要诛杀九族,散布流言蜚语的人要严刑惩处!"于是军队全部迁移到泾州。

25 癸亥(二十三日),西川的军队打败了吐蕃一万多人的军队。

26 平卢行军司马许杲率领三千人驻扎濠州不肯离去,有窥伺淮南的意图,淮南节度使崔圆命令节度使副使元城人张万福代理濠州刺史。许杲听说后,即率领士兵离开濠州,来到当涂。同年,代宗召见张万福,让他担任和州刺史、行营防御使,讨伐许杲。张万福来到和州,许杲很惧怕,便率军转移到上元,又北上楚州大肆掠夺。淮南节度使韦元甫命令张万福跟踪追击,张万福尚未到达淮阴,许杲已被部将康自劝所驱逐。康自劝率军继续大肆掠夺,并沿着淮河向东流窜,张万福日夜兼程追击并且杀掉他们,存留者仅十分之二三。韦元甫打算对将士们大加赏赐,张万福说:"这支官军经常白白地耗费国家的衣粮而无所事事。如今才立下一点小功,还不足以过分奖赏,请求用大赏的三分之一奖赏将士。"

唐代宗大历四年(己酉,公元769年)

1 春季,正月丙子(初七),郭子仪入朝,鱼朝恩邀请他去章敬寺游玩。元载害怕他们互相勾结,就秘密派郭子仪军中的小吏告诉郭子仪说:"鱼朝恩对你图谋不轨。"郭子仪不听。小吏同时也告诉各位将领,将士们有三百人请求衣内穿甲跟从郭子仪前去。郭子仪说:"我是国家的大臣,他没有天子的命令,哪里敢暗害我?如果他受皇命而来,你们想干什么呢?"于是郭子仪带了几名家僮前往章敬寺。鱼朝恩迎接郭子仪,对他仅带几名随从感到惊奇。郭子仪将所听到的事告诉鱼朝恩,并且说:"害怕麻烦你张罗,所以只带几名随从。"鱼朝恩抚胸拱手、痛哭流涕地说:"如果您不是长者,能不怀疑我吗?"

2 壬午(十三日),代宗将李岵流放到夷州。

3　乙酉，郭子仪还河中。

4　辛卯，赐李岵死。

5　二月壬寅，以京兆之好畤、凤翔之麟游、普润隶神策军，从鱼朝恩之请也。

6　杨子琳既败还泸州，招聚亡命，得数千人，沿江东下，声言入朝；涪州守捉使王守仙伏兵黄草峡，子琳悉擒之，击守仙于忠州，守仙仅以身免。子琳遂杀夔州别驾张忠，据其城。荆南节度使卫伯玉欲结以为援，以夔州许之，为之请于朝。阳曲人刘昌裔说子琳遣使诣阙请罪，子琳从之。乙巳，以子琳为峡州团练使。

7　初，仆固怀恩死，上怜其有功，置其女宫中，养以为女。回纥请以为可敦。夏，五月辛卯，册为崇徽公主，嫁回纥可汗。壬辰，遣兵部侍郎李涵送之，涵奏祠部郎中虞乡董晋为判官。六月丁酉，公主辞行，至回纥牙帐。回纥来言曰："唐约我为市，马既入，而归我贿不足，我于使人乎取之。"涵惧，不敢对，视晋，晋曰："吾非无马而与尔为市，为尔赐不既多乎？尔之马岁至，吾数皮而归资。边吏请致诘也，天子念尔有劳，故下诏禁侵犯。诸戎畏我大国之尔与也，莫敢校焉。尔之父子宁而畜马蕃者，非我谁使之？"于是其众皆环晋拜，既又相帅南面序拜，皆举两手曰："不敢有意大国。"

8　戊申，王缙表让副元帅、都统、行营使。

3　乙酉(十六日),郭子仪返回河中。

4　辛卯(二十二),代宗赐令李岵自尽。

5　二月壬寅(初三),代宗听从鱼朝恩的请求,将京兆的好畤及凤翔的麟游、普润归属神策军管辖。

6　杨子琳败归泸州后,招集逃亡的士兵,共得几千人,沿着长江东下,声称他们要入朝;涪州守捉使王守仙在黄草峡埋伏兵马,被杨子琳全部抓获,杨子琳在忠州攻击王守仙,王守仙仅能孤身逃脱。于是杨子琳杀掉夔州别驾张忠,占据夔州城。荆南节度使卫伯玉想结交杨子琳作为后援,将夔州许给了他,为他向朝廷请求。阳曲人刘昌裔劝说杨子琳派遣使者前往朝廷请罪,杨子琳听从了他的劝说。乙巳(初六),代宗任命杨子琳为峡州团练使。

7　当初,仆固怀恩病死,代宗怜悯他有功劳,将他女儿安置在皇宫中,收为养女。回纥可汗请让养女做他的可敦。夏季,五月辛卯(二十四日),代宗册封养女为崇徽公主,将她嫁给回纥可汗。壬辰(二十五日),派遣兵部侍郎李涵护送公主出嫁,李涵奏请让祠部郎中虞乡人董晋担任判官。六月丁酉(初一),公主向代宗辞行后,到达回纥可汗的营帐。回纥可汗让人传话说:"唐朝邀请我做买卖,我的马已经送到了唐朝,但付给我的钱财却不够,是否我应该派人去取呢?"李涵很害怕,不敢回答,他看了看董晋,董晋回答说:"我们不是没有马而同你们做交易,唐朝赏赐给你们的东西不是已经很多了吗? 你们每年送来的马,我们仅表面数一下马匹的数量,不考虑马的死活,即付给你们钱。边地官吏请求天子责问此事,天子考虑到你们有功劳,所以颁下诏书禁止边地官吏侵犯你们的利益。各戎人邦国害怕我大唐与你们友好,都不敢与你们较量。你们的人民得到安宁,牲畜马匹繁育增长,不是我大唐,谁能使你们这样?"于是回纥可汗的部众都围着董晋,向他叩拜,后来他们又一起排列有序地向南面唐朝方向跪拜,都举起双手说:"我们不敢对大国另有企图。"

8　戊申(十二日),王缙上表代宗请求辞去副元帅、都统、行营使职务。

9　辛酉，郭子仪自河中迁于邠州，其精兵皆自随，馀兵使裨将将之，分守河中、灵州。军士久家河中，颇不乐徙，往往自邠逃归。行军司马严郢领留府，悉捕得，诛其渠帅，众心乃定。

10　秋，九月，吐蕃寇灵州；丁丑，朔方留后常谦光击破之。

11　河东兵马使王无纵、张奉璋等恃功骄蹇，以王缙书生，易之，多违约束。缙受诏发兵诣盐州防秋，遣无纵、奉璋将步骑三千赴之。奉璋逗遛不进，无纵托他事擅入太原城。缙悉擒斩之，并其党七人，诸将悍戾者殆尽，军府始安。

12　冬，十月，常谦光奏吐蕃寇鸣沙，首尾四十里。郭子仪遣兵马使浑瑊将锐兵五千救灵州，子仪自将进至庆州，闻吐蕃退，乃还。

13　黄门侍郎、同平章事杜鸿渐以疾辞位，壬申，许之。乙亥，薨。鸿渐病甚，令僧削发，遗令为塔以葬。

14　丙子，以左仆射裴冕同平章事。初，元载为新平尉，冕尝荐之，故载举以为相，亦利其老病易制。受命之际，蹈舞仆地，载趋而扶之，代为谢词。十二月戊戌，冕薨。

五年(庚戌,770)

1　春，正月己巳，羌酋白对蓬等各帅部落内属。

2　观军容宣慰处置使、左监门卫大将军兼神策军使、内侍监鱼朝恩，专典禁兵，宠任无比，上常与议军国事，势倾朝野。朝恩好于广座恣谈时政，陵侮宰相，元载虽强辩，亦拱默不敢应。

9　辛酉(二十五日),郭子仪从河中迁往邠州,其精锐部队都随他本人行动,其馀部队让副将率领,分别驻守河中、灵州。由于士兵们长期以河中为家,很不乐意移防他地,所以往往从邠州逃回河中。那时行军司马严郢主持河中留守军府事务,将他们全部抓获,杀掉为首的士兵,军心才得以稳定。

10　秋季,九月,吐蕃进犯灵州;丁丑(十二日),朔方留后常谦光将他们击破。

11　河东兵马使王无纵、张奉璋等人自恃有功,十分傲慢,认为王缙是一介书生,便小看他,多次违反军规。王缙受诏调动部队到盐州去充当防秋兵,派遣王无纵、张奉璋率领三千名步骑兵前去。张奉璋停留不前,王无纵借口他事擅自进入太原城。王缙将他们全部捉拿,并将他们和七名同伙杀掉,蛮横凶暴的将领几乎没有了,节度使幕府方才安定。

12　冬季,十月,常谦光奏称吐蕃进犯鸣沙县,其军队前后达四十里长。郭子仪派遣兵马使浑瑊率领五千精锐部队前去援救灵州,自己率军前往庆州,听到吐蕃退兵后,才返回。

13　黄门侍郎、同平章事杜鸿渐因病辞职,壬申,得到代宗的同意。乙亥(十一日),杜鸿渐去世。在杜鸿渐病重时,他命令和尚为他削发,留下遗嘱让他们造佛塔来埋葬他。

14　丙子(十二日),代宗任命左仆射裴冕为同平章事。当初,元载任新平尉时,裴冕曾向朝廷推荐过他,所以,元载推举裴冕出任宰相,同时也因为裴冕年老多病,便于控制。正当裴冕接受任命、向皇上跪拜时,突然摔倒在地,元载匆忙上前扶住他,代他向皇上致谢词。十二月戊戌(初四),裴冕去世。

唐代宗大历五年(庚戌,公元770年)

1　春季,正月己巳(初五),羌族酋长白对蓬等人分别率领部落归附唐朝。

2　观军容宣慰处置使、左监门卫大将军兼神策军使、内侍监鱼朝恩,专门掌管禁军,代宗对他无比宠幸,经常与他议论国家的军政大事,朝廷内外,他的权势最大。鱼朝恩喜欢在大臣聚集的场所放肆地谈论时政,侮辱宰相,元载虽然能言善辩,但也拱手沉默,不敢应对。

　　神策都虞候刘希暹,都知兵马使王驾鹤,皆有宠于朝恩。希暹说朝恩于北军置狱,使坊市恶少年罗告富室,诬以罪恶,捕系地牢,讯掠取服,籍没其家赀入军,并分赏告捕者。地在禁密,人莫敢言。朝恩每奏事,以必允为期,朝廷政事有不豫者,辄怒曰:"天下事有不由我者邪?"上闻之,由是不怿。

　　朝恩养子令徽尚幼,为内给使,衣绿。与同列忿争,归告朝恩。朝恩明日见上曰:"臣子官卑,为侪辈所陵,乞赐之紫衣。"上未应,有司已执紫衣于前,令徽服之,拜谢。上强笑曰:"儿服紫,大宜称。"心愈不平。

　　元载测知上指,乘间奏朝恩专恣不轨,请除之。上亦知天下共怨怒,遂令载为方略。朝恩每入殿,常使射生将周皓将百人自卫,又使其党陕州节度使皇甫温握兵于外以为援。载皆以重赂结之,故朝恩阴谋密语,上一一闻之,而朝恩不之觉也。

　　辛卯,载为上谋,徙李抱玉为山南西道节度使,以温为凤翔节度使,外重其权,实内温以自助也。载又请割郿、虢、宝鸡、鄠、盩厔隶抱玉,兴平、武功、天兴、扶风隶神策军。朝恩喜于得地,殊不以载为虞,骄横如故。

　　3　壬辰,加河南尹张延赏为东京留守,罢河南等道副元帅,以其兵属留守。延赏,嘉贞之子也。

　　4　二月戊戌,李抱玉徙镇盩厔,军士愤怒,大掠凤翔坊市,数日乃定。

神策军都虞候刘希暹,都知兵马使王驾鹤都受到鱼朝恩的宠爱。刘希暹劝说鱼朝恩在北军中设置监狱,让坊市的无赖少年搜罗并控告富豪人家,诬告他们犯了罪,逮捕关进地牢,用严刑逼供使他们屈服,没收他们的家产归北军所有,并且分别奖赏诬告和搜捕的人。监狱处于宫内隐秘处,人们都不敢说。鱼朝恩每次上奏论事,所期待的就是皇上一定认可他的奏事,偶尔朝廷政事没有事先与他商议,鱼朝恩就愤怒地说:"天下的大事有不经过我手的吗?"代宗听说后,因此很不高兴。

鱼朝恩的养子鱼令徽年龄还小,担任内给使,身着绿色朝衣。他与同事之间发生激烈的争执,回家后告诉了鱼朝恩。第二天,鱼朝恩面见代宗说:"我儿子官职卑微,被同辈欺负,乞求陛下赐给他紫衣。"代宗尚未答应,有关官员就已经拿着紫衣来到面前,鱼令徽穿上紫衣,向代宗叩拜致谢。代宗强作笑颜,说道:"小孩子穿紫衣也很合适。"但心里更加愤愤不平。

元载察觉到代宗的心事,乘机上奏控告鱼朝恩独断专行,图谋不轨,请求代宗除掉他。代宗也知道天下人对鱼朝恩都很怨恨和愤怒,于是命令元载想办法除掉他。鱼朝恩每次上朝入殿,常常派射生将周皓率领一百人保护自己,又派他的同党陕州节度使皇甫温掌握重兵作为外援。元载对他们都用重金贿赂,进行结交,所以,鱼朝恩的阴谋和机密的言谈,代宗都了如指掌,而鱼朝恩却未察觉。

辛卯(二十七日),元载向代宗献计,让李抱玉改任山南西道节度使,皇甫温为凤翔节度使,表面上加强了鱼朝恩的权力,实际上是让皇甫温来协助朝廷。元载又请求将郿、虢、宝鸡、鄠、盩厔划归李抱玉管辖,兴平、武功、天兴、扶风划归神策军管辖。能得一些地盘,鱼朝恩很高兴,对元载毫无戒心,骄傲专横仍同过去一样。

3 壬辰(二十八日),代宗晋升河南尹张延赏为东京留守;撤销河南等副元帅的职位,将其部队归属留守统领。张延赏即张嘉贞的儿子。

4 二月戊戌(初五),李抱玉移镇盩厔,士兵们十分愤怒,在凤翔坊市大肆掠夺,数天之后才安定。

5 刘希暹颇觉上意异，以告鱼朝恩，朝恩始疑惧。然上每见之，恩礼益隆，朝恩亦以此自安。皇甫温至京师，元载留之未遣，因与温及周皓密谋诛朝恩。既定计，载白上。上曰："善图之，勿反受祸！"

三月癸酉，寒食，上置酒宴贵近于禁中，载守中书省。宴罢，朝恩将还营，上留之议事，因责其异图。朝恩自辩，语颇悖慢，皓与左右擒而缢杀之，外无知者。上下诏，罢朝恩观军容等使，内侍监如故。诈云"朝恩受诏乃自缢"，以尸还其家，赐钱六百万以葬。

丁丑，加刘希暹、王驾鹤御史中丞，以慰安北军之心。丙戌，赦京畿系囚，命尽释朝恩党与，且曰："北军将士，皆朕爪牙，并宜仍旧。朕今亲御禁旅，勿有忧惧。"

6 己丑，罢度支使及关内等道转运、常平、盐铁使，其度支事委宰相领之。

7 敕皇甫温还镇于陕。

8 元载既诛鱼朝恩，上宠任益厚，载遂志气骄溢。每众中大言，自谓有文武才略，古今莫及。弄权舞智，政以贿成，僭侈无度。吏部侍郎杨绾，典选平允，性介直，不附载；岭南节度使徐浩，贪而佞，倾南方珍货以赂载。载以绾为国子祭酒，引浩代之。浩，越州人也。载有丈人自宣州来，从载求官，载度其人不足任事，但赠河北一书而遣之。丈人不悦，行至幽州，私发书视之，书无一言，惟署名而已。丈人大怒，不得已试谒院僚，判官闻有载书，大惊，立白节度使，

5 刘希暹觉出代宗对鱼朝恩已有异图,告诉了鱼朝恩,鱼朝恩这才感到疑惑和恐惧。然而代宗每次见到鱼朝恩,对他礼遇更加隆重,鱼朝恩也因此自安。皇甫温来到京师,元载将他留在京师不派遣他回去,与他和周皓密谋杀掉鱼朝恩。计策已经确定,元载便告诉了代宗,代宗说:"好好干吧! 不要反遭杀身之祸。"

三月癸酉(初十),寒食节,代宗在宫中设酒席宴请亲近大臣,元载留守中书省。宴席散后,鱼朝恩将要回营,代宗留住他商议事情,于是斥责他有叛变的意图。鱼朝恩自我辩解,言辞颇为顶撞傲慢,周皓与部下擒住鱼朝恩,将他勒死,外面没有人知道这件事。代宗颁下诏书,罢免鱼朝恩观军容使等职务,内侍监一职仍然保留。又谎称"鱼朝恩接到诏书后便上吊自杀了",于是将他的尸体送回家,赏赐六百万钱用来埋葬。

丁丑(十四日),代宗晋升刘希暹、王驾鹤为御史中丞,以便安抚北军的军心。丙戌(二十三日),代宗赦免了京畿地区在押囚犯,下令释放鱼朝恩的所有党羽,并且说:"北军的将士们都是朕的亲信,你们都应该仍然像过去一样跟随朕。今天朕亲自视察禁军,请你们不要忧虑恐惧。"

6 己丑(二十六日),朝廷撤销度支使以及关内等道转运使、常平使、盐铁使,度支事务委任宰相管理。

7 代宗下敕令,命皇甫温仍旧回陕州镇守。

8 元载杀掉鱼朝恩之后,代宗对他更加宠幸和重用,于是元载趾高气扬,十分傲慢。每每在大臣中大言不惭地吹嘘,自称有文才武略,古往今来的人都不如他。他玩弄权势和计谋,施政办事根据贿赂多少而定,生活奢侈无度。吏部侍郎杨绾主管官吏的选拔,办事公平允当,又生性耿直,从不依附元载的权势;而岭南节度使徐浩婪而善于阿谀奉承,他倾竭南方各种珍贵物品来贿赂元载。因而,元载让杨绾改任国子祭酒,让徐浩代替杨绾任吏部侍郎。徐浩是越州人。元载有一位长辈从宣州来,向元载谋求官职,元载估计这个人不足以任用办事,仅给他一封信,让他捎给河北的节度使,打发了他。长辈很不高兴,走到幽州时,私自拆信偷看,见信中一句话也没有,仅仅是元载的署名罢了。长辈勃然大怒,但又迫不得已,只好试着去拜见节度使院的幕僚,节度判官听到他捎来元载的书信,大为吃惊,立即告诉了节度使,

遣大校以箱受书,馆之上舍,留宴数日,辞去,赠绢千匹。其威权动人如此。

9 夏,四月庚子,湖南兵马使臧玠杀观察使崔瓘;澧州刺史杨子琳起兵讨之,取略而还。

10 泾原节度使马璘屡诉本镇荒残,无以赡军,上讽李抱玉以郑、颍二州让之。乙巳,以璘兼郑颍节度使。

11 庚申,王缙自太原入朝。

12 癸未,以左羽林大将军辛京杲为湖南观察使。

13 荆南节度使卫伯玉遭母丧,六月戊戌,以殿中监王昂代之。伯玉讽大将杨钺等拒昂留己;甲寅,诏起复伯玉镇荆南如故。

14 秋,七月,京畿饥,米斗千钱。

15 刘希暹内常自疑,有不逊语,王驾鹤以闻。九月辛未,赐希暹死。

16 吐蕃寇永寿。

17 冬,十一月,郭子仪入朝。

18 上悉知元载所为,以其任政日久,欲全始终,因独见,深戒之。载犹不悛,上由是稍恶之。

载以李泌有宠于上,忌之,言"泌常与亲故宴于北军,与鱼朝恩亲善,宜知其谋"。上曰:"北军,泌之故吏也,故朕使之就见亲故。朝恩之诛,泌亦预谋,卿勿以为疑。"载与其党攻之不已;会江西观察使魏少游求参佐,上谓泌曰:"元载不容卿,朕今匿卿于魏少游所。俟朕决意除载,当有信报卿,可束装来。"乃以泌为江西判官,且属少游使善待之。

节度使派遣大校用箱子接受元载的书信,并且安排了上等客房,设宴招待数天,在他辞行时,赠给他一千匹绢。元载的威势权力就是如此撼动人心。

9 夏季,四月庚子(初八),湖南兵马使臧玠杀害了观察使崔灌,澧州刺史杨子琳起兵讨伐臧玠,在索取臧玠的贿赂后退兵回去。

10 泾原节度使马璘屡次陈诉本镇荒凉凋残,没有东西供养军队,代宗便婉言劝说李抱玉将郑州、颍州让给马璘。乙巳(十三日),代宗让马璘兼任郑、颍节度使。

11 庚申(二十八日),王缙从太原入朝。

12 癸未,代宗任命左羽林大将军辛京杲为湖南观察使。

13 荆南节度使卫伯玉遭母丧,六月戊戌(初七),代宗让殿中少监取代他出任节度使。卫伯玉婉言劝说大将杨钺等人拒绝王昂出任而仍保留自己;甲寅(二十三日),代宗下诏重新起用卫伯玉镇守荆南。

14 秋季,七月,京畿地区发生饥荒,一斗米价值一千钱。

15 刘希暹常有疑心,因而说过一些不恭敬的话,王驾鹤向代宗告发了。九月辛未(十三日),代宗赐刘希暹自尽。

16 吐蕃进犯永寿。

17 冬季,十一月,郭子仪入朝。

18 代宗对元载所作所为十分了解,考虑到元载执政时间很长,想让他善始善终,因而单独召见元载,语重心长地告诫他。元载仍然不改,因此代宗逐渐讨厌他了。

因为李泌受到代宗的宠幸,元载十分忌恨,他说"李泌经常去北军与亲朋故友宴饮行乐,他与鱼朝恩关系亲密,陛下应当知道他们的阴谋"。代宗回答说:"北军的将校都是李泌的旧部,所以,朕让他去会会亲朋故友。杀鱼朝恩之事,李泌也预先为朕出谋划策,所以,你不要怀疑他。"但是元载和他的党羽仍然不停地攻击李泌;恰巧江西观察使魏少游请求任命幕僚人员,代宗跟李泌说:"元载容不下你,朕今天只好将你藏到魏少游那儿。等朕下决心除掉元载后,一定送信告诉你,你就可以整装前来。"于是,代宗任命李泌为江西判官,并且嘱托魏少游好好款待李泌。

六年(辛亥,771)

1　春,二月壬寅,河西、陇右、山南西道副元帅兼泽潞、山南西道节度使李抱玉上言:"凡所掌之兵,当自训练。今自河、陇达于扶、文,绵亘二千馀里,抚御至难。若吐蕃道岷、陇俱下,臣保固汧、陇则不救梁、岷,进兵扶、文则寇逼关辅,首尾不赡,进退无从。愿更择能臣,委以山南,使臣得专备陇坻。"诏许之。

2　郭子仪还邠州。

3　岭南蛮酋梁崇牵自称平南十道大都统,据容州,与西原蛮张侯、夏永等连兵攻陷城邑,前容管经略使元结等皆寄治苍梧。经略使王翃至藤州,以私财募兵,不数月,斩贼帅欧阳珪,驰诣广州,见节度使李勉,请兵以复容州,勉以为难,翃曰:"大夫如未暇出兵,但乞移牒诸州,扬言出千兵为援,冀藉声势,亦可成功。"勉从之。翃乃与义州刺史陈仁璀、藤州刺史李晓庭等结盟讨贼。翃募得三千馀人,破贼数万众;攻容州,拔之,擒梁崇牵。前后大小百馀战,尽复容州故地。分命诸将袭西原蛮,复郁林等诸州。

先是,番禺贼帅冯崇道,桂州叛将朱济时,皆据险为乱,陷十馀州,官军讨之,连年不克。李勉遣其将李观与翃并力攻讨,悉斩之。三月,五岭皆平。

4　河北旱,米斗千钱。

5　夏,四月己未,澧州刺史杨子琳入朝,上优接之,赐名猷。

6　庚申,以典内董秀为内常侍。

7　吐蕃请和。庚辰,遣兼御史大夫吴损使于吐蕃。

唐代宗大历六年(辛亥,公元771年)

1 春季,二月壬寅(十五日),河西、陇右、山南西道副元帅兼泽潞、山南西道节度使李抱玉进言说:"凡是所掌握的军队都应当自己训练。如今从河西、陇右到扶州、文州,绵延两千多里,安抚和防御十分困难。假若吐蕃取道向岷州、陇州同时进犯,我保守汧州、陇州,那么就不能救援梁州、岷州;如果我进兵扶州、文州,那么敌人就会进逼关辅,这样我就会首尾不能相顾,进退无所适从。但愿陛下再选能干的大臣,将山南西道委托给他,使我能够专门守备陇坻。"代宗下诏同意了他的请求。

2 郭子仪返回邠州。

3 岭南蛮族酋长梁崇牵自称平南十道大都统,占据容州,与西原蛮人张侯、夏永等人连兵攻陷城邑,前容管经略使元结等人都将治所移置苍梧。经略使王翃来到藤州,用自己的财产去招募兵员,不出数月,杀掉贼军将领欧阳珪,然后,策马前往广州,参见岭南节度使李勉,请求出兵收复容州,李勉认为这不容易办到,王翃说:"您如果顾不上出兵,我只恳求给所辖各州移交公文,扬言要派一千士兵作为后援,依靠这样的声势,我也可以获得成功。"李勉听从了他的建议。于是王翃与义州刺史陈仁璀、藤州刺史李晓庭等人结下誓盟讨伐贼军。王翃招募了三千多人,打败了数万名贼军;其后,攻克容州,生擒梁崇牵。王翃前后共打大小战斗一百多次,收复全部容州故地。王翃又分别命令各将领袭击西原蛮,收复了郁林等州。

此前,番禺贼军将领冯崇道、桂州叛军将领朱济时,都凭依险要地形作乱,攻陷十多个州,官军讨伐他们,一连数年都没有成功。李勉派遣部将李观与王翃合力进攻征讨,将他们全部杀死。三月,五岭的叛乱全部被平息。

4 河北发生旱灾,一斗米价值一千钱。

5 夏季,四月己未(初三),澧州刺史杨子琳入朝,代宗宽容地接待了他,并赐名"猷"。

6 庚申(初四),代宗任命典内董秀为内常侍。

7 吐蕃请求和好。庚辰(二十四日),代宗派遣兼御史大夫吴损出使吐蕃。

8　成都司录李少良上书言元载奸赃阴事,上置少良于客省。少良以上语告友人韦颂,殿中侍御史陆珽以告载,载奏之。上怒,下少良、颂、珽御史台狱。御史奏少良、颂、珽凶险比周,离间君臣,五月戊申,敕付京兆,皆杖死。

9　秋,七月丙午,元载奏,凡别敕除文、武六品以下官,乞令吏部、兵部无得检勘,从之。时载所奏拟多不遵法度,恐为有司所驳故也。

10　八月丁卯,淮西节度使李忠臣将兵二千屯奉天防秋。

11　上益厌元载所为,思得士大夫之不阿附者为腹心,渐收载权。丙子,内出制书,以浙西观察使李栖筠为御史大夫,宰相不知,载由是稍绌。

12　九月,吐蕃下青石岭,军于那城。郭子仪使人谕之,明日,引退。

13　是岁,以尚书右丞韩滉为户部侍郎、判度支。自兵兴以来,所在赋敛无度,仓库出入无法,国用虚耗。滉为人廉勤,精于簿领,作赋敛出入之法,御下严急,吏不敢欺;亦值连岁丰穰,边境无寇,自是仓库蓄积始充。滉,休之子也。

七年(壬子,772)

1　春,正月甲辰,回纥使者擅出鸿胪寺,掠人之女,所司禁之,殴击所司,以三百骑犯金光、朱雀门。是日,宫门皆闭,上遣中使刘清潭谕之,乃止。

2　三月,郭子仪入朝;丙午,还邠州。

8　成都司录李少良上书代宗揭露元载奸伪贪赃的秘事,代宗将李少良安置在客省。后来,李少良将他跟代宗说的一番话告诉了友人韦颂,殿中侍御史陆珽将此事告诉了元载,于是元载上奏代宗。代宗很恼怒,将李少良、韦颂、陆珽逮入御史台监狱。御史上奏称李少良、韦颂、陆珽凶恶阴险,结党营私,离间君臣,五月戊申(二十三日),代宗下令将他们交付京兆尹,都用乱棍打死。

9　秋季,七月丙午(二十二日),元载上奏说,凡是另外颁敕封授文、武六品以下的官员,请命令吏部和兵部不得检查核正,代宗表示同意。这是因为当时元载上奏拟定的事情多不遵循法规,害怕遭到有关部门反驳的缘故。

10　八月丁卯(十四日),淮西节度使李忠臣率领两千士兵驻扎奉天作为防秋兵。

11　代宗愈发厌恶元载的所作所为,想找刚正不阿的士大夫作为自己的心腹,逐渐收回元载的权力。丙子(二十三日),代宗从内宫中发布制书,任命浙西观察使李栖筠为御史大夫,并且没有告诉宰相,从此元载的权势渐渐受到压制。

12　九月,吐蕃越过青石岭,驻扎在那城。郭子仪派人告劝他们,第二天,吐蕃撤军。

13　这一年,代宗任命尚书右丞韩滉为户部侍郎、判度支。自从战事兴起以来,各地征收赋税没有法度,仓库出入物资没有章法,国家财政空虚。韩滉为人清廉勤勉,精通文簿登记事务,他制定了赋税收支的法规,驾驭部下严厉,官吏不敢欺骗;同时正值连年丰收,边境无患,从此仓库积蓄才开始充实。韩滉是韩休的儿子。

唐代宗大历七年(壬子,公元772年)

1　春季,正月甲辰(二十二日),回纥的使者擅自离开鸿胪寺,掳掠百姓的子女,主管部门出面制止,被他们殴打,他们又率领三百名骑兵进犯金光门和朱雀门。当天,宫门全部关闭,代宗派遣中使刘清潭告劝他们,这才停止。

2　三月,郭子仪入朝;丙午(二十五日),返回邠州。

3　夏,四月,吐蕃五千骑至灵州,寻退。

4　五月乙未,赦天下。

5　秋,七月癸巳,回纥又擅出鸿胪寺,逐长安令邵说至含光门街,夺其马,说乘他马而去,弗敢争。

6　卢龙节度使朱希彩既得位,悖慢朝廷,残虐将卒;孔目官李怀瑗因众怒,伺间杀之,众未知所从。经略副使朱泚营于城北,其弟滔将牙内兵,潜使百馀人于众中大言曰:"节度使非朱副使不可。"众皆从之。泚遂权知留后,遣使言状。冬,十月辛未,以泚为检校左常侍、幽州卢龙节度使。

7　十二月辛未,置永平军于滑州。

八年(癸丑,773)

1　春,正月,昭义节度使、相州刺史薛嵩薨。子平,年十二,将士胁以为帅,平伪许之;既而让其叔父崿,夜奉父丧,逃归乡里。壬午,制以崿知留后。

2　二月壬申,永平节度使令狐彰薨。彰承滑、亳离乱之后,治军劝农,府廪充实。时藩镇率皆跋扈,独彰贡赋未尝阙。岁遣兵三千诣京西防秋,自赍粮食,道路供馈皆不受,所过秋豪不犯。疾亟,召掌书记高阳齐映,与谋后事,映劝彰请代人,遣子归私第。彰从之,遗表称:"昔鱼朝恩破史朝义,欲掠滑州,臣不听,由是有隙。及朝恩诛,值臣寝疾,以是未得入朝,生死愧负。臣今必不起,仓库畜牧,先已封籍,军中将士,州县官吏,按堵待命。伏见吏部尚书刘晏、工部尚书李勉可委大事,愿速以代臣。臣男建等,今勒归东都私第。"彰薨,将士欲立建,建誓死不从,举家西归。三月丙子,以李勉为永平节度使。

3　夏季,四月,吐蕃五千骑兵到达灵州,不久便退走了。

4　五月乙未(十五日),大赦天下。

5　秋季,七月癸巳(十四日),回纥人又擅自离开鸿胪寺,追逐长安县令邵说到含光门街,夺取了邵说的马,邵说只好骑别的马离开,不敢争辩。

6　卢龙节度使朱希彩谋得节度使职位后,便忤慢朝廷,残害虐待将士;孔目官李怀瑗依靠部众的愤怒,伺机杀掉了朱希彩,部众不知所从。经略副使朱泚在城北扎营,他的弟弟朱滔统率牙内兵,偷偷地派了一百多人到部众中大喊道:"节度使非朱副使担当不可。"部众都听从了朱泚。于是朱泚暂且执掌留后事务,又派遣使者汇报了这一情况。冬季,十月辛未(二十四日),唐代宗任命朱泚为检校左常侍、幽州卢龙节度使。

7　十二月辛未(二十五日),朝廷在滑州设置永平军。

唐代宗大历八年(癸丑,公元 773 年)

1　春季,正月,昭义节度使、相州刺史薛嵩去世。他的儿子薛平,年方十二,将士们胁迫他出任主帅,薛平假装同意,不久将其位让给他叔父薛崿,夜里护送着父亲的遗体,逃归乡里。壬午(初六),代宗颁制任命薛崿担任留后。

2　二月壬申(二十七日),永平节度使令狐彰去世。令狐彰在滑州、亳州离乱之后,整治军队,劝励农桑,府库充实。当时各藩镇大都飞扬跋扈,唯独令狐彰上交的赋税从未缺过。每年派三千士兵到京西去做防秋兵,他们自备粮食,路途中各方供给和馈赠的东西他们都不接受,所经之处秋毫不犯。在病重时,令狐彰召见掌书记高阳人齐映,与他商量后事,齐映劝令狐彰请求朝廷派替代他的人,并遣送儿子回家。令狐彰接受了他的建议,写下遗表声称:"过去鱼朝恩打败了史朝义,想在滑州掳掠,我没有听从,从此有了嫌隙。等到鱼朝恩被杀时,正值我病卧在床,因此没有能够入朝,生死都感到惭愧。今天我必定一病不起,仓库畜牧早已封存注册,军中将士、州县官吏都相安待命。我看到吏部尚书刘晏、工部尚书李勉可以委以重任,但愿陛下能迅速地让他们来取代我。我的儿子令狐建等人,如今已勒令他们回到东都私宅。"令狐彰去世后,将士们想立令狐建为节度使,令狐建誓死不从,举家西归东都。三月丙子(初一),代宗任命李勉为永平节度使。

3 吏部侍郎徐浩、薛邕,皆元载、王缙之党。浩妻弟侯莫陈怤为美原尉,浩属京兆尹杜济虚以知驿奏优,又属邕拟长安尉。怤参台,御史大夫李栖筠劾奏其状,敕礼部侍郎万年于邵等按之。邵奏邕罪在赦前,应原除,上怒。夏,五月乙酉,贬浩明州别驾,邕歙州刺史;丙戌,贬济杭州刺史,邵桂州长史,朝廷稍肃。

4 辛卯,郑王邈薨,赠昭靖太子。

5 回纥自乾元以来,岁求和市,每一马易四十缣,动至数万匹,马皆驽瘠无用。朝廷苦之,所市多不能尽其数,回纥待遣、继至者常不绝于鸿胪。至是,上欲悦其意,命尽市之。秋,七月辛丑。回纥辞归,载赐遗及马价,共用车千馀乘。

6 八月己未,吐蕃六万骑寇灵武,践秋稼而去。

7 辛未,幽州节度使朱泚遣弟滔将五千精骑诣泾州防秋。自安禄山反,幽州兵未常为用,滔至,上大喜,劳赐甚厚。

8 壬申,回纥复遣使者赤心以马万匹来求互市。

9 九月壬午,循州刺史哥舒晃杀岭南节度使吕崇贲,据岭南反。

10 癸未,晋州男子郇模,以麻辫发,持竹筐苇席,哭于东市。人问其故,对曰:“愿献三十字,一字为一事;若言无所取,请以席裹尸,贮筐中,弃于野。”京兆以闻。上召见,赐新衣,馆于客省。其言“团”者,请罢诸州团练使也;“监”者,请罢诸道监军使也。

3　吏部侍郎徐浩、薛邕，都是元载、王缙的党羽。徐浩妾弟侯莫陈怤担任美原尉，徐浩嘱托京兆尹杜济凭空奏称侯莫陈怤掌管邮驿成绩突出，又嘱托薛邕推荐他为长安尉。侯莫陈怤去御史台参拜，御史大夫李栖筠上奏弹劾他们的罪状，代宗勒令礼部侍郎万年人于邵等人去审查此事。于邵奏称，薛邕的罪行犯在大赦以前，应该原谅，减免罪行，代宗很气愤。夏季，五月乙酉（十一日），将徐浩贬为明州别驾，薛邕贬为歙州刺史；丙戌（十二日），将杜济贬为杭州刺史，于邵贬为桂州长史，于是朝廷纲纪稍有整肃。

4　辛卯（十七日），郑王李邈去世，代宗追封他为昭靖太子。

5　从乾元以来，回纥每年都请求唐朝议价购买他们的马，每一匹马换四十匹缣帛，动辄就交换数万匹马，而这些马全都瘦弱无用。朝廷以此为苦，多不能尽数购买，因此在鸿胪寺等待回去和接踵而来的回纥人常常络绎不绝。到这时候，代宗想求得回纥的欢心，下令将他们的马全部买下。秋季，七月辛丑（二十八日），回纥人辞行归去，车上装载着朝廷赏赐和换马得到的财物，总共用了一千多辆车。

6　八月己未（十六日），吐蕃六万骑兵进犯灵武，践踏秋季庄稼以后回去。

7　辛未（二十八日），幽州节度使朱泚派遣弟弟朱滔率领五千精锐骑兵到泾州充当防秋兵。从安禄山造反以来，幽州的军队很少为朝廷所用，朱滔到来，代宗十分高兴，给予丰厚的赏赐和犒劳。

8　壬申（二十九日），回纥又派遣使者赤心带了一万匹马前来请求与唐朝贸易。

9　九月壬午（十日），循州刺史哥舒晃杀害岭南节度侠吕崇贲，占据岭南造反。

10　癸未（十一日），晋州一个名叫郫模的男子用麻绳扎辫，手执竹筐苇席，在东市哭泣。有人问他为什么这样做，他回答说："希望献上三十个字，每一字代表一件事；如果我说的字没有可取之处，请你们杀了我用苇席裹尸，装进竹筐中，再抛到荒郊野外。"京兆尹向代宗奏报此事。代宗召见郫模，赏赐他新衣服，将他安置在客省住下。郫模所说的"团"字，是请求撤销各州的团练使；"监"字，是请求撤销各道的监军使。

11　魏博节度使田承嗣为安、史父子立祠堂,谓之四圣,且求为相。上令内侍孙知古因奉使讽令毁之。冬,十月甲辰,加承嗣同平章事以褒之。

12　灵州破吐蕃万馀众。吐蕃众十万寇泾、邠,郭子仪遣朔方兵马使浑瑊将步骑五千拒之。庚申,战于宜禄,瑊登黄荠原望虏,命据险布拒马以备其驰突。宿将史抗、温儒雅等意轻瑊,不用其命;瑊召使击虏,则已醉矣;见拒马,曰:"野战,乌用此为?"命撤之。叱骑兵冲虏阵,不能入而返。虏蹑而乘之,官军大败,士卒死者什七八,居民为吐蕃所掠千馀人。

甲子,马璘与吐蕃战于盐仓,又败。璘为虏所隔,逮暮未还,泾原兵马使焦令谌等与败卒争门而入。或劝行军司马段秀实乘城拒守,秀实曰:"大帅未知所在,当前击虏,岂得苟自全乎?"召令谌等让之曰:"军法,失大将,麾下皆死。诸君忘其死邪?"令谌等惶惧拜请命。秀实乃发城中兵未战者悉出,阵于东原,且收散兵,为将力战状。吐蕃畏之,稍却。既夜,璘乃得还。

郭子仪召诸将谋曰:"败军之罪在我,不在诸将。然朔方兵精闻天下,今为虏败,何策可以雪耻?"莫对。浑瑊曰:"败军之将,不当复预议。然愿一言今日之事,惟理瑊罪,不则再见任。"子仪赦其罪,使将兵趣朝那。虏既破官军,欲掠汧、陇。盐州刺史李国臣曰:"虏乘胜必犯郊畿,我掎其后,虏必返顾。"乃引兵趣秦原,鸣鼓而西。虏闻之,至百城,返。浑瑊邀之于隘,尽复得其所掠;马璘亦出精兵袭虏辎重于潘原,杀数千人,虏遂遁去。

11　魏博节度使田承嗣为安禄山、史思明父子建立祠堂，称他们为"四圣"，并且请求让自己出任宰相。代宗命令内侍孙知古奉命出使，婉言劝说田承嗣拆毁祠堂。冬季，十月甲辰（初二），代宗加封田承嗣同平章事职衔来表彰他。

12　灵州的军队打败了吐蕃一万多人。吐蕃十万军队进犯泾州、邠州，郭子仪派遣朔方兵马使浑瑊率领步骑兵五千人前去抵抗。庚申（十八日），双方在宜禄交战，浑瑊登上黄苽原瞭望敌军阵势，命令部队占据险要地形布列拒马枪，以防备战马奔突。老将史抗、温儒雅等人瞧不起浑瑊，不听从他的命令；浑瑊派人召呼他们去攻击敌人，他们却已经喝醉了；看见拒马枪，说道："野地作战，这东西有什么用？"便命令部下撤去。他们又大声呵斥骑兵去冲击敌军阵营，骑兵没能突入敌阵就返回来了。敌军随后出击，官军大败，战死的士兵有十分之七八，当地一千多居民被吐蕃掠走。

甲子（二十二日），马璘在盐仓与吐蕃交战，又遭失败。马璘被敌军拦隔，到傍晚还没有回来，泾原兵马使焦令谌等人和败兵争相夺门入城。有人劝说行军司马段秀实登城拒守，段秀实回答说："主帅不知在何处，当前的任务是攻击敌军，难道能苟且求生吗？"段秀实召见焦令谌等人，责备他们说："按军法规定，失去大将，部下都得处死。各位忘掉了死吗？"焦令谌等人十分惶恐，跪拜在地，请求段秀实给他们下命令。于是段秀实派遣所有城中没有参加过战斗的士兵出城，在东网布阵，并收罗散兵游勇，摆出准备拼死作战的姿态。吐蕃很畏惧，逐渐退却。入夜，马璘才得以回城。

郭子仪召集各位将领商议，他说道："军队失败之罪在于我，而不在各位将领。然而朔方军队兵强马壮天下闻名，如今被敌军打败，用什么计策可以雪耻呢？"各位将领没能回答。浑瑊说："败军将领，不应当再参与商议。然而我愿意谈一谈今天的事，此事只该治我的罪，否则就再让我去杀敌。"郭子仪赦免其罪，让他率军奔赴朝那。吐蕃既已打败官军，想要掳掠汧州和陇州。盐州刺史李国臣说："敌军必定乘胜进犯京畿地区，如果我军从背后牵制，敌军一定会回师照应。"于是李国臣带领军队奔赴秦原，一路击鼓西行。敌军听说后，到达百城就往回撤。浑瑊在关隘要地阻截他们，夺回了被他们掳掠走的所有居民和财物；马璘也派出精锐部队在潘原袭击敌人的辎重，杀死数千人，于是吐蕃军队便逃跑了。

13 乙丑,以江西观察使路嗣恭讨哥舒晃。

14 初,元载尝为西州刺史,知河西、陇右山川形势。是时,吐蕃数为寇,载言于上曰:"四镇、北庭既治泾州,无险要可守。陇山高峻,南连秦岭,北抵大河。今国家西境尽潘原,而吐蕃戍摧沙堡,原州居其中间,当陇山之口,其西皆监牧故地,草肥水美,平凉在其东,独耕一县,可给军食,故垒尚存,吐蕃弃而不居。每岁盛夏,吐蕃畜牧青海,去塞甚远,若乘间筑之,二旬可毕。移京西军戍原州,移郭子仪军戍泾州,为之根本,分兵守石门、木峡,渐开陇右,进达安西,据吐蕃腹心,则朝廷可高枕矣。"并图地形献之,密遣人出陇山商度功用。会汴宋节度使田神功入朝,上问之,对曰:"行军料敌,宿将所难,陛下奈何用一书生语,欲举国从之乎?"载寻得罪,事遂寝。

15 有司以回纥赤心马多,请市千匹。郭子仪以为如此,逆其意太甚,自请输一岁俸为国市之。上不许。十一月戊子,命市六千匹。

13　乙丑(二十三日),朝廷让江西观察使路嗣恭讨伐哥舒晃。

14　当初,元载曾担任西州刺史,对河西、陇右的山川地势十分了解。这时候,吐蕃多次进犯唐朝,元载对代宗说:"四镇和北庭已经将治所移至泾州,那里没有险要地形可以防守。陇山山势高峻,南连秦岭,北抵黄河。如今国家的西部边境到达潘原,而吐蕃戍守摧沙堡,原州居其中间,正对着陇山山口,它的西部都是监牧所放牝故地,草肥水美,平凉在原州东部,是原州唯一的农耕县,可以供给军队食用,旧时的壁垒还在,吐蕃放弃了那块地方,不去居住。每年盛夏,吐蕃都在青海放牧,离开边塞很远,如果乘此时机修筑原州城,二十天就可以完成。调遣京西的军队戍守原州,郭子仪的军队戍守泾州,以此作为根据地,分兵把守石门关、木峡关,逐渐打通陇右,进而到达安西,占据吐蕃的腹心地区,那么朝廷就可以高枕无忧了。"元载还画了地理形势图献给代宗,又秘密派人西出陇山估量费用。恰巧汴宋节度使田神功入朝,代宗征询他的意见,田神功回答说:"指挥作战,估计敌情,这是疆场老将都感到棘手的事,陛下为什么要用一位书生的话,想让举国上下都去听从他呢?"不久元载获罪,于是此事作罢。

15　有关部门认为回纥赤心的马太多,请买一千匹。郭子仪认为,这样做与回纥所希望的相差太远,便请求拿出自己一年的俸禄为国家买马。代宗不同意。十一月戊子(十七日),代宗下令购买六千匹马。

卷第二百二十五　唐紀四十一

起甲寅(774)尽己未(779)七月凡五年有奇

代宗睿文孝武皇帝中之下
大历九年(甲寅,774)

1　春,正月壬寅,田神功薨于京师。

2　澧朗镇遏使杨猷自澧州沿江而下,擅出境至鄂州,诏听入朝。猷遂溯汉江而上,复州、郢州皆闭城自守,山南东道节度使梁崇义发兵备之。

3　二月辛未,徐州军乱,刺史梁乘逾城走。

4　谏议大夫吴损使吐蕃,留之累年,竟病死虏中。

5　庚辰,汴宋兵防秋者千五百人,盗库财溃归,田神功薨故也。己丑,以神功弟神玉知汴宋留后。

6　癸巳,郭子仪入朝,上言:"朔方,国之北门,中间战士耗散,什才有一。今吐蕃兼河、陇之地,杂羌、浑之众,势强十倍。愿更于诸道各发精卒,成四五万人,则制胜之道必矣。"

7　三月戊申,以皇女永乐公主许妻魏博节度使田承嗣之子华。上意欲固结其心,而承嗣益骄慢。

8　以澧朗镇遏使杨猷为洮州刺史、陇右节度兵马使。

9　夏,四月甲申,郭子仪辞还邠州,复为上言边事,至涕泗交流。

代宗睿文孝武皇帝中之下
唐代宗大历九年（甲寅，公元774年）

1　春季，正月壬寅（初三），田神功在京师去世。

2　澧朗镇遏使杨猷从澧州沿长江而下，擅自出境到鄂州，代宗下诏让他入朝听命。于是杨猷溯汉江而上，沿途的复州、郢州都闭城自守，山南东道节度使梁崇义也调遣军队防备杨猷。

3　二月辛未（初二），徐州的军队发生哗变，刺史梁乘翻越城墙逃走。

4　谏议大夫吴损出使吐蕃，在那里滞留多年，最后病死在吐蕃。

5　庚辰（十一日），充当防秋兵的汴宋军队一千五百人，盗窃府库财物后溃逃回汴州，这是因为田神功去世的缘故。己丑（二十日），代宗任命田神功的弟弟田神玉为汴宋留后。

6　癸巳（二十四日），郭子仪入朝，进言说："朔方是国家的北大门，那里的兵员消耗散失，仅仅剩下十分之一。如今吐蕃吞并河西、陇右地区，混杂着羌族、吐谷浑的部众，势力比过去强大十倍。我希望各道轮流分别派遣精壮士兵，组成四五万人的军队，那么一定能够克敌制胜。"

7　三月戊申（初九），代宗将皇女永乐公主许配给魏博节度使田承嗣的儿子田华。代宗的目的是想让他更加忠心，但田承嗣却更加骄横傲慢。

8　代宗任命澧朗镇遏使杨猷为洮州刺史、陇右节度兵马使。

9　夏季，四月甲申（十六日），郭子仪向代宗辞行回邠州时，又向代宗谈到边疆大事，以至涕泪俱下。

10 壬辰,赦天下。

11 五月丙午,杨猷自澧州入朝。

12 泾原节度使马璘入朝,讽将士为己表求平章事。丙寅,以璘为左仆射。

13 六月,卢龙节度使朱泚遣弟滔奉表请入朝,且请自将步骑五千防秋。上许之,仍为先筑大第于京师以待之。

14 癸未,兴善寺胡僧不空卒,赠开府仪同三司、司空,赐爵肃国公,谥曰大辩正广智不空三藏和尚。

15 京师旱,京兆尹黎幹作土龙祈雨,自与巫觋更舞。弥月不雨,又祷于文宣王。上闻之,命撤土龙,减膳节用。秋,七月戊午,雨。

16 朱泚入朝,至蔚州,有疾,诸将请还,俟间而行。泚曰:"死则舆尸而前!"诸将不敢复言。九月庚子,至京师,士民观者如堵。辛丑,宴泚及将士于延英殿,犒赏之盛,近时未有。

17 壬寅,回纥擅出鸿胪寺,白昼杀人,有司擒之,上释不问。

18 甲辰,命郭子仪、李抱玉、马璘、朱泚分统诸道防秋之兵。

19 冬,十月壬申,信王瑝薨。乙亥,梁王璨薨。

20 魏博节度使田承嗣诱昭义将吏使作乱。

十年(乙卯,775)

1 春,正月丁酉,昭义兵马使裴志清逐留后薛崿,帅其众归承嗣。承嗣声言救援,引兵袭相州,取之。崿奔洺州,上表请入朝,许之。

2 辛丑,郭子仪入朝。

10　壬辰(二十四日),大赦天下。

11　五月丙午(初八),杨猷从澧州入朝。

12　泾原节度使马璘入朝,他暗示将士们为他上表要求取平章事的职位。丙寅(二十八日),代宗任命马璘为左仆射。

13　六月,卢龙节度使朱泚派遣弟弟朱滔带来奏表,请求入朝,并且请求让他亲自率领五千步骑兵去当防秋兵。代宗表示同意,还在京师为他预先修建大宅来等待他的到来。

14　癸未(十五日),兴善寺胡僧不空去世,代宗追封他为开府仪同三司、司空,赐爵位肃国公;谥号大辩正广智不空三藏和尚。

15　京师干旱,京兆尹黎幹制作土龙来祈求雨水,自己与男女巫交替舞蹈求雨。整整一月不见下雨,黎幹又在文宣王孔子像前祈祷。代宗听说后,下令撤掉土龙,减少膳食,节约费用。秋季,七月戊午(二十一日),天才下雨。

16　朱泚入朝,途经蔚州时得了病,诸位将领请朱泚回去,等病情好转后再动身。朱泚说:"我死了就抬尸体前去朝廷!"诸位将领不敢再提此事。九月庚子(初四),朱泚到达京师,围观朱泚的百姓像人墙一样。辛丑(初五),代宗在延英殿宴请朱泚及其将士,犒劳和赏赐的盛大,是近年来所没有的。

17　壬寅(初六),回纥人擅自离开鸿胪寺,白天杀人,被有关部门抓获,代宗释放了他们,没有问罪。

18　甲辰(初八),代宗命令郭子仪、李抱玉、马璘和朱泚分别统率各道防秋的军队。

19　冬季,十月壬申(初六),信王李瑝去世。乙亥(初九),梁王李璿去世。

20　魏博节度使田承嗣诱使昭义节度使的将领官吏叛乱。

唐代宗大历十年(乙卯,公元775年)

1　春季,正月丁酉(初三),昭义兵马使裴志清驱逐留后薛嵩,率领部众投靠田承嗣。田承嗣声称救援,带兵袭击和夺取了相州。薛嵩逃奔洺州,上表请求入朝,代宗同意了。

2　辛丑(初七),郭子仪入朝。

3　壬寅,寿王瑁薨。

4　乙巳,朱滔表请留阙下,以弟滔知幽州、卢龙留后,许之。

5　昭义裨将薛择为相州刺史,薛雄为卫州刺史,薛坚为洺州刺史,皆薛嵩之族也。戊申,上命内侍魏知古如魏州谕田承嗣,使各守封疆,承嗣不奉诏。癸丑,遣大将卢子期取洺州,杨光朝攻卫州。

6　乙卯,西川节度使崔宁奏破吐蕃数万于西山,斩首万级,捕虏数千人。

7　丙辰,诏:"诸道兵有逃亡者,非承制敕,无得辄召募。"

8　二月乙丑,田承嗣诱卫州刺史薛雄,雄不从,使盗杀之,屠其家,尽据相、卫四州之地,自置长吏,掠其精兵良马,悉归魏州。逼魏知古与共巡磁、相二州,使其将士割耳劓面,请承嗣为帅。

9　辛未,立皇子述为睦王,逾为郴王,连为恩王,遘为郿王,迅为随王,造为忻王,暹为韶王,运为嘉王,遇为端王,遹为循王,通为恭王,达为原王,逸为雅王。

10　丙子,以华州刺史李承昭知昭义留后。

11　河阳三城使常休明,苛刻少恩。其军士防秋者归,休明出城劳之,防秋兵与城内兵合谋攻之,休明奔东都。军士奉兵马使王惟恭为帅,大掠,数日乃定。上命监军冉庭兰慰抚之。

12　三月甲午,陕州军乱,逐兵马使赵令珍。观察使李国清不能禁,卑辞遍拜将士,乃得脱去。军士大掠库物。会淮西节度使李忠臣入朝,过陕,上命忠臣按之。将士畏忠臣兵威,不敢动。忠臣设棘围,令军士匿名投库物,一日,获万缗,尽以给其从兵为赏。

3 壬寅(初八),寿王李瑁去世。

4 乙巳(十一日),朱泚上表请求留在朝廷,让弟弟朱滔担任幽州、卢龙留后,代宗表示同意。

5 昭义副将薛择担任相州刺史,薛雄担任卫州刺史,薛坚担任洺州刺史,他们都是薛嵩的族人。戊申(十四日),代宗命令内侍魏知古到魏州去劝告田承嗣,让他们各守自己的疆界;田承嗣不接受皇上的命令。癸丑(十九日),派遣大将卢子期攻取洺州,杨光朝进攻卫州。

6 乙卯(二十一日),西川节度使崔宁奏报说,在西山击败了吐蕃数万人的军队,杀一万人,俘虏数千人。

7 丙辰(二十二日),代宗颁发诏书说:"各道都有士兵逃亡,没有接到朕的命令,不得随意招募。"

8 二月乙丑(初一),田承嗣引诱卫州刺史薛雄造反,薛雄不从,田承嗣便派强盗杀掉薛雄,屠杀他的家属,占据相州、卫州等四州的全部地区,自行设置长官,将那里的精兵良马全都掳掠到魏州。田承嗣逼迫魏知古与他一起巡视磁州、相州,又让他的将士割耳划脸,请田承嗣担任主帅。

9 辛未(初七),代宗立皇子李述为睦王,李逾为郴王,李连为恩王,李遘为郿王,李迅为随王,李造为忻王,李遑为韶王,李运为嘉王,李遇为端王,李遹为循王,李逋为恭王,李达为原王,李逸为雅王。

10 丙子(二十日),代宗任命华州刺史李承昭为昭义留后。

11 河阳三城使常休明对待部下十分苛刻,又缺少恩惠。部下防秋归来,常休明出城慰劳,防秋的士兵和城内的士兵便合谋进攻他,常休明只好逃往东都。士兵们拥戴兵马使王惟恭为主帅,在城中大肆掠夺,几天后才安定。代宗命令监军冉庭兰去慰问和安抚他们。

12 三月甲午(初一),陕州军队发生哗变,驱逐兵马使赵令珍。观察使李国清无法制止他们,便低三下四地对他们说好话,并一一求拜将士,才得以脱身离开。士兵们大肆掠夺府库财物。恰好淮西节度使李忠臣入朝,路过陕州,代宗命令李忠臣去制止他们。将士们慑于李忠臣的军威,不敢妄动。李忠臣用荆棘围成一个圈子,命令士兵们无计名将所掠府库的财物投放到圈子中,一天时间就收了一万缗钱,李忠臣全部给了他的士兵,作为奖赏。

13　乙巳，薛嵩、常休明皆诣阙请罪，上释不问。

14　初，成德节度使李宝臣、淄青节度使李正己，皆为田承嗣所轻。宝臣弟宝正娶承嗣女，在魏州，与承嗣子维击球，马惊，误触维死。承嗣怒，囚宝正，以告宝臣。宝臣谢教敕不谨，封杖授承嗣，使挞之。承嗣遂杖杀宝正，由是两镇交恶。及承嗣拒命，宝臣、正己皆上表请讨之，上亦欲因其隙讨承嗣。夏，四月乙未，敕贬承嗣为永州刺史，仍命河东、成德、幽州、淄青、淮西、永平、汴宋、河阳、泽潞诸道发兵前临魏博，若承嗣尚或稽违，即令进讨，罪止承嗣及其侄悦，自馀将士弟侄苟能自拔，一切不问。

时朱滔方恭顺，与宝臣及河东节度使薛兼训攻其北，正己与淮西节度使李忠臣等攻其南。五月乙未，承嗣将霍荣国以磁州降。丁未，李正己攻德州，拔之。李忠臣统永平、河阳、怀、泽步骑四万进攻卫州。六月辛未，田承嗣遣其将裴志清等攻冀州，志清以其众降李宝臣。甲戌，承嗣自将围冀州，宝臣使高阳军使张孝忠将精骑四千御之，宝臣大军继至，承嗣烧辎重而遁。孝忠，本奚也。

田承嗣以诸道兵四合，部将多叛而惧，秋，八月，遣使奉表，请束身归朝。

15　辛巳，郭子仪还邠州。子仪尝奏除州县官一人，不报，僚佐相谓曰："以令公勋德，奏一属吏而不从，何宰相之不知体？"子仪闻之，谓僚佐曰："自兵兴以来，方镇武臣多跋扈，凡有所求，朝廷常委曲从之，此无他，乃疑之也。今子仪所奏事，人主以其不可行而置之，是不以武臣相待而亲厚之也；诸君可贺矣，又何怪焉？"闻者皆服。

13 乙巳(十二日),薛嶻、常休明都进宫请罪,代宗宽恕他们,不加追究。

14 当初,成德节度使李宝臣和淄青节度使李正己,都被田承嗣所瞧不起。李宝臣的弟弟李宝正娶田承嗣的女儿为妻,在魏州与田承嗣的儿子田维打马球,马受了惊,误将田维踢死。田承嗣十分恼怒,囚禁了李宝正,然后告诉李宝臣。李宝臣以管教不严表示道歉,将棍棒交给田承嗣,让他杖责李宝正。于是田承嗣打死李宝正,从此两镇结了怨仇。及至田承嗣拒从皇命,李宝臣和李正己都上表请求讨伐他,代宗也打算趁他们有矛盾时讨伐田承嗣。夏季,四月乙未,代宗下敕贬田承嗣为永州刺史,仍旧下令河东、成德、幽州、淄青、淮西、永平、汴宋、河阳、泽潞各镇调动军队前去魏博,假如田承嗣还违抗皇命,即命令他们进军讨伐;只惩治田承嗣和他的侄子田悦的罪行,其馀将士的弟弟侄子假如能主动摆脱罪恶的话,概不追究。

那时朱滔很恭顺,他与李宝臣及河东节度使薛兼训从北面进攻,李正己与淮西节度使李忠臣等人从南面进攻。五月乙未(初三),田承嗣的部将霍荣国献出磁州向朝廷投降。丁未(十五日),李正己进攻德州,并将德州攻克。李忠臣统率永平、河阳、怀、泽等军州四万步骑兵进攻卫州。六月辛未(初九),田承嗣派遣他的部将裴志清等人进攻冀州,裴志清却率领他的部下投降了李宝臣。甲戌(十二日),田承嗣亲自率军围攻冀州,李宝臣派高阳军使张孝忠率领精锐骑兵四千人前去抵御,李宝臣的大部队随后到达,田承嗣烧毁辎重逃跑。张孝忠本是奚族人。

田承嗣因为各道军队四面合力进攻,他的部将又多叛变,心中恐惧,秋季,八月,派遣使者上表,请求归顺朝廷。

15 辛巳(二十日),郭子仪返回邠州。郭子仪曾经奏请任命一名州县官员,但没有得到答复,僚属们相互议论说:"以郭令公的功勋和德行,上奏任命一名从属官员而没有得到批准,宰相就这么不知礼?"郭子仪听说后,跟僚属们说:"自从兵兴以来,方镇武臣多飞扬跋扈,凡是他们所求的,朝廷经常委曲求全,满足他们的要求,这没有别的,是对他们抱有疑虑。如今我所奏的事,皇上认为行不通而搁置起来,是不用对待武臣的方法来对待我,而是亲近信任我;各位应当祝贺,又有什么可责怪的呢?"僚属都很叹服。

16　己丑,田承嗣遣其将卢子期寇磁州。

17　九月戊申,回纥白昼刺市人肠出,有司执之,系万年狱。其酋长赤心驰入县狱,斫伤狱吏,劫囚而去。上亦不问。

18　壬子,吐蕃寇临泾,癸丑,寇陇州及普润,大掠人畜而去,百官往往遣家属出城窜匿。丙辰,凤翔节度使李抱玉奏破吐蕃于义宁。

19　李宝臣、正己会于枣强,进围贝州,田承嗣出兵救之。两军各飨士卒,成德赏厚,平卢赏薄;既罢,平卢士卒有怨言,正己恐其为变,引兵退,宝臣亦退。李忠臣闻之,释卫州,南渡河,屯阳武。宝臣与朱滔攻沧州,承嗣从父弟庭玠守之,宝臣不能克。

20　吐蕃寇泾州,泾原节度使马璘破之于百里城。戊午,命卢龙节度使朱泚出镇奉天行营。

21　冬,十月辛酉朔,日有食之。

22　卢子期攻磁州,城几陷;李宝臣与昭义留后李承昭共救之,大破子期于清水,擒子期送京师,斩之。河南诸将又大破田悦于陈留,田承嗣惧。

初,李正己遣使至魏州,承嗣因之,至是,礼而遣之,遣使尽籍境内户口、甲兵、谷帛之数以与之,曰:"承嗣今年八十有六,溘死无日,诸子不肖,悦亦孱弱,凡今日所有,为公守耳,岂足以辱公之师旅乎?"立使者于庭,南向,拜而授书,又图正己之像,焚香事之。正己悦,遂按兵不进。于是河南诸道兵皆不敢进。承嗣既无南顾之虞,得专意北方。

上喜李宝臣之功,遣中使马承倩赍诏劳之,将还,宝臣诣其馆,遗之百缣,承倩诟詈,掷出道中,宝臣惭其左右。兵马使王武俊说宝臣曰:"今公在军中新立功,竖子尚尔,况寇平之后,

16　己丑(二十八日),田承嗣派遣他的部将卢子期进犯磁州。

17　九月戊申(十七日),回纥人大白天将街上平民刺得流出肠子,有关部门将他们抓住,关进万年县监狱。回纥酋长赤心策马进入县城监狱,砍伤狱卒,劫去囚犯。代宗也不追究。

18　壬子(二十一日),吐蕃进犯临泾,癸丑(二十二日),又进犯陇州和普润,大肆虏掠人口牲畜而去,百官往往遣送家属出城躲藏。丙辰(二十五日),凤翔节度使李抱玉上奏说在义宁打败吐蕃军队。

19　李宝臣和李正己在枣强县会师,进而围攻贝州,田承嗣出兵援救贝州。李宝臣和李正己两军分别犒赏士兵,成德军犒赏丰厚,平卢军犒赏微薄;犒赏完毕,平卢军士兵颇有怨言,李正己害怕他们哗变,率军撤退,李宝臣也退兵。李忠臣听说后,放弃围攻卫州,南渡黄河,驻守阳武。李宝臣与朱滔进攻沧州,田承嗣的堂弟田庭玠镇守沧州,李宝臣未能攻克。

20　吐蕃进犯泾州,泾原节度使马璘在百里城将他们打败。戊午(二十七日),代宗命令卢龙节度使朱泚出镇奉天行营。

21　冬季,十月辛酉朔(初一),出现日食。

22　卢子期进攻磁州,州城几乎被攻陷,李宝臣与昭义留后李承昭共同援救磁州,在清水县败卢子期,将他擒获,送到京师斩首。同时,河南诸将在陈留大败田悦,田承嗣十分恐惧。

当初,李正己派遣使者到魏州,田承嗣将使者囚禁,到此时,他对使者优礼并放他走,将境内的户口、军队、粮食、布帛的数量全部登记后交给使者,说道:"我今年八十六岁,离死不远,儿子们称不肖,田悦也柔弱无能,凡是我今天所有的东西,只不过在替李公看守而已,难道还值得劳李公兴师动众吗?"田承嗣让李正己的使者立在庭中,自己面向南方,伏拜后才授给使者书信,同时又画了李正己的肖像,焚香供奉。李正己十分高兴,于是按兵不动。因此,河南各镇军队也都不敢进兵。田承嗣既然没有南顾之忧,便一心一意对付北方的军队。

代宗嘉许李宝臣的功劳,派遣中使马承倩携带诏书前去慰劳;马承倩即将返回时,李宝臣来到他下榻的公馆,送他一百匹丝织品。马承倩诟骂他一顿,将东西扔到路中,李宝臣看了看身边的人,自己感到很惭愧。兵马使王武俊劝李宝臣说:"现在你在军中新立战功,宫中小人尚且这样待你,更何况荡平田承嗣之后,

以一幅诏书召归阙下，一匹夫耳，不如释承嗣以为己资。"宝臣遂有玩寇之志。

承嗣知范阳宝臣乡里，心常欲之，因刻石作谶云："二帝同功势万全，将田为侣入幽燕。"密令瘗宝臣境内，使望气者言彼有王气，宝臣掘而得之。又令客说之曰："公与朱滔共取沧州，得之，则地归国，非公所有。公能舍承嗣之罪，请以沧州归公，仍愿从公取范阳以自效。公以精骑前驱，承嗣以步卒继之，蔑不克矣。"宝臣喜，谓事合符谶，遂与承嗣通谋，密图范阳，承嗣亦陈兵境上。

宝臣谓滔使者曰："闻朱公仪貌如神，愿得画像观之。"滔与之。宝臣置于射堂，与诸将共观之，曰："真神人也！"滔军于瓦桥，宝臣选精骑二千，通夜驰三百里袭之，戒曰："取貌如射堂者。"时两军方睦，滔不虞有变，狼狈出战而败，会衣他服得免。宝臣欲乘胜取范阳，滔使雄武军使昌平刘怦守留府。宝臣知有备，不敢进。

承嗣闻幽、恒兵交，即引军南还，使谓宝臣曰："河内有警，不暇从公，石上谶文，吾戏为之耳！"宝臣惭怒而退。宝臣既与朱滔有隙，以张孝忠为易州刺史，使将精骑七千以备之。

23　丙寅，贵妃独孤氏薨，丁卯，追谥贞懿皇后。

24　十一月丁酉，田承嗣将吴希光以瀛州降。

如以一纸诏书召你回到宫中,你就仅仅是一个匹夫而已,不如停止攻击田承嗣,作为自己借助的力量。"于是李宝臣便有了放过田承嗣的意图。

田承嗣得知范阳是李宝臣的故乡,内心常想着攻取范阳,因而在石头上刻下预言未来凶吉得失的文字:"二帝同功势万全,将田为侣入幽燕。"密令部下将石头埋在李宝臣的境内,让阴阳先生说那里有帝王之气,李宝臣便掘得此石。田承嗣又命令说客去劝李宝臣说:"您与朱滔共同攻取沧州,如果攻克,那么该地归国所有,而非你所有。如你能放弃惩治田承嗣,请他将沧州让给你,他仍然愿意跟从你攻取范阳,亲自为你效劳。你率领精锐骑兵先行,田承嗣率领步兵随后赶到,没有攻不破的。"李宝臣十分欢喜,说这件事与石头上刻的预言相吻合,于是与田承嗣互相串通,秘密图谋范阳,田承嗣也陈兵边境。

李宝臣跟朱滔的使者说:"听说朱公容仪如同神仙一般,我希望看看他的画像。"朱滔给了他画像。李宝臣将画像挂在习射的堂上,与各位将领一起观赏,说道:"这真是神人啊!"朱滔在瓦桥驻扎,李宝臣挑选二千精锐骑兵,通宵驰骋三百里,偷袭朱滔,李宝臣告诫士兵说:"杀掉那个相貌与习射堂上画像一样的人。"当时两军刚和睦友好,朱滔没有料到情况有变,狼狈出来应战,遭到失败,恰好朱滔身穿别人的衣服才得以幸免。李宝臣想乘胜攻取范阳,朱滔派雄武军使昌平人刘怦镇守留府。李宝臣知道朱滔已有防备,不敢再进兵。

田承嗣听说幽州、恒州两军交战,当即率军南归,他派人告诉李宝臣说:"河内有紧急情况,无暇跟从你出战范阳,石头上的预言文字,这是我开玩笑刻的!"李宝臣又惭愧又愤怒,退兵离去。李宝臣与朱滔有了矛盾以后,李宝臣便让张孝忠担任易州刺史,由他率领七千精锐骑兵来防备朱滔。

23　丙寅(初六),贵妃独孤氏去世,丁卯(初七),代宗追赠她为贞懿皇后。

24　十一月丁酉(初七),田承嗣的部将吴希光以瀛州投降朝廷。

25　岭南节度使路嗣恭擢流人孟瑶、敬冕为将,讨哥舒晃。瑶以大军当其冲,冕自间道轻入,丁未,克广州,斩哥舒晃及其党万馀人。

嗣恭之讨晃也,容管经略使王翃遣将将兵助之,西原贼帅覃问乘虚袭容州,翃伏兵击擒之。

26　十二月,回纥千骑寇夏州,州将梁荣宗破之于乌水。郭子仪遣兵三千救夏州,回纥遁去。

27　元载、王缙奏魏州盐贵,请禁盐入其境以困之。上不许,曰:“承嗣负朕,百姓何罪?”

28　田承嗣请入朝,李正己屡为之上表,乞许其自新。

十一年(丙辰,776)

1　春,正月壬辰,遣谏议大夫杜亚使魏州宣慰。

2　辛亥,西川节度使崔宁奏破吐蕃四节度及突厥、吐谷浑、氐、羌群蛮众二十馀万,斩首万馀级。

3　二月庚辰,田承嗣复遣使上表,请入朝。上乃下诏,赦承嗣罪,复其官爵,听与家属入朝,其所部拒朝命者,一切不问。

4　辛巳,增朔方五城戍兵,以备回纥。

5　三月戊子,河阳军乱,逐监军冉庭兰出城,大掠三日。庭兰成备而入,诛乱者数十人,乃定。

6　五月,汴宋留后田神玉卒。都虞候李灵曜杀兵马使、濮州刺史孟鉴,北结田承嗣为援。癸巳,以永平节度使李勉兼汴宋等八州留后。乙未,以灵曜为濮州刺史,灵曜不受诏。六月戊午,以灵曜为汴宋留后,遣使宣慰。

25 岭南节度使路嗣恭提拔被流放的孟瑶、敬冕为将领,讨伐哥舒晃。孟瑶率领大部队占据交通要冲,敬冕从小路轻而易举地进军广州,丁未(十七日),攻克广州,杀掉哥舒晃及其同伙一万多人。

路嗣恭讨伐哥舒晃时,容管经略使王翃派遣将领率军援助,西原蛮贼首领覃问乘虚袭击容州,王翃设下伏兵进击,将覃问抓获。

26 十二月,回纥一千骑兵进犯夏州,夏州将领梁荣宗在乌水打败回纥骑兵,郭子仪派遣三千士兵援救夏州,回纥骑兵逃跑。

27 元载、王缙上奏说魏州的盐很贵,请求禁止将盐运入魏州境内以困住田承嗣。代宗不同意,说道:"田承嗣辜负朕,老百姓有什么罪?"

28 田承嗣请求入朝,李正己多次为他上表,恳求允许他悔过自新。

唐代宗大历十一年(丙辰,公元776年)

1 春季,正月壬辰(初三),代宗派遣谏议大夫杜亚出使魏州安抚田承嗣。

2 辛亥(二十二日),西川节度使崔宁奏称打败了吐蕃的四节度和突厥、吐谷浑、氐、羌等蛮族二十多万人,斩首一万多人。

3 二月庚辰(二十二日),田承嗣再次派遣使者上表,请求入朝。代宗颁下诏书,赦免田承嗣之罪,恢复官爵,允许他与家属入朝,他的部下抗拒过朝廷命令的人,朝廷概不追究。

4 辛巳(二十三日),朝廷增加戍守朔方五城的军队,以防备回纥的侵扰。

5 三月戊子(初一),河阳军队发生哗变,驱逐监军冉庭兰出城,大肆掠夺三天。冉庭兰重整旗鼓,攻入城中,杀掉数十名作乱的士兵,才得以安定。

6 五月,汴宋留后田神玉去世。都虞候李灵曜杀死兵马使、濮州刺史孟鉴,向北勾结田承嗣作为他的后援。癸巳(初七),代宗任命永平节度使李勉兼汴宋等八州留后。乙未(初九),代宗任命李灵曜为濮州刺史,李灵曜不接受诏令。六月戊午(初二),代宗任命李灵曜为汴宋留后,派遣使者安抚李灵曜。

7　秋,九月,田承嗣遣兵寇滑州,败李勉。

8　吐蕃寇石门,入长泽川。

9　八月丙寅,加卢龙节度使朱泚同平章事。

10　李灵曜既为留后,益骄慢,悉以其党为管内八州刺史、县令,欲效河北诸镇。甲申,诏淮西节度使李忠臣、永平节度使李勉、河阳三城使马燧讨之。淮南节度使陈少游、淄青节度使李正己皆进兵击灵曜。

汴宋兵马使、摄节度副使李僧惠,灵曜之谋主也。宋州牙门将刘昌遣僧神表潜说僧惠,僧惠召问计,昌为之泣陈逆顺。僧惠乃与汴宋牙将高凭、石隐金遣神表奉表诣京师,请讨灵曜。九月壬戌,以僧惠为宋州刺史,凭为曹州刺史,隐金为郓州刺史。

乙丑,李忠臣、马燧军于郑州,灵曜引兵逆战;两军不意其至,退军荥泽,淮西军士溃去者什五六。郑州士民皆惊,走入东都。忠臣将归淮西,燧固执不可,曰:“以顺讨逆,何忧不克,奈何自弃功名?”坚壁不动。忠臣闻之,稍收散卒,数日皆集,军势复振。

戊辰,李正己奏克郓、濮二州。壬申,李僧惠败灵曜兵于雍丘。冬,十月,李忠臣、马燧进击灵曜,忠臣行汴南,燧行汴北,屡破灵曜兵;壬寅,与陈少游前军合,与灵曜大战于汴州城西,灵曜败,入城固守。癸卯,忠臣等围之。

田承嗣遣田悦将兵救灵曜,败永平、淄青兵于匡城,乘胜进军汴州,营于城北数里。丙午,忠臣遣裨将李重倩将轻骑数百夜入其营,纵横贯穿,斩数十人而还,营中大骇;忠臣、燧因以大军乘之,鼓噪而入,悦众不战而溃。悦脱身北走,将士死者相枕藉,

7 秋季,九月,田承嗣派遣军队进犯滑州,打败李勉。

8 吐蕃进犯石门,进入长泽川。

9 八月丙寅(十一日),代宗加封卢龙节度使朱泚同平章事职衔。

10 李灵曜担任留后之后,更加骄横傲慢,让他的党羽全部出任管内八州刺史和县令,想要效仿河北各镇。甲申(二十九日),代宗诏令淮西节度使李忠臣、永平节度使李勉、河阳三城使马燧前去讨伐。淮南节度使陈少游、淄青节度使李正己都进兵攻击李灵曜。

汴宋兵马使、代理节度副使李僧惠是李灵曜的主谋人。宋州牙门将领刘昌派遣和尚神表偷偷去劝说李僧惠,李僧惠召见刘昌询问对策,刘昌哭着陈述违背和顺从朝廷的利害关系。李僧惠便与汴宋牙将高凭、石隐金派遣神表携带奏表到京师,请求征讨李灵曜。九月壬戌(初八),代宗任命李僧惠为宋州刺史,高凭为曹州刺史,石隐金为郓州刺史。

乙丑(十一日),李忠臣、马燧驻军郑州,李灵曜率军迎战;李忠臣、马燧两军都没有料到他们会突然到达,于是退守荥泽,淮西的士兵十分之五六都溃逃了。郑州的士人平民都很吃惊,纷纷逃入东都。李忠臣想要撤军回淮西,马燧坚持认为这样不行,说道:"用正义来讨伐叛逆,何必担心不能战胜敌人,为什么自己要放弃功名呢?"他坚守壁垒不与敌军交战。李忠臣听说后,逐渐收集散兵,几天时间全部聚集,军队的声势又重新振作起来。

戊辰(十四日),李正己奏称攻克郓州和濮州。壬申(十八日),李僧惠在雍丘打败李灵曜的军队。冬季,十月,李忠臣、马燧进攻李灵曜,李忠臣在汴州城南行动,马燧在汴州城北行动,多次打败李灵曜的军队;壬寅(十八日),他们与陈少游的前军会合,在汴州城西与李灵曜大战,李灵曜兵败,入汴州城固守。癸卯(十九日),李忠臣等人包围汴州。

田承嗣派遣田悦率军援救李灵曜,在匡城打败永平、淄青的军队,乘胜进军汴州,在汴州城北几里的地方安营扎寨。丙午(二十二日),李忠臣派遣副将李重倩率领数百名轻装骑兵夜间突入田悦的营地,驰骋纵横,斩杀数十人后回师,田悦营中一片惊骇,李忠臣、马燧于是乘机率领大部队进攻,击鼓呐喊突入敌营,田悦的部众不战而溃。田悦本人脱身向北逃走,死去的将士相互枕藉,

不可胜数。灵曜闻之,开门夜遁,汴州平。重倩,本奚也。丁未,灵曜至韦城,永平将杜如江擒之。

燧知忠臣暴戾,以己功让之,不入汴城,引军西屯板桥。忠臣入城,果专其功;宋州刺史李僧惠与之争功,忠臣因会击杀之,又欲杀刘昌,昌遁逃得免。

甲寅,李勉械送李灵曜至京师,斩之。

11　十二月丁亥,李正己、李宝臣并加同平章事。

12　泾原节度使马璘疾亟,以行军司马段秀实知节度事,付以后事。秀实严兵以备非常,丙申,璘薨,军中奔哭者数千人,喧咽门屏,秀实悉不听入。命押牙马颋治丧事于内,李汉惠接宾客于外,妻妾子孙位于堂,宗族位于庭,将佐位于前,牙士卒哭于营伍,百姓各守其家。有离立偶语于衢路,辄执而囚之;非护丧从行者无得远送。致祭拜哭,皆有仪节,送丧近远,皆有定处,违者以军法从事。都虞候史廷幹、兵马使崔珍、十将张景华谋因丧作乱,秀实知之,奏廷幹入宿卫,徙珍屯灵台,补景华外职,不戮一人,军府晏然。

璘家富有无算,治第京师,甲于勋贵,中堂费二十万缗,他室所减无几,其子孙无行,家赀寻尽。

13　戊戌,昭义节度使李承昭表称疾笃,以泽潞行军司马李抱真兼知磁、邢两州留后。

14　庚戌,加淮西节度使李忠臣同平章事,仍领汴州刺史,治汴州。

十二年(丁巳,777)

1　春,三月乙卯,兵部尚书、同平章事、凤翔怀泽潞秦陇节度使李抱玉薨,弟抱真仍领怀泽潞留后。

数都数不清。李灵曜听说田悦兵败，打开城门，连夜逃跑，汴州平定。李重倩本是奚族人。丁未（二十三日），李灵曜逃到韦城，被永平军将领杜如江抓获。

马燧知道李忠臣为人粗暴强横，便将自己的功劳让给他，不进入汴城，而率领军队向西驻扎在板桥。李忠臣进入汴城，果然将功劳据为己有；宋州刺史李僧惠与他争功，李忠臣便乘会面之机将他杀掉；同时又想杀刘昌，刘昌逃跑才得以幸免。

甲寅（三十日），李勉押送李灵曜到京师，朝廷杀掉李灵曜。

11　十二月丁亥（初四），代宗同时加封李正己、李宝臣同平章事职衔。

12　泾原节度使马璘病重，他让行军司马段秀实执掌节度使的事务，将后事托付给他。段秀实整肃兵马以防不测，丙申（十三日），马璘去世，军中数千人奔走号哭，节度使幕府的门庭屏墙外一片哀哭声，段秀实都不让他们进去。段秀实命令押牙马顿在里面办理丧事，李汉惠在外面接待宾客，妻妾子孙位居堂中，宗族父老位居庭内，将佐位居堂前，衙内亲兵在营中哭泣，百姓分别在家守候。如果两个人在通衢要道中窃议私事，就将他们抓住，囚禁起来；不是护送灵柩出丧的人不得远送。吊唁哭拜都有仪式和礼节，送丧远近都有规定，违者依军法处治。都虞候史廷幹、兵马使崔珍、十将张景华图谋在治丧时作乱，段秀实知道后，奏报朝廷，让史廷幹入朝宿卫，崔珍移军驻守灵台，将张景华补任外职，不杀一人，节度军府安然无恙。

马璘家境富有，资产多得无法估算，京师所建的宅第，在功臣权贵中首屈一指，修建中堂花费二十万缗，其他居室也所减无几，他的子孙没有德行，不久家产就用尽了。

13　戊戌（十五日），昭义节度使李承昭上表自称病重；代宗让泽潞行军司马李抱真兼任磁、邢两州留后。

14　庚戌（二十七日），代宗加封淮西节度使李忠臣同平章事职衔，仍兼任汴州刺史，治所设在汴州。

唐代宗大历十二年（丁巳，公元 777 年）

1　春季，三月乙卯（初三），兵部尚书、同平章事及凤翔、怀泽潞、秦陇节度使李抱玉去世，弟弟李抱真仍兼任怀泽潞留后。

2 癸亥，以河东行军司马鲍防为河东节度使。防，襄州人也。

3 田承嗣竟不入朝，又助李灵曜，上复命讨之。承嗣乃复上表谢罪。上亦无如之何，庚午，悉复承嗣官爵，仍令不必入朝。

4 中书侍郎、同平章事元载专横，黄门侍郎、同平章事王缙附之，二人俱贪。载妻王氏及子伯和、仲武，缙弟、妹及尼出入者，争纳贿赂。又以政事委群吏，士之求进者，不结其子弟及主书卓英倩等，无由自达。上含容累年，载、缙不悛。

上欲诛之，恐左右漏泄，无可与言者，独与左金吾大将军吴凑谋之。凑，上之舅也。会有告载、缙夜醮图为不轨者，庚辰，上御延英殿，命凑收载、缙于政事堂，又收仲武及卓英倩等系狱。命吏部尚书刘晏与御史大夫李涵等同鞫之，问端皆出禁中，仍遣中使诘以阴事，载、缙皆伏罪。是日，先杖杀左卫将军、知内侍省事董秀于禁中，乃赐载自尽于万年县。载请主者："愿得快死！"主者曰："相公须受少污辱，勿怪！"乃脱秽袜塞其口而杀之。王缙初亦赐自尽，刘晏谓李涵等曰："故事，重刑覆奏，况大臣乎？且法有首从，宜更禀进止。"涵等从之。上乃贬缙栝州刺史。载妻王氏，忠嗣之女也，及子伯和、仲武、季能皆伏诛。有司籍载家财，胡椒至八百石，他物称是。

5 夏，四月壬午，以太常卿杨绾为中书侍郎，礼部侍郎常衮为门下侍郎，并同平章事。绾性清俭简素，制下之日，朝野相贺。郭子仪方宴客，闻之，减坐中声乐五分之四。京兆尹黎幹，驺从甚盛，即日省之，止存十骑。中丞崔宽，第舍宏侈，亟毁撤之。

2　癸亥（十一日），代宗任命河东行军司马鲍防为河东节度使。鲍防是襄州人。

3　田承嗣始终没有入朝，又帮助李灵曜，于是代宗再次命令讨伐他。田承嗣便再次上表谢罪。代宗也不知道对他如何是好，庚午（十八日），恢复田承嗣的全部官爵，还命令他不必入朝。

4　中书侍郎、同平章事元载十分专横，黄门侍郎、同平章事王缙依附元载，两人都很贪婪。元载的妻子王氏和儿子元伯和、元仲武，王缙的弟弟、妹妹和出入王门的尼姑，都争相收纳贿赂。元载、王缙又将政务委托官吏们办理，求取功名的士人，如果不巴结他们的子弟和主书卓英倩等人，就无法进入仕途。代宗多年来包涵宽容，但元载、王缙仍不悔改。

代宗想杀掉他们，害怕左右泄露消息，没有可以商谈的人，就单独与左金吾大将军吴凑谋划此事。吴凑是代宗的舅舅。恰巧有人控告元载、王缙夜里举行祷神的祭礼，图谋不轨，庚辰（二十八日），代宗驾临延英殿，命令吴凑在政事堂逮捕元载、王缙，又将元仲武及卓英倩等逮捕入狱。代宗命令吏部尚书刘晏和御史大夫李涵等人共同审讯他们，起诉文书称出自宫中，还派遣中使责问他们的秘密勾当，元载、王缙全都服罪。当天，代宗先在宫中将左卫将军、掌管内侍省事务的董秀杖杀，后又赐元载在万年县自杀。元载请求主管官员说："我希望死得快些！"主管官员说："你应该受些小的污辱，请别见怪！"于是脱下臭袜子塞进元载嘴里将他杀掉。开始王缙也被赐自尽，刘晏跟李涵等人说："按照惯例，施用重刑应当审查上奏，何况大臣呢？而且法律上有首犯和从犯之别，应当再次禀报皇上听候处理。"李涵等人同意了刘晏的建议。于是代宗将王缙贬为栝州刺史。元载的妻子王氏，即王忠嗣的女儿，以及儿子元伯和、元仲武和元季能全都伏法。有关部门没收了元载的家产，仅胡椒就达八百石，其他财物也与此相称。

5　夏季，四月壬午（初一），代宗任命太常卿杨绾为中书侍郎，礼部侍郎常衮为门下侍郎，一并同平章事。杨绾生性清廉简朴，任命颁布之日，朝野相互祝贺。这时，郭子仪正在宴请宾客，听说此事，便将在座助兴的声乐队减去五分之四。京兆尹黎幹出行时侍从很多，即日裁减，只留下十名骑从。中丞崔宽的宅第宏伟奢侈，也赶紧毁除。

6 癸未,贬吏部侍郎杨炎、谏议大夫韩洄、包佶、起居舍人韩会等,皆载党也。炎,凤翔人。载常引有文学才望者一人亲厚之,异日欲以代己,故炎及于贬。洄,滉之弟。会,南阳人也。上初欲尽诛炎等,吴凑谏救百端,始贬官。

7 丁酉,吐蕃寇黎、雅州,西川节度使崔宁击破之。

8 元载以仕进者多乐京师,恶其逼己,乃制俸禄,厚外官而薄京官,京官不能自给,常从外官乞贷。杨绾、常衮奏京官俸太薄。己酉,诏加京官俸,岁约十五万六千馀缗。

五月辛亥,诏自都团练使外,悉罢诸州团练守捉使。又令诸使非军事要急,无得擅召刺史及停其职务,差人权摄。又定诸州兵,皆有常数,其召募给家粮、春冬衣者,谓之"官健";差点土人,春夏归农、秋冬追集、给身粮酱菜者,谓之"团结"。自兵兴以来,州县官俸给不一,重以元载、王缙随情徇私,刺史月给或至千缗、或数十缗,至是,始定节度使以下至主簿、尉俸禄,掊多益寡,上下有叙,法制粗立。

9 庚午,上遣中使发元载祖父墓,斫棺弃尸,毁其家庙,焚其木主。戊寅,卓英倩等皆杖死。英倩之用事也,弟英璘横于乡里。及英倩下狱,英璘遂据险作乱。上发禁兵讨之,乙巳,金州刺史孙道平击擒之。

10 上方倚杨绾,使厘革弊政,会绾有疾,秋,七月己巳,薨。上痛悼之甚,谓群臣曰:"天不欲朕致太平,何夺朕杨绾之速?"

6　癸未(初二),代宗将吏部侍郎杨炎、谏议大夫韩洄、包佶、起居舍人韩会等人贬官,他们都是元载的党羽。杨炎是凤翔人。元载常延引一位有文学才望的人,予以亲近和厚待,打算以后用此人代替自己,所以杨炎被贬了官。韩洄即韩滉的弟弟。韩会是南阳人。起初,代宗想将杨炎等人全部杀掉,吴凑百般劝谏解救,他们才仅被贬官。

7　丁酉(十六日),吐蕃进犯黎州、雅州,西川节度使崔宁将他们击败。

8　元载因为进入仕途的人多喜欢在京师任官,讨厌他们靠近自己,便在订立俸禄制度时规定:出任外官的俸禄丰厚,而京官的俸禄微薄,所以京官生活不能自给,经常向外官乞求借贷。杨绾、常衮上奏说京官俸禄太少。己酉(二十八日),代宗下诏增加京官的俸禄,每年约十五万六千多缗。

五月辛亥(初一),代宗下诏,除都团练使以外,将各州团练守捉使全部取消。又下令各使在非军事紧急的情况下,不得擅自召见刺史及停其职务,派人代理。同时又规定各州的军队都有一定数额限制,各州招募的由官府供给家人粮食、春冬两季衣服的士兵,称之为“官健”;选择当地人服兵役,春夏两季解甲归田,秋冬两季召集训练,官府供给本人粮食和酱菜的称之为“团结”。自从兵兴以来,州县官吏的俸禄供给不一,加以元载、王缙任意徇情,刺史月薪有的多达一千缗,有的仅数十缗,到这时候,才规定从节度使以下到主簿、县尉俸禄的数额,减多补少,上下次序分明,法令制度初步确立。

9　庚午(二十日),代宗派遣中使挖掘元载祖父的坟墓,劈开棺材,扔掉尸体,拆毁他的家庙,焚烧庙中的木制牌位。戊寅(二十八日)卓英倩等都被杖打而死。卓英倩当权时,他的弟弟卓英璘在乡里横行霸道。等到卓英倩入狱,卓英璘便凭借险要作乱。代宗调禁军去征讨,乙巳(二十五日),金州刺史孙道平前去进攻,将他抓获。

10　代宗刚依靠杨绾,让他改革朝政的弊病,却赶上杨绾患病,秋季,七月己巳(二十日)去世。代宗十分悲痛地哀悼杨绾,他跟大臣们说:“苍天不想让朕实现天下太平,为什么这样快从朕手中夺走了杨绾?”

11　八月癸未，赐东川节度使鲜于叔明姓李氏。

12　元载、王缙之为相也，上日赐以内厨御馔，可食十人，遂为故事。癸卯，常衮与朱泚上言："餐钱已多，乞停赐馔。"许之。衮又欲辞堂封，同列不可而止。时人讥衮，以为："朝廷厚禄，所以养贤，不能，当辞位，不当辞禄。"

　　　　臣光曰：君子耻食浮于人；衮之辞禄，廉耻存焉，与夫固位贪禄者，不犹愈乎？诗云："彼君子兮，不素餐兮！"如衮者，亦未可以深讥也。

13　杨绾、常衮荐湖州刺史颜真卿，上即日召还。甲辰，以为刑部尚书。绾、衮又荐淮南判官汲人关播，擢为都官员外郎。

14　九月辛酉，以四镇、北庭行营兼泾原、郑颍节度副使段秀实为节度使。秀实军令简约，有威惠，奉身清俭，室无姬妾，非公会，未尝饮酒听乐。

15　吐蕃八万众军于原州北长泽监，己巳，破方渠，入拔谷；郭子仪使裨将李怀光救之，吐蕃退。庚午，吐蕃寇坊州。

16　冬，十月乙酉，西川节度使崔宁奏大破吐蕃于望汉城。

17　先是，秋霖，河中府池盐多败。户部侍郎判度支韩滉恐盐户减税，丁亥，奏雨虽多，不害盐，仍有瑞盐生。上疑其不然，遣谏议大夫义兴蒋镇往视之。

18　吐蕃寇盐、夏州，又寇长武，郭子仪遣将拒却之。

19　以永平军押牙匡城刘洽为宋州刺史。仍以宋、泗二州隶永平军。

11　八月癸未(初四),代宗赏赐东川节度使鲜于叔明姓李。

12　元载、王缙担任宰相时,代宗每天赏赐他们宫厨所做的佳肴,可供十人食用,于是成为惯例。癸卯(二十四日),常衮和朱泚对代宗说:"餐费开支已经很多,恳求停止赏赐御用食品。"代宗表示同意。常衮又想辞掉自己的宰相封邑,同僚认为不行,这才了事。当时有人讥笑常衮,认为:"朝廷丰厚的俸禄是用来供养贤人的;如果不行,应当辞职,而不应当辞掉俸禄。"

　　臣司马光说:君子以多受人家的食禄为耻;常衮辞掉俸禄,表明他还有廉耻之心,与那些巩固自己的地位而贪图俸禄的人相比,难道不好些吗?《诗经》说:"那些大人先生啊,还不是不劳而食。"像常衮这样的人,也不可以过分地讽刺。

13　杨绾、常衮向代宗推荐湖州刺史颜真卿,代宗当天召颜真卿回京。甲辰(二十五日),任命他为刑部尚书。杨绾、常衮又向代宗推荐淮南判官汲县人关播,将他提拔为都官员外郎。

14　九月辛酉(十三日),代宗任命四镇、北庭行营兼泾原、郑颍节度副使段秀实为节度使。段秀实军令简单扼要,有威望,对部下有恩惠,以清廉节俭为生活准则,家无姬妾,不是因公聚会,从不饮酒听乐。

15　吐蕃八万人马驻扎在原州北部长泽监,己巳(二十一日),攻破方渠县,进入拔谷;郭子仪派副将李怀光前去救援,吐蕃撤退。庚午(二十二日),吐蕃进犯坊州。

16　冬季,十月乙酉(初七),西川节度使崔宁奏报在望汉城大败吐蕃军队。

17　起先,秋雨绵绵,河中府的池盐大多坏了。户部侍郎兼管度支事务的韩滉害怕盐户减少纳税,丁亥(初九),奏称秋雨虽多,但并不损坏池盐,仍然有好盐出产。代宗怀疑韩滉所奏不属实,便派遣谏议大夫义兴人蒋镇前去视察。

18　吐蕃进犯盐州、夏州,又进犯长武城;郭子仪调兵遣将前去抵抗。

19　代宗任命永平军押牙匡城人刘洽为宋州刺史。宋州、泗州仍隶属永平军。

20 京兆尹黎幹奏秋霖损稼,韩滉奏幹不实;上命御史按视。丁未,还奏:"所损凡三万馀顷。"渭南令刘澡阿附度支,称县境苗独不损,御史赵计奏与澡同。上曰:"霖雨溥博,岂得渭南独无?"更命御史朱敖视之,损三千馀顷。上叹息久之,曰:"县令,字人之官,不损犹应言损,乃不仁如是乎!"贬澡南浦尉,计澧州司户,而不问滉。

21 十一月壬子,山南西道节度使张献恭奏破吐蕃万馀众于岷州。

22 丙辰,蒋镇还,奏言"瑞盐实如韩滉所言",仍上表贺,请宣付史臣,锡以嘉名。上从之,赐号宝应灵应池。时人丑之。

23 十二月丙戌,朱泚自泾州还京师。

24 丁亥,崔宁奏破吐蕃十馀万众,斩首八千馀级。

25 庚子,以朱泚兼陇右节度使,知河西、泽潞行营。

26 平卢节度使李正己先有淄、青、齐、海、登、莱、沂、密、德、棣十州之地,及李灵曜之乱,诸道合兵攻之,所得之地,各为己有,正己又得曹、濮、徐、兖、郓五州,因自青州徙治郓州,使其子前淄州刺史纳守青州。正己用刑严峻,所在不敢偶语;然法令齐一,赋均而轻,拥兵十万,雄据东方,邻藩皆畏之。是时田承嗣据魏、博、相、卫、洺、贝、澶七州,李宝臣据恒、易、赵、定、深、冀、沧七州,各拥众五万;梁崇义据襄、邓、均、房、复、郢六州,有众二万。相与根据蟠结,虽奉事朝廷而不用其法令,官爵、甲兵、租赋、刑杀皆自专之。上宽仁,一听其所为。朝廷或完一城,增一兵,辄有怨言,以为猜贰,

20　京兆尹黎幹奏报说秋雨连绵,损坏庄稼,韩滉则上奏说黎干所说的与事实不符,代宗便命令御史前去视察核实。丁未(二十九日),御史回报说:"所损坏的庄稼约三万多顷。"渭南县令刘澡奉承依附度支韩滉,声称唯独渭南县境内的禾苗没有损坏;御史赵计所奏也与刘澡相同。代宗说:"大雨连绵,分布区域又广,难道单单渭南没有?"再命令御史朱敖去视察,渭南实际上受损庄稼三千多顷。代宗长长地叹息,说道:"县令是抚养人民的父母官,无损坏还应该说有损坏,但他们竟不仁到这种地步!"于是将刘澡贬为南浦县尉,赵计贬为澧州司户,但不问韩滉罪。

21　十一月壬子(初四),山南西道节度使张献恭奏报说,在岷州打败吐蕃一万多人。

22　丙辰(初八),蒋镇视察归来,奏报说"正如韩滉所说,那里仍有好盐出产",还上书皇上表示祝贺,请求交付史官记录,给盐池取个美称。代宗同意了,给盐池取名为宝应灵应池。当时的人们认为这种做法很不光彩。

23　十二月丙戌(初八),朱泚从泾州返回京师。

24　丁亥(初九),崔宁奏报说,打败吐蕃十多万人,杀死八千多人。

25　庚子(二十二日),代宗让朱泚兼任陇右节度使,执掌河西、泽潞行营事务。

26　平卢节度使李正己起先占有淄、青、齐、海、登、莱、沂、密、德和棣等十州地区,等到李灵曜叛乱,各道合兵进攻,所得的地盘都各自据为己有,李正己又得到了曹、濮、徐、兖和郓等五州的地盘,因而将治所从青州迁到郓州,派他的儿子前淄州刺史李纳镇守青州。李正己使用严酷的刑法,当地人们都不敢相对私语,但他法令统一,赋税平均而不繁重,拥有十万军队,雄踞东方,邻近的藩镇都害怕他。此时,田承嗣占据魏、博、相、卫、洺、贝和澶等七州,李宝臣占据恒、易、赵、定、深、冀和沧等七州,各自拥有五万军队;梁崇义占据襄、邓、均、房、复和郢等六州,拥有两万军队。他们互相依靠,勾结在一起,虽然拥戴朝廷,但不用朝廷的法令,官爵、士兵、租赋和刑杀都由自己掌握。代宗宽宏仁厚,听任他们为所欲为。朝廷有时修补一城,增加一兵,他们就有怨言,认为朝廷怀疑他们有二心,

常为之罢役；而自于境内筑垒、缮兵无虚日。以是虽在中国名藩臣，而实如蛮貊异域焉。

十三年（戊午，778）

1　春，正月辛酉，敕毁白渠支流碾硙以溉田。昇平公主有二硙，入见于上，请存之。上曰："吾欲以利苍生，汝识吾意，当为众先。"公主即日毁之。

2　戊辰，回纥寇太原，河东押牙泗水李自良曰："回纥精锐远来求斗，难与争锋，不如筑二垒于归路，以兵戍之。虏至，坚壁勿与战，彼师老自归，乃出军乘之。二垒抗其前，大军蹑其后，无不捷矣。"留后鲍防不从，遣大将焦伯瑜等逆战；癸酉，遇虏于阳曲，大败而还，死者万馀人。回纥纵兵大掠。二月，代州都督张光晟击破之于羊武谷，乃引去。上亦不问回纥入寇之故，待之如初。

3　己亥，吐蕃遣其将马重英帅众四万寇灵州，夺填汉、御史、尚书三渠水口以弊屯田。

4　三月甲戌，回纥使还，过河中，朔方军士掠其辎重，因大掠坊市。

5　夏，四月甲辰，吐蕃寇灵州，朔方留后常谦光击破之。

6　六月戊戌，陇右节度使朱泚献猫鼠同乳不相害者以为瑞，常衮帅百官称贺。中书舍人崔祐甫独不贺，曰："物反常为妖。猫捕鼠，乃其职也，今同乳，妖也。何乃贺为？宜戒法吏之不察奸、边吏之不御寇者，以承天意。"上嘉之。祐甫，沔之子也。秋，七月，以祐甫知吏部选事。祐甫数以公事与常衮争，由是恶之。

朝廷往往因此而作罢;而他们自己在境内天天修筑堡垒,整治军队。因此,他们名为中国藩臣,实际同境外蛮夷一样。

唐代宗大历十三年(戊午,公元778年)

1 春季,正月辛酉(十四日),代宗下令毁掉白渠支流上的水磨,用以灌溉田地。昇平公主有两部水磨,她入宫面见皇上,请求保留。代宗对她说:"我想为百姓谋利,而你懂得我的意图,应当为大家做表率。"公主当天就毁掉水磨。

2 戊辰(二十一日),回纥进犯太原,河东押牙泗水人李自良说:"回纥精锐部队远道前来求战,难以与他们交锋,不如在他们的归途中修筑两个堡垒,用兵戍守。敌军到来,则坚守壁垒不与他们交战,他们的军队就会劳累且士气低落,自行撤退,这时便可出兵攻击。两个堡垒抵抗敌军前锋,大部队逼迫他们的后部,没有不胜的。"留后鲍防不听,派遣大将焦伯瑜等人迎战;癸酉(二十六日),在阳曲县与敌军遭遇,结果大败而归,死了一万多人。回纥放纵士兵,大肆掠夺。二月,代州都督张光晟在羊武谷击败敌军,敌军这才退去。代宗也不追究回纥入侵的缘故,仍如以前厚待他们。

3 己亥(二十二日),吐蕃派遣将领马重英率领四万大军进犯灵州,夺取了填汉、御史和尚书三渠的出水口,以此破坏唐朝的屯田。

4 三月甲戌(二十八日),回纥使者回国,路过河中,朔方士兵掠夺了他们的辎重,于是回纥人大肆掠夺街坊市井。

5 夏季,四月甲辰(二十八日),吐蕃进犯灵州,朔方留后常谦光将他们击败。

6 六月戊戌(二十三日),陇右节度使朱泚向皇上进献同乳而不相伤害的猫鼠,以为这是祥瑞吉兆;常衮率领大臣们表示祝贺。唯独中书舍人崔祐甫不肯祝贺,他说:"事物反常,这是怪异。猫捕捉老鼠,是猫的职责,如今同乳,则是妖怪,为什么还要祝贺呢?应当告诫那些不察奸情的执法官和不抵御敌寇的边防官,以顺应上天的意志。"代宗很赞赏他。崔祐甫是崔沔的儿子。秋季,七月,代宗让崔祐甫执掌吏部选官事宜。崔祐甫多次因为公事与常衮发生争执,因此,常衮很讨厌他。

7 戊午，郭子仪奏以回纥犹在塞上，边人恐惧，请遣邠州刺史浑瑊将兵镇振武军，从之。回纥始去。

8 辛未，吐蕃将马重英二万众寇盐、庆二州，郭子仪遣朔方都虞候李怀光击却之。

9 八月乙亥，成德节度使李宝臣请复姓张，许之。

10 吐蕃二万众寇银、麟州，略党项杂畜，郭子仪遣李怀光击破之。

11 上悼念贞懿皇后不已，殡于内殿，累年不忍葬；丁酉，始葬于庄陵。

12 九月庚午，吐蕃万骑下青石岭，逼泾州；诏郭子仪、朱泚与段秀实共却之。

13 冬，十二月丙戌，以吏部尚书、转运、盐铁等使刘晏为左仆射，知三铨及使职如故。

14 郭子仪入朝，命判官京兆杜黄裳主留务。李怀光阴谋代子仪，矫为诏书，欲诛大将温儒雅等。黄裳察其诈，以诘怀光，怀光流汗服罪。于是诸将之难制者，黄裳矫子仪之命，皆出之于外，军府乃安。

15 以给事中杜亚为江西观察使。

16 上召江西判官李泌入见，语以元载事，曰："与卿别八年，乃能诛此贼。赖太子发其阴谋，不然，几不见卿。"对曰："臣昔日固尝言之，陛下知群臣有不善，则去之；含容太过，故至于此。"上曰："事亦应十全，不可轻发。"上因言："朕面属卿于路嗣恭，而嗣恭取载意，奏卿为虔州别驾。嗣恭初平岭南，献琉璃盘，径九寸，朕以为至宝。及破载家，得嗣恭所遗载琉璃盘，径尺。俟其至，当与卿议之。"泌曰："嗣恭为人，小心，善事人，畏权势，精勤吏事而不知大体。

7 戊午(十四日),郭子仪奏称,因为回纥人仍在塞上,边地百姓十分恐惧,请求皇上派遣邠州刺史浑瑊率军镇守镇武军,代宗表示同意。回纥这才离去。

8 辛未(二十七日),吐蕃将领马重英率两万大军进犯盐州、庆州,郭子仪派遣朔方都虞候李怀光击退了他们。

9 八月乙亥(初二),成德节度使李宝臣请求让他恢复张姓,唐代宗表示同意。

10 吐蕃两万大军进犯银州、麟州,掠夺党项人的各种牲畜,郭子仪派遣李怀光将他们击败。

11 代宗对贞懿皇后悼念不已,将灵柩停放在内殿,多年不忍心埋葬;丁酉(二十四日),才埋葬在庄陵。

12 九月庚午(二十七日),吐蕃一万骑兵从青石岭下来,进逼泾州;代宗下诏命令郭子仪、朱泚和段秀实共同抵抗。

13 冬季,十二月丙戌(十四日),代宗让吏部尚书、转运及盐铁等使刘晏担任左仆射,掌管铨选的三项事务和使职不变。

14 郭子仪入朝,任命判官京兆人杜黄裳主持留府事务。李怀光图谋取代郭子仪,诈称有皇上诏书,想杀掉大将温儒雅等人。杜黄裳察觉其中有诈,因此责问李怀光,李怀光惊慌得汗流浃背,表示服罪。于是杜黄裳假托郭子仪的命令,将难于控制的将领派到外地去,因此节度使幕府才得安定。

15 代宗任命给事中杜亚为江西观察使。

16 代宗召江西判官李泌入朝相见,与他谈起元载的事情,说道:"与你分别八年,才能够杀掉此贼。幸亏太子发觉他的阴谋,不然的话几乎见不到你了。"李泌回答说:"我过去曾经说过,陛下如果知道有居心不良的大臣,那就将他们除掉;陛下包容太过,所以到这种地步。"代宗说:"考虑事情也应该周全,不可轻举妄动。"代宗就势又说:"朕当面将你嘱托给路嗣恭,然而路嗣恭却顺着元载的意思,上奏让你担任虔州别驾。路嗣恭初次平定岭南,进献了一件琉璃盘,直径九寸,朕以为是最珍贵的东西。等到抄了元载的家,查获了路嗣恭送给元载的琉璃盘,直径却有一尺。等他到京后,应当跟你议一议怎么处理他这件事。"李泌回答说:"路嗣恭为人小心谨慎,善于侍奉人,害怕有权有势的人,做官精明勤恳但不知道原则。

昔为县令,有能名,陛下未暇知之,而为载所用,故为之尽力。陛下诚知而用之,彼亦为陛下尽力矣。虔州别驾,臣自欲之,非其罪也。且嗣恭新立大功,陛下岂得以一琉璃盘罪之邪!"上意乃解,以嗣恭为兵部尚书。

17 郭子仪以朔方节度副使张昙性刚率,谓其以武人轻己,衔之。孔目官吴曜为子仪所任,因而构之。子仪怒,诬奏昙扇动军众,诛之。掌书记高郢力争之,子仪不听,奏贬郢猗氏丞。既而僚佐多以病求去,子仪悔之,悉荐之于朝,曰:"吴曜误我。"遂逐之。

18 常衮言于上曰:"陛下久欲用李泌,昔汉宣帝欲用人为公卿,必先试理人,请且以为刺史,使周知人间利病,俟报政而用之。"

十四年(己未,779)

1 春,正月壬戌,以李泌为澧州刺史。

2 二月癸未,魏博节度使田承嗣薨。有子十一人,以其侄中军兵马使悦为才,使知军事,而诸子佐之。甲申,以悦为魏博留后。

3 淮西节度使李忠臣,贪残好色,将吏妻女美者,多逼淫之,悉以军政委妹婿节度副使张惠光。惠光挟势暴横,军州苦之。忠臣复以惠光子为牙将,暴横甚于其父。左厢都虞候李希烈,忠臣之族子也,为众所服。希烈因众心怨怒,三月丁未,与大将丁暠等杀惠光父子而逐忠臣。忠臣单骑奔京师,上以其有功,使以检校司空、同平章事留京师,以希烈为蔡州刺史、淮西留后。以永平节度使李勉兼汴州刺史,增领汴、颍二州,徙镇汴州。

过去担任县令,有能干的名声,陛下没顾上了解他,因而被元载所重用,所以路嗣恭为他尽力。陛下如果真正了解并且重用,他也会为陛下效力的。虔州别驾是我自己想当的,不是他的罪过。况且路嗣恭新近立下大功,陛下岂能因为一件琉璃盘而向他问罪呢?"代宗心中原有的疙瘩解开了,于是任命路嗣恭为兵部尚书。

17 郭子仪因为朔方节度副使张昙性格刚强直率,曾说郭子仪身为武将轻视自己,所以心中怀恨。孔目官吴曜被郭子仪所信任,因而挑拨离间。郭子仪十分恼怒,诬告张昙煽动军队造反,将他杀掉。掌书记高郢据理力争,郭子仪不听,奏请将高郢贬为狷氏县丞。不久僚属们纷纷托病请求离职,郭子仪十分后悔,将他们全部推荐给朝廷,说道:"吴曜害了我。"于是将吴曜赶走。

18 常衮对代宗说:"陛下早就想重用李泌,过去汉宣帝想用人担任公卿大臣,必定先试试他治理百姓的才能,请陛下暂且让他担任刺史,让他广泛了解人间的各种利弊,等到上报政绩之后再重用他。"

唐代宗大历十四年(己未,公元779年)

1 春季,正月壬戌(二十一日),代宗任命李泌为澧州刺史。

2 二月癸未(十二日),魏博节度使田承嗣去世。田承嗣有十一个儿子,因为他的侄子中军兵马使田悦有才干,所以让他执掌军务,而让儿子们辅佐他。甲申(十三日),代宗任命田悦为魏博留后。

3 淮西节度使李忠臣贪婪残暴,又好声色,将官的妻子女儿中貌美的,多遭他逼迫奸淫,他将军政事务全部委托妹夫节度副使张惠光掌管。张惠光依仗权势,残暴专横,军州颇受其苦。李忠臣又让张惠光的儿子担任牙将,他残暴专横,胜过他父亲。左厢都虞候李希烈是李忠臣族侄,为众人所拥戴。李希烈凭借众人的怨愤心情,于三月丁未(初六)与大将丁暠等人杀掉张惠光父子,赶走了李忠臣。李忠臣只身单骑逃奔京师,代宗因为他有功劳,让他留在京师担任检校司空、同平章事,又任命李希烈为蔡州刺史、淮西留后。代宗让永平节度使李勉兼任汴州刺史,增加汴州、颍州让他治理,并将治所移到汴州。

4　辛酉,以容管经略使王翃为河中少尹、知府事。河东副元帅留后部将凌正暴横,翃抑之。正与其徒乘夜作乱,翃知之,故缩漏水数刻以差其期,贼惊,溃走,擒正,诛之,军府乃安。

5　成德节度使张宝臣既请复姓,又不自安,更请赐姓,夏,四月癸未,复赐姓李。

6　五月癸卯,上始有疾,辛酉,制皇太子监国。是夕,上崩于紫宸之内殿,遗诏以郭子仪摄冢宰。癸亥,德宗即位,在谅阴中,动遵礼法。尝召韩王迥食,食马齿羹,不设盐、酪。

7　常衮性刚急,为政苛细,不合众心。时群臣朝夕临,衮哭委顿,从吏或扶之。中书舍人崔祐甫指以示众曰:"臣哭君前,有扶礼乎?"衮闻,益恨之。会议群臣丧服,衮以为:"礼,臣为君斩衰三年。汉文权制,犹三十六日。高宗以来,皆遵汉制。及玄宗、肃宗之丧,始服二十七日。今遗诏云:'天下吏人,三日释服。'古者卿大夫从君而服,皇帝二十七日而除,在朝群臣亦当如之。"祐甫以为:"遗诏,无朝臣、庶人之别。朝野内外,莫非天下,凡百执事,孰非吏人?皆应释服。"相与力争,声色陵厉。衮不能堪,乃奏祐甫率情变礼,请贬潮州刺史,上以为太重。闰月壬申,贬祐甫为河南少尹。

初,肃宗之世,天下务殷,宰相常有数人,更直决事,或休沐各归私第,诏直事者代署其名而奏之,自是踵为故事。时郭子仪、朱泚虽以军功为宰相,皆不预朝政,衮独居政事堂,代二人署名奏祐甫。祐甫既贬,二人表言其非罪,上问:"卿向言可贬,今云非罪,何也?"二人对:初不知。

4　辛酉(二十日),代宗让容管经略使王翃担任河中少尹、知府事。河东副元帅留后的部将凌正残暴专横,王翃就抑制他。凌正与他的追随者想乘黑夜作乱,王翃知道后,故意缩短漏水记时器数刻钟,以此错开他们谋乱的时间,叛贼十分吃惊,纷纷溃逃,王翃抓住凌正,将他杀掉,节度使幕府才得以安定。

5　成德节度使张宝臣已经请求恢复原姓,但心里又感到不安,便再次请求皇上赐姓;夏季,四月癸未(十三日),代宗再次赐给他李姓。

6　五月癸卯(初三),代宗开始患病,辛酉(二十一日),下诏让皇太子代行处理国政。当夜,代宗在紫宸殿的内殿中驾崩,遗诏让郭子仪总摄群臣,辅助朝政。癸亥(二十三日),唐德宗即位,在居丧之所服丧,一切行动都遵照丧礼规定。德宗曾经召韩王李迥前来进餐,吃的是马齿羹,不放盐和乳酪。

7　常衮性格刚强急躁,为政苛求细枝末节,不合大家的心愿。当时大臣们早晚都在哀哭,常衮已经哭得疲惫不堪,随从官吏有人去扶他。中书舍人崔祐甫指着他们让大家看,说道:"大臣在圣上灵前痛哭,有搀扶的礼节吗?"常衮听到后更加恨他。恰巧商议大臣们服丧的事,常衮认为:"按丧礼,大臣为圣上服丧三年。汉文帝临时制定的丧制,也还有三十六天。高宗以来都遵循汉代丧制。等到玄宗、肃宗治丧时,才开始服丧二十七天。如今圣上遗诏说:'天下官吏百姓,三日之后就可以除丧。'但古来卿大夫服丧与君王一样,既然皇上二十七天才除丧,在朝群臣也应当如此。"崔祐甫认为:"在遗诏中没有朝臣和百姓的区别。朝野内外,都是同一个天下,凡是担任工作,从事劳役的,谁不是官吏百姓? 他们都应该除丧。"他们相互力争,声色俱厉。常衮忍受不住,就上奏崔祐甫任意改变丧礼,请求德宗将他贬为潮州刺史。德宗认为处分太重,闰五月壬申(初三),将崔祐甫贬为河南少尹。

从前肃宗时期,天下事务繁重,宰相常常有几个人,轮流处理日常事务,有时宰相休假各自回到家中,便奉诏让值班宰相代他们签署名字上奏,从此成为惯例。当时,郭子仪、朱泚虽然以军功出任宰相,但都不参与朝政,常衮独居政事堂,代他们两人签名奏告崔祐甫。崔祐甫贬官后,郭、朱两人上书说他无罪,德宗问道:"你们原先说可以贬官,今天又说无罪,为什么?"两人回答说,当初不了解情况。

上初即位,以衮为欺罔,大骇。甲辰,百官衰绖,序立于月华门,有制,贬衮为潮州刺史,以祐甫为门下侍郎、同平章事,闻者震悚。祐甫至昭应而还。既而群臣丧服竟用衮议。

上时居谅阴,庶政皆委于祐甫,所言无不允。初,至德以后,天下用兵,诸将竞论功赏,故官爵不能无滥。及永泰以来,天下稍平,而元载、王缙秉政,四方以贿求官者相属于门,大者出于载、缙,小者出于卓英倩等,皆如所欲而去。及常衮为相,思革其弊,杜绝侥幸,四方奏请,一切不与,而无所甄别,贤愚同滞。崔祐甫代之,欲收时望,推荐引拔,常无虚日;作相未二百日,除官八百人。前后相矫,终不得其适。上尝谓祐甫曰:"人或谤卿,所用多涉亲故,何也?"对曰:"臣为陛下选择百官,不敢不详慎。苟平生未之识,何以谙其才行而用之。"上以为然。

臣光曰:臣闻用人者,无亲疏、新故之殊,惟贤、不肖之为察。其人未必贤也,以亲故而取之,固非公也;苟贤矣,以亲故而舍之,亦非公也。夫天下之贤,固非一人所能尽也,若必待素识熟其才行而用之,所遗亦多矣。古之为相者则不然,举之以众,取之以公。众曰贤矣,己虽不知其详,姑用之,待其无功,然后退之,有功则进之;所举得其人则赏之,非其人则罚之。进退赏罚,皆众人所共然也,己不置豪发之私于其间。苟推是心以行之,又何遗贤旷官之足病哉?

8 诏罢省四方贡献之不急者,又罢梨园使及乐工三百馀人,所留者悉隶太常。

德宗刚即位便以为常衮欺骗蒙蔽他，十分震惊。甲辰，大臣们身着丧服，排列有序站在月华门前，德宗颁发诏书，将常衮贬为潮州刺史，任命崔祐甫为门下侍郎、同平章事，听到这个消息的人都感到震惊和恐惧。崔祐甫到达昭应县后就返回京师。不久，大臣们还是采纳常衮的建议服丧。

德宗此时正在服丧，各种政务都委托崔祐甫处理，对他所说的事没有不同意的。当初，在至德年间以后，天下用兵很多，诸位将领竞相论功邀赏，所以官爵的封赏不可能不滥。等到永泰年间以来，天下稍稍太平，然而元载、王缙执政，四面八方向他们行贿来求官的人盈于门庭，官大的出自元载、王缙之手，官小的出自卓英倩等人之手，他们都如愿以偿地走了。等到常衮担任宰相，想革除这个弊端，杜绝人们侥幸得官的途径，对各地上奏请求，一概不予考虑，然而由于不加甄别，贤能和蠢才都被遗落。崔祐甫取代常衮出任宰相，想收罗当时有声望的人，于是引荐推举的人每天不断；担任宰相不到两百天，就任命了八百名官员。常、崔两人前后相互纠正，终究没有找到适当的尺度。德宗曾经对崔祐甫说："有人指责你，说你所任用的官员多沾亲带故，为什么？"崔祐甫回答说："我为陛下选择官员，不敢不审慎。假如平时不认识，我怎么能知道他的才干德行而任用他呢？"德宗认为这是正确的。

臣司马光说：我听说用人者，没有亲疏、新老之别，只以贤能和不肖作为考察对象。被录用的未必都是贤人，如果他是以亲朋故友的关系而被录用，这当然是不公道的；假如是贤人，因为亲朋故友的关系被舍去，这也是不公道的。天下的贤人，当然不是一个人所能收尽的，如果一定等待平素认识，熟知他的才干德行再录用，那么所遗漏的贤人也就很多了。古代担任宰相的就不是这样，他让公众来推举，以公正来录用。公众说这是贤人，自己虽然不了解详细情况，但暂时任用他，等到他没有功绩再将他辞退，有功绩就提拔；所推举的是贤人就奖赏他，不是贤人就惩罚他。晋升和辞退，奖赏和惩罚，都是大家所公认的，自己在中间没有丝毫的隐私。假如以这样的用心付诸行动，又有什么遗漏贤人和官不称职的毛病呢？

8 德宗下诏取消各地贡献不急需的物资，又取消梨园使及乐师三百多人，所留下来的乐师都归属太常管理。

9 郭子仪以司徒、中书令领河中尹、灵州大都督、单于镇北大都护、关内河东副元帅、朔方节度、关内支度盐池六城水运大使、押蕃部并营田及河阳道观察等使,权任既重,功名复大,性宽大,政令颇不肃,代宗欲分其权而难之,久不决。甲申,诏尊子仪为尚父,加太尉兼中书令,增实封满二千户,月给千五百人粮、二百马食,子弟、诸婿迁官者十馀人,所领副元帅诸使悉罢之;以其裨将河东、朔方都虞候李怀光为河中尹、邠宁庆晋绛慈隰节度使,以朔方留后兼灵州长史常谦光为灵州大都督、西受降城定远天德盐夏丰等军州节度使,振武军使浑瑊为单于大都护、东中二受降城、振武镇北绥银麟胜等军州节度使,分领其任。

10 丙戌,诏曰:“泽州刺史李鹗上《庆云图》。朕以时和年丰为嘉祥,以进贤显忠为良瑞,如卿云、灵芝、珍禽、奇兽、怪草、异木,何益于人?布告天下,自今有此,无得上献。”内庄宅使上言诸州有官租万四千馀斛,上令分给所在充军储。先是,诸国屡献驯象,凡四十有二,上曰:“象费刍养而违物性,将安用之?”命纵于荆山之阳,及豹、貔、斗鸡、猎犬之类,悉纵之;又出宫女数百人。于是中外皆悦,淄青军士,至投兵相顾曰:“明主出矣,吾属犹反乎?”

11 戊子,以淮西留后李希烈为节度使。

12 辛卯,以河阳镇遏使马燧为河东节度使。河东承百井之败,骑士单弱,燧悉召牧马廐役,得数千人,教之数月,皆为精骑。造甲必为长短三等,称其所衣,以便进趋。又造战车,行则载兵甲,止则为营陈,或塞险以遏奔冲,器械无不精利。居一年,得选兵三万。辟兖州人张建封为判官,署李自良代州刺史,委任之。

9　郭子仪以司徒、中书令的身份出任河中尹、灵州大都督、单于镇北大都护、关内河东副元帅、朔方节度、关内支度盐池六城水运大使、押蕃部并营田及河阳道观察等使。他的权力职责既重,功名也大,而他生性宽宏,行政法令颇不严,代宗想分他的权力,但又感到为难,很长时间都犹豫不决。甲申(十五日),德宗下诏尊崇郭子仪为尚父,加封为太尉兼中书令,将实封食邑增加到两千户,每月供给一千五百人的粮食、两百匹马的饲料,他的子弟女婿们升官的有十多人,郭子仪担任的副元帅和各种使职全部罢免,让他的副将河东、朔方都虞候李怀光担任河中尹及邠、宁、庆、晋、绛、慈、隰节度使,朔方留后兼灵州长史常谦光担任灵州大都督及西受降城、定远、天德、盐、夏、丰等军州节度使,振武军使浑瑊担任单于大都护、东和中二受降城及振武、镇北、绥、银、麟、胜等军州节度使,分别执掌郭子仪的职务。

10　丙戌(十七日),德宗颁发诏书说:"泽州刺史李鹍贡献了《庆云图》。朕认为时局和平年年丰收,大臣们推举贤能表现忠心是吉祥之兆,而如祥云、灵芝、珍禽、奇兽、怪草、异木之类东西,对人有什么好处? 通告天下,从今以后,有这一类东西,都不许向上贡献。"内庄宅使对德宗说各州有一万四千多斛政府征收的地租,德宗下令分给当地充当国粮储备。起先,各国多次进献驯象,大约有四十二头,德宗说:"豢养驯象花费很大,而且违背了动物的本性,将来哪里用得上象呢?"于是下令将驯象放到荆山南麓,豹、貀、斗鸡、猎犬之类的动物也都放掉;德宗又让数百名宫女出宫。于是朝廷内外都很高兴,淄青的士兵甚至扔掉兵器,互相看着说:"明君出现了,我们还造反吗?"

11　戊子(十九日),德宗任命淮西留后李希烈为节度使。

12　辛卯(二十二日),德宗任命河阳镇遏使马燧为河东节度使。河东的军队因为在百井遭到惨败,骑兵势单力薄,马燧便征召牧马奴仆,共得数千人,教练数月,他们都成为了精锐骑兵。所制造的铠甲都分长短三等,使他们穿上合身,以便适应快速进军的需要。马燧又制造战车,行军时就用以运载武器军备,停止时就用以布列军阵,有时又用车堵住险要道口,以遏止敌军奔突冲击,各种器械没有一件不精良锋利的。马燧在河东一年,选得了三万士兵。他又征召宛州人张建封出任判官,让李自良出任代州刺史,都委以重任。

13　兵部侍郎黎幹,狡险谀佞,与宦官特进刘忠翼相亲善。忠翼本名清潭,恃宠贪纵。二人皆为众所恶。时人或言幹、忠翼尝劝代宗立独孤贵妃为皇后,妃子韩王迥为太子。上即位,幹密乘舆诣忠翼谋事。事觉,丙申,幹、忠翼并除名长流,至蓝田,赐死。

14　以户部侍郎判度支韩滉为太常卿,以吏部尚书刘晏判度支。先是晏、滉分掌天下财赋,晏掌江南、山南、江淮、岭南,滉掌关内、河东、剑南,至是,晏始兼之。上素闻滉掊克过甚,故罢其利权,寻出为晋州刺史。

至德初,第五琦始榷盐以佐军用,及刘晏代之,法益精密。初岁入钱六十万缗,末年所入逾十倍,而人不厌苦。大历末,计一岁所入总一千二百万缗,而盐利居其太半。以盐为漕佣,自江、淮至渭桥,率万斛佣七千缗,自淮以北,列置巡院,择能吏主之,不烦州县而集事。

15　六月己亥朔,赦天下。

16　西川节度使崔宁、永平节度使李勉并同平章事。

17　诏:"天下冤滞,州府不为理,听诣三司使,以中丞、舍人、给事中各一人,日于朝堂受词。推决尚未尽者,听挝登闻鼓。自今无得复奏置寺观及请度僧尼。"于是挝登闻鼓者甚众。右金吾将军裴谞上疏,以为:"讼者所争皆细故,若天子一一亲之,则安用吏理乎?"上乃悉归之有司。

18　制:"应山陵制度,务从优厚,当竭帑藏以供其费。"刑部员外郎令孤峘上疏谏,其略曰:"臣伏读遗诏,务从俭约,若制度优厚,岂顾命之意邪?"上答诏,略曰:"非唯中朕之病,抑亦成朕之美,敢不闻义而徙?"峘,德棻之玄孙也。

13 兵部侍郎黎幹狡猾阴险,善花言巧语,阿谀奉承,与宦官特进刘忠翼关系亲密。刘忠翼本名刘清潭,仗着皇上宠幸,贪婪放纵。两人都为大家所恶。当时有人说黎幹、刘忠翼曾劝代宗立独孤贵妃为皇后,贵妃的儿子韩王李迥为太子。德宗即位后,黎幹乘车到刘忠翼处密谋策划。事情败露,丙申(二十七日),德宗将黎幹、刘忠翼一起削除名籍流放边地,他们到蓝田时,将他们赐死。

14 德宗任命户部侍郎兼任度支韩滉为太常卿,吏部尚书刘晏兼任度支。起先刘晏、韩滉分管天下财物赋税,刘晏掌管江南、山南、江淮、岭南,韩滉掌管关内、河东、剑南,到这时,才由刘晏一人兼管。德宗早就听说韩滉搜刮民财过度,所以罢免了他的财政大权,不久让他出任晋州刺史。

至德初年,第五琦开始实行食盐专卖的措施,以补充军事费用,等刘晏取代他后,食盐专卖的制度更加精密完备。开始一年收入钱财六十万缗,到末年收入超过十倍,而百姓并不厌苦。大历末年统计一年所收入的总数达一千两百万缗,而盐的收入就占一大半。将盐的收入用于漕运雇工,从长江、淮河到渭桥,大约一万斛可支付漕运雇工工钱七千缗,自淮河以北,沿路设置巡院,挑选能力强的官吏主事,不烦劳州县就能完成漕运事务。

15 六月己亥朔(初一),大赦天下。

16 西川节度使崔宁、永平节度使李勉一同加同平章事职衔。

17 德宗下诏说:"天下冤案积留很多,州府不予受理,听任人们去找三司使,让御史中丞、中书舍人、给事中各一人每天在朝堂接受讼词。还不能推究决断的,听任他们敲击登闻鼓。今后不许再上奏有关设置寺观以及请求剃度和尚、尼姑的事。"于是敲登闻鼓的人很多。右金吾将军裴谞上书认为:"投诉者所争论的都是鸡毛蒜皮的事,如果天子一一亲自过问,那么哪里还用得着官吏治理呢?"于是德宗全部交给有关部门处理。

18 德宗下令:"一应帝陵修造制度,务必从优从厚,应当竭尽国库来供给修陵的花费。"刑部员外郎令狐峘上书劝谏,内容大概是说:"我拜读遗诏,先帝要求修陵务必俭省节约,如果制度优厚,难道是先帝临终遗命的意思吗?"德宗书面答复他,大概是说:"这不仅仅说中了朕的痛处,也能成朕之美,朕哪敢不听从大道理而改变先帝的遗愿?"令狐峘是令狐德棻的玄孙。

19 庚子,立皇子诵为宣王,谟为舒王,谌为通王,谅为虔王,详为肃王。乙巳,立皇弟逝为益王,傀为蜀王。

20 丙午,举先天故事,六品以上清望官,虽非供奉、侍卫之官,日令二人更直待制,以备顾问。

21 庚戌,以朱泚为凤翔尹。

22 代宗优宠宦官,奉使四方者,不禁其求取。尝遣中使赐妃族,还,问所得颇少,代宗不悦,以为轻我命。妃惧,遽以私物偿之。由是中使公求赂遗,无所忌惮。宰相尝贮钱于阁中,每赐一物,宣一旨,无徒还者。出使所历州县,移文取货,与赋税同,皆重载而归。上素知其弊。遣中使邵光超赐李希烈旌节,希烈赠之仆、马及缣七百匹,黄茗二百斤。上闻之,怒,杖光超六十而流之。于是中使之未归者,皆潜弃所得于山谷,虽与之,莫敢受。

23 甲子,以神策都知兵马使、右领军大将军王驾鹤为东都园苑使,以司农卿白琇珪代之,更名志贞。驾鹤典禁兵十馀年,权行中外,上恐其生变;崔祐甫召驾鹤与语,留连久之,琇珪已视事矣。

24 李正己畏上威名,表献钱三十万缗,上欲受之恐见欺,却之则无辞。崔祐甫请遣使慰劳淄青将士,因以正己所献钱赐之,使将士人人戴上恩,又诸道闻之,知朝廷不重货财。上悦,从之。正己大惭服。天下以为太平之治,庶几可望焉。

25 秋,七月戊辰朔,日有食之。

19 庚子(初二),德宗册封皇子李诵为宣王,李谟为舒王,李谋为通王,李谅为虔王,李详为肃王。乙巳(初七),册封皇弟李迥为益王,李傀为蜀王。

20 丙午(初八),德宗采用先天年间旧例,六品以上清望官,虽然不是供奉官和侍卫官,但命令每天必须有两人轮流值班等候诏令,以备皇上随时顾视问讯。

21 庚戌(十二日),德宗任命朱泚为凤翔尹。

22 代宗特别宠幸宦官,奉命出使各地的宦官,都不禁止他们求取财物,代宗曾经派遣中使去赏赐妃子的家族,回来后一问,宦官所得的财物较少,代宗很不高兴,以为轻视自己的命令。妃子很害怕,马上用自己的东西进行补偿。因此,中使公开求取贿赂和馈赠,无所顾忌。宰相都曾经将钱存放在省阁中,宦官每次来赏赐一件东西,宣读一次圣旨,没有空手回去的。宦官出使地方,所经州县,发放公文,收取财物,如同征收赋税一样,都满载而归。德宗平素就知道这个弊病。他派遣中使邵光超赏赐给李希烈旌节,李希烈赠给邵光超奴仆、马匹以及七百匹绢,两百斤黄茗。德宗听说后,很恼火,打了邵光超六十大板,然后将他流放。于是出使未归的宦官都偷偷地把所得的东西扔在山谷中,即使给他们东西,他们都不敢接受。

23 甲子(二十六日),德宗任命神策都知兵马使、右领军大将军王驾鹤为东都园苑使,让司农卿白琇珪接替他的职务,白琇珪改名为白志贞。王驾鹤执掌禁军十多年,朝廷内外都害怕他的权势,德宗担心他叛变朝廷,于是崔祐甫召见王驾鹤,跟他谈话,故意拖延了很长时间,这时白琇珪已经到任了。

24 李正己畏惧皇上的声威,上表贡献三十万缗钱;德宗打算接受又害怕被欺骗,拒绝又没有理由。崔祐甫请求派遣使者慰劳淄青的将士,利用李正己贡献的钱赏赐给他们,这样使将士们人人都对皇上感恩戴德;同时,各镇节度使听说后,都知道朝廷不看重财物。德宗很满意,同意了他的建议。李正己十分惭愧,也十分信服。天下百姓认为太平之治,也许可以看到了。

25 秋冬,七月戊辰朔(初一),出现日食。

26　礼仪使、吏部尚书颜真卿上言："上元中,政在宫壶,始增祖宗之谥;玄宗末,奸臣窃命,累圣之谥,有加至十一字者。按周之文、武,称文不称武,言武不称文,岂盛德所不优乎? 盖群臣称其至者故也。故谥多不为褒,少不为贬。今累圣谥号太广,有逾古制,请自中宗以上皆从初谥,睿宗曰圣真皇帝,玄宗曰孝明皇帝,肃宗曰宣皇帝,以省文尚质,正名敦本。"上命百官集议,儒学之士,皆从真卿议;独兵部侍郎袁傪,官以兵进,奏言:"陵庙玉册、木主皆已刊勒,不可轻改。"事遂寝。不知陵中玉册所刻,乃初谥也。

27　初,代宗之世,事多留滞,四夷使者及四方奏计,或连岁不遣,乃于右银台门置客省以处之;及上书言事、失职未叙,亦置其中,动经十岁。常有数百人,并部曲、畜产动以千计,度支廪给,其费甚广。上悉命疏理,拘者出之,事竟者遣之,当叙者任之,岁省谷万九千二百斛。

28　壬申,毁元载、马璘、刘忠翼之第。初,天宝中,贵戚第舍虽极奢丽,而垣屋高下,犹存制度,然李靖家庙已为杨氏马厩矣。及安、史乱后,法度堕弛,大臣将帅竞治第舍,各穷其力而后止,时人谓之木妖。上素疾之,故毁其尤者,仍命马氏献其园,隶宫司,谓之奉成园。

29　癸丑,减常贡宫中服用锦千匹、服玩数千事。

30　庚辰,诏回纥诸胡在京师者,各服其服,无得效华人。先是回纥留京师者常千人,商胡伪服而杂居者又倍之,县官日给饔饩,殖赀产,开第舍,市肆美利皆归之,日纵贪横,吏不敢问。或衣华服,诱取妻妾,故禁之。

26　礼仪使、吏部尚书颜真卿进言说:"上元年间,武后专政,才增加祖宗谥号的字数;玄宗末期,奸臣当权,历朝皇帝的谥号有增加到十一字的。按周朝的文王和武王,称文就不称武,称武也就不称文,难道他们的大德就不崇高了吗? 大概由于大臣们认为文、武是最高的称呼的缘故。所以谥号字多并不是赞扬,字少也不是贬低。如今历朝皇帝谥号太长,违背了古代的制度,请求从中宗以上各代皇帝都按最初的谥号,睿宗称圣真皇帝,玄宗称孝明皇帝,肃宗称宣皇帝,以节省文字,崇尚质朴,辨正名分,注重根本。"德宗下令百官集思广益,儒学之士都赞同颜真卿的建议;唯独兵部侍郎袁傪,因掌握军队而进官,上奏说:"陵庙中的玉册、牌位都已经刊刻,不可轻易改动。"于是此事便告终止。殊不知皇陵中玉册所刻的就是最初的谥号。

27　从前在代宗时期,许多事情都被搁置起来,四夷使者以及各地报送计簿的人,有的一连几年都不遣返,就在右银台门设置客省安置他们;还有上书论事和失职未再任者也安置在那里,动辄一住十年。常常有几百人,以及数以千计的随从、牲畜,由度支供给食粮,这笔费用很大。德宗下令全面整治,放出被拘禁的人,遣返办完事的人,任命应当再任官的人,这样一年就节省粮食一万九千二百斛。

28　壬申(初五),拆毁元载、马璘、刘忠翼的宅第。从前,在天宝年间,皇亲贵戚的宅第虽然极其奢侈华丽,但房屋的高低还遵循制度,然而李靖的家庙已成为杨氏的马厩了。到安史之乱后,法令制度松弛败坏,大臣将帅竞相修造宅第,各自竭尽财力,才肯罢休,当时人们都称其为木妖。德宗向来痛恨这种事,所以拆毁其中违反制度最为突出的宅第,接着命令马氏献出他的园林,归属宫廷园苑部门掌管,取名为奉成园。

29　癸丑,德宗削减平常供给宫中服用的一千匹丝绸、数千件衣服和玩物。

30　庚辰(十三日),德宗下诏,命令在京师的回纥等各族胡人,各自穿本族的衣服,不许效仿汉人。起先留在京师的回纥人常常有一千人,而穿着汉服与汉人杂居的经商胡人又多一倍,县官每天供给生熟食品,他们添置资产,修建宅第,市场和获利的行业都归他们经营,日益放纵而贪婪横暴,官吏都不敢过问。有的人身着汉服,引诱汉人,娶为妻妾,所以德宗下了禁令。

31　辛卯，罢天下榷酒收利。

32　上之在东宫也，国子博士河中张涉为侍读，即位之夕，召涉入禁中，事无大小皆咨之。明日，置于翰林为学士，亲重无比。乙未，以涉为右散骑常侍，仍为学士。

31　辛卯(二十四日),德宗取消官府专利卖酒和征收酿酒的酒税。

32　德宗在东宫的时候,国子博士河中人张涉担任侍读,德宗即位的那天傍晚,将张涉召入宫中,事无大小都征询他的意见。第二天,将他安置在翰林院担任学士,对他无比亲近和器重。乙未(二十八日),德宗任命张涉为右散骑常侍,仍然担任学士。

卷第二百二十六　唐纪四十二

起己未(779)八月尽辛酉(781)五月凡一年

代宗睿文孝武皇帝下
大历十四年(己未,779)

1　八月甲辰,以道州司马杨炎为门下侍郎,怀州刺史乔琳为御史大夫,并同平章事。上方励精求治,不次用人,卜相于崔祐甫,祐甫荐炎器业,上亦素闻其名,故自迁谪中用之。琳,太原人,性粗率,喜诙谐,无他长,与张涉善,涉称其才可大用,上信涉言而用之;闻者无不骇愕。

2　代宗之世,吐蕃数遣使求和,而寇盗不息。代宗悉留其使者,前后八辈,有至老死不得归者。俘获其人,皆配江、岭。上欲以德怀之,乙巳,以随州司马韦伦为太常少卿,使于吐蕃,悉集其俘五百人,各赐袭衣而遣之。

3　协律郎沈既济上选举议,以为:“选用之法,三科而已:曰德也,才也,劳也。今选曹皆不及焉;考校之法,皆在书判、簿历、言词、俯仰而已。夫安行徐言,非德也;丽藻芳翰,非才也;累资积考,非劳也。执此以求天下之士,固未尽矣。今人未土著,不可本于乡闾。鉴不独明,不可专于吏部。

代宗睿文孝武皇帝下
唐代宗大历十四年(己未,公元 779 年)

1 八月甲辰(初七),德宗任命道州司马杨炎为门下侍郎,任命怀州刺史乔琳为御史大夫,二人都为同平章事。当时,德宗正在励精图治,用人不拘等次,德宗曾向崔祐甫征询择相的意见,崔祐甫推荐杨炎有才具,能办事,德宗平素也听说过杨炎的声名,于是便起用了贬谪中的杨炎。乔琳是太原人,生性粗疏草率,喜欢诙谐,没有别的长处,乔琳与张涉关系亲密,张涉称道乔琳的才能可以委以大任,德宗听信了张涉的话,便起用了乔琳。听到任命乔琳为相这一消息的人,没有不感到惊讶的。

2 代宗在位期间,吐蕃数次派遣使者请求和好,但对唐朝的侵扰劫掠却并未止息。代宗拘留了吐蕃前后八次派来的全部使者,其中有些人直到老死,没能回归吐蕃。对于俘获的吐蕃人,则统统发配到长江以南和五岭以外。德宗打算以德政安抚这些吐蕃人,乙巳(初八),任命随州司马韦伦为太常少卿,出使吐蕃,全数召集俘虏来的吐蕃人,共计五百,每人赐给衣服一套,将他们遣返吐蕃。

3 协律郎沈既济奏上有关选任官员的议论,他认为:"选拔任用官员的办法,只有三个类别,这就是德行、才华、劳绩。现今,主持选官事务的选曹对此全未涉及,所实行的考查官员的办法,全都停留在书法文理、资历考课、言词和应对周旋等方面。行事安稳,讲话从容,这并不就是德行;撰写文章,清词丽句,这并不就是才华;长期积累下来的资望和考课成绩,这并不就是劳绩。以此三项为标准,来延招天下之士,当然是不能尽善尽美的了。现在居官的人并不是本地人在本地任职,所以用人不可以本地的评议为依据。由一个部门单独去审查官吏,是难以考核详明的,所以用人的权限不可专门交给吏部。

臣谨详酌古今,谓五品以上及群司长官,宜令宰臣进叙,吏部、兵部得参议焉。其六品以下或僚佐之属,许州、府辟用,其牧守、将帅或选用非公,则吏部、兵部得察而举之,罪其私冒。不慎举者,小加谴黜,大正刑典。责成授任,谁敢不勉?夫如是,则贤者不奖而自进,不肖者不抑而自退,众才咸得而官无不治矣。今选法皆择才于吏部,试职于州郡。若才职不称,紊乱无任,责于刺史,则曰命官出于吏曹,不敢废也;责于侍郎,则曰量书判、资考而授之,不保其往也;责于令史,则曰按由历、出入而行之,不知其他也。黎庶徒弊,谁任其咎? 若牧守自用,则罪将焉逃? 必州郡之滥,独换一刺史则革矣。如吏部之滥,虽更其侍郎无益也。盖人物浩浩,不可得而知,法使之然,非主司之过。今诸道节度、都团练、观察、租庸等使,自判官、副将以下,皆使自择,纵其间或有情故,大举其例,十犹七全。则辟吏之法,已试于今,但未及于州县耳。利害之理,较然可观。向令诸使僚佐尽受于选曹,则安能镇方隅之重,理财赋之殷乎?"既济,吴人也。

4　初,衡州刺史曹王皋有治行,湖南观察使辛京杲疾之,陷以法,贬潮州刺史。时杨炎在道州,知其直,及入相,

我慎重详细地研究了古往今来的有关制度,认为五品以上的官员以及各部门的长官,应当让宰相提出授官与奖励的意见,而让吏部和兵部参与评论。对于六品以下的官员,或者是官佐属吏等人员,应该允许州、府自行征召任用,如有牧守、将帅选拔任用不能出于公正,吏部和兵部便可以纠察和检举他们,以便对他们的偏私假冒加以治罪。对于荐举用人有失慎重者,后果轻的,予以贬官降职,后果严重的,按刑律法典治罪。如此责成百官,授以职任,谁还敢不尽力办事呢?倘若能够做到这些,那么,对于有德有才的官员来说,虽未采用奖掖手段,而他们自然会得到晋升;对于没有贤才的官员来说,虽未施以贬抑手段,而他们自然会遭受摈斥。各方面具有才华的人都得到应有的官职,就没有治理不好的事情了。现在铨选的办法,都是由吏部选择人才,而在州郡试行职任。如果该人的才能与职任不能相称,办事紊乱不堪,以此责问刺史,刺史就会说,此人是由吏部委任为官的,我可不敢自行废黜;以此责问侍郎,侍郎就会说,这是通过估量该人的书法文章和资历考课而授官的,我可不能保证他到州郡后一定能够胜任;以此责问令史,令史就会说,按察百官,是依据资历和任官升降来实行的,至于别的事情,我就不知道了。百姓白白受罪,又由谁来承担罪责呢?假如让牧守自行任用官佐,牧守的罪责又怎会脱逃呢?假定州郡把任官搞滥了,只要撤换刺史一人,就能使情况改变过来了。如果吏部把任官搞滥了,就是换掉主持此事的侍郎,也是无济于事的。这大约因为吏部面临应该授官的人员过于繁多,不可能一一了解清楚,这是任官的制度使事情变成这样的,并不是主管部门的过错。现在,自判官、副将以下的人员,都让各道的节度使、都团练使、观察使、租庸使等自行选任,即便其间也有徇私之事发生,但是大体说来,十成里有七成还是完备可取的。而由州郡自行征用官佐属吏的办法,已经试行至今,只是还没有在州县普及开来罢了。上述两种任官办法孰利孰弊的道理是显明可见的。倘若让诸使的官佐属吏完全听受选曹的任命,那又怎能稳定各方重地,并料理好那里繁重的财赋事务呢?"沈既济是吴地人氏。

4　当初,衡州刺史曹王李皋治理政务,很有成绩,湖南观察使辛京杲妒忌他,便以刑律陷害,使他被贬为潮州刺史。当时,杨炎正在道州,知道李皋是无辜的,及至杨炎入朝出任宰相的时候,

复擢为衡州刺史。始，皋之遭诬在治，念太妃老，将惊而戚，出则囚服就辩，入则拥笏垂鱼，即贬于潮，以迁入贺；及是，然后跪谢告实。皋，明之玄孙也。

5　朔方、邠宁节度使李怀光既代郭子仪，邠府宿将史抗、温儒雅、庞仙鹤、张献明、李光逸功名素出怀光右，皆怏怏不服。怀光发兵防秋，屯长武城，军期进退，不时应令。监军翟文秀劝怀光奏令宿卫，既离营，使人追捕，诬以他罪，且曰："黄贲之败，职尔之由！"尽杀之。

6　九月甲戌，改淮西曰淮宁。

7　西川节度使、同平章事崔宁，在蜀十馀年，恃地险兵强，恣为淫侈，朝廷患之而不能易；至是，入朝，加司空，兼山陵使。

南诏王阁罗凤卒，子凤迦异前死，孙异牟寻立。冬，十月丁酉朔，吐蕃与南诏合兵十万，三道入寇，一出茂州，一出扶、文，一出黎、雅，曰："吾欲取蜀以为东府。"崔宁在京师，所留诸将不能御，虏连陷州、县，刺史弃城走，士民窜匿山谷。上忧之，趣宁归镇。宁已辞，杨炎言于上曰："蜀地富饶，宁据有之，朝廷失其外府，十四年矣。宁虽入朝，全师尚守其后，贡赋不入，与无蜀同。且宁本与诸将等夷，因乱得位，威令不行。今虽遣之，必恐无功；若其有功，则义不可夺。是蜀地败固失之，胜亦不得也。愿陛下熟察。"上曰："然则奈何？"

便再次提升李皋为衡州刺史。当初，李皋遭到诬陷，正在经受审讯，他考虑到太妃年事已高，将会受惊而悲伤，所以，他出门时穿上囚服去与狱吏辩白，回家后便穿上朝服，手执朝笏，衣垂鱼袋，李皋即将被贬到潮州，他却将此事说成升迁，向太妃报喜。至此，李皋才跪在太妃面前认错，并以实情相告。李皋是李明的玄孙。

5　朔方、邠宁节度使李怀光替代了郭子仪的职务以后，邠府的旧将史抗、温儒雅、庞仙鹤、张献明、李光逸因功劳声名素来在李怀光之上，所以都郁郁不乐，心中不服。李怀光派兵充当防秋兵，在长武城屯驻，诸将对李怀光规定的军队进驻与退防的时间，都不按时应命。监军翟文秀劝说李怀光上奏朝廷，让诸将回朝执行宿卫任务，诸将离开军营后，李怀光派人追捕诸将，诬蔑诸将犯了别的罪过，而且说："浑瑊在黄贲败在吐蕃人的手中，都是因为你们的缘故！"于是将诸将全部杀掉了。

6　九月甲戌（七月），朝廷将淮西改称为淮宁。

7　西川节度使、同平章事崔宁，来到蜀地十馀年，仗着地势险要，兵力强盛，肆意骄奢淫逸，朝廷为此感到忧虑，但又无法换掉他。至此，崔宁入朝，德宗加封他为司空，兼任山陵使。

南诏王阁罗凤故去，他的儿子凤迦异又死在了他的前头，于是他的孙子异牟寻即位为王。冬季，十月丁酉朔（初一），吐蕃与南诏合兵共十万人，分三道入侵，一支军队从茂州出发，一支军队从扶州和文州出发，一支军队从黎州和雅州出发，他们声称："我们打算拿下蜀地，作为我们东部的府库。"当时，崔宁正在京城，他所留下的将领们不能抵御敌军的进攻，敌军接连攻陷了一些州县，刺史弃城逃跑，百姓逃避到山谷之中。德宗对此忧心忡忡，催促崔宁及早回西川去。崔宁向德宗辞行以后，杨炎对德宗说："蜀地物产富饶，崔宁占据此地，朝廷等于失掉了自己的外府，至今已有十四个年头了。崔宁虽然入朝了，但西川的整个军队还在他背后支撑着，他们不向朝廷交纳贡赋，这与朝廷失去蜀地是一样的。况且，崔宁本来与西川诸将是同一类人，乘着变乱而得到节度使的地位，他的威望不高，命令难行。现在，即使派他回去，恐怕也是无所建树的。倘若他取得成功，从道义上说，蜀地便是不可强夺的了。这就是说，蜀地战败，朝廷固然是失去了它，蜀地取胜，朝廷还是不能得到它。希望陛下仔细考察。"德宗说："既然如此，那该怎么办才好呢？"

对曰："请留宁，发朱泚所领范阳兵数千人，杂禁兵往击之，何忧不克？因而得内亲兵于其腹中，蜀将必不敢动，然后更授他帅，使千里沃壤复为国有，是因小害而收大利也。"上曰："善。"遂留宁。

初，马璘忌泾原都知兵马使李晟功名，遣入宿卫，为右神策都将。上发禁兵四千人，使晟将之，发邠、陇、范阳兵五千，使金吾大将军安邑曲环将之，以救蜀。东川出兵，自江油趋白坝，与山南兵合击吐蕃、南诏，破之。范阳兵追及于七盘，又破之，遂克维、茂二州。李晟追击于大渡河外，又破之。吐蕃、南诏饥寒陨于崖谷死者八九万人。吐蕃悔怒，杀诱导使之来者。异牟寻惧，筑苴咩城，延袤十五里，徙居之。吐蕃封之为日东王。

8　上用法严，百官震悚。以山陵近，禁人屠宰；郭子仪之隶人潜杀羊，载以入城，右金吾将军裴谞奏之。或谓谞曰："郭公有社稷大功，君独不为之地乎？"谞曰："此乃吾所以为之地也。郭公勋高望重，上新即位，以为群臣附之者众，吾故发其小过，以明郭公威权不足畏也。如此，上尊天子，下安大臣，不亦可乎？"

9　己酉，葬睿文孝武皇帝于元陵；庙号代宗。将发引，上送之，见辒辌车不当驰道，稍指丁未之间，问其故，有司对曰："陛下本命在午，不敢冲也。"上哭曰："安有枉灵驾而谋身利乎？"命改辕直午而行。肃宗、代宗皆喜阴阳鬼神，事无大小，必谋之卜祝，

杨炎回答:"请陛下将崔宁留在京城,另派朱泚所统领的范阳兵数千人,其间掺入禁卫亲兵前去进击敌军,难道还担心不能取胜吗?借此而得以将禁卫亲兵置于西川军的心腹之中,蜀将必定不敢妄动,做到这些以后,再任命别人为西川的统帅,使蜀地的千里沃野重新为朝廷所有,这是使国家蒙受一些较小的损害,而收取了较大的好处啊。"德宗说:"好吧。"于是便将崔宁留在京城。

当初,马璘妒忌泾原都知兵马使李晟的功绩与声名,派遣李晟入朝宿卫,李晟担任了右神策军都将的职务。德宗派出禁卫亲兵四千人,让李晟率领;又派出邠州、陇州、范阳兵五千人,让金吾大将军安邑人曲环率领,以此二军前去救蜀。这时,东川也派出军队,从江油挺进白坝,与山南节度使的军队合击吐蕃和南诏,并且打败了他们。范阳兵在七盘县追上了吐蕃和南诏的军队,再次打败了他们,并攻克了维州和茂州。李晟军在大渡河外追击敌军,又一次打败了他们。吐蕃和南诏的士兵因饥饿寒冷和坠落荒崖野谷死去的有八九万人。吐蕃人既后悔,又恼怒,便杀掉了诱导他们前来入侵的人。异牟寻也恐惧了,便修筑了苴咩城,连绵达十五里,徙居到那里。吐蕃便封异牟寻为日东王。

8　德宗执法严厉,百官无不震惊恐惧。由于代宗入葬的日期已经临近,禁止人们屠宰牲畜。郭子仪的仆从暗中杀了一只羊,装在车上,运到城中,右金吾将军裴谞将此事上奏。有人对裴谞说:"郭公对国家有再造之功,你偏偏不肯为他留些馀地吗?"裴谞回答:"我这样做,正是要为郭公留出馀地来啊。郭公勋业高,声望重,皇上刚刚即位,认为群臣中依附郭公的人很多,我故意揭发郭公的一个小小过失,以此表明郭公的威望和权力都是不足畏惧的。这样做,对上可以尊崇皇上,对下可以安定大臣,不也是可以的吗?"

9　己酉(十三日),将睿文孝武皇帝葬于元陵,庙号代宗。在将要出殡的时候,德宗亲自把灵车送出来,看到灵车不是在道路中间行走,而是稍微有点偏向西边,便询问此中缘故,主管部门答说:"陛下本命在午,指向正中,所以不敢冲犯。"德宗哭着说:"哪有委曲灵车来谋求自身好处的呢?"于是命令灵车改向,对着正午方行进。肃宗和代宗都喜好阴阳鬼神,无论事情大小,必定要求占问卜,

故王屿、黎幹皆以左道得进。上雅不之信,山陵但取七月之期,事集而发,不复择日。

10　十一月丁丑,以晋州刺史韩滉为苏州刺史、浙江东西观察使。

11　乔琳衰老耳聩,上或时访问,应对失次,所谋议复疏阔。壬午,以琳为工部尚书,罢政事。上由是疏张涉。

12　杨炎既留崔宁,二人由是交恶。炎托以北边须大臣镇抚,癸巳,以京畿观察使崔宁为单于镇北大都护、朔方节度使,镇坊州。以荆南节度使张延赏为西川节度使。又以灵盐节度都虞候醴泉杜希全知灵、盐州留后;代州刺史张光晟知单于振武等城、绥银麟胜州留后;延州刺史李建徽知鄜、坊、丹州留后。时宁既出镇,不当更置留后,炎欲夺宁权,且窥其所为,令三人皆得特奏事,仍讽之使伺宁过失。

13　十二月乙卯,立宣王诵为皇太子。

14　旧制,天下金帛皆贮于左藏,太府四时上其数,比部覆其出入。及第五琦为度支、盐铁使,时京师多豪将,求取无节,琦不能制,乃奏尽贮于大盈内库,使宦官掌之,天子亦以取给为便,故久不出。由是以天下公赋为人君私藏,有司不复得窥其多少,校其赢缩,殆二十年。宦官领其事者三百馀员,皆蚕食其中,蟠结根据,牢不可动。杨炎顿首于上前曰:"财赋者,国之大本,生民之命,重轻安危,靡不由之,是以前世皆使重臣掌其事,犹或耗乱不集。今独使中人出入盈虚,大臣皆不得知,政之蠹敝,莫甚于此。

所以王屿和黎幹都是靠着巫蛊方术得以升官的。德宗素来不相信这一套，代宗入葬山陵的日期只依礼法定在七个月期满之时，诸事准备停当便发葬，不再选择日期。

10　十一月丁丑（十一日），德宗任命晋州刺史韩滉为苏州刺史、浙江东西观察使。

11　乔琳年老体衰，耳朵重听，德宗有时候征询他的意见，他的回答有失条理，所谋划计议的内容又很疏陋迂阔。壬午（十六日），德宗任命乔琳为工部尚书，免去同平章事。德宗自此和张涉也疏远了。

12　杨炎把崔宁留在京城以后，两人的关系自此便恶化起来。杨炎托称北部边疆需要大臣镇守抚慰，癸巳（二十七日），德宗任命京畿观察使崔宁为单于镇北大都护、朔方节度使，镇守坊州。同时任命荆南节度使张延赏为西川节度使。又任命灵盐节度都虞候醴泉人杜希全知灵、盐二州留后，任命代州刺史张光晟知单于、振武等城及绥、银、麟、胜各州留后，任命延州刺史李建徽知鄜、坊、丹三州留后。当时，崔宁已经出镇朔方，不应当再设置留后，杨炎打算削夺崔宁的权力，并且暗中察看他的活动，便让杜希全等三人都有特别奏事的权力，同时暗示他们伺察崔宁的过失。

13　十二月乙卯（十九日），德宗册立宣王李诵为皇太子。

14　根据原有的制度，全国的钱帛都收归左藏贮存，由太府按季节上报钱帛数额，由比部复核钱帛的收支情况。及至第五琦担任度支、盐铁使，因当时京城中的豪帅很多，他们索取赏赐毫无节制，第五琦不能制止，便上奏将左藏钱帛悉数贮存于大盈内库，并让宦官管理此库，皇上也认为如此取用方便，所以贮存的钱帛长期不能再由内库搬出。从此，国家的财赋收入成了皇上的私人储藏，主管部门不能得知数量多少，无法核查盈亏情况，大概有二十年之久。宦官中掌管内库的有三百馀人，都在蚕食内库的财富，其势力盘根错节，十分牢固，不可动摇。杨炎在德宗面前叩头说："财赋是国家的根本，百姓的命脉，国家的盛衰安危，无不与财赋相关，所以，以前各朝都以重臣掌管财赋，即便如此，有时还会有财赋损耗、管理混乱的情况发生。现在，专门让宦官掌握财赋的收支盈亏，大臣都无法知道财赋的使用情况，朝政的蛀蚀败坏，没有比这更为严重的了。

请出之以归有司。度宫中岁用几何,量数奉入,不敢有乏。如此,然后可以为政。"上即日下诏:"凡财赋皆归左藏,一用旧式,岁于数中择精好者三、五千匹,进入大盈。"炎以片言移人主意,议者称之。

15 丙寅晦,日有食之。

16 湖南贼帅王国良阻山为盗,上遣都官员外郎关播招抚之。辞行,上问以为政之要,对曰:"为政之本,必求有道贤人与之为理。"上曰:"朕比以下诏求贤,又遣使臣广加搜访,庶几可以为理乎?"对曰:"下诏所求及使者所荐,惟得文词干进之士耳,安有有道贤人肯随牒举选乎?"上悦。

17 崔祐甫有疾,上令肩舆与入中书。或休假在第,大事令中使咨决。

德宗神武孝文皇帝一
建中元年(庚申,780)

1 春,正月丁卯朔,改元。群臣上尊号曰圣神文武皇帝;赦天下。始用杨炎议,命黜陟使与观察、刺史"约百姓丁产,定等级,改作两税法。比来新旧征科色目,一切罢之;二税外辄率一钱者,以枉法论"。

唐初,赋敛之法曰租、庸、调,有田则有租,有身则有庸,有户则有调。玄宗之末,版籍浸坏,多非其实。及至德兵起,所在赋敛,迫趣取办,无复常准。赋敛之司增数而莫相统摄,各随意增科,自立色目,新故相仍,不知纪极。民富者丁多,率为官、为僧以

请将全国的财赋搬出内库,交还给主管部门管理。主管部门推算好宫中每年需用多少,估量好应用的数额,悉数进上,决不敢有所缺少。能够做到这一点,此后才能办好朝政。"德宗当日颁下诏书:"一切财赋都交还左藏,完全采用原有的法式,每年在财赋数额内挑选出精良的布帛三五千匹,进献到大盈内库中来。"杨炎只用一席话便改变了皇上的主意,议事的人们都称许他。

　　15　丙寅晦(三十日),出现日食。

　　16　湖南贼寇首领王国良依山为盗,德宗派遣都官员外郎关播前去招抚。辞行之际,德宗向关播询问办好政事的关键,关播回答道:"办好政事的根本,在于陛下必须寻找有道贤人,并与他们一齐治理国家。"德宗说:"我近来已经颁下诏书,寻求贤才,还派出使者,多方面地搜罗寻访,这大概可以使国家政治修明了吧?"关播回答说:"下诏寻求和使者荐举,只能得到一些凭着文词追求仕禄的人物罢了,有道贤人哪里会随着一纸公文而被推举、选拔出来呢?"德宗闻此大悦。

　　17　崔祐甫身患疾病,德宗让他坐着轿子到中书省议事。有时,崔祐甫正在家中休假,发生了重大的事情,德宗便命中使到崔祐甫家中咨询,然后做出决定。

德宗神武孝文皇帝一
唐德宗建中元年(庚申,公元 780 年)

　　春季,正月丁卯朔(初一),更改年号。群臣为德宗进献尊号,称作圣神文武皇帝,大赦天下。德宗开始采用杨炎的建议,命令黜陟使和观察使、刺史"估量百姓的人丁财产,定出等级,改变旧税法,实行两税法。将近年来原有和新增的各项征收名目一律取消。在两税以外,就是向百姓再收敛一个铜钱,便以违法论处"。

　　在唐朝的初期,征收赋税的办法称作租、庸、调,有田土便要交租,有人丁便要服庸,有户口便要纳调。在玄宗当政末期,户籍逐渐遭到破坏,大多已经与实际不符。到了至德年间,战事四起,到处征税,逼迫催促,百般索求,再也没有一定的标准。征收部门增加了征收数额,但又不能统一管理,而是各自随意增加课税,巧立名目,新老名目相互重复,毫无限度。富足人家人丁多,但通常因做官当僧人

免课役,而贫者丁多,无所伏匿,故上户优而下户劳。吏因缘蚕食,旬输月送,不胜困弊,率皆逃徙为浮户,其土著百无四五。至是,炎建议作两税法:先计州县每岁所应费用及上供之数而赋于人,量出以制入。户无主、客,以见居为簿;人无丁、中,以贫富为差;为行商者,在所州县税三十之一,使与居者均,无侥利。居人之税,秋、夏两征之。其租、庸、调杂徭悉省,皆总统于度支。上用其言,因敕令行之。

2 初,左仆射刘晏为吏部尚书,杨炎为侍郎,不相悦。元载之死,晏有力焉。及上即位,晏久典利权,众颇疾之,多上言转运使可罢;又有风言晏尝密表劝代宗立独孤妃为皇后者。杨炎为宰相,欲为元载报仇,因为上流涕言:"晏与黎幹、刘忠翼同谋,臣为宰相不能讨,罪当万死。"崔祐甫言:"兹事暧昧,陛下已旷然大赦,不当复究寻虚语。"炎乃建言:"尚书省,国政之本,比置诸使,分夺其权,今宜复旧。"上从之。甲子,诏天下钱谷皆归金部、仓部,罢晏转运、租庸、青苗、盐铁等使。

3 二月丙申朔,命黜陟使十一人分巡天下。先是,魏博节度使田悦事朝廷犹恭顺,河北黜陟使洪经纶,不晓时务,闻悦军七万人,符下,罢其四万,令还农。悦阳顺命,如符罢之。既而集应罢者,激怒之曰:"汝曹久在军中,有父母妻子,今一旦为黜陟使所罢,将何资以自衣食乎?"众大哭。悦乃出家财以赐之,使各还部伍。于是军士皆德悦而怨朝廷。

免除赋役；而贫困人家人丁多，全无隐瞒逃避的去处，所以上等户优游而下等户劳瘁。征税的吏员又乘机侵吞，百姓无旬无月不在纳税，他们经受不了如此困窘，通常逃亡流徙成为浮户，那些留下来的本地百姓不足百分之四五。至此，杨炎建议实行两税法，首先计算州县每年所需费用和上交朝廷的数额，并以此数额向百姓征税，通过对支出的估量来制定收入的数额。无论主户、客户，都按现在的居地制订簿册；无论成丁、中男，都按贫富状况划为等级；流动经商的人，所在州县收他们买卖商品的三十分之一的税，使他们与定居民户一同纳税，不能侥幸获利。定居百姓的赋税，在秋天和夏天两次征收。那些租、庸、调以及杂徭役等全部省去，整个征税事务由度支统一掌管。德宗采纳了杨炎的建议，于是颁布敕令，命令实施。

2　当初，左仆射刘晏担任吏部尚书，杨炎担任侍郎，相互之间，两不悦服。前朝宰相元载获罪被杀，刘晏起了很大的作用。及至德宗即位以后，刘晏长期执掌财利的权柄，众人颇为妒忌他，多上言称转运使一职应当罢去，又有流言说刘晏曾经秘密上表劝说代宗册立独孤妃为皇后。杨炎出任宰相以后，打算为元载报仇，因而在德宗面前流着眼泪说："刘晏与黎幹和刘忠翼同谋，我作为宰相，不能声讨他，真是罪该万死。"崔祐甫说："这件事并未搞清楚，既然陛下已经以广阔的襟怀实行了大赦，就不应该再来追究这些不实之辞。"于是杨炎又提出建议："尚书省是国家大政的根本，近来设置诸使职，分掉和侵夺了尚书省的权力，现在应当恢复原有的制度。"德宗听从了杨炎的建议。甲子，诏令全国钱谷都要交给金部、仓部管理，免除了刘晏转运、租庸、青苗、盐铁等使职。

3　二月丙申朔（初一），德宗命令黜陟使十一人分道巡查全国。在此之前，魏博节度使田悦事奉朝廷还算恭顺，河北黜陟使洪经纶不通晓时务，听说田悦军有七万人，便发下军符，要求裁减四万人，让这些人解甲归农。田悦佯装从命，按军符减员。不久，田悦召集应当裁减的士兵，激怒他们说："你们长期生活在军队之中，都有父母、妻子、儿女，现在一下子被黜陟使裁减了，你们拿什么来养活自己呢？"大家放声大哭起来。田悦于是拿出家财，分给士兵，让他们都回到军队中去。由此，士兵都感谢田悦的恩德而怨恨朝廷。

4 崔祐甫以疾,多不视事;杨炎独任大政,专以复恩仇为事,奏用元载遗策城原州,又欲发两京、关内丁夫浚丰州陵阳渠,以兴屯田。上遣中使诣泾原节度使段秀实,访以利害,秀实以为:"今边备尚虚,未宜兴事以召寇。"炎怒,以为沮己,征秀实为司农卿。丁未,邠宁节度使李怀光兼四镇、北庭行营、泾原节度使,使移军原州,以四镇、北庭留后刘文喜为别驾。京兆尹严郢奏:"按朔方五城,旧屯沃饶之地,自丧乱以来,人功不及,因致荒废,十不耕一。若力可垦辟,不俟浚渠。今发两京、关辅人于丰州浚渠营田,计所得不补所费,而关辅之人不免流散,是虚畿甸而无益军储也。"疏奏,不报。既而陵阳渠竟不成,弃之。

5 上用杨炎之言,托以奏事不实,己酉,贬刘晏为忠州刺史。

6 癸丑,以泽潞留后李抱真为节度使。

7 杨炎欲城原州以复秦、原,命李怀光居前督作,朱泚、崔宁各将万人翼其后。诏下泾州为城具,泾之将士怒曰:"吾属为国家西门之屏,十馀年矣。始居邠州,甫营耕桑,有地著之安。徙屯泾州,披荆榛,立军府;坐席未暖,又投之塞外。吾属何罪而至此乎?"李怀光始为邠宁帅,即诛温儒雅等,军令严峻;及兼泾原,诸将皆惧,曰:"彼五将何罪而为戮? 今又来此,吾属能无忧乎?"刘文喜因众心不安,据泾州,不受诏,上疏复求段秀实为帅,不则朱泚。癸亥,以朱泚兼四镇、北庭行营、泾原节度使,代怀光。

4 崔祐甫因为身染疾病，多不管事，杨炎独揽朝廷大权，专门去做报恩复仇的事情，他上奏采用元载生前留下的计划筑原州城，又打算征发长安、洛阳和关内的丁夫疏浚丰州陵阳渠，以便兴办屯田。德宗派遣中使来到泾原节度使段秀实处，询问此举利弊如何，段秀实认为："现在边疆防御还很空虚，不适宜挑起事端，招致侵扰。"杨炎大怒，认为这是有意阻止自己，便征召段秀实担任司农卿。丁未（十二日），德宗让邠宁节度使李怀光兼任四镇、北庭行营、泾原节度使，并让他迁移到原州驻扎，又任命四镇、北庭留后刘文喜为别驾。京兆尹严郢奏称："据悉，朔方五城过去本是肥沃丰饶的土地，自从国家遭受变乱以来，由于无暇投入人力，兴办事功，因而导致土地荒废，耕种了不足十分之一。如果有人力再将这里开垦出来，则不必等待疏通陵阳渠。现在征发长安、洛阳、关辅百姓到丰州疏浚渠道，经营屯田，算起来，所能够得到的不足以补偿所耗费的，而且关辅百姓不免流亡离散，这样做，是使京城辖区为之空虚，而对军事储备却毫无补益。"此疏奏上，德宗没不答复。后来，由于陵阳渠到底没能修成，便又将它废弃了。

5 德宗采纳杨炎的主意，借口上奏的事情与实际不相符合，己酉（十四日），将刘晏贬为忠州刺史。

6 癸丑（十八日），德宗任命泽潞留后李抱真为该镇节度使。

7 杨炎打算修筑原州城，以便恢复秦州和原州，命令李怀光在前面监督施工，朱泚和崔宁各带领一万人分布两侧，在后护卫。有诏书命令泾州将士准备筑城的工具，泾州将士愤怒地说："我辈充当国家西大门的屏障，已经有十多年了。一开始，我辈屯驻邠州，才将农桑各业经营起来，可以定居下来了。又移军屯驻泾州，披荆斩棘，建立军府。在泾州还没有把座位坐得暖和过来，便又被丢到塞外来了。我辈到底犯了什么罪，以致非要遭受如此对待呢？"李怀光刚刚当上邠宁节帅，便杀掉了温儒雅等人，军令实行得很严厉。及至李怀光兼任泾原节帅时，手下的各个将领都很恐惧，他们说："那五位将领到底犯了什么罪，而要遭受杀戮？现在，李怀光又来到泾州，我辈怎能不为此忧虑呢？"刘文喜乘着大家心中不安的机会，便占据了泾州，不服从诏命，还上疏要求再派段秀实来当泾州节帅，如果不能派段秀实来，便派朱泚来。癸亥（二十八日），德宗任命朱泚兼任四镇、北庭行营、泾原节度使，替代李怀光。

8 三月，翰林学士、左散骑常侍张涉受前湖南观察使辛京杲金，事觉；上怒，欲置于法。李忠臣以检校司空、同平章事、奉朝请，言于上曰："陛下贵为天子，而先生以乏财犯法，以臣愚观之，非先生之过也。"上意解，辛未，放涉归田里。辛京杲以私忿杖杀部曲，有司奏京杲罪当死，上将从之。李忠臣曰："京杲当死久矣！"上问其故，忠臣曰："京杲诸父兄弟皆战死，独京杲至今尚存，臣故以为当死久矣。"上悯然，左迁京杲诸王傅。忠臣乘机救人，多此类。

9 杨炎罢度支、转运使，命金部、仓部代之。既而省职久废，耳目不相接，莫能振举，天下钱谷无所总领。癸巳，复以谏议大夫韩洄为户部侍郎、判度支，以金部郎中万年杜佑权江、淮水陆转运使，皆如旧制。

10 刘文喜又不受诏，欲自邀旌节；夏，四月乙未朔，据泾州叛，遣其子质于吐蕃以求援。上命朱泚、李怀光讨之，又命神策军使张巨济将禁兵二千助之。

11 吐蕃始闻韦伦归其俘，不之信。及俘入境，各还部落，称："新天子出宫人，放禽兽，英威圣德，洽于中国。"吐蕃大悦，除道迎伦。赞普即发使随伦入贡，且致赙赠。癸卯，至京师，上礼接之。既而蜀将上言："吐蕃豺狼，所获俘不可归。"上曰："戎狄犯塞则击之，服则归之。击以示威，归以示信。威信不立，何以怀远？"悉命归之。

8　三月,翰林学士、左散骑常侍张涉收受前湖南观察使辛京杲钱财的事情被发觉,德宗很生气,准备依法惩办。当时,李忠臣身为检校司空、同平章事、奉朝请,他向德宗进言说:"陛下贵为天子,然而,天子的老师却因为缺少钱财而犯法,依我愚见来评论此事,这可并不是当老师的过错啊。"德宗的态度缓和下来,辛未(初六),将张涉释放,罢免还乡。由于辛京杲因私忿用木杖打死了部下,有关部门奏称辛京杲犯了死罪,德宗打算按有关部门的意见办。李忠臣说:"辛京杲早就该死了!"德宗问他此话怎讲,李忠臣说:"辛京杲的父亲和兄弟都战死了,只有辛京杲至今还活着,所以我认为辛京杲早就该死了。"德宗心怀怜恤之情,便降职任用辛京杲为诸王的师傅。李忠臣利用时机挽救人命,大多如此。

9　杨炎罢除了度支、转运使,命金部、仓部来代替。不久,由于尚书省各部门的职任久已荒废,部门之间不通声气,未能把事办好,无法将全国的钱粮统一掌管起来。癸巳(二十八日),德宗再次任命谏议大夫韩洄为户部侍郎、判度支,任命金部郎中万年人杜佑暂时代理江淮水陆转运使,都和原来的制度一样。

10　刘文喜又一次不服从诏命,准备自求节度使的旌节。夏季,四月乙未朔(初一),他以泾州为据点,发起了叛乱,打发他的儿子到吐蕃为人质,以图求得援助。德宗命令朱泚、李怀光前去讨伐他,还命令神策军使张巨济带领禁卫亲军两千人前往协助。

11　吐蕃人最初听说韦伦将俘虏送回来时,并不相信此事。及至被俘者回到吐蕃,各自返还部落,声称:"新皇上将宫女释放出宫,将禽兽放生,他的英风威望和圣明仁德,真是遍及中国啊。"吐蕃人听了很高兴,便打扫道路,迎接韦伦。吐蕃的赞普立即派出使者,跟随韦伦入朝进贡,并且赠送助办丧事的物品。癸卯(九日),吐蕃使者来到京城,德宗按照礼节接待了他。不久,蜀地的将领向上建言:"吐蕃人豺狼成性,我方捉获的俘虏不应放还。"德宗说:"戎狄侵犯边疆,我们便打击他们;他们服从朝廷,我们便归还俘虏。打击他们,是为了显示朝廷的威严;归还俘虏,是显示朝廷的信义。假如不能将威严和信义树立起来,又怎么能安抚边远各族呢?"于是德宗命令将吐蕃俘虏悉数放还。

12　代宗之世,每元日、冬至、端午、生日,州府于常赋之外竞为贡献,贡献多者则悦之。武将、奸吏,缘此侵渔下民。癸丑,上生日,四方贡献皆不受。李正己、田悦各献缣三万匹,上悉归之度支以代租赋。

13　五月戊辰,以韦伦为太常卿;乙酉,复遣伦使吐蕃。伦请上自为载书,与吐蕃盟;杨炎以为非敌,请与郭子仪辈为载书以闻,令上画可而已,从之。

14　朱泚等围刘文喜于泾州,杜其出入,而闭壁不与战,久之不拔。天方旱,征发馈运,内外骚然,朝臣上书请赦文喜以苏疲人者,不可胜纪。上皆不听,曰:"微孽不除,何以令天下!"文喜使其将刘海宾入奏,海宾言于上曰:"臣乃陛下藩邸部曲,岂肯附叛臣,必为陛下枭其首以献。但文喜今所求者节而已,愿陛下姑与之,文喜必怠,则臣计得施矣。"上曰:"名器不可假人,尔能立效固善,我节不可得也。"使海宾归以告文喜,而攻之如初。减御膳以给军士,城中将士当受春服者,赐予如故。于是众知上意不可移。时吐蕃方睦于唐,不为发兵,城中势穷。庚寅,海宾与诸将共杀文喜,传首,而原州竟不果城。

自上即位,李正己内不自安,遣参佐入奏事;会泾州捷奏至,上使观文喜之首而归。正己益惧。

12　代宗在位时期，每当大年初一、冬至、端午、皇上的生日，州府长官争着在定额赋税之外另向朝廷进贡，进贡多的，便能得到皇上的欢心。武将和奸猾的官吏便借此侵吞百姓的财物。癸丑（十九日），是德宗的生日，德宗对各地进贡概不接受。李正己、田悦各自进献了细绢三万匹，德宗悉数拨归度支，以此代替两处应纳的租税。

13　五月戊辰（初五），德宗任命韦伦为太常卿。乙酉（二十二日），再次派遣韦伦出使吐蕃。韦伦请求德宗亲自撰写盟书，与吐蕃结盟。杨炎认为德宗与吐蕃赞普地位不对等，请求同郭子仪等人撰写盟书上报德宗，让德宗批示，德宗听从了他的建议。

14　朱泚等将刘文喜包围在泾州，堵塞了泾州出入的通道，但又关闭营垒，不与刘文喜交战，所以长时间不能攻克泾州。当时正值天旱，征发粮草，输送给养，使得朝野内外骚动不安，朝中诸臣上书请求赦免刘文喜，以便使疲乏困顿的百姓得到休息的，多得难以记载。德宗对此全然不听从，他说："这个小小的忤逆之臣都不能铲除，还拿什么来号令全国呢！"刘文喜让部将刘海宾入朝上奏，刘海宾对德宗说："我是陛下在藩邸时的部下，怎肯依附叛逆之臣，我一定要为陛下将刘文喜斩首示众，并献给朝廷。但是，刘文喜现在所希求的，不过是当节度使而已，希望陛下暂时满足他，刘文喜必然会因此而懈怠，这样，我的计谋便能够实施了。"德宗说："爵号与车服不能随便授予人，你能立刻效命固然很好，节度使一职，他还是不能从我这里得到。"德宗让刘海宾回去将此意告诉刘文喜，而对刘文喜的进攻也仍在继续。德宗自减膳食，送给士兵去吃，对城中应当得到春天服装的将士，也都像过去一样赐给。由此，大家才知道皇帝对刘文喜的态度是不可动摇的。当时，吐蕃才与唐朝交好，不肯为刘文喜派兵，泾州城中的形势变得窘困起来了。庚寅（二十七日），刘海宾与泾州诸将一起杀死了刘文喜，并将刘文喜的首级传送到京城，而原州城终究没能修成。

自从德宗即位以来，李正己便感到不安，他派遣参佐入朝奏事，适值泾州捷报奏到朝廷，德宗便让李正己的参佐观看了刘文喜的人头，然后让他回去。李正己越发恐惧起来。

15 六月甲午朔，门下侍郎、同平章事崔祐甫薨。

16 术士桑道茂上言："陛下不出数年，暂有离宫之厄。臣望奉天有天子气，宜高大其城以备非常。"辛丑，命京兆发丁夫数千，杂六军之士，筑奉天城。

17 初，回纥风俗朴厚，君臣之等不甚异，故众志专一，劲健无敌。及有功于唐，唐赐遗甚厚，登里可汗始自尊大，筑宫殿以居，妇人有粉黛文绣之饰；中国为之虚耗，而虏俗亦坏。及代宗崩，上遣中使梁文秀往告哀，登里骄不为礼。九姓胡附回纥者，说登里以中国富饶，今乘丧伐之，可有大利。登里从之，欲举国入寇。其相顿莫贺达干，登里之从父兄也，谏曰："唐，大国也，无负于我，吾前年侵太原，获羊马数万，可谓大捷，而道远粮乏，比归，士卒多徒行者。今举国深入，万一不捷，将安归乎？"登里不听。顿莫贺乘人心之不欲南寇也，举兵击杀之，并九姓胡二千人，自立为合骨咄禄毗伽可汗，遣其臣聿达干与梁文秀俱入见，愿为藩臣，垂发不翦，以待诏命。乙卯，命京兆少尹临漳源休册顿莫贺为武义成功可汗。

18 秋，七月丙寅，邵州贼帅王国良降。国良本湖南牙将，观察使辛京杲使戍武冈，以扞西原蛮。京杲贪暴，国良家富，京杲以死罪加之。国良惧，据县叛，与西原蛮合，聚众千人，侵掠州县，濒湖千里，咸被其害。诏荆、黔、洪、桂诸道合兵讨之，连年不能克。及曹王皋为湖南观察使，曰："驱疲氓，诛反仄，非策之得者也。"乃遗国良书，言："将军非敢为逆，欲救死耳。

15　六月甲午朔（初一），门下侍郎、同平章事崔祐甫故去。

16　道术之士桑道茂向德宗进言："不出几年，陛下会有暂离宫廷的危难。我望见奉天城有天子之气，应当将此城建得高大些，以备非常事件发生。"辛丑（初八），德宗命令征发京兆民夫数千人，夹杂着六军的士兵，前去修筑奉天城。

17　当初，回纥的风俗质朴敦厚，君臣间的等级差异不甚显著，所以能够大家一条心，强劲雄健，无所匹敌。及至回纥为唐朝立了功劳，唐朝赐赠给回纥的物品甚为丰厚，登里可汗开始妄自尊大起来，他建筑了宫殿，搬进去居住，身边的妇女也有了搽粉画眉、身着绣衣的装饰，大唐因此财力空虚，而回纥的风俗也败坏了。及至代宗故去，德宗派遣中使梁文秀前往回纥去通报噩耗时，登里可汗态度傲慢，不按礼节接待来使。依附回纥的九姓胡人劝说登里可汗，认为大唐富饶，现在乘大唐忙于丧事之机发起进攻，可以获得莫大的好处。登里可汗听从了九姓胡人的劝说，打算举国入侵大唐。回纥宰相顿莫贺达干是登里可汗的堂兄，他规劝说："唐朝是个大国，没有对不起我们的地方，前年我们入侵太原，获得羊马数万，可以称得上大捷了，但是，路途太远，粮食缺乏，及至归国的时候，士兵中已经有许多徒步行走的人了。现在又要举国远征，万一不能取得胜利，那将如何撤回国呢？"登里可汗不肯听从。顿莫贺乘回纥民心不愿意南下侵犯之机，发兵击杀登里可汗以及九姓胡人两千人，自立为合骨咄禄毗伽可汗，他派遣臣属聿达干与梁文秀一齐入朝觐见，表示愿意作朝廷的藩臣，不剪垂发，等待朝廷的诏命。乙卯（二十二日），德宗命令京兆少尹临漳人源休册命顿莫贺为武义成功可汗。

18　秋季，七月丙寅（初四），邵州贼寇头领王国良归降。王国良原来本是湖南的牙将，湖南观察使辛京杲让他驻守武冈，以便抗御西原蛮。辛京杲贪婪残暴，知道王国良家殷富，便将死罪加到王国良身上。王国良害怕了，便占据武冈县城，发起叛乱，他与西原蛮汇合，聚集了一千人，侵犯劫掠州县，沿洞庭湖千里之内，都受到他的侵害。德宗颁诏命令荆、黔、洪、桂诸道合兵讨伐王国良，但是连年不能取胜。及至曹王李皋出任湖南观察使，他说："逼迫疲困的百姓，诛杀反侧不安的人们，这种对策是不得计的。"于是，他写了一封书信给王国良，书信中说："将军并不敢背叛朝廷，只想自救一死罢了。

我与将军俱为辛京杲所构,我已蒙圣朝湔洗,何心复加兵刃于将军乎?将军遇我,不速降,后悔无及。"国良且喜且惧,遣使乞降,犹疑未决。皋乃假为使者,从一骑,越五百里,抵国良壁,鞭其门,大呼曰:"我曹王也,来受降!"举军大惊。国良趋出,迎拜请罪。皋执其手,约为兄弟,尽焚攻守之具,散其众,使还农。诏赦国良罪,赐名惟新。

19　辛巳,遥尊上母沈氏为皇太后。

20　荆南节度使庾准希杨炎指,奏忠州刺史刘晏与朱泚书求营救,辞多怨望,又奏召补州兵,欲拒朝命,炎证成之。上密遣中使就忠州缢杀之,己丑,乃下诏赐死。天下冤之。

初,安、史之乱,数年间,天下户口什亡八九,州县多为藩镇所据,贡赋不入,朝廷府库耗竭。中国多故,戎狄每岁犯边,所在宿重兵,仰给县官,所费不赀,皆倚办于晏。晏初为转运使,独领陕东诸道,陕西皆度支领之,末年兼领,未几而罢。

晏有精力,多机智,变通有无,曲尽其妙。常以厚直募善走者,置递相望,觇报四方物价,虽远方,不数日皆达使司,食货轻重之权,悉制在掌握,国家获利而天下无甚贵甚贱之忧。常以为:"办集众务,在于得人,故必择通敏、精悍、廉勤之士而用之。至于句检簿书,出纳钱谷,必委之士类;吏惟书符牒,不得轻出一言。"常言:"士陷赃贿,则沦弃于时,名重于利,故士多清修;吏虽洁廉,

我和将军都遭受辛京杲的罗织陷害，我已蒙圣明的朝廷为我洗刷冤屈，怎么会忍心对将军以兵刃相加呢？现在将军遇上了我，如果不肯快快归降，后悔就来不及了。"王国良又欣喜又害怕，对于派遣使者请降与否，还在迟疑不决。于是，李皋扮作使者，只让一人骑马跟随，奔走五百里，抵达王国良的营垒，鞭打营门，大声喊道："我是曹王，前来接受投降！"全军闻此大惊。王国良恭敬地小跑出来，迎上去，行礼请罪。李皋拉着王国良的手，与他结为兄弟，烧掉了所有的进攻与防守的器具，遣散了他的部下，让他们回家务农。德宗也下诏赦免了王国良的罪过，赐给他名字叫做惟新。

19　辛巳(十九日)，遥尊德宗生母沈氏为皇太后。

20　荆南节度使庾准逢迎杨炎的意思，奏称忠州刺史刘晏给朱泚写信请求营救，讲了许多怨恨的话，又奏称刘晏征召补充忠州的士兵，打算抗拒朝廷的命令，杨炎又证明此说不虚。德宗便秘密派遣中使到忠州将刘晏缢杀，到己丑(二十七日)，才下诏赐刘晏自裁，全国人都认为刘晏冤枉。

当初，安禄山、史思明发动叛乱，数年之间，全国户口散失了十之八九，州县多被藩镇占据，赋税不再上缴朝廷，朝廷的库存消耗殆尽。唐朝变故频仍，戎狄每年侵犯边境，在战事所到之处，驻扎重兵，依靠县官供给给养，所消耗的费用多得不可估量，而这一切，全靠刘晏办理。刘晏最初担任转运使时，只主管陕东各道，陕西各道全由度支主管，到了后期，刘晏兼管度支，但没过多久，便被罢官了。

刘晏精力充沛，机智过人，善于灵活地处理多变的事情，无论多么曲折，都能办理得恰到好处。他曾以优厚的待遇招募善于奔走的人，并设置了前后相望的驿站，以探测和上报各地物价，虽偏远之地，不出几天，也都能报到转运使司来。他把钱粮方面孰轻孰重的权变，全部控制在手中，朝廷因此获利，而民间也没有物价暴涨暴跌的忧虑。他曾主张："要想办理好各项事务，关键在于用人得当，所以，必须选择通达敏捷、精明强干、廉洁勤勉的人，对他们加以任用。至于考核簿籍文书，支付钱粮等项工作，是一定要委派读书人去做的；而吏人只能书写公文，不应随便讲话。"他又曾说："读书人一旦走上贪赃受贿之途，就会被时世所抛弃，正是由于名声重于财利，所以读书人大多注重清廉自修；吏人即使廉洁自守，

终无显荣,利重于名,故吏多贪污。"然惟晏能行之,他人效者终莫能逮。其属官虽居数千里外,奉教令如在目前,起居语言,无敢欺绐。当时权贵,或以亲故属之者,晏亦应之,使俸给多少,迁次缓速,皆如其志,然无得亲职事。其场院要剧之官,必尽一时之选。故晏没之后,掌财赋有声者,多晏之故吏也。

晏又以为户口滋多,则赋税自广,故其理财以爱民为先。诸道各置知院官,每旬月,具州县雨雪丰歉之状白使司。丰则贵籴,歉则贱粜。或以谷易杂货供官用,及于丰处卖之。知院官始见不稔之端,先申,至某月须如干蠲免,某月须如干救助,及期,晏不俟州县申请,即奏行之,应民之急,未尝失时,不待其困弊、流亡、饿殍,然后赈之也。由是民得安其居业,户口蕃息。晏始为转运使,时天下见户不过二百万,其季年乃三百余万;在晏所统则增,非晏所统则不增也。其初财赋岁入不过四百万缗,季年乃千余万缗。

晏专用榷盐法充军国之用。时自许、汝、郑、邓之西,皆食河东池盐,度支主之;汴、滑、唐、蔡之东,皆食海盐,晏主之。晏以为官多则民扰,故但于出盐之乡置盐官,收盐户所煮之盐转鬻于商人,任其所之,自余州县不复置官。其江岭间去盐乡远者,转官盐于彼贮之。或商绝盐贵,则减价鬻之,谓之常平盐,官获其利而民不乏盐。其始江、淮盐利不过四十万缗,

最终还是不能获得显贵荣华，正是由于财利重于名声，所以吏人大多贪污受贿，攫取财利。"然而，只有刘晏才能实行这些主张，别人效法刘晏，到头来还是赶不上刘晏。刘晏的属官即使身在数千里以外，奉行刘晏的教令还是和在刘晏面前一样，讲话办事，都不敢欺骗说谎。当时，有些权贵人物将亲朋故旧嘱托给刘晏，刘晏也应承他们，领取薪俸的多少，升迁官阶的快慢，都符合他们的意愿，但是刘晏从不让他们亲理职事。他所管辖的交场、船场、巡院等处，凡是担任要职、处理繁难事务的官员，必定是当时选拔出来的得力人员。所以，在刘晏谢世之后，掌管财赋的有名人物，多数是刘晏旧日的属下。

刘晏还认为：户口增加，赋税征收的范围就会自然拓宽，所以刘晏掌理财务，以关心民间疾苦为先务。各道分别设置了巡院的知院官，每过一月，必须陈述所在州县的雨雪丰歉状况，上报转运使司。如果丰收，就以高价买入；如果歉收，就以低价卖出。有时还将谷物换成杂货，供给官用，或者在丰收之地出卖。知院官开始见到年景不丰的苗头，就要先行申明到某月需要蠲免若干赋税，到某月需要救济资助若干物资，到了预定之期，刘晏不待州县申请，便上奏实施，解决百姓的急难，从来不曾错过日期，他并不等到百姓疲困流亡，饥饿而死以后，才去赈济百姓。由此，百姓得以安居乐业，户口繁衍起来。刘晏开始担任转运使时，全国的户口不过只有两百万，到他任职的后期，全国户口发展到了三百余万；可见，由刘晏统理，户口便增加；不是刘晏统理，户口就不增加。在刘晏任职的初期，财赋每年收入不过四百万缗，到他任职的后期，每年收入达到一千余万缗。

刘晏专门采用盐产专营法来充实军需国用。当时，自许、汝、郑、邓等州的西面，都食用河东的池盐，由度支主管其事；自汴、滑、唐、蔡等州的东面，都是食用海盐，由刘晏主管其事。刘晏认为，官吏多了，百姓就会受到骚扰，所以他只在产盐地设置盐官，收购盐户所煮成的食盐，转卖给商人，听凭商人自行买卖，在产盐地以外的州县不再设置盐官。对于长江五岭间距离产盐地遥远的地方，便将官盐转运到那里贮存。有时盐商断绝，盐价上涨，便降低盐价出卖，号称常平盐，官方得到了盐产专营的利益，而百姓也不缺少食盐。在刘晏任职的初期，长江、淮河地区的盐利不过四十万缗，

季年乃六百馀万缗，由是国用充足而民不困弊。其河东盐利，不过八十万缗，而价复贵于海盐。

先是，运关东谷入长安者，以河流湍悍，率一斛得八斗至者，则为成劳，受优赏。晏以为江、汴、河、渭，水力不同，各随便宜，造运船，教漕卒，江船达扬州，汴船达河阴，河船达渭口，渭船达太仓，其间缘水置仓，转相受给。自是每岁运谷或至百馀万斛，无斗升沉覆者。船十艘为一纲，使军将领之，十运无失，授优劳，官其人。数运之后，无不斑白者。晏于扬子置十场造船，每艘给钱千缗。或言"所用实不及半，虚费太多"。晏曰："不然，论大计者固不可惜小费，凡事必为永久之虑。今始置船场，执事者至多，当先使之私用无窘，则官物坚牢矣。若遽与之屑屑校计锱铢，安能久行乎？异日必有患吾所给多而减之者；减半以下犹可也，过此则不能运矣。"其后五十年，有司果减其半。及咸通中，有司计费以给之，无复羡馀，船益脆薄易坏，漕运遂废矣。

晏为人勤力，事无闲剧，必于一日中决之，不使留宿，后来言财利者皆莫能及之。

21　八月甲午，振武留后张光晟杀回纥使者突董等九百馀人。突董者，武义可汗之叔父也。代宗之世，九姓胡常冒回纥之名，杂居京师，殖货纵暴，与回纥共为公私之患。上即位，命突董尽帅其徒归国，辎重甚盛。至振武，留数月，厚求资给，日食肉千斤，

到他任职的后期,却达到了六百馀万缗,由此,国家的经费充足起来,而百姓也不再为此搞得疲困不堪。至于河东的盐利,不过只有八十万缗,而价格也比海盐更高。

在刘晏任职之前,将关东的谷物运送到长安,因为黄河水流湍急凶险,大概一斛谷物能运到八斗,便算成功,会受到优厚的奖赏。刘晏认为长江、汴水、黄河、渭水的水流缓急各不相同,于是依据各处的不同特点,因利乘便,分别制造运送谷物的船只,训练漕运的士卒,长江的船只运抵扬州,汴水的船只运抵河阴,黄河的船只运抵渭水流入黄河的河口,渭水的船只运抵太仓,各地段之间都在水边设置粮仓,由上一段转送给下一段。自此,每年运送谷物有时能够达到一百多万斛,没有一斗一升在水中沉没。刘晏将十艘船编为一组,叫一纲,让军将带领,运送十次未发生闪失,便给予优厚的慰劳,让该人做官。屡次运送以后,运送者便没有不是头发花白的了。刘晏在扬子镇设置十处船场造船,每制船一艘,给钱一千缗。有人说,"造一艘船的费用实际还用不了一半,白白浪费的钱财太多了"。刘晏说:"不是这样,主张施行一项大谋略,当然不可吝惜这么微少的一点费用,办一切事情都一定要有一个长远的考虑。现在,船场才开始设置,办事的人很多,应该首先让这些人的私人用度不受困窘,他们为官家制造的物件就会坚固牢靠了。如果急于同这些人不厌烦细地计较分文,怎么能够长久地实行下去呢?他日一定会有嫌我所付给的工钱多便减少工钱的人,减少费用在半数以内还是可以的,超过半数,漕运就不能维持了。"此后五十年,有关部门果然将工钱减去一半。及至咸通年间,有关部门计算费用支给工钱,造船者不再有馀利可图,造出的船只愈发单薄脆弱,容易毁坏,漕运于是废止了。

刘晏是个勤勉力行的人,无论事务清闲抑或繁剧,都一定要在当天决断完毕,不让事情过夜,后来讲论财利的官员没有能够赶得上他的。

21　八月甲午(初三),振武留后张光晟杀死了回纥使者突董等九百馀人。突董是武义可汗的叔父。代宗在位期间,九姓胡曾经假冒回纥的名义,杂居在京城之中,经商时恣意暴虐,与回纥一起,一个成为公家祸害,一个成为私人的祸害。德宗即位后,命令突董带领同来的人悉数回国,他们带走的包裹箱笼很多。突董一行来到振武,逗留了好几个月,索求丰厚的供给,每天吃肉一千斤,

他物称是,纵樵牧者暴践果稼,振武人苦之。光晟欲杀回纥,取其辎重,而畏其众强,未敢发。九姓胡闻其种族为新可汗所诛,多道亡,突董防之甚急;九姓胡不得亡,又不敢归,乃密献策于光晟,请杀回纥。光晟喜其党自离,许之。上以陕州之辱,心恨回纥。光晟知上旨,乃奏称:"回纥本种非多,所辅以强者,群胡耳。今闻其自相鱼肉,顿莫贺新立,移地健有孽子,及国相、梅录各拥兵数千人相攻,国未定。彼无财则不能使其众,陛下不乘此际除之,乃归其人,与之财,正所谓借寇兵赍盗粮者也。请杀之。"三奏,上不许。光晟乃使副将过其馆门,故不为礼;突董怒,执而鞭之数十。光晟勒兵掩击,并群胡尽杀之,聚为京观。独留一胡,使归国为证,曰:"回纥鞭辱大将,且谋袭据振武,故先事诛之。"上征光晟为右金吾将军,遣中使王嘉祥往致信币。回纥请得专杀者以复仇,上为之贬光晟为睦王傅以慰其意。

22 加卢龙、陇右、泾原节度使朱泚兼中书令,卢龙、陇右节度如故。以舒王谟为四镇、北庭行军、泾原节度大使,以泾州牙前兵马使河中姚令言为留后。谟,邈之子也,早孤,上子之。

23 癸丑,诏赠太后父、祖、兄、弟官,及自馀宗族男女拜官封邑者告第告身,凡百二十有七通。中使以马负而赐之。

24 九月壬午,将作奏宣政殿廊坏,十月魁冈,未可修。上曰:"但不妨公害人,则吉矣。安问时日?"即命修之。

用去其他物品与此相当，还听任砍柴放牧的回纥人糟踏瓜果和庄稼，振武的百姓都苦于回纥人的骚扰。张光晟打算杀死这些回纥人，以便取得他们的包裹箱笼，但又忌惮回纥人人多势强，未敢发起行动。九姓胡人听说他们的部族被回纥新即位的可汗所杀戮，便有很多人半道逃走，突董对九姓胡人的防范很是严密，九姓胡人既不能逃走，又不敢回来，于是向张光晟秘密献策，请求杀掉回纥人。张光晟因九姓胡人与回纥人自相背离而感到高兴，便应许九姓胡人的请求。德宗因陕州之辱，心中痛恨回纥人。张光晟知道了德宗的心思，便奏称："回纥本族人数并不很多，能够辅助回纥强盛起来的，是那群胡人而已。现在听说他们之间自相残害，顿莫贺新近即位，登里可汗移地健有个庶生的儿子，还有国相、梅录都各自拥兵数千人相互攻杀，国内尚未安定。他们没有资财便不能指使他们的部众，陛下不乘这一时机铲除他们，却要放他们的人回国，还给他们财物，这正是人们所说的借给寇匪兵马，送给强盗粮秣的做法啊。请将他们杀掉吧。"三次上奏，德宗都没有许可。于是，张光晟便让副将在回纥人居住的房舍门前往来，故意做出不礼貌的行为，突董大怒，捉住副将，将他抽打了数十鞭。张光晟统率士兵袭击回纥，连同九姓胡人一齐杀掉，并将尸首堆积成高丘。张光晟只留下一个胡人，让他回国去做见证，以说明："回纥人用鞭子抽打、羞辱大将，而且图谋偷袭和占领振武城，所以才先行诛杀了这一班人。"德宗征召张光晟为右金吾将军，派遣中使王嘉祥前去致送书信和礼物。回纥请求得到擅自杀人之人，好为族人报仇，德宗因此贬张光晟为睦王傅，以图慰解回纥人。

22 德宗加封卢龙、陇右、泾原节度使朱泚兼任中书令，仍然担任卢龙、陇右节度使。任命舒王李谟为四镇、北庭行营、泾原节度大使，任命泾州牙前兵马使河中人姚令言为留后。李谟是李邈的儿子，早年丧父，德宗收他为儿子。

23 癸丑(二十二日)，德宗颁诏赠给太后的父、祖、兄、弟官位，并为其馀的太后族人男女颁发拜官位、封食邑的告策告身，共计一百二十七通。中使用马驮着它们，去颁赐给每个人。

24 九月壬午(二十二日)，将作奏称宣政殿的廊庑毁坏了，而十月在十二星次中属戌宫，为北斗魁星之气，不能进行修葺。德宗说："只要不妨害公家和百姓，那便是吉祥了，何必卜问时日凶吉呢？"随即命令修葺廊庑。

25 大历以前,赋敛出纳俸给皆无法,长吏得专之;重以元、王秉政,货赂公行,天下不按赃吏者殆二十年。惟江西观察使路嗣恭按虔州刺史源敷翰,流之。上以宣歙观察使薛邕,文雅旧臣,征为左丞。邕去宣州,盗隐官物以巨万计,殿中侍御史员寓发之。冬,十月己亥,贬连山尉。于是州县始畏朝典,不敢放纵。

上初即位,疏斥宦官,亲任朝士,而张涉以儒学入侍,薛邕以文雅登朝,继以赃败。宦官武将得以藉口,曰:"南牙文臣赃动至巨万,而谓我曹浊乱天下,岂非欺罔邪?"于是上心始疑,不知所倚仗矣。

26 中书舍人高参请分遣诸沈访求太后,庚寅,以睦王述为奉迎使,工部尚书乔琳副之,又命诸沈四人为判官,与中使分行诸道求之。

27 十一月,初令待制官外,更引朝集使二人,访以时政得失,远人疾苦。

28 先是,公主下嫁者,舅姑拜之,妇不答。上命礼官定公主拜见舅、姑及婿之诸父、兄、姊之仪,舅、姑坐受于中堂,兄、姊立受于东序,如家人礼。有县主将嫁,择用丁丑,是日,上之从父妹卒,命罢之。有司奏:"供张已备,且殇服不足废事。"上曰:"尔爱其费,我爱其礼。"卒罢之。至德以来,国家多事,公主、郡、县主多不以时嫁,有华发者,虽居禁中,或十年不见天子。上始引见诸宗女,尊者致敬,卑者存慰,悉命嫁之。所赍小大之物,必经心目。己卯、庚辰二日,嫁岳阳等九十一县主。

25 在大历以前,征税、收支、薪俸都没有法度,高级官员得以专擅其事,加上元载、王缙执掌朝政,贿赂公行,全国各地不再按察贪赃官吏的时间几达二十年。只有江西视察使路嗣恭按察虔州刺史源敷翰,判他受了流刑。德宗因宣歙观察使薛邕是位温文尔雅的老臣,便征召他担任左丞。薛邕离开宣州时,盗窃隐瞒官家财物数以万万计,殿中侍御史员寓揭发了他。冬季,十月己亥(初九),德宗将薛邕贬为连山县尉。自此,州县开始敬服朝廷法典,不敢任意妄为。

德宗即位之初,疏远摈斥宦官,亲近任用朝官,但是,张涉因长于儒学而入侍禁中,薛邕因温文尔雅而登上朝堂,却相继由于贪赃而垮台。宦官、武将们得到借口,他们说:"南衙文臣贪赃动不动就达到万万,反而说我辈把国家搞混乱了,这难道不是欺人之谈吗?"由此,德宗开始心怀疑虑,不知道依靠谁人为好。

26 中书舍人高参请求分别派遣沈氏诸人去寻访太后,庚寅,德宗任命睦王李述为奉迎使,使工部尚书乔琳做他的副职,又让沈氏四人任判官,与中使分别巡行各道,寻找皇太后。

27 十一月,首次命令在待制官以外,再推荐出朝集使二人,向他们询问当时采取的朝政措施的得失,以及边远各地人民的疾苦。

28 先前,公主下嫁,公婆要对她行拜礼,而媳妇不必答礼。德宗命令礼官制定公主拜见公婆以及夫婿的叔伯、兄、姊的礼仪,规定公婆坐在中堂接受公主拜见,夫婿的兄、姊站在东厢房中接受公主拜见,就和凡人家庭的礼节一样。有位亲王的女儿县主将要出嫁,选定以丁丑(十七日)为期,此日,德宗的叔伯妹妹故去,便命令县主停止出嫁。有关部门奏称:"陈设已经准备好了,而且未成年人的丧事是不足以废止婚礼的。"德宗说:"你们珍惜县主出嫁的费用,我却珍惜礼节。"最终德宗还是阻止了县主在此日出嫁。自至德年间以来,国家变故频仍,公主、郡主、县主不能按时出嫁的人很多,有的人头发都变得花白了,她们虽然在宫中居住,却有人长达十年之久看不到皇上。德宗命人引导宗室诸女前来会见,对年长于己的表示敬意,对年少于己的予以安慰,让她们全都嫁了出去。对宗室诸女所携带的物品,无论大小,德宗都一定要亲自经心过目。己卯(十九日)、庚辰(二十日)两天,德宗将岳阳等九十一位县主嫁了出去。

29　吐蕃见韦伦再至,益喜。十二月辛卯朔,伦还,吐蕃遣其相论钦明思等入贡。

30　是岁,册太子母王氏为淑妃。

31　天下税户三百八万五千七十六,籍兵七十六万八千馀人,税钱一千八十九万八千馀缗,谷二百一十五万七千馀斛。

二年(辛酉,781)

1　春,正月戊辰,成德节度使李宝臣薨。宝臣欲以军府传其子行军司马惟岳,以其年少暗弱,豫诛诸将之难制者深州刺史张献诚等,至有十馀人同日死者。宝臣召易州刺史张孝忠,孝忠不往,使其弟孝节召之。孝忠使孝节谓宝臣曰:"诸将何罪,连颈受戮?孝忠惧死,不敢往,亦不敢叛,正如公不入朝之意耳。"孝节泣曰:"如此,孝节必死。"孝忠曰:"往则并命,我在此,必不敢杀汝。"遂归,宝臣亦不之罪也。兵马使王武俊,位卑而有勇,故宝臣特亲爱之,以女妻其子士真,士真复厚结其左右;故孝忠、武俊独全。

及薨,孔目官胡震,家僮王他奴劝惟岳匿丧二十馀日,诈为宝臣表,求令惟岳继袭,上不许;遣给事中汲人班宏往问宝臣疾,且谕之。惟岳厚赂宏,宏不受,还报。惟岳乃发丧,自为留后,使将佐共奏求旌节,上又不许。

初,宝臣与李正己、田承嗣、梁崇义相结,期以土地传之子孙。故承嗣之死,宝臣力为之请于朝,使以节授田悦;代宗从之。悦初袭位,事朝廷礼甚恭,河东节度使马燧表其必反,请先为

29　吐蕃人看到韦伦再次到来,更加高兴。十二月辛卯朔(初一),韦伦回返朝廷,吐蕃便派遣国相论钦明思等人入朝进贡。

30　这一年,德宗册立太子的生母王氏为淑妃。

31　全国税户计有三百零八万五千零七十六户,在籍士兵计有七十六万八千馀人,征收税钱计有一千零八十九万八千馀缗,征收谷物计有二百一十五万七千馀斛。

唐德宗建中二年(辛酉,公元781年)

1　春季,正月戊辰(初九),成德节度使李宝臣故去。李宝臣打算将军府主帅的位子传给他的儿子行军司马李惟岳,因为李惟岳年纪尚小,愚昧软弱,便事先诛杀了难以辖制的部下将领深州刺史张献诚等人,甚至有十馀人同一天被杀。李宝臣传召易州刺史张孝忠,张孝忠不肯前往,李宝臣又让他的弟弟张孝节去传召他。张孝忠让张孝节转告李宝臣说:"各位将领究竟犯了什么罪,以至于接连不断地遭到杀戮? 我张孝忠是怕死的,我既不敢前往,也不敢反叛,正如你不肯入朝当官一样。"张孝节哭着说:"如果是这样,我可一定会被杀死了。"张孝忠说:"如果前往,你我便会一齐丧命,有我在这儿,李宝臣一定不敢杀你。"于是,张孝节回到成德,李宝臣也没有加罪于他。兵马使王武俊职位低下,但是作战勇敢,所以李宝臣特别亲近爱护他,还把自己的女儿嫁给他的儿子王士真为妻,王士真又深深结纳了李宝臣身边的人,所以,唯有张孝忠和王武俊得以保全。

到了李宝臣故去的时候,孔目官胡震和家仆王他奴劝告李惟岳隐瞒丧事二十馀天,假冒李宝臣上表,请求让李惟岳袭任节度使,德宗不予许可,派遣给事中汲县人班宏前往问候李宝臣的病情,并进行开导。李惟岳以厚资贿赂班宏,班宏不肯接受,回朝上报。李惟岳于是为李宝臣发丧,自称留后,让将领佐吏联名上奏,请求颁赐节度使的旌节仪仗,德宗又没有许可。

当初,李宝臣与李正己、田承嗣、梁崇义深相结纳,约定将所管辖的土地传给子孙后代。所以,田承嗣死去的时候,李宝臣竭力向朝廷请求,让朝廷将节度使的旌节授给田悦,代宗便听从了他的建议。田悦最初袭任节度使的时候,事奉朝廷的礼节很是恭谨,河东节度使马燧上表说田悦定会反叛,请朝廷预先做好

备。至是悦屡为惟岳请继袭，上欲革前弊，不许。或谏曰："惟岳已据父业，不因而命之，必为乱。"上曰："贼本无资以为乱，皆藉我土地，假我位号，以聚其众耳。向日因其所欲而命之多矣，而乱日益滋。是爵命不足以已乱而适足以长乱也。然则惟岳必为乱，命与不命等耳。"竟不许。悦乃与李正己各遣使诣惟岳，潜谋勒兵拒命。

魏博节度副使田庭玠谓悦曰："尔藉伯父遗业，但谨事朝廷，坐享富贵，不亦善乎？奈何无故与恒、郓共为叛臣！尔观兵兴以来，逆乱者谁能保其家乎？必欲行尔之志，可先杀我，无使我见田氏之族灭也。"因称病卧家。悦自往谢之，庭玠闭门不内，竟以忧卒。

成德判官邵真闻李惟岳之谋，泣谏曰："先相公受国厚恩，大夫衰绖之中，遽欲负国，此甚不可。"劝惟岳执李正己使者送京师，且请讨之，曰："如此，朝廷嘉大夫之忠，则旄节庶几可得。"惟岳然之，使真草奏。长史毕华曰："先公与二道结好二十馀年，奈何一旦弃之？且虽执其使，朝廷未必见信。正己忽来袭我，孤军无援，何以待之？"惟岳又从之。

前定州刺史谷从政，惟岳之舅也，有胆略，颇读书，王武俊等皆敬惮之。为宝臣所忌，从政乃称病杜门。惟岳亦忌之，不与图事，日夜独与胡震、王他奴等计议，多散金帛以悦将士。从政往见惟岳曰："今海内无事，自上国来者，皆言天子聪明英武，志欲致太平，深不欲诸侯子孙专地。尔今首违诏命，天子必遣诸道致讨。将士受赏，皆言为大夫尽死；

防备。至此,田悦屡次为李惟岳请求继任,但德宗准备革除以往的弊端,不肯答应。有人劝谏说:"李惟岳已经据有父业,若不顺此事实而任命他,准会酿成变乱。"德宗说:"寇贼本来没有资本作乱,都是假借着我的土地和职位名号,才得以招聚人马的啊。往日朝廷顺着他们的欲望来任命他们的事不少了,但是变乱还是日益增长。这说明爵位的任命不但不足以止息变乱,反而助长变乱啊。如此说来,如果李惟岳一定要发起变乱的话,任命他与不任命他便都一样了。"德宗到底还是没有答应下来。于是,田悦与李正己各自派遣使者至李惟岳处,暗中策划率兵抗拒朝命。

魏博节度副使田庭玠对田悦说:"你凭借着伯父留下的基业,去谨慎地事奉朝廷,坐享富贵,不是很好吗?为什么无缘无故地与成德、淄青一起去作反叛之臣呢?你看战事兴起以来,叛逆变乱的人物有谁能够保全自己的家族呢?如果你一定要按你的想法去做的话,可以先把我杀了,别让我看见田氏举族灭亡。"于是他自称有病,躺在家中。田悦亲自前去向田庭玠道歉,田庭玠关上家门,不肯接待田悦。田庭玠最终因忧虑而死。

成德判官邵真听到李惟岳的图谋,哭着规劝说:"先相公蒙受国家深厚的恩典,大夫您在服丧期间,忙着准备背叛国家,这种做法太不对了。"邵真劝说李惟岳将李正己的使者抓起来,送往京城,并且请求讨伐李正己,他说:"这样做,朝廷会嘉许大夫的忠心,节度使的旌节也许还有得到的希望。"李惟岳认为邵真说得对,便让邵真起草奏书。长史毕华说:"先公与成德、淄青交好了二十余年,怎么能一下子舍弃了他们?而且,即使将两镇的使者抓起来,朝廷也不一定就相信你。李正己突然来袭击我军,我军孤立无援,这又怎么办呢?"李惟岳又听从了毕华的意见。

前定州刺史谷从政是李惟岳的舅父,他有胆识,有谋略,颇读过一些书,王武俊等人对他都很敬畏。由于被李宝臣猜忌,谷从政便闭门称病。李惟岳也猜忌他,有事不肯与他谋划。李惟岳整日专门与胡震、王他奴等人商量,准备多发放钱财布帛,以便取悦将士。谷从政去见李惟岳说:"当今国内没有事端,从京城来的人都说皇上聪慧明达,英俊威武,立志要再造太平之世,十分不愿方镇的子孙后代专擅一方。你现在头一个违抗诏命,皇上定然派遣各道兵马前来讨伐你。你部下的将士接受了犒赏,都说要为你尽力至死,

苟一战不胜,各惜其生,谁不离心?大将有权者,乘危伺便,咸思取尔以自为功矣。且先相公所杀高班大将,殆以百数,挠败之际,其子弟欲复仇者,庸可数乎?又,相公与幽州有隙,朱滔兄弟常切齿于我,今天子必以为将。滔与吾击柝相闻,计其闻命疾驱,若虎狼之得兽也,何以当之?昔田承嗣从安、史父子同反,身经百战,凶悍闻于天下,违诏举兵,自谓无敌。及卢子期就擒,吴希光归国,承嗣指天垂泣,身无所措。赖先相公按兵不进,且为之祈请,先帝宽仁,赦而不诛,不然,田氏岂有种乎?况尔生长富贵,齿发尚少,不更艰危,乃信左右之言,欲效承嗣所为乎?为尔之计,不若辞谢将佐,使惟诚摄领军府,身自入朝,乞留宿卫,因言惟诚且留摄事。恩命决于圣志;上必悦尔忠义,纵无大位,不失荣禄,永无忧矣。不然,大祸将及。吾亦知尔素疏忌我,顾以舅甥之情,事急,不得不言耳!"惟岳见其言切,益恶之。从政乃复归,杜门称病。惟诚者,惟岳之庶兄也,谦厚好书,得众心,其母妹为李正己子妇。是日,惟岳送惟诚于正己,正己使复姓张,遂仕淄青。惟岳遣王他奴诣从政家,察其起居,从政饮药而卒;且死,曰:"吾不惮死,哀张氏今族灭矣!"

刘文喜之死也,李正己、田悦等皆不自安;刘晏死,正己等益惧,相谓曰:"我辈罪恶,岂得与刘晏比乎?"会汴州城隘,广之,东方人讹言"上欲东封,故城汴州"。正己惧,

而如果一战不能取胜,人们各自顾惜自己的性命,还会有谁不背叛你呢?通达权变的大将,乘你危难之际,寻找方便的时机,便都想捉住你而自己立功。况且,先相公所杀死的高职位的大将恐怕有上百人了,在你遭受挫败之际,死者子弟中要报仇的,难道是屈指可数的吗?再者,先相公与幽州结下嫌隙,朱滔兄弟一贯对我们恨得咬牙切齿,如今皇上准会任命他们为将领的。朱滔与我们之间近得连夜间敲打木梆报时的声音都可以相互听到,料想一旦朱滔接受朝廷的命令,急速前来,那就如同虎狼追捕野兽一般,你又如何抵挡呢?过去,田承嗣跟随安禄山、安庆绪、史思明、史朝义父子一齐造反,身经百战,凶猛剽悍,闻名天下,违抗诏命,发起战端,自认为没有敌手。及至卢子期被擒获,吴希光归顺国家以后,田承嗣却只好对天而泣,不知将自身安放何处了。全靠先相公按兵不进,而且为他求情,先帝宽厚仁德,予以赦免,田承嗣才未遭到诛杀,如果不是这样,难道田氏还能留下根苗吗?何况你生长在富贵之中,年龄还小,没有经受过艰难危苦,但你却听信左右的话,打算效法田承嗣的作法吗?为你打算,你不如在将佐面前辞去职务,让李惟诚代理掌管军府,你亲身入朝,请求留下来为皇上值宿警卫,借此说明李惟诚暂且留下来代理掌管军府之事。对他的加恩任命取决于皇上的意志;皇上必然喜欢你的忠义,即使得不到高位,也不会失去荣耀的禄位,便可以永远消除忧患了。否则,大祸将要到来。我也知道你素来疏远猜忌我,但因你我有甥舅之情,事情又已急迫,所以不能不说了!"李惟岳见谷从政出言切中要害,便越发憎恶谷从政了。谷从政于是再次回到家中,闭门称病。李惟诚是李惟岳异母庶兄,他谦和厚道,喜欢读书,能得人心,他的同母妹做了李正己的儿媳妇。此日,李惟岳将李惟诚送到李正己那里,李正己让李惟诚恢复姓张,于是他便在淄青做了官了。李惟岳派遣王他奴到谷从政家中去,察看谷从政的活动,谷从政吞服毒药而死。在将死之际,谷从政说:"我不怕死,只是为张氏现在将要遭到灭族之灾而悲哀。"

刘文喜死去,李正己、田悦等人都感到不安;刘晏死去,李正己等人更加恐惧。他们交谈说:"我辈的罪恶,难道能够同刘晏相比吗?"适逢汴州因城内狭窄,需要拓广城垣,东方人便传出谣言:"皇上准备向东面开拓封疆了,所以才修筑汴州城。"李正己害怕了,

发兵万人屯曹州。田悦亦完聚为备，与梁崇义、李惟岳遥相应助，河南士民骚然惊骇。

永平旧领汴、宋、滑、亳、陈、颍、泗七州，丙子，分宋、亳、颍别为节度使，以宋州刺史刘洽为之。以泗州隶淮南；又以东都留守路嗣恭为怀郑汝陕四州、河阳三城节度使。旬日，又以永平节度使李勉都统洽、嗣恭二道，仍割郑州隶之，选尝为将者为诸州刺史，以备正己等。

2　初，高力士有养女鏊居东京，颇能言宫中事，女官李真一意其为沈太后，诣使者具言其状。上闻之，惊喜。时沈氏故老已尽，无识太后者。上遣宦官、宫人往验视之，年状颇同，宦官、宫人不审识太后，皆言是。高氏辞称实非太后，验视者益疑之，强迎入上阳宫。上发宫女百馀人，赍乘舆服御物就上阳宫供奉。左右诱谕百方，高氏心动，乃自言是。验视者走马入奏，上大喜。二月辛卯，上以偶日御殿，群臣皆入贺。诏有司草仪奉迎。高氏弟承悦在长安，恐不言，久获罪，遽自言本末。上命力士养孙樊景超往覆视，景超见高氏居内殿，以太后自处，左右侍卫甚严。景超谓高氏曰："姑何自置身于俎上？"左右叱景超使下，景超抗声曰："有诏，太后诈伪，左右可下。"左右皆下殿。高氏乃曰："吾为人所强，非己出也。"以牛车载还其家。上恐后人不复敢言太后，皆不之罪，曰："吾宁受百欺，庶几得之。"自是四方称得太后者数四，皆非是，而真太后竟不知所之。

发兵一万人,屯驻曹州。田悦也修葺城池,聚集人马,预做防备,与梁崇义、李惟岳遥相接应,互为援助,搅得河南士子庶民骚动,惊骇不安。

永平军原先辖有汴、宋、滑、亳、陈、颍、泗共七州,丙子(十七日),朝廷从永平军分出宋、亳、颍三州,另设节度使,以宋州刺史刘洽充任此职。将泗州隶属于淮南,又任命东都留守路嗣恭为怀、郑、汝、陕四州及河阳三城节度使。十天以后朝廷又任命永平节度使李勉总辖刘洽、路嗣恭所在二道,再次把郑州分割隶属于他,让他选任曾经做过将官的人担任各州刺史,以便防备李正己等人。

2 当初,高力士有个养女在东京洛阳孀居,她挺能讲宫中轶事,女官李真一猜想此人便是沈太后,就到寻访太后的使者那里陈述了她的状貌。德宗听到这一消息,真是又惊又喜。当时,沈氏族中年老有望之人都已故去,再没有认识太后的人。德宗派遣宦官、宫人前往察看高氏,高氏的年龄状貌与太后颇为相同,宦官、宫人不曾仔细端详过太后,都说高氏便是太后。高氏推辞说自己实在并不是太后,派来察看的人却愈发怀疑,强行将高氏迎进上阳宫。德宗打发宫女一百馀人,带着车驾衣服等御用之物去上阳宫供养服侍高氏。随侍的人们千方百计地劝诱她,高氏动了心,便声称自己是太后。察看的官员乘马飞快入朝上奏,德宗非常高兴。二月辛卯(初二),德宗在这一双日登上大殿,群臣都入朝庆贺。德宗还下诏命令有关部门草拟仪典,奉迎太后。高氏的弟弟高承悦住在长安,害怕如果不讲实情,日子久了终要获罪,便急忙说出了事情的原委。德宗让高力士的养孙樊景超前往上阳宫复核察看,樊景超看到高氏住在内殿,以太后的身份自居,随从人员服侍防卫得很是严密。樊景超对高氏说:"您为什么要将自己置身于刀俎之地呢?"侍从人员呵斥樊景超下殿,樊景超高声说:"我这里带着诏书,太后是伪装的,侍从人员可速下殿来。"侍从人员都走下殿来。高氏于是说:"我是被人所勉强,不是出于自己的意愿啊。"于是樊景超用牛车拉着高氏,将她送回家中。德宗担心以后人们不再敢提太后的事情,所以不予加罪,还说:"我宁可遭受上百次的欺骗,大概总能找到太后吧。"自此以后,各地声称找到太后的事情发生了多次,但都不是,而真正的太后最终还是不知去向。

3　御史中丞卢杞,奕之子也,貌丑,色如蓝,有口辩;上悦之,丁未,擢为大夫,领京畿观察使。郭子仪每见宾客,姬妾不离侧。杞尝往问疾,子仪悉屏侍妾,独隐几待之。或问其故,子仪曰:"杞貌陋而心险,妇人辈见之必笑,他日杞得志,吾族无类矣!"

杨炎既杀刘晏,朝野侧目,李正己累表请晏罪,讥斥朝廷。炎惧,遣腹心分诣诸道,以宣慰为名,实使之密谕节度使云:"晏昔朋附奸邪,请立独孤后,上自恶而杀之。"上闻而恶之,由是有诛炎之志,隐而未发。乙巳,迁炎为中书侍郎,擢卢杞为门下侍郎,并同平章事,不专任炎矣。杞蕞陋,无文学,炎轻之,多托疾不与会食;杞亦恨之。杞阴狡,欲起势立威,小不附者必欲置之死地,引太常博士裴延龄为集贤殿直学士,亲任之。

4　丙午,更汴宋军曰宣武。

5　振武节度使彭令芳苛虐,监军刘惠光贪婪;乙卯,军士共杀之。

6　发京西防秋兵万二千人戍关东。上御望春楼宴劳将士,神策军士独不饮,上使诘之,其将杨惠元对曰:"臣等发奉天,军帅张巨济戒之曰:'此行大建功名,凯还之日,相与为欢。'故不敢奉诏。"及行,有司缘道设酒食,独惠元所部瓶罂不发。上深叹美,赐书劳之。惠元,平州人也。

7　三月,置濮州于郓城。

3 御史中丞卢杞是卢奕的儿子,他相貌丑陋,面色如蓝靛,能言善辩,德宗喜欢他,丁未(十八日),德宗提升卢杞为大夫,兼任京畿观察使。郭子仪每次会见宾客,姬妾并不从他身边离开。卢杞曾经因郭子仪患病而前往问候,郭子仪却将随侍的姬妾悉数屏退,只一人凭几而坐接待卢杞。有人询问其中的缘故,郭子仪说:"卢杞面貌丑陋,心地险恶,女人见了必然要笑话他,以后卢杞得志了,我便举族无一幸免了!"

杨炎杀掉刘晏以后,朝野之士都对他十分不满,李正己屡次上表请问刘晏何罪,讥讽贬责朝廷。杨炎害怕了,便派遣亲信分别到各道去,名义上是前去安抚地方,实际上是让他们暗中告诉节度使说:"刘晏昔日勾结并依附奸佞邪恶之人,请求册立独孤妃为皇后,是皇上自己憎恶他,因而杀了他。"德宗听到此言对杨炎厌恶起来了,由此便有诛杀杨炎的意图,只是尚隐忍着没有发作。乙巳(十六日),德宗调任杨炎为中书侍郎,提升卢杞为门下侍郎,二人都为同平章事,不再专门任用杨炎了。卢杞矮小丑陋,没有文采,缺乏学识,杨炎看不起他,常常假托有病,不与他在政事堂一起进餐,卢杞对杨炎也是怀恨在心。卢杞阴险狡猾,打算在朝中扶植自己的势力,树立自己的威望,对稍不附合自己的人,便一定要置之于死地,他引荐太常博士裴延龄为集贤殿直学士,靠近并任用他。

4 丙午(十七日),汴宋军改称为宣武军。

5 振武节度使彭令芳苛刻残暴,其监军刘惠光贪得无厌。乙卯(二十六日),振武将士共同将两人杀死。

6 朝廷征发京西防秋兵两千人驻防关东。德宗登上望春楼设宴犒劳将士,神策军的士兵唯独不肯饮酒,德宗让人询问原由,神策军将官杨惠元回答说:"我们这些人来自奉天,主帅张巨济告诫我们说:'此行要大大地建树功名,待到凯旋的日子,我与你们好好痛快一场。'所以,神策军的将士不敢饮酒。"到了出发的时候,有关部门在道旁摆设酒食,只有杨惠元的部下不肯启瓶饮酒。德宗深表赞美,颁赐诏书慰劳杨惠元。杨惠元是平州人。

7 三月,朝廷在郾城设置溵州。

8　辛巳，以汾州刺史王翃为振武军使、镇北绥银等州留后。

9　遣殿中少监崔汉衡使于吐蕃。

10　梁崇义虽与李正己等连结，兵势寡弱，礼数最恭。或劝其入朝，崇义曰："来公有大功于国，上元中为阉宦所谮，迁延稽命。及代宗嗣位，不俟驾入朝，犹不免族诛。吾岁久衅积，何可往也？"淮宁节度使李希烈屡请讨之，崇义惧，益修武备。流人郭昔告崇义为变，崇义闻之，请罪，上为之杖昔，远流之；使金部员外郎李舟诣襄州谕旨以安之。舟尝奉使诣刘文喜，为陈祸福，文喜囚之。会帐下杀文喜以降，诸道跋扈者闻之，谓舟能覆城杀将。至襄州，崇义恶之；舟又劝崇义入朝，言颇切直，崇义益不悦。及遣使宣慰诸道，舟复诣襄州，崇义拒境不内，上言"军中疑惧，请易以他使"。时两河诸镇方猜阻，上欲示恩信以安之，夏，四月庚寅，加崇义同平章事，妻子悉加封赏，赐以铁券；遣御史张著赍手诏征之，仍以其裨将蔺杲为邓州刺史。

11　五月丙寅，以军兴，增商税为什一。

12　田悦卒与李正己、李惟岳定计，连兵拒命，遣兵马使孟祐将步骑五千北助惟岳。薛嵩之死也，田承嗣盗据洺、相二州，朝廷独得邢、磁二州及临洺县。悦欲阻山为境，曰："邢、磁如两眼，在吾腹中，不可不取。"乃遣兵马使康愔将八千人围邢州，别将杨朝光将五千人栅于邯郸西北以断昭义救兵，悦自将兵数万围临洺。邢州刺史李共、临洺将张伓坚壁拒守。

8　辛巳(二十二日),德宗任命汾州刺史王翃为振武军使和镇北、绥、银等州留后。

9　朝廷派遣殿中少监崔汉衡出使吐蕃。

10　梁崇义虽然与李正己等人联合起来,但是兵少势弱,对朝廷的礼节也最为恭敬。有人劝他入朝朝见,梁崇义说:"来瑱为国家立下了大功,上元年间却遭到宦官的谗言诽谤,因此拖延着不应召入朝。等到代宗继位以后,来瑱不待驾好车马,便去朝见,尚且不能避免族诛之祸。我多年来与朝廷积下许多嫌隙,怎么能够再到朝廷去呢?"淮宁节度使李希烈屡次请求讨伐梁崇义,梁崇义害怕了,便益发整治军备。流人郭昔告发梁崇义准备叛乱,梁崇义听到此言,向朝廷请罪。德宗为此杖责郭昔,将他流放远方,还让金部员外郎李舟至襄州宣布圣旨,使梁崇义安心。李舟曾经奉命出使刘文喜处,向他陈述利害,刘文喜将他囚禁起来。适逢部下杀了刘文喜,归降朝廷,各道专横跋扈的将帅听说了,都说李舟有倾覆城池、斩杀大将的本领。李舟来到襄州,梁崇义厌恶他。李舟又规劝梁崇义入朝,讲话直率而切中要害,梁崇义愈加不高兴。及至派遣使者安抚各道的时候,李舟再次来到襄州,梁崇义将李舟拒于境外,不肯接待,并上奏说"军中疑虑恐惧,请改派别的使者吧"。当时,两河各镇正在猜疑朝廷,德宗打算显示恩典信义,使他们安心,夏季,四月庚寅(二十六日),德宗加封梁崇义同平章事,对他的妻子儿女全都予以封赏,赐给铁券,派遣御史张著带着皇上的手诏让他验证,还任命他的副将蔺杲为邓州刺史。

11　五月丙寅(初八),因战事兴起,朝廷将商税增至十分之一。

12　田悦终于与李正己、李惟岳定下计划,联合三镇兵马,抗拒朝命,便派遣兵马使孟祐带领步兵、骑兵共五千人北去援助李惟岳。薛嵩死去的时候,田承嗣私下强占了洺州和相州,朝廷只得到邢州和磁州以及临洺县。田悦打算依凭山势划分边境,便说:"邢州和磁州就像围棋中的两个眼,在我的中腹部位,不可不攻取。"于是,田悦派遣兵马使康愔带领八千人包围邢州,派遣别将杨朝光带领五千人在邯郸西北设置营寨以切断昭义的救兵,田悦则亲自带兵数万人包围临洺县。邢州刺史李洑、临洺将领张伾坚固壁垒,抵御围兵。

　　贝州刺史邢曹俊,田承嗣旧将也,老而有谋,悦宠信牙官扈崿而疏之,及攻临洺,召曹俊问计,曹俊曰:"兵法十围五攻;尚书以逆犯顺,势更不侔。今顿兵坚城之下,粮竭卒尽,自亡之道也。不若置万兵于崞口以遏西师,则河北二十四州皆为尚书有矣。"诸将恶其异己,共毁之,悦不用其策。

贝州刺史邢曹俊是田承嗣原来的将领,年事高,有谋略,但田悦宠信牙官扈崿而疏远邢曹俊,及至攻打临洺的时候,田悦将邢曹俊召来询问计策,邢曹俊说:"兵法认为,兵力十倍于敌人,才可包围敌人,五倍于敌人,才可攻打敌人,你以叛逆军队侵犯朝廷,这形势就更不能同兵法上讲的相比了。现在军队受阻于坚固的城池之下,粮食一光,士卒便会跑光,这种办法真是自取灭亡。不如在崿口安置士兵一万人,以便阻止西面的军队,河北二十四州便都归你所有了。"诸将领讨厌邢曹俊的说法与自己不同,便一同诋毁他,田悦也就未采用邢曹俊的计策。

卷第二百二十七　唐纪四十三

起辛酉(781)六月尽壬戌(782)凡一年有奇

德宗神武圣文皇帝二
建中二年(辛酉,781)

1　六月庚寅,以浙江东西观察使、苏州刺史韩滉为润州刺史、浙江东西节度使,名其军曰镇海。

2　张著至襄阳,梁崇义益惧,陈兵而见之。蔺杲得诏不敢发,驰见崇义请命。崇义对著号泣,竟不受诏。著复命。

癸巳,进李希烈爵南平郡王,加汉南、汉北兵马招讨使,督诸道兵讨之。杨炎谏曰:"希烈为董秦养子,亲任无比,卒逐秦而夺其位。为人狼戾无亲,无功犹倔强不法,使平崇义,何以制之?"上不听。炎固争之,上益不平。

荆南牙门将吴少诚以取梁崇义之策干李希烈,希烈以少诚为前锋。少诚,幽州潞人也。

时内自关中,西暨蜀、汉,南尽江、淮、闽、越,北至太原,所在出兵,而李正己遣兵扼徐州甬桥、涡口,梁崇义阻兵襄阳,运路皆绝,人心震恐。江、淮进奉船千馀艘,泊涡口不敢进。上以和州刺史张万福为濠州刺史。万福驰至涡口,立马岸上,发进奉船,淄青将士停岸睥睨不敢动。

3　辛丑,汾阳忠武王郭子仪薨。子仪为上将,拥强兵,程元振、鱼朝恩谗毁百端,诏书一纸征之,无不即日就道,由是谗谤不行。

德宗神武圣文皇帝二
唐德宗建中二年(辛酉,公元781年)

1　六月庚寅(初三),德宗任命浙江东西观察使、苏州刺史韩滉为润州刺史、浙江东西节度使,将他统辖的军队定名为镇海军。

2　张著来到襄阳,梁崇义愈加恐惧,以致让士兵结成阵列来接见张著。蔺果得到出任邓州刺史的诏书,不敢启程就任,策马去见梁崇义请示命令。梁崇义面对张著号啕大哭,但到底不肯接受诏命。张著只好回朝复命。

癸巳(初六),德宗晋升李希烈爵位为南平郡王,加封汉南、汉北兵马招讨使,督率各道兵马讨伐梁崇义。杨炎规劝说:"李希烈是董秦的养子,董秦亲近并信任他的程度无可比拟,但李希烈最终还是驱逐了董秦,并夺取了他的职位。李希烈为人凶狠暴戾,六亲不认,他无功于朝廷,尚且态度强硬而不守国法,假如让他去平定了梁崇义,将如何控制他呢?"德宗不肯听从杨炎的建议。杨炎坚持己见,争议再三,德宗对杨炎愈加不满。

荆南牙门将吴少诚带着攻取梁崇义的策谋谒见李希烈,李希烈任命吴少诚为前锋。吴少诚是幽州潞城人。

当时,内自关中,西至蜀、汉,南达江、淮、闽、越,北到太原,到处发兵,而李正己派兵扼守徐州的甬桥和涡口,梁崇义拥兵襄阳,运输通道全被切断,人心为之震惊恐慌。江、淮的进奉船一千余艘,停泊在涡口而不敢前进。德宗任命和州刺史张万福为濠州刺史。张万福疾驰到涡口,骑着马立在岸上,命令进奉船进发,淄青的将士停在岸边侧目观望,不敢妄动。

3　辛丑(十四日),汾阳忠武王郭子仪故去。郭子仪是位杰出的将领,拥有强兵,程元振、鱼朝恩曾对他用谗言百般诋毁,但只要有一纸诏书征召,他没有一次不是当日启程的,因此,诽谤才失去了作用。

尝遣使至田承嗣所，承嗣西望拜之曰："此膝不屈于人若干年矣！"李灵曜据汴州作乱，公私物过汴者皆留之，惟子仪物不敢近，遣兵卫送出境。校中书令考凡二十四，月入俸钱二万缗，私产不在焉；府库珍货山积。家人三千人，八子、七婿皆为朝廷显官。诸孙数十人，每问安，不能尽辩，颔之而已。仆固怀恩、李怀光、浑瑊皆出麾下，虽贵为王公，常颐指役使，趋走于前，家人亦以仆隶视之。天下以其身为安危殆三十年，功盖天下而主不疑，位极人臣而众不疾，穷奢极欲而人不非之，年八十五而终。其将佐至大官，为名臣者甚众。

4 壬子，以怀、郑、河阳节度副使李芃为河阳、怀州节度使，割东畿五县隶焉。

5 北庭、安西自吐蕃陷河、陇，隔绝不通。伊西、北庭节度使李元忠、四镇留后郭昕帅将士闭境拒守，数遣使奉表，皆不达，声问绝者十馀年。至是，遣使间道历诸胡自回纥中来，上嘉之。秋，七月戊午朔，加元忠北庭大都护，赐爵宁塞郡王；以昕为安西大都护、四镇节度使，赐爵武威郡王；将士皆迁七资。元忠姓名，朝廷所赐也，本姓曹，名令忠。昕，子仪弟之子也。

6 李希烈以久雨未进军，上怪之，卢杞密言于上曰："希烈迁延，以杨炎故也。陛下何爱炎一日之名而堕大功；不若暂免炎相以悦之，事平复用，无伤也。"上以为然。庚申，以炎为左仆射，罢政事。以前永平节度使张镒为中书侍郎、同平章事。镒，齐丘之子也。以朔方节度使崔宁为右仆射。

郭子仪曾经派遣使者到田承嗣处,田承嗣向西下拜说:"我这膝盖不向人弯曲已经有若干年头了!"李灵曜依凭汴州发起叛乱,公私物品经过汴州的,全都被他扣留,惟有郭子仪的物品,他不但不敢靠近,还要派兵护卫,送出州境。据统计,郭子仪担任中书令共计二十四年,每月收入薪俸钱两万缗,私产尚不在计算之列,家中的仓库里珍异宝货堆积如山。郭子仪举家三千人,有八个儿子、七个女婿,都是朝廷中显要的官员。他的孙子一辈有数十人,每当向他问安时,他不能一一辨认,只是向他们点一点头而已。仆固怀恩、李怀光、浑瑊都是他的部下,虽然贵为王公,但郭子仪经常对他们颐指气使,任意驱使,而他们则对郭子仪毕恭毕敬,在他面前用小步快走,以示身份卑微,连郭子仪家中的人也将他们视为仆从。郭子仪以一身维系全国安危将近三十年,他的功劳天下无双,但皇帝不猜疑他;他的地位达到了人臣的顶峰,但众人不妒忌他;他穷极奢华,尽情享受,但人们不非难他,他八十五岁时寿终。他的将佐当上大官,成为名臣的人物很多。

4 壬子(二十五日),德宗任命怀、郑、河阳节度副使李芃为河阳、怀州节度使,分割京畿东部五县归其管辖。

5 北庭、安西自从吐蕃陷落河西、陇右以来,便与朝廷隔绝不通了。伊西、北庭节度使李元忠、四镇留后郭昕率领将士严守四境,抗拒吐蕃,屡次派遣使者上表,都未到达,音信断绝的岁月长达十馀年。至此,李元忠、郭昕派使者抄偏僻小道,经诸胡人居处,从回纥来到朝廷,皇上对此很是嘉许。秋季,七月戊午朔(初一),德宗加封李元忠为北庭大都护,赐爵宁塞郡王;任命郭昕为安西大都护、四镇节度使,赐爵武威郡王,所辖将士全部超过战功七等。李元忠这一姓名,是朝廷赐给的,李元忠原本姓曹,名令忠。郭昕是郭子仪弟弟的儿子。

6 因多日来连续降雨,李希烈未能进军,受到德宗的责怪,卢杞暗中对德宗说:"李希烈拖延不进,是因为杨炎的缘故。陛下何必顾惜杨炎暂时的声誉,而毁坏了大功业,不如暂时免除杨炎的相职,使李希烈高兴,事情平息以后再起用杨炎,这并没有什么妨害。"德宗认为卢杞说得对。庚申(三日),德宗任命杨炎为左仆射,罢去宰相职务。任命前永平节度使张镒为中书侍郎、同平章事。张镒是张齐丘的儿子。任命朔方节度使崔宁为右仆射。

7 丙子，赠故伊州刺史袁光庭工部尚书。光庭天宝末为伊州刺史，吐蕃陷河、陇，光庭坚守累年，吐蕃百方诱之，不下。粮竭兵尽，城且陷，光庭先杀妻子，然后自焚。郭昕使至，朝廷始知之，故赠官。

8 辛巳，以邠宁节度使李怀光兼朔方节度使。

9 癸未，河东节度使马燧，昭义节度使李抱真，神策先锋都知兵马使李晟，大破田悦于临洺。

时悦攻临洺，累月不拔，城中食且尽，府库竭，士卒多死伤。张伾饰其爱女，使出拜将士曰：“诸君守战甚苦，伾家无他物，请鬻此女为将士一日之费。”众皆哭，曰：“愿尽死力，不敢言赏。”李抱真告急于朝，诏马燧将步骑二万与抱真讨悦，又遣李晟将神策兵与之俱，又诏幽州留后朱滔讨惟岳。

燧等军未出险，先遣使持书谕悦，为好语，悦谓燧畏之，不设。燧与抱真合兵八万，东下壶关，军于邯郸，击悦支军，破之。悦方急攻临洺，分李惟岳兵五千助杨朝光。明日，燧等进攻朝光栅，悦将万馀人救之。燧命大将李自良等御之于双冈，令之曰：“悦得过，必斩尔！”自良等力战，悦军却。燧推火车焚朝光栅，斩朝光，获首虏五千馀级。居五日，燧等进军至临洺，悦悉众力战，凡百馀合，悦兵大败，斩首万馀级。悦引兵夜遁，邢州围亦解。

时平卢节度使李正己已薨，子纳秘之，擅领军务。悦求救于纳及李惟岳，纳遣大将卫俊将兵万人，惟岳遣兵三千人救之。

7　丙子(十九日)，朝廷追封已故的伊州刺史袁光庭为工部尚书。袁光庭在天宝末年出任伊州刺史，吐蕃攻陷河西、陇右后，袁光庭坚守多年，吐蕃千方百计地引诱他，都不能将伊州攻下。后来粮食吃光，士卒战死，伊州城将要陷落，袁光庭便先杀死妻子儿女，然后自焚而死。郭昕的使者到来，朝廷才知道了袁光庭的事迹，所以给他追封官爵。

8　辛巳(二十四日)，德宗让邠宁节度使李怀光兼任朔方节度使。

9　癸未(二十六日)，河东节度使马燧、昭义节度使李抱真、神策先锋都知兵马使李晟在临洺大破田悦。

当时，田悦进攻临洺，历时几个月，不能攻克，城中的食品将要吃光，仓库的储备已经用完，士卒伤亡为数很多。张伾将心爱的女儿打扮起来，让女儿出来拜见将士，他说："诸位坚守城池，甚是辛苦，我家没有别的东西，请让我把这个女儿卖掉，权当将士们一天的费用。"大家都哭着说："我们甘愿用尽全力，而决不敢谈论奖赏。"李抱真向朝廷告急，德宗下诏命令马燧带领步兵、骑兵共两万人与李抱真讨伐田悦，又派遣李晟带领神策兵与二人同讨田悦，又下诏命令幽州留后朱滔讨伐李惟岳。

马燧等人的军队还没有脱离险境时，先派遣使者带着书信去开导田悦，向他说了一些好话，田悦于是认为马燧畏惧他，便不再设置防备。马燧与李抱真两军会合共八万人，由壶关东下，在邯郸驻扎，进击田悦的支属部队，并且打败了他们。田悦正在急切地攻打临洺，分出李惟岳五千人去援助杨朝光。第二天，马燧等人进攻杨朝光的营盘，田悦带领一万馀人去援救。马燧让大将李自良等人在双冈抵御田悦，命令他说："只要田悦通过了双冈，就一定将你斩首！"李自良等人奋力激战，田悦的军队退却了。马燧推出烧着火的车辆焚烧杨朝光的营寨，杀了杨朝光，斩得敌首五千多级。过了五天，马燧等人进军到了临洺，田悦全军出动，奋力而战，经过约一百多个回合，田悦军大败，被斩首一万多级。田悦领兵连夜逃走，邢州也解围了。

当时，平卢节度使李正己已经故去，李正己的儿子李纳隐瞒了这一消息，擅自接管了平卢军务。田悦向李纳和李惟岳求救，李纳派遣大将卫俊带兵一万人，李惟岳派兵三千人，去援救田悦。

悦收合散卒,得二万馀人,军于洹水;淄青军其东,成德军其西,首尾相应。马燧帅诸军进屯邺,奏求河阳兵自助;诏河阳节度使李芃将兵会之。

10 八月,李纳始发丧,奏请袭父位,上不许。

11 梁崇义发兵攻江陵,至四望,大败而归,乃收兵襄、邓。李希烈引军循汉而上,与诸道兵会。崇义遣其将翟晖、杜少诚逆战于蛮水,希烈大破之;追至疏口,又破之。二将请降,希烈使将其众先入襄阳慰谕军民。崇义闭城拒守,守者开门争出,不可禁。崇义与妻赴井死,传首京师。

12 范阳节度使朱滔将讨李惟岳,军于莫州。张孝忠将精兵八千守易州,滔遣判官蔡雄说孝忠曰:"惟岳乳臭儿,敢拒朝命! 今昭义、河东军已破田悦,淮宁李仆射克襄阳,计河南诸军,朝夕北向,恒、魏之亡,可仁立而须也。使君诚能首举易州以归朝廷,则破惟岳之功自使君始,此转祸为福之策也。"孝忠然之,遣牙官程华诣滔,遣录事参军董积奉表诣阙,滔又上表荐之;上悦。九月辛酉,以孝忠为成德节度使。命惟岳护丧归朝,惟岳不从。孝忠德滔,为子茂和娶滔女,深相结。

13 壬戌,加李希烈同平章事。

14 初,李希烈请讨梁崇义,上对朝士亟称其忠。黜陟使李承自淮西还,言于上曰:"希烈必立微功;但恐有功之后,偃蹇不臣,更烦朝廷用兵耳!"上不以为然。

希烈既得襄阳,遂据之为己有,上乃思承言。时承为河中尹,甲子,以承为山南东道节度使。上欲以禁兵送上,承请单骑赴镇;

田悦收聚溃散的士兵,得到两万多人,驻扎在洹水;淄青军在田悦东边驻扎,成德军在田悦西边驻扎,首尾相互接应。马燧率领各军进军至邺城屯驻,上奏请求让河阳兵前来援助,德宗颁诏命令河阳节度使李芃带兵与马燧会师。

10 八月,李纳开始发丧,上奏请求承袭父亲的职位,德宗不肯答应。

11 梁崇义派兵攻打江陵,来到四望山,大败而回,于是收兵进入襄州和邓州。李希烈带领军队沿汉水溯流而上,与各道兵马会合。梁崇义派遣将领翟晖、杜少诚在蛮水迎战,李希烈大破敌军,追击至疏口,再破敌军。翟晖、杜少诚二将请求投降,李希烈使二人带领部下首先进入襄阳慰问城内军民。梁崇义关闭城门抵抗,守城的人们打开城门,争先出城,不可禁止。梁崇义与妻子投井而死,首级被传送到京城。

12 范阳节度使朱滔准备前去讨伐李惟岳,在莫州驻扎下来。张孝忠带领精兵八千防守易州,朱滔派遣判官蔡雄劝告张孝忠说:"李惟岳不过是个乳臭小儿,竟敢抗拒朝命!现在昭义、河东二军已经打败田悦,淮宁李仆射攻克襄阳,算来河南各军早晚要向北挺进,恒州、魏州的覆亡,那是可以立待而至的了。你如果能够带头将易州归属朝廷,那么,打败李惟岳的功劳便是由你开头的,这正是你转祸为福的良策啊。"张孝忠认为言之有理,便派遣牙官程华至朱滔处,派遣录事参军董稹到朝廷去进献表章,朱滔又上表举荐张孝忠,德宗很是高兴。九月辛酉(初六),德宗任命张孝忠为成德节度使。命令李惟岳护送死者回朝,李惟岳不肯听从。张孝忠感激朱滔的恩德,为儿子张茂和娶了朱滔的女儿,两人深相结纳。

13 壬戌(初七),德宗加封李希烈同平章事头衔。

14 当初,李希烈请求讨伐梁崇义,德宗屡次对朝中人士称道李希烈有忠心。黜陟使李承从淮西回朝,对德宗说:"李希烈肯定能立点微小的功劳,只怕有了功劳以后,骄横傲慢,不尽为臣之道,还要烦劳朝廷再用刀兵罢了!"德宗不以为然。

李希烈得到襄阳以后,便将襄阳据为己有,德宗这才想起李承的预言。当时,李承担任河中尹,甲子(初九),德宗任命李承为山南东道节度使。德宗打算派禁兵护送他上任,李承请求单人匹马前往山南东道;

至襄阳,希烈置之外馆,迫胁万方,承誓死不屈,希烈乃大掠阖境所有而去。承治之期年,军府稍完。希烈留牙将于襄州,守其所掠财,由是数有使者往来。承亦遣其腹心臧叔雅往来许、蔡,厚结希烈腹心周曾等,与之阴图希烈。

15　初,萧嵩家庙临曲江,玄宗以娱游之地,非神灵所宅,命徙之。杨炎为相,恶京兆尹严郢,左迁大理卿。卢杞欲陷炎,引郢为御史大夫。先是,炎将营家庙,有宅在东都,凭河南尹赵惠伯卖之,惠伯买以为官廨,郢按之,以为有羡利。杞召大理正田晋议法,晋以为:"律,监临官市买有羡利,以乞取论,当夺官。"杞怒,贬晋衡州司马。更召他吏议法,以为:"监主自盗,罪当绞。"炎庙正直萧嵩庙地,杞因潜炎,云"兹地有王气,故玄宗令嵩徙之。炎有异志,故于其地建庙"。冬,十月乙未,炎自左仆射贬崖州司马。未至崖州百里,缢杀之。惠伯自河中尹贬费州多田尉;寻亦杀之。

16　辛巳,册太子妃萧氏。

17　癸卯,祫太庙。先是,太祖既正东向之位,献、懿二祖皆藏西夹室,不祫。至是,复奉献祖东向而祫之。

18　徐州刺史李洧,正己之从父兄也。李纳寇宋州,彭城令太原白季庚说洧举州归国;洧从之,遣摄巡官崔程奉表诣阙,且使口奏,并白宰相,以"徐州不能独抗纳,乞领徐、海、沂三州观察使,况海、沂二州,今皆为纳有。洧与刺史王涉、

来到襄阳的时候,李希烈将李承安置在客舍中,千方百计地逼迫他,威胁他,李承誓死不屈,于是李希烈在全州范围内大肆掳掠了一番便离去了。李承治理山南东道整整一年,军府才逐渐完备。李希烈将牙将留在襄州,看守掳掠的财物,由此双方常有使者往来。李承也派遣亲信臧叔雅往来于许州和蔡州,深深结纳李希烈的亲信周曾等人,与他们暗中谋算李希烈。

15 当初,萧嵩的家庙濒临曲江,玄宗认为曲江是娱乐游观的地方,不是建造神灵庙宇的处所,便让萧嵩迁移家庙。杨炎担任宰相,憎恶京兆尹严郢,把他降职为大理卿。卢杞打算陷害杨炎,便荐引严郢为御史大夫。在此之前,杨炎准备营造家庙,因有住宅在东都洛阳,便请河南尹赵惠伯为他卖掉,赵惠伯却将此宅买来充当官署,严郢按察此事,认为其中有不应得的馀利。卢杞召来大理正田晋,商议处罚二人的刑律依据,田晋认为:"根据刑律,本人管理官府设立的市场,购买物品获取馀利的,以索取论处,应当剥夺官位。"卢杞大怒,将田晋贬为衡州司马。卢杞又召另外的官吏来商议惩罚两人的刑律,该人认为:"在本人主管的公务中自行盗窃的,罪当处以绞刑。"杨炎的家庙正当萧嵩的家庙所在之地,卢杞借此诬陷杨炎说"这个地方有帝王之气,所以玄宗才命令萧嵩迁移家庙。杨炎有心背叛朝廷,所以才在此地建造家庙"。冬季,十月乙未(十日),杨炎由左仆射被贬为崖州司马。杨炎行至距崖州一百里处,遭到了缢杀。赵惠伯由河中尹被贬为费州多田县尉,不久也被杀死。

16 辛巳,册立萧氏为太子妃。

17 癸卯(十八日),德宗在太庙合祭远近祖先的牌位。在此之前,太祖的牌位已在太庙中,当东向位,献祖、懿祖的牌位则都存放在西夹室内,不予祭献。至此,再次将献祖奉为东向位,予以祭献。

18 徐州刺史李洧是李正己的堂兄。李纳侵犯宋州,彭城县令太原人白季庚劝说李洧率领全州归顺朝廷,李洧听从了他的劝告,派遣摄巡官崔程带着表章到朝廷去,让他口头上奏皇上,并且禀告宰相,大意是"徐州无力独自抵抗李纳,万望让李洧担任徐、海、沂三州观察使,况且其中的海、沂两州,现都已被李纳占有。李洧与刺史王涉、

马万通素有约,苟得朝廷诏书,必能成功"。程自外来,以为宰相一也,先白张镒,镒以告卢杞。杞怒其不先白己,不从其请。戊申,加洧御史大夫,充招谕使。

19 十一月戊午,以永乐公主适检校比部郎中田华,上不欲违先志故也。

20 蜀王傀更名遂。

21 辛酉,宣武节度使刘洽,神策都知兵马使曲环,滑州刺史襄平李澄,朔方大将唐朝臣,大破淄青、魏博之兵于徐州。

先是,李纳遣其将王温会魏博将信都崇庆共攻徐州,李洧遣牙官温人王智兴诣阙告急。智兴善走,不五日而至。上为之发朔方兵五千人,以朝臣将之,与洽、环、澄共救之。时朔方军资装不至,旗服弊恶,宣武人嗤之曰:"乞子能破贼乎?"朝臣以其言激怒士卒,且曰:"都统有令,先破贼营者,营中物悉与之。"士皆愤怒争奋。

崇庆、温攻彭城,二旬不能下,请益兵于纳;纳遣其将石隐金将万人助之,与刘洽等相拒于七里沟。日向暮,洽引军稍却,朔方马军使杨朝晟言于唐朝臣曰:"公以步兵负山而陈,以待两军,我以骑兵伏于山曲,贼见悬军势孤,必搏之;我以伏兵绝其腰,必败之。"朝臣从之。崇庆等果将骑二千逾桥而西,追击官军。伏兵发,横击之。崇庆等兵中断,狼狈而返,阻桥以拒官军。其兵有争桥不得,涉水而渡者,朝晟指之曰:"彼可涉,吾何为不涉?"遂涉水击,据桥者皆走,崇庆等兵大溃;洽等乘之,斩首八千级,溺死过半。朔方军尽得其辎重,旗服鲜华,

马万通素有约定,如果能够得到朝廷的诏书,必定能够成功"。崔程来自外地,以为只要是宰相,便都一样,于是先向张镒禀告,张镒又将崔程说的告诉了卢杞。卢杞恼火崔程不先向自己禀告,便不答应他的请求。戊申(二十三日),加封李洧为御史大夫,充任招谕使。

19 十一月戊午(初四),将永乐公主嫁给检校比部郎中田华,以示皇上不想违背原先的意图。

20 蜀王李傀改名李遂。

21 辛酉(初七),宣武节度使刘洽、神策都知兵马使曲环、滑州刺史襄平人李澄、朔方大将唐朝臣在徐州大破淄青、魏博军。

在此之前,李纳派遣将领王温会合魏博将领信都崇庆,一齐攻打徐州,李洧派遣牙官温县人王智兴前往朝廷告急。王智兴擅长跑路,不出五天,便到了朝廷。德宗为李洧派出朔方兵五千人,让唐朝臣带领着他们,与刘洽、曲环、李澄共同援救徐州。当时,朔方军的物资装备没有运到,旗帜服装破败粗劣,宣武人嗤笑朔方军说:"难道叫花子也能够打败敌人吗?"唐朝臣用宣武人的话来激怒士兵,而且说:"都统有令,先打破敌人营垒的,便将营垒中的物品悉数给他。"士卒们都愤怒而起,奋力争先。

信都崇庆和王温攻打彭城,历时二十天,未能攻克,向李纳请求增加兵力。李纳派遣将领石隐金带领一万人援助他们,与刘洽等人在七里沟相持。天色渐晚,刘洽带领军队稍稍退却了一些,朔方马军使杨朝晟对唐朝臣说:"你率领步兵背山列阵,等待信都崇庆、王温两军的到来,我率领骑兵在山中的曲折之处埋伏。敌军看到你孤军深入,势单力薄,定会前来与你拼搏,我率领伏兵拦腰截断敌军,定能打败他们。"唐朝臣听从了他的意见。信都崇庆等人果然带领骑兵两千人,越过桥来,向西挺进,追击官军。杨朝晟的伏兵发动,从侧面进击敌军。信都崇庆等人的军队被从中切断,狼狈而回,退至桥前,抗拒官军。部下有些士兵争着过桥受阻,便趟水过河,杨朝晟指着这些人说:"他们可以趟水过河,我们为什么不能趟水过河?"于是杨朝晟趟着河水进击,占据桥头的敌军都逃跑了,信都崇庆等人的军队全面溃退,刘洽等人率兵追赶,斩首八千级,淹死的人超过一半。朔方军悉数得到了敌军的辎重,旗帜鲜明,服装华丽,

乃谓宣武人曰:"乞子之功,孰与宋多?"宣武人皆惭。官军乘胜逐北,至徐州城下,魏博、淄青军解围走,江、淮漕运始通。

22 己巳,诏削李惟岳官爵;募所部降者,赦而赏之。

23 甲申,淮南节度使陈少游遣兵击海州,其刺史王涉以州降。

24 十二月,李纳密州刺史马万通乞降;丁酉,以为密州刺史。

25 崔汉衡至吐蕃,赞普以敕书称贡献及赐,全以臣礼见处;又,云州之西,当以贺兰山为境,邀汉衡更请之。丁未,汉衡遣判官与吐蕃使者入奏。上为之改敕书、境土,皆如其请。

26 加马燧魏博招讨使。

三年(壬戌,782)

1 春,正月,河阳节度使李芃引兵逼卫州,田悦守将任履虚诈降,既而复叛。

2 马燧等诸军屯于漳滨。田悦遣其将王光进筑月城以守长桥,诸军不得渡,燧以铁锁连车数百,实以土囊,塞其下流,水浅,诸军涉渡。时军中乏粮,悦等深壁不战。燧命诸军持十日粮,进屯仓口,与悦夹洹水而军。李抱真、李芃问曰:"粮少而深入,何也?"燧曰:"粮少则利速战,今三镇连兵不战,欲以老我师;我若分军击其左右,悦必救之,则我腹背受敌,战必不利。故进军逼悦,所谓攻其所必救也。彼苟出战,必为诸君破之。"乃为三桥逾洹水,日往挑战,悦不出。燧令诸军夜半起食,潜师循洹水直趋魏州,令曰:

于是对宣武人说:"叫花子立下的功劳,与你们宋州兵相比,到底是谁的多呀?"宣武人都觉得惭愧了。官军乘胜追击,来到徐州城下,魏博和淄青的军队解除了对徐州的包围,撤退逃走,江、淮漕运又开始通畅了。

22 己巳(十五日),德宗下诏削去李惟岳的官爵,对能够招集部下归降的将领,予以赦免并奖赏。

23 甲申(三十日),淮南节度使陈少游派兵进击海州,海州刺史王涉率领全州归降。

24 十二月,李纳的部下密州刺史马万通请求归降,丁酉(十三日),德宗任命他为密州刺史。

25 崔汉衡来到吐蕃,吐蕃赞普认为敕书中使用贡献、赐给等用语,这完全是以对臣属之礼对待吐蕃;此外,还提出在云州西面,双方应当以贺兰山为边界,请崔汉衡回去再为请求。丁未(二十三日),崔汉衡派遣判官与吐蕃使者入朝上奏。德宗为吐蕃修改了诏书,改订了边境,一切都如吐蕃请求的那样。

26 德宗加封马燧为魏博招讨使。

唐德宗建中三年(壬戌,公元 782 年)

1 春季,正月,河阳节度使李芃领兵逼近卫州,田悦部下的守城将领任履虚诈降,不久再次反叛。

2 马燧等人所率各军在漳水之滨屯驻。田悦派遣部将王光进沿河筑瓮城,以便防守长桥,马燧等人所率各军没有办法渡河,便用铁锁链将数百辆车连结在一起,装入盛满土的口袋,在长桥下游将漳水堵塞,下游水浅,各军得以趟水而渡。当时马燧等人军中缺少粮食,而田悦等人固守营垒,不肯出战。于是马燧命令各军只带十天的口粮,进军到仓口,与田悦隔着洹水驻扎下来。李抱真、李芃问马燧说:"我军粮食短少,又深入敌境,这是何道理?"马燧说:"粮食短少,利于速战。现在魏博、淄青、成德三镇兵马接连不肯出战,目的是挫伤我军的锐气。倘若我军分兵进击敌军左右两翼,田悦必定前去援助,我军便会腹背受敌,打起来一定不利于我军。所以我才进军逼迫田悦,这就是人们所说的进攻敌人必定要去救援的地方。假如敌军出战,定然会被诸位打败。"于是马燧搭起三座浮桥越过洹水,每天都前去挑战,但田悦不肯出来。马燧让各军半夜里起来进餐,暗中发兵,沿着洹水直奔魏州,他下令说:

"贼至,则止为陈。"留百骑击鼓鸣角于营中,仍抱薪持火,俟诸军毕发,则止鼓角匿其旁;俟悦军毕渡,焚其桥。军行十里所,悦闻之,帅淄青、成德步骑四万逾桥掩其后,乘风纵火,鼓噪而进。燧按兵不动,先除其前草莽百步为战场,结陈以待之,募勇士五千馀人为前列。悦军至,火止,气衰,燧纵兵击之,悦军大败。神策、昭义、河阳军小却,见河东军捷,还斗,又破之。追奔至,三桥已焚,悦军乱,赴水溺死不可胜纪,斩首二万馀级,捕虏三千馀人,尸相枕藉三十馀里。

悦收馀兵千馀人走魏州。马燧与李抱真不协,顿兵平邑浮图。悦夜至南郭,大将李长春闭关不内,以俟官军。久之,天且明,长春乃开门内之。悦杀长春,婴城拒守。城中士卒不满数千,死者亲戚,号哭满街。悦忧惧,乃持佩刀,乘马立府门外,悉集军民,流涕言曰:"悦不肖,蒙淄青、成德二丈人保荐,嗣守伯父业。今二丈人即世,其子不得承袭,悦不敢忘二丈人大恩,不量其力,辄拒朝命,丧败至此,使士大夫肝脑涂地,皆悦之罪也。悦有老母,不能自杀,愿诸公以此刀断悦首,持出城降马仆射,自取富贵,无为与悦俱死也!"因从马上自投地。将士争前抱持悦曰:"尚书举兵徇义,非私己也。一胜一负,兵家之常。某辈累世受恩,何忍闻此?愿奉尚书一战,不胜则以死继之。"悦曰:"诸公不以悦丧败而弃之,悦虽死,敢忘厚意于地下!"乃与诸将各断发,约为兄弟,誓同生死。悉出府库所有及敛富民之财,得百馀万,以赏士卒;众心始定。复召贝州刺史邢曹俊,使之整部伍,缮守备,军势复振。

"若是敌军到了,就停下来,列阵相待。"马燧留下一百骑兵在营中击鼓吹角,并且抱来柴草,握好火种,命他们等到各军全都出发以后,便停止打鼓吹角,躲在一旁;等到田悦军完全渡过洹水时,便将浮桥烧掉。各军行进了约十里,田悦发觉了,便率领淄青、成德步兵、骑兵共四万人越过桥来,尾随掩袭,乘风放火,擂鼓呐喊,向前行进。马燧按兵不动,先铲除了军前百步之内的野草丛莽作为战场,结成阵列,等待敌军,并召集勇敢的士卒五千多人,作为前锋。田悦军赶到时,火已止熄,士气衰竭,马燧便发兵进击,田悦军大败。神策、昭义、河阳军稍稍退却了一些,看见河东军获胜,于是回过头来再与敌军战斗,又将敌军打败。马燧军追赶上敌军的时候,三座浮桥已被烧毁,田悦军混乱不堪,被赶到水中淹死的人无法计算,共斩首两万多级,俘虏三千多人,尸首横躺竖卧,连绵三十多里。

　　田悦收拾残兵一千余人逃往魏州。马燧与李抱真不合,因而将军队屯驻在平邑的佛寺中。田悦连夜来到魏州南郊,大将李长春关闭城门,不让田悦开进,以等待官军的到来。过了许久,天快亮的时候,李长春才打开城门,放田悦进城。田悦杀了李长春,据城固守,抗拒官军。城中的士卒还不满数千人,死者的亲戚在街上到处哭号。田悦又愁苦,又恐惧,便手握佩刀,骑马来到府衙门外站住,将士卒百姓全部召集起来,流着眼泪说:"我本非贤能之人,承蒙淄青、成德两位老丈担保举荐,才得以继续守住伯父的基业。现在两位老丈已经谢世,他们的后人不能承袭基业,我不敢忘记两位老丈的大恩,不自量力,抗拒朝命,以致丧乱败亡到这步田地,使部下将官肝脑涂地,这都是我的罪过啊。我家有老母,不能自杀,希望诸位用这把刀砍下我的脑袋来,拿着出城,投降马仆射,各自获取富贵,用不着与我一齐赴死!"说着便从马上跳下来。将士们争着上前,扶着田悦说:"尚书此次举兵,是赴义之举,并不是为了一己之私啊。胜败是兵家常事。我辈世代蒙受深恩,怎么忍心听这种话?我们愿意跟随尚书去决一死战,如果不能取胜,便继之以死!"田悦说:"诸位不因我丧乱败亡便抛弃我,即使我死了,在九泉之下也不敢忘记诸位深厚的情意!"于是,田悦与诸将领各自剪断头发,结为兄弟,发誓同生共死。田悦悉数拿出仓库储存的物资,收敛富人的钱财,计一百余万,用来犒赏士兵,民心开始安定下来。田悦又召回贝州刺史邢曹俊,让他整顿队伍,修缮防守设施及器械,军队的士气再次振作起来。

李纳军于濮阳，为河南军所逼，奔还濮州，征援兵于魏州。田悦遣军使符璘将三百骑送之，璘父令奇谓璘曰："吾老矣，历观安、史辈叛乱者，今皆安在？田氏能久乎？汝因此弃逆从顺，是汝扬父名于后世也。"啮臂而别。璘遂与其副李瑶帅众降于马燧。悦收族其家，令奇慢骂而死。瑶父再春以博州降，悦从兄昂以洺州降，王光进以长桥降。悦入城旬馀日，马燧等诸军始至城下，攻之，不克。

3　丙寅，李惟岳遣兵与孟祐守束鹿，朱滔、张孝忠攻拔之，进围深州。惟岳忧惧，掌书记邵真复说惟岳，密为表，先遣弟惟简入朝；然后诛诸将之不从命者，身自入朝，使妻父冀州刺史郑诜权知节度事，以待朝命。惟简既行，孟祐知其谋，密遣告田悦。悦大怒，使衙官扈岌往见惟岳，让之曰："尚书举兵，正为大夫求旌节耳，非为己也。今大夫乃信邵真之言，遣弟奉表，悉以反逆之罪归尚书，自求雪身，尚书何负于大夫而至此邪？若相为斩邵真，则相待如初；不然，当与大夫绝矣。"判官毕华言于惟岳曰："田尚书以大夫之故陷身重围，大夫一旦负之，不义甚矣。且魏博、淄青兵强食富，足抗天下，事未可知，奈何遽为二三之计乎？"惟岳素怯，不能守前计，乃引邵真，对扈岌斩之；发成德兵万人，与孟祐俱围束鹿。丙寅，朱滔、张孝忠与战于束鹿城下，惟岳大败，烧营而遁。

兵马使王武俊为左右所构，惟岳疑之，惜其才，未忍除也。束鹿之战，使武俊为前锋，私自谋曰："我破朱滔，则惟岳军势大振，归，杀我必矣。"故战不甚力而败。

李纳在濮阳驻扎,被河南军所逼迫,逃回濮州,向魏州征求援兵。田悦派遣军使符璘带领骑兵三百人护送,符璘父亲符令奇对符璘说:"历观安禄山、史思明等反叛作乱之徒,现在还都存在吗?田氏还能够长此下去吗?我老啦,你若能趁此机会摆脱田悦,归顺朝廷,这便是你给你老爹扬名后世了。"父子咬臂出血,立下誓言,方始分别。于是符璘与部下副将李瑶率领众人向马燧投降。田悦逮捕并杀戮了符璘全家,符令奇骂不绝口,终遭杀害。李瑶的父亲李再春率博州投降,田悦的堂兄田昂率洺州投降,王光进率长桥投降。田悦入城十多天,马燧等人各军才来到魏州城下,发兵攻城,但未能取胜。

　　3　丙寅(十二日),李惟岳派兵与孟祐防守束鹿,朱滔和张孝忠将束鹿攻打下来,进兵围困深州。李惟岳担忧而恐惧,掌书记邵真又劝说李惟岳,让他暗中上表,先派遣弟弟李惟简入朝,然后杀掉诸将领中不服从命令的人,亲身入朝,让岳丈冀州刺史郑诜暂且代理节度使事务,等待朝廷的任命。李惟简已经出发,孟祐知道了这一计谋,秘密派人告诉了田悦。田悦非常生气,让衙官扈崯前往求见李惟岳,责备李惟岳说:"尚书起兵,正是要为大夫您请求节度使的旌节,可不是替自己打算啊。现在大夫却听信了邵真的话,派遣令弟上表,将叛逆的罪名全部加到了尚书头上,以求开脱自身的罪责,尚书是怎么对不起大夫,以致如此地步呢?倘若能够为尚书去杀掉邵真,那么尚书就像当初一样对待大夫,否则,自当与大夫断绝交往了。"判官毕华对李惟岳说:"田尚书是由于大夫的缘故而身陷重围的,大夫一旦背弃了他,就太不仁义了。而且,魏博和淄青兵马强盛,粮食丰足,足以与天下相抗争,未来的事情还未见分晓,怎能突然就三心二意起来了呢?"李惟岳素来怯懦,不能维持原先的打算,便召来邵真,当着扈崯的面将他杀了,派出成德兵一万人,与孟祐一起包围束鹿。丙寅(十二日),朱滔和张孝忠与魏博和成德军在束鹿城下交战,李惟岳大败,便烧了营房,撤军逃跑。

　　兵马使王武俊被李惟岳的亲信设计陷害,李惟岳既怀疑他,又赏识他的才能,不忍心将他除掉。在束鹿之战中,李惟岳让王武俊担任前锋,王武俊私下里为自己打算说:"我若打败朱滔,李惟岳军便会声势大振了,回去以后,将我杀掉便是必然的了。"所以王武俊在交战中不太出力,于是败了下来。

朱滔欲乘胜攻恒州,张孝忠引军西北,军于义丰。滔大惊,孝忠将佐皆怪之,孝忠曰:"恒州宿将尚多,未易可轻。迫之则并力死斗,缓之则自相图。诸君第观之,吾军义丰,坐待惟岳之殄灭耳。且朱司徒言大而识浅,可与共始,难与共终也!"于是滔亦屯束鹿,不敢进。

惟岳将康日知以赵州归国,惟岳益疑王武俊,武俊甚惧。或谓惟岳曰:"先相公委腹心于武俊,使之辅佐大夫,又有骨肉之亲。武俊勇冠三军,今危难之际,复加猜阻;若无武俊,欲使谁为大夫却敌乎?"惟岳以为然,乃使步军使卫常宁与武俊共击赵州,又使王士真将兵宿府中以自卫。

4　癸未,蜀王遂更名遡。
5　淮南节度使陈少游拔海、密二州,李纳复攻陷之。
6　王武俊既出恒州,谓卫常宁曰:"武俊今幸出虎口,不复归矣!当北归张尚书。"常宁曰:"大夫暗弱,信任左右,观其势终为朱滔所灭。今天子有诏,得大夫首者,以其官爵与之,中丞素为众所服,与其出亡,曷若倒戈以取大夫,转祸为福,特反掌耳。事苟不捷,归张尚书,未晚也。"武俊深以为然。会惟岳使要藉谢遵至赵州城下,武俊引遵同谋取惟岳。遵还,密告王士真。闰月甲辰,武俊、常宁自赵州引兵还袭惟岳;遵与士真矫惟岳命,启城门内之。黎明,武俊帅数百骑突入府门;士真应之于内,杀十馀人。武俊令曰:"大夫叛逆,将士归顺,敢违拒者族!"众莫敢动。遂执惟岳,收郑诜、毕华、王它奴等,皆杀之。武俊以惟岳旧使之子,欲生送之长安。常宁曰:

朱滔准备乘胜进攻恒州,而张孝忠则率领军队开向西北,在义丰驻扎。朱滔大为震惊,张孝忠的将佐也都感到奇怪,张孝忠说:"恒州的旧将还很多,未可轻视。将他们逼迫紧了,他们就会合力拼死搏斗;对他们缓和下来,他们就会自相图谋。请诸位尽管看下去吧,我将军队驻扎在义丰,为的就是要坐等李惟岳的覆灭。而且,朱司徒能说大话而见识短浅,只可与他同始,难以与他同终啊!"于是,朱滔也在束鹿屯扎下来,不敢前进。

　　李惟岳的将领康日知率赵州归顺国家,李惟岳益发猜疑王武俊,王武俊很是恐惧。有人对李惟岳说:"先相公把王武俊当作亲信,让他辅佐大夫,而你们又有亲戚关系。王武俊的勇敢可谓全军之冠,现在我军处在危苦艰难之中,又对他以猜疑相加,若是失去王武俊,想让谁来为大夫去退却敌兵呢?"李惟岳认为很对,便让步军使卫常宁与王武俊一起进击赵州,同时让王士真带兵住在军府中,以保卫自己。

　　4　癸未(二十九日),蜀王李遂改名叫李遡。

　　5　淮南节度使陈少游攻克海、密两州,李纳又将两州攻陷。

　　6　王武俊出了恒州以后,对卫常宁说:"我今天侥幸脱出虎口,便不会再回去了! 我应北去,归依张尚书。"卫常宁说:"李大夫愚昧软弱,信任起用的都是他的亲信,观其趋势,他终究是要被朱滔吞灭的。现在皇上颁有诏书,凡能取得李大夫人头的,便将李大夫的官爵任命给他,中丞向来为众人心服,与其出走逃亡,哪如倒戈一击,俘获李大夫,转祸为福,仅费反掌之劳呢? 如果此事不能成功,再去归依张尚书,也是为时不晚的。"王武俊认为此话很对。适逢李惟岳让要藉官谢遵来到赵州城下,王武俊便延引谢遵一齐策划俘获李惟岳。谢遵回去后,暗中告诉了王士真。闰正月甲辰(二十一日),王武俊和卫常宁从赵州率兵回来袭击李惟岳,谢遵和王士真假托李惟岳的命令,打开城门,放进王武俊、卫常宁的军队。天刚亮,王武俊带领骑兵数百人冲入军府,王士真在里边响应,杀了十多人。王武俊命令说:"李大夫背叛朝廷,将士归顺朝廷,敢于违抗者,满门抄斩!"大家都不敢轻举妄动了。王武俊于是擒住了李惟岳,收捕了郑诜、毕华、王它奴等人,将他们都杀掉了。王武俊念及李惟岳是原节度使的儿子,准备将他活着送往长安。卫常宁说:

"彼见天子,将复以叛逆之罪归咎于中丞。"乃缢杀之,传首京师。深州刺史杨荣国,惟岳姊夫也,降于朱滔;滔使复其位。

7 复榷天下酒,惟西京不榷。

8 二月戊午,李惟岳所署定州刺史杨政义降。时河北略定,惟魏州未下。河南诸军攻李纳于濮州,纳势日蹙。朝廷谓天下不日可平。甲子,以张孝忠为易、定、沧三州节度使,王武俊为恒冀都团练观察使,康日知为深赵都团练观察使,以德、棣二州隶朱滔,令还镇。滔固请深州,不许,由是怨望,留屯深州。王武俊素轻张孝忠,自以手诛李惟岳,功在康日知上,而孝忠为节度使,己与康日知俱为都团练使,又失赵、定二州,亦不悦。又诏以粮三千石给朱滔,马五百匹给马燧。武俊以为朝廷不欲使故人为节度使,魏博既下,必取恒冀,故分其粮马以弱之,疑,未肯奉诏。

田悦闻之,遣判官王侑、许士则间道至深州,说朱滔曰:"司徒奉诏讨李惟岳,旬朔之间,拔束鹿,下深州,惟岳势蹙,故王大夫因司徒胜势,得以枭惟岳之首,此皆司徒之功也。又天子明下诏书,令司徒得惟岳城邑,皆隶本镇;今乃割深州以与日知,是自弃其信也。且今上志欲扫清河朔,不使藩镇承袭,将悉以文臣代武臣,魏亡,则燕、赵为之次矣;若魏存,则燕、赵无患。然则司徒果有意矜魏博之危而救之,非徒得存亡继绝之义,亦子孙万世之利也。"又许以贝州赂滔。滔素有异志,闻之,大喜,即遣王侑归报魏州,使将士知有外援,各自坚。又遣判官王郅与许士则俱诣恒州,说王武俊曰:"大夫出万死之计,诛逆首,拔乱根,康日知不出赵州,岂得与大夫同日论功?

"他见到皇上,将会把叛逆的罪名重新转嫁给中丞的。"于是,王武俊将李惟岳缢杀,把他的首级传送给京城。深州刺史杨荣国是李惟岳的姐夫,他归降了朱滔,朱滔让他官复原职。

　　7　重新实行全国酒酤专卖,只有西京不实行专卖。

　　8　二月戊午(初五),李惟岳所任命的定州刺史杨政义投诚。当时,河北基本平定,只有魏州尚未攻克。河南各军在濮州进攻李纳,李纳所处的形势日见窘迫。朝廷认为,过不了多久,天下便可以平定下来。甲子(十一日),德宗任命张孝忠为易、定、沧三州节度使,任命王武俊为恒、冀都团练观察使,任命康日知为深、赵都团练观察使,将德、棣二州隶属于朱滔,让他回归本镇。朱滔再三请求将深州归属于己,朝廷不肯允许,由此怨恨不满,留兵屯驻深州。王武俊素来轻视张孝忠,自认为曾亲手诛杀李惟岳,功劳在康日知之上,但是张孝忠当了节度使,自己却与康日知都是都团练使,还失去了赵、定两州,也心中不快。德宗又下诏命令王武俊给朱滔拨粮三千石,给马燧拨马五百匹。王武俊认为朝廷不愿意让成德旧将担任节度使,魏博攻克以后,必然要攻取恒、冀二州,所以朝廷才分割他的粮食、马匹来削弱他。他心怀疑虑,不肯接受诏命。

　　田悦听说了这种情况,派遣判官王侑和许士则抄小路来到深州,劝说朱滔说:"司徒奉诏讨伐李惟岳,只不到一个月的时间,便攻克束鹿,打下深州,使李惟岳形势迫促,因此王大夫乘司徒节节取胜的声势,得以将李惟岳斩首示众,这都是司徒的功劳啊。加之皇上明明颁下诏书,让司徒所得的李惟岳的城镇,全都隶属于本镇,而现在却分割出深州给了康日知,这是朝廷在自弃信义啊。而且,皇上的意图是准备扫荡河朔,不让藩镇世袭,打算全部以文臣代替武将,如果魏灭亡了,接下来轮到的便是燕、赵了;倘若魏存在,那么燕、赵也就不必忧虑。这么说来,司徒果真有心怜悯魏博的危难从而去援助他们,这不仅深得救亡图存、继绝扶危的大义,而且对子孙万代也是有利的。"魏博还许诺将贝州赠给朱滔。朱滔平素便有心背叛朝廷,听了王侑、许士则这一席话,非常高兴,立即打发王侑回魏州报告,以便使魏州将士知道他们是有外援的,各自坚定信念。朱滔又派遣判官王郅与许士则一同至恒州,劝说王武俊说:"大夫出于九死一生的考虑,诛杀叛逆的首脑,铲除祸乱的根源,而康日知不曾离开过赵州,哪里能够与大夫的功劳同日而语呢?

而朝廷褒赏略同，谁不为大夫愤邑者？今又闻有诏支粮马与邻道，朝廷之意，盖以大夫善战，恐为后患，先欲贫弱军府，俟平魏之日，使马仆射北首，朱司徒南向，共相灭耳。朱司徒亦不敢自保，使郅等效愚计，欲与大夫共救田尚书而存之。大夫自留粮马以供军；朱司徒不欲以深州与康日知，愿以与大夫，请早定刺史以守之。三镇连兵，若耳目手足之相救，则他日永无患矣！"武俊亦喜，许诺，即遣判官王巨源使于滔，且令知深州事，相与刻日举兵南向。滔又遣人说张孝忠，孝忠不从。

9　宣武节度使刘洽攻李纳于濮州，克其外城。纳于城上涕泣求自新，李勉又遣人说之。癸卯，纳遣其判官房说以其母弟经及子成务入见。会中使宋凤朝称纳势穷蹙，不可舍，上乃囚说等于禁中，纳遂归郓州，复与田悦等合。朝廷以纳势未衰，三月乙未，始以徐州刺史李洧兼徐、海、沂都团练观察使，海、沂已为纳所据，洧竟无所得。

李纳之初反也，其所署德州刺史李西华备守甚严，都虞候李士真密毁西华于纳，纳召西华还府，以士真代之。士真又以诈召棣州刺史李长卿，长卿过德州，士真劫之，与同归国。夏，四月戊午，以士真、长卿为二州刺史。士真求援于朱滔，滔已有异志，遣大将李济时将三千人声言助士真守德州，且召士真诣深州议军事，至则留之，使济时领州事。

10　庚申，吐蕃归向日所俘掠兵民八百人。

然而朝廷对你们两人的奖赏大致相同,谁人不为大夫感到愤郁不平呢?现在又听说下诏让你支付粮食和马匹交给邻道使用,朝廷的意思,大概是由于大夫你善于打仗,恐怕会成为后患,于是打算先使军府贫弱下来,待到魏博削平的时候,让马仆射北进,朱司徒南下,来共同消灭你。朱司徒也不敢说就能自保,让我两人献上此条愚计,打算与大夫一起援救田尚书,使他存活下来。大夫可以自己留着粮食和马匹来供给军需,朱司徒不打算将深州交给康日知,而愿意交给大夫,请及早派定刺史去守城吧。范阳、恒冀、魏博三镇兵马连结,有如耳目手足一般地相互救助,以后便永远没有祸患了。"王武俊也觉欢喜,便应承下来,随即派遣判官王巨源到朱滔处出使,并且让他代理深州事务,限定日期,一道起兵南进。朱滔又派人劝说张孝忠,张孝忠不肯听从。

9　宣武节度使刘洽在濮州进攻李纳,攻下了濮州的外城。李纳在城上哭泣着请求悔过自新,李勉又派人劝说他。癸卯,李纳派遣他的判官房说带着他的同母弟弟李经和儿子李成务入朝觐见。适逢中使宋凤朝声称李纳形势困窘,不应当停止进攻,皇帝便在宫中囚禁了房说等人,于是李纳回到郓州,再度与田悦等人联合。因李纳军势尚未衰竭,三月乙未(十三日),朝廷才让徐州刺史李洧兼任徐、海、沂都团练观察使,而海州和沂州已经被李纳占据,李洧终究还是一无所得。

李纳最初谋反的时候,他所署任的德州刺史李西华防守很是严密。都虞候李士真在李纳面前暗中诋毁李西华,李纳便将李西华召回军府,让李士真代替了他的职务。李士真又通过诈谋传召棣州刺史李长卿,李长卿经过德州时,李士真便将他劫持,与他一起归顺了朝廷。夏季,四月戊午(初六),德宗任命李士真、李长卿为德、棣二州刺史。李士真向朱滔请求援助时,朱滔已经怀有背叛朝廷的企图,便派遣大将李济时带领三千人声称前去帮助李士真防守德州,同时传召李士真至深州商讨军中事宜,待李士真一到,便扣留了他,而让李济时兼管德州事宜。

10　庚申(初八),吐蕃送回以往所俘房劫掠的士兵和百姓共八百人。

11　上遣中使发卢龙、恒冀、易定兵万人诣魏州讨田悦。王武俊不受诏,执使者送朱滔,滔言于众曰:"将士有功者,吾奏求官勋,皆不遂。今欲与诸君敕装共趋魏州,击破马燧以取温饱,何如?"皆不应。三问,乃曰:"幽州之人,自安、史之反,从而南者无一人得还,今其遗人痛入骨髓。况太尉、司徒皆受国宠荣,将士亦各蒙官勋,诚且愿保目前,不敢复有觊冀。"滔默然而罢。乃诛大将数十人,厚抚循其士卒。

康日知闻其谋,以告马燧,燧以闻。上以魏州未下,王武俊复叛,力未能制滔,壬戌,赐滔爵通义郡王,冀以安之。滔反谋益甚,分兵营于赵州以逼康日知,以深州授王巨源。武俊以其子士真为恒、冀、深三州留后,将兵围赵州。

涿州刺史刘怦闻滔欲救田悦,以书谏之曰:"今昌平故里,朝廷改为太尉乡、司徒里,此亦丈夫不朽之名也。但以忠顺自持,则事无不济。窃思近日务大乐战,不顾成败而家灭身屠者,安、史是也。怦忝密亲,默而无告,是负重知。惟司徒图之,无贻后悔。"滔虽不用其言,亦嘉其尽忠,卒无疑贰。

滔将起兵,恐张孝忠为后患,复遣牙官蔡雄往说之。孝忠曰:"昔者司徒发幽州,遣人语孝忠曰'李惟岳负恩为逆',谓孝忠归国即为忠臣。孝忠性直,用司徒之教。今既为忠臣矣,不复助逆也。

11　德宗派遣中使征调卢龙、恒冀、易定兵一万人到魏州讨伐田悦。王武俊不肯接受诏命,把朝廷的使者抓起来送给了朱滔。朱滔对部将说:"对于将士中立下功劳的人,我为他们上奏请求官职勋位,但都未能如愿。现在我打算与诸位整饰军装,一起开往魏州,打败马燧,好过上几天温饱的日子,你们以为如何呢?"大家都没有应声。朱滔问了多次,大家才说:"幽州的将士,自从安禄山、史思明反叛以来,随从他们南进的人没有一个得以生还,他们抛下的亲人至今还在深切的悲痛之中。何况太尉、司徒都深受国家的荣宠,而我们这些当将士的也各自蒙受朝廷赐给官职勋位,我们愿意姑且保住目前的状况,不敢再有侥幸的希图。"朱滔沉默无语,只好放弃南进的打算。后来,朱滔杀掉部下大将数十人,而对士兵却厚加抚慰。

康日知听到朱滔的策谋,便告诉了马燧,马燧又上奏朝廷。德宗认为魏州尚未攻打下来,王武俊再次反叛,朝廷的力量还不足以制服朱滔,壬戌(十日),封赐朱滔为通义郡王,指望以此稳住朱滔。但是,朱滔的反叛图谋愈发加剧了,他分出兵马在赵州设立军营,以便进逼康日知,又将深州交给了王巨源。王武俊也任命他的儿子王士真为恒、冀、深三州留后,带领兵马包围赵州。

涿州刺史刘怦听说朱滔打算去援救田悦,便用书信规劝朱滔说:"如今你在昌平县的故乡,朝廷为你而改称作太尉乡、司徒里,这也算称得上是大丈夫不朽的名声了。只要自己保持对朝廷的忠心和顺从,办起事来便无不成功。我私下里想过,近年以来,贪大而乐于争战,不顾成功与失败,落得举家灭亡而身遭屠戮下场的,便是安禄山和史思明了。我有愧居于你的近亲之列,若是沉默着不对你讲,这便是我辜负了你对我的器重和知遇了。但请司徒考虑我的话,不要给将来留下悔恨。"朱滔虽然不肯采纳刘怦的建言,却也嘉许他对自己能尽忠心,因而一直不曾对他产生猜疑。

朱滔将要起兵的时候,唯恐张孝忠在后边危害自己,便再次派遣牙官蔡雄前去劝说张孝忠。张孝忠说:"昔日朱司徒发兵幽州,曾派人对我讲过'李惟岳辜负朝廷的恩典,做出了忤逆的事情',并告诉我归顺朝廷便是忠臣。我张孝忠生性耿直,接受了司徒的指教。而今我已经做了忠臣,不想再去帮助别人去做叛逆之事了。

且孝忠与武俊皆出夷落，深知其心最喜翻覆。司徒勿忘鄙言，他日必相念矣！"雄复欲以巧辞说之，孝忠怒，欲执送京师；雄惧，逃归。滔乃使刘怦将兵屯要害以备之。孝忠完城砺兵，独居强寇之间，莫之能屈。

滔将步骑二万五千发深州，至束鹿。诘旦将行，吹角未毕，士卒忽大乱，喧噪曰："天子令司徒归幽州，奈何违敕南救田悦？"滔大惧，走入驿后堂避匿。蔡雄与兵马使宗琐等矫谓士卒曰："汝辈勿喧，听司徒传令。"众稍止。雄又曰："司徒将发范阳，恩旨令得李惟岳州县即有之。司徒以幽州少丝纩，故与汝曹竭力血战以取深州，冀得其丝纩以宽汝曹赋率，不意国家无信，复以深州与康日知。又，朝廷以汝曹有功，赐绢人十匹，至魏州西境，尽为马仆射所夺。司徒但处范阳，富贵足矣；今兹南行，乃为汝曹，非自为也。汝曹不欲南行，任自归北，何用喧悖，乖失军礼？"众闻言，不知所为，乃曰："敕使何得不为军士守护赏物？"遂入敕使院，掔裂杀之。又呼曰："虽知司徒此行为士卒，终不如且奉诏归镇。"雄曰："然则汝曹各还部伍，诘朝复往深州，休息数日，相与归镇耳。"众然后定。滔即引军还深州，密令诸将访察唱率为乱者，得二百馀人，悉斩之，馀众股栗。乃复引军而南，众莫敢前却。进，取宁晋，留屯以待王武俊。武俊将步骑万五千取元氏，东趣宁晋。

此外，我张孝忠和王武俊都是出自夷人部落，我深深了解王武俊的为人，最好反复无常。请司徒别忘了我的话，将来必定会想起来的！"蔡雄还想用花言巧语劝说张孝忠，张孝忠大怒，打算把他抓起来，送往京城，蔡雄害怕了，便逃了回去。于是朱滔让刘怦领兵在要害地区驻扎，以便防备张孝忠。张孝忠修葺城防，磨砺兵器，虽然独自处在强大的敌寇之间，但是无人能够使他屈服。

朱滔率领步兵、骑兵两万五千人从深州出发，来到束鹿。早晨，吹起号角，将要出发的时候，士兵忽然大乱，嘈杂中有人大声喊叫："皇上命令司徒回幽州去，怎么反而违背诏旨南下援救田悦呢？"朱滔很害怕，便逃到驿舍的后堂中躲藏起来。蔡雄与兵马使宗项等人对士兵诈称："你们不要喧哗，快听司徒传达命令。"大家稍微安静了一些。蔡雄又说："在司徒将要从范阳发兵的时候，皇上传下圣旨，诸将凡是能够攻得李惟岳的州县的，便可拥有这些州县。司徒念及幽州缺少丝绵，所以才与你们一起竭力血战攻取深州，希望获得那里的丝绵，来宽解你们完纳赋税的负担，不料朝廷言而无信，又将深州给了康日知。再者，朝廷认为你们立了功劳，赐给每人绢十四，但绢才运到魏州西部边境，便全部被马仆射夺走。司徒只须呆在范阳，便富贵十足了，如今此次向南进军，只是为你们着想，而不是为自己打算啊。你们不想南进，任凭你们回北方去就是了，何必无理取闹，背离军礼呢？"大家听了蔡雄这一席话，不知怎么办才好，便说："皇上的使者怎么可以不为士兵守护好奖赏物品呢？"于是进入敕使院，将使者撕裂而死。大家又喊叫说："我们虽然已经知道司徒此次南行是为士兵着想，但是到底不如暂且遵照诏命回到本镇去。"蔡雄说："既然如此，你们都先回各自的队伍，明晨再前往深州，在那里休息几天，然后就回本镇吧。"此后大家便平静下来。朱滔随即带领军队回到深州，暗中命令诸将领查找带头闹事的人，查找到两百多人，将他们悉数杀掉，剩下的人们吓得两腿发抖。于是朱滔又一次带领军队南下，众人再也不敢上前阻拦。朱滔进军占领了宁晋，留驻在那里等待王武俊。王武俊带领步兵、骑兵共一万五千人占领了元氏，向着宁晋东奔而来。

武俊之始诛李惟岳也,遣判官孟华入见。华性忠直,有才略,应对慷慨;上悦,以为恒冀团练副使。会武俊与朱滔有异谋,上遽遣华归谕旨。华至,武俊已出师,华谏曰:"圣意于大夫甚厚,苟尽忠义,何患官爵之不崇,土地之不广? 不日天子必移康中丞于他镇,深、赵终为大夫之有,何苦遽自同于逆乱乎? 异日无成,悔之何及!"华向在李宝臣幕府,以直道已为同列所忌,至是为副使,同列尤疾之,言于武俊曰:"华以军中阴事奏天子,请为内应,故得超迁;是将覆大夫之军,大夫宜备之。"武俊以其旧人,不忍杀,夺职,使归私第。

田悦恃援兵将至,遣其将康愔将万馀人出城西,与马燧等战于御河上,大败而还。

12 时两河用兵,月费百馀万缗,府库不支数月。太常博士韦都宾、陈京建议,以为:"货利所聚,皆在富商,请括富商钱,出万缗者,借其馀以供军。计天下不过借一二千商,则数年之用足矣。"上从之。甲子,诏借商人钱,令度支条上。判度支杜佑大索长安中商贾所有货,意其不实,辄加捶搒,人不胜苦,有缢死者,长安嚣然如被寇盗。计所得才八十馀万缗。又括僦柜质钱,凡蓄积钱帛粟麦者,皆借四分之一,封其柜窖。百姓为之罢市,相帅遮宰相马自诉,以千万数。卢杞始慰谕之,势不可遏,乃疾驱自他道归。计并借商所得,才二百万缗,人已竭矣。京,叔明之五世孙也。

王武俊刚刚杀了李惟岳的时候，曾派遣判官孟华入朝觐见皇上。孟华秉性忠厚耿直，才华出众，谋略过人，回答皇上的问话时意气激昂；德宗闻言大悦，便任命他为恒冀团练副使。适逢王武俊与朱滔图谋叛离朝廷，德宗便派遣孟华回去传达圣旨。孟华来到恒州的时候，王武俊的军队已经开拔，孟华规劝王武俊说："圣上对大夫很是寄以厚望，如果能够竭尽忠义，何愁官职爵位不高、土地不广呢？不久皇上肯定会将康中丞改迁到其他军镇去，深州、赵州终究还是要归属于大夫的，何苦骤然间将自己置身于叛逆之列呢？将来一旦不能成功，后悔也来不及了！"孟华以往曾在李宝臣的幕府供职，由于为人正直，已经被同僚所妒忌，至此，孟华当了恒冀团练副使，同僚对他尤为憎恨，便对王武俊说："孟华把军中的隐私上奏给皇帝，请求作为内应，所以才得以越格升官，这将使大夫的军队遭到倾覆，大夫应对他多加防备才是。"王武俊认为孟华是自己的老部下，不忍心杀害他，便削除了他的职位，让他回到自己的家中。

　　田悦仗恃援兵就要来到，便派遣部下将领康愔带领一万多人开到城西，与马燧等人在御河上开战，被打得大败而回。

　　12　当时，两河地区正在用兵打仗，每月消耗钱财一百多万缗，国库只能支撑几个月。太常博士韦都宾、陈京提出建议，认为："财利都聚集在富商手中，请征用富商的钱财，对于收入超过一万缗的富商，征借他万缗以外的钱财，以便供应军需。算来只不过要向全国一两千个商人征借此钱，便可以满足数年之内的费用了。"德宗听从了他们的建议。甲子（十二日），德宗颁诏向商人征借用钱，命令度支杂陈奏上。判度支杜佑大力搜索长安城中商人所有的财货，只要估计某商人申报不得其实，便加以鞭笞棒打，人们禁受不住挨打的痛楚，有的便自缢而死，长安城中一片愁苦，就像遭受盗寇的洗劫一般。就这样，朝廷所得到的钱算来也才只有八十馀万缗。朝廷又决定征用当铺的利钱，凡是存有钱帛粟麦的人，都被征借其存有量的四分之一，还要先封存该物拥有者的钱柜和粮窖。百姓为此而举行罢市，一起拦着宰相的坐骑自诉苦情的人们数以千万计。一开始，卢杞还劝慰这些罢市的人们，但是罢市的声势不可遏止，卢杞便只好急忙从另外的道路策马而回了。就这样，加上向商人征借所得，算起来也才只得到两百万缗，而百姓已被压榨得财力枯竭了。陈京是陈叔明的五世孙。

13　甲戌，以昭义节度副使、磁州刺史卢玄卿为洺州刺史兼魏博招讨副使。

初，李抱真为泽潞节度使，马燧领河阳三城。抱真欲杀怀州刺史杨钺，钺奔燧，燧纳之，且奏其无罪，抱真怒。及同讨田悦，数以事相恨望，二人怨隙遂深，不复相见。由是诸军逗桡，久无成功，上数遣中使和解之。及王武俊逼赵州，抱真分麾下二千人戍邢州，燧大怒曰：“馀贼未除，宜相与戮力，乃分兵自守其地！”欲引兵归。李晟说燧曰：“李尚书以邢、赵连壤，分兵守之，诚未有害。今公遽自引去，众谓公何？”燧悦，乃单骑造抱真垒，相与释憾结欢。会洺州刺史田昂请入朝，燧奏以洺州隶抱真，请玄卿为刺史，兼充招讨之副。李晟军先隶抱真，又请兼隶燧，以示协和。上皆从之。

14　卢龙节度行军司马蔡廷玉恶判官郑云逵，奏贬莫州参军。云逵妻，朱滔之女也，滔复奏为掌书记。云逵深构廷玉于滔，廷玉又与检校大理少卿朱体微言于泚曰：“滔在幽镇，事多专擅，其性非长者，不可以兵权付之。”滔知之，大怒，数与泚书，请杀二人者，泚不从。由是兄弟颇有隙。及滔拒命，上欲归罪于廷玉等以悦滔，甲子，贬廷玉柳州司户，体微万州南浦尉。

15　宣武节度使刘洽攻李纳之濮阳，降其守将高彦昭。

13 甲戌(二十二日),德宗任命昭义节度副使、磁州刺名卢玄卿为洺州刺史,兼任魏博招讨副使。

当初,李抱真担任泽潞节度使,马燧统辖着河阳三城。李抱真打算杀掉怀州刺史杨铦,杨铦逃到马燧那里,马燧收留了他,而且奏称他是无罪的,李抱真很恼怒。及至李抱真与马燧共同讨伐田悦的时候,两人有好几次因事相互埋怨,相互指责,于是,两人之间的怨恨与裂痕加深,不再见面。由于这种情况,各军停顿不前,相互阻挠,久历时日,无所成功,皇上多次派遣中使为二人和解。及至王武俊进逼赵州的时候,李抱真分拨部下两千人去戍守邢州,马燧大为气愤地说:"残敌尚未铲除,应当共同努力,而李抱真竟然分兵去防守自己的地盘!"马燧准备带兵撤回河阳。李晟劝说马燧道:"李尚书因邢州与赵州接壤,分兵防守邢州,也没有什么害处。现在你骤然领兵离开,大家会说你些什么呢?"马燧悦服此言,便独自一人骑马到李抱真的营垒中访问联谊,终使两人消除了怨恨,重新交好。恰巧赶上洺州刺史田昂请求回朝,马燧便奏请将洺州归属于李抱真,请任命卢玄卿为刺史,兼任魏博招讨使的副职。李晟军起初隶属于李抱真,李抱真便又请求同时隶属于马燧,以显示二人的亲睦协调。对他们的奏请,德宗一一照办。

14 卢龙节度行军司马蔡廷玉厌恶判官郑云逵,便上奏朝廷,使他被贬为莫州参军。郑云逵的妻子是朱滔的女儿,所以朱滔也上奏朝廷,使郑云逵担任掌书记。郑云逵在朱滔面前极力罗织罪名,陷害蔡廷玉。蔡廷玉又与检校大理少卿朱体微对朱泚说:"朱滔在幽州,办事大多独断专行,他生性不是长者,不应该把兵权交给他。"朱滔得知此事,极为恼怒,好几次写信给朱泚,要求将两人杀掉,朱泚不肯依从。自此以后,朱氏兄弟两人之间便稍有嫌隙了。及至朱滔抗拒命命的时候,皇上打算把罪名推给蔡廷玉等人,以便取悦朱滔,甲子(十二日),贬蔡廷玉为柳州司户,贬朱体微为万州南浦县尉。

15 宣武节度使刘洽攻打李纳的濮阳城,使他的守城将领高彦昭归降。

16　朱滔遣人以蜡书置髻中遗朱泚，欲与同反。马燧获之，并使者送长安，泚不之知。上驿召泚于凤翔，至，以蜡书并使者示之，泚惶恐顿首请罪。上曰："相去千里，初不同谋，非卿之罪也。"因留之长安私第，赐名园、腴田、锦彩、金银甚厚，以安其意；其幽州卢龙节度、太尉、中书令并如故。

上以幽州兵在凤翔，思得重臣代之。卢杞忌张镒忠直，为上所重，欲出之于外，己得专总朝政，乃对曰："朱泚名位素崇，凤翔将校班秩已高，非宰相信臣，无以镇抚，臣请自行。"上俯首未言，杞又曰："陛下必以臣貌寝，不为三军所伏，固惟陛下神算。"上乃顾镒曰："才兼文武，望重内外，无以易卿。"镒知为杞所排而无辞以免，因再拜受命。戊寅，以镒兼凤翔尹、陇右节度等使。

初，卢杞与御史大夫严郢共构杨炎、赵惠伯之狱，炎死，杞复忌郢。会蔡廷玉等贬官，殿中侍御史郑詹误递文符至昭应送之，廷玉等行已至蓝田，召还而东。廷玉等以为执己送朱滔，至灵宝西，赴河死。上闻之，骇异，卢杞因奏："朱泚必疑以为诏旨，请遣三司使案詹。"又言："御史所为，必禀大夫，请并郢案之。"狱未具，壬午，杞奏杖杀詹于京兆府；贬郢费州刺史，卒于贬所。

上初即位，崔祐甫为相，务崇宽大，故当时政声蔼然，以为有贞观之风。及卢杞为相，知上性多忌，因以疑似离间群臣，始劝上以严刻御下，中外失望。

16 朱滔派人在发髻中藏着蜡封的书信去送给朱泚,打算与朱泚一起谋反。马燧缴获了书信,将书信连同送信的使者一道送往长安,而朱泚并不知道此事。德宗传驿征召朱泚由凤翔回朝,朱泚一到,便将蜡封的书信和送信的使者给朱泚看,朱泚恐惧不安,伏地叩头请罪。德宗说:"你们两人相距千里,当初并非共同策谋,这不是你的罪过。"因而将朱泚留在长安的私人宅第中,颁赐给他名园、肥田、彩锦、金银等甚为丰厚,以期稳住他的心意,他所担任的幽州、卢龙节度使和太尉、中书令等职衔也都依然保留。

德宗因朱泚的幽州兵还在凤翔屯扎,想要选出个朝廷重臣去代替朱泚。卢杞妒忌张镒忠厚耿直,为皇上所器重,打算将他排挤到朝廷之外,使自己得以独自总揽朝政,便回答德宗说:"朱泚名声地位一向尊崇,凤翔将校的职位品级也已经升迁得较高,不是宰相或者朝廷信任的大臣,是无法镇服并安抚幽州军的,还是请让我自己去凤翔吧。"德宗低着头,还没有开口,这时卢杞又说:"陛下若是认为我相貌丑陋不扬,不能被三军将士所敬服,那当然只能是由陛下的神算来决定了。"德宗于是望着张镒说:"文武全才,声望见重于朝野内外的人选,没有人可以代替你。"张镒明知自己已经被卢杞排挤了,但是找不到推脱的借口,于是拜了两拜,接受了委任。戊寅(二十六日),德宗任命张镒兼任凤翔尹、陇右节度等使。

当初,卢杞与御史大夫严郢共同罗织罪名陷害杨炎与赵惠伯,杨炎死后,卢杞又忌恨严郢。适逢蔡廷玉等人贬官,殿中侍御史郑詹错把押送蔡廷玉等人的文书符信递送到了昭应县,当时蔡廷玉等人已经来到蓝田,又叫他们回头向东而行。蔡廷玉等人以为这是将他们押送给朱滔,走到灵宝西面的时候,便投黄河而死。德宗听到此事,感到惊讶诧异,于是卢杞奏称:"朱泚肯定猜疑这是诏命的意图,请派遣三司使审查郑詹吧。"卢杞又说:"御史所办的事情,是一定要向御史大夫禀告的,所以请将严郢与郑詹一并予以审查。"案情尚未判定,壬午(三十日),卢杞又奏准在京兆府将郑詹杖打而死,贬严郢为费州刺史,严郢死于贬谪之地。

德宗初即位的时候,崔祐甫担任宰相,办事务必推崇宽大,所以当时他赢得了很高的政治声誉,人们认为他具有贞观时期的风范。及至卢杞担任宰相,他知道德宗生性多猜忌,因而用似是而非的事情在群臣之中挑拨离间,并且开始劝说德宗用严厉苛刻的态度驾驭臣下,朝廷内外都感到失望了。

17　淮南节度使陈少游奏,本道税钱每千请增二百。五月丙戌,诏增他道税钱皆如淮南;又盐每斗价皆增百钱。

18　朱滔、王武俊自宁晋南救魏州,辛卯,诏朔方节度使李怀光将朔方及神策步骑万五千人东讨田悦,且拒滔等。滔行至宗城,掌书记郑云逵、参谋田景仙弃滔来降。

19　丁酉,加河东节度使马燧同平章事。

20　辛亥,置义武军节度于定州,以易、定、沧三州隶之。

21　张光晟之杀突董也,上欲遂绝回纥,召册可汗使源休还太原。久之,乃复遣休送突董及翳密施、大小梅录等四丧还其国,可汗遣其宰相颉子斯迦等迎之。颉子斯迦坐大帐,立休等于帐前雪中,诘以杀突董之状,欲杀者数四,供待甚薄;留五十馀日,乃得归。可汗使人谓之曰:“国人皆欲杀汝以偿怨,我意则不然。汝国已杀突董等,我又杀汝,如以血洗血,污益甚耳! 今吾以水洗血,不亦善乎? 唐负我马直百八十万匹,当速归之。”遣其散支将军康赤心随休入见,休竟不得见可汗而还。己卯,至长安,诏以帛十万匹、金银十万两偿其马直。休有口辩,卢杞恐其见上得幸,乘其未至,先除光禄卿。

22　朱滔、王武俊军至魏州,田悦具牛酒出迎,魏人欢呼动地。滔营于惬山,是日,李怀光军亦至,马燧等盛军容迎之。滔以为袭己,遽出陈。怀光勇而无谋,欲乘其营垒未就击之。燧请且休将士,观衅而动。怀光曰:“彼营垒既立,将为后患,此时不可失也。”遂击滔于惬山之西,杀步卒千馀人,滔军崩沮。

17　淮南节度使陈少游上奏,请将本道税钱每一千钱增收两百钱。五月丙戌(初四),下诏增收其他各道税钱,一概以淮南为准,同时,将每斗盐的价钱一律增加一百钱。

18　朱滔和王武俊从宁晋南下援救魏州,辛卯(初九),德宗颁诏命令朔方节度使李怀光带领朔方军和神策军步兵、骑兵一万五千人向东讨伐田悦,同时抵御朱滔等人。朱滔行军到达宗城的时候,掌书记郑云逵、参谋田景仙离开朱滔前来归降。

19　丁酉(十五日),德宗加任河东节度使马燧同平章事。

20　辛亥(二十九日),朝廷在定州设置义武军节度,将易、定、沧三州隶属于该军。

21　张光晟诛杀突董的时候,德宗打算就此与回纥断绝关系,便传召册命回纥可汗的使者源休返回太原。过了很久,德宗又派遣源休护送突董以及翳密施与大小梅录等四人的遗体归还回纥,回纥可汗派遣他的宰相颉干斯迦等人迎接源休。颉干斯迦坐在宽大的帐子里,让源休等人站立在帐子前面的雪地中,诘问诛杀突董的情状,屡次打算杀掉源休,回纥为源休等人提供的待遇甚为菲薄,使他们滞留了五十多日,才让他们归国。这时可汗又让人对源休说:"我国百姓都准备杀死你们,借以抵偿旧日的怨仇,我的意思却不是这样。你们已经杀了突董等人,我再杀了你们,就这样以血洗血,污浊便愈发严重了!现在我要以水洗血,不也是很好的吗?唐朝还欠着我相当一百八十万匹绢帛的马价,应当快快归还给我。"回纥可汗派遣他的散支将军康赤心随同源休入朝觐见,源休始终未能见到可汗便返还了。己卯,康赤心随源休到达长安,朝廷下诏以帛十万匹、金银十万两偿还回纥的马价。源休有口才,能言善辩,卢杞唯恐他见了皇上而得到宠幸,便趁着他未到长安之前,抢先任命他为光禄卿。

22　朱滔和王武俊的军队来到魏州的时候,田悦备办了牛肉和酒食出来迎接,魏州人欢呼动地。朱滔在连箟山扎营,这一天,李怀光的军队也到达此地,马燧等人以盛大的军容迎接李怀光。朱滔以为这是要袭击自己,急忙出营列阵。李怀光有勇无谋,想要趁着朱滔营垒未曾安顿好的时候,便去进击朱滔。马燧请他暂且让将士休息一下,看出破绽,再动不迟。李怀光说:"他们若是已经将营垒安顿下来,终将成为后患,这个时机可是不能失去的。"于是李怀光便在连箟山西面向朱滔发起攻击,杀了步兵一千多人,朱滔的军队崩溃下来。

怀光按轡观之,有喜色。士卒争入滔营取宝货,王武俊引二千骑横冲怀光军,军分为二;滔引兵继之,官军大败,蹙入永济渠溺死者不可胜数,人相蹈藉,其积如山,水为之不流,马燧等各收军保垒。是夕,滔等堰永济渠入王莽故河,绝官军粮道及归路,明日,水深三尺馀。马燧惧,遣使卑辞谢滔,求与诸节度归本道,奏天子,请以河北事委五郎处之。滔欲许之,王武俊以为不可;滔不从。秋七月,燧与诸军涉水而西,退保魏县以拒滔。滔乃谢武俊,武俊由是恨滔。后数日,滔等亦引兵营魏县东南,与官军隔水相拒。

23　李纳求救于滔等,滔遣魏博兵马使信都承庆将兵助之。纳攻宋州,不克,遣兵马使李克信、李钦遥戍濮阳、南华以拒刘洽。

24　甲辰,以淮宁节度使李希烈兼平卢淄青兖郓登莱齐州节度使,讨李纳;又以河东节度使马燧兼魏博澶相节度使;加朔方、邠宁节度使李怀光同平章事。

25　神策行营招讨使李晟请以所将兵北解赵州之围,与张孝忠分势图范阳,上许之。晟自魏州引兵北趋赵州,王士真解围去。晟留赵州三日,与孝忠合兵北略恒州。

26　演州司马李孟秋举兵反,自称安南节度使;安南都护辅良交讨斩之。

27　八月丁未,置河东、西水陆运、两税、盐铁使二人,度支总其大要而已。

28　辛酉,以泾原留后姚令言为节度使。

29　卢杞恶太子太师颜真卿,欲出之于外。真卿谓杞曰:"先中丞传首至平原,真卿以舌舐面血。今相公忍不相容乎?"杞蹙然起拜,然恨之益甚。

李怀光勒住马缰,观看形势,面有喜色。李怀光的士兵争着进入朱滔的营垒夺取珍宝财货的时候,王武俊带领两千骑兵拦腰冲击李怀光军,军队被截成两段,朱滔又带领士兵接踵而来,官军大败,被逼迫得落入永济渠淹死的士兵多得数不过来,兵士互相践踏,尸体堆积如山,渠水也因此而不能流动,马燧等人只好各自收兵,各保营垒。这一天晚上,朱滔等人在永济渠上筑起堤坝,将永济渠水导入王莽故河,断绝了官军的粮道与归路,到了第二天,水深已有三尺多了。马燧害怕了,便派遣使者用谦卑的辞句向朱滔道歉,求他允许让自己与诸节度使回归本道,并且向德宗上奏,请求将河北事务委托给五郎朱滔处理。朱滔打算应允来使,王武俊认为不能答应,朱滔不肯听从。秋季,七月,马燧与诸军趟过水去向西而行,退保魏县,以抵抗朱滔。于是朱滔向王武俊认错,王武俊却自此对朱滔怀恨在心。过了几天,朱滔等人也领兵在魏县东南扎营,与官军隔着一条河相互对抗。

23　李纳向朱滔等人请求援救,朱滔派遣魏博兵马使信都承庆带兵援助他。李纳攻打宋州,不能攻克,便派遣兵马使李克信和李钦遥戍守濮阳和南华,以便抵抗刘洽。

24　甲辰(二十三日),德宗让淮宁节度使李希烈兼任平卢、淄青、兖郓、登莱、齐州节度使,前去讨伐李纳,又让河东节度使马燧兼任魏博、澶相节度使,加任朔方、邠宁节度使李怀光同平章事。

25　神策行营招讨使李晟请求以本部兵马向北解除赵州的围困,与张孝忠共同分兵出击,谋取范阳,德宗照准。李晟从魏州率兵北进赵州,王士真解除了对赵州的围困,撤离而去。李晟在赵州停留了三天,便与张孝忠合兵北向,掠夺恒州。

26　演州司马李孟秋起兵反叛,自称安南节度使,安南都护辅良交讨伐并斩杀了他。

27　八月丁未,朝廷设置河东与河西水陆运、两税、盐铁使两人,度支仅仅总管两税、盐铁的大体情况。

28　辛酉(十一日),德宗任命泾原留后姚令言为该镇节度使。

29　卢杞憎恶太子太师颜真卿,打算将他从朝中排挤出去。颜真卿对卢杞说:"先中丞的头颅被传送到平原的时候,我用舌头舔去了他脸上的血渍。现在相公竟忍心不相容吗?"卢杞惶恐四顾,起身下拜,但他对颜真卿的恨意却愈发加剧了。

30　九月癸卯，殿中少监崔汉衡自吐蕃归，赞普遣其臣区颊赞随汉衡入见。

31　冬，十月辛亥，以湖南观察使曹王皋为江南西道节度使。皋至洪州，悉集将佐，简阅其才，得牙将伊慎、王锷等，擢为大将，引荆襄判官许孟容置幕府。慎，兖州人；孟容，长安人也。

慎常从李希烈讨梁崇义，希烈爱其才，欲留之，慎逃归。希烈闻皋用慎，恐为己患，遗慎七属甲，诈为复书，坠之境上。上闻之，遣中使即军中斩慎，皋为之论雪；未报。会江贼三千馀众入寇，皋遣慎击贼自赎。慎击破之，斩首数百级而还，由是得免。

32　卢杞秉政，知上必更立相，恐其分己权，乘间荐吏部侍郎关播儒厚，可以镇风俗；丙辰，以播为中书侍郎、同平章事。政事皆决于杞，播但敛衽无所可否。上尝从容与宰相论事，播意有所不可，起立欲言，杞目之而止。还至中书，杞谓播曰：“以足下端悫少言，故相引至此，向者奈何发口欲言邪？”播自是不复敢言。

33　戊辰，遣都官员外郎樊泽使于吐蕃，告以结盟之期。

34　丙子，肃王详薨。

35　十一月己卯朔，加淮南节度使陈少游同平章事。

36　田悦德朱滔之救，与王武俊议奉滔为主，称臣事之，滔不可，曰：“恒山之捷，皆大夫二兄之力，滔何敢独居尊位？”于是幽州判官李子千、恒冀判官郑濡等共议：“请与郓州李大夫为四国，

30　九月癸卯(二十三日),殿中少监崔汉衡从吐蕃回来,吐蕃赞普派遣他的臣属区颊赞跟随崔汉衡入朝觐见。

31　冬季,十月辛亥(初二),德宗任命湖南观察使曹王李皋为江南西道节度使。李皋到了洪州,把将佐全部召集起来,考察他们中有才干的人,选得牙将伊慎、王锷等人,将他们提拔为大将,还延引荆襄判官许孟容,将他安置在幕府之中。伊慎是兖州人,许孟容是长安人。

伊慎曾经跟随李希烈讨伐梁崇义,李希烈赏识他的才华,想把他留下来,伊慎却逃跑而回。李希烈听说李皋起用了伊慎,唯恐他成为自己的后患,便赠送给他犀甲七属,并假造伊慎回复李希烈的书信,丢在边境之上。德宗得知消息以后,便打算派遣中使到军队中就地将伊慎斩首,李皋上书替伊慎论争洗雪,不见回音。恰巧赶上长江中的群盗三千多人来江南西道侵扰,李皋便派遣伊慎进击群盗,立功自赎。伊慎打败了群盗,斩首数百级,率军而回,因此,伊慎得以幸免。

32　卢杞执掌朝政,知道德宗必定还要选立宰相,唯恐新相会分去自己的权力,便乘机举荐吏部侍郎关播,说他儒雅忠厚,可以整肃风俗;丙辰(七日),德宗任命关播为中书侍郎、同平章事。朝中政事一概由卢杞决断,关播遇事只是整一整衣襟,不置可否。德宗曾经从容地和宰相议论政事,关播有些反对意见,站起身来,想要说话,卢杞以目示意,他才没有发言。回到中书以后,卢杞对关播说:"由于你端庄忠厚,讲话不多,所以我才引荐你做了宰相,刚才你怎么要开口讲话了呢?"关播自此不敢再有所建言了。

33　戊辰(十九日),德宗派遣都官员外郎樊泽出使吐蕃,告诉吐蕃会盟的日期。

34　丙子(二十七日),肃王李详故去。

35　十一月己卯朔(初一),德宗加封淮南节度使陈少游同平章事。

36　田悦感激朱滔援救自己的恩德,便与王武俊商议尊奉朱滔为谋主,以臣属之礼事奉他,朱滔认为不妥,就说:"连篚山获胜,都是大夫二哥出的力气,我怎么敢独自居此尊显的位子呢?"于是幽州判官李子千、恒冀判官郑濡等人共同计议说:"请与郓州李大夫一起共立四国,

俱称王而不改年号，如昔诸侯奉周家正朔。筑坛同盟，有不如约者，众共伐之。不然，岂得常为叛臣，茫然无主，用兵既无名，有功无官爵为赏，使将吏何所依归乎？"滔等皆以为然。滔乃自称冀王，田悦称魏王，王武俊称赵王，仍请李纳称齐王。是日，滔等筑坛于军中，告天而受之。滔为盟主，称孤；武俊、悦、纳称寡人。所居堂曰殿，处分曰令，群下上书曰笺。妻曰妃，长子曰世子。各以其所治州为府，置留守兼元帅，以军政委之。又置东西曹，视中书、门下省；左右内史，视侍中、中书令。馀官皆仿天朝而易其名。

武俊以孟华为司礼尚书，华竟不受，呕血死。以兵马使卫常宁为内史监，委以军事。常宁谋杀武俊，武俊腰斩之。武俊遣其将张终葵寇赵州，康日知击斩之。

李希烈帅所部三万徙镇许州，遣所亲诣李纳，与谋共袭汴州；遣使告李勉，云已兼领淄青，欲假道之官。勉为之治桥、具馈以待之，而严为之备。希烈竟不至，又密与朱滔等交通，纳亦数遣游兵渡汴以迎希烈。由是东南转输者皆不敢由汴渠，自蔡水而上。

37　十二月丁丑，李希烈自称天下都元帅、太尉、建兴王。时朱滔等与官军相拒累月，官军有度支馈粮，诸道益兵，而滔与王武俊孤军深入，专仰给于田悦，客主日益困弊。闻李希烈军势甚盛，颇怨望，乃相与谋遣使诣许州，劝希烈称帝，希烈由是自称天下都元帅。

38　司天少监徐承嗣请更造《建中正元历》；从之。

一律称王,但不改变年号,就像昔年的诸侯尊奉周王室的正朔一样。要筑起坛场,共同结盟,若有不履行盟约的人,大家就一起讨伐他。如果不这样做,难道能够永远去做一个叛臣,使大家茫然无主,对朝廷用兵既没有名义,将士有功也没有官职爵位作为奖赏吗?将士和官吏那还有什么指望呢?"朱滔等人都认为讲得很对。于是,朱滔自称冀王,田悦自称魏王,王武俊自称赵王,三人还请李纳自称齐王。这一天,朱滔等人在军队中筑起坛场,祭告上天,领受天命。朱滔担任盟主,自称"孤";王武俊、田悦、李纳自称"寡人"。四人居住的堂舍称作殿,对事情的处置称作令,众部下上书称作笺。四人的妻子称作妃,长子称作世子。四人各自将所管理的州改为府,设置留守兼元帅,将军政委托给他们。又设置东西两曹,来比附中书省和门下省;设置左右内史,来比附侍中和中书令。其馀官职一律模仿朝廷的建制,只是改换了名称。

王武俊任命孟华为司礼尚书,孟华始终不肯接受,乃至吐血而死。王武俊又任命兵马使卫常宁为内史监,将军中事务委托给他。卫常宁策划诛杀王武俊,王武俊将他腰斩了。王武俊派遣部下将领张终葵侵犯赵州,康日知出击,斩杀了他。

李希烈带领本部三万人移镇许州,派遣亲信到李纳处,同他谋划共同袭击汴州。李希烈又派遣使者告诉了李勉,说是自己已经兼领淄青,准备借道上任。李勉为李希烈整治桥梁,备办食品,等待着他的到来,同时做了严密的防务。而李希烈始终没有到来,李希烈又暗中与朱滔等人交结往来,互通声气,李纳也好几次派出游兵,渡过汴水,迎接李希烈。自此,在东南转运物资的人们都不敢从汴渠通过,而是经蔡水北上。

37 十二月丁丑(二十九日),李希烈自称天下都元帅、太尉、建兴王。当时,朱滔等人与官军相对抗已有好几个月,官军有度支运送粮食,有各道增补兵员,而朱滔与王武俊孤军深入,专门依赖田悦供给,因此战争的双方都一天天地艰难疲困起来。他们听说李希烈军队声势甚为盛大,李希烈又颇为怨恨不满,便一块儿谋划派遣使者到许州去,劝说李希烈称帝,李希烈自此以后才自称天下都元帅。

38 司天少监徐承嗣请求重新编制《建中正元历》,德宗照准。

卷第二百二十八　唐纪四十四

起癸亥(783)正月尽十月不满一年

德宗神武圣文皇帝三
建中四年(癸亥,783)

1　春,正月丁亥,陇右节度使张镒与吐蕃尚结赞盟于清水。

2　庚寅,李希烈遣其将李克诚袭陷汝州,执别驾李元平。元平,本湖南判官,薄有才艺,性疏傲,敢大言,好论兵;关播奇之,荐于上,以为将相之器。以汝州距许州最近,擢元平为汝州别驾,知州事。元平至汝州,即募工徒治城;希烈阴使壮士应募执役,入数百人,元平不之觉。希烈遣克诚将数百骑突至城下,应募者应之于内,缚元平驰去。元平为人眇小,无须,见希烈恐惧,便液污地。希烈骂之曰:"盲宰相以汝当我,何相轻也!"以判官周晃为汝州刺史,又遣别将董待名等四出抄掠,取尉氏,围郑州,官军数为所败。逻骑西至彭婆,东都士民震骇,窜匿山谷;留守郑叔则入保西苑。

上问计于卢杞,对曰:"希烈年少骁将,恃功骄慢,将佐莫敢谏止。诚得儒雅重臣,奉宣圣泽,为陈逆顺祸福,希烈必革心悔过,可不劳军旅而服。颜真卿三朝旧臣,忠直刚决,名重海内,人所信服,真其人也!"上以为然。甲午,命真卿诣许州宣慰希烈。诏下,举朝失色。

德宗神武圣文皇帝三
唐德宗建中四年(癸亥,公元783年)

1 春季,正月丁亥(初十),陇右节度使张镒与吐蕃尚结赞在清水结盟。

2 庚寅(十三日),李希烈派遣他的将领李克诚袭击并攻陷了汝州,捉住别驾李元平。李元平原来是湖南判官,稍有才学技艺,生性疏散傲慢,敢说大话,喜欢谈论用兵,关播将他视为奇才,便向德宗推荐,说他有出将入相的才能。由于汝州距离许州最近,便提升李元平为汝州别驾,并且代理州中事务。李元平来到汝州,立即招募工匠和劳力整治州城,李希烈暗地里让军中勇士前去应募服役,入城有数百人之多,李元平一点儿没有觉察。李希烈派遣李克诚带领骑兵数百人突击到汝州城下,应募的人在城里响应,捆绑着李元平急奔而去。李元平个子矮小,不长胡须,见到李希烈,惊恐畏惧,粪尿齐下,污臭满地。李希烈骂他说:"瞎了眼的宰相用你来抵挡我,真是太小看我了!"李希烈任命判官周晃为汝州刺史,又派遣别将董待名等人四下里抢劫财物,攻取尉氏县,围困郑州城,官军好几次都被董待名等人打败。李希烈巡逻游弋的骑兵向西到了彭婆镇,东都洛阳的士绅百姓为之震惊恐惧,纷纷逃避到山谷之中,留守郑叔则也入城守卫西苑去了。

德宗向卢杞询问计策,卢杞回答说:"李希烈是一员年轻骁勇的将领,仗恃着立了军功,骄横简慢,将佐无人敢于规劝和阻止他。假如能够选出一位温文尔雅的朝廷重臣,奉旨前去宣示圣上的恩泽,向李希烈讲清逆为祸、顺为福的道理,李希烈一定能够洗心革面,幡然悔过,可以不用兴师动众而使他归服。颜真卿是玄宗、肃宗、代宗三朝耆宿,为人忠厚耿直,刚正果决,名声为海内所推重,人人都信服他,真是出使的最好人选!"德宗认为卢杞讲得有理。甲午(十七日),德宗让颜真卿到许州安抚李希烈。诏书颁下,举朝大惊。

真卿乘驿至东都,郑叔则曰:"往必不免,宜少留,须后命。"真卿曰:"君命也,将焉避之?"遂行。李勉表言:"失一元老,为国家羞,请留之。"又使人邀真卿,不及。真卿与其子书,但敕以"奉家庙、抚诸孤"而已。至许州,欲宣诏旨,希烈使其养子千馀人环绕慢骂,拔刃拟之,为将刲啖之势。真卿足不移,色不变。希烈遽以身蔽之,麾众令退,馆真卿而礼之。希烈欲遣真卿还,会李元平在座,真卿责之。元平惭而起,以密启白希烈。希烈意遂变,留真卿不遣。

朱滔、王武俊、田悦、李纳各遣使诣希烈,上表称臣,劝进。使者拜舞于希烈前,说希烈曰:"朝廷诛灭功臣,失信天下。都统英武自天,功烈盖世,已为朝廷所猜忌,将有韩、白之祸。愿亟称尊号,使四海臣民知有所归。"希烈召颜真卿示之曰:"今四王遣使见推,不谋而同,太师观此事势,岂吾独为朝廷所忌无所自容邪?"真卿曰:"此乃四凶,何谓四王?相公不自保功业,为唐忠臣,乃与乱臣贼子相从,求与之同覆灭邪?"希烈不悦,扶真卿出。他日,又与四使同宴,四使曰:"久闻太师重望,今都统将称大号而太师适至,是天以宰相赐都统也。"真卿叱之曰:"何谓宰相!汝知有骂安禄山而死者颜杲卿乎?乃吾兄也。吾年八十,知守节而死耳,岂受汝辈诱胁乎?"四使不敢复言。希烈乃使甲士十人守真卿于馆舍,掘坎于庭,云欲坑之,真卿怡然,见希烈曰:"死生已定,何必多端!亟以一剑相与,岂不快公心事邪?"希烈乃谢之。

颜真卿乘驿车来到东都洛阳,郑叔则说:"若是前往,一定不能幸免,最好是稍作逗留,等待尔后发来的命令。"颜真卿说:"这是皇上的命令啊,我能躲避到哪里去呢?"于是颜真卿出发了。李勉上表说:"丧失一位元老,乃是朝廷的羞辱,请将颜真卿留下来吧。"李勉又让人拦截颜真卿,但没有赶上他。颜真卿给他儿子去信,只命他"供奉家庙,抚育幼子"而已。来到许州,颜真卿准备宣布诏旨,李希烈让他的养子千馀人环绕着他谩骂,还拔出刀剑向他比划着,作出要将他零刀碎剐、吞食其肉的架势。颜真卿脚不移动,脸不变色。李希烈急忙用自己的身体遮挡在颜真卿前面,挥手命令众人退下,将颜真卿安置在馆舍中,礼貌地对待他。李希烈打算将颜真卿放回去,正值李元平在座,颜真卿责备了他。李元平惭愧地站起来,以密信向李希烈提出建议。于是李希烈改变了主意,把颜真卿留了下来,不让他回去。

　　朱滔、王武俊、田悦、李纳各自派遣使者到李希烈处,上表称臣,劝他称帝。使者们在李希烈面前跪拜着,劝李希烈说:"朝廷杀害有功之臣,对天下言而无信。都统英明威武,得自天授,功业压倒当世,已经遭到朝廷的嫌猜疑忌,将会招致如韩信、白起被害的大祸。希望都统早称皇帝的尊号,使全国的臣民知道有所归依。"李希烈叫来颜真卿,把使者带来的表章给他看说:"现在冀、魏、赵、齐四王派遣使者推戴我,不谋而合,太师看看这事态时势吧,难道我仅仅被朝廷猜忌而无地自容吗?"颜真卿说:"这四人乃是四凶,怎么叫四王? 你不肯自保所建树的功劳业绩,做唐朝的功臣,反而与乱臣贼子相互追随,是要和他们一齐覆灭吗?"李希烈心中不快,将颜真卿扶了出去。后来,颜真卿又与四镇的使者一起参加宴会,四镇的使者说:"早就听说太师您的崇高威望,现在都统就要称帝号了,而太师恰好到来,这是上天把宰相赐给都统啊。"颜真卿大声呵斥四镇的使者说:"说什么宰相! 你们知道有个痛骂安禄山而死的颜杲卿吗? 他便是我的哥哥。我已经八十岁了,只知道恪守臣节而死,难道受你们的引诱胁迫吗?"四镇的使者不敢再说话了。于是李希烈让甲士十人在馆舍中看守颜真卿,在庭院中挖了一个坑穴,说是准备活埋他,颜真卿神色安然,去见李希烈说:"既然我的生死已经决定下来了,何必玩弄花样! 赶快一剑砍死我,岂不使你心中更痛快些吗?"于是李希烈向他道歉。

3　戊戌，以左龙武大将军哥舒曜为东都、汝州节度使，将凤翔、邠宁、泾原、奉天、好畤行营兵万馀人讨希烈，又诏诸道共讨之。曜行至郏城，遇希烈前锋将陈利贞，击破之；希烈势小沮。曜，翰之子也。

希烈使其将封有麟据邓州，南路遂绝，贡献、商旅皆不通。壬寅，诏治上津山路，置邮驿。

4　二月戊申朔，命鸿胪卿崔汉衡送区颊赞还吐蕃。

5　丙寅，以河阳三城、怀、卫州为河阳军。

6　丁卯，哥舒曜克汝州，擒周晃。

7　三月戊寅，江西节度使曹王皋败李希烈将韩霜露于黄梅，斩之；辛卯，拔黄州。时希烈兵栅蔡山，险不可攻。皋声言西取蕲州，引舟师溯江而上，希烈之将引兵循江随战。去蔡山三百馀里，皋乃复放舟顺流而下，急攻蔡山，拔之。希烈兵还救之，不及而败。皋遂进拔蕲州，表伊慎为蕲州刺史，王锷为江州刺史。

8　淮宁都虞候周曾、镇遏兵马使王玢、押牙姚憺、韦清密输款于李勉。李希烈遣曾与十将康秀琳将兵三万攻哥舒曜，至襄城，曾等密谋还军袭希烈，奉颜真卿为节度使，使玢、憺、清为内应。希烈知之，遣别将李克诚将骡军三千人袭曾等，杀之，并杀玢、憺及其党。甲午，诏赠曾等官。始，韦清与曾等约，事泄不相引，故独得免。清恐终及祸，说希烈请诣朱滔乞师，希烈遣之，行至襄邑，逃奔刘洽。希烈闻周曾等有变，闭壁数日；其党寇尉氏、郑州者闻之，

3 戊戌(二十一日)，德宗任命左龙武大将军哥舒曜为东都、汝州节度使，让他率领凤翔、邠宁、泾原、奉天、好畤行营兵马一万多人讨伐李希烈，又颁诏命各道共同讨伐。哥舒曜行军来到郏城的时候，与李希烈的前锋将领陈利贞遭遇，并打败了他，李希烈军的声势稍微受了一些挫折。哥舒曜是哥舒翰的儿子。

李希烈让他的将领封有麟占据了邓州，南方的通路于是被断绝了，运送贡物以及商人旅客都不能通过。壬寅(二十五日)，德宗颁诏修治上津县的山路，并设置了驿站。

4 二月戊申朔(初一)，德宗命令鸿胪卿崔汉衡送区颊赞返回吐蕃。

5 丙寅(十九日)，朝廷以河阳三城、怀州、卫州设置河阳军。

6 丁卯(二十日)，哥舒曜攻克汝州，将周晃擒获。

7 三月戊寅(初一)，江西节度使曹王李皋在黄梅打败李希烈的将领韩霜露，并斩杀了他，辛卯(十四日)，曹王李皋攻克了黄州。当时，李希烈的兵马在蔡山安营扎寨，形势险要，难以攻打。李皋声称西进攻取蕲州，带领水军溯长江而上，李希烈的将领带兵沿着长江尾随而战。当离开蔡山三百多里的时候，李皋便又放开船只，顺流而下，急攻蔡山，并将蔡山攻克。李希烈回军救援，还没有赶到而蔡山已经陷落。李皋接着进军攻克蕲州，上表请求任命伊慎为蕲州刺史，任命王锷为江州刺史。

8 淮宁都虞候周曾、镇遏兵马使王玢、押牙姚憺、韦清暗中向李勉表示归诚之意。李希烈派遣周曾与十将康秀琳带领兵马三万人攻打哥舒曜，来到襄城以后，周曾等人秘密策划回军袭击李希烈，拥戴颜真卿为节度使，让王玢、姚憺、韦清担任内应。李希烈得知此事以后，派遣别将李克诚带领骡军三千人袭击周曾等人，杀掉了周曾，并且杀掉王玢、姚憺及其同党。甲午(十七日)，朝廷颁诏追赠周曾等人官位。开始的时候，韦清曾与周曾等人约定，一旦事情泄露，不可相互牵连，所以韦清独自得以幸免。韦清担心终究还会招致祸患，便劝说李希烈请让他到朱滔那里请求援兵，李希烈派他去了，他来到襄邑县的时候，便逃奔到刘洽那里去了。李希烈听说周曾等人已有变故，便将营垒关闭了好几天，他的那些前去侵犯尉氏、郑州的党羽闻知此事，

亦遁归。希烈乃上表归咎于周曾等,引兵还蔡州,外示悔过从顺,实待朱滔等之援也。置颜真卿于龙兴寺。

丁酉,荆南节度使张伯仪与淮宁兵战于安州,官军大败,伯仪仅以身免,亡其所持节。希烈使人以其节及俘馘示颜真卿;真卿号恸投地,绝而复苏,自是不复与人言。

9　夏,四月,上以神策军使白志贞为京城召募使,募禁兵以讨李希烈。志贞请诸尝为节度、观察、都团练使者,不问存没,并勒其子弟帅奴马自备资装从军,授以五品官。贫者甚苦之,人心始摇。

10　上命宰相、尚书与吐蕃区颊赞盟于丰邑里,区颊赞以清水之盟,疆场未定,不果盟。己未,命崔汉衡入吐蕃,决于赞普。

11　庚申,加永平、宣武、河阳都统李勉淮西招讨使,东都、汝州节度使哥舒曜为之副,以荆南节度使张伯仪为淮西应援招讨使,山南东道节度使贾耽、江西节度使曹王皋为之副。上督哥舒曜进兵,曜至颍桥,遇大雨,还保襄城。李希烈遣其将李光辉攻襄城;曜击却之。

12　五月乙酉,颍王璬薨。

13　乙未,以宣武节度使刘洽兼淄青招讨使。

14　李晟谋取涿、莫二州,以绝幽、魏往来之路,与张孝忠之子升云围朱滔所署易州刺史郑景济于清苑,累月不下。滔以其司武尚书马寔为留守,将步骑万馀守魏营,自将步骑万五千救清苑。李晟军大败,退保易州。滔还军瀛州,张升云奔满城。会晟病甚,引军还保定州。

也逃了回来。于是,李希烈向朝廷进上表章,将一切罪名都推到周曾等人身上,自己领兵返回蔡州,表面上表示幡然悔过,顺从朝廷,实际上却是在等候朱滔等人的援兵。他把颜真卿安置在龙兴寺中。

丁酉(二十日),荆南节度使张伯仪与淮宁兵在安州交战,官军被打得大败,张伯仪仅使自身幸免于难,还失去了所持的旌节。李希烈叫人把张伯义的旌节以及被活捉的士兵带给颜真卿看,颜真卿痛哭扑地,气绝而复苏,从此不再与人讲话。

9 夏季,四月,德宗任命神策军使白志贞为京城召募使,招募禁兵以讨伐李希烈。白志贞请求让各个曾经担任过节度使、观察使、都团练使的官员,不论在世的或殁世的,都勒令他们的子弟带着奴仆与马匹,自己备办衣物,前去参军,授给他们五品官职。家境贫寒的人家深以为苦,民心开始动摇了。

10 德宗命令宰相、尚书与吐蕃区频赞在丰邑里会盟,区频赞因清水会盟未将边疆确定下来,便没有前来会盟。己未(十三日),德宗命令崔汉衡前往吐蕃,由吐蕃赞普做出决断。

11 庚申(十四日),德宗加任永平、宣武、河阳都统李勉为淮西招讨使,以东都、汝州节度使哥舒曜做他的副职,任命荆南节度使张伯仪为淮西应援招讨使,以山南东道节度使贾耽、江西节度使曹王李皋作为他的副职。德宗督促哥舒曜进兵,在哥舒曜到达颍桥的时候,遇到大雨,便回军防守襄城。李希烈派遣他的将领李光辉攻打襄城,哥舒曜将他击退了。

12 五月乙酉(九日),颍王李璬去世。

13 乙未(十九日),德宗让宣武节度使刘洽兼任淄青招讨使。

14 李晟策划攻取涿、莫二州,以便截断幽州与魏州往来的通路,便与张孝忠的儿子张升云在清苑围困朱滔所署任的易州刺史郑景济,但好几个月未能攻打下来。朱滔任命他的司武尚书马寔为留守,带领步兵、骑兵一万馀人防守魏州营垒,自己带领步兵、骑兵一万五千人援救清苑。李晟军被打得大败,退兵防守易州。朱滔回军瀛州,张升云逃奔满城。适逢李晟患病甚重,便带领军队回保定州。

王武俊以滔既破李晟，留屯瀛州，未还魏桥，遣其给事中宋端趣之。端见滔，言颇不逊，滔怒，使谓武俊曰："滔以热疾，暂未南还，大王二兄遽有云云。滔以救魏博之故，叛君弃兄，如脱屣耳。二兄必相疑，惟二兄所为！"端还报，武俊自辨于马寔，寔以状白滔，言："赵王知宋端无礼于大王，深加责让，实无他志。"武俊亦遣承令官郑和随寔使者见滔，谢之。滔乃悦，相待如初。然武俊以是益恨滔矣。

六月，李抱真使参谋贾林诣武俊壁诈降。武俊见之。林曰："林来奉诏，非降也。"武俊色动，问其故，林曰："天子知大夫宿著诚效，及登坛之日，抚膺顾左右曰：'我本徇忠义，天子不察。'诸将亦尝共表大夫之志。天子语使者曰：'朕前事诚误，悔之无及。朋友失意，尚可谢，况朕为四海之主乎？'"武俊曰："仆胡人也，为将尚知爱百姓；况天子，岂专以杀人为事乎？今山东连兵，暴骨如莽，就使克捷，与谁守之？仆不惮归国，但已与诸镇结盟。胡人性直，不欲使曲在己，天子诚能下诏赦诸镇之罪，仆当首唱从化；诸镇有不从者，请奉辞伐之。如此，则上不负天子，下不负同列，不过五旬，河朔定矣。"使林还报抱真，阴相约结。

15　庚戌，初行税间架、除陌钱法。时河东、泽潞、河阳、朔方四军屯魏县，神策、永平、宣武、淮南、浙西、荆南、江泗、沔鄂、湖南、黔中、剑南、岭南诸军环淮宁之境。旧制，诸道军出境，皆仰给度支；上优恤士卒，每出境，加给酒肉，本道粮仍给其家，一人兼三人之给，故将士利之。各出军才逾境而止，

由于朱滔打败李晟以后,留在瀛州屯驻,没有返回魏桥,王武俊便派遣他的给事中宋端前去催促朱滔。宋端见到朱滔,说话颇欠谦恭,朱滔很生气,让他告诉王武俊说:"我因身患热病,暂时未能南回,大王二哥便骤然有如此说法。我因救援魏博的缘故,背叛国君,抛弃兄弟,就像脱去鞋子一样。二哥如果一定要怀疑我,那就但凭二哥想怎么办就怎么办吧!"宋端回报王武俊,王武俊向马寔为自己分辩,马寔将此情状禀告朱滔说:"赵王知道宋端对大王无礼,狠狠地责备了他,赵王实在并无他意。"王武俊也派遣承令官郑和跟随马寔的使者去见朱滔,向他表示歉意。于是朱滔高兴起来,对待王武俊一如既往。然而,王武俊因此事却益发怨恨朱滔了。

　　六月,李抱真让参谋贾林到王武俊的营垒诈称归降。王武俊接见了贾林。贾林说:"我是奉诏而来的,并不是前来投降的。"王武俊脸色变了,便问其中的缘故,贾林说:"皇上知道大夫对朝廷一向有归诚效命之心,及至登上坛场称王的时候,还捶着胸口环顾随从人员说:'我本来是要献身忠义的,奈何皇上不能详察。'诸将领也曾经共同上表讲过大夫的志向。皇上对使者说:'以前的事,诚然是朕的失误,后悔也来不及了。朋友之间意见不合,还可以道歉,何况我是四海之主呢?'"王武俊说:"我是个胡人,作为将领,还知道爱护百姓,何况身为皇上,哪能专门从事杀人呢?现在山东接连用兵,白骨暴露,有如草莽,即使朝廷能够获胜,将与何人来共守胜利的成果呢?我并不害怕归顺国家,只是我已经与各镇结下了盟约。胡人生性耿直,不愿让自己委曲,倘若皇上能够下诏赦免各镇的罪过,我自当第一个倡议归顺王化,各镇如有不服从的,请让我遵奉正义之辞,前去讨伐他们。果能如此,我便上不辜负皇上,下不辜负与我同列之人,不超过五十天,河朔地区便可安定了。"王武俊让贾林回报李抱真,暗中相互联络。

　　15　庚戌(初五),开始施行税间架法和除陌钱法。当时,河东、泽潞、河阳、朔方四军屯驻在魏县,神策、永平、宣武、淮南、浙西、荆南、江洒、沔鄂、湖南、黔中、剑南、岭南各军环绕在淮宁周围。根据原有制度,各道军队一旦开出本道疆界,一概由度支提供给养。德宗优待体恤士兵,每当出境的时候,增加酒肉供给,士兵在本道的口粮仍然拨给他们的家庭,一人可以同时得到三人的给养,所以将士皆以此为利。于是各自出军,才越过本道疆界便停下来,

月费钱百三十馀万缗，常赋不能供。判度支赵赞乃奏行二法。所谓税间架者，每屋两架为间，上屋税钱二千，中税千，下税五百。吏执笔握算，入人室庐计其数。或有宅屋多而无他资者，出钱动数百缗。敢匿一间，杖六十，赏告者钱五十缗。所谓除陌钱者，公私给与及卖买，每缗官留五十钱，给他物及相贸易者，约钱为率。敢隐钱百，杖六十，罚钱二千，赏告者钱十缗，其赏钱皆出坐事之家。于是愁怨之声，盈于远近。

16　丁卯，徙郴王逾为丹王，鄜王遘为简王。

17　庚午，答蕃判官监察御史于頔与吐蕃使者论刺没藏至自青海，言疆场已定，请遣区颊赞归国。秋，七月甲申，以礼部尚书李揆为入蕃会盟使。壬辰，诏诸将相与区颊赞盟于城西。李揆有才望，卢杞恶之，故使之入吐蕃。揆言于上曰："臣不惮远行，恐死于道路，不能达诏命！"上为之恻然，谓杞曰："揆无乃太老！"杞曰："使远夷，非谙练朝廷故事者不可。且揆行，则自今年少于揆者不敢辞远使矣。"

18　八月丁未，李希烈将兵三万围哥舒曜于襄城，诏李勉及神策将刘德信将兵救之。乙卯，希烈将曹季昌以随州降，寻复为其将康叔夜所杀。

19　初，上在东宫，闻监察御史嘉兴陆贽名，即位，召为翰林学士，数问以得失。时两河用兵久不决，赋役日滋，贽以兵穷民困，恐别生内变，乃上奏，其略曰："克敌之要，在乎将得其人；驭将之方，在乎操得其柄。将非其人者，兵虽众

致使每月消耗钱一百三十馀万缗,通常的赋税无法保证供给。判度支赵赞于是上奏施行税间架和除陌钱两法。所谓税间架法,每房屋两架为一间,上等房屋征税两千钱,中等的征税一千,下等的征税五百。吏人拿着笔,握着计算工具,进入百姓家中,计算应征税额。有些住宅房屋多而没有其他资财的人家,交出的税钱动不动就是数百缗。假如敢于隐藏房屋一间的,杖责六十,奖赏告发人钱五十缗。所谓除陌钱法,就是凡公家私人所给与和买卖所得的钱,官家每缗钱中留取五十钱,对于给与其他物品和以物易物所得到的,约计成钱,进行计算。敢于瞒钱一百的,杖责六十,罚钱两千,奖赏告发人钱十缗,这奖赏钱一律出在获罪的人家。于是,愁苦怨恨之声,充满了远近各地。

16　丁卯(二十二日),德宗改封郴王李逾为丹王,改封鄌王李遘为简王。

17　庚午(二十五日),答蕃判官、监察御史于颀与吐蕃使者论剌没藏从青海回朝,说是双方边界已经确定下来,请让区颊赞回国。秋季,七月甲申(九日),德宗任命礼部尚书李揆为入蕃会盟使。壬辰(十七日),德宗颁诏命令诸将相与区颊赞在城西会盟。李揆素有才干与威望,卢杞憎恶他,所以让他出使吐蕃。李揆对德宗说:"我不害怕走远路,只是担心死在路途之中,不能将诏命送到!"德宗为李揆的话而悲伤,便对卢杞说:"李揆恐怕过于老迈了吧!"卢杞说:"到远方的夷人那里出使,不熟悉朝廷旧典的人是不行的。而且,李揆去了,今后年纪小于李揆的人,便不敢推辞去远方出使了。"

18　八月丁未(初二),李希烈领兵三万人在襄城包围哥舒曜,有诏命令李勉以及神策军将领刘德信领兵援救哥舒曜。乙卯(十日),李希烈的将领曹季昌率随州归降,不久又被他的将领康叔夜杀死。

19　当初,德宗在东宫当太子的时候,便听说过监察御史嘉兴人陆贽的名声。德宗即位以后,便召陆贽担任翰林学士,屡次向他询问朝政得失。当时河南、河北用兵长时间不能结束,赋税劳役日益增多,陆贽因兵源穷竭、百姓困顿,恐怕内部生出别的变故,便进上奏章,大略是说:"打败敌人的关键,在于任用将领能够得当;驾驭将领的办法,在于掌握用人的权柄。任用将领不得当,兵马虽然众多,

不足恃;操失其柄者,将虽材不为用。"又曰:"将不能使兵,国不能驭将,非止费财玩寇之弊,亦有不戢自焚之灾。"又曰:"今两河、淮西为叛乱之帅者,独四五凶人而已。尚恐其中或遭诖误,内蓄危疑;苍黄失图,势不得止。况其馀众,盖并胁从,苟知全生,岂愿为恶?"又曰:"无纾目前之虞,或兴意外之变。人者,邦之本也;财者,人之心也。其心伤则其本伤,其本伤则枝干颠瘁矣。"又曰:"人摇不宁,事变难测,是以兵贵拙速,不贵巧迟。若不靖于本而务救于末,则救之所为,乃祸之所起也。"又论关中形势,以为:"王者蓄威以昭德,偏废则危;居重以驭轻,倒持则悖。王畿者,四方之本也。太宗列置府兵,分隶禁卫,大凡诸府八百馀所,而在关中者殆五百焉。举天下不敌关中,则居重驭轻之意明矣。承平渐久,武备浸微,虽府卫具存而卒乘罕习。故禄山窃倒持之柄,乘外重之资,一举滔天,两京不守。尚赖西边有兵,诸牧有马,每州有粮,故肃宗得以中兴。乾元之后,继有外虞,悉师东讨,边备既弛,禁戎亦空,吐蕃乘虚,深入为寇,故先皇帝莫与为御,避之东游。是皆失居重驭轻之权,忘深根固柢之虑。内寇则崤、函失险,外侵则汧、渭为戎。于斯之时,虽有四方之师,宁救一朝之患?陛下追想及此,岂不为之寒心哉?今朔方、太原之众,远在山东;神策六军之兵,继出关外。傥有贼臣

也是不足依恃的;失去用人的权柄,将领虽然资质具备,还是不能为朝廷所用。"陆贽又说:"将领不能指挥士兵,国家不能驾驭将领,这不仅有耗费资财、玩忽寇盗的弊端,而且也会有兵火不熄而终至自焚的灾祸。"又说:"现在河北、河南、淮西发起叛乱的主将,只是四五个凶人而已。尚且恐怕其中有的人是遭受连累,心中积蓄着自危的疑虑,匆忙之间,考虑不周,以致为情势所趋,不能停止。何况其馀众人,恐怕全是因受人胁迫而跟随着反叛的,如果知道还有生路,哪里还愿意作恶呢?"又说:"如果不解除眼前的贻误,也许还会引起意外的变故。百姓是国家的根本;财利是百姓的核心。核心受到伤害,根本也就会受到伤害;根本受到伤害,枝干也就会坠毁了。"又说:"人心动摇,不得安宁,事故变幻,难以测度,所以用兵以拙而速为可贵,不以巧而迟为可贵。假如不能安定根本而致力于救助末梢,那么,救助末梢所做的事情,也正是祸患所起的原因。"陆贽又论说关中的形势,他认为:"做天子的应该积蓄威严,昭示恩德,若是偏废,便有危险;应该居于重兵防守之地,以便控制轻兵屯戍之地,如果轻重颠倒,便不合乎事理。皇上所在的京都周围地区,是四方各地的根本。太宗布置府兵,分别隶属于禁卫,大概各军府共有八百馀所,而安排在关中的军府便约有五百所。全国敌不住关中,那么,居于重兵防守之地,以便控制轻兵屯戍之地的意图是很明白的了。渐渐地,国家安定的日子长了,军备愈加衰败,虽然军府、卫所都依然存在,但是兵马演练却很罕见了。所以安禄山窃取被轻重颠倒的兵权,乘着外有重兵可以借助,发动叛乱,有如洪水滔天,两京相继失守。还是靠着西部边疆有军队,诸牧监有马匹,各州有粮食,所以肃宗才得以复兴。乾元以后,外患又相继发生,整个军队都在向东讨伐,边疆军备已废弛,禁兵又空虚,吐蕃乘着国家虚弱之机,深入内地,恣为侵扰,所以先帝无法抵御,便只好避开吐蕃东游。这都是因为失去居于重兵防守之地,以控制轻兵屯戍之地的权柄,忘记考虑深深培固根柢。内有寇盗,嵴山、函谷关也无所谓险要;外有攻侵,汧水、渭水一带便都成了军争之地。在这样的时候,虽有各地的军队,难道能救助一朝发生的祸患吗?陛下回顾往事至此,难道不为此而寒心吗?现在朔方、太原的军队已被远远地征调到山东,神策等六军又相继开出关外。倘若又有贼臣

啖寇，黠虏觑边，伺隙乘虚，微犯亭障，此愚臣所窃忧也。未审陛下其何以御之？侧闻伐叛之初，议者多易其事，佥谓有征无战，役不逾时，计兵未甚多，度费未甚广，于事为无扰，于人为不劳。曾不料兵连祸拏，变故难测，日引月长，渐乖始图。往岁为天下所患，咸谓除之则可致升平者，李正己、李宝臣、梁崇义、田悦是也。往岁为国家所信，咸谓任之则可除祸乱者，朱滔、李希烈是也。既而正己死，李纳继之；宝臣死，惟岳继之；崇义平，希烈叛；惟岳戮，朱滔携。然则往岁之所患者，四去其三矣，而患竟不衰；往岁之所信，今则自叛矣，而馀又难保。是知立国之安危在势，任事之济否在人。势苟安，则异类同心也；势苟危，则舟中敌国也。陛下岂可不追鉴往事，惟新令图，修偏废之柄以靖人，复倒持之权以固国？而乃孜孜汲汲，极思劳神，徇无已之求，望难必之效乎？今关辅之间，征发已甚，宫苑之内，备卫不全。万一将帅之中，又如朱滔、希烈，或负固边垒，诱致豺狼，或窃发郊畿，惊犯城阙，此亦愚臣所窃为忧者也，未审陛下复何以备之？陛下傥过听愚计，所遣神策六军李晟等及节将子弟，悉可追还；明敕泾、陇、邠、宁，但令严备封守，仍云更不征发，使知各保安居。又降德音，罢京城及畿县间架等杂税，则冀已输者弭怨，见处者获宁，人心不摇，邦本自固。”上不能用。

勾引敌寇,致使异族窥伺边疆,看准缝隙,乘虚而入,悄悄侵犯边防的亭障,这才是愚臣在私下里所担忧的啊。不知陛下将如何抵御这种情况?我从侧面得知,开始讨伐叛军时,议论此事的人大多把用兵之事看得轻而易举,都说只有调兵出征而实无战事,兵役不会超越时限,算起来需要兵员不会太多,估计着消耗费用也不会太大,国事并无骚扰,百姓并无辛劳。谁曾料到后来战事相继,灾祸频仍,变故难以测度,随着时间的延长,逐渐背离了初始的谋划。以往被天下视为灾祸,都说铲而除之便可再回到太平之世的,是李正己、李宝臣、梁崇义、田悦诸人。以往被朝廷所信任,都说任而用之便可除去祸乱的,是朱滔、李希烈等人。不久前,李正己死了,李纳接续了他;李宝臣死了,李惟岳接续了他;梁崇义被平定了,李希烈又反叛了;李惟岳被杀掉了,朱滔又叛离了。这样说来,往年被视为祸患的人物,四个已经去掉三个了,但祸患终竟未曾减弱;以往被信任的人物,现在却自行反叛了,而剩下来的人物也难保不叛。由此可知,立国的安定与否在于形势,办事的成功与否在于用人。如果形势安定,那么异族也会与朝廷一条心的;如果形势危殆,那么同船之人也会全成为敌人的。陛下岂能不以往事为借鉴,革新法度,修复被偏废的权柄,以便安定人心,巩固国家?却反而这样孜孜不倦,汲汲以求,费尽思索,劳尽心神,屈从于没完没了的欲求,而期待难以必成的功效呢?如今关中畿辅地区征发兵员已经太多,连宫廷范围之中都没有足够的军队设置警备。万一将帅中有人又步朱滔、李希烈的后尘,或者依仗边塞壁垒险固,引诱招致异族入侵,或者偷偷发兵京郊畿辅,震动京城,干犯宫阙,这也是我私下里所担忧的啊,不知陛下又如何防备这种情况呢?倘使陛下肯屈尊听我的计策,那么,应该全部追回朝廷派遣的神策六军李晟等人以及诸使节、将领的子弟,明文敕令泾、陇、邠、宁各州,只要严密防守四境,还要说明再不征调兵员,使人们知道各保安定生活。又须颁降德音,罢除京城与畿辅各县的间架等杂税,此则可望使已经交税的人消弭怨恨,使现在居住在京城与畿辅各县的人们获得安宁,人心不再动摇,国家的根本自然就强固了。"德宗未能采用这些建议。

20　壬戌,以汴西运使崔纵兼魏州四节度都粮料使。纵,涣之子也。

21　九月丙戌,神策将刘德信、宣武将唐汉臣与淮宁将李克诚战,败于沪涧。时李勉遣汉臣将兵万人救襄城,上遣德信帅诸将家应募者三千人助之。勉奏:“李希烈精兵皆在襄城,许州空虚,若袭许州,则襄城围自解。”遣二将趣许州,未至数十里,上遣中使责其违诏,二将狼狈而返,无复斥候。克诚伏兵邀之,杀伤太半。汉臣奔大梁,德信奔汝州;希烈游兵剽掠至伊阙。勉复遣其将李坚帅四千人助守东都,希烈以兵绝其后,坚军不得还。汴军由是不振,襄城益危。

22　上以诸军讨淮宁者不相统壹,庚子,以舒王谟为荆襄等道行营都元帅,更名谊;以户部尚书萧复为长史,右庶子孔巢父为左司马,谏议大夫樊泽为右司马,自馀将佐皆选中外之望。未行,会泾师作乱而止。复,嵩之孙也;巢父,孔子三十七世孙也。

23　上发泾原诸道兵救襄城。冬,十月丙午,泾原节度使姚令言将兵五千至京师。军士冒雨,寒甚,多携子弟而来,冀得厚赐遗其家,既至,一无所赐。丁未,发至浐水,诏京兆尹王翃犒师,惟粝食菜饭。众怒,蹴而覆之,因扬言曰:“吾辈将死于敌,而食且不饱,安能以微命拒白刃邪?闻琼林、大盈二库,金帛盈溢,不如相与取之。”乃擐甲张旗鼓噪,还趣京城。令言入辞,尚在禁中,闻之,驰至长乐阪,遇之。军士射令言,令言抱马鬣突入乱兵,呼曰:“诸君失计!

20 壬戌(十七日),德宗让汴西运使崔纵兼任魏州四节度都粮料使。崔纵是崔涣的儿子。

21 九月丙戌(十二日),神策将领刘德信、宣武将领唐汉臣与淮宁将领李克诚接战,在沪涧被打败。当时,李勉派遣唐汉臣领兵一万人援救襄城,德宗派遣刘德信率领在诸将领家应募的三千人协助唐汉臣。李勉上奏说:"李希烈的精兵都在襄城,许州空虚,如果袭击许州,襄城的围兵便自然解除了。"于是李勉派遣刘德信、唐汉臣两位将领进趋许州。还没有走出几十里地,德宗派遣中使责备刘德信、唐汉臣违抗诏旨,两位将领狼狈而归,不再侦察敌情。李克诚埋伏兵马,拦击两位将领,杀伤两位将领的兵马有一大半。唐汉臣逃往大梁,刘德信逃往汝州,李希烈流动巡哨的兵马已经劫掠到了伊阙。李勉再派遣他的将领李坚率四千人协助守东都,李希烈派兵截断李坚军的后路,李坚军无法返还。由此,汴军不能振作,襄城愈加危殆。

22 因讨伐淮宁各军相互之间不能统一,庚子(二十六日),德宗任命舒王李谟为荆襄等道行营都元帅,改名为李谊,任命户部尚书萧复为长史,任命右庶子孔巢父为左司马,任命谏议大夫樊泽为右司马,其馀将佐,也都是选任朝廷内外有名望的人物。这些人还未启程,适逢泾原军发生叛乱,只好作罢。萧复是萧嵩的孙子;孔巢父是孔子的三十七世孙。

23 德宗征发泾原等道兵马援助襄城。冬季,十月丙午(初二),泾原节度使姚令言领兵五千人来到京城。士兵冒雨而行,甚是寒冷,他们多数携带着自家子弟前来,希望得到丰厚的赏赐送给自己家中的人,来到以后,却没有得到任何赏赐。丁未(初三),泾原军出发来到沪水,有诏命京兆尹王翃犒劳军队,送去的只有粗米饭和菜饼。众人愤怒了,便踢翻了犒劳品,并借机扬言说:"我们将要赴敌而死,却连口饱饭都吃不上,怎么能够拿自己的小命去往雪白的刀刃上撞呢?听说皇上琼林、大盈两个内库里金银锦帛装得满满的,我们不如一块儿去取一点吧。"于是众人穿上铠甲,举起旗帜,擂鼓呐喊,回军开向京城。姚令言入朝辞行,还在宫中,一听说此事,乘马急驰来到长乐阪,与众人相遇。士兵用箭射击姚令言,姚令言伏在马背上冲进哗乱的士兵之中,呼喊道:"诸位打错了主意!

东征立功，何患不富贵，乃为族灭之计乎？"军士不听，以兵拥令言而西。上遽命赐帛，人二匹；众益怒，射中使。又命中使宣慰，贼已至通化门外，中使出门，贼杀之。又命出金帛二十车赐之；贼已入城，喧声浩浩，不复可遏。百姓狼狈骇走，贼大呼告之曰："汝曹勿恐，不夺汝商货僦质矣！不税汝间架陌钱矣！"上遣普王谊、翰林学士姜公辅出慰谕之；贼已陈于丹凤门外，小民聚观者以万计。

初，神策军使白志贞掌召募禁兵，东征死亡者志贞皆隐不以闻，但受市井富儿略而补之，名在军籍受给赐，而身居市廛为贩鬻。司农卿段秀实上言："禁兵不精，其数全少，卒有患难，将何待之？"不听。至是，上召禁兵以御贼，竟无一人至者。贼已斩关而入，上乃与王贵妃、韦淑妃、太子、诸王、唐安公主自苑北门出，王贵妃以传国宝系衣中以从；后宫诸王、公主不及从者什七八。

初，鱼朝恩既诛，宦官不复典兵，有窦文场、霍仙鸣者，尝事上于东宫，至是，帅宦官左右仅百人以从。使普王谊前驱，太子执兵以殿。司农卿郭曙以部曲数十人猎苑中，闻跸，谒道左，遂以其众从。曙，暧之弟也。右龙武军使令狐建方教射于军中，闻之，帅麾下四百人从，乃使建居后为殿。

姜公辅叩马言曰："朱泚尝为泾帅，坐弟滔之故，废处京师，心尝怏怏。臣谓陛下既不能推心待之，则不如杀之，毋贻后患。今乱兵若奉以为主，则难制矣。请召使从行。"上仓猝不暇用其言，曰："无及矣！"遂行。夜至咸阳，

这次东征，前去立功，还愁不能富贵，怎么竟做这种满族受戮的打算呢？"士兵不听劝告，用兵器簇拥着姚令言西进京城。德宗急忙命令赐给锦帛，每人两匹。众人更加愤怒，用箭去射中使。德宗又命令中使前去安抚，而乱兵已经来到通化门外，中使才出了通化门，乱兵便将他杀死。德宗又命令拿出金银锦帛二十车赐给乱兵，但是乱兵已经进入城内，喧哗之声乱成一片，不再能够遏止。百姓惊惶狼狈而逃，乱兵大声喊叫着告诉他们："你们不必恐慌，不会有人夺取你们商货典当的利钱了！不会有人向你们征缴间架税和除陌钱了！"德宗派遣普王李谊与翰林学士姜公辅出来劝慰乱兵，而乱兵已经在丹凤门外结成阵列，聚来观看的百姓数以万计。

当初，神策军使白志贞主持招募禁兵，对东征死亡的兵员一概隐瞒不报，但凡收受到商贾富人的贿赂，便将他补为兵员。这些人名字写在军籍里，享受供给与赏赐，而自身仍然住在商肆之中贩卖货物。司农卿段秀实上言："禁兵不够精良，员额全都缺少，倘若猝然发生祸难，那将如何防御呢？"皇上没有听信段秀实的进言。至此，德宗召集禁兵去抵御乱兵，始终没有一人到来。乱兵已经砍杀了守城将士，夺关而入，德宗这才与王贵妃、韦淑妃、太子、诸王、唐安公主等人从宫苑的北门出来，王贵妃把传国之宝系在衣服中从行，后宫中的诸王、公主来不及跟从德宗出走的人有十分之七八。

当初，鱼朝恩既已诛除，宦官不再掌管军事，有名叫窦文场、霍仙鸣的两个人，曾经在德宗居东宫时事奉过德宗，至此，他们带领宦官侍从仅一百人跟随德宗出走。德宗让普王李谊在前面开路，让太子手握兵器殿后。司农卿郭曙带着部下数十人在禁苑中打猎，听说德宗车驾出行，便在道左谒见，并带着他的部下随行。郭曙是郭曖的弟弟。右龙武军使令狐建正在军中教练射箭，得知消息后，便率领部下四百人从行，于是德宗让令狐建在后面作为殿军。

姜公辅挽住德宗的马缰进言说："朱泚曾经担任过泾原的节帅，由于受到弟弟朱滔牵连的缘故，遭到废黜，闲居京城，内心一度郁郁不乐。我认为陛下既然不能推心置腹地对待他，便不如将他杀掉，不要留下后患。现在哗乱的士兵如果拥戴他为首领，那就难于控制了。请将朱泚召来，让他随从出走。"德宗在仓促间无暇照着姜公辅的话去办，说声："来不及了！"便出发了。时至夜分，来到咸阳，

饭数匕而过。时事出非意，群臣皆不知乘舆所之。卢杞、关播逾中书垣而出。白志贞、王翃及御史大夫于颀、中丞刘从一、户部侍郎赵赞、翰林学士陆贽、吴通微等追及上于咸阳。颀，颋之从父兄弟；从一，齐贤之从孙也。

　　贼入宫，登含元殿，大呼曰："天子已出，宜人自求富！"遂讙噪，争入府库，运金帛，极力而止。小民因之，亦入宫盗库物，通夕不已。其不能入者，剽夺于路。诸坊居民各相帅自守。姚令言与乱兵谋曰："今众无主，不能持久，朱太尉闲居私第，请相与奉之。"众许诺。乃遣数百骑迎泚于晋昌里第。夜半，泚按辔列炬，传呼入宫，居含元殿，设警严，自称权知六军。

　　戊申旦，泚徙居白华殿，出榜于外，称："泾原将士久处边陲，不闲朝礼，辄入宫阙，致惊乘舆，西出巡幸。太尉已权临六军，应神策军士及文武百官凡有禄食者，悉诣行在；不能往者，即诣本司。若出三日，检勘彼此无名者，皆斩！"于是百官出见泚。或劝迎乘舆，泚不悦，百官稍稍遁去。

　　源休以使回纥还，赏薄，怨朝廷，入见泚，屏人密语移时，为泚陈成败，引符命，劝之僭逆。泚喜，然犹未决。宿卫诸军举白幡降者，列于阙前甚众。泚夜于苑门出兵，旦自通化门入，骆驿不绝，张弓露刃，欲以威众。

　　上思桑道茂之言，自咸阳幸奉天。县僚闻车驾猝至，欲逃匿山谷；主簿苏弁止之。弁，良嗣之兄孙也。文武之臣稍稍继至。己酉，左金吾大将军浑瑊至奉天。瑊素有威望，众心恃之稍安。

大家只吃了几勺饭便算了事。当时,事情出于意料之外,群臣都不知道德宗的去向。卢杞、关播从中书省逾墙而出。白志贞、王翃以及御史大夫于颀、中丞刘从一、户部侍郎赵赞、翰林学士陆贽、吴通微等人在咸阳追上了德宗。于颀是于頔的叔伯兄弟。刘从一是刘齐贤的从孙。

乱兵进入宫中,登上含元殿,大声喊叫着说:"皇上已经出走,应该让人各自想法发财了!"于是乱兵欢呼鼓噪,争着进入府库,运走金银锦帛,直到运不动了,才停止下来。乘此时机,百姓也进入宫中,盗窃库房中的物品,彻夜不止。那些未能进入宫中库房的人们,便在路上抢劫。诸坊的居民都各自聚在一起自行守卫。姚令言和哗乱士兵商议说:"现在大家没有首脑,不可能长此坚持下去,朱太尉正在他私人的府第中闲居,请一起拥戴他吧。"大家答应下来。便派出几百骑兵到晋昌里府第迎接朱泚。半夜时分,朱泚紧扣马缰缓行,张列火炬,前后传呼着进入宫中,在含元殿住下,设置了严密的警戒,自称权知六军。

戊申(十六日)早晨,朱泚移居白华殿,在宫外张出告示,声称:"泾原的将士长期身居边疆,不熟悉朝廷的礼数,便进入宫中,使圣上受到惊动,西出巡幸。现在朱太尉已经暂且统辖六军,应召的神策军士兵以及靠俸禄过活的文武官员,应当全部前往圣上出巡的地方;不能前往的,可到本官官署来。如果超过三天,查出两处都未具名的人,一概斩首。"于是百官只好出来见朱泚。有的人劝说朱泚前去迎接德宗,朱泚不高兴,于是百官逐渐逃走。

源休出使回纥归来,由于赏赐菲薄而埋怨朝廷,这时他入宫去见朱泚,屏退在场的人,秘密交谈了一段时间,他为朱泚陈述古今成败之理,征引符命之说,劝朱泚称帝。朱泚大喜,但还是没有决定下来。在宫中为皇上值宿警卫的各支军队举起白旗归降朱泚的人,排列在宫门前面,为数很多。朱泚在夜间由宫苑大门放出士兵,到天亮再由通化门进来,络绎不绝,弩张剑拔,打算以此向群众示威。

德宗想起桑道茂的话,便从咸阳前往奉天。县中的官员听说皇上的车驾突然来到,打算逃到山谷中躲藏起来,主簿苏弇制止了他们。苏弇是苏良嗣之兄的孙子。这时,文武臣僚逐渐地相继到来。己酉(初五),左金吾大将军浑瑊到达奉天。浑瑊素来便有威望,大家因浑瑊前来,心情逐渐安定。

庚戌，源休劝朱泚禁十城门，毋得出朝士，朝士往往易服为佣仆潜出。休又为泚说诱文武之士，使之附泚。检校司空、同平章事李忠臣久失兵柄，太仆卿张光晟自负其才，皆郁郁不得志，泚悉起而用之。工部侍郎蒋镇出亡，坠马伤足，为泚所得。先是休以才能，光晟以节义，镇以清素，都官员外郎彭偃以文学，太常卿敬钎以勇略，皆为时人所重，至是皆为泚用。

凤翔、泾原将张廷芝、段诚谏将数千人救襄城，未出潼关，闻朱泚据长安，杀其大将陇右兵马使戴兰，溃归于泚。泚于是自谓众心所归，谋反遂定。以源休为京兆尹、判度支，李忠臣为皇城使。百司供亿，六军宿卫，咸拟乘舆。

辛亥，以浑瑊为京畿、渭北节度使，行在都虞候白志贞为都知兵马使，令狐建为中军鼓角使，以神策都虞候侯仲庄为左卫将军兼奉天防城使。

朱泚以司农卿段秀实久失兵柄，意其必怏怏，遣数十骑召之。秀实闭门拒之，骑士逾垣入，劫之以兵。秀实自度不免，乃谓子弟曰："国家有患，吾于何避之，当以死徇社稷；汝曹宜人自求生。"乃往见泚。泚喜曰："段公来，吾事济矣。"延坐问计。秀实说之曰："公本以忠义著闻天下，今泾军以犒赐不丰，遂有披猖，使乘舆播越。夫犒赐不丰，有司之过也，天子安得知之？公宜以此开谕将士，示以祸福，奉迎乘舆，复归宫阙，此莫大之功也！"泚默然不悦，然以秀实与己皆为朝廷所废，遂推心委之。左骁卫将军刘海宾、泾原都虞候何明礼、孔目官岐灵岳，皆秀实素所厚也，秀实密与之谋诛泚，迎乘舆。

庚戌(初六),源休劝说朱泚关闭长安的十个城门,不许将朝廷官员放出城外,朝廷官员往往改换服装,扮作雇工或仆人,暗中出城。源休又为朱泚劝诱文武官员,让他们依附朱泚。检校司空、同平章事李忠臣长期失去兵权,太仆卿张光晟以才干自负,都郁郁不得志,朱泚全都起用了他们。工部侍郎蒋镇出逃的时候,掉下马来,脚部摔伤,也被朱泚得到。在此之前,由于源休才能出众,张光晟能守节义,蒋镇清正俭朴,都官员外郎彭偃有文采学识,太常卿敬釭勇敢而有谋略,都为当时人所推重,至此,他们都被朱泚起用了。

凤翔、泾原将领张廷芝、段诚谏带领数千人援助襄城,还未走出潼关,听说朱泚占据长安,便杀死他们的大将陇右兵马使戴兰,乱哄哄地归降了朱泚。朱泚因此认为自己是人心所向,便决定谋反了。他任命源休为京兆尹、判度支,任命李忠臣为皇城使。各部门的供给,六军值宿警卫宫禁,都仿照皇帝的设置。

辛亥(初七),德宗任命浑瑊为京畿、渭北节度使,任命行在都虞候白志贞为都知兵马使,任命令狐建为中军鼓角使,任命神策都虞候侯仲庄为左卫将军兼任奉天防城使。

朱泚因司农卿段秀实长期失去兵权,猜想他必定会郁郁不乐,便派遣数十骑兵传召段秀实。段秀实闭门拒绝来使,骑兵跳墙而入,用兵器劫持了他。段秀实估计自己不能幸免,便对子弟说:"国家蒙受灾难,我能够躲避到何处去?我自当为国家殉难,你们应去自求生路。"于是段秀实去见朱泚。朱泚高兴地说:"段公一来,我的大事可望成功了。"朱泚请段秀实入座,向他询问计谋。段秀实劝说他道:"你本来以忠义著称于天下,现在泾原军因犒劳赏赐不丰厚,骤然猖獗而起,致使圣上流离失所。若说犒劳赏赐不够丰厚,那是有关部门的过错,圣上哪里能够知道此事?你最好用这个道理开导将士,讲清此中祸福,迎接圣上,再回宫中,可真是没有比这更大的功劳了!"朱泚默不作声,心中不快,但是认为段秀实与自己都是被朝廷所废黜的,所以还是推心置腹地委任他。左骁卫将军刘海宾、泾原都虞候何明礼、孔目官岐灵岳,都是段秀实平素所厚待的人,段秀实暗中与他们计议诛杀朱泚,迎接德宗。

　　上初至奉天，诏征近道兵入援。有上言："朱泚为乱兵所立，且来攻城，宜早修守备。"卢杞切齿言曰："朱泚忠贞，群臣莫及，奈何言其从乱，伤大臣心？臣请以百口保其不反。"上亦以为然。又闻群臣劝泚奉迎，乃诏诸道援兵至者皆营于三十里外。姜公辅谏曰："今宿卫单寡，防虑不可不深，若泚竭忠奉迎，何惮于兵多？如其不然，有备无患。"上乃悉召援兵入城。卢杞及白志贞言于上曰："臣观朱泚心迹，必不至为逆，愿择大臣入京城宣慰以察之。"上以诸从臣皆畏惮，莫敢行；金吾将军吴溆独请行，上悦。溆退而告人曰："食其禄而违其难，何以为臣？吾幸托肺附，非不知往必死，但举朝无蹈难之臣，使圣情慊慊耳！"遂奉诏诣泚。泚反谋已决，虽阳为受命，馆溆于客省，寻杀之。溆，凑之兄也。

　　泚遣泾原兵马使韩旻将锐兵三千，声言迎大驾，实袭奉天。时奉天守备单弱，段秀实谓岐灵岳曰："事急矣！"使灵岳诈为姚令言符，令旻且还，当与大军俱发。窃令言印未至，秀实倒用司农印印符，募善走者追之。旻至骆驿，得符而还。秀实谓同谋曰："旻来，吾属无类矣！我当直搏泚杀之，不克则死，终不能为之臣也！"乃令刘海宾、何明礼阴结军中之士，欲使应之于外。旻兵至，泚、令言大惊；岐灵岳独承其罪而死，不以及秀实等。

德宗来到奉天之初，下诏征调邻近各道兵马前来援救。有人上言说："朱泚被哗乱的士兵所拥立，将要前来攻打奉天城，应该及早做好防守的准备。"卢杞咬紧牙齿说："朱泚的忠贞，是群臣所赶不上的，怎么能说他随从作乱，而伤大臣的心呢？我请求以举家一百口人担保朱泚不会造反。"德宗也认为是这样。又听说群臣劝说朱泚迎接自己，便下诏已经到来的各道援兵都在距离奉天三十里外扎营。姜公辅规劝说："现在宫中值宿警卫的兵力非常薄弱，防范和顾虑不能不缜密一些，如果朱泚竭尽忠心迎接陛下，他对援兵聚集又有什么可忌惮的？倘若朱泚并不是这样，那就是有备无患了。"于是德宗传召援兵悉数入城。卢杞及白志贞对德宗说："我看朱泚内心的真情，必定不至于做出叛逆的事情来，希望陛下能够选择大臣前往京城安抚他，以便观察他的态度。"德宗因诸随从出走的朝臣都心怀畏惧，不敢前去，只有金吾将军吴溆请求前去，心中很高兴。吴溆退朝后告诉人们说："接受国家的俸禄而逃避国家的危难，怎么能够做人臣呢？我有幸作为帝室的微末之亲，不是不知道前往必定要遭杀害，但是举朝没有赴难的臣下，也太让圣上遗憾了！"于是，吴溆带着诏书去见朱泚。朱泚已经决定谋反，虽然佯装接受诏命，把吴溆安置在客省的馆舍中，但不久便将他杀了。吴溆是吴凑的哥哥。

朱泚派遣泾原兵马使韩旻带领精锐兵马三千人，声称迎接德宗回京城，实际上是要去袭击奉天。当时奉天的防守力量非常薄弱，段秀实便对岐灵岳说："事情危急了！"他让岐灵岳盗用姚令言的印符，以此命令韩旻暂且回军，与大队人马同时出发。由于姚令言的印信未能盗来，段秀实便倒印上司农印的印符，招募了擅长奔走的人去追赶韩旻。韩旻行至骆驿，得到印符便回军了。段秀实与共同策划的人们说："只要韩旻一回来，我辈是要无一幸免的了！我自当直接与朱泚搏斗，将他杀死，若不能成功，便一死了之，我是终究不能够作朱泚的臣属的！"于是段秀实让刘海宾、何明礼暗中联络军中的将士，准备使他们从外部响应。韩旻军回来后，朱泚和姚令言极为震惊，岐灵岳独自承担了罪名而赴死，没有牵连段秀实等人。

是日，泚召李忠臣、源休、姚令言及秀实等议称帝事。秀实勃然起，夺休象笏，前唾泚面，大骂曰："狂贼！吾恨不斩汝万段，岂从汝反邪！"因以笏击泚，泚举手扞之，才中其额，溅血洒地。泚与秀实相搏恟恟，左右猝愕，不知所为。海宾不敢进，乘乱而逸。忠臣前助泚，泚得匍匐脱走。秀实知事不成，谓泚党曰："我不同汝反，何不杀我？"众争前杀之。泚一手承血，一手止其众曰："义士也！勿杀。"秀实既死，泚哭之甚哀，以三品礼葬之。海宾缞服而逃，后二日，捕得，杀之；亦不引何明礼。明礼从泚攻奉天，复谋杀泚，亦死。上闻秀实死，恨委用不至，涕泗久之。

24　壬子，以少府监李昌巙为京畿、渭南节度使。

25　凤翔节度使、同平章事张镒，性儒缓，好修饰边幅，不习军事，闻上在奉天，欲迎大驾，具服用货财，献于行在。后营将李楚琳，为人剽悍，军中畏之，尝事朱泚，为泚所厚。行军司马齐映与同幕齐抗言于镒曰："不去楚琳，必为乱首。"镒命楚琳出戍陇州。楚琳托事不时发。镒方以迎驾为忧，谓楚琳已去矣。楚琳夜与其党作乱，镒缒城而走，贼追及，杀之，判官王沼等皆死。映自水窦出，抗为佣保负荷而逃，皆免。

始，上以奉天迫隘，欲幸凤翔，户部尚书萧复闻之，遽请见曰："陛下大误，凤翔将卒皆朱泚故部曲，其中必有与之同恶者。臣尚忧张镒不能久，岂得以銮舆蹈不测之渊乎？"上曰："吾行计已决，试为卿留一日。"明日，闻凤翔乱，乃止。

这一天,朱泚传召李忠臣、源休、姚令言以及段秀实等人商议称帝事宜。段秀实猛然站起来,夺去源休的象牙朝笏,走上前去,唾朱泚的脸,大骂道:"狂妄的叛贼! 我恨不能将你斩为万段,岂肯随从你造反呢!"于是用朝笏击打朱泚,朱泚举起手来抵挡笏击,朝笏只击中了朱泚的额头,血花溅起,洒了一地。朱泚与段秀实呼喝着相互搏斗,他的侍从人员由于事出仓促,陡然一惊,不知如何是好。刘海宾不敢上前,乘着混乱逃走。李忠臣前去帮助朱泚,朱泚得以匍匐着脱身逃走。段秀实知道事情不能成功,便对朱泚的党羽说:"我不和你们一起造反,为什么不杀死我?"众人争着上前杀了段秀实。朱泚一手给自己止着血,一手制止众人说:"他是一位义士啊! 不要杀他。"段秀实死去以后,朱泚哭他哭得甚是悲哀,还以三品官的丧礼埋葬了他。刘海宾穿着丧服逃走,过了两天,朱泚逮捕了他,将他杀了,而他也不曾牵连何明礼。何明礼跟随朱泚攻打奉天,再次策划诛杀朱泚,也死去了。德宗听到段秀实的死讯,悔恨当初没有任用他,涕泪交流地哭了许久。

　　24　壬子(初八),德宗任命少府监李昌嶴为京畿、渭南节度使。

　　25　凤翔节度使、同平章事张镒,性情儒雅迂徐,喜欢修饰边幅,并不熟悉军事,他听说德宗出走奉天,准备迎驾,备办衣服用具、货物资财,献到行在。后营将领李楚琳为人矫捷勇猛,军中将士都畏惧他,他曾事奉过朱泚,朱泚待他不薄。行军司马齐映与同僚齐抗对张镒说:"若不将李楚琳除去,他必定会成为变乱的祸首。"张镒命令李楚琳出去戍守陇州。李楚琳借口有事,没有按时出发。张镒正在因迎接大驾而忧心,自以为李楚琳已经离开了。于是李楚琳与他的同党在夜间发起变乱,张镒系绳越城逃走,李楚琳追上了他,将他杀死,判官王沼等人全都死去。齐映从水洞中出城,齐抗扮成雇工背负肩挑逃了出去,均得不死。

　　开始的时候,德宗嫌奉天过于狭小,打算前往凤翔,户部尚书萧复闻讯,急忙求见德宗说:"陛下大大地错了,凤翔将士都是朱泚过去的私兵,其中必定有人与朱泚共同作恶。对张镒我尚且担心他不能长久,岂能让陛下的车驾陷入不可测度的深渊呢?"德宗说:"我去凤翔,主意已定,权且为你逗留一天吧!"次日,德宗听说凤翔已经发生变乱,便不再到凤翔去。

齐映、齐抗皆诣奉天,以映为御史中丞,抗为侍御史。楚琳自为节度使,降于朱泚;陇州刺史郝通奔于楚琳。

26　商州团练兵杀其刺史谢良辅。

27　朱泚自白华殿入宣政殿,自称大秦皇帝,改元应天。癸丑,泚以姚令言为侍中、关内元帅,李忠臣为司空兼侍中,源休为中书侍郎、同平章事、判度支,蒋镇为吏部侍郎,樊系为礼部侍郎,彭偃为中书舍人,自馀张光晟等各拜官有差。立弟滔为皇太弟。姚令言与源休共掌朝政,凡泚之谋划、迁除、军旅、资粮,皆禀于休。休劝泚诛翦宗室在京城者以绝人望,杀郡王、王子、王孙凡七十七人。寻又以蒋镇为门下侍郎,李子平为谏议大夫,并同平章事。镇忧惧,每怀刀欲自杀,又欲亡窜,然性怯,竟不果。源休劝泚诛朝士之窜匿者以胁其馀,镇力救之,赖以全者甚众。樊系为泚撰册文,既成,仰药而死。大理卿胶水蒋沇诣行在,为贼所得,沇绝食称病,潜窜得免。

28　哥舒曜食尽,弃襄城奔洛阳;李希烈陷襄城。

29　右龙武将军李观将卫兵千馀人从上于奉天,上委之召募。数日,得五千馀人,列之通衢,旗鼓严整,城人为之增气。

姚令言之东出也,以兵马使京兆冯河清为泾原留后,判官河中姚况知泾州事。河清、况闻上幸奉天,集将士大哭,激以忠义,发甲兵、器械百馀车,通夕输行在。城中方苦无甲兵,得之,士气大振。诏以河清为四镇、北庭行营、泾原节度使,况为行军司马。

齐映、齐抗都到达奉天,德宗任命齐映为御史中丞,任命齐抗为侍御史。李楚琳自称为节度使,投降朱泚;陇州刺史郝通投奔了李楚琳。

26 商州团练的士兵杀死了他们的刺史谢良辅。

27 朱泚从白华殿进入宣政殿,自称大秦皇帝,更改年号为应天。癸丑(九日),朱泚任命姚令言为侍中、关内元帅,任命李忠臣为司空兼侍中,任命源休为中书侍郎、同平章事、判度支,任命蒋镇为吏部侍郎,任命樊系为礼部侍郎,任命彭偃为中书舍人,其馀如张光晟等人也都分别封拜官职,大小不等。又立弟弟朱滔为皇太弟。姚令言与源休共同执掌朝政,凡是朱泚的谋划、任官、军事和物资粮草等事,都要向源休禀报。源休劝说朱泚消灭留在京城的宗室,以便根绝人们的期望,于是杀掉了郡王、王子、王孙凡七十七人。不久,朱泚又任命蒋镇为门下侍郎,任命李子平为谏议大夫,两人一并同平章事。蒋镇又愁又怕,每每怀揣刀子准备自杀,又打算逃亡,然而生性怯懦,终究未能实施。源休劝说朱泚诛杀逃亡隐匿的朝臣,以便胁迫其馀的朝臣,蒋镇尽力营救他们,赖蒋镇得以全身的人为数甚多。樊系为朱泚撰写册文,写完以后,便服毒自杀。大理卿胶水人蒋沇前往行在,被叛军捉住,蒋沇拒绝进食,佯称染病,得以暗中逃去,幸免于难。

28 哥舒曜军粮吃光,放弃襄城,逃奔洛阳,李希烈攻陷了襄城。

29 右龙武将军李观带领卫兵一千馀人到奉天跟随德宗,德宗委托他招募兵员。数天之后,李观募得五千馀人,将他们排列在大道上,军容布列严整,奉天城中的人们因此而勇气大增。

姚令言东出泾原的时候,让兵马使京兆人冯河清担任泾原留后,让判官河中人姚况主持泾州事务。冯河清和姚况听说德宗出走奉天,集合将士,当场大哭,以忠义激发将士,发出铠甲、兵器、器械等一百多车,彻夜运往行在。奉天城中正苦于没有铠甲兵器,得到这些供给,士气大振。德宗颁诏任命冯河清为四镇、北庭行营、泾原节度使,任命姚况为行军司马。

30　上至奉天数日，右仆射、同平章事崔宁始至，上喜甚，抚劳有加。宁退，谓所亲曰："主上聪明英武，从善如流，但为卢杞所惑，以至于此！"因潸然出涕。杞闻之，与王翃谋陷之。翃言于上曰："臣与宁俱出京城，宁数下马便液，久之不至，有顾望意。"会朱泚下诏，以左丞柳浑同平章事，宁为中书令。浑，襄阳人也，时亡在山谷。翃使鳌屋尉康湛诈为宁遗朱泚书，献之。杞因谮宁与朱泚结盟，约为内应，故独后至。乙卯，上遣中使引宁就幕下，云宣密旨，二力士自后缢杀之。中外皆称其冤；上闻之，乃赦其家。

31　朱泚遣使遗朱滔书，称："三秦之地，指日克平；大河之北，委卿除殄。当与卿会于洛阳。"滔得书，宣示军府，移牒诸道，以自夸大。

32　上遣中使告难于魏县行营，诸将相与恸哭。李怀光帅众赴长安，马燧、李芃各引兵归镇，李抱真退屯临洺。

33　丁巳，以户部尚书萧复为吏部尚书，吏部郎中刘从一为刑部侍郎，翰林学士姜公辅为谏议大夫，并同平章事。

34　朱泚自将逼奉天，军势甚盛。以姚令言为元帅，张光晟副之，以李忠臣为京兆尹、皇城留守，仇敬忠为同、华等州节度、拓东王，以扞关东之师，李日月为西道先锋经略使。

邠宁留后韩遊瓌，庆州刺史论惟明，监军翟文秀，受诏将兵三千拒泚于便桥，与泚遇于醴泉。遊瓌欲还趣奉天，文秀曰："我向奉天，贼亦随至，是引贼以迫天子也。不若留壁于此，贼必不敢越我向奉天。若不顾而过，则与奉天夹攻之。"

30　德宗来到奉天数日以后,右仆射、同平章事崔宁方始来到,皇帝甚为高兴,对他大加抚慰。崔宁退下来后,对亲近的人说:"皇上聪慧明达,英俊威武,从善如流,只是被卢杞所迷惑,以至于落到这般地步!"于是扑簌簌地流下了眼泪。卢杞闻知此事,便与王翃图谋陷害他。王翃对德宗说:"我与崔宁一块儿从京城出来,崔宁好几次下马便溺,以至于好长时间不能赶到奉天,这是存心观望。"恰巧赶上朱泚颁下诏旨,任命左丞柳浑为同平章事,任命崔宁为中书令。柳浑是襄阳人,当时正逃亡在山谷之中。王翃指使盩厔县尉康湛伪造崔宁给朱泚的书信,并将书信献给朝廷。卢杞因此诬陷崔宁与朱泚结有盟约,约定做朱泚的内应,所以只有崔宁后到奉天。乙卯(十一日),德宗派遣中使将崔宁领到帐幔下面,说是向他传达密旨,而让两个力士从背后将他缢杀。朝廷内外都说崔宁冤枉,德宗听说以后,便将崔宁全家赦免了。

31　朱泚派遣使者给朱滔送信,内称:"三秦一带,在屈指可数的日子里便可平定;大河以北,委托你来消灭敌军。我自当与你在洛阳见面。"朱滔接到书信,便向军府中的人们宣布,并向诸道发布文书,借以自夸自大。

32　德宗派遣中使向魏县行营通告蒙难的消息,各位文臣武将在一块儿放声大哭。李怀光率领部众开赴长安,马燧、李芃各自领兵回归本镇,李抱真退兵屯扎临洺。

33　丁巳(十三日),德宗任命户部尚书萧复为吏部尚书,任命吏部郎中刘从一为刑部侍郎,任命翰林学士姜公辅为谏议大夫,三人一并同平章事。

34　朱泚亲自领兵进逼奉天,军队的声势甚为盛大。他任命姚令言为元帅,以张光晟为其副职,任命李忠臣为京兆尹、皇城留守,任命仇敬忠为同、华等州节度使、拓东王,以抵御关东的军队,还任命李日月为西道先锋经略使。

邠宁留后韩遊瓌、庆州刺史论惟明、监军翟文秀接受诏旨,带领兵马三千人在便桥抵御朱泚,与朱泚在醴泉遭遇。韩遊瓌打算回军,直趋奉天,翟文秀说:"我军开向奉天,敌军也会随后而来,这是招引敌军来逼迫圣上啊。不如留下来,在此扎营,敌军必定不敢越过我军开向奉天。如果敌军不顾我军便开过去,那我军便与奉天军两面夹攻敌军。"

遊瓌曰:"贼强我弱,若贼分军以缀我,直趣奉天,奉天兵亦弱,何夹攻之有?我今急趣奉天,所以卫天子也。且吾士卒饥寒而贼多财,彼以利诱吾卒,吾不能禁也。"遂引兵入奉天。泚亦随至。官军出战,不利,泚兵争门,欲入;浑瑊与游瓌血战竟日。门内有草车数乘,瑊使虞候高固帅甲士以长刀斫贼,皆一当百,曳车塞门,纵火焚之,众军乘火击贼,贼乃退。会夜,泚营于城东三里,击柝张火,布满原野,使西明寺僧法坚造攻具,毁佛寺以为梯冲。韩遊瓌曰:"寺材皆干薪,但具火以待之。"固,侃之玄孙也。泚自是日来攻城,瑊、游瓌等昼夜力战。幽州兵救襄城者闻泚反,突入潼关,归泚于奉天,普润戍卒亦归之,有众数万。

上与陆贽语及乱故,深自克责。贽曰:"致今日之患,皆群臣之罪也。"上曰:"此亦天命,非由人事。"贽退,上疏,以为:"陛下志壹区宇,四征不庭,凶渠稽诛,逆将继乱,兵连祸结,行及三年。征师日滋,赋敛日重,内自京邑,外洎边陲,行者有锋刃之忧,居者有诛求之困。是以叛乱继起,怨讟并兴,非常之虞,亿兆同虑。唯陛下穆然凝邃,独不得闻,至使凶卒鼓行,白昼犯阙,岂不以乘我间隙,因人携离哉?陛下有股肱之臣,有耳目之任,有谏诤之列,有备卫之司,见危不能竭其诚,临难不能效其死;臣所谓致今日之患,群臣之罪者,岂徒言欤?圣旨又以国家兴衰,皆有天命。臣闻天所视听,皆因于人。故祖伊责纣之辞曰:'我生不有命在天!'武王数纣之罪曰:'乃曰吾有命,

韩遊瓌说:"敌强我弱,如果敌军分出一支军队拖住我军,大军直趋奉天,奉天的兵马也很薄弱,还谈什么两面夹攻? 现在我军赶忙开往奉天,这正是为了保卫圣上啊。而且,我军士兵饥饿寒冷,而敌军的财物很多,敌军若用财物诱惑我军士兵,我是无法禁止的。"于是韩遊瓌领兵开入奉天。朱泚随在韩遊瓌后面也赶到了。官军出城交战失利,朱泚军争夺城门,打算进城,浑瑊与韩遊瓌血战了一整天。城门里面有几辆草车,浑瑊让虞候高固率领身穿铠甲的战士用长刀砍杀敌人,个个以一当百,又把草车拖过来堵塞在城门口,放火烧车,各军乘着火势出击敌人,敌军只好后退。到了夜晚,朱泚在奉天城东三里扎营,击木梆报时的声音和燃起的火堆布满了原野,朱泚让西明寺僧人法坚制造攻城用具,毁掉佛寺,取其木材,制作云梯和冲车。韩遊瓌说:"西明寺的木材恰恰都是干燥透了的柴禾,只要准备好火种,等着敌人用它攻城就是了。"高固是高侃的玄孙。自此以后,朱泚每天都来攻城,浑瑊、韩遊瓌等昼夜奋力作战。派去援救襄城的幽州兵听说朱泚造反,便冲入潼关,在奉天归附了朱泚,戍守普润的士兵也归附了他,于是朱泚的兵马达到数万人。

德宗与陆贽谈到变乱的缘故,深深自责。陆贽说:"招致今日的祸患都是群臣的罪过。"德宗说:"这也是天命如此,并不关乎人事。"陆贽退朝后,奏上章疏,他认为:"陛下志在统一疆域,四次征伐不朝之徒,凶恶的魁首终至受戮,叛逆的将领却又相继作乱,战争的灾祸接连不断,眼看已经有三个年头。征发军队日渐增多,征收赋税日渐繁重,内起京城,外至边疆,行路之人有刀兵的忧虑,居家之人有苛刻索求的困苦。所以叛乱相继发生,痛恨与怨言一同兴起,非同寻常的忧患,为民众所共同担心。只有陛下蒙在鼓里,不得而知,以致使凶兵击鼓噪进,在大白天里干犯宫门,这难道不就是由于朝廷出现漏洞,人心已经背离,给他们造成了可乘之机吗? 陛下有辅政大臣,有亲信,有谏官,有防卫部门,他们见到危险而不能够竭尽诚心,面临灾难而不能够效力赴死,我所说的招致今日的祸患,是群臣的罪过的话,难道只是空言吗? 陛下又认为国家的兴盛与衰落,都是有天命的。我听说上天的所见所闻,都是本着百姓的所见所闻的。所以祖伊斥责殷纣的文辞说:'我生来是没有在天之命的!'周武王数落殷纣的罪行说:'竟然说我有天命在身,

罔惩其侮。'此又舍人事而推天命必不可之理也！《易》曰：'视履考祥。'又曰：'吉凶者，失得之象。'此乃天命由人，其义明矣。然则圣哲之意，《六经》会通，皆谓祸福由人，不言盛衰有命。盖人事理而天命降乱者，未之有也；人事乱而天命降康者，亦未之有也。自顷征讨颇频，刑网稍密，物力耗竭，人心惊疑，如居风涛，汹汹靡定。上自朝列，下达蒸黎，日夕族党聚谋，咸忧必有变故，旋属泾原叛卒，果如众庶所虞。京师之人，动逾亿计，固非悉知算术，皆晓占书，则明致寇之由，未必尽关天命。臣闻理或生乱，乱或资理，有以无难而失守，有以多难而兴邦。今生乱失守之事，则既往而不可复追矣；其资理兴邦之业，在陛下克励而谨修之。何忧乎乱人，何畏于厄运？勤励不息，足致升平，岂止荡涤妖氛，旋复宫阙而已？"

35　田悦说王武俊，使与马寔共击李抱真于临洺。抱真复遣贾林说武俊曰："临洺兵精而有备，未易轻也。今战胜得地，则利归魏博；不胜，则恒冀大伤。易、定、沧、赵，皆大夫之故地也，不如先取之。"武俊乃辞悦，与马寔北归。壬戌，悦送武俊于馆陶，执手泣别，下至将士，赠遗甚厚。

先是，武俊召回纥兵，使绝李怀光等粮道。怀光等已西去，而回纥达干将回纥千人、杂虏二千人适至幽州北境。朱滔因说之，欲与俱诣河南取东都，应接朱泚，许以河南子女赂之。滔娶回纥女为侧室，回纥谓之朱郎，且利其俘掠，许之。

不肯以自己所受的侮辱为戒。'这又是在说明抛开人事来推求天命是定然不可的道理啊!《周易》说:'观此履卦,考究吉祥。'又说:'吉凶是得失的表象。'这便是说天命是由人掌握的,天命的意义是讲得很明了的了。这样说来,圣人贤哲的本意,在《六经》中会合贯通,都说祸福是由人掌握的,没有说过盛衰是由天命支配的。一般地说来,把人事治理好了而天命却降下变乱的事,是没有的;把人事处理乱了而天命却降下安康的事,也是没有的。自不久以前,征讨颇为频繁,刑法稍嫌过密,物力消耗已尽,民心惊恐疑虑,就像置身于风波之上,总是动荡不安。上自朝臣,下至百姓,宗族邻里日夜相聚商量,都担心必定要发生变故,不久恰有泾原叛兵事件,果真便如大家所曾预料。京城的百姓,往往超过十万,当然不会人人尽知推算之术,个个都懂占卜之书,这正说明招致敌寇的原由,未必都与天命有关。我听说治理有时会生出变乱,变乱有时会有助于治理;有因没有危难而失去成业的,有因诸多磨难而振兴邦国的。现在,生出变乱和失去成业的事情,已经成为既往,是不能再追回来的;而那有助于治理和振兴邦国的业绩,就看陛下是否能够深自勉励而慎重地修明其事了。叛乱之人有什么可担心的,苦难的命运有什么可怕的?勤勉自励不止,足以再致太平之世,岂是只扫荡叛敌,光复朝廷而已?"

35 田悦劝说王武俊,让他与马寔在临洺共同进击李抱真。李抱真派遣贾林规劝王武俊说:"临洺士卒精锐,并有防备,是不应该轻视的。如今您战胜了,得到地盘,而利益却只好归于魏博;如果不能取胜,恒冀便大遭伤害。易、定、沧、赵各州,都是大夫您原来就有的辖地,不如先攻取这些地方。"于是王武俊推辞了田悦的请求,与马寔回军北归。壬戌(十八日),田悦在馆陶给王武俊送行,拉着王武俊的手洒泪而别,对王武俊的将士,他所赠送的物品都甚为丰厚。

在此之前,王武俊招来回纥兵马,让回纥人断绝李怀光等人的运粮通道。李怀光等人已经西去,而回纥达干带领回纥一千人和杂编各族兵马两千人却恰好来到幽州北部边境。朱滔因而劝说回纥人,打算与回纥人一起到河南去攻取东都洛阳,接应朱泚,并答应将河南的青年男女赠给回纥。朱滔娶了回纥女子作为偏房,于是,回纥人把朱滔称为朱郎,而且贪图对河南的俘获掳掠,便应承了朱滔。

贾林复说武俊曰:"自古国家有患,未必不因之更兴;况主上九叶天子,聪明英武,天下谁肯舍之共事朱泚乎?滔自为盟主以来,轻蔑同列。河朔古无冀国,冀乃大夫之封域也。今滔称冀王,又西倚其兄,北引回纥,其志欲尽吞河朔而王之,大夫虽欲为之臣,不可得矣。且大夫雄勇善战,非滔之比;又本以忠义手诛叛臣,当时宰相处置失宜,为滔所诳诱,故蹉跌至此。不若与昭义并力取滔,其势必获。滔既亡,则泚自破矣。此不世之功,转祸为福之道也。今诸道辐凑攻泚,不日当平。天下已定,大夫乃悔过而归国,则已晚矣!"时武俊已与滔有隙,因攘袂作色曰:"二百年天子吾不能臣,岂能臣此田舍儿乎?"遂与抱真及马燧相结,约为兄弟;然犹外事滔,礼甚谨,与田悦各遣使见滔于河间,贺朱泚称尊号,且请马寔之兵共攻康日知于赵州。

36　汝、郑应援使刘德信将子弟军在汝州,闻难,引兵入援,与泚众战于见子陵,破之。以东渭桥有转输积粟,癸亥,进屯东渭桥。

37　朱泚夜攻奉天东、西、南三面。甲子,浑瑊力战却之;左龙武大将军吕希倩战死。乙丑,泚复攻城,将军高重捷与泚将李日月战于梁山之隅,破之。乘胜逐北,身先士卒,贼伏兵擒之。其麾下十馀人奋不顾死,追夺之;贼不能拒,乃斩其首,弃其身而去。麾下收之入城,上亲抚而哭之尽哀,结蒲为首而葬

贾林再次劝王武俊说:"自古以来,国家蒙受祸患,未必不因祸患而再次兴起,何况圣上已是九世天子,聪慧明达,英俊威武,天下之人有谁肯于舍弃圣上而共同事奉朱滔呢? 朱滔自从当了盟主以来,看不起共同发难的人们。河朔自古以来便没有冀国,冀乃是大夫的封地。如今朱滔号称冀王,又在西边依赖他的哥哥,从北边招引回纥,他的意图是想将河朔全部吞并,自称为王,尽管大夫想做他的臣属,也是不可能的。况且,大夫雄强勇武,善于作战,不是朱滔所能比拟的;加之,大夫原是本着忠义亲手诛杀叛臣李惟岳的,当时宰相处理失当,又被朱滔所诳骗诱惑,所以才失误到这个地步。不如与昭义合力攻取朱滔,势必成功。朱滔既已死亡,朱泚便自然会被打败。这是希世罕有的功绩,是转祸为福的途径啊。现在,各道兵马像辐条集中于车毂般地合力攻打朱泚,过不了多久,自当将朱泚平定。到天下已经安定下来的时候,大夫才去悔悟过错,归顺国家,那就为时太晚了!"当时,王武俊与朱滔已经有了嫌隙,因而捋起袖子,奋然作色地说:"对于享有二百年国祚的天子,我都不能给他做臣属,我又怎么能给这个乡下穷小子做臣属呢?"王武俊于是与李抱真以及马燧相结纳,约定互为兄弟,但表面上仍然事奉朱滔,执礼甚是小心,他与田悦各自派遣使者在河间拜见朱滔,祝贺朱泚加称皇帝尊号,而且邀请马寔的兵马与他共同在赵州攻打康日知。

　　36　汝、郑应援使刘德信带领由诸使子弟组成的军队驻扎在汝州,听说德宗蒙难,便领兵入援,与朱泚兵在见子陵接战,并打败了朱泚兵。由于东渭桥有转运输送时积下来的粮食,癸亥(十九日),刘德信便进兵屯驻东渭桥。

　　37　朱泚在夜间攻打奉天城的东、西、南三面,甲子(二十日),浑瑊奋力而战,击退了朱泚,左龙武大将军吕希倩战死。乙丑(二十一日),朱泚又来攻城,将军高重捷与朱泚的将领李日月在梁山的一个角落中交战,打败了李日月。高重捷乘胜追击败兵,身先士卒,敌军用伏兵将他擒获。高重捷部下有十馀人奋不顾身,追赶并援救高重捷,敌军不能抵挡,便砍去高重捷的头颅,丢下他的躯体走了。部下将高重捷的躯体收起,带进城来,德宗亲自抚摩着高重捷的躯体,极度悲哀地向他哭泣着,用香蒲结扎成头颅埋葬

之,赠司空。朱泚见其首,亦哭之曰:"忠臣也!"束蒲为身而葬之。李日月,泚之骁将也,战死于奉天城下;泚归其尸于长安,厚葬之。其母竟不哭,骂曰:"奚奴!国家何负于汝而反?死已晚矣!"及泚败,贼党皆族诛,独日月之母不坐。

己巳,加浑瑊京畿、渭南北、金商节度使。

38　壬申,王武俊与马寔至赵州城下。

39　初,朱泚镇凤翔,遣其将牛云光将幽州兵五百人戍陇州,以陇右营田判官韦皋领陇右留后。及郝通奔凤翔,牛云光诈疾,欲俟皋至,伏兵执之以应泚,事泄,帅其众奔泚。至汧阳,遇泚遣中使苏玉赍诏书加皋中丞,玉说云光曰:"韦皋,书生也。君不如与我俱之陇州,皋幸而受命,乃吾人也;不受命,君以兵诛之,如取孤狍耳!"云光从之。皋从城上问云光曰:"向者不告而行,今而复来,何也?"云光曰:"向者未知公心,今公有新命,故复来,愿托腹心。"皋乃先纳苏玉,受其诏书;谓云光曰:"大使苟无异心,请悉纳甲兵,使城中无疑,众乃可入。"云光以皋书生,易之,乃悉以甲兵输之而入。明日,皋宴玉、云光及其卒于郡舍,伏甲诛之。筑坛,盟将士曰:"李楚琳贼虐本使,既不事上,安能恤下,宜相与讨之!"遣兄平、弈诣奉天,复遣使求援于吐蕃。

了他,还追封他为司空。朱泚见到高重捷的头颅,也哭着说:"他是一位忠臣啊!"于是朱泚用香蒲结扎成躯体而埋葬了他。李日月是朱泚的一员骁将,在奉天城下战死,朱泚将他的尸体送回长安,予以厚葬。他的母亲始终没有哭过,还骂着说:"奚人的奴才!国家哪儿辜负了你,你非要造反?你死得已经很晚了!"及至朱泚败亡以后,敌人的同党都遭到灭族的杀戮,只有李日月的母亲未受牵连。

己巳(二十五日),德宗加封浑瑊为京畿、渭南北、金商节度使。

38 壬申(二十八日),王武俊与马寔来到赵州城下。

39 当初,朱泚出任凤翔节帅,派遣他的部将牛云光带领幽州兵五百人去戍守陇州,任命陇右营田判官韦皋兼任陇右留后。及至郝通逃奔凤翔,牛云光佯病,打算等韦皋到来,用伏兵擒获韦皋以响应朱泚,由于事情泄露了,他便率领部下逃奔朱泚。牛云光来到汧阳,遇到朱泚派遣中使苏玉携带诏书前去加封韦皋为中丞,苏玉劝牛云光说:"韦皋是一个书生。你不如与我一起前往陇州,如果韦皋幸而接受任命,便是我们的人;不接受任命,你派兵杀掉他,就像抓一只没有爹娘的猪崽子一样!"牛云光听从了苏玉的话。韦皋从城上问牛云光说:"前些时候,你不告诉我一声就走了,如今再次回来,这是为什么呢?"牛云光说:"过去我不知道你的本心,现在你有了新的任命,所以我再次回来,愿意把诚心交托给你。"于是韦皋先接纳了苏玉,接受了他带来的诏书,然后对牛云光说:"大使如果没有别的心思,请将铠甲兵器悉数交出来,使城中人没有疑虑,你的人马才可以进城。"牛云光因韦皋是个书生,轻看了他,于是将全部铠甲兵器搬送给韦皋,然后进了城。次日,韦皋在郡中的公舍里宴请苏玉、牛云光及其士兵,伏下甲兵,诛杀了牛云光。韦皋筑起坛场,与将士立盟说:"李楚琳残害本部的节度使,既然不能事奉上司,怎能怜恤部下,应该一起讨伐他!"韦皋派遣哥哥韦平、韦弇前往奉天,又派遣使者向吐蕃求援。

卷第二百二十九　唐纪四十五

起癸亥(783)十一月尽甲子(784)正月不满一年

德宗神武圣文皇帝四
建中四年(癸亥,783)

1　十一月乙亥,以陇州为奉义军,擢皋为节度使。泚又使中使刘海广许皋凤翔节度使;皋斩之。

2　灵武留后杜希全、盐州刺史戴休颜、夏州刺史时常春会渭北节度使李建徽,合兵万人入援。将至奉天,上召将相议道所从出。关播、浑瑊曰:"漠谷道险狭,恐为贼所邀。不若自乾陵北过,附柏城而行,营于城东北鸡子堆,与城中掎角相应,且分贼势。"卢杞曰:"漠谷道近,若为贼所邀,则城中出兵应接可也。傥出乾陵,恐惊陵寝。"瑊曰:"自泚攻城,斩乾陵松柏,以夜继昼,其惊多矣。今城中危急,诸道救兵未至,惟希全等来,所系非轻,若得营据要地,则泚可破也。"杞曰:"陛下行师,岂比逆贼?若令希全等过之,是自惊陵寝。"上乃命希全等自漠谷进。丙子,希全等军至漠谷,果为贼所邀,乘高以大弩、巨石击之,死伤甚众;城中出兵应接,为贼所败。是夕,四军溃,退保邠州。泚阅其辎重于城下,从官相视失色。休颜,夏州人也。

德宗神武圣文皇帝四
唐德宗建中四年(癸亥,公元783年)

1 十一月乙亥(初二),朝廷将陇州改名为奉义军,提升韦皋为节度使。朱泚又指使宦官刘海广许诺韦皋担任凤翔节度使,韦皋将刘海广斩杀了。

2 灵武留后杜希全、盐州刺史戴休颜、夏州刺史时常春,会同渭北节度使李建徽,合兵一万人,前来救援。在将要到达奉天的时候,德宗召集大将和宰相商议援兵的行军路线。关播、浑瑊说:"漠谷的道路险要狭窄,恐怕会被敌军拦击。不如从乾陵北面经过,贴着柏城行进,在城北鸡子堆扎营,这样可与城中军队内外呼应,夹击敌军,而且还会分去敌军一部分兵势。"卢杞说:"漠谷的道路较近,倘若援军被敌军拦击,城中出兵接应援军就行了。倘若从乾陵过来,恐怕要惊动陵墓寝庙。"浑瑊说:"自从朱泚攻打奉天城以来,砍伐乾陵的松柏,夜以继日,这对陵墓寝庙的惊动,已经够多的了。现在城中形势危急,各道救兵还未到来,只有杜希全等人来了,他们所关系到的情势并非无足轻重,如果能够占据重要地点扎营,朱泚便可以被攻破了。"卢杞说:"陛下调动军队岂能和叛逆的寇贼相比?如果让杜希全等人的军队从乾陵通过,那便是我军自行惊动陵墓寝庙了。"于是,德宗命令杜希全等人由漠谷进军。丙子(初二),杜希全等人的军队来到漠谷,果然被敌军所拦击,敌军用大弩和巨石居高临下地攻击援军,援军死伤很多,城中出兵接应援军,又被敌军打败。当天晚上,杜希全等人所率四支军队溃散了,只好退保邠州。朱泚到城下来视察援军弃下的辎重,随从的官员你看看我,我看看你,无不为之大惊失色。戴休颜是夏州人氏。

泚攻城益急，穿堑环之。泚移帐于乾陵，下视城中，动静皆见之。时遣使环城招诱士民，笑其不识天命。

3　神策河北行营节度使李晟疾愈，闻上幸奉天，帅众将奔命。张孝忠迫于朱滔、王武俊，倚晟为援，不欲晟行，数沮止之。晟乃留其子凭，使娶孝忠女为妇，又解玉带赂孝忠亲信，使说之，孝忠乃听晟西归，遣大将杨荣国将锐兵六百与晟俱。晟引兵出飞狐道，昼夜兼行，至代州。丁丑，加晟神策行营节度使。

4　王武俊、马寔攻赵州不克。辛巳，寔归瀛州，武俊送之五里，犒赠甚厚；武俊亦归恒州。

5　上之出幸奉天也，陕虢观察使姚明敭以军事委都防御副使张劝，去诣行在。劝募兵得数万人。甲申，以劝为陕虢节度使。

6　朱泚攻围奉天经月，城中资粮俱尽。上尝遣健步出城觇贼，其人恳以苦寒为辞，跪奏乞一襦袴。上为之寻求不获，竟悯默而遣之。时供御才有粝米二斛，每伺贼之休息，夜，缒人于城外，采芜菁根而进之。上召公卿将吏谓曰："朕以不德，自陷危亡，固其宜也。公辈无罪，宜早降以救室家。"群臣皆顿首流涕，期尽死力，故将士虽困急而锐气不衰。

上之幸奉天也，粮料使崔纵劝李怀光令入援，怀光从之。纵悉敛军资与怀光皆来。怀光昼夜倍道，至河中，力疲，休兵三日。

朱泚攻打奉天城愈发急迫,他凿通沟堑,将全城环绕起来。朱泚将军帐迁移到乾陵,由此向下察看城中的动静虚实,全都能够看清。朱泚还不时派人环绕着奉天城引诱城中的将士和百姓,嘲笑他们看不清天命所归。

3 神策军河北行营节度使李晟的疾病痊愈了,听说德宗出行奉天,便率领众将领前去赴命。张孝忠被朱滔、王武俊所逼迫,依赖李晟的声援,不想让李晟离去,屡次阻止他前往。于是李晟将自己的儿子李凭留下来,让他娶张孝忠的女儿为媳妇,又解下玉带赠给张孝忠的亲信,让他劝说张孝忠,张孝忠这才听任李晟西进归朝,还派遣大将杨荣国带领精锐兵马六百人与李晟同去。李晟领兵经过飞狐道,日夜兼程,来到代州。丁丑(初四),德宗加封李晟为神策行营节度使。

4 王武俊、马寔攻打赵州,未能攻克。辛巳(初八),马寔要回瀛州去,王武俊送行了五里地,犒赏和赠送的物品甚是丰厚,王武俊也回到恒州。

5 德宗出行奉天的时候,陕虢观察使姚明敭将军中事务委托给都防御副使张劝,自己前往德宗行营所在觐见。张劝招募兵员得到数万人,甲申(十一日),德宗任命张劝为陕虢节度使。

6 朱泚攻打、围困奉天已经有一个月了,城中的物资和粮食都已耗光。德宗派遣善于行走的人出城察看敌情,该人说是天气寒冷,跪着恳求德宗,要一件短袄和套裤。德宗为他寻找,未能找到,最后还是难过地默然打发他去了。当时供给德宗的粮食,仅有粗米二斛,官员每每窥伺敌军的休息时间,夜里将人系在绳索上放到城外,去采集蔓菁根,献给皇上进食。德宗将公卿将官召集起来,对他们说:"朕因无德,自陷于危亡之中,固然是应该的。诸位没有罪过,最好及早投降,以便救出自己的家人。"群臣都伏地叩头,痛哭流涕,相互约定要竭尽自己最大的力量,所以将士们虽然置身于困苦危急之中,但是他们的锐气却毫不衰减。

德宗出行奉天的时候,粮料使崔纵劝说李怀光前往增援,李怀光听从了他的主张。崔纵将军中物资悉数聚集起来,与李怀光一起前来。李怀光日夜兼程,来到河中,人力疲乏,便让士兵休息三天。

河中尹李齐运倾力犒宴，军尚欲迁延。崔纵先辇货财渡河，谓众曰："至河西，悉以分赐。"众利之，西屯蒲城，有众五万。齐运，恽之孙也。

李晟行且收兵，亦自蒲津济，军于东渭桥。其始有卒四千，晟善于抚御，与士卒同甘苦，人乐从之，旬月间至万馀人。

神策兵马使尚可孤讨李希烈，将三千人在襄阳，自武关入援，军于七盘，败泚将仇敬，遂取蓝田。可孤，宇文部之别种也。

镇国军副使骆元光，其先安息人，骆奉先养以为子，将兵守潼关近十年，为众所服。朱泚遣其将何望之袭华州，刺史董晋弃州走行在。望之据其城，将聚兵以绝东道；元光引关下兵袭望之，走还长安。元光遂军华州，召募士卒，数日，得万馀人。泚数遣兵攻元光，元光皆击却之，贼由是不能东出。上即以元光为镇国军节度使，元光乃将兵二千西屯昭应。

马燧遣其行军司马王权及其子汇将兵五千人入援，屯中渭桥。

于是泚党所据惟长安而已，援军游骑时至望春楼下。李忠臣等屡出兵，皆败，求援于泚。泚恐民间乘弊抄之，所遣兵皆昼伏夜行。

泚内以长安为忧，乃急攻奉天，使僧法坚造云梯，高广各数丈，裹以兕革，下施巨轮，上容壮士五百人；城中望之恟惧。上以问群臣，浑瑊、侯仲庄对曰："臣观云梯势甚重，重则易陷。臣请迎其所来凿地道，积薪蓄火以待之。"神武军使韩澄曰："云梯小伎，不足上劳圣虑，臣请御之。"

河中尹李齐运全力设宴犒劳,军队还想拖延不行。崔纵先将物资钱财运过黄河,然后对大家说:"到了河西,便将他们全部分给大家。"众人贪图其利,西进蒲城屯驻,当时有五万人之多。李齐运是李恽的孙子。

李晟一边行进,一边招集士兵,也从蒲津渡河,在东渭桥驻扎下来。在渡河之初,他只有士兵四千人,但是,由于他善于抚恤与驾驭士兵,与士兵同甘共苦,人们都愿意跟随他,所以在一个月之间便发展到万馀人。

神策兵马使尚可孤讨伐李希烈,在襄阳带领三千人,由武关前往增援,在七盘山驻扎,打败了朱泚的将领仇敬,于是攻取蓝田。尚可孤是宇文部的别支。

镇国军副使骆元光,他的先人是安息人,骆奉先将他收为养子。他带兵防守潼关将近十年,兵众都服从他的指挥。朱泚派遣他的将领何望之袭击华州,华州刺史董晋放弃了州城,逃奔行在。何望之占领华州城后,准备集中兵力以便截断东行的道路。骆元光带领潼关兵袭击何望之,何望之逃回长安。于是,骆元光驻军华州,招募士兵,不过几天,招得一万馀人。朱泚好几次派兵进攻骆元光,都被骆元光击退,故军自此不能东出。德宗随即任命骆元光为镇国军节度使,骆元光领兵两千人向西屯驻昭应。

马燧派遣他的行军司马王权及其儿子王汇带兵五千人前去增援奉天,在中渭桥屯驻。

此时朱泚一伙所占领的地盘只有长安而已,援军的巡哨骑兵有时前进到望春楼的下边。李忠臣等人屡次出兵,都被打败,便向朱泚求援。朱泚唯恐民间乘己疲困,前来抄袭,所以他所派遣的兵马都是昼伏夜行。

朱泚心中为长安感到忧虑,便加紧进攻奉天,他让僧人法坚制造了一架云梯,长宽各有数丈,外面包裹着犀牛皮,下面安装着巨大的轮子,上面可以容纳勇士五百人,城中的人们望见,都感到忧恐畏惧。德宗询问大家的意见,浑瑊、侯仲庄回答说:"我们看云梯势必甚为沉重,既然沉重,就容易下陷。我们请求迎着云梯的来路开凿地道,积蓄柴禾与火种,等待它的到来。"神武军使韩澄说:"靠云梯攻城这种小小伎俩,不足以烦劳圣上费心,请让我来对付云梯。"

乃度梯之所傃，广城东北隅三十步，多储膏油松脂薪苇于其上。丁亥，泚盛兵鼓噪攻南城。韩遊瓌曰："此欲分吾力也。"乃引兵严备东北。戊子，北风甚迅，泚推云梯，上施湿毡，悬水囊，载壮士攻城。翼以轷辒，置人其下，抱薪负土填堑而前，矢石火炬所不能伤。贼并兵攻城东北隅，矢石如雨，城中死伤者不可胜数。贼已有登城者，上与浑瑊对泣，群臣惟仰首祝天。上以无名告身自御史大夫、实食五百户以下千馀通授瑊，使募敢死士御之，仍赐御笔，使视其功之大小书名给之，告身不足则书其身，且曰："今便与卿别。"瑊俯伏流涕，上拊其背，歔欷不自胜。时士卒冻馁，又乏甲胄，瑊抚谕，激以忠义，皆鼓噪力战。瑊中流矢，进战不辍，初不言痛。会云梯辗地道，一轮偏陷，不能前却，火从地中出，风势亦回，城上人投苇炬，散松脂，沃以膏油，欢呼震地。须臾，云梯及梯上人皆为灰烬，臭闻数里，贼乃引退。于是三门皆出兵，太子亲督战，贼徒大败，死者数千人。将士伤者，太子亲为裹疮。入夜，泚复来攻城，矢及御前三步而坠；上大惊。

李怀光自蒲城引兵趣泾阳，并北山而西。先遣兵马使张韶微服间行诣行在，藏表于蜡丸。韶至奉天，值贼方攻城，见韶，以为贱人，驱之使与民俱填堑。韶得间，逾堑抵城下呼曰："我朔方军使者也。"城上人下绳引之，比登，身中数十矢，得表于衣中而进之。

韩澄估量了云梯的指向,于是在城东北角拓广了三十步,在上面储备了大量的膏油、松脂和柴禾、芦苇等。丁亥(十四日),朱泚军大举出动,擂鼓呐喊,前来攻打奉天南城。韩游瑰说:"这是打算分散我军的力量。"于是,他领兵严密防备奉天城的东北面。戊子(十五日),北风吹得甚是猛烈,朱泚军推出云梯,在上面包裹着浸湿的毡子,悬挂着水袋,运载着勇士前来攻城。两侧用兵车遮护着,将士兵安置在兵车棚顶之下,抱柴背土,填充壕沟,向前冲锋,乱箭、飞石、火炬无法伤害他们。敌军合兵进攻城东北角,箭石如雨,城中死伤的人无法计算。敌军已经有人登到城上来了,德宗与浑瑊相对而泣,群臣只好仰天祷告。德宗将一千馀份自御史大夫、实封食邑五百户以下的空白委任官职文凭交给浑瑊,让他募集敢死之士去抵御敌军,还将御笔赐给他,让他根据人们所立功劳的大小不同,在告身上填写上名字加以委任,如果告身不够用,便写在该人身上,而且说:"现在我就与你永别了吧。"浑瑊跪在地上,泪流满面,德宗抚摸着他的后背,抽抽咽咽,不能自已。当时,士兵又冻又饿,又缺乏铠甲头盔,浑瑊对他们抚慰劝导,用忠义激发他们,于是士兵们都擂鼓呐喊,奋力而战。浑瑊中了乱箭,仍然向前奋战不止,始终也不说疼痛。恰好云梯辗压在地道上面,一只轮子偏倒陷落下去,既不能向前,也不能后退,火从地底下冒出来,大风也改向往回吹去,城上的人们投下芦苇火把,撒上松脂,浇上膏油,欢呼之声,震动大地。不一会儿,云梯和梯上的人全部化为灰烬,散发的焦臭之气,数里以外都可以闻到,于是敌军退却下来。这时,奉天城东、南、北三门都发兵出击,太子亲自督战,敌军被打得大败,死亡的人有数千之多。对于受伤的将士,太子亲自为他们包扎伤口。到了入夜时分,朱泚再次前来攻城,乱箭落到德宗面前三步远的地方,德宗大惊。

李怀光从蒲城领兵直趋泾阳,傍着北山向西而行。事先,他派遣兵马使张韶穿着老百姓的衣服抄小道前往行在,将表章藏在蜡丸之中。张韶来到奉天,正当敌军刚刚攻城,他们见到张韶,以为他是一个卑贱之人,便驱使他与老百姓一起填塞壕沟。张韶看准间隙,越过壕沟,抵达城下呼喊道:"我是朔方军的使者。"城上的人放下绳索,把他拉到城上,及至登到城上的时候,张韶身上被射中的乱箭有好几十支,终于得以将藏在衣服中的表章进呈给德宗。

上大喜,昇韶以徇城,四隅欢声如雷。癸巳,怀光败泚兵于澧泉。泚闻之惧,引兵遁归长安。众以为怀光复三日不至,则城不守矣。

泚既退,从臣皆贺。汴滑行营兵马使贾隐林进言:"陛下性太急,不能容物,若此性未改,虽朱泚败亡,忧未艾也!"上不以为忤,甚称之。侍御史万俟著开金、商运路,重围既解,诸道贡赋继至,用度始振。

朱泚至长安,但为城守之计,时遣人自城外来,周走呼曰:"奉天破矣!"欲以惑众。泚既据府库之富,不爱金帛以悦将士,公卿家属在城者皆给月俸。神策及六军从车驾及哥舒曜、李晟者,泚皆给其家粮;加以缮完器械,日费甚广。及长安平,府库尚有馀蓄,见者皆追怨有司之暴敛焉。

或谓泚曰:"陛下既受命,唐之陵庙不宜复存。"泚曰:"朕尝北面事唐,岂忍为此?"又曰:"百官多缺,请以兵胁士人补之。"泚曰:"强授之则人惧。但欲仕者则与之,何必叩户拜官邪?"泚所用者惟范阳、神策团练兵;泾原卒骄,皆不为用,但守其所掠资货,不肯出战。又密谋杀泚,不果而止。

李怀光性粗疏,自山东来赴难,数与人言卢杞、赵赞、白志贞之奸佞,且曰:"天下之乱,皆此曹所为也!吾见上,当请诛之。"既解奉天之围,自矜其功,谓上必接以殊礼。或说王翃、赵赞曰:"怀光缘道愤叹,以为宰相谋议乖方,度支赋敛烦重,京尹犒赐刻薄。致乘舆播迁者,三臣之罪也。今怀光新立大功,上必披襟布诚,

德宗大为高兴，让人抬着张韶在城中绕行，四处欢声雷动。癸巳（二十日），李怀光在澧泉将朱泚军打败。朱泚闻此害怕起来，于是领兵逃回长安。大家认为，倘若李怀光晚到三天，恐怕奉天城便要失陷了。

朱泚退去以后，随从诸臣都来向德宗道贺。汴滑行营兵马使贾隐林进言说："陛下性情太急躁，不能包容万物，如果不将这脾气改一改，虽然朱泚败亡了，但忧患仍然是不能止息的！"德宗并不以为受到冒犯，对贾隐林甚为称许。侍御史万俟著开通了金、商运输通道，层层包围既已解除，各道贡赋相继而至，朝廷的费用开始有了保证。

朱泚回到长安以后，只做守城的打算，时常派人从城外来，绕城奔走呼喊说："奉天城攻破啦！"企图借此迷惑民众。朱泚据有朝廷库存的财富以后，便不惜用金帛取悦将士，对留在城中的公卿家属一概每月支付薪俸。对于神策军和六军中随从德宗车驾者以及哥舒曜、李晟等人，朱泚一概向他们的家属供给粮食；加上修治完善各种器械，每日耗费甚是繁剧。但及至长安平定，朝廷库存仍有剩余的财产，看到的人追溯往事，都怨恨有关部门的横征暴敛。

有人对朱泚说："陛下既然秉受天命，唐朝的陵园寝庙不应该再存在下去。"朱泚说："我曾经北面称臣，事奉唐朝，哪里能够忍心干这种事？"又有人说："朝中百官空缺的职务很多，请派兵胁迫读书人来补充空缺吧。"朱泚说："强行授给官职，人家就恐惧了。人家想做官，我们便给他官做，哪有定要敲着人家的门，给人家封官拜职的呢？"朱泚所能指挥的只有范阳兵和神策团练兵，泾原兵骄横跋扈，全都不服从指挥，只是守护着他们劫掠来的钱财，不愿意出外打仗。泾原兵还秘密谋划诛杀朱泚，未能实现，只好作罢。

李怀光生性粗疏，从山东前来奔赴国难，屡屡与人们谈到卢杞、赵赞、白志贞的邪恶谄媚，而且说："天下的祸乱，都是这号人造成的！我见到圣上，自当奏请杀了他们。"李怀光解除了对奉天的围困以后，凭着自己的功劳矜夸自大，认为德宗一定会以特殊的礼节接待他。有人劝说王翃、赵赞说："李怀光沿途激愤感叹，认为宰相谋划议论乖谬无方，度支收敛赋税烦多，京兆尹犒劳赏赐苛刻不丰。致使圣上流离迁徙的，是宰相、度支、京兆尹三人的罪过。如今李怀光新近立下了巨大的功劳，圣上肯定会对他敞开胸襟，推诚相待，

询得失。使其言入，岂不殆哉？"翃、赞以告卢杞，杞惧，从容言于上曰："怀光勋业，社稷是赖。贼徒破胆，皆无守心。若使之乘胜取长安，则一举可以灭贼，此破竹之势也。今听其入朝，必当赐宴，留连累日，使贼入京城，得从容成备，恐难图矣！"上以为然。诏怀光直引军屯便桥，与李建徽、李晟及神策兵马使杨惠元刻期共取长安。怀光自以数千里竭诚赴难，破朱泚，解重围，而咫尺不得见天子，意殊怏怏，曰："吾今已为奸臣所排，事可知矣！"遂引兵去，至鲁店，留二日乃行。

7　剑南西山兵马使张朓以所部兵作乱，入成都，西川节度使张延赏弃城奔汉州。鹿头戍将叱干遂等讨之，斩朓及其党，延赏复归成都。

8　淮南节度使陈少游将兵讨李希烈，屯盱眙，闻朱泚作乱，归广陵，修堑垒，缮甲兵。浙江东、西节度使韩滉闭关梁，禁马牛出境，筑石头城，穿井近百所，缮馆第数十，修坞壁，起建业，抵京岘，楼堞相属，以备车驾渡江，且自固也。少游发兵三千大阅于江北；滉亦发舟师三千曜武于京江以应之。

盐铁使包佶有钱帛八百万，将输京师。陈少游以为贼据长安，未期收复，欲强取之。佶不可，少游欲杀之；佶惧，匿妻子于案牍中，急济江，少游悉收其钱帛。佶有守财卒三千，少游亦夺之。佶才与数十人俱至上元，复为韩滉所夺。

时南方藩镇各闭境自守，惟曹王皋数遣使间道贡献。李希烈攻逼汴、郑，江、淮路绝，朝贡皆自宣、饶、荆、襄趣武关。皋治邮驿，平道路，由是往来之使，通行无阻。

向他征询为政得失。假使他的话传到圣上耳中,岂不是很危险吗?"王翃、赵赞将此话告诉了卢杞,卢杞有些害怕,便语气和缓地对德宗说:"李怀光的功勋业绩,为国家所依赖。现在敌寇已经吓破了胆,全然没有守城的心思。如果让李怀光乘胜攻取长安,一下子便可以消灭敌军,那真是势如破竹啊。如果现在听任他入城朝见,必定要颁布赏赐,设宴招待,为此拖延上好几天,致使敌军开进京城,得以从从容容地做好防备,恐怕就难以图谋了。"德宗认为很对,便颁诏命令李怀光直接带领军队屯驻便桥,与李建徽、李晟以及神策兵马使杨惠元按限定日期共同攻取长安。李怀光认为自己由数千里外竭尽赤诚,奔赴国难,打败朱泚,解除重重围困,现在身在咫尺,却不能够见到皇上,心情甚为郁闷,他说:"我如今已经被奸臣所排挤,事情不问可知了!"于是李怀光带兵离去,来到鲁店,停留了两天,才又出发。

7　剑南西山兵马使张朏率部下士兵发起叛变,进入成都,西川节度使张延赏抛下成都,逃奔汉州。在鹿头屯戍的将领叱干遂等人讨伐叛兵,杀掉张朏及其同党,张延赏再次回到成都。

8　淮南节度使陈少游领兵讨伐李希烈,在盱眙屯驻,听说朱泚发起叛乱,便回到广陵,修整壕沟与寨堡,缮治铠甲与兵器。浙江东、西节度使韩滉封锁关口与桥梁,禁止牛马出境。他还修筑石头城,开凿水井近一百眼,整治馆舍数十处,修筑土障土堡,起自建业,抵达京岘山,城楼与城墙连成一片,既为皇上南渡长江做准备,也加固了自己的守备。陈少游发兵三千人在长江北岸大规模地检阅军队,韩滉也派出水军三千人在京江炫耀武力,以与陈少游相对应。

盐铁使包佶拥有钱帛八百万,准备运往京城。陈少游认为乱军占领着长安,收复无期,打算强行夺取这些钱帛。包佶不肯交出钱帛,陈少游便要杀掉他,包佶害怕了,便将妻子儿女藏匿在文书档案中间,急忙渡过长江,陈少游将他拥有的钱帛悉数收缴了。包佶拥有守护钱财的士兵三千人,陈少游也将他们劫夺了一番。包佶刚刚和数十人一起来到上元,又被韩滉所劫夺。

当时,南方的藩镇各自封锁边境,据守一方,只有曹王李皋几次派遣使者抄着小路向朝廷进献贡物。李希烈进攻逼迫汴州、郑州,江淮道路断绝,朝廷的贡物都从宣、饶、荆、襄各州取道武关。李皋修治驿站,平整道路,从此以后,使者往来通行无阻。

9 上问陆贽以当今切务。贽以向日致乱，由上下之情不通，劝上接下从谏，乃上疏，其略曰："臣谓当今急务，在于审察群情，若群情之所甚欲者，陛下先行之，所甚恶者，陛下先去之。欲恶与天下同而天下不归者，自古及今，未之有也。夫理乱之本，系于人心，况乎当变故动摇之时，在危疑向背之际。人之所归则植，人之所去则倾。陛下安可不审察群情，同其欲恶，使亿兆归趣，以靖邦家乎？此诚当今之所急也。"又曰："顷者窃闻舆议，颇究群情。四方则患于中外意乖，百辟又患于君臣道隔。郡国之志不达于朝廷，朝廷之诚不升于轩陛。上泽阙于下布，下情壅于上闻，实事不必知，知事不必实，上下否隔于其际，真伪杂糅于其间，聚怨嚣嚣，腾谤籍籍，欲无疑阻，其可得乎？"又曰："总天下之智以助聪明，顺天下之心以施教令，则君臣同志，何有不从？远迩归心，孰与为乱！"又曰："虑有愚而近道，事有要而似迂。"

疏奏旬日，上无所施行，亦不诘问。贽又上疏，其略曰："臣闻立国之本，在乎得众，得众之要，在乎见情。故仲尼以谓人情者圣王之田，言理道所生也。"又曰："《易》，乾下坤上曰泰，坤下乾上曰否，损上益下曰益，损下益上曰损。夫天在下而地处上，于位乖矣，而反谓之泰者，上下交故也。君在上而臣处下，于义顺矣，而反谓之否者，上下不交故也。上约己而裕于人，人必说而奉上矣，岂不谓之益乎？

9　德宗向陆贽询问当今最为急切的事务。陆贽认为，往日导致变乱，是由于上下之情两不相通，劝说德宗接触下情，听从谏诤。于是他进上章疏，大略是说："臣认为当今最为急切的事务，就在于详细察明众人的心志，若是众人甚为希望的，陛下先去施行它，众人甚为憎恶的，陛下先去除掉它。皇帝所希望和憎恶的与天下人相同而天下人不肯归向的事情，从古到今，都是没有的。一般说来，治与乱的根本，与人心密切相关，何况正当变故发生、人心动摇的时候，处于危殆疑虑、人心向背的关头。人心归向，那就会万事振兴；人心离异，那就会万事倾危。陛下怎么能不审察众人的心志，与他们同好同恶，使民众向往归附，以安定国家呢？这一点就是当前所最为急切的啊。"陆贽又说："不久前臣私下听取大家的议论，对大家的心志也稍稍做了些研究。发现：从地方上说，担心的是朝内朝外的意图两相违背；从百官说，又担心君臣沟通的途径两相阻隔。地方上的意图不能上达朝廷，朝廷的诚意不能上达圣听。上面的恩泽很少向下面流布，下面的实情被阻塞着不能使上面闻知，真实的事情不一定知道，知道的事情不一定真实，上下在此际阻隔不通，真假在此间混杂糅合，聚集的怨苦之声噪杂而起，腾起的毁谤之辞乱作一团，要想毫无猜疑，那是可能的吗？"他又说："汇集起天下人的智慧以助于自己的耳听目视，顺从天下人的心志以施行政教律令，那样的话，君臣上下同心，有谁会不听从命令？远近的人们都从内心里归附朝廷，有谁会发动叛乱！"他又说："有的计虑看似愚昧而接近道理，有的事情本来切要而看似迂阔。"

章疏奏上十多天，德宗没有采取任何措施，也不再询问什么。陆贽再次进上章疏，大略是说："臣听说立国的根本在于能够得人，得人的关键在于洞见人情。所以仲尼认为人情是圣王之田，意思是说人情乃是治理之道产生的基础。"他又说："在《易经》中，乾在下而坤在上叫作泰，坤在下而乾在上叫作否，损于上而益于下叫作益，损于下而益于上叫作损。一般地说，天处在下面而地处在上面，在位置上是乖谬的了，但反而把它叫作泰，这是因为上下相交的缘故。君主处在上面而臣属处在下面，在义理上是通顺的，但反而把它叫作否，这是因为上下不能相交的缘故。君主约束自己而对人们宽宏大度，人们必定会喜欢，因而就愿意事奉君主了，这难道不应该把它叫作益吗？

上蔑人而肆诸己,人必怨而叛上矣,岂不谓之损乎?"又曰:"舟即君道,水即人情。舟顺水之道乃浮,违则没。君得人之情乃固,失则危。是以古先圣王之居人上也,必以其欲从天下之心,而不敢以天下之人从其欲。"又曰:"陛下愤习俗以妨理,任削平而在躬,以明威照临,以严法制断,流弊自久,浚恒太深。远者惊疑而阻命逃死之祸作,近者畏愒而偷容避罪之态生。君臣意乖,上下情隔,君务致理,而下防诛夷,臣将纳忠,又上虑欺诞。故睿诚不布于群物,物情不达于睿聪。臣于往年曾任御史,获奉朝谒,仅欲半年,陛下严邃高居,未尝降旨临问,群臣跼蹐趋退,亦不列事奏陈。轩陛之间,且未相谕,宇宙之广,何由自通?虽复例对使臣,别延宰辅,既殊师锡,且异公言。未行者则戒以枢密勿论,已行者又谓之遂事不谏。渐生拘碍,动涉猜嫌,由是人各隐情,以言为讳。至于变乱将起,亿兆同忧,独陛下恬然不知,方谓太平可致。陛下以今日之所睹验往时之所闻,孰真孰虚,何得何失,则事之通塞备详之矣!人之情伪尽知之矣!"

上乃遣中使谕之曰:"朕本性甚好推诚,亦能纳谏。将谓君臣一体,全不堤防,缘推诚不疑,多被奸人卖弄。今所致患害,朕思亦无他,其失反在推诚。又,谏官论事,少能慎密,例自矜衒,归过于朕以自取名。朕从即位以来,见奏对论事者甚多,

君主蔑视人们反而让自己恣肆无忌,人们必定要怨责,因而便想背叛君主,这难道不应该把它叫作损吗?"他又说:"船就是君之道,水就是人之情。船顺乎水的规律才能浮起,违背了水的规律就会沉没。君主掌握了人们的意愿才能地位巩固,不能把握人们的意愿就会处境危险。所以古代的圣明君主居于众人之上时,一定要让自己的欲望顺从于天下之心,而不敢使天下之人顺从自己的欲望。"他又说:"陛下愤恨藩镇跋扈,习以成俗,妨害治道,便以削平强藩为己任,以明察一切的威严照临四方,以严密的法网控制裁断万事。然而,弊端相沿已久,陛下深求恒久之心过重。因此疏远的人惊怖疑虑,因而抗阻命令、逃脱死亡的祸患兴起;亲近的人畏葸慑伏,因而偷合苟容、躲避罪责的情态发生。君臣之意乖违,上下之情阻隔,君主务求政治修明,但臣下却防备遭受诛杀;臣下将要交付忠心,君主却又顾虑会有欺妄。所以皇上的诚意不能播散于万众,万众之情也不能传达到皇帝的耳中。我在往年曾经担任御史,得以事奉朝见,仅将近半年,而陛下威严莫测,高高在上,不曾降旨征求意见,群臣畏缩不安,快步避退,也不肯条列诸事奏陈。在朝堂上,君臣之间,尚且不能相互晓示,宇宙如此广袤,又如何能够自行通达?虽然陛下仍按惯例与待制的使臣谈话,还另外延请宰相议事,但是这既与众人参与之义不同,又与公开进言有别。对尚未实行的事情,臣下以莫论机要为戒;对已实行的事情,臣下又说不必讽谏已成之事。于是,渐渐地生出了顾忌,动不动就惹起猜疑。由此,人们各自隐瞒真情,不肯讲话,以至于在变乱将起之时,万民同忧,只有陛下安然而无所察觉,还在说太平将会到来。陛下如能以如今所见到的来验证以往所听说的,分清哪个是真实的,哪个是虚假的,得在哪里,失在哪里,那么,事情的通达与阻塞便全都清楚了!人心的真伪便全都知道了!"

于是,德宗派遣中使告诉陆贽说:"朕的本性很喜欢推心置腹,也能够接受谏诤。朕认为君臣是一个整体,因而对臣下全然不加管束,由于朕以真诚待人,不起疑心,多次被邪恶诈伪的人所欺惑。如今所导致的祸害,在朕想来,也没有别的,这失误反在于太以真心待人了。再者,谏官议论事情,很少有人能够讲得谨慎周密,照例都是自行夸示炫耀,把过错推到朕身而使自己获取名声。朕从即位以来,看过的上奏对答、议论诸事的章疏太多了,

大抵皆是雷同,道听途说,试加质问,遽即辞穷。若有奇才异能,在朕岂惜拔擢?朕见从前已来,事祇如此,所以近来不多取次对人,亦非倦于接纳。卿宜深悉此意。"贽以人君临下,当以诚信为本。谏者虽辞情鄙拙,亦当优容以开言路,若震之以威,折之以辩,则臣下何敢尽言,乃复上疏,其略曰:"天子之道,与天同方。天不以地有恶木而废发生,天子不以时有小人而废听纳。"又曰:"唯信与诚,有失无补。一不诚则心莫之保,一不信则言莫之行。陛下所谓失于诚信以致患害者,臣窃以斯言为过矣。"又曰:"驭之以智则人诈,示之以疑则人偷。上行之则下从之,上施之则下报之。若诚不尽于己而望尽于人,众必怠而不从矣。不诚于前而曰诚于后,众必疑而不信矣。是知诚信之道,不可斯须而去身。愿陛下慎守而行之有加,恐非所以为悔者也!"又曰:"臣闻仲虺赞扬成汤,不称其无过而称其改过;吉甫歌诵周宣,不美其无阙而美其补阙。是则圣贤之意较然著明,惟以改过为能,不以无过为贵。盖为人之行己,必有过差,上智下愚,俱所不免。智者改过而迁善,愚者耻过而遂非。迁善则其德日新,遂非则其恶弥积。"又曰:"谏官不密自矜,信非忠厚,其于圣德固亦无亏。

大致都是人云亦云,道听途说,朕试着加以质疑问难,马上便无话对答了。果真有特殊的才能,对朕来说,哪里会舍不得提拔他们?朕看到,由过去到现在,事情只是这个样子,所以最近以来,朕较少按惯例依次咨询大家的意见,但这也并不是说朕已厌倦接受采纳大家的意见,你应该深切了解这个意思。"陆贽认为,君主统辖臣下,应当以诚心和信用为根本。即使进谏的人言辞与态度都是庸俗拙劣的,皇上也应当宽容地对待他们,以便广开进言之路,如果以威严震慑臣下,以辩论折服臣下,那么,臣下怎么敢于毫无保留地发表意见呢?于是,陆贽再次奏上章疏,大略是说:"天子的法则,与上天的法则是一样的。上天不会因为地上有恶劣的树木便停止万物生长,皇上也不应该因为时常碰到小人便废弃听取和采纳意见。"他又说:"只有诚心与信用,一旦失去便无法弥补。一有不诚心待人的事情发生,人心便难以保持;一有不守信用的事情发生,所说的话便难以让人实行。陛下所说失误之处就在于以诚心和信用待人,因而导致了祸害的话,我私下里认为这话是讲得过分了。"他又说:"用智谋驾驭臣下,人们便会欺诈,将猜疑显示给臣下,人们便会得过且过。上面实行什么,下面就会随从着实行什么;上面给予什么,下面就会回报什么。如果自己不能做到完全诚心,反而指望别人做到完全诚心,大家必然会以懈怠的态度来应付,并不听从这一要求。以前无诚心,而说以后会有诚心,大家必然会疑虑重重,并不相信这种说法。由此可知,诚心和信用的法则,是不能有一时离开自身的。希望陛下谨慎地恪守这一法则,并且较之以往更认真地实行这一法则。因实行这一法则而后悔,恐怕是不对的吧!"他又说:"我听说仲虺在赞扬成汤的时候,不是称许他没有过错,而是称许他改正过错;尹吉甫在歌颂周宣王的时候,不是赞美他没有缺失,而是赞美他能够弥补缺失。可见,古圣贤的意思非常明白,他们只以能够改正过错为贤能,而不以没有过错为可贵。这恐怕是因为人们各自做自己要做的事情,就必然会有过错,由上智到下愚,都不能避免。明智的人能够改正过错而移心向善,愚蠢的人耻于改正过错而因循前非。移心向善,人的德行便会日日更新;因循前非,人的过错就会越积越多。"他又说:"谏官建言不够周密而又自行夸耀,实在是不够忠厚,但这对于圣上的恩德本来也没有损害。

陛下若纳谏不违,则传之适足增美;陛下若违谏不纳,又安能禁之勿传?"又曰:"侈言无验不必用,质言当理不必违。辞拙而效速者不必愚,言甘而利重者不必智。是皆考之以实,虑之以终,其用无他,唯善所在。"又曰:"陛下所谓'比见奏对论事皆是雷同道听途说者',臣窃以众多之议,足见人情,必有可行,亦有可畏,恐不宜一概轻侮而莫之省纳也。陛下又谓'试加质问,即便辞穷',臣但以陛下虽穷其辞而未穷其理,能服其口而未服其心。"又曰:"为下者莫不愿忠,为上者莫不求理。然而下每苦上之不理,上每苦下之不忠。若是者何?两情不通故也。下之情莫不愿达于上,上之情莫不求知于下。然而下恒苦上之难达,上恒苦下之难知。若是者何?九弊不去故也。所谓九弊者,上有其六而下有其三:好胜人,耻闻过,骋辩给,眩聪明,厉威严,恣强愎,此六者,君上之弊也;谄谀、顾望、畏愞,此三者,臣下之弊也。上好胜必甘于佞辞,上耻过必忌于直谏。如是则下之谄谀者顺指而忠实之语不闻矣。上骋辩必剿说而折人以言,上眩明必臆度而虞人以诈,如是则下之顾望者自便而切磨之辞不尽矣。上厉威必不能降情以接物,上恣愎必不能引咎以受规,如是则下之畏愞者避辜而情理之说不申矣。夫以区域之广大,生灵之众多,宫阙之重深,高卑之限隔,自黎献而上,获睹至尊之光景者,

如果陛下能够采纳直言规谏而不拒绝,那么,事情传出去,正足以为陛下增加光彩;如果陛下拒绝直言规谏而不肯采纳,又怎么能够禁止事情不传出去?"他又说:"夸大的言辞,没有效验,不必采用;质实的话语,说在理上,不必拒绝。言辞笨拙,但见效迅速,不一定是愚昧的;说话甜美,重于财利,不一定是聪明的。这些结论都是经过对实际事物的考察和对最终结果的思索的,它们的用处也没有别的,只是为了善这个目的。"他又说:"陛下所说的'近来所见上奏对答、议论诸事都是人云亦云、道听途说'的话,臣私下认为,众多的议论,足以使人看出人心所向,必然会有可以实行的,也会有令人畏惧的,恐怕不应该对它们一律轻视侮慢而不肯深省并采纳。陛下又说过'试着加以质疑问难,马上便无话对答'的话,我却以为,陛下虽然能够问得人家无话可说,却不能问得人家无理可说,能够使人口服,却不能使人心服。"他又说:"做臣下的人,没有不希望尽忠的;做君主的人,没有不寻求朝政修明的。但是,臣下常常以君主不能使朝政修明为遗憾,君主常常以臣下不能尽忠为遗憾,为什么会是这个样子呢?这是上情与下情两不沟通的缘故。下情没有不希望传达给君主的,上情没有不希图使臣下知晓的。但是,臣下总是苦于难以将下情传达到上面,君主总是苦于下面难以知晓上情,为什么会是这个样子呢?这是因为有九种弊端不能消除的缘故。所谓九种弊端,君主占了六种,臣下占了三种:好胜于人,耻于闻过,驰骋辩才,炫耀聪明,厉行威严,刚愎自用,这六种,是君主的弊端;谄媚阿谀,瞻前顾后,畏葸怯懦,这三种,是臣下的弊端。君主好胜于人,必然以巧言献媚之辞为甘美;君主耻于闻过,必然以直言劝谏为忌讳。既然如此,下面的谄媚阿谀之徒便会顺承旨意,于是乎忠诚真实的话便难以听到了。君主驰骋辩才,必然窃人之言为己说,以便用言语将人折服;君主炫耀聪明,必然主观臆测,以诈谋来猜度别人。既然如此,下面的瞻前顾后之辈便自然会见机行事,于是切磋琢磨朝政得失的言辞便难以说尽了。君主厉行威严,必然不能贬抑自己的情志去待人接物;君主刚愎自用,必然不能让自己承担责任而接受人们的规劝。既然如此,下面的畏葸怯懦之流便要逃避罪责,于是真情合理的言论便难以申说了。一般说来,由于地域的广大,生灵的众多,宫廷的重遂幽深,地位高下的限制阻隔,自百姓中的贤人以上,得以一见皇上威仪的人,

逾亿兆而无一焉；就获睹之中得接言议者，又千万不一；幸而得接者，犹有九弊居其间，则上下之情所通鲜矣。上情不通于下则人惑，下情不通于上则君疑。疑则不纳其诚，惑则不从其令。诚而不见纳则应之以悖，令而不见从则加之以刑。下悖上刑，不败何待？是使乱多理少，从古以然。"又曰："昔赵武呐呐而为晋贤臣，绛侯木讷而为汉元辅。然则口给者事或非信，辞屈者理或未穷。人之难知，尧、舜所病，胡可以一诮一诘而谓尽其能哉？以此察天下之情，固多失实，以此轻天下之士，必有遗才。"又曰："谏者多，表我之能好；谏者直，示我之能容；谏者之狂诬，明我之能恕；谏者之漏泄，彰我之能从。是则人君与谏者交相益之道也。谏者有爵赏之利，君亦有理安之利；谏者得献替之名，君亦得采纳之名。然犹谏者有失中而君无不美，唯恐谠言之不切，天下之不闻，如此则纳谏之德光矣。"上颇采用其言。

10　李怀光顿兵不进，数上表暴扬卢杞等罪恶；众论喧腾，亦咎杞等。上不得已，十二月壬戌，贬杞为新州司马，白志贞为恩州司马，赵赞为播州司马。宦者翟文秀，上所信任也，怀光又言其罪，上亦为杀之。

11　乙丑，以翰林学士、祠部员外郎陆贽为考功郎中，金部员外郎吴通微为职方郎中。贽上奏，辞以"初到奉天，扈从将吏例加

亿万人之中难有一个;就得以见到皇帝的人而言,得以与皇帝直接讲话谈论的人,又是千万人之中难有一个;而有幸得以与皇帝直接讲话和谈论的人,还有九种弊端居于其间,如此说来,上情与下情所能沟通的是太少了。上情不能与下面沟通,臣下便会迷惑;下情不能与上面沟通,君主便会猜疑。君主猜疑,便不能接受臣下的诚心;臣下迷惑,便不会服从君主的命令。臣下的诚心不被接受,便会以悖逆的行为来对付君主;君主的命令未被服从,便会把刑罚施加给臣下。臣下悖逆,君主用刑,除了失败,还能怎样? 所以,变乱多而治世少,自古以来,便是这样。"他又说:"过去赵武说话口吃,但却成了晋国的贤臣;绛侯周勃质朴而不善于辞令,但却做了汉家的宰相。如此说来,口有辩才的人行事,有时不一定可信,拙于言辞的人说理,有时未必就没道理。难以知人,这是为帝尧、帝舜所担忧的,怎么可以用君臣间的一答一问,便说是完全知道了别人的能力了呢? 用这种办法来考察天下的人情,肯定大多不能符合实际,用这种办法去轻慢天下之士,必定会有遗漏的人才。"他又说:"进谏的人为数很多,适足表明我能够与臣下和睦相处;进谏的人进言直切,适足显示我能够包容群言;进谏的人狂言诬罔,适足说明我能够宽恕别人;进谏的人泄露真情,适足彰示我能够从谏如流。这便是君主与进谏人相互补益的途径。进谏的人会有得到封爵赏赐的好处,君主也会有达到政治修明、国家安定的好处;进谏的人会博得诤言劝谏的名声,君主也会赢得采纳众议的名声。即使这样,进谏之人仍然会有失于中肯的地方,而君主却是无处不尽善尽美。君主唯恐正直的言论还不够殷切,天下事还没有全部听到,能够如此,君主采纳规谏的德行便光大了。"皇帝对陆贽的建言颇有采纳。

10 李怀光屯兵途中,不肯前进,屡次上表揭露卢杞等人的罪恶,群臣议论喧腾,也归罪于卢杞等人。德宗出于不得已,十二月壬戌(十九日),贬卢杞为新州司马,贬白志贞为恩州司马,贬赵赞为播州司马。宦官翟文秀是德宗所信任的人,李怀光又弹劾他的罪过,德宗也为此把他杀了。

11 乙丑(二十二日),德宗任命翰林学士、祠部员外郎陆贽为考功郎中,任命金部员外郎吴通微为职方郎中。陆贽上奏推辞说:"如今刚刚来到奉天,跟随皇上的将士们照例应该加封

两阶,今翰林独迁官。夫行罚先贵近而后卑远,则令不犯;行赏先卑远而后贵近,则功不遗。望先录大劳,次遍群品,则臣亦不敢独辞。"上不许。

12　上在奉天,使人说田悦、王武俊、李纳,赦其罪,厚赂以官爵。悦等皆密归款,而犹未敢绝朱滔,各称王如故。滔使其虎牙将军王郅说悦曰:"日者八郎有急,滔与赵王不敢爱其死,竭力赴救,幸而解围。今太尉三兄受命关中,滔欲与回纥共往助之。愿八郎治兵,与滔渡河共取大梁。"悦心不欲行而未忍绝滔,乃许之。滔复遣其内史舍人李瑶见悦,审其可否。悦犹豫不决,密召扈崿议之。司武侍郎许士则曰:"朱滔昔事李怀仙为牙将,与兄泚及朱希彩共杀怀仙而立希彩。希彩所以宠信其兄弟至矣,滔又与判官李子瑗谋杀希彩而立泚。泚既为帅,滔乃劝泚入朝而自为留后,虽劝以忠义,实夺之权也。平生与之同谋共功如李子瑗之徒,负而杀之者二十馀人。今又与泚东西相应,使滔得志,泚亦不为所容,况同盟乎?滔为人如此,大王何从得其肺腑而信之邪?彼引幽陵、回纥十万之兵屯于郊垌,大王出迎,则成擒矣。彼囚大王,兼魏国之兵,南向渡河,与关中相应,天下其孰能当之?大王于时悔之无及。为大王计,不若阳许偕行而阴为之备,厚加迎劳,至则托以他故,遣将分兵而随之。如此,大王外不失报德之名而内无仓猝之忧矣。"扈崿等皆以为然。

两级,而现在却只有翰林升官。一般说来,实行惩罚应该先从地位显贵和亲近的人们开始,然后再对地位卑下和疏远的人们实行,这样,所下的命令便不会遭到冒犯;实行奖赏,应该先从地位卑下和疏远的人们开始,然后再对地位显贵和亲近的人们实行,这样,所记的功劳便不会漏略不全。希望能够先铨录有大功劳的人,接下来再遍及百官各品级,如此,则我也不敢独自推辞对我本人的封赏。"德宗没有许可。

12 德宗在奉天的时候,让人去劝说田悦、王武俊和李纳,答应赦免他们的罪行,许给他们高官显爵。田悦等人都暗中向朝廷表示诚意,但仍然不敢与朱滔断绝交往,还是各自称王,一如既往。朱滔让他的虎牙将军王郅去规劝田悦说:"先前八郎遭遇急难的时候,我与赵王不敢顾惜一死,竭力前往救助,幸而解除了围困。如今太尉三哥在关中秉受天命,朱滔我打算与回纥人一同前往辅助他。希望八郎整治兵马,与我渡过黄河,共同攻取大梁。"田悦本意不准备前往,但又不愿意拒绝朱滔,于是便答应下来。朱滔又派他的内使舍人李琯去见田悦,看他是否答应出兵。田悦犹豫不决,秘密传召扈崿商议此事。司武侍郎许士则说:"过去朱滔事奉李怀仙担任牙将,与哥哥朱泚以及朱希彩共同杀了李怀仙,拥立了朱希彩。朱希彩因此而宠信朱氏兄弟,也算是可以了。朱滔又与判官李子瑗谋杀了朱希彩,拥立了朱泚。朱泚既然做了节帅,朱滔便劝朱泚入朝做官而让自己担任留后,虽然是以忠义劝勉朱泚,实际上是夺取他的权力。他这一生中对于与他共同策划、共同立功的人们,如李子瑗一流人,背弃并诛杀了的有二十余人。如今朱滔又与朱泚东西相互呼应,假使朱滔达到了目的,连朱泚也不会被他所容忍,何况我们仅仅是同盟之人呢?朱滔的为人就是这个样子,大王怎么能够相信他还会讲出肺腑之言来呢?他带领幽州、回纥兵十万人屯扎在郊野之外,如果大王出来迎接,便会被他擒住。他囚禁了大王,兼并了魏国的兵马,向南渡过黄河,与关中相互呼应,天下有谁人足以抵挡他呢?到那时候,大王后悔也来不及了。为大王着想,不如佯装答应与朱滔同行,同时暗中做好防备,对朱滔的迎接与犒劳要丰厚,而待他一到,便用其他事由向他推托,只派出将领、分出兵马来跟随他。这样,大王在外面不失报德的名声,在内里也不会有急剧而起的灾祸了。"扈崿等人都认为所言有理。

王武俊闻李瑶适魏,遣其司刑员外郎田秀驰见悦曰:"武俊向以宰相处事失宜,恐祸及身,又八郎困于重围,故与滔合兵救之。今天子方在隐忧,以德绥我,我曹何得不悔过而归之邪!舍九叶天子不事而事滔乎!且泚未称帝之时,滔与我曹比肩为王,固已轻我曹矣。况使之南平汴、洛,与泚连衡,吾属皆为虏矣!八郎慎勿与之俱南,但闭城拒守。武俊请伺其隙,连昭义之兵,击而灭之,与八郎再清河朔,复为节度使,共事天子,不亦善乎!"悦意遂决,绐滔云:"从行,必如前约。"

丁卯,滔将范阳步骑五万人,私从者复万馀人,回纥三千人,发河间而南,辎重首尾四十里。

13 李希烈攻李勉于汴州,驱民运土木,筑垒道,以攻城。忿其未就,并人填之,谓之"湿薪"。勉城守累月,外救不至,将其众万馀人奔宋州。庚午,希烈陷大梁。滑州刺史李澄以城降希烈,希烈以澄为尚书令兼永平节度使。勉上表请罪,上谓其使者曰:"朕犹失守宗庙,勉宜自安。"待之如初。

刘洽遣其将高翼将精兵五千保襄邑,希烈攻拔之,翼赴水死。希烈乘胜攻宁陵,江、淮大震。陈少游遣参谋温述送款于希烈曰:"濠、寿、舒、庐,已令弛备,韬戈卷甲,伏俟指麾。"又遣巡官赵诜结李纳于郓州。

14 中书侍郎、同平章事关播罢为刑部尚书。

15 以给事中孔巢父为淄青宣慰使,国子祭酒董晋为河北宣慰使。

王武俊听说李琯到魏博去过,便也派遣他的司刑员外郎田秀骑马去见田悦说:"我以往因宰相处理事务失当,恐怕灾祸降及自身,加之八郎被困在重重包围之中,所以与朱滔合兵援救你。如今圣上正处于深深的忧虑之中,愿意用恩德来安抚我们,我辈怎么能够不悔过自新,归依朝廷呢?又怎能够抛开历经九世的天子不去事奉,反而去事奉朱滔呢?而且,在朱泚尚未称帝的时候,朱滔与我辈并肩称王,那时朱滔就已经轻视我辈了。何况让他南进平定汴州与洛州,与朱泚联合起来,我们这些人便都会成为俘虏了!八郎一定别与他一同南下,只要关闭城门,坚持守卫就行了。请让我看准他的漏洞,联结昭义的兵马,将他去灭,我与八郎再次扫清河朔,重新去当节度使,共同事奉天子,不是也很好吗?"于是田悦下定了决心,他欺骗朱滔说:"跟你前往,一定像以前约定的那样。"

丁卯(二十四日),朱滔带领范阳步兵、骑兵五万人,私自跟从他的人又有一万馀人,加上回纥兵三千人,从河间出发南进,辎重前后相连四十里。

13　李希烈在汴州攻打李勉,驱使百姓运送土木,修筑营垒通道,以便攻打汴州城。他因工程不能告竣而恼怒,将人填入坑道中,称作"湿薪"。李勉在城中坚守了好几个月,外面没有救兵前来,便带领他的人马一万馀人逃奔宋州。庚午(二十七日),李希烈攻陷大梁。滑州刺史李澄举城投降李希烈,李希烈任命李澄为尚书令兼永平节度使。李勉上表请罪,德宗对李勉的使者说:"朕连宗庙都失守了,你应该安心。"德宗对待李勉一如既往。

刘洽派遣他的将领高翼带领精兵五千人保卫襄邑,李希烈攻克了襄邑,高翼投水而死。李希烈乘胜进攻宁陵,使长江、淮河一带大为震惊。陈少游派遣参谋温述向李希烈表示诚意说:"濠、寿、舒、庐四州,我已下令放松戒备了,兵器铠甲都已收藏起来,等待着你来指挥。"陈少游又派遣巡官赵诜在郓州结纳李纳。

14　中书侍郎、同平章事关播被罢为刑部尚书。

15　德宗任命给事中孔巢父为淄青宣慰使,任命国子祭酒董晋为河北宣慰使。

16　陆贽言于上曰:“今盗遍天下,舆驾播迁,陛下宜痛自引过以感人心。昔成汤以罪己勃兴,楚昭以善言复国。陛下诚能不吝改过,以言谢天下,使书诏无所避忌,臣虽愚陋,可以仰副圣情,庶令反侧之徒革心向化。”上然之,故奉天所下书诏,虽骄将悍卒闻之,无不感激挥涕。

术者上言:“国家厄运,宜有变更以应时数。”群臣请更加尊号一二字。上以问贽,贽上奏,以为不可,其略曰:“尊号之兴,本非古制。行于安泰之日,已累谦冲,袭乎丧乱之时,尤伤事体。”又曰:“嬴秦德衰,兼皇与帝,始总称之。流及后代,昏僻之君,乃有圣刘、天元之号。是知人主轻重,不在名称。损之有谦光稽古之善,崇之获矜能纳谄之讥。”又曰:“必也俯稽术数,须有变更,与其增美称而失人心,不若黜旧号以祗天戒。”上纳其言,但改年号而已。

上又以中书所撰赦文示贽,贽上言,以为:“动人以言,所感已浅,言又不切,人谁肯怀?今兹德音,悔过之意不得不深,引咎之辞不得不尽,洗刷疵垢,宣畅郁堙,使人人各得所欲,则何有不从者乎?应须改革事条,谨具别状同进。舍此之外,尚有所虞。窃以知过非难,改过为难;言善非难,行善为难。假使赦文至精,止于知过言善,犹愿圣虑更思所难。”上然之。

16　陆贽对德宗说："如今盗寇遍及天下，车驾流亡在外，陛下应当沉痛地自动承担过失以感动人心。往昔成汤因加罪于自己而勃然兴起，楚昭王因讲了善言而复兴楚国。如果陛下能够肯于纠正过失，以言语向天下谢罪，让诏书写得没有任何闪避忌讳，尽管我愚昧浅陋，但可以体会圣上的心意，大概可以使反复无常之徒洗心革面，归向德化。"德宗同意了他的意见。所以，德宗在奉天所颁布的诏书，便是骄横的将领、凶悍的士卒听了，也无不感动得挥泪而泣。

术士上言说："国家遭逢了厄运，应该有所变更，以便应合时下的运数。"群臣请在德宗的尊号上再加一两个字。德宗以此事询问陆贽，陆贽上奏，认为并不可取。他大略是说："尊号的采用，本不是古来就有的制度。在国家太平无事的时候采用尊号，已经有碍皇上的谦虚冲和的名声了，更何况在国家丧乱之时因袭上尊号的制度，这尤其有伤体统。"他又说："嬴姓秦朝德行衰败，将'皇'与'帝'的称号合二为一，由此开始连在一起称呼。此制沿及后世，在昏庸邪僻的君主中，便有汉哀帝'圣刘'、陈宣帝'天元'的称号。由此可知，君主的伟大与渺小，并不在于有什么名称。损抑尊号会有谦退求古的美名，崇尚尊号只能得到自夸才能、接受谄媚的讥讽。"他又说："假如一定要俯就应合气数气运，需要有所变更，那么，与其因增加美好的称号而失去人心，不如免除原有的尊号，来敬承上天的告诫。"德宗采纳了陆贽的建议，仅仅更改了年号而已。

德宗又把中书省所撰写的免罪文书给陆贽看，陆贽上言认为："用言语来打动人心，对人的感动已经很浅了，加之所说的话又不够切实，还有谁肯惦记着它？如今要写的德音，陛下悔悟过错的意思不能写得不深切，陛下承担罪责的言辞不能写得不详尽，洗刷自己的缺点错误，宣泄大家的不满情绪，使人人各自得到他所想得到的，那还有什么不肯听从朝命的人呢？应该改变所写的条目，我已经恭谨地别写一状，在此一同进上。除此之外，我还有所忧虑。我私下认为，知道自己的过错并不难，改正过错才是难的；话讲得好并不难，事办得好才是难的。假如免罪文书写得尽善尽美，那也只停留在知道自己的过错和话讲得好这方面，还希望圣上去思考那更难的方面。"德宗认为陆贽讲得很对。

兴元元年（甲子,784）

1　春,正月癸酉朔,赦天下,改元,制曰:"致理兴化,必在推诚;忘己济人,不吝改过。朕嗣服丕构,君临万邦,失守宗祧,越在草莽。不念率德,诚莫追于既往;永言思咎,期有复于将来。明征其义,以示天下。

"小子惧德弗嗣,罔敢怠荒。然以长于深宫之中,暗于经国之务,积习易溺,居安忘危,不知稼穑之艰难,不恤征戍之劳苦,泽靡下究,情未上通,事既拥隔,人怀疑阻。犹昧省己,遂用兴戎。征师四方,转饷千里,赋车籍马,远近骚然。行赍居送,众庶劳止。或一日屡交锋刃,或连年不解甲胄。祀奠乏主,室家靡依。死生流离,怨气凝结,力役不息,田莱多荒。暴令峻于诛求,疲氓空于杼轴,转死沟壑,离去乡闾,邑里丘墟,人烟断绝。天谴于上而朕不寤,人怨于下而朕不知,驯致乱阶,变兴都邑,万品失序,九庙震惊。上累于祖宗,下负于蒸庶,痛心靦貌,罪实在予,永言愧悼,若坠泉谷。自今中外所上书奏,不得更言'圣神文武'之号。

"李希烈、田悦、王武俊、李纳等,咸以勋旧,各守藩维。朕抚御乖方,致其疑惧;皆由上失其道而下罹其灾,朕实不君,人则何罪? 宜并所管将吏等一切待之如初。

唐德宗兴元元年(甲子,公元 784 年)

1 春季,正月癸酉朔(初一),大赦天下,改年号。德宗颁制说:"要想实现安定,兴起教化,就一定要对人推心置腹,忘掉自己的利益,救助别人的困难,不惜痛改前非。朕继承帝位,统领天下,然而却使祖宗的庙堂失守,使自己沦落于草莽之间。这是由于过去没有遵循德化行事。现在诚然不能将以往的失误追回,但朕久久地思考着犯下的罪责,希望在将来有所改正。现在朕无所掩饰地将这个意思讲出来,让天下之人都能看到。

"我恐怕自己的德行不能继承先人的业绩,不敢懈怠荒唐。但是,由于生长在深宫之中,不熟悉治理国家政务,积久成习,容易沉溺,居于平安之地,忘记了可能发生的危险,不懂得收种庄稼的艰难,没有体恤征战屯戍的劳苦,恩泽不能普施于百姓,民情不能上达于朝廷,既然上下之间声气阻隔,人们自然便会心怀疑虑。朕却仍然不知深自反省,终于导致了战争。征调兵马,遍及四方,转运粮饷,连绵千里,征用车辆马匹,致使远近各处骚动不安。离家当兵的人要携带衣食等物,留在家中的人要辗转相送,大家都受尽了劳苦。有时在一天之内屡次短兵相接,有时连续几年不能解甲归田。祭奠祖先时没有主人,家属无所依靠。生死无定,流离失所,怨恨之气,凝聚盘结。征发力役没有止息,耕田多已荒芜。残暴的长官严厉索求,疲惫的百姓不再织布,人们辗转流亡,葬身沟壑,离开乡里,致使城邑乡村化为荒丘废墟,再也没有人烟。上有上天的谴责,但朕不省悟;下有百姓的愤怒,但朕不知道。于是逐渐形成了战乱的祸端,致使京城发生了变故,万事失去秩序,九庙为之震惊。朕对上连累了列宗列祖,对下辜负了黎民百姓,心中痛切,脸上惭愧,知道这些罪责实在都在朕一人身上,为此久久地惭愧着,哀悼着,有如坠入深渊,落在深谷。从今以后,朝廷内外所进上的书表章奏,不允许再称'圣神文武'的尊号。

"李希烈、田悦、王武俊、李纳等人,原都是有功之臣,各自守卫着藩镇。由于朕安抚驾驭无方,致使他们疑虑畏惧,这全是因为上面无道而使下面遭受灾殃,实在是朕丧失了为君的体统,下面有什么罪过?现应将李希烈等人连同他们所管辖的将士官吏等一切人都像当初一样对待。

資治通鑑

"朱滔虽缘朱泚连坐，路远必不同谋，念其旧勋，务在弘贷，如能效顺，亦与惟新。

"朱泚反易天常，盗窃名器，暴犯陵寝，所不忍言，获罪祖宗，朕不敢赦。其胁从将吏百姓等，但官军未到京城以前，去逆效顺并散归本道、本军者，并从赦例。

"诸军、诸道应赴奉天及进收京城将士，并赐名奉天定难功臣。其所加垫陌钱、税间架、竹、木、茶、漆、榷铁之类，悉宜停罢。"

赦下，四方人心大悦。及上还长安明年，李抱真入朝为上言："山东宣布赦书，士卒皆感泣，臣见人情如此，知贼不足平也！"

2　命兵部员外郎李充为恒冀宣慰使。

3　朱泚更国号曰汉，自号汉元天皇，改元天皇。

4　王武俊、田悦、李纳见赦令，皆去王号，上表谢罪。惟李希烈自恃兵强财富，遂谋称帝。遣人问仪于颜真卿，真卿曰："老夫尝为礼官，所记惟诸侯朝天子礼耳！"希烈遂即皇帝位，国号大楚，改元武成。置百官，以其党郑贲为侍中，孙广为中书令，李缓、李元平同平章事。以汴州为大梁府，分其境内为四节度。希烈遣其将辛景臻谓颜真卿曰："不能屈节，当自焚！"积薪灌油于其庭。真卿趋赴火，景臻遽止之。

希烈又遣其将杨峰赍赦赐陈少游及寿州刺史张建封。建封执峰徇于军，腰斩于市，少游闻之骇惧。建封具以少游与希烈交通之状闻，上悦，以建封为濠、寿、庐三州都团练使。希烈乃以其将杜少诚为淮南节度使，使将步骑万馀人先取寿州，

"朱滔虽然因为朱泚而受到牵连,但二人相隔遥远,势必不能同谋,念及朱滔原是朝廷的有功之臣,务必宽大处理,如果能够向朝廷投诚,也给他改过自新的机会。

"朱泚改变天道常规,盗用名号与车服仪制,残暴地冒犯列宗列祖的陵园寝庙,令人不忍言状。他得罪了列祖列宗,朕不敢赦免他。那些被裹胁进来的将士、官吏、百姓,只要在官军没有开到京城以前,脱离逆军,向朝廷投诚,并且解散队伍而回到本道本军去的,一概按照赦免之例处理。

"各军、各道一切奔赴奉天和进军收复京城的将士,一概赐名称作'奉天定难功臣'。那些加征的除陌钱、间架、竹、木、茶、漆等税以及专营铸铁等项,应该全部免除。"

免罪文书颁下以后,各地人心大为欢悦。及至德宗回到长安的第二年,李抱真入朝对德宗说:"在山东宣布免罪文书的时候,士兵们都感动得流下了眼泪,我看到人情是这般情形,便知道平定敌军是不足为虑的了!"

2　德宗令兵部员外郎李充担任恒冀宣慰使。

3　朱泚更改国号称作汉,更改年号为天皇,自号汉元天皇。

4　王武俊、田悦、李纳见到赦令后,都免去了王的称号,上表认罪。只有李希烈仗着自己兵力强盛,资财丰饶,策谋称帝。李希烈派人向颜真卿询问有关礼仪,颜真卿说:"老夫曾经担任过掌管礼仪的官员,而我所记着的只有诸侯朝见天子的礼仪而已!"李希烈于是登上皇帝的宝位,国号称作大楚,更改年号称作武成。李希烈设置百官,任命他的同党郑贲为侍中,任命孙广为中书令,以李缓、李元平同平章事。将汴州称为大梁府,将他境内地盘划分成四处,分别设置节度使。李希烈派遣他的将领辛景臻对颜真卿说:"你既然不肯失气节,就该把自己烧死!"于是在颜真卿居住的院中堆起柴禾,浇上油脂。颜真卿快步走向火堆,辛景臻急忙止住了他。

李希烈又派遣他的将领杨峰携带着他的赦书赐给陈少游和寿州刺史张建封。张建封捉住杨峰,在军队中示众以后,便在闹市中将他腰斩了。陈少游听说了这件事情,甚为惊骇。张建封还将陈少游与李希烈交往的情形上报朝廷闻知,德宗大喜,便任命张建封为濠、寿、庐三州都团练使。李希烈任命他的部将杜少诚为淮南节度使,让他带领步兵、骑兵共一万馀人先行攻取寿州,

后之江都。建封遣其将贺兰元均、邵怡守霍丘秋栅。少诚竟
不能过,遂南寇蕲、黄,欲断江路。时上命包佶自督江、淮财
赋,溯江诣行在;至蕲口,遇少诚入寇。曹王皋遣蕲州刺史伊
慎将兵七千拒之,战于永安戍,大破之,少诚脱身走,斩首万
级,包佶乃得前。后佶入朝,具奏陈少游夺财赋事;少游惧,
厚敛所部以偿之。李希烈以夏口上流要地,使其骁将董侍募
死士七千袭鄂州。刺史李兼偃旗卧鼓闭门以待之。侍撤屋
材以焚门,兼帅士卒出战,大破之。上以兼为鄂、岳、沔都团
练使。于是希烈东畏曹王皋,西畏李兼,不敢复有窥江、淮之
志矣。

5　朱滔引兵入赵境,王武俊大具犒享。入魏境,田悦供
承倍丰,使者迎候,相望于道。丁丑,滔至永济,遣王郅见悦,
约会馆陶,偕行渡河。悦见郅曰:“悦固愿从五兄南行,昨日
将出军,将士勒兵不听悦出,曰:‘国兵新破,战守逾年,资储竭
矣。今将士不免冻馁,何以全军远征? 大王日自抚循,犹不能
安;若舍城邑而去,朝出,暮必有变!’悦之志非敢有贰也,如将
士何! 已令孟祐备步骑五千,从五兄供刍牧之役。”因遣其司礼
侍郎裴抗等往谢滔。滔闻之,大怒曰:“田悦逆贼,向在重围,命
如丝发,使我叛君弃兄,发兵昼夜赴之,幸而得存。许我贝州,
我辞不取;尊我为天子,我辞不受。今乃负恩,误我远来,饰
辞不出!”即日,遣马寔攻宗城、经城,杨荣国攻冠氏,皆拔之。

然后进军江都。张建封则派遣他的部将贺兰元均和邵怡去守卫霍丘县秋栅。杜少诚始终不能通过秋栅,便向南侵扰蕲、黄二州,准备截断长江的通道。当时,德宗命令包佶亲自监督长江、淮水一带的税收,上溯长江,前往行在。包佶来到蕲口的时候,遇到杜少诚入境侵扰。曹王李皋派遣蕲州刺史伊慎领兵七千人抵抗杜少诚军,在永安戍接战,大败敌军,杜少诚脱身逃走,官军斩首一万级,包佶因而得以前行。后来,包佶到了朝廷,将陈少游夺取税收的事情条陈上奏。陈少游害怕了,便在其统辖的地区加重赋税,来补偿夺取的税收。李希烈因夏口是长江上流的险要之地,便让他手下的猛将董侍招募敢死之士七千人袭击鄂州。刺史李兼放倒旗帜,停止击鼓,关闭城门,等待董侍的到来。董侍用从房屋上拆下来的木材焚烧城门,李兼率领士兵出城交战,大破董侍。德宗任命李兼为鄂、岳、沔都团练使。由此,李希烈东边害怕曹王李皋,西边害怕李兼,不敢再有窥伺长江、淮河一带的企图了。

5　朱滔领兵进入王武俊的疆境,王武俊大力备办犒劳物品。朱滔进入田悦的疆境,田悦献上的酒食更加丰盛,派出去迎接问候的使者,在道路上一个接着一个。丁丑(初五),朱滔来到永济县,派遣王郅去见田悦,约定在馆陶会面,然后一起出发,南渡黄河。田悦接见王郅说:"我固然是愿意跟随五哥向南进军的,但在昨天将要出兵的时候,将士们按兵不动,不让我出行,他们说:'魏国军队新近被马燧等人打败,且攻战拒守已经一年有余,物资储备已经用光了。现在将士们连饥寒都不能避免,怎么能够让全军再去远征? 大王每天亲自抚慰大家,尚且不能安定,如果大王早晨离开魏州出行,晚上便一定会生出变故!'我的本意是不敢怀有二心的,但拿部下将士真是没有办法。我已经让孟祐准备了步兵、骑兵共五千人,跟随五哥前去,替五哥做些放马喂马的杂活。"田悦因而派遣他的司礼侍郎裴抗等人前去向朱滔谢罪。朱滔听了这些,非常恼火地说:"田悦这个叛贼! 以往你身陷重重包围之中,性命垂危,千钧一发,你使我背叛国君,抛弃兄弟,派出兵马不分昼夜地前去救援,才侥幸使你存活下来。你许给我贝州,我推辞了,不肯占有,你尊奉我为皇帝,我又推辞了,不肯接受。现在你却负恩背德,骗我大老远地前来,而你竟然又尽说漂亮话,不肯出兵!"就在当天,朱滔派遣马寔攻打宗城和经城,派遣杨荣国攻打冠氏,并将这些地方全都攻克了。

又纵回纥掠馆陶顿幄帟、器皿、车、牛以去。悦闭城自守。壬午,滔遣裴抗等还,分兵置吏守平恩、永济。

6　丙戌,以吏部侍郎卢翰为兵部侍郎、同平章事。翰,义僖之七世孙也。

7　朱滔引兵北围贝州,引水环之,刺史邢曹俊婴城拒守;纵范阳及回纥兵大掠诸县,又拔武城,通德、棣二州,使给军食;遣马寔将步骑五千屯冠氏以逼魏州。

8　以给事中杜黄裳为江淮宣慰副使。

9　上于行宫庑下贮诸道贡献之物,榜曰琼林大盈库。陆贽以为战守之功,赏赉未行而遽私别库,则士卒怨望,无复斗志,上疏谏,其略曰:“天子与天同德,以四海为家,何必桡废公方,崇聚私货?降至尊而代有司之守,辱万乘以效匹夫之藏,亏法失人,诱奸聚匿,以斯制事,岂不过哉?”又曰:“顷者六师初降,百物无储,外扞凶徒,内防危蹀,昼夜不息,殆将五旬,冻馁交侵,死伤相枕,毕命同力,竟夷大艰。良以陛下不厚其身,不私其欲,绝甘以同卒伍,辍食以啖功劳。无猛制而人不携,怀所感也;无厚赏而人不怨,悉所无也。今者攻围已解,衣食已丰,而谣谶方兴,军情稍阻。岂不以勇夫恒性,嗜利矜功,其患难既与之同忧而好乐不与之同利?苟异恬默,能无怨咨?”又曰:

朱滔又放纵回纥军劫掠馆陶,将帐幕、器皿、车辆及牛等席卷而去。田悦关闭城门,自行防守。壬午(十日),朱滔打发裴抗等人回去,分出兵力,设置官吏,把守平恩与永济。

6 丙戌(十四日),德宗任命吏部侍郎卢翰为兵部侍郎、同平章事。卢翰是卢义僖的七世孙。

7 朱滔领兵向北包围贝州,引来河水,将贝州城环绕起来,该州刺史邢曹俊据城守御。朱滔放纵范阳兵与回纥兵大肆掠夺各县,又攻占了武城,连通了德、棣两州,让两州供给军粮。朱滔还派遣马寔带领步兵、骑兵共五千人屯驻冠氏县,以便进逼魏州。

8 德宗任命给事中杜黄裳为江淮宣慰副使。

9 德宗在行宫的廊庑下储存各道献纳的贡物,匾额题作琼林大盈库。陆贽认为,对于将士的攻战守备的功劳,还没有颁行赏赐,反而急忙私建别库,这会使士兵怨责,消减斗志,于是奏上章疏劝谏,他大略是说:"天子与上天具有同样的德行,当以四海为家,为什么一定要破坏公家的法度,集聚私人的财货? 把至尊无上的皇帝降低到代替有关部门看守财产的位置上,将万乘之主辱没到效法寻常之人私藏物品的地步,有亏法度,更失人心,诱发奸邪,积聚邪恶,用这种作为去裁断万事,难道不是太不可取了吗?"他又说:"不久前,随从皇上出行的军队最初来到奉天的时候,各种物品都没有储备,对外要抵御凶恶之徒,对内要防守垂危的城墙,日日夜夜,全无休息,历时大约有五十天之久,将士们饥寒交迫,死伤的人们纵横交错。全靠大家尽力效命,共同努力,终于克服了巨大的艰难。这实在是因为陛下自身没有丰渥的享受,不去满足自己的私欲。陛下戒绝甘美的食品,与士兵同甘苦;中止进餐,用省下的食品送给立下功劳的将士吃。不用严厉的制度,但人们并无背离,这是因为他们想到陛下的感人之处;没有丰厚的奖赏,但人们并不埋怨,这是因为他们知道这是当时完全没有的东西。现在的情况却是敌军的攻打和围困已经解除,将士的衣服饮食已经丰足,然而怨言却正在产生,军中逐渐产生了疑惑的情绪。这难道不是因为一介勇夫通常好利夸功,在患难的时候既已与他们同受忧患,在情况好转、安乐可望以后却不与他们同享利益吗? 假如陛下已经不像过去那样恬淡静默,他们怎么会毫无怨言呢?"他又说:

"陛下诚能近想重围之殷忧，追戒平居之专欲，凡在二库货贿，尽令出赐有功，每获珍华，先给军赏，如此，则乱必靖，贼必平。徐驾六龙，旋复都邑，天子之贵，岂当忧贫？是乃散其小储而成其大储，损其小宝而固其大宝也。"上即命去其榜。

10　萧复尝言于上曰："宦官自艰难以来，多为监军，恃恩纵横。此属但应掌宫掖之事，不宜委以兵权国政。"上不悦。又尝言："陛下践阼之初，圣德光被。自杨炎、卢杞黩乱朝政，以致今日。陛下诚能变更睿志，臣敢不竭力。傥使臣依阿苟免，臣实不能！"又尝与卢杞同奏事，杞顺上旨，复正色曰："卢杞言不正！"上愕然，退谓左右曰："萧复轻朕！"戊子，命复充山南东西、荆湖、淮南、江西、鄂岳、浙江东西、福建、岭南等道宣慰、安抚使，实疏之也。既而刘从一及朝士往往奏留复，上谓陆贽曰："朕思迁幸以来，江、淮远方，或传闻过实，欲遣重臣宣慰，谋于宰相及朝士，佥谓宜然。今乃反覆如是，朕为之怅恨累日。意复悔行，使之论奏邪？卿知萧复何如人？其不欲行，意趣安在？"贽上奏，以为："复痛自修励，慕为清贞，用虽不周，行则可保。至于轻诈如此，复必不为。借使复欲逗留，从一安肯附会？今所言矛盾，愿陛下明加辩诘。若萧复有所请求，则从一何容为隐！若从一自有回互，

"假如陛下能够想想近日身在重重围困之中所经受的深切的忧虑，戒去平时专门满足己欲私望的缺点，将储存在琼林、大盈二库的珍宝财物，全都拿出来赏赐有功之臣，每当得到珍奇华美的东西，便用它先行支付军中的奖赏，如果能够做到这些，变乱就一定能够平定，敌寇就一定能够削平。到那时候，徐徐驾起乘舆，凯旋班师，返回京城，就凭着天子的高贵，难道还要担心过穷日子吗？所以，我提出的建议，乃是要散去陛下小小的储存，却成就陛下大大的储存，减损陛下小小的宝物，却巩固陛下大大的宝物啊。"德宗当即让人除去了匾额。

10　萧复曾经对德宗说："自从国步艰难以来，宦官往往担任监军，仗恃着陛下的恩宠任意而为。这一种人，只应该掌管皇宫的事情，不适于把兵权和国政委托给他们。"德宗不甚高兴。萧复还曾说："在陛下即位的初期，圣德光辉照耀。自从杨炎、卢杞侮乱朝廷大政，因而导致了今天的结局。如果陛下能够改变过去的做法，我怎敢不尽力效劳。倘若让臣阿谀依附，苟且求生，我实在难以做到！"萧复曾经与卢杞一起奏议朝事，卢杞顺承皇上的旨意，萧复面色严正地说："卢杞讲话不够正直！"德宗感到吃惊，退朝后对亲近的人说："萧复对朕太轻视了！"戊子（十六日），德宗命令萧复担当山南东西、荆湖、淮南、江西、鄂岳、浙江东西、福建、岭南等道宣慰、安抚使，实际上是要疏远萧复。接着，刘从一以及朝中大臣不断奏请将萧复留在朝中，德宗对陆贽说："朕想起出行以来，长江、淮河地区远在一方，有时会有消息传闻失实的情况，所以打算派遣朝中居于重要职位的大臣前去安抚，朕与宰相和朝中大臣商量此事，都说应当这么做。现在却这样翻来覆去，朕为此恼恨了好几天。想来是萧复不愿出行，因而让刘从一以及朝中大臣来议论上奏的吧？你知道萧复是个什么样的人吗？他不愿出行，是有什么用意吗？"陆贽进上奏章，他认为："萧复恳切地修省自勉，向往着做一个清正贞洁之士，办事虽然有不够周详的地方，但他的品行还是可以保证的。至于像这样任意行诈的行为，萧复一定不肯去做。假如萧复打算在朝中逗留，刘从一怎么肯随声附和呢？现在陛下所言，相互矛盾，希望陛下能够分明地加以辨别查问。如果萧复有什么请求，刘从一怎么会允许他为自己隐瞒？如果刘从一自己有意回护他，

则萧复不当受疑。陛下何惮而不辩明,乃直为此怅恨也?夫明则罔惑,辩则罔冤。惑莫甚于逆诈而不与明,冤莫痛于见疑而不与辩。是使情伪相糅,忠邪靡分。兹实居上御下之要枢,惟陛下留意。"上亦竟不复辩也。

11 辛卯,以王武俊为恒、冀、深、赵节度使。壬辰,加李抱真、张孝忠并同平章事。丙申,加田悦检校左仆射。以山南东道行军司马樊泽为本道节度使,前深、赵观察使康日知为同州刺史、奉诚军节度使,曹州刺史李纳为郓州刺史、平卢节度使。

12 戊戌,加刘洽汴、滑、宋、亳都统副使,知都统事,李勉悉以其众授之。

13 辛丑,六军各置统军,秩从三品,以宠勋臣。

14 吐蕃尚结赞请出兵助唐收京城。庚子,遣秘书监崔汉衡使吐蕃,发其兵。

那么,萧复自当不受怀疑。陛下有什么忌惮,而不肯将此事辨别明白,以至于只能如此恼恨呢? 一般说来,将事情分析明白了,便没有疑惑;把事情辨别清楚了,便没有冤屈。没有比事先猜疑别人存心欺诈却不予以分析明白更为严重的疑惑,没有比遭受猜疑却不予以辨别清楚更为痛切的冤屈。这会使真伪掺杂,忠邪不分。我所说的这些话,实际上便是身居高位、驾驭下属的关键,仅请陛下多加注意。"德宗最后还是没有再辨别此事。

11 辛卯(十九日),德宗任命王武俊为恒、冀、深、赵四州节度使。壬辰(二十日),加封李抱真、张孝忠两人一并同平章事。丙申(二十四日),加封田悦检校左仆射。任命山南东道行军司马樊泽为该道节度使,任命前深、赵二州观察使康日知为同州刺史、奉诚军节度使,任命曹州刺史李纳为郓州刺史、平卢节度使。

12 戊戌(二十六日),德宗加封刘洽为汴、滑、宋、亳诸州都统副使,并主持都统事宜,李勉将他统辖的部众悉数交给了刘洽。

13 辛丑(二十九日),六军各自设置统军,统军的品秩为从三品,以显示对立下功勋的大臣的荣宠。

14 吐蕃尚结赞请求出兵援助唐朝收复京城。庚子(二十八日),德宗派遣秘书监崔汉衡出使吐蕃,让吐蕃发兵。

卷第二百三十　唐纪四十六

起甲子(784)二月尽四月不满一年

德宗神武圣文皇帝五
兴元元年(甲子,784)

1　二月戊申,诏赠段秀实太尉,谥曰忠烈,厚恤其家。时贾隐林已卒,赠左仆射,赏其能直言也。

2　李希烈将兵五万围宁陵,引水灌之;濮州刺史刘昌以三千人守之。

滑州刺史李澄密遣使请降,上许以澄为汴滑节度使。澄犹外事希烈;希烈疑之,遣养子六百人戍白马,召澄共攻宁陵。澄至石柱,使其众阳惊,烧营而遁。又讽养子令剽掠,澄悉收斩之,以白希烈,希烈无以罪也。

刘昌守宁陵,凡四十五日不释甲。韩滉遣其将王栖曜将兵助刘洽拒希烈,栖曜以强弩数千游汴水,夜,入宁陵城。明日,从城上射希烈,及其坐幄,希烈惊曰:"宣、润弩手至矣!"遂解围去。

3　朱泚自奉天败归,李晟谋取长安。刘德信与晟俱屯东渭桥,不受晟节制。晟因德信至营中,数以沪涧之败及所过剽掠之罪,斩之。因以数骑驰入德信军,劳其众,无敢动者,遂并将之,军势益振。

德宗神武圣文皇帝五
唐德宗兴元元年(甲子,公元784年)

1 二月戊申(初八),德宗颁诏追赠段秀实为太尉,谥号称为忠烈,以优厚的待遇抚恤段秀实的家人。当时,贾隐林已经去世,德宗追赠他为左仆射,为的是表彰他能够直切地建言。

2 李希烈领兵五万人围攻宁陵,引来河水灌城,濮州刺史刘昌率三千人守卫着宁陵。

滑州刺史李澄秘密派来使者请求归降,德宗答应任命李澄为汴滑节度使。李澄表面上仍然事奉李希烈,李希烈却怀疑他,派遣养子六百人戍守白马,传召李澄前来共同攻打宁陵。李澄来到石柱,指使他的部众佯作受惊,烧掉了营房,便逃跑了。李澄又暗示李希烈的养子,让他们四出抢劫掳掠,而李澄又将他们悉数收捕斩杀,并将此事告诉了李希烈,但李希烈无法加罪于他。

刘昌守卫宁陵,计有四十五天不曾脱下铠甲。韩滉派遣他的将领王栖曜领兵援助刘洽抵御李希烈,王栖曜使强健的弩手数千人游过汴水,在夜间进入宁陵城。第二天,弩手从城上用箭射李希烈,射到他所坐镇的帐幕里边,李希烈吃惊地说:"宣、润两州的弩手到了!"于是解除了宁陵的围困,自行离去。

3 朱泚从奉天大败而归,李晟谋划攻取长安。刘德信与李晟一道屯驻在东渭桥,但他不接受李晟的管束。李晟借刘德信来到营中之机,列举他在沪涧战败和沿途抢劫掳掠的罪行,将他斩杀。李晟因而让数人骑马奔入刘德信军中,去慰劳他的部众,他们没有人敢有所举动,于是李晟一并统领了此军,军队的声势益发振作。

李怀光既胁朝廷逐卢杞等,内不自安,遂有异志。又恶李晟独当一面,恐其成功,奏请与晟合军;诏许之。晟与怀光会于咸阳西陈涛斜,筑垒未毕,泚众大至。晟谓怀光曰:"贼若固守宫苑,或旷日持久,未易攻取。今去其巢穴,敢出求战,此天以贼赐明公,不可失也!"怀光曰:"军适至,马未秣,士未饭,岂可遽战邪?"晟不得已乃就壁。晟每与怀光同出军,怀光军士多掠人牛马,晟军秋毫不犯。怀光军士恶其异己,分所获与之,晟军终不敢受。

怀光屯咸阳累月,逗留不进。上屡遣中使趣之,辞以士卒疲弊,且当休息观衅。诸将数劝之攻长安,怀光不从,密与朱泚通谋。李晟屡奏,恐其有变,为所并,请移军东渭桥;上犹冀怀光革心,收其力用,寝晟奏不下。

怀光欲缓战期,且激怒诸军,奏言:"诸军粮赐薄,神策独厚,厚薄不均,难以进战。"上以财用方窘,若粮赐皆比神策,则无以给之。不然,又逆怀光意,恐诸军觖望;乃遣陆贽诣怀光营宣慰,因召李晟参议其事。怀光意欲晟自乞减损,使失士心,沮败其功,乃曰:"将士战斗同而粮赐异,何以使之协力?"贽未有言,数顾晟。晟曰:"公为元帅,得专号令。晟将一军,受指踪而已。至于增减衣食,公当裁之。"怀光默然,又不欲自减之,遂止。

李怀光胁迫朝廷贬逐了卢杞等人以后，内心不能自安，于是便有了反叛朝廷的意图。李怀光又嫌恶李晟独当一面，唯恐他有所建树，便上奏请求让自己与李晟合兵一处，德宗颁诏答应了他的请求。李晟与李怀光在咸阳西面的陈涛斜会师，营垒还没有来得及修筑完毕，朱泚军队已大批开到了。李晟对李怀光说："假如敌军顽固把守宫城和禁苑，也许会空废时日，延宕许久，不容易攻打下来。现在敌军离开了他们的巢穴，竟敢出城挑战，这是上天把敌军赐给明公来消灭，决不能放走他们！"李怀光说："我军刚刚赶到，战马还没有喂过料，士兵还没有吃过饭，哪里能匆匆接战呢？"李晟没有办法，只好自回营垒。每次李晟与李怀光一同派出军队，李怀光的士兵常常掠夺百姓的牛马，李晟军却秋毫无犯。李怀光的将士嫌恶李晟军与自己两样，便将所得物品分给李晟军，但李晟军始终也不敢接受。

　　李怀光在咸阳屯驻了好几个月，按兵不动，不肯前进。德宗屡次派遣中使催促他，他便以士兵疲困不堪，而且应当保养兵力，观察敌军的破绽为理由而推辞。诸将领好几次劝说李怀光攻打长安，李怀光不肯听从，还暗中与朱泚勾结合谋。李晟屡屡上奏，唯恐发生变故，被李怀光吞并，请求将军队转移到东渭桥去，但德宗仍然希望李怀光洗心革面，争取使他尽力效命，便压下了李晟的奏章，不肯批示。

　　李怀光准备延缓接战的日期，并且激怒各军，便上奏说："各军粮食供给微少，只有神策军供给丰厚，多少不均，难以进军开战。"德宗因财物用度还正窘困，如果都按照神策军的标准供给粮食，便拿不出粮食来供给各军。但不这样又唯恐违逆了李怀光的意思，引起各军抱怨，于是派遣陆贽到李怀光营中安抚将士，顺便传召李晟参与商议粮饷供给之事。李怀光本意打算让李晟自己请求削减供给，好使他失去军心，来败坏他的劳绩，便说："将士一个样地与敌军战斗，而粮食供给却彼此不同，怎么能让将士齐心合力呢？"陆贽没有发言，几次回头去看李晟。李晟说："你是主帅，得以专擅号令。我不过带领着一支军队，接受你的指挥罢了。说到增加或减少军中衣食供给，自当由你裁断。"李怀光一言不发，他又不愿由自己削减李晟军的粮食供给，此事便搁置了。

　　时上遣崔汉衡诣吐蕃发兵,吐蕃相尚结赞言:"蕃法发兵,以主兵大臣为信;今制书无怀光署名,故不敢进。"上命陆贽谕怀光,怀光固执以为不可,曰:"若克京城,吐蕃必纵兵焚掠,谁能遏之?此一害也。前有敕旨,募士卒克城者人赏百缗,彼发兵五万,若援敕求赏,五百万缗何从可得?此二害也。虏骑虽来,必不先进,勒兵自固,观我兵势,胜则从而分功,败则从而图变,谲诈多端,不可亲信,此三害也。"竟不肯署敕;尚结赞亦不进军。

　　陆贽自咸阳还,上言:"贼泄稽诛,保聚宫苑,势穷援绝,引日偷生。怀光总仗顺之师,乘制胜之气,鼓行芟翦,易若摧枯。而乃寇奔不追,师老不用,诸帅每欲进取,怀光辄沮其谋。据兹事情,殊不可解。陛下意在全护,委曲听从。观其所为,亦未知感。若不别务规略,渐思制持,惟以姑息求安,终恐变故难测。此诚事机危迫之秋也,固不可以寻常容易处之。今李晟奏请移军,适遇臣衔命宣慰,怀光偶论此事,臣遂泛问所宜。怀光乃云:'李晟既欲别行,某亦都不要藉。'臣犹虑有翻覆,因美其军盛强。怀光大自矜夸,转有轻晟之意。臣又从容问云:'回日,或圣旨顾问事之可否,决定何如?'怀光已肆轻言,不可中变,遂云:'恩命许去,事亦无妨。'要约再三,非不详审,

当时,德宗派遣崔汉衡到吐蕃去让他们发兵,吐蕃国相尚结赞说:"按照吐蕃礼法发兵,以主掌兵权的大臣的署名为凭信,现在制书上没有李怀光的署名,所以不敢进军。"德宗令陆贽晓示李怀光,李怀光坚持认为不可让吐蕃发兵,他说:"如果攻克京城,吐蕃必然要放纵士兵焚烧掳掠,有谁能够制止他们? 这是第一个害处。不久前颁布的敕旨规定,凡是招募士兵攻破城池者,每人奖赏钱一百缗,吐蕃发兵五万人,如果援引敕旨要求奖赏,五百万缗钱要到哪儿才能弄到? 这是第二个害处。吐蕃骑兵虽然到来,必定不肯率先进军,而是按兵不动,保存实力,观望我方军队的形势,胜利了,便跟着瓜分功劳,失败了,便借机图谋变乱,诡诈多端,不可亲近信任。这是第三个害处。"李怀光始终不肯往敕旨上署名,尚结赞也就没有让军队进发。

陆贽从咸阳回来以后,便上奏说:"逆贼朱泚为了拖延被诛灭的时间,聚兵退保宫城和禁苑,大势已去,外援断绝,迁延时日,苟且偷生。李怀光总领主持正义的军队,乘着取得胜利的声势,如果擂鼓进军,灭除敌军,有如摧毁枯败的草叶一般容易。然而,李怀光在敌寇逃窜的时候不肯追击,坐待士气低落,难以用兵。各军主帅每每打算进军杀敌,李怀光总是阻止他们的计划。根据这些情况来看,他的意图很不好解释。陛下的本意在于保全回护李怀光,因而对他委曲求全,言听计从。现在观察他做的事情,也并没有因此而被打动。如果不采取另外的谋略,逐渐控制住他,而只是对他无原则地宽容下去,以求平安无事,最终恐怕还是要发生难以测度的变故。现在是事功机缘面临危险促迫的时候,当然不能够用通常的、轻易的态度来对待。现李晟上奏请求转移自己的军队,恰好遇到我奉命前去安抚将士,李怀光偶然谈论到这件事,于是我泛泛地问他应当如何处理。李怀光便说:'李晟既然愿意到别处去,我也全不需要借助他为我用命效力。'我仍顾虑李怀光会再改变主意,便称赞他的军队强盛。李怀光大大地自夸了一番,转而表示出轻视李晟的意思。我又不慌不忙地问他:'我回去时,或许会有圣旨询问此事可行与否,不知你是怎么决定的?'李怀光已经肆意讲出了不慎重的话,无法中途改变,于是他说:'皇上的命令若是允许李晟离开,对于事体也并无妨碍。'我与他再三约定,不能不说是够审慎周密的了,

虽欲追悔，固难为辞。伏望即以李晟表出付中书，敕下依奏，别赐怀光手诏，示以移军事由。其手诏大意云：'昨得李晟奏，请移军城东以分贼势。朕本欲委卿商量，适会陆贽回奏云，见卿语及于此，仍言许去事亦无妨，遂敕本军允其所请。'如此，则词婉而直，理顺而明，虽蓄异端，何由起怨？"上从之。

晟自咸阳结陈而行，归东渭桥。时鄜坊节度使李建徽、神策行营节度使杨惠元犹与怀光联营，陆贽复上奏曰："怀光当管师徒，足以独制凶寇，逗留未进，抑有他由。所患太强，不资傍助。比者又遣李晟、李建徽、杨惠元三节度之众附丽其营，无益成功，祇足生事。何则？四军接垒，群帅异心，论势力则悬绝高卑，据职名则不相统属。怀光轻晟等兵微位下而忿其制不从心，晟等疑怀光养寇蓄奸而怨其事多陵己。端居则互防飞谤，欲战则递恐分功。龃龉不和，嫌衅遂构，俾之同处，必不两全。强者恶积而后亡，弱者势危而先覆。覆亡之祸，翘足可期！旧寇未平，新患方起，忧叹所切，实堪疚心！太上消慝于未萌，其次救失于始兆，况乎事情已露，祸难垂成，委而不谋，何以宁乱？李晟见机虑变，先请移军，建徽、惠元势转孤弱，为其吞噬，理在必然。他日虽有良图，亦恐不能自拔。

即使李怀光打算翻悔,实在也难于开口。希望立即将李晟的奏表转出,交给中书省,敕批准依所奏,另外再赐给李怀光手诏,向他说明转移军队的理由。此手诏的大致意思可以这样说:'昨天看到李晟的奏章,他请求把军队转移到长安城东边,以便分去敌军的兵势。朕本来打算委托你来商量,恰好赶上陆贽回朝上奏说,与你相见的时候,你已谈到此事,还说允许李晟离去,在事体上并无妨碍,于是朕便给李晟本军颁发了敕书,应允了他的请求。'这样说,用词既委婉又直切,顺理成章,意义明了,李怀光即使蓄意另有所谋,他又有什么理由与朝廷结怨呢?"德宗听从了陆贽的建议。

李晟由咸阳结成阵列行军,回到东渭桥。当时,鄜坊节度使李建徽和神策行营节度使杨惠元仍然与李怀光营垒相连。陆贽再次上奏说:"李怀光现在所管辖的士兵,足能够独自制服凶恶的敌寇,他停顿下来,不肯进军,也许是有别的原因。令人担忧的是,李怀光军过于强盛,不需要借助别人的帮助。近些时候,朝廷又派遣李晟、李建徽、杨惠元三位节度使的人马挨近李怀光的营垒驻扎,这不仅不利于成就事功,反而会造成事端。为什么这样说呢?四支军队的营垒接连在一起,而各军主帅各有不同的意图,就官位、兵力而言,李怀光与另三人高下相差悬殊,据职务的名义而言,四人之间却并没有统属关系。李怀光轻视李晟等人兵员微少,官位卑下,并且为不能随心节制各军而忿怒;李晟等人又怀疑李怀光姑息敌寇,蓄谋邪恶,并且对李怀光在办事时常常凌侮自己而怨恨。在平素,他们要互相防备意外的诽谤;准备打仗时,他们又交互担心功劳被人分去。他们参差不合,于是便造成了嫌隙,使他们驻扎在一起,必然双方不能两相保全。强盛的一方,虽恶行积聚,却最后败亡;薄弱的一方,形势危殆,便先遭覆灭。而这覆灭败亡的祸患,看来是在跷一跷脚的时间里便可望见到的!原有的敌寇尚未平定,新的祸患却正在兴起,这便是令人忧虑叹息的痛切之处,实在足以使人伤心。最好的办法是消除邪恶于尚未萌发之前,其次的办法是补救过失于刚刚开始之际,何况此事的情伪已经显露,祸患就要形成,如果推诿不问,不去谋划,拿什么去平息变乱?李晟识破事机,顾虑生变,事先请求转移军队,李建徽、杨惠元的形势转为孤立薄弱,被李怀光军吃掉,在情理上是必然的。即使以后还有良好的策谋,恐怕也是不能自拔了。

拯其危急,唯在此时。今因李晟愿行,便遣合军同往,托言晟兵素少,虑为贼洲所邀,藉此两军迭为犄角。仍先谕旨,密使促装,诏书至营,即日进路。怀光意虽不欲,然亦计无所施。是谓先人有夺人之心,疾雷不及掩耳者也。解斗不可以不离,救焚不可以不疾。理尽于此,惟陛下图之。"上曰:"卿所料极善。然李晟移军,怀光不免怅望,若更遣建徽、惠元就东,恐因此生辞,转难调息,且更俟旬时。"

4　辛酉,加王武俊同平章事兼幽州、卢龙节度使。

5　李晟以为:"怀光反状已明,缓急宜有备。蜀、汉之路不可壅,请以裨将赵光铣等为洋、利、剑三州刺史,各将兵五百以防未然。"上疑未决,欲亲总禁兵幸咸阳,以慰抚为名,趣诸将进讨。或谓怀光曰:"此汉祖游云梦之策也!"怀光大惧,反谋益甚。

上垂欲行,怀光辞益不逊,上犹疑谗人间之,甲子,加怀光太尉,增实食,赐铁券,遣神策右兵马使李卜等往谕旨。怀光对使者投铁券于地曰:"圣人疑怀光邪?人臣反,赐铁券;怀光不反,今赐铁券,是使之反也!"辞气甚悖。朔方左兵马使张名振当军门大呼曰:"太尉视贼不许击,待天使不敬,果欲反邪?功高太山,一旦弃之,自取族灭,富贵他人,何益哉?我今日必以死争之。"

所以,拯救李建徽、杨惠元的危急,唯有在此时刻。现在,由于李晟愿意离开李怀光,便可让李建徽、杨惠元与李晟合兵一处,共同前往。可以托称李晟的兵马素来就少,顾虑着被逆贼朱泚所拦击,想借助这两支军队形成交相夹击的形势。还要先行传达圣旨,暗中让这两支军队急忙整治行装,只等诏书下达营中,当日就要上路。即使李怀光本心并不愿意,但是也无计可施了。这就是人们所说的抢在敌人的前面可以夺去敌人的斗志,疾雷来不及捂住耳朵的意思。排解打斗,不能不让双方离开;抢救火灾,不能不快速行事。道理说到这儿,便说尽了,但请陛下设法对付这些事情吧。"德宗说:"你所预料的非常之好。然而,李晟将军队转移,李怀光不免要怨恨不满,如果再派遣李建徽、杨惠元移军向东开去,恐怕因此生出一番言语,反而难以调停。所以,姑且等待上十天时间吧。"

4 辛酉(二十日),德宗加封王武俊同平章事,兼任幽州、卢龙节度使。

5 李晟认为:"李怀光造反的情状已经很清楚,在危急的关头,应当有所准备。通往蜀郡、汉中的道路是不能堵塞的,请任命副将赵光铣等人为洋、利、剑三州刺史,让他们各自领兵五百人,以便防患于未然。"德宗迟疑不决,准备亲自总领禁兵去咸阳,以抚慰将士的名义,督促各将领进军讨伐。有人对李怀光说:"这就是汉高祖巡游云梦泽的计策!"李怀光大为恐惧,造反的谋划愈发加紧了。

德宗将近出行之际,李怀光讲话益发不恭顺,德宗仍然怀疑有好进谗言的人从中离间他。甲子(二十三日),德宗加封李怀光为太尉,增加他实封的食邑,赐给他铁券,派遣神策右兵马使李下等人前往传达圣旨。李怀光当着使者的面,把铁券丢在地上说:"是皇上怀疑我李怀光了吗?在臣下造反的时候,才会赐给铁券。我不曾造反,现在把铁券赐给我,这是让我造反的吧!"他的言辞和语气都很无礼。朔方左兵马使张名振面对军营的大门大声喊道:"太尉对待敌军不许出击,对待皇上的使者很不恭敬,果真是要造反了吗?你的功劳像泰山一样高,忽然舍弃了它们,自取灭亡,而让他人去享受富贵,这有什么好处呢?我今天一定要不惜一死,前去争论。"

怀光闻之,谓曰:"我不反,以贼方强,故须蓄锐俟时耳。"怀光又言:"天子所居必有城隍。"乃发卒城咸阳,未几,移军据之。张名振曰:"乃者言不反,今日拔军此来,何也?何不攻长安,杀朱泚,取富贵,引军还邠邪?"怀光曰:"名振病心矣!"命左右引去,拉杀之。

右武锋兵马使石演芬,本西域胡人,怀光养以为子。怀光潜与朱泚通谋,演芬遣其客鄜成义诣行在告之,请罢其都统之权。成义至奉天,告怀光子璀;璀密白其父。怀光召演芬责之曰:"我以尔为子,奈何欲破我家?今日负我,死甘心乎?"演芬曰:"天子以太尉为股肱,太尉以演芬为心腹;太尉既负天子,演芬安得不负太尉乎?演芬胡人,不能异心,惟知事一人。苟免贼名而死,死甘心矣!"怀光使左右脔食之,皆曰:"义士也!可令快死。"以刀断其喉而去。

李卜等还,言怀光骄慢之状,于是行在始严门禁,从臣皆密装以待。

乙丑,加李晟河中、同绛节度使;上犹以为薄,丙寅,又加同平章事。

上将幸梁州,山南节度使盐亭严震闻之,遣使诣奉天奉迎,又遣大将张用诚将兵五千至螯屋以来迎卫。用诚为怀光所诱,阴与之通谋,上闻而患之。会震继遣牙将马勋奉表,上语之故;勋请"亟诣梁州取严震符召用诚还府;若不受召,臣请杀之"。上喜曰:"卿何时复至此?"勋刻日时而去。既得震符,

李怀光听了,对他说:"我不会造反。只是正当敌军强盛的时候,必须积蓄锐气,等待时机罢了。"李怀光又说:"皇上所住的地方一定要有城壕。"于是,李怀光派出士兵去修筑咸阳城。不久,他迁移军队,占据了咸阳城。张名振说:"以前你说不会造反,现在你调动军队到这里来,这是为什么?为什么你不进攻长安,杀掉朱泚,获取富贵,然后率领军队回到邠州去呢?"李怀光说:"张名振疯了!"于是李怀光命令侍从人员将他拉到外面,用杖击杀。

右武锋兵马使石演芬,本是西域胡族人,李怀光将他收养为子。李怀光暗中与朱泚互通策谋,石演芬派遣他的门客部成义到行在报告此事,请求免除李怀光作为都统掌握的兵权。部成义来到奉天,告诉了李怀光的儿子李璀,李璀又秘密禀告了他的父亲。李怀光召来石演芬,责备他说:"我把你当作我的儿子,你怎么打算叫我家破人亡?今天你辜负了我,我让你去死,你能够甘心吗?"石演芬说:"圣上把太尉视为辅佐朝政的大臣,太尉把我当作亲信,太尉既然辜负了圣上,我怎么能够不辜负太尉呢?我是一个胡人,不能怀有二心,只知道事奉一人。如果能够免去逆贼的恶名而死,死也甘心了!"李怀光让侍从人员把他切成碎块,然后吃他的肉。众人都说:"石演芬是一位义士啊,应该让他死得快一些。"于是只用刀割断他的喉咙,就离开了。

李卞等人回朝,讲了李怀光骄横傲慢的情况,于是行在开始对宫门城关严加警戒,侍从皇上的官员都暗中置办行装,等待离开奉天。

乙丑(二十四日),德宗加封李晟为河中、同绛节度使,德宗仍然认为封拜不够优厚,丙寅(二十五日),又加封李晟同平章事。

德宗即将出走梁州的消息,被山南节度使盐亭人严震听说了,他派遣使者到奉天迎候德宗,又派遣大将张用诚领兵五千人到盩厔一带来迎驾护卫。张用诚被李怀光所引诱,暗中与李怀光互通阴谋,德宗听说了以后,很是担心。恰好赶上严震派遣牙将马勋进献表章,德宗向他讲了担心的原因,马勋请求:"让我赶紧到梁州去取严震的兵符,传召张用诚返回军府。如果张用诚不接受传召的命令,请让我把他杀掉。"德宗欢喜地说:"你什么时候才能再回到这儿来?"马勋给自己限定了日期,然后离去。马勋得到严震的印符以后,

请壮士五人与之俱出骆谷。用诚不知事泄,以数百骑迎之,勋与之俱入驿。时天寒,勋多然藁火于驿外,军士皆往附火。勋乃从容出怀中符,以示用诚曰:"大夫召君。"用诚错愕起走,壮士自后执其手擒之。用诚子在勋后,斫伤勋首。壮士格杀其子,仆用诚于地,跨其腹,以刀拟其喉曰:"出声则死!"勋入其营,士卒已擐甲执兵矣。勋大言曰:"汝曹父母妻子皆在汉中,一朝弃之,与张用诚同反,于汝曹何利乎?大夫令我取用诚,不问汝曹,无自取族灭!"众皆詟服。勋送用诚诣梁州,震杖杀之,命副将领其众。勋裹其首,复命于行在,愆期半日。

李怀光夜遣人袭夺李建徽、杨惠元军,建徽走免,惠元将奔奉天,怀光遣兵追杀之。怀光又宣言曰:"吾今与朱泚连和,车驾且当远避!"

怀光以韩遊瓌朔方将也,掌兵在奉天,与遊瓌书,约使为变,遊瓌密奏之。明日,又以书趣之。上称其忠义,因问:"策安出?"对曰:"怀光总诸道兵,故敢恃众为乱。今邠宁有张昕,灵武有宁景璿,河中有吕鸣岳,振武有杜从政,潼关有唐朝臣,渭北有窦觎,皆守将也。陛下各以其地及其众授之,尊怀光之官,罢其权,则行营诸将各受本府指麾矣。怀光独立,安能为乱?"上曰:"罢怀光兵权,若朱泚何?"对曰:"陛下既许将士以克城殊赏,将士奉天子之命以讨贼取富贵,谁不愿之?

请求严震派出勇士五人与他一起出了骆谷。张用诚不知道事情泄露,让数百人骑马迎接马勋,马勋与他们一起进入驿站。当时天气寒冷,马勋在驿舍外面用干草点燃了许多火堆,士兵们都到火堆前烤火去了。这时,马勋才从容不迫地从怀中拿出兵符给张用诚过目说:"严大夫传召你回去。"张用诚猝然而惊,站起来就要逃跑,勇士们从他背后抓住他的手,捉住了他。张用诚的儿子在马勋背后,砍伤了马勋的头部。勇士们击杀了张用诚的儿子,将张用诚摔倒在地,骑他的肚子上,用刀在他的喉咙前面比划着说:"你要是吱声,就杀死你!"马勋进入张用诚的营房,士兵们已经穿好铠甲,拿好兵器了。马勋大声说:"你们的父母、妻子、儿子都住在汉中,你们一时舍弃了他们,与张用诚一起造反,这对你们有什么好处呢?严大夫只让我来捉拿张用诚,并不追究你们,你们不要自取灭亡!"于是大家都恐惧屈服了。马勋将张用诚押送到梁州,严震用棍棒将他打死,命令副将统领他的部众。马勋将头包扎起来,到行在回报完成使命的情况,按照规定的日期,只超过了半天时间。

李怀光派人在夜间突袭夺取李建徽、杨惠元的军队,李建徽逃脱而去,杨惠元准备逃奔奉天,李怀光派兵追击,将他杀死。李怀光还扬言说:"我现在就与朱泚联合起来,皇上的车驾应当远远地回避一下了!"

李怀光因韩遊瑰是朔方的将领,现在又在奉天掌管军事,便给韩遊瑰写了一封书信,约他发起叛乱,韩遊瑰将此事秘密上奏德宗。第二天,李怀光又用书信催促他及早起事。德宗称许韩遊瑰的忠义,又问他说:"你有什么计策?"韩遊瑰回答说:"李怀光总辖各道兵马,所以才敢仗着兵众作乱。现在邠宁有张昕,灵武有宁景璿,河中有吕鸣岳,振武有杜从政,潼关有唐朝臣,渭北有窦觎,都是能够守卫一方的将领。陛下可以将他们所统辖的地段及其兵众交给他们,提升李怀光的官职,免除他的兵权,那么,行营各将领便都分别接受本军府的指挥了。李怀光被孤立起来,又怎么能够作乱呢?"德宗说:"免除了李怀光的兵权以后,怎么对付朱泚呢?"韩遊瑰回答说:"既然陛下许诺将士们攻克敌城便给予超乎寻常的奖赏,将士们便是遵循天子的命令讨伐逆贼获取富贵,有谁不愿意这样做呢?

邠府兵以万数,借使臣得而将之,足以诛泚;况诸道必有杖义之臣,泚不足忧也!"上然之。

丁卯,怀光遣其将赵升鸾入奉天,约其夕使别将达奚小俊烧乾陵,令升鸾为内应以惊胁乘舆。升鸾诣浑瑊自言,瑊遽以闻,且请决幸梁州。上命瑊戒严。瑊出,部勒未毕,上已出城西,命戴休颜守奉天,朝臣将士狼狈扈从。戴休颜徇于军中曰:"怀光已反!"遂乘城拒守。

朱泚之称帝也,兵部侍郎刘迺卧病在家,泚召之,不起;使蒋镇自往说之,凡再往,知不可诱胁,乃叹曰:"镇亦忝列曹,不能舍生,以至于此,岂可复以己之腥臊污漫贤者乎?"歔歔而返。迺闻帝幸山南,搏膺大呼,自投于床,不食数日而卒。

太子少师乔琳从上至盩厔,称老疾不堪山险,削发为僧,匿于仙游寺。泚闻之,召至长安,以为吏部尚书。于是朝士之窜匿者多出仕泚矣!

怀光遣其将孟保、惠静寿、孙福达将精骑趣南山邀车驾,遇诸军粮料使张增于盩厔。三将曰:"彼使我为不臣,我以追不及报之,不过不使我将耳。"因目增曰:"军士未朝食,如何?"增绐其众曰:"此东数里有佛祠,吾贮粮焉。"三将帅众而东,纵之剽掠,由是百官从行者皆得入骆谷,以追不及还报,怀光皆黜之。

6　河东将王权、马汇引兵归太原。

邠府兵马数以万计,假使我能够率领此军,便足可以诛杀朱泚,何况各道必定会有主持正义的臣属,朱泚是不值得忧虑的!"德宗认为韩游瓌言之有理。

丁卯(二十六日),李怀光派遣他的将领赵升鸾进入奉天城,约定在当天晚上让别将达奚小俊焚烧乾陵,让赵升鸾作为内应,来恐吓威胁德宗。赵升鸾来到浑瑊处主动把此事讲了出来,浑瑊赶忙上奏德宗,并且请德宗赶紧去梁州。德宗命令浑瑊采取严密的防备措施。浑瑊从朝中出来,部署尚未停当,德宗已经出城西行,命令戴休颜防守奉天,朝中的臣僚和将士们狼狈不堪地随从而行。戴休颜在军队中当众宣布说:"李怀光已经造反了!"于是他便登城防守抵御敌军。

朱泚自称大秦皇帝的时候,兵部侍郎刘迺病卧在家。朱泚传召他,他不肯起床,朱泚让蒋镇亲自前往说服他,蒋镇前后去了两次,知道刘迺难以引诱胁迫,叹道:"我也不无羞愧地官列工部侍郎,由于不能够舍去这条性命,以致到了这般地步,难道可以再用自己秽恶的行为去玷污贤人吗?"于是,蒋镇叹息着回去了。刘迺听说德宗出行南山以南,捶着胸膛大声呼叫,一头栽到床上,有好几天不肯吃饭,终于死去。

太子少师乔琳跟随德宗来到盩厔,说自己老迈多病,已经禁受不住艰险的山路了,于是他削去头发,当了和尚,躲藏在仙游寺中。朱泚听说此事以后,将乔琳传召到长安,任命他为吏部尚书。于是许多逃避叛军的朝廷官吏去给朱泚当官了!

李怀先派遣他的将领孟保、惠静寿、孙福达率领精锐骑兵急奔南山,阻截德宗的车驾,在盩厔遇到诸军粮料使张增。孟保等三将领说:"李怀光让我们去做背叛圣上的事情,我们便报告他说没有追上圣上,他不过不让我们领兵就是了。"三将领因而以目光向张增示意着说:"我们的士兵还没有吃早饭,怎么办呢?"张增欺骗三将领的部众说:"从这里向东走几里地有座佛祠,我在那里储存着粮食。"孟保等三将领率领部众向东而去,听任士兵去抢劫掳掠,因此跟随德宗出行的朝廷百官都得以进入骆谷。孟保等三将领回去报告说没有追上德宗的车驾,李怀光将他们全都贬黜了。

6　河东将领王权、马汇领兵返回太原。

7 李晟得除官制,拜哭受命,谓将佐曰:"长安,宗庙所在,天下根本,若诸将皆从行,谁当灭贼者?"乃治城隍,缮甲兵,为复京城之计。先是东渭桥有积粟十馀万斛,度支给李怀光军,几尽。是时怀光、朱泚连兵,声势甚盛,车驾南幸,人情扰扰。晟以孤军处二强寇之间,内无资粮,外无救援,徒以忠义感激将士,故其众虽单弱而锐气不衰。又以书遗怀光,辞礼卑逊。虽示尊崇而谕以祸福,劝之立功补过,故怀光惭恧,未忍击之。晟曰:"畿内虽兵荒之馀,犹可赋敛。宿兵养寇,患莫大焉!"乃以判官张彧假京兆尹,择四十馀人,假官以督渭北刍粟,不旬日,皆充羡。乃流涕誓众,决志平贼。

8 田悦用兵数败,士卒死者什六七,其下皆厌苦之。上以给事中孔巢父为魏博宣慰使。巢父性辩博,至魏州,对其众为陈逆顺祸福;悦及将士皆喜。兵马使田绪,承嗣之子也,凶险,多过失,悦不忍杀,杖而拘之。悦既归国,内外撤警备。三月壬申朔,悦与巢父宴饮,绪对弟侄有怨言,其侄止之,绪怒,杀侄。既而悔之,曰:"仆射必杀我!"既夕,悦醉,归寝,绪与左右密穿后垣入,杀悦及其母、妻等十馀人,即帅左右执刀立于中门之内夹道。将旦,以悦命召行军司马扈崿、判官许士则、都虞候蒋济议事。府署深邃,外不知有变。士则、济先至,召入,

7　李晟接到任官的制书,拜倒在地,哭泣着接受了任命。他对将佐说:"长安是宗庙的所在地,是全国的根本,如果各位将领都跟从皇上出行,那将由谁来担当消灭敌军的任务呢?"于是,李晟整治城壕,修缮铠甲兵器,做着收复京城的打算。在此之前,东渭桥有积存的粮食十万余斛,度支供给李怀光军,几乎把粮食用尽。当此之时,李怀光和朱泚联合,声势很是盛大,德宗向南出走,民情纷乱不堪。李晟仅凭一支孤立无援的军队,处在两个强大的敌寇中间,内部没有资财粮草,外部没有救援的军队,他只用忠义来感发激励将士,所以他的兵力虽然单薄微弱,但是军中的锐气并未衰减。李晟又给李怀光写去书信,措辞执礼都很谦卑恭顺。他虽然表示对李怀光的尊敬与推崇,但也开导他去祸就福,规劝他建树功劳,弥补过失,所以李怀光感到惭愧,不忍心向他出击。李晟说:"畿辅地区虽在经受战乱之后,但仍然可以征收赋税。军队停滞不前,姑息敌寇,没有比这更大的祸患了!"于是,李晟使判官张彧代理京兆尹,选择了四十余人,让他们都代理一定的官职,以便督促渭北的粮草,不到十天,各处粮草都充足有余了。于是,李晟流着眼泪与部众起誓,决意平定敌寇。

8　田悦在战事上屡次失败,死去的士兵有十分之六七,他的部下都苦于用兵,不愿意再去打仗。于是,德宗任命给事中孔巢父为魏博宣慰使。孔巢父生性能言善辩,来到魏州以后,他当着田悦部众的面向他陈述叛逆朝廷招祸和顺承朝廷得福的道理,田悦及其将士都很高兴。兵马使田绪是田承嗣的儿子,他凶恶阴险,多有过失,田悦不忍心将他杀掉,便用棍棒打了他一顿,然后将他拘留起来。田悦归顺朝廷以后,撤除了里里外外的警戒。三月壬申朔(初一),田悦与孔巢父在宴席上饮酒,田绪对弟侄说了一些埋怨的话,他的弟侄制止了他,田绪很生气,便将弟侄杀死。事过不久,田绪后悔了,说道:"仆射一定会杀死我的!"到了晚上,田悦喝醉了酒,回去就寝。田绪与亲信暗中穿越后墙而入,杀了田悦及其母亲、妻子等十余人,随即率领亲信,在中门里面夹道持刀而立。天快要亮了的时候,田绪假托田悦的命令,传召行军司马扈崿、判官许士则、都虞候蒋济前来商议事情。由于军府衙署处于深密之地,外面还不知道内里发生了变故。许士则、蒋济率先来到,田绪将二人传召进去,

乱斫杀之。绪恐既明事泄，乃出门，遇悦亲将刘忠信方排牙，绪疾呼谓众曰："刘忠信与扈崿谋反，昨夜刺杀仆射。"众大惊，喧哗。忠信未及自辩，众分裂杀之。扈崿来，及戟门遇乱，招谕将士，将士从之者三分之一。绪惧，登城而立，大呼谓众曰："绪，先相公之子，诸君受先相公恩，若能立绪，兵马使赏缗钱二千，大将半之，下至士卒，人赏百缗，竭公私之货，五日取办。"于是将士回首杀扈崿，皆归绪，军府乃安。因请命于孔巢父，巢父命绪权知军府。后数日，众乃知绪杀其兄，虽悔怒，而绪已立，无如之何。绪又杀悦亲将薛有伦等二十馀人。

李抱真、王武俊引兵将救贝州，闻乱，不敢进。朱滔闻悦死，喜曰："悦负恩，天假手于绪也！"即遣其执宪大夫郑景济等将步骑五千助马寔，合兵万二千人攻魏州。寔军王莽河，纵骑兵及回纥四出剽掠。滔别遣人说绪，许以本道节度使。绪方危急，遣随军侯臧诣贝州送款于滔，滔喜，遣臧还报，使亟定盟约。时绪部署城内已定，李抱真、王武俊又遣使诣绪，许以赴援，如悦存日之约。绪召将佐议之，幕僚曾穆、卢南史曰："用兵虽尚威武，亦本仁义，然后有功。今幽陵之兵恣行杀掠，白骨蔽野，虽先仆射背德，其民何罪？今虽盛强，其亡可跂立而待也。况昭义、恒冀方相与攻之，奈何以目前之急欲从人为反逆乎？不若归命朝廷。天子方蒙尘于外，闻魏博使至必喜，

乱劈乱砍，杀了两人。田绪唯恐天亮以后事情会泄露出去，便走出门来，遇到田悦的亲信将领刘忠信正在打点仪仗，安排属官参见主帅，田绪大声喊着对大家说："刘忠信与扈崿阴谋造反，昨天夜里将仆射杀死了！"大家极为震惊，喊叫声乱作一片。刘忠信来不及为自己辩解，大家便将他割裂而死。接着，扈崿来了，当他走到军府门外的时候，遇到了事变，他劝诫将士们不要作乱，将士中跟从他的人有三分之一。田绪害怕了，登到城上站立着，大声喊着对众人说："我田绪是先相公的儿子，诸位深受先相公的恩惠，如果你们能够拥立我，兵马使赏给缣绢两千，大将赏给兵马使的一半，下至士兵，每人赏给一百缣钱，我将竭尽公家和我私人的资财，在五天之内办理。"于是将士们回过头来，杀了扈崿，全都归依了田绪，军府这才安定下来。田绪因而向孔巢父请示，孔巢父让田绪暂时代理主持军府。过了几天，大家才知道田绪杀了他的堂兄，虽然愤怒懊悔，然而，田绪已经就任，也就对他无可奈何。田绪又诛杀了田悦的亲信将领薛有伦等共二十馀人。

李抱真、王武俊准备领兵援救贝州的时候，听说田绪作乱，便不敢进军。朱滔听说田悦死去，高兴地说："田悦辜负我的恩德，上天便借着田绪的手将他杀掉了。"朱滔当即派遣他的执宪大夫郑景济等人率领步兵、骑兵共五千人协助马寔，合兵共一万两千人，前去攻打魏州。马寔在王莽河驻扎，放任骑兵和回纥兵四处抢劫掳掠。朱滔另外派人去劝说田绪，答应委任他为本道的节度使。田绪正处在危急关头，便派遣随军侯臧到贝州去向朱滔表示诚意，朱滔很高兴，打发侯臧回去报告，让田绪赶快定下盟约。当时，田绪对城内的部署已经就绪，李抱真、王武俊又派遣使者来到田绪处，答应前来援救，就像田悦活着时的约定一样。田绪传召将佐商议此事，幕僚曾穆、卢南史说："虽然用兵崇尚威武，但也要遵循仁义，做到这些以后，才会取得成功。现在幽州兵肆意屠杀掳掠，白骨遮盖了原野，虽然先仆射辜负了朱滔的恩德，但是老百姓又有什么罪过？现在朱滔虽然强盛，但他的灭亡是在举手投足之间便可等待得到的。何况昭义、恒冀正在一块儿攻打朱滔，怎么能够因为眼前的危急，便打算随着人家做反叛的事情呢？不如归顺朝廷。皇上正流亡在外，听到魏博使者前来的消息一定高兴，

官爵旋踵而至矣。"绪从之,遣使奉表诣行在,城守以俟命。

9 上之发奉天也,韩遊瓌帅其麾下八百馀人还邠州。李怀光以李晟军浸盛,恶之,欲引军自咸阳袭东渭桥;三令其众,众不应,窃相谓曰:"若与我曹击朱泚,惟力是视;若欲反,我曹有死,不能从也!"怀光知众不可强,问计于宾佐。节度巡官良乡李景略曰:"取长安,杀朱泚,散军还诸道,单骑诣行在。如此,臣节亦未亏,功名犹可保也。"顿首恳请,至于流涕,怀光许之。都虞候阎晏等劝怀光东保河中,徐图去就。怀光乃说其众曰:"今且屯泾阳,召妻孥于邠,俟至,与之俱往河中。春装既办,还攻长安,未晚也。东方诸县皆富实,军发之日,听尔俘掠。"众许之。怀光乃谓景略曰:"向者之议,军众不从,子宜速去,不且见害!"遣数骑送之。景略出军门,恸哭曰:"不意此军陷于不义!"

怀光遣使诣邠州,令留后张昕悉发所留兵万馀人及行营将士家属会泾阳,仍遣其将刘礼等将三千馀骑胁迁之。韩遊瓌说昕曰:"李太尉功高,自蹈祸机。中丞今日可以自求富贵,遊瓌请帅麾下以从。"昕曰:"昕微贱,赖李太尉得至此,不忍负也!"遊瓌乃谢病不出,阴与诸将高固、杨怀宾等相结。时崔汉衡以吐蕃兵营于邠南,高固曰:"昕以众去,则邠城空矣。"乃诈为浑瑊书,召吐蕃使稍逼邠城。昕等惧,竟不敢出。

官职与爵位在转足之间便会到来了。"田绪听从了曾穆、卢南史的建议，派遣使者带着表章前往行在，自己防守着魏州城，等待朝廷的命令。

9　德宗从奉天出发的时候，韩遊瓌率领着他的部下八百馀人回到邠州。李怀光因李晟军渐渐强盛，便对他憎恶起来，打算率领军队从咸阳袭击东渭桥。李怀光给部众前后下达了三次命令，大家仍然不肯答应，还私下相互交谈说："如果他与我辈去进击朱泚，我辈有多大力气便使多大力气；他如果打算造反，我辈唯有一死，决不能服从他的命令！"李怀光知道大家不可勉强，便向宾客将佐征询计策。节度巡官良乡人李景略说："攻取长安，诛杀朱泚，解散军队，返回各道，你单人匹马前往行在。做到这些，臣下的操守也不算亏缺，已有的功名还可以保住。"李景略向李怀光伏地叩拜，恳切地请求，以至于流下了眼泪，李怀光答应了他。都虞候阎晏等人劝说李怀光东进，防守河中，何去何从，再从长计议。于是李怀光劝说他的部众说："现在我们姑且在泾阳屯驻，将妻子儿女从邠州召来，等他们到了以后，与他们一同前往河中。待春天的衣装已经置办好了，那时再回军进攻长安，也为时不晚。东边各县都很富庶，在军队出发那一天，任凭你们掳掠。"大家都答应下来。于是，李怀光对李景略说："你前些时候的建议，将士们不肯依从，你最好赶紧逃跑吧，不然，你会遭到杀害的！"他让几个人骑马护送李景略。李景略出了军营的大门，极其悲切地哭着说："不料这支军队沉陷于不义之中了！"

李怀光派遣使者来到邠州，命令邠州留后张昕让留在那里的士兵一万馀人和行营将士的家属悉数出发，在泾阳会合，还派遣他的将领刘礼等人带领骑兵三千馀人胁迫他们迁移。韩遊瓌劝说张昕说："李太尉功劳很高，却自踩祸患的机括。中丞现在可以独自去寻求富贵了，请让我率领部下跟随着你吧。"张昕说："我出身寒微贫贱，靠着李太尉才得以到此地步，我不忍心有负于他啊！"韩遊瓌于是称病引退不出，暗中与诸将领中的高固、杨怀宾等人相互联络。当时，崔汉衡让吐蕃兵在邠州南面扎营，高固说："如果张昕带着众人离开，邠州城便什么都没有了。"于是他假造浑瑊书信，传召吐蕃，让他们稍稍进逼邠州城。张昕等人害怕了，终究没敢出城。

昕等谋杀诸将之不从者,游瓌知之,先与高固等举兵杀昕,遣杨怀宾奉表以闻,且遣人告崔汉衡。汉衡矫诏以游瓌知军府事,军中大喜。怀光子旻在邠,游瓌遣之,或曰:"不杀旻,何以自明?"游瓌曰:"杀旻,怀光怒,其众必至,不如释旻以走之。"时杨怀宾子朝晟在怀光军中为右厢兵马使,闻之,泣白怀光曰:"父立功于国,子当诛夷,不可典兵。"怀光囚之。于是游瓌屯邠宁,戴休颜屯奉天,骆元光屯昭应,尚可孤屯蓝田,皆受李晟节度,晟军声大振。

始,怀光方强,朱泚畏之。与怀光书,以兄事之,约分帝关中,永为邻国。及怀光决反,逼乘舆南幸,其下多叛之,势益弱。泚乃赐怀光诏书,以臣礼待之,且征其兵。怀光惭怒,内忧麾下为变,外怒李晟袭之,遂烧营东走,掠泾阳等十二县,鸡犬无遗。及富平,大将孟涉、段威勇将数千人奔于李晟,将士在道散亡相继。至河中,或劝河中守将吕鸣岳焚桥拒之,鸣岳以兵少恐不能支,遂纳之,河中尹李齐运弃城走。怀光遣其将赵贵先筑垒于同州,刺史李纾惧,奔行在。幕僚裴向摄州事,诣贵先,责以逆顺之理,贵先感寤,遂请降,同州由是获全。向,遵庆之子也。怀光使其将符峤袭坊州,据之,渭北守将窦觎帅猎团七百围之,峤请降。诏以觎为渭北行军司马。

10　丁亥,以李晟兼京畿、渭北、鄜、坊、丹、延节度使。

张昕等人谋划诛杀诸将领中不肯从命的人，韩遊瓌知道了此事，抢先与高固等人起兵杀死了张昕，派遣杨怀宾带着表章上奏朝廷，而且派人告诉了崔汉衡。崔汉衡假托德宗诏令任命韩遊瓌主持军府事务，军中将士都很高兴。李怀光的儿子李旻正在邠州，韩遊瓌打发他走了。有人说："不杀死李旻，怎么能向朝廷表明你的心迹呢？"韩遊瓌说："若是杀了李旻，惹得李怀光恼怒了，他的人马是必然要来的，不如放了李旻，让他逃走。"当时，杨怀宾的儿子杨朝晟在李怀光军中担任右厢兵马使，他听说此事以后，哭泣着向李怀光禀告说："我的父亲杀张昕为国家立下了功劳，我作为他的儿子应当遭受处罚，不可以掌管军事。"李怀光便将他囚禁起来。当此之时，韩遊瓌在邠宁屯扎，戴休颜在奉天屯扎，骆元光在昭应屯扎，尚可孤在蓝田屯扎，都接受李晟的节制调度，李晟军的声势大为振作。

　　开始时，正当李怀光强盛之际，朱泚畏惧他。朱泚给李怀光写去书信，以对待兄长的礼数对待他，约定与他分别在关中称帝，永远互为邻邦。及至李怀光决意谋反，逼迫德宗向南出走的时候，他的部下有许多人背叛了他，势力也日益薄弱了。于是朱泚向李怀光颁赐诏书，以对待臣属的礼节对待他，准备征调他的军队。李怀光既惭愧，又气愤，对内担心部下作乱，对外恼怒李晟的袭击，于是烧掉营房，向东而去，将泾阳等十二县掳掠得鸡犬不剩。李怀光来到富平的时候，大将孟涉、段威勇带领数千人投奔李晟，将士沿途一批批散失流亡。李怀光来到河中的时候，有的人劝河中守将吕鸣岳烧掉蒲津桥，阻止李怀光，吕鸣岳因自己兵力薄弱，唯恐不能支撑下去，于是让李怀光开过蒲津桥来，河中尹李齐运放弃府城逃走。李怀光派遣他的将领赵贵先在同州修筑壁垒，同州刺史李纾害怕了，便逃往行在。李纾的幕僚裴向代理同州事务，他到赵贵先处，用叛逆与效忠的道理谴责赵贵先。赵贵先深受触动，幡然醒悟，于是请求归降，同州因此得以保全。裴向是裴遵庆的儿子。李怀光让他的将领符峤袭击坊州，并且占据了坊州，渭北守将窦觎率领由猎户组成的队伍七百人围困坊州，符峤请求归降。于是德宗颁诏任命窦觎为渭北行军司马。

　　10　丁亥(十六日)，德宗命李晟兼任京畿、渭北、鄜、坊、丹、延节度使。

11　庚寅，车驾至城固。唐安公主薨，上长女也。

上在道，民有献瓜果者，上欲以散试官授之，访于陆贽，贽上奏，以为："爵位恒宜慎惜，不可轻用。起端虽微，流弊必大。献瓜果者，止可赐以钱帛，不当酬以官。"上曰："试官虚名，无损于事。"贽又上奏，其略曰："自兵兴以来，财赋不足以供赐，而职官之赏兴焉。青朱杂沓于胥徒，金紫普施于舆皂。当今所病，方在爵轻，设法贵之，犹恐不重，若又自弃，将何劝人？夫诱人之方，惟名与利，名近虚而于教为重，利近实而于德为轻。专实利而不济之以虚，则耗匮而物力不给；专虚名而不副之以实，则诞谩而人情不趋。故国家命秩之制，有职事官，有散官，有勋官，有爵号，然掌务而授俸者，唯系职事之一官也，此所谓施实利而寓虚名者也。其勋、散、爵号三者所系，大抵止于服色、资荫而已，此所谓假虚名而佐实利者也。今之员外、试官，颇同勋、散、爵号，虽则授无费禄，受不占员，然而突铦锋、排患难者则以是赏之，竭筋力、展劳效者又以是酬之。若献瓜果者亦授试官，则彼必相谓曰，'吾以忘躯命而获官，此以进瓜果而获官，是乃国家以吾之躯命同于瓜果矣'。视人如草木，谁复为用哉？今陛下既未有实利以敦劝，又不重虚名而滥施，人无藉焉。则后之立功者，将曷用为赏哉？"

11 庚寅(十九日),德宗的车驾来到城固。唐安公主故去,她是德宗的长女。

德宗在路途上,百姓中有奉献瓜果的,德宗准备以散官试授于他,便向陆贽询问。陆贽进上奏疏,认为:"授给爵位,通常应该慎重、珍惜,不能轻易封拜。事情的发端虽然微小,以后的流弊肯定严重。对于奉献瓜果的人,只能赐给钱帛,不应该用官位来酬报。"德宗说:"试官只有个虚名,对事体是没有损害的。"陆贽又进上奏疏,他大略是说:"自从战事兴起以来,税收不足以提供对将士的赏赐,于是以职官为赏赐的办法便兴起了。身著青、绯色朝服的人有许多混杂在小吏和供给使役的人们中间,金鱼袋和紫色的朝服普遍加封给地位微贱的人们。如今所难办的,正是爵位显得太轻,想方设法使爵位尊贵起来,仍然担心爵位显得不重,如果再把原来的爵赏办法放弃了,那将拿什么去勉励人们? 一般说来,诱导人们的方法,只有名誉与利益两种:名誉接近虚无,但是对于教化来说却是重要的;利益接近实际,但是对于道德来说却是次要的。专门给人实际利益而不以虚无的名誉加以补助,就会资财匮乏,物力难以供给;专门给人虚无的名誉而不以实际利益作补助,就会虚言浮世,人心不肯归附。所以,国家任命官吏的职位与品级的制度,虽有职事官,有散官,有勋官,有爵号,但掌管实务因而也授给薪俸的官员,只有职事官这一种官职罢了,这就是人们所说的给予实际利益而使虚无的名誉寓于其中的方法。而那勋官、散官、爵号三项所关系着的,大致只限于朝服的颜色和随官品荫庇子孙后代罢了,这就是人们所说的将虚无的名誉假借给人们而用实有的利益作为佐助的办法。如今的员外官和试官,与勋官、散官、爵号很有些类似,虽然授给员外官和试官是不用消耗薪俸的,而接受员外官和试官是不用占去名额的,然而对于冒着锐利的刀锋剑芒,去排除忧患与危难的人们,是用这种官来奖赏他们的;对于竭尽全力,付出劳苦,显示成效的人们,又是用这种官来酬报他们的。倘若对奉献瓜果的人也授给试官,他们那些人必然就会相互谈论说:'我们抛下生命才得到这么个官职,这些人因进上瓜果也能得到这么个官职,这乃是国家将我们的性命看得像瓜果一样了。'把人看得如同草木,谁还能为国家效力呢? 现在,陛下既然没有实际的利益来勉励人们,又不重视虚无的名誉,反而过多地加施于人,人们便无所依凭了。那么,对以后立下功劳的人,将用什么作为奖赏呢?"

赞在翰林,为上所亲信,居艰难中,虽有宰相,大小之事,上必与赞谋之,故当时谓之内相。上行止必与之俱。梁、洋道险,尝与赞相失。经夕不至,上惊忧涕泣,募得赞者赏千金。久之,乃至,上喜甚,太子以下皆贺。然赞数直谏,忤上意。卢杞虽贬官,上心庇之。赞极言杞奸邪致乱,上虽貌从,心颇不悦。故刘从一、姜公辅皆自下陈登用,赞恩遇虽隆,未得为相。

壬辰,车驾至梁州。山南地薄民贫,自安、史以来,盗贼攻剽,户口减耗太半,虽节制十五州,租赋不及中原数县。及大驾驻跸,粮用颇窘。上欲西幸成都,严震言于上曰:“山南地接京畿,李晟方图收复,藉六军以为声援。若幸西川,则晟未有收复之期也。”众议未决,会李晟表至,言:“陛下驻跸汉中,所以系亿兆之心,成灭贼之势;若规小舍大,迁都岷、峨,则士庶失望,虽有猛将谋臣,无所施矣!”上乃止。严震百方以聚财赋,民不至困穷而供亿无乏。牙将严砺,震之从祖弟也,震使掌转饷,事甚修辨。

12　初,奉天围既解,李楚琳遣使入贡,上不得已除凤翔节度使,而心恶之。议者言楚琳凶逆反覆,若不堤防,恐生窥伺。由是楚琳使者数辈至,上皆不引见,留之不遣。甫至汉中,欲以浑瑊代楚琳镇凤翔,陆贽上奏,以为:“楚琳杀帅助贼,

陆贽供职翰林院,受到德宗的亲近信任,在艰难的日子里,虽然上有宰相,但是无论大事小事,德宗一定要与陆贽商量,所以当时人们把他叫做内相。德宗无论到哪里去,也一定要有陆贽伴随。由于梁州、洋州道路险恶难行,德宗曾经与陆贽失散。过了一夜,陆贽还没有到来,德宗又担惊,又发愁,流着眼泪,征召能够寻找到陆贽的人,赏赐一千金。过了许久,陆贽才到,德宗非常高兴,太子以下的人们都来祝贺。然而,陆贽常常直言谏诤,有违德宗的意旨。卢杞虽然被贬了官,但德宗内心中还是庇护他。陆贽极力陈诉卢杞的邪恶导致了变乱,德宗虽然表面上表示同意,心中却很不高兴。所以,刘从一、姜公辅都从比陆贽还低的职位上进用为宰相,陆贽得到德宗的恩宠和知遇虽然隆盛,但却没有能够出任宰相。

　　壬辰(二十一日),德宗的车驾来到梁州。山南地区土地瘠薄,人民贫困,自从安禄山、史思明作乱以来,强盗攻打,寇贼抢劫,户口减少了一多半。虽然山南西道管辖十五个州,但所拥有的税收还赶不上中原几个县。及至德宗的车驾暂驻于此地,粮食及各种用度颇为困窘。德宗打算再向西行,到成都去,严震对德宗说:“山南道的地域与京畿接连,李晟正在计划收复京城,需要借助陛下六军作为声援。倘若出行西川,李晟收复京城便没有日期了。”大家还没有议论出一个结果,适逢李晟的表章送到,他说:“陛下车驾驻扎在汉中,是维系民心,形成消灭贼寇形势的保证。倘若谋划小事,舍弃大业,将都城迁到岷峨一带,士子与庶民便会失去希望,虽然有勇猛的将领、多谋的大臣,也没有什么办法了!”于是,德宗停止南行。严震千方百计地征敛税赋,使百姓不至于达到穷困的程度,而使应供给的东西并不缺少。牙将严砺与严震有同一曾祖父,是严震的堂弟,严震让他掌管转运粮饷,他把诸事办理得甚是周备。

　　12　当初,奉天的围乱已经解除,李楚琳派使者入朝进贡,德宗迫不得已,任命他为凤翔节度使,但心中却憎恶他。议论此事的人说,李楚琳凶险忤逆,反复无常,倘若对他不加管束防备,恐怕他还会伺机而动。自此以后,李楚琳的使者数人前后到来,德宗都不肯接见,却将他们留下,不打发他们离去。德宗刚到汉中时,打算让浑瑊代替李楚琳出镇凤翔,陆贽进上奏疏认为:“李楚琳杀了节帅张镒,帮助了逆贼朱泚,

其罪固大。但以乘舆未复,大憝犹存,勤王之师悉在畿内,急
宜速告,晷刻是争。商岭则道迂且遥,骆谷复为盗所扼,仅通
王命,唯在褒斜,此路若又阻艰,南北遂将复绝。以诸镇危疑
之势,居二逆诱胁之中,汹汹群情,各怀向背。傥或楚琳发
憾,公肆猖狂,南塞要冲,东延巨猾,则我咽喉梗而心膂分矣。
今楚琳能两端顾望,乃是天诱其衷,故通归途,将济大业。陛
下诚宜深以为念,厚加抚循,得其迟疑,便足集事。必欲精求
素行,追抉宿疵,则是改过不足以补愆,自新不足以赎罪。凡
今将吏,岂得尽无疵瑕?人皆省思,孰免疑畏!又况阻命之
辈,胁从之流,自知负恩,安敢归化!斯衅非小,所宜速图。
伏愿陛下思英主大略,勿以小不忍亏挠兴复之业也。"上释然
开悟,善待楚琳使者,优诏存慰之。

13　丁酉,加宣武节度使刘洽同平章事。

14　己亥,以行在都知兵马使浑瑊同平章事兼朔方节度
使,朔方、邠宁、振武、永平、奉天行营兵马副元帅。

15　庚子,诏数李怀光罪恶,叙朔方将士忠顺功名。犹
以怀光旧勋,曲加容贷,其副元帅、太尉、中书令、河中尹并朔
方诸道节度、观察等使,宜并罢免,授太子太保。其所管兵
马,委本军自举一人功高望重者便宜统领,速具奏闻,当授旌
旄,以从人欲。

他的罪过固然是严重的。但目前陛下的车驾还没有返回京城,元凶仍在,出兵援救朝廷的军队全分布在京城辖区之内,紧急宣旨,快速禀报,一时片刻,都要争取。而商岭的道路迂回而且遥远,骆谷关又被敌寇所控制,唯一能够传达陛下命令的道路,只有褒斜道一条途径,倘若这条道路再有阻隔之患,南方和北方就会变得远不可及了。目前的局势是各节镇形势垂危,心怀疑虑,置身于朱泚、李怀光两个逆贼的诱惑胁迫之中,群情动荡不宁,各自怀着对朝廷或归向或背叛的心思。倘若李楚琳一旦生出怨恨,公然肆意妄行,向南堵塞交通要道,向东延引恶人,我方的咽喉便会被梗塞,心脏与脊骨也会两相分张了。如今李楚琳还能够对双方持观望态度,这便是上天在开导他的心意,有意开通归路,将要助成伟大的业绩。陛下实在应该深深记住这一点,对李楚琳以优厚的待遇加以安抚,能够争取使他犹豫不决,便足以成就事功。如果打算过于认真地责求人们平素的行为,刻意追究以往的过失,那么就是改正过错也不足以弥补过失,重新做人也不足以赎回罪过了。凡是如今的将士,哪里能够全无过失?如果人人都在反省自己的过失,有谁能够免除疑虑与畏惧呢?又何况那些抗拒朝命的人和那被迫随从作乱的人,知道自己辜负了陛下的恩典,怎么还敢归向教化呢?此一事端,并非小事,应当快做打算。希望陛下能想一想英明君主的伟大才略,不要因为对一些小事不能忍耐而损害和阻挠了正在振兴和恢复的事业啊。"德宗消除了疑虑,明白了其中的道理,款待了李楚琳的使者,还颁诏好言关怀李楚琳。

13 丁酉(二十六日),德宗加封宣武节度使刘洽为同平章事。

14 己亥(二十八日),德宗任命行在都知兵马使浑瑊为同平章事,兼任朔方节度使,出任朔方、邠宁、振武、永平、奉天行营兵马副元帅。

15 庚子(二十九日),德宗颁诏数说李怀光的罪恶,按等级奖励朔方将士忠心顺承朝廷的功绩和声名。德宗仍然看在李怀光是原来的有功之臣的份上,对他曲意宽容,将他的副元帅、太尉、中书令、河中尹连同朔方诸道节度使、观察使等职务一并罢免,授给他太子太保的名号。对他所掌管的兵马,委托本军自行推举一个功劳高、威望重的人,因利乘便地加以统领,并应赶快草拟奏章上报朝廷,朝廷自当授给节度使的旌节,以便顺从人们的愿望。

16 夏,四月壬寅,以邠宁兵马使韩遊瓌为邠宁节度使。癸卯,以奉天行营兵马使戴休颜为奉天行营节度使。

17 灵武守将宁景璿为李怀光治第,别将李如暹曰:"李太尉逐天子,而景璿为之治第,是亦反也!"攻而杀之。

18 甲辰,加李晟鄜坊、京畿、渭北、商华副元帅。晟家百口及神策军士家属皆在长安,朱泚善遇之。军中有言及家者,晟泣曰:"天子何在,敢言家乎?"泚使晟亲近以家书遗晟曰:"公家无恙。"晟怒曰:"尔敢为贼为间!"立斩之。军士未授春衣,盛夏犹衣裘褐,终无叛志。

乙巳,以陕虢防遏使唐朝臣为河中、同绛节度使。前河中尹李齐运为京兆尹,供晟军粮役。

19 庚戌,以魏博兵马使田绪为魏博节度使。

20 浑瑊帅诸军出斜谷,崔汉衡劝吐蕃出兵助之,尚结赞曰:"邠军不出,将袭我后。"韩遊瓌闻之,遣其将曹子达将兵三千往会瑊军,吐蕃遣其将论莽罗依将兵二万从之。李楚琳遣其将石锽将卒七百从瑊拔武功。庚戌,朱泚遣其将韩旻攻武功,锽以其众迎降。瑊战不利,收兵登西原。会曹子达以吐蕃至,击旻,大破之于武亭川,斩首万馀级,旻仅以身免。瑊遂引兵屯奉天,与李晟东西相应,以逼长安。

21 上欲为唐安公主造塔,厚葬之。谏议大夫、同平章事姜公辅表谏,以为"山南非久安之地,公主之葬,会归上都,此宜俭薄,以副军须之急"。上使谓陆贽曰:"唐安造塔,其费甚微,非宰相所宜论。公辅正欲指朕过失,自求名耳。相负如此,当如何处之?"

16 夏季,四月壬寅(初二),德宗任命邠宁兵马使韩遊瓌为邠宁节度使。癸卯(初三),任命奉天行营兵马使戴休颜为奉天行营节度使。

17 灵武守城将领宁景璿替李怀光建造宅第,别将李如暹说:"李太尉驱逐皇帝,而宁景璿替他建造宅第,这也是造反啊!"于是李如暹攻打宁景璿,将他杀了。

18 甲辰(初四),德宗加封李晟为鄜坊、京畿、渭北、商华副元帅。李晟一家百口以及神策军将士的家属都留在长安,朱泚对他们都给予很好的待遇。军中有人谈到家室,李晟哭着说:"还不知道皇上在哪儿呢,怎敢谈论自己的家室?"朱泚让李晟所亲近的人将李晟的家信送给他,并说:"你家没事儿。"李晟生气地说:"你竟敢替贼寇充当奸细!"于是李晟立刻将此人斩杀了。将士们没有发给春天的服装,盛夏还穿着皮衣,但始终没有背叛的打算。

乙巳(初五),德宗任命陕虢防遏使唐朝臣为河中、同绛节度使,任命前河中尹李齐运为京兆尹,为李晟军供给粮食和劳役。

19 庚戌(初十),德宗任命魏博兵马使田绪为魏博节度使。

20 浑瑊率领各军开出斜谷,崔汉衡劝说吐蕃出兵援助浑瑊,尚结赞说:"邠宁军没有出兵,他们将会从背后袭击我们的。"韩遊瓌闻知此言,便派遣他的将领曹子达领兵三千人前去与浑瑊军会合,吐蕃也派遣将领论莽罗依领兵两万人跟随着曹子达。李楚琳派遣他的将领石锽领兵七百人跟随浑瑊攻克了武功。庚戌(初十),朱泚派遣他的将领韩旻攻打武功,石锽带领他的部众出迎,投降了韩旻。浑瑊接战不利,收拾兵马,登上西原。适值曹子达领着吐蕃军赶到,进击韩旻,在武亭川大破韩旻,斩首一万馀级,韩旻仅自身免于一死。于是浑瑊领兵在奉天屯驻,与李晟一东一西,相互呼应,以便进逼长安。

21 德宗准备为唐安公主建造寺塔,用优厚的待遇安葬她。谏议大夫、同平章事姜公辅上表进谏认为:"山南不是长久安葬的地点,公主的安葬,要在返回上都后,在这里应当从俭从薄,以便适应军需急迫的局势。"德宗让人对陆贽说:"为唐安公主建造寺塔,费用很是微薄,不是宰相所应当议论的。姜公辅只是想借此指责朕的过失,来求得自己的声名罢了。对朕辜负到如此地步,应当怎样处治他呢?"

贽上奏,以为公辅任居宰相,遇事论谏,不当罪之,其略曰:
"公辅顷与臣同在翰林。臣今据理辩直则涉于私党之嫌,希
旨顺成则违于匡辅之义。涉嫌止贻于身患,违义实玷于君
恩。徇身忘君,臣之耻也!"又曰:"唯暗惑之主,则怨讟溢于
下国而耳不欲闻,腥德达于上天而心不求瘳,迨乎颠覆,犹未
知非。"又曰:"当问理之是非,岂论事之大小?《虞书》曰:'兢
兢业业,一日二日万几。'唐、虞之际,主圣臣贤,虑事之微,日
至万数。然则微之不可不重也如此,陛下又安可忽而不念
乎?"又曰:"若以谏争为指过,则剖心之主不宜见罪于哲王;
以谏争为取名,则匪躬之臣不应垂训于圣典。"又曰:"假有意
将指过,谏以取名,但能闻善而迁,见谏不逆,则所指者适足
以彰陛下莫大之善,所取者适足以资陛下无疆之休。因而利
焉,所获多矣。傥或怒其指过而不改,则陛下招恶直之讥;黜
其取名而不容,则陛下被违谏之谤。是乃掩己过而过弥著,
损彼名而名益彰。果而行之,所失大矣。"上意犹怒,甲寅,罢
公辅为左庶子。

22　加西川节度使张延赏同平章事,赏其供亿无乏
故也。

23　朱泚、姚令言数遣人诱泾原节度使冯河清,河清皆
斩其使者。大将田希鉴密与泚通,杀河清,以军府附于泚;泚
以希鉴为泾原节度使。

陆贽进上奏疏认为，姜公辅负有宰相的责任，遇到事情，议论规谏，不应当加罪于他，陆贽的奏疏大略是说："不久前，姜公辅与我一起在翰林院供职。现在我如果依据事理争辩说姜公辅是没有过错的，那便会牵涉到私结党羽的嫌疑；如果迎合意旨，顺着陛下的成说去议论，那便会违背了匡正、辅佐的道义。牵涉到嫌疑，只限于给自身留下祸患；违背道义，却实在是玷污了皇上的恩典。曲从己身，忘记国君，这是我的耻辱啊！"他又说："只有昏庸不明的君主，当怨恨遍及四方的时候，还不愿意耳闻其事；当秽恶的行为传送到上天的时候，还不希望内心有所醒悟；到了国家颠覆了的时候，还不知道自己的过失。"他又说："应当先问道理是对是错，岂能只论事情是大是小？《虞书》说：'办事兢兢业业，经常日理万机。'在唐尧、虞舜时期，君主圣明，臣下贤明，考虑事情，至为细微，以至一天之中要考虑的事情数以万计。由此可见，对细微的事情不能不如此重视，陛下又怎么能够忽视而不挂念于怀呢？"他又说："倘若认为谏诤是指责过失，那剖除谏臣心脏的君主就不会被睿哲的帝王所归罪了；倘若认为谏诤是猎取名声，那不顾自己、尽忠国家的大臣便不会在圣人的经典上给后人留下榜样了。"他又说："即使是有意地指责过失，用谏诤猎取名声，但只要能够听到好的建议便去改过，遇见直言劝谏就肯接受，那么，人家所指责的过失，恰恰足以显示陛下至善的品格，人家所猎取的名声，恰恰足以给陛下带来无穷的福气，陛下由此而得到的益处是太多了。倘若为别人指责过错而恼怒，不肯改正，陛下便会招致厌恶直言的讥讽；贬斥别人猎取名声，不能含容，陛下便会蒙受禁阻谏诤的谤言。这便是掩盖自己的过失，而过失愈加显著；贬损别人的名声，而人家的名声益发彰明。果真这样去做，陛下所失去的就太大了。"德宗仍有怒意。甲寅（十四日），将姜公辅罢免为左庶子。

22　德宗加封西川节度使张延赏为同平章事，这是奖赏他能保证充足的贡赋供应。

23　朱泚、姚令言屡次派人引诱泾原节度使冯河清，冯河清每次都将来使杀了。大将田希鉴暗中与朱泚勾结，杀了冯河清，将军府依附于朱泚，朱泚任命田希鉴为泾原节度使。

24 上问陆贽:"近有卑官自山北来者,率非良士。有邢建者,论说贼势,语最张皇,察其事情,颇似窥觎,今已于一所安置。如此之类,更有数人,若不追寻,恐成奸计。卿试思之,如何为便?"贽上奏,以为今盗据宫阙,有冒涉险远来赴行在者,当量加恩赏,岂得复猜虑拘囚? 其略曰:"以一人之听览而欲穷宇宙之变态,以一人之防虑而求胜亿兆之奸欺,役智弥精,失道弥远。项籍纳秦降卒二十万,虑其怀诈复叛,一举而尽坑之,其于防虞,亦已甚矣。汉高豁达大度,天下之士至者,纳用不疑,其于备虑,可谓疏矣。然而项氏以灭,刘氏以昌,蓄疑之与推诚,其效固不同也。秦皇严肃雄猜,而荆轲奋其阴计;光武宽容博厚,而马援输其款诚。岂不以虚怀待人,人亦思附;任数御物,物终不亲! 情思附则感而悦之,虽寇雠化为心膂矣;意不亲则惧而阻之,虽骨肉结为仇慝矣。"又曰:"陛下智出庶物,有轻待人臣之心;思周万机,有独驭区寓之意;谋吞众略,有过慎之防;明照群情,有先事之察;严束百辟,有任刑致理之规;威制四方,有力胜残之志。由是才能者怨于不任,忠荩者忧于见疑,著勋业者惧于不容,怀反侧者迫于及讨,驯致离叛,构成祸灾。天子所作,天下式瞻,小犹慎之,矧又非小? 愿陛下以覆车之辙为戒,实宗社无疆之休。"

24　德宗向陆贽问道:"最近从南山北面来的低级官吏,一般都不是贤良之士。有个叫邢建的人,论说贼军的形势,说的话最为张狂,察看此人的情形,很像是在窥探情报,现在已经在某一住所将他安置下来。像这类人,还有好几个,如果不予以追查,恐怕会成就他们邪恶的计划。你试着想一想,怎么办才好?"陆贽进上奏疏认为,如今强盗占据了宫廷,如有冒着危险,长途跋涉,前往行在的人,应当酌情加以恩宠奖赏,哪里能够再加以猜疑拘禁呢?他的奏疏大略说:"假如以一个人的见闻便想穷尽宇宙的变化形态,以一个人的戒心便希望战胜众人的邪恶欺诈,那么,付出的心智愈精,离正确的处理方式就愈远。项羽收纳了秦朝归降的士兵二十万人,担心他们怀有诈谋,再次反叛,一下子便将他们全部活埋了。他在防备祸患方面所做的,是太过分了。汉高祖胸襟开阔,气度宏大,天下的士人到他那儿去的,他都收纳任用,毫不怀疑,他在防备顾虑方面所做的,可以说是够疏忽的了。然而项氏因此而灭亡,刘氏因彼而昌盛,存心猜疑与推心置腹,它们的效果的确是不同的啊。秦始皇严厉峻急,雄心大而疑忌多,但仍有荆轲奋力实行他的秘计;东汉光武帝宽宏大量,通达而仁厚,却有马援献纳自己的忠诚。这难道不是说明用谦逊的襟怀对待人们,人们也是愿意归附的;使用权术来驾驭事物,这事物终究还是不会亲附的!要使人心归附,就要感动他,从而使他悦服,这样,即使是仇敌也会化为亲信;认为人心不能亲附,就害怕他,从而阻挠他,这样,即使是骨肉之情也会结成仇敌。"奏疏又说:"陛下的智慧超出万物,有看不起人臣的心思;陛下的思虑遍及纷繁的政务,有独自制驭全国的意向;陛下的谋划包容了众人的方略,有过于慎重的防范;陛下的英明洞照群情,有先于事态的觉察;陛下严格管束百官,有专任刑法以求政治修明的规略;陛下的威严辖制四方,有勇于战胜残敌的志向。因此,有才能的人为得不到任用而埋怨,竭尽忠心的人为遭受猜疑而忧虑,勋业卓著的人为无法容身而畏惧,居心反复无常的人迫于被讨伐,渐渐达到背叛的程度,于是造成祸患灾殃。天子所做的事情,为天下人所瞻仰,对于小事尚且应当慎重,况且所面对的并非小事呢?希望陛下将前车之鉴引以为戒,这实在是宗庙社稷无穷的福分。"

25　丁巳，以前山南东道节度使南皮贾耽为工部尚书。先是，耽使行军司马樊泽奏事行在，泽既复命，方大宴，有急牒至，以泽代耽为节度使。耽内牒怀中，宴饮如故，颜色不改。宴罢，召泽告之，且命将吏谒泽。牙将张献甫怒曰："行军为尚书问天子起居，乃敢自图节钺，夺尚书土地？事人不忠，请杀之。"耽曰："是何言也？天子所命，即为节度使矣！"即日离镇，以献甫自随，军府遂安。

26　左仆射李揆自吐蕃还，甲子，薨于凤州。

27　韩遊瓌引兵会浑瑊于奉天。

28　丙寅，加平卢节度使李纳同平章事。

29　丁卯，义王玼薨。

30　朱滔攻贝州百馀日，马寔攻魏州亦逾四旬，皆不能下。贾林复为李抱真说王武俊曰："朱滔志吞贝、魏，复值田悦被害，悦旬日不救，则魏博皆为滔有矣。魏博既下，则张孝忠必为之臣。滔连三道之兵，益以回纥，进临常山，明公欲保其宗族，得乎？常山不守，则昭义退保西山，河朔尽入于滔矣。不若乘贝、魏未下，与昭义合兵救之；滔既破亡，则关中丧气，朱泚不日枭夷，銮舆反正，诸将之功，孰有居明公之右者哉？"武俊悦，从之。

戊辰，武俊军于南宫东南，抱真自临洺引兵会之，与武俊营相距十里。两军尚相疑，明日，抱真以数骑诣武俊营；宾客共谏止之，抱真命行军司马卢玄卿勒兵以俟，曰："吾之此举，系天下安危，

25　丁巳(十七日)，德宗任命前山南东道节度使南皮人贾耽为工部尚书。在此之前，贾耽让行军司马樊泽前往行在奏事。樊泽完成使命后向贾耽回报，正赶上大摆酒宴，这时忽有紧急公文送到，公文内容是任命樊泽代替贾耽担任节度使。贾耽将公文揣到怀中，在宴席上与大家聚饮，一如既往，面色毫不改变。在宴会结束以后，贾耽传召樊泽，将朝廷的任命告诉了他，并准备命令众将和官吏拜见樊泽。牙将张献甫生气地说："行军司马是替尚书去问候皇上起居的，怎么竟敢自己图谋节度使的旌节，夺走尚书管辖的土地？他事奉于人，却不尽忠心，请将他杀了吧。"贾耽说："这是什么话啊？樊泽是皇上任命下来的，他现在就是节度使了！"贾耽当天便离开节镇，让张献甫跟随自己同行，军府于是安定下来了。

26　左仆射李揆从吐蕃回来，甲子(二十四日)，在凤州故去。

27　韩遊瓌领兵在奉天与浑瑊会合。

28　丙寅(二十六日)，德宗加封平卢节度使李纳同平章事。

29　丁卯(二十七日)，义王李玭故去。

30　朱滔进攻贝州已有一百馀天，马寔进攻魏州也超过了四十天，但都未能将城池攻克。贾林再次替李抱真劝说王武俊说："朱滔的本意是吞并贝州和魏州，加上正当田悦被人杀害的时候，假如十天以内不去救援，魏博镇便全都被朱滔占有了。魏博失陷以后，张孝忠便必定会成为朱滔的臣属。朱滔于是联结幽州、易定、魏博三道兵马，加上回纥，共同进军，兵临常山，您就是打算保全自己的宗族，能做得到吗？常山失陷以后，昭义军便要退兵防守西山，于是河朔地区全部落入朱滔手中了。不如乘着贝州、魏州尚未失陷的时机，与昭义合兵去援救他们。朱滔被打败以后，关中便会意气颓丧了，过不了多少日子，朱泚遭到诛灭，圣上复位回京，诸将领的功劳，有谁能够在您之上呢？"王武俊心中高兴，听从了贾林的劝说。

戊辰(二十八日)，王武俊在南宫东南方向驻军，李抱真从临洺领兵同他会合，与王武俊的营地相距只有十里路。当时两军还在相互猜疑，第二天，李抱真要带领几个骑兵到王武俊的营地去，幕府的宾客都劝说他不要前去，李抱真命令行军司马卢玄卿统领军队等待消息，他说："我的这一行动，关系到天下的安定与危亡，

若其不还,领军事以听朝命亦惟子,励将士以雪仇耻亦惟子。"言终,遂行。武俊严备以待之,抱真见武俊,叙国家祸难,天子播迁,持武俊哭,流涕纵横。武俊亦悲不自胜,左右莫能仰视。遂与武俊约为兄弟,誓同灭贼。武俊曰:"相公十兄名高四海,向蒙开谕,得弃逆从顺,免菹醢之罪,享王公之荣。今又不间胡虏,辱为兄弟,武俊当何以为报乎!滔所恃者回纥耳,不足畏也。战日,愿十兄按辔临视,武俊决为十兄破之。"抱真退入武俊帐中,酣寝久之;武俊感激,待之益恭,指心仰天曰:"此身已许十兄死矣!"遂连营而进。

31　山南地热,上以军士未有春服,亦自御夹衣。

如果我回不来了,统领军中事务、听候朝廷的调遣就看你的了;勉励将士,来为我报仇雪耻也看你的了。"李抱真说罢,就出发了。王武俊做好了严密的防备,等候李抱真的到来。李抱真见到王武俊以后,叙谈到国家遭受的祸患灾难,德宗的流亡迁徙,握着王武俊的手哭了,满面都是泪水。王武俊也禁不住悲伤起来,周围的人们也都难过得抬不起头来。于是李抱真与王武俊结为兄弟,发誓共同消灭贼寇。王武俊说:"相公十哥的名声传扬四海,以往蒙十哥开导,才能够背弃叛军,归顺朝廷,避免了要被剁成肉酱的罪过,享受着王公大臣的荣耀。如今十哥又不嫌弃我是胡人,屈尊与我结为兄弟,我王武俊应当拿什么报答你呢!朱滔所仗恃的是回纥兵而已,这没有什么可怕的。到开战的日子,十哥只要勒住缰绳前去观看就行了,我一定要为十哥打败他们。"李抱真退入王武俊的营帐之中,酣睡了很长时间;王武俊感激他,对待他就益发恭敬,王武俊指着心口仰天发誓:"此身已经决心为十哥而死了!"于是两人军营相连,一同进军。

31　山南地区天气炎热,德宗因将士还没有穿上春天的服装,自己也穿夹衣。

卷第二百三十一　唐纪四十七

起甲子(784)五月尽乙丑(785)七月凡一年

德宗神武圣文皇帝六
兴元元年(甲子,784)

1　五月,盐铁判官万年王绍以江、淮缯帛来至,上命先给将士,然后御衫。韩滉欲遣使献绫罗四十担诣行在,幕僚何士幹请行;滉喜曰:"君能相为行,请今日过江。"士幹许诺,归别家,则家之薪米储偫已罗门庭矣。登舟,则资装器用已充舟中矣。下至厨箅,滉皆手笔记列,无不周备。每担夫,与白金一版置腰间。又运米百艘以饷李晟,自负囊米置舟中,将佐争举之,须臾而毕。艘置五弩手以为防援,有寇则叩舷相警,五百弩已彀矣。比至渭桥,盗不敢近。时关中兵荒,米斗直钱五百;及滉米至,减五之四。滉为人强力严毅,自奉俭素,夫人常衣绢裙,破,然后易。

2　吐蕃既破韩旻等,大掠而去。朱泚使田希鉴厚以金帛赂之,吐蕃受之;韩遊瓌以闻。浑瑊又奏:"尚结赞屡遣人约刻日共取长安,既而不至。闻其众今春大疫,近已引兵去。"上以李晟、浑瑊兵少,

德宗神武圣文皇帝六
唐德宗兴元元年(甲子,公元784年)

1　五月,盐铁判官万年人王绍带着江淮地区的丝帛来到行在,德宗命令先供给将士,然后自己才穿上单衣。韩滉打算派遣使者进献绫罗四十担,送到行在去,幕僚何士幹请求前往。韩滉高兴地说:"你若能够替我去一趟,请在今天就渡过长江去吧。"何士幹答应了。当何士幹回去告别家人的时候,韩滉已经让人将家中需用的柴米储备罗列在门前空地上了。何士幹登上船只的时候,韩滉已经让人把所需物资装备与用具在船中装满了。对于船中装载的东西,下至清除大便的拭秽之具,韩滉都亲手逐项记录,无不周全详备。对于每个担夫,发给银牌一块,系在腰间。又有一次,韩滉运送一百艘船的粮米给李晟充作粮饷,他亲自将米口袋背放到船中,他的将佐都争先去背米袋,不一会儿就把船装完了。韩滉还让每艘船配置弩手五人,用来作为防备打劫和互相声援之用,有寇盗的时候,便敲击船舷,互通警报,只用弩手五百人便足够了。直至运到渭桥,都不曾有寇盗敢来靠近。当时,关中战乱不息,每斗米价值五百钱,等到韩滉将米运到以后,米价减少了五分之四。韩滉为人强干有力,严明果决,自己的日常所需节俭而朴素,他的夫人常常穿着没有纹彩的绢裙,直到把裙子穿破了以后,才再换一条。

2　吐蕃打败韩旻等人以后,大规模地掳掠了一番,便离去了。朱泚让田希鉴把大量金帛赠给吐蕃,吐蕃接受了,韩遊瓌便将此事上奏朝廷闻知。浑瑊又上奏说:"尚结赞屡次派人与我约定,立下时限,共同攻取长安,后来却不曾前来。听说吐蕃人在今年春天遭受了大规模的瘟疫,最近已经领兵离去了。"由于李晟、浑瑊兵力薄弱,

欲倚吐蕃以复京城,闻其去,甚忧之,以问陆贽。贽以为吐蕃
贪狡,有害无益,得其引去,实可欣贺。乃上奏,其略曰:"吐
蕃迁延顾望,反覆多端,深入郊畿,阴受贼使,致令群帅进退
忧虞:欲舍之独前,则虑其怀怨乘蹑;欲待之合势,则苦其失
信稽延。戎若未归,寇终不灭。"又曰:"将帅意陛下不见信
任,且患蕃戎之夺其功;士卒恐陛下不恤旧劳,而畏蕃戎之专
其利;贼党惧蕃戎之胜,不死则悉遗人禽;百姓畏蕃戎之来,
有财必尽为所掠。是以顺于王化者其心不得不怠,陷于寇境
者其势不得不坚。"又曰:"今怀光别保蒲、绛,吐蕃远避封疆,
形势既分,腹背无患,瑊、晟诸帅,才力得伸。"又曰:"但顾陛
下慎于抚接,勤于砥砺,中兴大业,旬月可期,不宜尚眷眷于
犬羊之群,以失将士之情也。"

　　上复使谓贽曰:"卿言吐蕃形势甚善。然瑊、晟诸军当
议规画,令其进取。朕欲遣使宣慰,卿宜审细条流以闻。"贽
以为:"贤君选将,委任责成,故能有功。况今秦、梁千里,兵
势无常,遥为规画,未必合宜。彼违命则失君威,从命则害
军事。进退羁碍,难以成功。不若假以便宜之权,待以殊常
之赏,则将帅感悦,智勇得伸。"乃上奏,其略曰:"锋镝交于
原野而决策于九重之中,机会变于斯须而定计于千里之
外,用舍相碍,否臧皆凶。上有掣肘之讥,下无死绥之志。"

德宗准备依赖吐蕃兵收复京城，现在听说吐蕃人离去，甚为担忧，便以此事询问陆贽的意见。陆贽认为，吐蕃既贪婪，又狡猾，只有害处，没有裨益，赶上吐蕃领兵离去，实在值得庆幸。于是他进上奏疏，大略是说："吐蕃拖延观望，反复无常。他们深入京畿，暗中接受贼寇的指使，以致各军主帅进退两难。如果准备抛开吐蕃独自前往，那便顾虑吐蕃心怀怨恨，乘机紧随在后面骚扰；如果打算等待吐蕃会合兵势，那便苦于吐蕃不守信用，拖延时日。若是吐蕃不回去，敌寇终难消灭。"他又说："将帅猜想陛下不信任自己，而且担心吐蕃会与他们争功；士兵唯恐陛下不顾念旧日的劳绩，而且害怕吐蕃独占了赏赐；贼人一伙畏惧吐蕃取得胜利，即使自己不死，也会全部被擒；百姓害怕吐蕃到来，即使有点钱财，也必然会被他们完全掠去。所以，顺承皇上教化的人们的心意不得不日见懈怠，失陷到敌寇疆境内的人们不肯归附的情势也不得不渐趋坚定。"他又说："现在李怀光另外去防守蒲州和绛州，吐蕃又远远地避开大唐的疆土，形势既已将李怀光与吐蕃分开了，我军腹心与后背都没有顾忌，浑瑊、李晟各节帅的才能与力量也就可以得到施展了。"他又说："只希望陛下谨慎地安抚将士，经常地砥砺自己，那么，中兴大业，可望在很短的时间里完成，不应该还眷恋吐蕃这种犬羊之群，因而失去将士之心。"

德宗再次让人对陆贽说："你所讲的有关吐蕃形势问题，讲得很好。但是，对浑瑊、李晟各军应当计议出一个规划来，以便让他们进取敌军。朕打算派遣使者去安抚他们，你应当审慎详细地列出纲目，上报给朕知道。"陆贽认为："贤明的君主选择将领，委以重任，责以成效，所以能够有所建树。况且，现在秦中与梁州相距千里，用兵的形势变化多端，远远地为将帅规划，不一定合乎时宜。如果将帅们违反命令，便有失君主的威严；如果将帅们听从命令，却对军中事务有害。或进或退，都有羁绊与阻碍，便难以取得成功。不如给他们见机行事的权力，以超常的奖赏对待他们，将帅们既感激，又喜欢，他们的智慧与勇敢便会得以施展。"于是陆贽进上奏疏，大略是说："战事在原野上进行而决定方策却在幽深的宫禁之中，交战的时机瞬息万变而制定计谋却在千里以外的地方，用命与不用命互相妨碍，打仗打得无论是好是坏，结果都是不祥的。在上会招致对将处处掣肘的讥讽，在下会丧失军队、将帅效死的士气。"

又曰："传闻与指实不同,悬算与临事有异。"又曰："设使其中有肆情干命者,陛下能于此时戮其违诏之罪乎? 是则违命者既不果行罚,从命者又未必合宜,徒费空言,只劳睿虑,匪惟无益,其损实多。"又曰："君上之权,特异臣下,惟不自用,乃能用人。"

3 癸酉,泾王伭薨。

4 徐、海、沂、密观察使高承宗卒,甲戌,使其子明应知军事。

5 乙亥,李抱真、王武俊距贝州三十里而军。朱滔闻两军将至,急召马寔,寔昼夜兼行赴之。或谓滔曰："武俊善野战,不可当其锋,宜徙营稍前逼之,使回纥绝其粮道。我坐食德、棣之饷,依营而陈,利则进攻,否则入保,待其饥疲,然后可制也。"滔疑未决。会马寔军至,滔命明日出战。寔言："军士冒暑困惫,请休息数日乃战。"

常侍杨布、将军蔡雄引回纥达干见滔,达干曰："回纥在国与邻国战,常以五百骑破邻国数千骑,如扫叶耳。今受大王金帛、牛酒前后无算,思为大王立效,此其时矣。明日,愿大王驻马高丘,观回纥为大王翦武俊之骑,使匹马不返。"布、雄曰："大王英略盖世,举燕、蓟全军,将扫河南,清关中,今见小敌尤豫不击,失远近之望,将何以成霸业乎? 达干请战是也。"滔喜,遂决意出战。

丙子旦,武俊遣其兵马使赵琳将五百骑伏于桑林,抱真列方陈于后,武俊引骑兵居前,自当回纥。回纥纵兵冲之,

他又说:"道听途说与亲临实际是不同的,凭空计议与据事决断也是有区别的。"他又说:"假使将帅中有肆意违犯命令的人物,陛下能在这时候以违背诏旨的罪名将他诛杀吗? 由此可见,既然不能实现对违背命令行为的惩罚,遵从命令的行为又不一定合乎时宜,白白浪费空洞的言辞,只能忧劳陛下的思虑,不仅没有好处,损失实在太多。"他又说:"君主的权力,与臣下的权力大有区别。君主只有不自以为是,才能善于用人。"

3 癸酉(初三),泾王李侹故去。

4 徐、海、沂、密观察使高承宗故去。甲戌(初四),德宗让高承宗的儿子高明应代理军中事务。

5 乙亥(初五),李抱真与王武俊在距离贝州三十里的地方驻扎下来。朱滔听说李、王两军即将到来,急忙传召马寔,马寔日夜兼程,前来赴召。有人对朱滔说:"王武俊善于在旷野作战,我军不应该与他正面交战,而应该移动营垒,稍稍向前逼近他一些,让回纥兵断绝他的运粮通道。我军不劳而得食德州、棣州运送来的粮食,靠近营垒列阵,有利时便进攻,不利时,便入营防守,等王武俊军饥饿疲惫了,然后才能制服他。"朱滔迟疑着,没有做出决定。适逢马寔的军队开到了,朱滔便命令他第二天出战。马寔说:"将士冒着炎天暑气,都很疲乏,请让他们休息几天再战吧。"

常侍杨布、将军蔡雄领着回纥达干来见朱滔,达干说:"回纥军在本国内与邻国交战,常常用骑兵五百人打败邻国骑兵数千人,就如同打扫落叶一般。如今我们先后所接受的大王的钱帛和牛酒犒劳难以计算,想替大王立点儿功劳,现在是时候了。明天,希望大王骑马立在高高的山丘上,观看回纥军替大王消灭王武俊的骑兵,让他连一匹马也跑不回去。"杨布、蔡雄说:"大王英才大略,盖世无双,带领燕、蓟全军,将要扫荡河南,肃清关中,现在才与小股敌人遭遇,便迟疑不定,不肯进去,使远近各地的人们大失所望,那将怎么能够完成霸业呢? 达干请求出战是对的啊。"朱滔大喜,于是拿定主意,准备出战。

丙子(初六)的早晨,王武俊派遣他的兵马使赵琳带领骑兵五百人在桑林埋伏下来,李抱真列成方阵,居于后面,王武俊带领骑兵,居于前面,亲自抵挡回纥军。回纥军放出兵马向王武俊冲击,

武俊使其骑控马避之。回纥突出其后，将还，武俊乃纵兵击之，赵琳自林中出横击之，回纥败走。武俊急追之，滔骑兵亦走，自践其步陈，步骑皆东奔，滔不能制，遂走趣其营，抱真、武俊合兵追击之。时滔引三万人出战，死者万馀人，逃溃者亦万馀人，滔才与数千人入营坚守。会日暮，昏雾，两军不能进，抱真军其营之西北，武俊军其东北。滔夜焚营，引兵出南门，趣德州遁去，委弃所掠资财山积。两军以雾，不能追也。

滔杀杨布、蔡雄而归幽州，心既内惭，又恐范阳留守刘怦因败图己。怦悉发留守兵夹道二十里，具仪仗，迎之入府，相对悲喜，时人多之。

6　初，张孝忠以易州归国，诏以孝忠为义武节度使，以易、定、沧三州隶之。沧州刺史李固烈，李惟岳之妻兄也，请归恒州，孝忠遣押牙安喜程华交其州事。固烈悉取军府绫、缣、珍货数十车，将行，军士大噪曰：“刺史扫府库之实以行，将士于后饥寒，奈何？”遂杀固烈，屠其家。程华闻乱，自窦逃出，乱兵求得之，请知州事；华不得已，从之。孝忠闻之，即版华摄沧州刺史。华素宽厚，推心以待将士，将士安之。

会朱滔、王武俊叛，更遣人招华，华皆不从。时孝忠在定州，自沧如定，必过瀛州，瀛隶朱滔，道路阻涩。沧州录事参军李宇说华，表陈利害，请别为一军，华从之，遣宇奉表诣行在。上即以华为沧州刺史、横海军副大使、知节度事，赐名曰华，令曰华岁供义武租钱十二万缗。

王武俊让他的骑兵驾驭好战马,避开回纥军。回纥军冲到王武俊军的后面,将要返回,王武俊这才指挥军队进击回纥军,赵琳也从树林中冲出,拦腰截击,回纥军战败逃走。王武俊急忙追击,朱滔的骑兵也在奔逃,自行践踏本军的步兵阵列,步兵、骑兵都向东逃奔,朱滔无法制止,于是向他的营地逃去,李抱真、王武俊合兵一处,追击朱滔。当时,朱滔是率领三万人出战的,结果死亡的有一万馀人,逃散的也有一万馀人,朱滔仅仅与数千人进入营垒坚守。正赶上天刚擦黑时分,雾气浓重昏暗,前来追击的两支军队无法前进,于是李抱真在朱滔营地的西北面驻扎下来,王武俊在朱滔营地的东北面驻扎下来。当天夜里,朱滔烧掉营垒,领兵从南门出来,向德州逃去,丢下他们所劫掠、堆积如山的财物。李、王两军因雾气浓重的缘故,不能前去追击。

朱滔杀了杨布和蔡雄,回到幽州。他既感到内心惭愧,又唯恐范阳留守刘怦乘着兵败之机谋害自己。刘怦悉数派出留守的兵员,夹道列队长达二十里,将仪仗备办好了,把朱滔迎入军府,两人相对,既悲又喜,当时的人们都称许刘怦的做法。

6 当初,张孝忠率领易州归顺了朝廷,德宗颁诏任命张孝忠为义武节度使,将易、定、沧三州隶属于他。沧州刺史李固烈是李惟岳的妻兄,他请求回恒州去,张孝忠派遣押牙安喜人程华与他交接沧州事宜。李固烈将军府内的绫绢和珍宝财物数十车全部取走,在准备启程的时候,将士们大声喧闹着说:"刺史将库存的财物尽其所有,带着出走了,将士们以后若有个挨饿受冻的时候,那将如何是好?"于是,将士们杀了李固烈及其全家。程华听说发生了变乱,从城墙的孔洞中逃了出来,变乱的将士找到了他,请他执掌州中事务,程华没有办法,听从了他们的要求。张孝忠听说此事以后,立即便给程华授官为代理沧州刺史。程华平素待人宽和厚道,推心置腹地对待将士,将士们于是安定下来了。

那时,正赶上朱滔、王武俊反叛,两人轮番派人传召程华,程华一概不肯从命。当时,张孝忠驻军定州,从沧州到定州去,必须经过瀛州,瀛州隶属于朱滔,两处往来的道路阻隔不通。沧州录事参军李宇劝说程华,向朝廷上表陈说利害,请朝廷在沧州地区另外设一个军的建制,程华听从了这一建议,派遣李宇带着表章前往行在。德宗当即任命程华为沧州刺史、横海军副大使,代理节度使事务,赐名叫做日华,命令程日华每年供给义武租税钱十二万缗。

王武俊又使人说诱之；时军中乏马，日华给使者曰："王大夫必欲相属，当以二百骑相助。"武俊给之，日华悉留其马，遣其士归。武俊怒，而方与马燧等相拒，不能攻取，日华由是获全。及武俊归国，日华乃遣人谢过，偿其马价，且赂之。武俊喜，复与交好。

7 庚寅，李晟大陈兵，谕以收复京城。先是，姚令言等屡遣谍人觇晟进军之期，皆为逻骑所获。晟引示以所陈兵，谓曰："归语诸贼：努力固守，勿不忠于贼也！"皆饮之酒，给钱而纵之。遂引兵至通化门外，曜武而还，贼不敢出。晟召诸将，问兵所从入，皆请"先取外城，据坊市，然后北攻宫阙"。晟曰："坊市狭隘，贼若伏兵格斗，居人惊乱，非官军之利也。今贼重兵皆聚苑中，不若自苑北攻之，溃其腹心，贼必奔亡。如此，则宫阙不残，坊市无扰，策之上者也！"诸将皆曰："善！"乃牒浑瑊及镇国节度使骆元光、商州节度使尚可孤，刻期集于城下。

壬辰，尚可孤败泚将仇敬忠于蓝田西，斩之。乙未，李晟移军于光泰门外米仓村。丙申，晟方自临筑垒，泚骁将张庭芝、李希倩引兵大至，晟谓诸将曰："始吾忧贼潜匿不出，今来送死，此天赞我，不可失也！"命副元帅兵马使吴诜等纵兵击之。时华州营在北，兵少，贼并力攻之，晟命牙前将李演等帅精兵救之。演等力战，贼败走。演等追之，乘胜入光泰门，

王武俊又让人劝说引诱程日华,当时军队中缺少马匹,程日华欺骗王武俊的使者说:"王大夫果真打算与我联合,就应该派来二百骑兵援助我。"王武俊将人马派给了程日华,程日华却将马匹悉数留下,而将他的士兵都打发回去了。王武俊大怒,但当时他正与马燧等人相对抗,不能够前来攻打程日华,程日华因此得以保全。到了王武俊归顺朝廷的时候,程日华便派人向王武俊承认了过错,偿还了他的马价,并且对他有所赠送。王武俊高兴了,便再次与程日华交好。

7 庚寅(二十日),李晟将兵马布成巨大的阵列,就向将士宣布前去收复京城。在此之前,姚令言等人屡次派遣探子前来刺探李晟进军的日期,但都被巡逻的骑兵俘虏了。现在,李晟领着这些俘虏,让他们观看自己布成阵列的兵马,对他们说:"你们回去告诉每一个贼兵贼将,让他们卖力气地坚决防守吧,可不要不忠于朱泚老贼!"李晟让他们都喝了酒,给了一些钱,便将他们放了回去。李晟于是领兵来到通化门外,在那里将武力显示了一番,才又回去,敌军不敢出城。李晟召集各位将领,询问军队攻打入城的路线,将领们都主张"先夺取外城,占领街市,然后向北攻打宫苑"。李晟说:"街市是狭窄的,倘若贼军在那里埋伏下兵马,与我军搏斗,使得居民惊惶散乱,对官军并没有好处。现在贼军的重兵都聚集在宫苑中,不如从宫苑北面进攻他们,使他们的核心先行崩溃,敌军肯定就会逃亡。这样做,宫苑不会残破,街市不受骚扰,这才是上策呢!"各将领都说:"好。"于是,李晟给浑瑊以及镇国节度使骆元光、商州节度使尚可孤送去文书,限定日期,在城下会集。

壬辰(二十二日),尚可孤在蓝田西面打败朱泚的将领仇敬忠,并诛杀了他。乙未(二十五日),李晟将军队调动到光泰门外的米仓村。丙申(二十六日),李晟正在亲自指挥修筑营垒的时候,朱泚的骁将张庭芝、李希倩领兵大规模到来,李晟对各将领说:"最初我还担心贼军躲藏着不肯出战,现在赶来送死,这是上天助我,如此良机,决不可失!"于是,李晟命令副元帅、兵马使吴诜等人出兵,进击敌军。当时,骆元光华州军的营垒在北面,兵马较少,敌军便合力攻打骆元光部,李晟命令牙前将领李演等人率领精锐兵马前去援救。李演等人奋力作战,贼军败走。李演等人追击敌军,乘胜进入光泰门,

再战，又破之。会夜，晟敛兵还。贼馀众走入白华门，夜，闻恸哭。希倩，希烈之弟也。

丁酉，晟复出兵，诸将请待西师至夹攻之。晟曰："贼数败，已破胆，不乘胜取之，使其成备，非计也。"贼又出战，官军屡捷；骆元光败泚众于浐西。戊戌，晟陈兵于光泰门外，使李演及牙前兵马使王佖将骑兵，牙前将史万顷将步兵，直抵苑墙神麚村。晟先使人夜开苑墙二百馀步，比演等至，贼已树栅塞之，自栅中刺射官军，官军不得进。晟怒，叱诸将曰："纵贼如此，吾先斩公辈矣！"万顷惧，帅众先进，拔栅而入，佖、演引骑兵继之，贼众大溃，诸军分道并入。姚令言等犹力战，晟命决胜军使唐良臣等步骑蹙之，且战且前，凡十馀合，贼不能支。至白华门，有贼数千骑出官军之背，晟帅百馀骑回御之，左右呼曰："相公来！"贼皆惊溃。

先是，泚遣张光晟将兵五千屯九曲，去东渭桥十馀里，光晟密输款于晟。及泚败，光晟劝泚出亡，泚乃与姚令言帅馀众西走，犹近万人。光晟送泚出城，还，降于晟。晟遣兵马使田子奇以骑兵追泚。晟屯含元殿前，舍于右金吾仗，令诸军曰："晟赖将士之力，克清宫禁。长安士庶，久陷贼庭，若小有震惊，非吊民伐罪之意。晟与公等室家相见非晚，五日内无得通家信。"命京兆尹李齐运等安慰居人。晟大将高明曜取贼妓，尚可孤军士擅取贼马，晟皆斩之，

再次接战，又打败敌军。恰好赶上夜幕降临，李晟收兵回营。敌军的残馀人马逃入白华门，深夜里可以听到那里传来的极其悲痛的哭泣之声。李希倩是李希烈的弟弟。

丁酉(二十七日)，李晟再次出兵，各将领请求等待西面的浑瑊军赶到后夹攻敌军，李晟说："贼军屡次失败，已经吓破了胆，如果不乘胜攻取敌军，而使他们做好防备，这可不是良策。"敌军又出战，官军屡屡获胜，骆元光又在沪水西面打败了朱泚军。戊戌(二十八日)，李晟在光泰门外面摆开阵势，让李演以及牙前兵马使王佖带领骑兵，让牙前将领史万顷带领步兵，直接抵达宫苑墙边的神麚村。李晟事先让人在夜间凿开宫苑的垣墙宽两百馀步，待到李演等人到来时，敌军已经竖起栅栏堵塞了宫苑垣墙的缺口，从栅栏里面刺杀、射击官军，官军不能前进。李晟愤怒地大声呵斥各将领说："你们放纵贼军到这般地步，我可要先拿你们诸位问斩了！"史万顷害怕了，率领部众首先前进，攻克了栅栏，冲了进去，王佖、李演带领骑兵相继而入，敌军纷纷逃散，各军分路一齐进入宫苑。姚令言等人仍然在奋力作战，李晟命令决胜军使唐良臣等人的步兵、骑兵迫近他们，一边接战，一边前进，约有十馀回合，敌军不能支持。来到白华门前的时候，敌军有骑兵数千人从官军背后杀出，李晟率领骑兵一百馀人回头抵御他们，李晟身边的人大声喊道："李相公来了！"敌军于是惊惶地溃散了。

在此之前，朱泚派遣张光晟领兵五千人在九曲屯驻，该处距离东渭桥有十馀里路，于是张光晟暗中向李晟表示诚意。到朱泚战败的时候，张光晟劝说朱泚出城逃走，朱泚便与姚令言率领残馀部众向西面逃跑，这时候朱泚仍然有将近一万人。张光晟将朱泚送出城，又回到城中，归降了李晟。李晟派遣兵马使田子奇率领骑兵追击朱泚。李晟在含元殿前驻扎军队，在右金吾仪卫的房舍里住下，他命令各军说："我依靠将士们的努力，得以肃清宫禁。长安的士子庶民，长期失陷在贼寇朝廷的统治之下，如果使他们稍微受到些震惊，就不是安抚人民、讨伐罪人的本意了。我与诸位同家里人相见的时候不会太晚了，但五天以内不能与家里人互通消息。"于是他命令京兆尹李齐运等前去安慰居民。李晟的大将高明曜占有了敌人的歌妓，尚可孤的将士擅自牵走了敌人的马匹，李晟将他们一并斩杀，

军中股栗。公私安堵,秋毫无犯,远坊有经宿乃知官军入城者。

是日,浑瑊、戴休颜、韩遊瓌亦克咸阳,败贼三千馀众,闻泚西走,分兵邀之。

己亥,晟使京西兵马使孟涉屯白华门,尚可孤屯望仙门,骆元光屯章敬寺,晟以牙前三千人屯安国寺,以镇京城;斩泚党李希倩、敬釭、彭偃等八人于市。

8　王武俊既破朱滔,还恒州,表让幽州、卢龙节度使,上许之。

9　六月癸卯,李晟遣掌书记吴人于公异作露布上行在曰:"臣已肃清宫禁,祗谒寝园,钟虡不移,庙貌如故。"上泣下曰:"天生李晟,以为社稷,非为朕也。"

晟在渭桥,荧惑守岁,久之乃退,宾佐皆贺,曰:"荧惑退舍,皇家之福也! 宜速进兵。"晟曰:"天子野次,臣下知死敌而已;天象高远,谁得知之?"既克长安,乃谓之曰:"向非相拒也,吾闻五星赢缩无常,万一复来守岁,吾军不战自溃矣!"皆谢曰:"非所及也!"

10　朱泚将奔吐蕃,其众随道散亡,比至泾州,才百馀骑。田希鉴闭城拒之,泚谓之曰:"汝之节,吾所授也,奈何临危相负?"使焚其门;希鉴取节投火中曰:"还汝节!"泚众皆哭。泾卒遂杀姚令言,诣希鉴降。泚独与范阳亲兵及宗族、宾客北趣驿马关;宁州刺史夏侯英拒之。至彭原西城屯,其将梁庭芬射泚坠坑中,韩旻等斩之,诣泾州降。源休、李子平奔凤翔,李楚琳斩之,皆传首行在。

军中将士害怕得连大腿都发抖了。公私相安无事,官军对百姓没有丝毫侵犯,偏远的街市中,有的人过了一夜以后才知道官军已经进了都城。

就在这一天,浑瑊、戴休颜、韩遊瓌也攻克了咸阳,打败敌军三千馀人,浑瑊等人听说朱泚向西逃走,便分兵拦击朱泚。

己亥(二十九日),李晟让京西兵马使孟涉在白华门驻扎,让尚可孤在望仙门驻扎,让骆元光在章敬寺驻扎,李晟自率牙前兵三千人在安国寺驻扎,以便镇守京城。李晟又命令将朱泚的党羽李希倩、敬釭、彭偃等八人在闹市中斩杀。

8 王武俊在打败朱滔以后,回到恒州,上表让出幽州、卢龙节度使的职务,德宗允许了。

9 六月癸卯(初四),李晟派遣掌书记吴地人于公异草拟告捷文书进上行在说:"臣已经扫清京城叛贼,恭敬地参谒了陵寝墓园,连钟磬的支架都没有移动,宗庙的面貌仍然与过去一个模样。"德宗流着眼泪说:"上天让李晟降生,是为了国家,而不是为了朕啊。"

李晟驻兵渭桥的时候,火星停留在木星附近,经过很长时间才离去,他的幕僚将佐都向他庆贺说:"火星退离木星,这是皇室的福象啊,应当赶快进兵。"李晟说:"皇上置身旷野,人臣只知道为战胜敌人而死罢了。天象高远难测,谁能够弄得清楚?"在攻克长安以后,李晟才对他们说:"以往可不是我要拒绝你们的意见,我听说过,金木水火土五星早出与晚出都没有准儿,万一火星再次来靠近木星,我军就会不战自溃了。"大家都向他认错说:"这些道理不是我们所能看得透的!"

10 朱泚准备逃奔吐蕃,他的部众沿途散失流亡,及至来到泾州的时候,剩下骑兵才一百馀人。田希鉴关闭城门,不让他进城,朱泚对他说:"你的节度使的旌节,乃是我授给你的,你怎么能够在我面临危难的时候,便辜负了我呢?"他让人去烧掉泾州城门,田希鉴取出旌节,丢在火中说:"还你旌节!"朱泚的部众都哭了起来。于是泾州士兵杀了姚令言,到田希鉴那里投降。朱泚独自与范阳亲兵及其本宗族人和幕府宾客向北奔向驿马关,宁州刺史夏侯英拒绝让他通过。来到彭原县西城屯的时候,朱泚将领梁庭芬将他射落到土坑之中,韩旻等人斩杀了朱泚,前往泾州归降。源休、李子平逃奔凤翔,李楚琳将他们斩杀了,他们的首级全都被传送到行在。

11　上命陆贽草诏赐浑瑊，使访求奉天所失裹头内人。贽上奏，以为："巨盗始平，疲瘵之民，疮痍之卒，尚未循拊，而首访妇人，非所以副惟新之望也。谋始尽善，克终已稀；始而不谋，终则何有？所赐瑊诏，未敢承旨。"上遂不降诏，竟遣中使求之。

乙巳，诏吏部侍郎班宏充宣慰使，劳问将士，抚慰蒸黎。

丙午，李晟斩文武官受朱泚宠任者崔宣、洪经纶等十馀人；又表守节不屈者刘迺、蒋沇等。

己酉，以李晟为司徒、中书令，骆元光、尚可孤各迁官有差。以检校御史中丞田希鉴为泾原节度使。

12　诏改梁州为兴元府。

13　甲寅，以浑瑊为侍中，韩遊瓌、戴休颜各迁官有差。

14　朱泚之败也，李忠臣奔樊川，擒获，丙辰，斩之。

15　上问陆贽："今至凤翔有迎驾诸军，形势甚盛，欲因此遣人代李楚琳，何如？"贽上奏，以为："如此则事同胁执，以言乎除乱则不武，以言乎务理则不诚，用是时巡，后将安入？议者或谓之权，臣窃未谕其理。夫权之为义，取类权衡。今辇路所经，首行胁夺，易一帅而亏万乘之义，得一方而结四海之疑，乃是重其所轻而轻其所重，谓之权也，不亦反乎？以反道为权，以任数为智，君上行之必失众，臣下用之必陷身，

11　德宗命令陆贽起草诏书赐给浑瑊，让他查找在奉天时失散了的传命宫女。陆贽进上奏章认为："大盗刚刚平定，对疲困病苦的人民和遭受创伤的士兵还没有抚慰，反而首先查找宫中妇女，这种行为是不符合人们刷新政治的愿望的。能够将事业的开端谋划得尽善尽美，同时能够取得完美的结局的例子是为数不多的，如果连事业的开端都不曾为之谋划，还有什么结局可言？陛下赐给浑瑊的诏书，我不敢接旨草拟。"于是，德宗不再下诏，但还是派遣中使去寻找传令宫女。

乙巳(初六)，德宗颁诏命令吏部侍郎班宏充任宣慰使，前去慰劳将士，安抚百姓。

丙午(初七)，李晟斩掉文武官员中受到朱泚宠信与任用的崔宣、洪经纶等十余人，又表奏恪守臣节、不肯屈敌的刘迺、蒋沇等人。

己酉(十日)，德宗任命李晟为司徒、中书令，骆元光、尚可孤各自升官不等，还任命检校御史中丞田希鉴为泾原节度使。

12　德宗颁诏将梁州改称为兴元府。

13　甲寅(十五日)，德宗任命浑瑊为侍中，韩遊瓌、戴休颜各自升官不等。

14　朱泚战败的时候，李忠臣逃奔樊川，后来官军擒获了他，丙辰(十七日)，将他斩杀。

15　德宗询问陆贽说："如今开到凤翔的，有迎驾各军，声势甚为盛大，我打算借此机会派人将李楚琳替代下来，你看怎么样呢？"陆贽进上奏章认为："如果这样去做的话，事情就如同胁迫拘捕，将这种做法说成清除变乱那是并不能显示威武的，说成是务求政治修明那是并不能表明诚意的，若将此作为陛下的巡视之举，以后将怎么进入京城？议论此事的人将这种办法称为权变，我私下里不能明白其中的道理。一般地说，权变的含义是就衡量事物轻重而言的。如今在陛下车驾经过处，首先施行胁迫削官，更换了一个节帅而使陛下的大义受到损害，获得了一个地方而使举国上下疑虑，这乃是看重了本该看轻的东西，而看轻了本该看重的东西，将此称作权变，不是正好说反了吗？以违背法则为权变，以任用权术为机智，君主实行起来必然会失去人心，臣下实行起来必然会使自身受害，

历代之所以多丧乱而长奸邪，由此误也。不如奠枕京邑，征授一官，彼喜于恩宥，将奔走不暇，安敢辄有旅拒，复劳诛锄哉！"

戊午，车驾发汉中。

16 李晟综理长安以备百司，自请至凤翔迎扈，上不许。内常侍尹元贞奉使同华，辄诣河中招谕李怀光。晟奏："元贞矫制擅赦元恶，请理其罪！"

17 秋，七月丙子，车驾至凤翔，斩乔琳、蒋镇、张光晟等。李晟以光晟虽臣贼，而灭贼亦颇有力，欲全之；上不许。

18 副元帅判官高郢数劝李怀光归款，怀光遣其子璀诣行在谢罪，请束身归朝。庚辰，诏遣给事中孔巢父赍先除怀光太子太保敕诣河中宣慰，朔方将士悉复官爵如故。

19 壬午，车驾至长安。浑瑊、韩遊瓌、戴休颜以其众扈从，李晟、骆元光、尚可孤以其众奉迎，步骑十馀万，旌旗数十里。晟谒见上于三桥，先贺平贼，后谢收复之晚，伏路左请罪。上驻马慰抚，为之掩涕，命左右扶上马。至宫，每闲日，辄宴勋臣，赏赐丰渥，李晟为之首，浑瑊次之，诸将相又次之。

20 曹王皋遣其将伊慎、王锷围安州，李希烈遣其甥刘戒虚将步骑八千救之。皋遣其别将李伯潜逆之于应山，斩首千馀级，生擒戒虚，徇于城下，安州遂降，以伊慎为安州刺史。又击希烈将康叔夜于厉乡，走之。

历代死丧祸乱频繁而奸邪滋长的原因,就是因为这个错误啊。不如待陛下安枕于京城以后,再召回李楚琳,授给他一个官职,他因陛下降恩宽恕而高兴,将会为朝廷奔走效力都来不及呢,怎么敢动不动就聚众抗命,需要再次烦劳朝廷去铲除他呢?"

戊午(十九日),德宗的车驾从汉中启程。

16 李晟总揽治理长安事务,以便使各部门完备起来,他主动请求到凤翔去迎接德宗,扈从车驾,德宗不允。内常待尹元贞奉命出使同华,却随即到河中劝说李怀光归顺朝廷,李晟上奏说:"尹元贞假托朝命,擅自赦免首恶,请将他治罪!"

17 秋季,七月丙子(初七),德宗的车驾来到凤翔,斩杀了乔琳、蒋镇、张光晟等人。张光晟虽然曾向朱泚称臣,但消灭朱泚也很出力,因此李晟打算保全他,德宗不肯答应。

18 副元帅判官高郢屡次劝说李怀光投诚,李怀光让他的儿子李璀前往行在承认罪责,请求到朝廷投案。庚辰(十一日),德宗颁诏派遣给事中孔巢父带着原先封拜李怀光为太子太保的敕书,前往河中安抚李怀光,悉数恢复了朔方将士的官爵,一如既往。

19 壬午(十三日),德宗的车驾来到长安。浑瑊、韩遊瑰、戴休颜率领自己的部众随从德宗前来,李晟、骆元光、尚可孤率领自己的部众前去迎候,步兵、骑兵共有十余万人,旗帜连绵了几十里。李晟在三桥觐见德宗,首先为平定了朱泚而道贺,然后为收复京城太迟而道歉,跪在道路左侧请求恕罪。德宗停下马来安慰他,被他感动得掩面流泪,命令侍从人员扶着他上了马。回到宫中以后,每逢不上朝的日子,德宗总是宴请立下功勋的大臣,赏赐的物品甚为丰厚,每次都是李晟居于首位,浑瑊居于第二,各将相又居于他们之下。

20 曹王李皋派遣他的将领伊慎、王锷围困安州,李希烈派遣他的外甥刘戒虚带领步兵、骑兵八千人援救安州。李皋派遣他的别将李伯潜在应山迎击刘戒虚军,斩首一千余人,活捉了刘戒虚,拿他在城下示众,于是安州归降,朝廷任命伊慎为安州刺史。李皋军又在厉乡进击李希烈的将领康叔夜,将他赶走了。

21　丁亥,孔巢父至河中,李怀光素服待罪,巢父不之止。怀光左右多胡人,皆叹曰:"太尉无官矣!"巢父又宣言于众曰:"军中谁可代太尉领军者?"于是怀光左右发怒喧噪;宣诏未毕,众杀巢父及中使啖守盈。怀光亦不之止,复治兵马拒守之备。

22　辛卯,赦天下。

23　初,肃宗在灵武,上为奉节王,学文于李泌。代宗之世,泌居蓬莱书院,上为太子,亦与之游。及上在兴元,泌为杭州刺史,上急诏征之,与睦州刺史杜亚俱诣行在。乙未,以泌为左散骑常侍,亚为刑部侍郎;命泌日直西省以候对,朝野皆属目附之。上问泌:"河中密迩京城,朔方兵素称精锐,如达奚小俊等皆万人敌,朕昼夕忧之,奈何?"对曰:"天下事甚有可忧者;若惟河中,不足忧也。夫料敌者,料将不料兵。今怀光,将也;小俊之徒乃兵耳,何足为意?怀光既解奉天之围,视朱泚垂亡之虏不能取,乃与之连和,使李晟得取以为功。今陛下已还宫阙,怀光不束身归罪,乃虐杀使臣,鼠伏河中,如梦魇之人耳!但恐不日为帐下所枭,使诸将无以藉手也。"

初,上发吐蕃以讨朱泚,许成功以伊西、北庭之地与之;及泚诛,吐蕃来求地,上欲召两镇节度使郭昕、李元忠还朝,以其地与之。李泌曰:"安西、北庭,人性骁悍,控制西域五十七国及十姓突厥,又分吐蕃之势,使不能并兵东侵,奈何拱手与之?且两镇之人,势孤地远,尽忠竭力,为国家固守近二十年,

21 丁亥(十八日),孔巢父来到河中,李怀光穿着素服,等待治罪,孔巢父没有制止他。李怀光的亲信多是胡人,他们都叹着气说:"看来太尉保不住官爵了!"孔巢父又向大家扬言说:"军中有谁可以代替太尉统领军队呢?"于是,李怀光的亲信生气地喧闹起来,诏书还没有宣读完毕,众人便杀死了孔巢父以及中使啖守盈。李怀光对此也不加制止,再次整治兵马,去做抵御防守的准备。

22 辛卯(二十二日),大赦天下。

23 当初,肃宗出走灵武的时候,德宗尚是奉节王,跟着李泌学习作文。代宗在位期间,李泌在蓬莱书院居住,德宗已经当了太子,还是与李泌交往。及至德宗出行兴元府的时候,李泌正担任杭州刺史,德宗紧急颁诏,征召他与睦州刺史杜亚一起前往行在。乙未(二十六日),德宗任命李泌为左散骑常侍,任命杜亚为刑部侍郎,命令李泌每天在中书省值班,以便等候德宗召对,当朝和在野的人士都注视着他,想依附他。德宗询问李泌说:"河中距离京城很近,朔方兵马素来号称精锐,比如达奚小俊等人,都有万夫之勇,朕日夜为河中担忧,你看如何是好呢?"李泌回答说:"天下还有甚为可忧的事情,如果只有一个河中地区,那就不值得忧虑了。一般说来,估量敌情,只须估量将领,不须估量士兵。现在,李怀光是大将,达奚小俊一类人只是小卒罢了,哪里值得为这一流人物挂虑呢? 李怀光解除了奉天的围困以后,眼看着朱泚这一帮人行将灭亡,不但不去攻取他们,反而与他们联合,终于使李晟得到了建立功勋的机会。如今,陛下已经回到宫中,李怀光不仅不肯投案认罪,还残暴地杀害使者,老鼠般地躲伏在河中,就像恶梦中的人物一般! 只怕过不多久,他就会被自己的部下砍下头来悬在木杆上,使各将领即使想要立功,也没有什么可借助的了。"

当初,德宗征发吐蕃兵前来讨伐朱泚,答应在成功以后将伊西、北庭的地盘给吐蕃。及至朱泚被杀,吐蕃前来要求土地,德宗打算传召伊西、北庭两镇节度使郭昕、李元忠回朝,将该地给吐蕃。李泌说:"安西、北庭地区,人们生性骁勇剽悍,控制着西域五十七个国家以及突厥十姓部落,又能分散吐蕃的声势,使吐蕃不能合兵一处而向东侵犯,怎么能轻易地让给他们呢? 而且,这两节镇的人们,势力孤单,地方遥远,竭尽忠心与气力,为国家坚守边疆接近二十年,

诚可哀怜。一旦弃之以与戎狄，彼其心必深怨中国，他日从吐蕃入寇，如报私仇矣。况日者吐蕃观望不进，阴持两端，大掠武功，受赂而去，何功之有？"众议亦以为然，上遂不与。

24　李希烈闻李希倩伏诛，忿怒，八月壬寅，遣中使至蔡州杀颜真卿。中使曰："有敕。"真卿再拜。中使曰："今赐卿死。"真卿曰："老臣无状，罪当死。不知使者几日发长安？"使者曰："自大梁来，非长安也。"真卿曰："然则贼耳，何谓敕邪？"遂缢杀之。

25　李晟以泾州倚边，屡害军帅，常为乱根，奏请往理不用命者，力田积粟以攘吐蕃。癸卯，以晟兼凤翔、陇右节度等使及四镇、北庭、泾原行营副元帅，进爵西平王。时李楚琳入朝，晟请与俱至凤翔而斩之，以惩逆乱。上以新复京师，务安反仄，不许。

26　先是，上命浑瑊、骆元光讨李怀光军于同州，怀光遣其将徐庭光以精卒六千军于长春宫以拒之。瑊等数为所败，不能进。时度支用度不给，议者多请赦怀光，上不许。李怀光遣其妹婿要廷珍守晋州，牙将毛朝敭守隰州，郑抗守慈州。马燧皆遣人说下之。上乃加浑瑊河中、绛州节度使，充河中、同华、陕虢行营副元帅，加马燧奉诚军、晋慈隰节度使，充管内诸军行营副元帅，与镇国节度使骆元光、鄜坊节度使唐朝臣合兵讨怀光。

实在令人哀伤怜悯。现在，忽然遗弃了他们，将他们交给戎狄之人，他们内心必定深深地怨恨大唐，以后他们随从吐蕃前来侵扰，就会像报私仇一样了。况且，往日吐蕃有意观望，不肯进军，暗中与双方都有往来，还大规模地劫掠了武功地区，接受了赠送的财物以后才肯离去，他们到底有什么功劳可言？"大家计议此事，也认为李泌讲得对。于是，德宗没有将两镇给吐蕃。

24 李希烈听说李希倩被处死刑，又怨恨，又恼怒。八月壬寅（初三），他派遣中使往蔡州去杀害颜真卿。中使说："有敕书来了。"颜真卿拜了两拜。中使说："现在赐你去死。"颜真卿说："老臣办事一无成绩，应当是死罪。不知使者是几时从长安出发的？"中使说："我是从大梁来的，不是从长安来的。"颜真卿说："这么说来，你们是一帮贼寇罢了，怎么能称敕旨呢？"于是中使命人缢杀了颜真卿。

25 由于泾州临近边疆，镇兵屡次杀害军中主帅，经常成为祸乱的根子，于是李晟上奏请求前往处治不肯听从命令的人们，让他们努力种田，积聚粮食，以便打击吐蕃。癸卯（初四），德宗命令李晟兼任凤翔、陇右节度等使以及安西四镇、北庭、泾原行营副元帅，进升爵位为西平王。当时，李楚琳已经入朝，李晟请求与李楚琳一起前往凤翔，并在那里斩杀他，以便惩戒反叛朝廷的变乱。德宗认为新近才将京城收复，一定要使动荡不安的局面安定下来，因而没有答应。

26 在此之前，德宗命令浑瑊、骆元光讨伐李怀光，两将在同州驻扎下来。李怀光派遣他的将领徐庭光率领精锐士兵六千人驻扎在长春宫，以便抵抗两将。浑瑊等人屡次被徐庭光打败，不能前进。当时，度支的开支供给不足，计议此事的人们多数请求赦免李怀光，德宗不允。李怀光派遣他的妹夫要廷珍防守晋州，派遣牙将毛朝歊防守隰州，派遣郑抗防守慈州。马燧一一派人说服他们归顺了。于是德宗加封浑瑊为河中、绛州节度使，充任河中、同华、陕虢行营副元帅，加封马燧为奉诚军、晋、慈、隰州节度使，充任管辖范围以内诸军行营副元帅，与镇国节度使骆元光、鄜坊节度使唐朝臣合兵一处，讨伐李怀光。

初,王武俊急攻康日知于赵州,马燧奏请诏武俊与李抱真同击朱滔,以深、赵隶武俊,改日知为晋、慈、隰节度使,上从之。日知未至而三州降燧,故上使燧兼领之。燧表让三州于日知,且言因降而授,恐后有功者,踵以为常。上嘉而许之。燧遣使迎日知,既至,籍府库而归之。

27　甲辰,以凤翔节度使李楚琳为左金吾大将军。

28　丙午,加浑瑊朔方行营元帅。

29　李晟至凤翔,治杀张镒之罪,斩裨将王斌等十馀人。

30　朱滔为王武俊所攻,殆不能军,上表待罪。

31　癸未,马燧将步骑三万攻绛州。

32　度支以李怀光所部将士数万与怀光同反,不给冬衣,上曰:"朔方军累代忠义,今为怀光所制耳,将士何罪?"冬,十月,诏:"朔方及诸军在怀光所者,冬衣及赏钱皆当别贮,俟道路稍通,即时给之。"

33　李勉累表乞自贬,辛丑,罢勉都统、节度使,其检校司徒、同平章事如故。

34　丙辰,李怀光将阎晏寇同州,官军败于沙苑。诏征邠州之军,韩遊瓌将甲士六千赴之。

35　乙丑,马燧拔绛州,分兵取闻喜、万泉、虞乡、永乐、猗氏。

36　初,鱼朝恩既诛,代宗不复使宦官典兵。上即位,悉以禁兵委白志贞。志贞得罪,上复以宦官窦文场代之,从幸山南,两军

当初，王武俊曾经在赵州急攻康日知。现在，马燧上奏请求颁诏命令王武俊与李抱真共同进击朱滔，将深州、赵州隶属王武俊，改任康日知为晋、慈、隰州节度使，德宗听从了他的建议。康日知尚未前往三州，三州已经投降了马燧，所以德宗让马燧兼职统领三州。马燧上表将三州让给康日知，而且说由于三州是向他归降的，如将三州的职任授给他，恐怕以后立下功劳的人们因袭此例，成为经常性的做法。德宗嘉许他的意见。马燧派遣使者迎接康日知，康日知到来以后，马燧登记好府库，交给了他。

27　甲辰（初五），德宗任命凤翔节度使李楚琳为左金吾大将军。

28　丙午（初七），加封浑瑊为朔方行营元帅。

29　李晟来到凤翔，惩治杀害张镒的罪行，斩杀副将王斌等十余人。

30　朱滔被王武俊攻打，几乎溃不成军，于是进上表章，等待治罪。

31　癸未，马燧带领步兵、骑兵三万人攻打绛州。

32　度支认为李怀光所统领的将士数万人曾与李怀光共同造反，度支便不再供给他们冬天的衣装。德宗说："朔方军世代以来都是忠义的，如今只是被李怀光控制了而已，将士有什么罪过？"冬季，十月，德宗颁诏说："朔方军以及在李怀光统领下的各军，其冬季衣装以及赏钱都应当另外储存着，等候道路逐渐畅通以后，立刻及时发给他们。"

33　李勉多次上表请求贬黜自己的官职。辛丑（初三），德宗罢免了李勉都统、节度使的职务，他的检校司徒、同平章事职务一如既往。

34　丙辰（十八日），李怀光的将领阎晏侵犯同州，官军在沙苑打了败仗。德宗颁诏命令征调邠州的军队，韩游瑰带领甲兵六千人奔赴该地。

35　乙丑（二十七日），马燧攻克绛州，分兵攻取闻喜、万泉、虞乡、永乐、猗氏等地。

36　当初，鱼朝恩被杀以后，代宗不再让宦官掌管军事。德宗即位以后，将禁卫亲军全部交给白志贞掌管。白志贞获罪以后，德宗再次让宦官窦文场来代替他，窦文场跟随德宗出行山南，神策两军

稍集。上还长安，颇忌宿将握兵多者，稍稍罢之。戊辰，以文场监神策军左厢兵马使，王希迁监右厢兵马使，始令宦官分典禁旅。

37 闰月丙子，以泾原节度使田希鉴为卫尉卿。

李晟初至凤翔，希鉴遣使参候，晟谓使者曰："泾州逼近吐蕃，万一入寇，州兵能独御之乎？欲遣兵防援，又未知田尚书意。"使者归，以告希鉴，希鉴果请援兵，晟遣腹心将彭令英等戍泾州。晟寻托巡边诣泾州，希鉴出迎，晟与之并辔而入，道旧结欢。希鉴妻李氏，以叔父事晟，晟谓之田郎。晟命具三日食，曰："巡抚毕，即还凤翔。"希鉴不复疑。晟置宴，希鉴与将佐俱至晟营。晟伏甲于外庑，既食而饮，彭令英引泾州诸将下堂，晟曰："我与汝曹久别，各宜自言姓名。"于是得为乱者石奇等三十馀人，让之曰："汝曹屡为逆乱，残害忠良，固天地所不容！"悉引出，斩之。希鉴尚在座，晟顾曰："田郎亦不得无过，以亲知之故，当使身首得完。"希鉴曰："唯。"遂引出，缢杀之，并其子莩。晟入其营，谕以诛希鉴之意，众股栗，无敢动者。

38 李希烈遣其将翟崇晖悉众围陈州，久之，不克。李澄知大梁兵少，不能制滑州，遂焚希烈所授旌节，誓众归国。甲午，以澄为汴滑节度使。

39 宋亳节度使刘洽遣马步都虞候刘昌与陇右、幽州行营节度使曲环等将兵三万救陈州。十一月癸卯，败翟崇晖于州西，斩首三万五千级，擒崇晖以献。乘胜进攻汴州，李希烈惧，

渐渐有了一些规模。德宗回到长安以后,对掌握兵马较多的旧将颇有顾忌,于是逐渐地削除他们的兵权。戊辰(三十日),德宗任命窦文场为监神策军左厢兵马使,任命王希迁为监神策军右厢兵马使,开始让宦官分别掌管禁卫亲军。

37 闰十月丙子(初八),德宗任命泾原节度使田希鉴为卫尉卿。

李晟刚刚来到凤翔的时候,田希鉴派遣使者前来参见问候。李晟对使者说:"泾州距离吐蕃很近,万一吐蕃入境侵犯,泾州兵能够独自抵御他们吗?我打算派兵防备增援,又不知道田尚书的意见。"使者回去以后,将李晟的意思告诉了田希鉴,田希鉴果然请求援兵,李晟便派遣亲信将领彭令英等人戍守泾州。不久,李晟托称巡视边防而来到泾州,田希鉴出来迎接,李晟与他并马入城,谈论着往事,同他交好。田希鉴的妻子李氏,以对待叔父的礼数事奉李晟,李晟把田希鉴称作田郎。李晟命令田希鉴只须备办三天的食物,还说:"我巡视安抚完毕,便立即回凤翔去。"田希鉴不再怀有疑虑。李晟摆下宴席,田希鉴与将佐都来到李晟的营垒。李晟在外面的廊庑里埋伏下甲兵,在人们已经吃喝起来以后,彭令英将泾州各将领带到堂下。李晟说:"我与你们分别了很长时间了,你们最好各自说出自己的姓氏名字。"于是,在他们中间得到石奇等作乱者共三十馀人。李晟斥责他们说:"你们屡次兴起叛逆朝廷的变乱,残酷地杀害忠良大臣,乃是天地所不能容忍的!"于是将他们全部拉到外面斩杀了。田希鉴还呆在座位上面,李晟回头看着他说:"田郎也不能没有过错,看在我与你亲近相知的份上,自当让你得以保持身首的完整。"田希鉴说:"是。"于是李晟命人将田希鉴拉出去,缢杀了他和他的儿子田荢。李晟进入田希鉴的营垒,向大家说明了诛杀田希鉴的用意,大家吓得两腿发抖,没有敢动一动的。

38 李希烈派遣他的将领翟崇晖带领全部人马围困陈州,持续了很长时间,未能攻克。李澄知道大梁的兵马不多,不能控制滑州,于是烧掉了李希烈授给他的节度使的旌节,与大家宣誓归顺朝廷。甲午(二十六日),德宗任命李澄为汴滑节度使。

39 宋亳节度使刘洽派遣马步都虞候刘昌与陇右、幽州行营节度使曲环等人,领兵三万前去援救陈州。十一月癸卯(初六),曲环等人在陈州西面打败了翟崇晖,斩首三万五千,擒获了翟崇晖,进献上来。刘洽等人乘胜进军攻打汴州,李希烈害怕了,

奔归蔡州。李澄引兵趣汴州，至城北，惬怯不敢进。刘洽兵至城东。戊午，李希烈守将田怀珍开门纳之。明日，澄入，舍于浚仪；两军之士，日有忿阋。会希烈郑州守将孙液降于澄，澄引兵屯郑州。诏以都统司马宝鼎薛珏为汴州刺史。

　　李勉至长安，素服待罪；议者多以"勉失守大梁，不应尚为相"。李泌言于上曰："李勉公忠雅正，而用兵非其所长。及大梁不守，将士弃妻子而从之者殆二万人，足以见其得众心矣。且刘洽出勉麾下，勉至睢阳，悉举其众以授之，卒平大梁，亦勉之功也。"上乃命勉复其位。议者又言："韩滉闻銮舆在外，聚兵修石头城，阴蓄异志。"上疑之，以问李泌，对曰："滉公忠清俭，自车驾在外，滉贡献不绝。且镇江东十五州，盗贼不起，皆滉之力也。所以修石头城者，滉见中原板荡，谓陛下将有永嘉之行，为迎扈之备耳。此乃人臣忠笃之虑，奈何更以为罪乎？滉性刚严，不附权贵，故多谤毁，愿陛下察之，臣敢保其无他。"上曰："外议汹汹，章奏如麻，卿弗闻乎？"对曰："臣固闻之。其子皋为考功员外郎，今不敢归省其亲，正以谤语沸腾故也。"上曰："其子犹惧如此，卿奈何保之？"对曰："滉之用心，臣知之至熟。愿上章明其无他，乞宣示中书，使朝众皆知之。"上曰："朕方欲用卿，人亦何易可保！慎勿违众，恐并为卿累也。"泌退，遂上章，请以百口保滉。他日，上谓泌曰：

便逃回蔡州。李澄率兵赶赴汴州,来到汴州城的北面,恐慌不安,不敢进军。刘洽的兵马来到汴州城的东面,戊午(二十一日),李希烈的守将田怀珍打开城门,放入刘洽军。第二天,李澄进入汴州境内,在浚仪县住下,于是两军将士每天都要愤怒争斗。适逢李希烈的郑州守城将领孙液向李澄投降,李澄率兵在郑州驻扎下来,德宗便颁诏任命都统司马宝鼎人薛珏为汴州刺史。

　　李勉来到长安,不穿朝服,等候问罪。议论的人多数认为:"李勉没有守住大梁,不应该再做宰相。"李泌对皇帝说:"李勉公平忠厚,温雅正直,但是指挥兵马不是他的长处。到大梁失陷的时候,丢下妻子儿女跟随他的将士们大约有两万人之多,充分说明李勉是深得人心的了。而且,刘洽原是李勉的部下,李勉来到睢阳的时候,把他的部众全部交给了刘洽,刘洽终于平定了大梁,这也是李勉的功劳啊。"于是德宗让李勉官复原位。议论的人又说:"韩滉听说圣上的车驾出行在外,便聚集士兵修筑石头城,暗中包藏着反叛朝廷的意图。"德宗怀疑韩滉,便以此事询问李泌,李泌回答说:"韩滉公正忠实,清廉俭朴,自从陛下车驾出行在外以来,韩滉进贡物品从未间断。而且,他镇守着江东十五个州,那里没有盗贼兴起,这都是韩滉做出的努力啊。修筑石头城的原因在于,韩滉眼看着中原地区动荡不安,认为陛下将会有晋元帝永嘉年间南渡长江的事情发生,他是为迎接和扈从陛下做准备而已。这乃是人臣真心忠于陛下的一种考虑,怎么能够反而认为有罪呢? 韩滉生性刚直严正,不肯依附地位高、有权势的人,所以往往遭到诽谤非议,希望陛下察究此事,我敢担保他没有别的用意。"德宗说:"外面议论噪杂,有关韩滉的章奏多如丝麻,你难道没有听说吗?"李泌回答说:"我当然听说了。韩滉的儿子韩皋担任考功员外郎,如今他不敢回家探亲,这正是由于诽谤性的议论闹开了锅的缘故啊。"德宗说:"连他的儿子尚且这样恐惧,怎么你却要担保他呢?"李泌回答说:"韩滉的居心,我了解得很清楚。我愿意进上章疏,说明他没有别的意图,请陛下将章疏向中书省发布,使朝中群臣都能了解此事。"德宗说:"担保一个人谈何容易! 朕正打算重用你,希望你当心不要违背大家的意见,朕恐怕这会成为你的麻烦的。"李泌退下以后,便奏上章疏,请求以一家百口担保韩滉。后来,德宗对李泌说:

"卿竟上章,已为卿留中。虽知卿与滉亲旧,岂得不自爱其身乎?"对曰:"臣岂肯私于亲旧以负陛下? 顾滉实无异心,臣之上章,以为朝廷,非为身也。"上曰:"如何其为朝廷?"对曰:"今天下旱蝗,关中米斗千钱,仓廪耗竭,而江东丰稔。愿陛下早下臣章以解朝众之惑。面谕韩皋使之归觐,令滉感激无自疑之心,速运粮储,岂非为朝廷邪?"上曰:"善! 朕深谕之矣。"即下泌章,令韩皋谒告归觐,面赐绯衣,谕以"卿父比有谤言,朕今知其所以,释然不复信矣"。因言:"关中乏粮,归语卿父,宜速致之。"皋至润州,滉感悦流涕。即日自临水滨发米百万斛,听皋留五日即还朝。皋别其母,啼声闻于外;滉怒,召出,挞之,自送至江上,冒风涛而遣之。既而陈少游闻滉贡米,亦贡二十万斛。上谓李泌曰:"韩滉乃能化陈少游贡米矣!"对曰:"岂惟少游,诸道将争入贡矣!"

40 吏部尚书、同平章事萧复奉使自江、淮还,与李勉、卢翰、刘从一俱见上。勉等退,复独留,言于上曰:"陈少游任兼将相,首败臣节,韦皋幕府下僚,独建忠义,请以皋代少游镇淮南。"上然之。寻遣中使马钦绪揖刘从一,附耳语而去。诸相还阁。从一诣复曰:"钦绪宣旨,令从一与公议朝来所言事,即奏行之,勿令李、卢知。敢问何事也?"复曰:"唐、虞黜陟,岳牧佥谐。爵人于朝,与士共之。使李、卢不堪为相,则罢之。既在相位,朝廷政事,安得不与之同议而独隐此事乎?

"你到底还是把章疏奏上,朕已经为你留在禁中了。虽然朕知道你与韩滉是亲朋故友,但你怎么能够不自爱自重呢?"李泌回答说:"我怎么会偏私亲朋故友来辜负陛下呢?但是,韩滉实在没有背叛朝廷的用心,我进上章疏,是为了朝廷,不是为了自身啊。"德宗说:"为什么说你这是为了朝廷呢?"李泌回答说:"如今全国发生了旱灾蝗祸,关中的粮食每斗值一千钱,粮食储备消耗已尽,但江东却是丰收的年景。希望陛下及早将我的章疏批示下来,以便解除朝中群臣的疑惑。请陛下当面晓示韩皋,让他回家省亲,使韩滉心怀感激,消除自己的疑虑之心,迅速运送粮食储备,这难道不是为朝廷着想吗?"德宗说:"好!朕完全明白了。"德宗立即将李泌的章疏批示下来,让韩皋禀告韩滉就要回家探亲,并当面赐给他绯色的朝服,告诉他说:"你父亲近来遭受流言蜚语诽谤,现在朕知道了其中的缘故,已经消除了疑虑,不再相信那些话了。"德宗又就势说:"关中粮食缺乏,回去告诉你父亲,最好快速把粮食运来。"韩皋来到润州,韩滉感激、高兴得流下了眼泪。就在当天,韩滉亲自来到水边,发出粮食一百万斛,准许韩皋停留五天,随即回朝。李皋与母亲告别的时候,哭声让外面听到了,韩滉大怒,叫出韩皋,用棍子打了他一顿,亲自把他送到长江上,打发他冒着风浪走了。不久,陈少游听说韩滉进贡粮食,他也进贡了二十万斛。德宗对李泌说:"韩滉竟然能够感化陈少游来进贡粮食了!"李泌回答说:"何止陈少游,各道也将要争着入朝进贡了!"

40　吏部尚书、同平章事萧复奉命出使以后,从江淮地区回朝,与李勉、卢翰、刘从一一起觐见德宗。李勉等人退下后,萧复一人留了下来,他对德宗说:"陈少游兼有大将与宰相的职任,却首先败坏人臣的操守;韦皋是幕府中的下级官吏,却能够建树忠义之举。请让韦皋代替陈少游镇守淮南吧。"德宗认为萧复讲得有道理。不久,德宗派遣中使马钦绪拜见刘从一,贴着他的耳朵讲了一番话就走了。各位宰相也回到各自的阁室中去。刘从一到萧复处说:"马钦绪传达圣旨,让我与你计议早晨所讲的事情,立即奏上实行,不要让李勉、卢翰知道,请问那是什么事情?"萧复说:"唐尧、虞舜掌握升降百官的尺度,朝中的执政大臣与各地的封疆大吏全都协调一致。在朝中给人爵位,就要与这些人共掌朝政。假使李勉、卢翰不适于担当宰相职务,那应当免除他们的职务。既然他们两人尚在宰相的职位上,朝廷中的政事怎么能够不和他们共同计议,而偏偏隐瞒着这件事情呢?

此最当今之大弊，朝来主上已有斯言，复已面陈其不可，不谓圣意尚尔。复不惜与公奏行之，但恐浸以成俗，未敢以告。"竟不以语从一。从一奏之，上愈不悦，复乃上表辞位。乙丑，罢为左庶子。

刘洽克汴州，得《李希烈起居注》，云"某月日，陈少游上表归顺"。少游闻之惭惧，发疾，十二月乙亥，薨，赠太尉，赙祭如常仪。

淮南大将王韶欲自为留后，令将士推己知军事，且欲大掠。韩滉遣使谓之曰："汝敢为乱，吾即日全军渡江诛汝矣！"韶等惧而止。上闻之喜，谓李泌曰："滉不惟安江东，又能安淮南，真大臣之器，卿可谓知人！"庚辰，加滉平章事、江淮转运使。滉运江、淮粟帛入贡府，无虚月，朝廷赖之，使者劳问相继，恩遇始深矣。

41　是岁蝗遍远近，草木无遗，惟不食稻。大饥，道殣相望。

贞元元年（乙丑，785）

1　春，正月丁酉朔，赦天下，改元。

2　癸丑，赠颜真卿司徒，谥曰文忠。

3　新州司马卢杞遇赦，移吉州长史，谓人曰："吾必再入。"未几，上果用为饶州刺史。给事中袁高应草制，执以白卢翰、刘从一曰："卢杞作相，致銮舆播迁，海内疮痍，奈何遽迁大郡！愿相公执奏。"翰等不从，更命他舍人草制。乙卯，制出，高执之不下，

这乃是当前最大的弊病,早晨皇上就说过这番话,我已经向皇上当面陈述如此做法是不对的,没想到皇上的意愿还是这个样子。我不在乎和你上奏实行这件事情,但是唯恐这种做法逐渐成为习惯,所以不敢告诉你。"萧复始终没有把这件事说给刘从一听。刘从一将这件事奏上,德宗愈发不高兴。于是,萧复进上表章,请求辞去宰相职务。乙丑(二十八日),德宗罢免萧复为左庶子。

刘洽攻克汴州,得到《李希烈起居注》。里面说:"某月某日,陈少游进上表章,表示归顺。"陈少游听说此事,又惭愧,又恐惧,犯了病。十二月乙亥(初八),陈少游故去。朝廷追封他为太尉,送去助丧的钱财和对他的祭祀都按照通常的仪典进行。

淮南大将王韶想自己担任留后,命令将士推举自己代理军中事务,而且准备实行大规模的劫掠。韩滉派遣使者告诉他说:"倘若你敢作乱,当天我就带着全军渡过长江把你杀掉!"王韶等人因恐惧而放弃了原来的打算。德宗听说此事以后,高兴地对李泌说:"韩滉不只使江东安定下来,又使淮南安定下来,他真是有大臣的才具,你也可以说是善于知人了!"庚辰(十三日),德宗加封韩滉为平章事、江淮转运使。韩滉将江淮地区的粮食布帛运送到朝廷储存贡物的仓库中,没有一月中止过。朝廷把他视为依靠,派去慰劳的使者一个接着一个,德宗对他的恩宠知遇开始深厚起来了。

41 这一年,蝗灾遍及各地,草木都被吃光,只是不吃稻子。大规模的饥荒发生了,道路上躺着饿死的人,隔不多远就有一个。

唐德宗贞元元年(乙丑,公元785年)

1 春季,正月丁酉朔(初一),大赦天下,改年号。

2 癸丑(十七日),朝廷追封颜真卿为司徒,给予"文忠"的谥号。

3 新州司马卢杞遇到大赦,移任吉州长史。他对人说:"我一定能够再次回到朝廷的。"过了没有多久,德宗果然将他起用为饶州刺史。给事中袁高应命草拟制书,他拿着诏书对卢翰、刘从一说:"卢杞担任宰相,致使圣上流亡在外,国内创伤满目,怎么能够骤然把他升迁到大郡去呢!希望相公坚持上奏。"卢翰等人不肯听从,改为让其他舍人起草制书。乙卯(十九日),制书发到中书省,袁高拿着制书不肯下发,

且奏："杞极恶穷凶,百辟疾之若仇,六军思食其肉,何可复用?"上不听。补阙陈京、赵需等上疏曰："杞三年擅权,百揆失叙,天地神祇所知,华夏、蛮貊同弃。傥加巨奸之宠,必失万姓之心。"丁巳,袁高复于正牙论奏。上曰："杞已再更赦。"高曰："赦者止原其罪,不可为刺史。"陈京等亦争之不已,曰:"杞之执政,百官常如兵在其颈;今复用之,则奸党皆唾掌而起。"上大怒,左右辟易,谏者稍引却;京顾曰:"赵需等勿退,此国大事,当以死争之。"上怒稍解。戊午,上谓宰相:"与杞小州刺史,可乎?"李勉曰:"陛下欲与之,虽大州亦可,其如天下失望何?"壬戌,以杞为澧州别驾。使谓袁高曰:"朕徐思卿言,诚为至当。"又谓李泌曰:"朕已可袁高所奏。"泌曰:"累日外人窃议,比陛下于桓、灵;今承德音,乃尧、舜之不逮也!"上悦。杞竟卒于澧州。高,恕己之孙也。

4　三月,李希烈陷邓州。

5　戊午,以汴滑节度使李澄为郑滑节度使。

6　以代宗女嘉诚公主妻田绪。

7　李怀光都虞候吕鸣岳密通款于马燧,事泄,怀光杀之,屠其家。事连幕僚高郢、李鄘,怀光集将士而责之,郢、鄘抗言逆顺,无所惭隐,怀光囚之。鄘,邕之侄孙也。马燧军宝鼎,败怀光兵于陶城,斩首万馀级;分兵会浑瑊,逼河中。

而且上奏说:"卢杞凶恶到了极点,百官憎恨他有如仇敌,全军将士想吃他的肉,怎么能够再次任用他呢?"德宗不肯听从。补阙陈京、赵需等进上疏章说:"卢杞独揽大权三年之久,使百官失去次序,已为天地神灵所知晓,为华夏和蛮貊各族所共同抛弃。倘若给这个大奸人再加以恩宠,一定会丧失百姓的拥护。"丁巳(二十一日),袁高再次在正殿向德宗论奏此事,德宗说:"已经再次更改了对卢杞的赦书。"袁高说:"所谓赦书,只限于宽宥他的罪行,不应该任命他当刺史。"陈京等人也就此事争论不休,他们说:"卢杞执掌朝政,百官就像有兵器经常放在脖子上,如今再次起用他,那就会让邪恶之辈都把口水唾在掌心里摩拳擦掌东山再起。"德宗十分恼怒,随侍诸人惊惶而退,进谏的人们也稍有退缩。陈京回头看着大家说:"赵需等人不要后退,这是国家大事,应当冒死相争。"德宗的怒气稍微消散了一些。戊午(二十二日),德宗对宰相说:"给卢杞一个小州刺史来当,可以吗?"李勉说:"陛下打算给他官做,即使让他当大州刺史也是可以的。只是让天下的百姓失望了,那怎么办呢?"壬戌(二十六日),皇帝任命卢杞为澧州别驾,叫人对袁高说:"朕慢慢考虑你讲的话,实在是极为恰当的。"德宗又对李泌说:"朕已经准许了袁高的奏议。"李泌说:"连日以来,外面的人们私下议论,将陛下比作东汉的桓帝和灵帝,如今承闻陛下的善言,这乃是尧、舜所赶不上的啊!"德宗高兴了。卢杞最终在澧州死去。袁高是袁恕己的孙子。

4 三月,李希烈攻陷了邓州。

5 戊午(二十三日),德宗任命汴滑节度使李澄为郑滑节度使。

6 德宗将代宗的女儿嘉诚公主嫁给田绪为妻。

7 李怀光的都虞候吕鸣岳向马燧暗表诚意,事情泄露以后,李怀光便杀死了他,屠戮了他全家的人。事情牵连到幕僚高郢、李鄘,李怀光召集将士前来,当着大家的面斥责高郢与李鄘,二人大声地陈说孰逆孰顺的道理,对自己所做的事情既不惭愧,也不隐瞒,李怀光便将他们囚禁起来。李鄘是李邕的侄孙。马燧在宝鼎驻扎,在陶城打败了李怀光的兵马,斩首一万馀级,于是,马燧分兵与浑瑊军会合,进逼河中。

8　夏,四月丁丑,以曹王皋为荆南节度;李希烈将李思登以随州降之。

9　壬午,马燧、浑瑊破李怀光兵于长春宫南,遂掘堑围宫城;怀光诸将相继来降。诏以燧、瑊为招抚使。

10　五月丙申,刘洽更名玄佐。

11　韩游瓌请兵于浑瑊,共取朝邑。李怀光将阎晏欲争之,士卒指邠军曰:"彼非吾父兄,则吾子弟,奈何以白刃相向乎?"语甚嚣,晏遽引兵去。怀光知众心不从,乃诈称欲归国,聚货财,饰车马,云俟路通入贡,由是得复逾旬月。

12　六月辛巳,以刘玄佐兼汴州刺史。

13　辛卯,以金吾大将军韦皋为西川节度使。

14　朱滔病死,将士奉前涿州刺史刘怦知军事。

15　时连年旱蝗,度支资粮匮竭,言事者多请赦李怀光。李晟上言:"赦怀光有五不可:河中距长安才三百里,同州当其冲,多兵则未为示信,少兵则不足堤防,忽惊东偏,何以制之? 一也。今赦怀光,必以晋、绛、慈、隰还之,浑瑊既无所诣,康日知又应迁移,土宇不安,何以奖励? 二也。陛下连兵一年,讨除小丑,兵力未穷,遽赦其反逆之罪;今西有吐蕃,北有回纥,南有淮西,皆观我强弱,不谓陛下施德泽,爱黎元,乃谓兵屈于人而自罢耳,必竞起窥觎之心,三也。怀光既赦,则朔方将士皆应叙勋行赏,今府库方虚,赏不满望,是愈激之使叛,四也。既解河中,罢诸道兵,赏典不举,怨言必起。

8　夏季,四月丁丑(十三日),德宗任命曹王李皋为荆南节度使,李希烈的将领李思登率随州归降了李皋。

9　壬午(十八日),马燧、浑瑊在长春宫南面打败李怀光的军队,于是挖掘壕沟,包围宫城,李怀光的将领们接连不断地前来投降。德宗颁诏任命马燧、浑瑊为招抚使。

10　五月丙申(初二),刘洽改名为刘玄佐。

11　韩遊瓌要求浑瑊出兵,共同攻取朝邑。李怀光的将领阎晏准备前去争夺,他的士兵们指着邠州军说:"他们不是我们的父兄,就是我们的子弟,怎么能够拿明晃晃的兵器对着他们呢?"士兵们十分喧闹,阎晏只好赶快领兵离开。李怀光知道大家心中不肯服从自己,于是他诈称准备归顺朝廷,他聚集财物,整饰车马,说是等道路畅通以后进贡朝廷,因此他又得以苟延残喘了十个多月。

12　六月辛巳(十八日),德宗命令刘玄佐兼任汴州刺史。

13　辛卯(二十八日),德宗任命金吾大将军韦皋为西川节度使。

14　朱滔生病而死,将士拥戴前涿州刺史刘怦主持军中事务。

15　当时,旱灾蝗灾连年发生,度支的物资粮食已经用尽,议事的人们多数请求赦免李怀光。李晟进言说:"赦免李怀光有五个不可:河中距离长安才有三百里路,同州正当两地的要冲。大量派兵便不能够显示信义,派兵少了又不足以防范约束,李怀光一旦夺取同州,将如何控制他? 这是第一个不可。如今赦免了李怀光,必然将晋州、绛州、慈州、隰州归还给他。于是既使浑瑊没有去处,又使康日知需要改任别所,地域变动不定,如何奖励功臣? 这是第二个不可。陛下接连用兵一年之久,讨伐诛除小小的丑恶之辈,兵力并未用尽。倘若仓促地赦免李怀光反叛的罪行,那么,如今西面有吐蕃,北面有回纥,南面有淮西,都在观察我方是强是弱。他们不会说陛下是施加仁德与恩泽,是爱护百姓,反而会说我方是由于在军事上被人家制服,因而自行停止用兵罢了,必然使伺机而动的用心相争而起。这是第三个不可。既然赦免了李怀光,对朔方将士便应当一律论功行赏。如今国库还很空虚,如果奖赏难以满足他们的愿望,这便愈益激发他们反叛。这是第四个不可。既然解决了河中问题,停罢了各道兵马,奖赏的典式不能振举,怨言必然产生出来。

五也。今河中斗米五百，刍藁且尽，墙壁之间，饿殍甚众。且军中大将杀戮略尽，陛下但敕诸道围守旬时，彼必有内溃之变，何必养腹心之疾为他日之悔哉？"又请发兵二万，自备资粮，独讨怀光。秋，七月甲午朔，马燧自行营入朝，奏称："怀光凶逆尤甚，赦之无以令天下。愿更得一月粮，必为陛下平之。"上许之。

16　陕虢都兵马使达奚抱晖鸩杀节度使张劝，代总军务，邀求旌节，且阴召李怀光将达奚小俊为援。上谓李泌曰："若蒲、陕连衡，则猝不可制。且抱晖据陕，则水陆之运皆绝矣。不得不烦卿一往。"辛丑，以泌为陕虢都防御水陆运使。上欲以神策军送泌之官，问"须几何人？"对曰："陕城三面悬绝，攻之未可以岁月下也，臣请以单骑入之。"上曰："单骑如何可入？"对曰："陕城之人，不贯逆命，此特抱晖为恶耳。若以大兵临之，彼闭壁定矣。臣今单骑抵其近郊，彼举大兵则非敌，若遣小校来杀臣，未必不更为臣用也。且今河东全军屯安邑，马燧入朝。愿敕燧与臣同辞皆行，使陕人欲加害于臣，则畏河东移军讨之，此亦一势也。"上曰："虽然，朕方大用卿，宁失陕州，不可失卿，当更使他人往耳。"对曰："他人必不能入。今事变之初，众心未定，故可出其不意，夺其奸谋。他人犹豫迁延，彼既成谋，则不得前矣。"上许之。泌见陕州进奏官及将吏在长安者，语之曰："主上以陕、虢饥，

这是第五个不可。如今河中一斗粮食值五百钱，喂养牲口的草料将要用尽，房屋之中，饿死的人众多。而且，李怀光军中的大将几乎被杀光了，只要陛下敕令各道围困他们，守上十天时间，他们必然会发生内部崩溃的变故，何必姑息这一致命的隐患而留下将来的悔恨呢？"李晟又请求派出兵马两万人，自备物资粮食，独自讨伐李怀光。秋季，七月甲午朔（初一），马燧从行营回京朝见，他上奏说："李怀光凶恶悖逆太甚，赦免了他，无法号令天下。希望再得到一个月的粮食，一定能为陛下将他平定。"德宗允许了这一要求。

16　陕虢都兵马使达奚抱晖用毒酒将节度使张劝杀害，自己代理统领军中事务，希望得到节度使的旌节。而且，他暗中招引李怀光的将领达奚小俊作为援助。德宗对李泌说："如果蒲、陕联合抗拒朝廷，猝然之间，难以制伏。而且，一旦达奚抱晖占据了陕地，水路和陆路的运输便会阻隔不通了。朕不能不麻烦你走一趟了。"辛丑（初八），德宗任命李泌为陕虢都防御水陆运使。德宗打算让神策军护送李泌就任，问李泌需要多少人，李泌回答说："陕州城三面绝壁高悬，如果攻打该城，是不知哪年哪月才能攻克的，请让我单人匹马到那里去吧。"德宗说："你单人匹马怎么个去法？"李泌回答说："陕州城的百姓，是并不习惯违背朝命的，这只是达奚抱晖作恶罢了。如果带着许多兵马到那里去，达奚抱晖肯定会坚守营垒。现在我单人匹马地来到陕州近郊，达奚抱晖大规模发兵前来，那是不相匹敌，如果他派遣一个低级军官前来杀害我，未必不会反而为我所利用。而且，现在河东的全部兵马都在安邑屯驻，马燧已经来到朝廷。希望陛下敕令马燧与我同时向陛下辞别，一起离开长安，使陕虢方面的人打算侵害我的时候，便害怕河东方面调动军队讨伐他们，这也算是一种声势吧。"德宗说："话虽这么讲，但朕正要重用你，宁可失去陕州，不能失去你，朕自当再让其他人前往算了。"李泌回答说："其他人必定难以进入陕州。现在是事变的初期，众人心意尚未安定下来，所以我能够出其不意，威慑他们的邪恶阴谋。其他人犹豫不决，拖延不前，达奚抱晖有了成算以后，那就不能前去了。"德宗同意让李泌前往。李泌见到陕州派来上奏的官员以及正在长安的陕州将领与官吏，便对他们说："皇上因陕州、虢州在闹饥荒，

故不授泌节而领运使,欲令督江、淮米以赈之耳。陕州行营在夏县,若抱晖可用,当使将之;有功,则赐旌节矣。"抱晖觇者驰告之,抱晖稍自安。泌具以语白上曰:"欲使其士卒思米,抱晖思节,必不害臣矣!"上曰:"善!"戊申,泌与马燧俱辞行。庚戌,加泌陕虢观察使。

泌出潼关,鄜坊节度使唐朝臣以步骑三千布于关外,曰:"奉密诏送公至陕。"泌曰:"辞日奉进止,以便宜从事。此一人不可相蹑而来,来则吾不得入陕矣。"唐臣以受诏不敢去,泌写宣以却之,因疾驱而前。

抱晖不使将佐出迎,惟侦者相继。泌宿曲沃,将佐不俟抱晖之命来迎,泌笑曰:"吾事济矣!"去城十五里,抱晖亦出谒。泌称其摄事保完城隍之功,曰:"军中烦言,不足介意。公等职事皆按堵如故。"抱晖出而喜。泌既入城视事,宾佐有请屏人白事者,泌曰:"易帅之际,军中烦言,乃其常理。泌到,自妥贴矣,不愿闻也。"由是反仄者皆自安,泌但索簿书,治粮储。明日,召抱晖至宅,语之曰:"吾非爱汝而不诛,恐自今有危疑之地,朝廷所命将帅皆不能入,故丐汝馀生。汝为我赍版、币祭前使,慎无入关,自择安处,潜来取家,保无他也。"泌之辞行也,上籍陕将预于乱者七十五人授泌,使诛之。

所以不授给我节度使的职务而让我出任水陆运使,这是打算让我监督江、淮地区的粮运,以便赈济陕虢而已。陕州行营驻扎在夏县,如果达奚抱晖可以任用,自当让他来率领行营,如果立下功劳,便会赐给他节度使的旌节了。"达奚抱晖的探子飞马报告了达奚抱晖,达奚抱晖稍微有些安心了。李泌将此事全告诉了德宗,还禀告说:"要让陕虢士兵想得到粮食,让达奚抱晖想得到节度使的旌节,那么他就一定不会加害我了。"德宗说:"好!"戊申(十五日),李泌与马燧一起前来向德宗告别。庚戌(十七日),德宗加封李泌为陕虢观察使。

李泌出了潼关以后,鄜坊节度使唐朝臣率领步兵、骑兵三千人分布在关外,他说:"我接到秘密诏令,送你前去陕州。"李泌说:"辞别皇上的时候,我已得到圣旨,准许我见机行事。此次即使是一个人,也不能让他前来跟随着我,如果派人前来,我就不能进入陕州了。"唐朝臣因受有诏命,不敢离开,李泌写了一纸文书,将他打发回去,于是急速策马前行。

达奚抱晖不让将佐出来迎接李泌,只是一次接着一次地派出探子。李泌在曲沃过夜,不待达奚抱晖下达命令,将佐们便前来迎接。李泌笑着说:"我要办的事情看来是成功了。"在李泌距离州城十五里的时候,达奚抱晖也出来谒见李泌。李泌称赞他代理诸事保全城池的功劳说:"军中的闲言碎语,不值得挂在心上。你和有关人员的职务都一如既往,不会改变。"达奚抱晖退出门来,感到很高兴。李泌已经进城任职以后,宾客佐吏中有人请李泌屏退其他人而要禀告事情,李泌说:"在更换节帅的时刻,军中言多语杂,这乃是通常的情理。我来了,这类事情自然会安定下来的,我是不希望听你讲这类事情的。"自此以后,心中不安的人们都安定下来了,而李泌只是讨取账簿文书,整治粮食储备。第二天,李泌把达奚抱晖叫到住宅中,告诉他说:"我可不是因怜惜你才不杀你,我是怕今后有了凶险可虑的地方,朝廷所任命的将帅都进不去,所以才给你留条活路。你为我带着灵牌和祭奠的物品去祭奠前任节度使,小心别再进入潼关,自己去找一个安身处所,暗中前来接走家小,我能够保你不会发生意外。"李泌向德宗告别的时候,德宗将陕州参与作乱的将领七十五人登记在册,交给李泌,让李泌杀了他们。

泌既遣抱晖，日中，宣慰使至。泌奏："已遣抱晖，馀不足问。"上复遣中使至陕，必使诛之。泌不得已，械兵马使林滔等五人送京师，恳请赦之。诏谪戍天德。岁馀，竟杀之。而抱晖遂亡命不知所之。

达奚小俊引兵至境，闻泌已入陕而还。

17　壬辰，以刘怦为幽州、卢龙节度使。

18　大旱，灞、浐将竭，长安井皆无水。度支奏中外经费才支七旬。

李泌将达奚抱晖打发走了以后,到了中午时分,宣慰使便到来了。李泌奏报说:"我已经将达奚抱晖打发走了,剩下的人们不值得再去追查。"德宗再次派遣中使来到陕州,让李泌一定将那些人杀掉。李泌没有办法,将兵马使林滔等五人加上铐镣,送往京城,还恳切请求德宗赦免他们。德宗颁诏遣送他们戍守天德军。过了一年多时间,到底还是将他们杀掉了。然而,达奚抱晖却逃亡在外,不知去向。

达奚小俊领兵来到陕虢边境,听到李泌已经进入陕州,便回去了。

17　壬辰,德宗任命刘怦为幽州、卢龙节度使。

18　旱情严重,灞水、浐水将要干涸,长安的井中滴水全无。度支上奏说,朝廷内外的经费只能支撑七十天了。

卷第二百三十二　唐纪四十八

起乙丑(785)八月尽丁卯(787)七月凡二年

德宗神武圣文皇帝七
贞元元年(乙丑,785)

1　八月甲子,诏凡不急之费及人冗食者皆罢之。

2　马燧至行营,与诸将谋曰:"长春宫不下,则怀光不可得。长春宫守备甚严,攻之旷日持久,我当身往谕之。"遂径造城下,呼怀光守将徐庭光,庭光帅将士罗拜城上。燧知其心屈,徐谓之曰:"我自朝廷来,可西向受命。"庭光等复西向拜。燧曰:"汝曹自禄山已来,徇国立功四十馀年,何忽为灭族之计? 从吾言,非止免祸,富贵可图也。"众不对。燧披襟曰:"汝不信吾言,何不射我!"将士皆伏泣。燧曰:"此皆怀光所为,汝曹无罪。弟坚守勿出。"皆曰"诺"。

壬申,燧与浑瑊、韩遊瓌进军逼河中,至焦篱堡;守将尉珪以七百人降。是夕,怀光举火,诸营不应。骆元光在长春宫下,使人招徐庭光;庭光素轻元光,遣卒骂之,又为优胡于城上以侮之,且曰:"我降汉将耳!"元光使白燧,燧还至城下,庭光开门降。燧以数骑入城慰抚,其众大呼曰:"吾辈复为王人矣!"浑瑊谓僚佐曰:"始吾谓马公用兵不吾远也,

德宗神武圣文皇帝七

唐德宗贞元元年(乙丑,公元 785 年)

1 八月甲子(初二),德宗颁诏将一切不急需的开销以及因事由官府供给饮食的多馀人员一律裁撤。

2 马燧来到行营,与各将领计议说:"不将长春宫攻打下来,便不能捉住李怀光。长春宫的防守戒备甚为严密,若是攻打它,势必空费时日,相持很久,我应当亲自前去开导他们。"于是,马燧径直来到城下,呼喊李怀光的守城将领徐庭光,徐庭光率领将士在城上列队向马燧下拜。马燧看出徐庭光内心已经屈服,便和缓地对他说:"我是从朝廷来的,你们应该向着西面接受朝命。"徐庭光等便又向西面下拜。马燧说:"自从安禄山以来,你们献身国家,建立功勋,已有四十馀年,为什么忽然做这种诛灭家族的打算?听我的话,你们不仅可以免去灾祸,而且还可以谋求富贵呢。"众人都不肯回答。马燧敞开衣襟说:"既然你们不相信我的话,为什么不用箭射我呢?"城上将士都伏在地上哭泣起来了。马燧说:"这些罪过都是李怀光犯下的,你们是没有罪的。你们只管坚守着这座城不出来就是了。"众人回答:"是。"

壬申(初十),马燧与浑瑊、韩游瓌进军迫近河中,抵达焦篱堡;守卫的将领尉珪率七百人归降。这天晚上,李怀光举火报警,各军营没有前去响应的。骆元光来到长春宫下面,让人招呼徐庭光,徐庭光平素看不起骆元光,便派士兵骂他,又扮成胡人在城上侮辱他,并且说:"我们只向汉族将领投降!"骆元光让人禀告了马燧,马燧来到城下,徐庭光打开城门归降。马燧带着数人骑马入城,慰问安抚众人。徐庭光的部众大声呼喊着说:"我们又成了圣上的子民啦!"浑瑊对佐助自己的官吏说:"我自以为马公用兵与我不会相差太多,

今乃知吾不逮多矣！"诏以庭光试殿中监兼御史大夫。

甲戌，燧帅诸军至河西，河中军士自相惊曰："西城擐甲矣！"又曰："东城媲队矣！"须臾，军士皆易其号为"太平"字。怀光不知所为，乃缢而死。

初，怀光之解奉天围也，上以其子璀为监察御史，宠待甚厚。及怀光屯咸阳不进，璀密言于上曰："臣父必负陛下，愿早为之备。臣闻君、父一也；但今日之势，陛下未能诛臣父，而臣父足以危陛下。陛下待臣厚，胡人性直，故不忍不言耳。"上惊曰："知卿大臣爱子，当为朕委曲弥缝，而密奏之！"对曰："臣父非不爱臣，臣非不爱其父与宗族也；顾臣力竭，不能回耳。"上曰："然则卿以何策自免？"对曰："臣之进言，非苟求生；臣父败，则臣与之俱死矣，复有何策哉？使臣卖父求生，陛下亦安用之？"上曰："卿勿死，为朕更至咸阳谕卿父，使君臣父子俱全，不亦善乎？"璀至咸阳而还，曰："无益也，愿陛下备之，勿信人言。臣今往，说谕万方，臣父言：'汝小子何知！主上无信，吾非贪富贵也，直畏死耳，汝岂可陷吾入死地邪？'"

及李泌赴陕，上谓之曰："朕所以再三欲全怀光者，诚惜璀也；卿至陕，试为朕招之。"对曰："陛下未幸梁、洋，怀光犹可降也。今则不然。岂有人臣迫逐其君，而可复立于其朝乎？纵彼颜厚无惭，陛下每视朝，何心见之？臣得入陕，借使怀光请降，臣不敢受，况招之乎？李璀固贤者，必与父俱死矣；若其不死，则亦无足贵也。"及怀光死，璀先刃其二弟，乃自杀。

现在才知道我是远远赶不上他的。"德宗颁诏任命徐庭光为试殿中监,兼任御史大夫。

甲戌(十二日),马燧率领诸军来到河西县,河中将士自相惊扰地说:"西城将士已经穿上铠甲啦!"又说:"东城将士已经排好队列啦!"一会儿,将士们全将旗号改成了"太平"二字。李怀光不知所措,于是自缢而死。

当初,李怀光解除奉天围困的时候,德宗任命他的儿子李璀为监察御史,对他格外眷宠。到李怀光驻扎咸阳,不肯进兵的时候,李璀暗中对德宗说:"我父亲肯定会辜负陛下,希望陛下早做准备。我听说君主和父亲是一回事;只是如今的形势是,陛下不能够诛除我的父亲,而我的父亲却足以危及陛下。陛下对待我这么好,胡人性情直率,所以我不忍心不说啊。"德宗惊讶地说:"朕知道你是大臣李怀光所疼爱的儿子,你应该为朕婉转曲折地在其中弥补裂痕,而你却秘密上奏!"李璀回答说:"我的父亲并不是不疼爱我,我也并不是不爱我的父亲和宗族;但我已用尽心力,不能挽回。"德宗说:"这样说来,你用什么办法使自己免除一死呢?"李璀回答说:"我进上此言,不是要苟且求活;我父亲一旦败亡,那我就和他一同死去,还会有什么办法呢?假如我出卖父亲以求生存,陛下又怎么能用我这种人呢?"德宗说:"你可别死,你可以为朕再到咸阳开导你的父亲,使君主与臣下、父亲与儿子的伦常都得以保全,不也是很好的吗?"李璀前往咸阳,回来以后说:"没有效果啊,希望陛下防备我父亲,不要听信别人所说的。如今我前往劝导,用尽千方百计,我父亲说:'你小子知道什么!圣上不讲信用,我并不贪图富贵,但我也怕死啊,你怎么可以陷我于死地呢?'"

到李泌前往陕州的时候,德宗对他说:"我再三想要保全李怀光的原因,实在是怜惜李璀啊;你到陕州后,试着为朕招抚他吧。"李泌回答说:"在陛下没有出走梁州、洋州的时候,还是可以使李怀光投降的。现在却不行了。哪有臣下逼走了他的君主,还可以再站在朝堂之上的呢?即使他脸皮厚,不惭愧,每当陛下上朝之时,看到他会是什么心情呢?我进入陕州以后,假如李怀光请求投降,我也不敢接受,何况让我去招抚他呢?李璀固然是贤明的人,他一定会与他父亲一起去死了;如果他不肯死,那也没有可贵之处了。"及至李怀光死后,李璀先杀了他的两个弟弟,然后便自杀了。

朔方将牛名俊断怀光首出降。河中兵犹万六千人，燧斩其将阎晏等七人，馀皆不问。燧自辞行至河中平，凡二十七日。燧出高郢、李鄘于狱，皆奏置幕下。

韩遊瓌之攻怀光也，杨怀宾战甚力，上命特原其子朝晟。遊瓌遂以朝晟为都虞候。

上使问陆贽："河中既平，复有何事所宜区处?"令悉条奏。贽以河中既平，虑必有希旨生事之人，以为王师所向无敌，请乘胜讨淮西者。李希烈必诱谕其所部及新附诸帅曰："奉天息兵之旨，乃因窘而言，朝廷稍安，必复诛伐。"如此，则四方负罪者孰不自疑，河朔、青齐固当响应，兵连祸结，赋役繁兴，建中之忧，行将复起。乃上奏，其略曰："福不可以屡徼，幸不可以常觊。臣姑以生祸为忧，未敢以获福为贺。"又曰："陛下怀悔过之深诚，降非常之大号，所在宣扬之际，闻者莫不涕流。假王叛换之夫，削伪号以请罪；观衅首鼠之将，一纯诚以效勤。"又曰："曩讨之而愈叛，今释之而毕来；曩以百万之师而力殚，今以咫尺之诏而化洽。是则圣王之敷理道，服暴人，任德而不任兵，明矣；群帅之悖臣礼，拒天诛，图活而不图王，又明矣。是则好生以及物者，乃自生之方；施安以及物者，乃自安之术。挤彼于死地而求此之久生也，措彼于危地而求此之久安也，从古及今，未之有焉。"又曰："一夫不率，

朔方将领牛名俊割下李怀光的首级出城投降。河中兵还有一万六千人,马燧将他们的将领阎晏等七人斩杀,对剩下的人都不予追究。马燧从告别德宗到平定河中,总共用了二十七天。马燧将高郢、李鄘放出监狱,奏请将他们都安置在自己的幕府之中。

韩游瓌攻打李怀光的时候,杨怀宾作战甚为出力,德宗命令特别宽恕了他的儿子杨朝晟。于是,韩游瓌任命杨朝晟为都虞候。

德宗让人询问陆贽说:"河中已经平定,还有什么事情该当处理的?"让陆贽全部列出来上奏。陆贽认为,河中平定以后,可虑的是必然会有迎合意旨、无端生事的人,认为皇上的军队所向无敌,请求乘胜讨伐淮西。李希烈也必然会诱导他的军队以及新近归附的各统帅说:"在奉天所颁布的停止用兵的诏旨,是因处境窘困而讲的,只要朝廷稍微安定下来,是一定会再事讨伐的。"这样,各地的那些负有罪名的人谁不担心自身难保? 河朔、青齐各地肯定是要起来响应他的。于是战事连绵,灾祸不断,赋税纷繁,力役频兴,建中年间的忧患便将再次发生了。陆贽于是进上奏章,大致说:"福缘是不能够屡次侥幸取得的,而侥幸也不是能够经常妄自希图的。我姑且认为今后会发生祸患而为陛下担忧,不敢认为今后会获得福缘而向陛下庆贺。"他又说:"陛下怀着深切悔过的诚意,贬抑非常式的尊号,当诏书在各处宣布的时候,听到的人没有不流下眼泪的。自署王号的横蛮跋扈之人,削去伪号,请求治罪;伺机而动迟疑不定的将领,全都诚心诚意地效力勤王。"他又说:"以往讨伐叛乱,叛乱反而更加严重,如今不再对叛军使用武力,他们反而都来归顺;以往调遣了百万之师而终于兵力穷尽,如今只是颁布了不满一尺的诏书反而德化周遍。由此可见,圣明的君王推行促使政治修明的治国之道,使强暴之人心悦诚服,应当运用恩德感召别人,而不是运用兵力征服别人,这是显而易见的了;各镇的统帅违背人臣应有的礼典,抗拒朝廷的诛讨,为的是谋求存活,而不是谋求称王,也是显而易见的了。由此可见,希望生存,并将此心普及万物,乃是使自己生存的良方;喜欢安宁,并将此心普及万物,乃是使自己安宁的嘉术。将那些人推到必死之地,而想让这些人长久生存;将那些人丢到危殆之地,而想让这些人长久安宁,从古至今,没有过这样的事情。"他又说:"一个人不肯循规蹈矩,

阖境罹殃；一境不宁，普天致扰。"又曰："亿兆污人，四三叛帅，感陛下自新之旨，悦陛下盛德之言，革面易辞，且修臣礼。其于深言密议固亦未尽坦然，必当聚心而谋，倾耳而听，观陛下所行之事，考陛下所誓之言。若言与事符，则迁善之心渐固；傥事与言背，则虑祸之态复兴。"又曰："朱泚灭而怀光戮，怀光戮而希烈征，希烈傥平，祸将次及，则彼之蓄素疑而怀宿负者，能不为之动心哉？"又曰："今皇运中兴，天祸将悔。以逆泚之偷居上国，以怀光之窃保中畿，岁未再周，相次枭殄，实众慝惊心之日，群生改观之时。威则已行，惠犹未洽。诚宜上副天眷，下收物情，布恤人之惠以济威，乘灭贼之威以行惠。"又曰："臣所未敢保其必从，唯希烈一人而已。揆其私心，非不愿从也；想其潜虑，非不追悔也。但以猖狂失计，已窃大号，虽荷陛下全宥之恩，然不能不自觋于天地之间耳。纵未顺命，斯为独夫，内则无辞以起兵，外则无类以求助，其计不过厚抚部曲，偷容岁时，心虽陆梁，势必不致。陛下但敕诸镇各守封疆，彼既气夺算穷，是乃狴牢之类，不有人祸，则当鬼诛。古之不战而屈人之兵者，此之谓欤！"

丁卯，诏以"李怀光尝有功，宥其一男，使续其后，赐之田宅，归其首及尸使葬。加马燧兼侍中，浑瑊检校司空；馀将卒赏赉各有差。诸道与淮西连接者，宜各守封疆，非彼侵轶，不须进讨。

整个地区都遭受祸殃；一个地区不得安宁，普天下都招致骚扰。"他又说："众多昏昧无知的人，以及三四个背叛朝廷的统帅，为陛下容许重新做人的宗旨而感动，为陛下含蕴着盛美德行的话语而喜悦，于是洗心革面，改易不敬之辞，将要奉行人臣之礼。然而，他们对陛下深切坦诚的谈话和体贴周到的议论，肯定还没有完全明白理解，他们必然要专心谋划，侧耳细听，观察陛下所做的事情，考究陛下所发的誓言。如果陛下所说的话与所做的事相符合，他们改恶从善的心意就会逐渐牢固；倘若陛下所做的事与所说的话相违背，他们顾虑招致祸患的态度就会重新抬头。"他又说："朱泚灭亡后李怀光受戮，李怀光受戮后李希烈被征讨，倘若李希烈被平定了，祸患又将依次连及别人，那么，那些素积疑虑而久怀野心的人们，能不意志动摇吗？"他又说："如今国家的气运重新兴盛起来，上天降下的祸患将要成为过去。就朱泚窃居京城，李怀光私占中都而言，在不到两年的时间里，便相继使他们主帅伏诛，全军覆灭，这实在是邪恶之徒震动心魄的日子，是所有生灵改变面貌的时候。陛下的威严已经显示出来了，但陛下的恩惠还没有普及开来。陛下诚然应当对上顺应上天的眷顾，对下集合人们的愿望，播散体恤民心的恩惠来增益威严，乘着消灭贼寇的威严来施加恩惠。"他又说："我所不敢担保其人一定会顺从朝廷的，只有李希烈一个人罢了。推测他私下的意图，还不是不愿意顺从朝廷；料想他暗中的考虑，也还不是不打算悔改前非。但是，他因考虑不周，肆意妄行，已经窃称帝号，即使他承受陛下保全宽宥他的恩典，但他生活在天地之间却不能不自觉无颜见人了。即使他不肯顺从朝命，却已成了独夫民贼，对内则没有发兵起事的理由，对外则没有寻求援助的同伙，他的办法不过是对部下多加抚慰，苟且偷生，拖延时间，虽然心想任意横行，无奈形势必定使他难以办到。陛下只要敕令诸镇各自卫守本镇的疆界，他既然胆气已去，计谋算尽，就只是个等待收押的囚徒，不是遭受人祸，便会应着鬼报。古人所说不用作战而能使敌兵屈服，就是说的这个意思了吧！"

丁卯（初五），德宗颁诏说："李怀光曾经立下功劳，现宽宥他的一个儿子，使此子承续他，赐给此子田地住宅，将李怀光的首级和尸身送回，让此子殡葬。加封马燧兼任侍中，加封浑瑊为检校司空；对其馀将士的赏赐各分等级不同。与淮西疆界连接的各道，应该守卫本境疆土，只要不是他们那一方突然袭击，就不必要进兵讨伐。

李希烈若降，当待以不死；自馀将士百姓，一无所问"。

3　初，李晟尝将神策军戍成都，及还，以营妓高洪自随。西川节度使张延赏怒，追而还之，由是有隙。至是，刘从一有疾，上召延赏入相，晟表陈其过恶；上重违其意，以延赏为左仆射。

4　骆元光将杀徐庭光，谋于韩遊瓌曰："庭光辱吾祖考，吾欲杀之，马公必怒，公能救其死乎！"遊瓌曰："诺。"壬午，遇庭光于军门之外，揖而数其罪，命左右碎斩之。入见马燧，顿首请罪，燧大怒曰："庭光已降，受朝廷官爵，公不告辄杀之，是无统帅也！"欲斩之。遊瓌曰："元光杀裨将，公犹怒如此。公杀节度使，天子其谓何？"燧默然；浑瑊亦为之请，乃舍之。

浑瑊镇河中，尽得李怀光之众，朔方军自是分居邠、蒲矣。

5　卢龙节度使刘怦疾病，九月己亥，诏以其子行军司马济权知节度事；怦寻薨。

6　己未，中书侍郎、同平章事刘从一罢为户部尚书；庚申，薨。

7　冬，十月癸卯，上祀圜丘，赦天下。

8　十二月甲戌，户部奏今岁入贡者凡百五十州。

9　于阗王曜上言："兄胜让国于臣，今请复立胜子锐。"上以锐检校光禄卿，还其国。胜固辞曰："曜久行国事，国人悦服。锐生长京华，不习其俗，不可往。"上嘉之，以锐为韶王谘议。

假如李希烈投降,应该让他留条活命,其馀将士与百姓,一概不予追究。"

3 当初,李晟曾经带领神策军戍守成都,等到回去的时候,他便让营中的妓女高洪跟随着自己。西川节度使张延赏很生气,追上李晟,将高洪索回,由此两人有了嫌隙。及至此时,刘从一得了疾病,德宗传召张延赏入朝出任宰相,李晟上表陈述张延赏的过失;德宗不愿意违背他的意愿,便任命张延赏为左仆射。

4 骆元光准备杀掉徐庭光,便与韩遊瓌计议说:"徐庭光侮辱我的祖先,我要是将他杀死,马公必然大怒,你能救我一命吗?"韩遊瓌说:"好吧。"壬午(二十日),骆元光在军营大门外面遇到徐庭光,拱手相见以后,便数说他的罪过,命令随从人员零刀碎剐地杀死了他。于是,骆元光入营去见马燧,伏地叩头,请求治罪,马燧非常气愤地说:"徐庭光已经归降,接受了朝廷封拜的官爵,你不告诉我一声就将他杀死,这是目无统帅!"马燧准备斩杀骆元光,韩遊瓌说:"骆元光杀了一个副将,你尚且愤怒成这个样子。你杀了节度使,圣上将如何责问你?"马燧没有说话,浑瑊也为骆元光求情,于是马燧丢开此事不问。

浑瑊镇守河中,得到了李怀光所有的部众,朔方军自此分别屯驻邠州与蒲州了。

5 卢龙节度使刘怦得了重病,九月己亥(初七),德宗颁诏命令他的儿子行军司马刘济权且代理节度使事务,不久,刘怦故去。

6 己未(二十七日),中书侍郎、同平章事刘从一被罢免为户部尚书,庚申(二十八日),刘从一故去。

7 冬季,十月癸卯,德宗祭祀圜丘,大赦天下。

8 十二月甲戌(十三日),户部奏,本年共有一百五十州入朝进贡。

9 于阗王尉迟曜上奏说:"我哥哥尉迟胜将于阗国让给了我,现在请朝廷再册立尉迟胜的儿子尉迟锐吧。"德宗任命尉迟锐为检校光禄卿,让他返回于阗国。尉迟胜一再推辞说:"尉迟曜长时间办理国家事务,国中百姓心悦诚服。尉迟锐生长在京城,不熟悉于阗风俗,不能前往。"德宗嘉许尉迟胜,任命尉迟锐为韶王李暹的谘议参军。

二年(丙寅,786)

1　春,正月壬寅,以吏部侍郎刘滋为左散骑常侍,与给事中崔造、中书舍人齐映并同平章事。滋,子玄之孙也。

造少居上元,与韩会、卢东美、张正则为友,以王佐自许,时人谓之“四夔”。上以造在朝廷敢言,故不次用之。滋、映多让事于造。造久在江外,疾钱谷诸使罔上之弊,奏罢水陆运使、度支巡院、江淮转运使等,诸道租赋悉委观察使、刺史遣官部送诣京师。令宰相分判尚书六曹:齐映判兵部,李勉判刑部,刘滋判吏部、礼部,造判户部、工部。又以户部侍郎元琇判诸道盐铁、榷酒,吉中孚判度支两税。

2　李希烈将杜文朝寇襄州;二月癸亥,山南东道节度使樊泽击擒之。

3　崔造与元琇善,故使判盐铁。韩滉奏论盐铁过失,甲戌,以琇为尚书右丞。陕州水陆运使李泌奏:“自集津至三门,凿山开车道十八里,以避底柱之险。”是月道成。

4　三月,李希烈别将寇郑州,义成节度使李澄击破之。希烈兵势日蹙,会有疾,夏,四月丙寅,大将陈仙奇使医陈山甫毒杀之。因以兵悉诛其兄弟妻子,举众来降。甲申,以仙奇为淮西节度使。

5　关中仓廪竭,禁军或自脱巾呼于道曰:“拘吾于军而不给粮,吾罪人也!”上忧之甚,会韩滉运米三万斛至陕,李泌即奏之。上喜,遽至东宫,谓太子曰:“米已至陕,吾父子得生矣!”时禁中不酿,命于坊市取酒为乐。又遣中使谕神策六军,军士皆呼万岁。

唐德宗贞元二年(丙寅,公元786年)

1　春季,正月壬寅(十一日),德宗任命吏部侍郎刘滋为左散骑常侍,与给事中崔造、中书舍人齐映一齐同平章事。刘滋是刘子玄的孙子。

崔造早年住在上元县,与韩会、卢东美、张正则结为朋友,自认为是帝王的辅佐,当时的人们将他们四人比作虞舜的四位贤臣,称为"四夔"。德宗因崔造在朝廷中敢于言事,所以不拘等次地任用了他。刘滋、齐映往往把事情推给崔造办理。崔造长期生活在长江以南,憎恨执掌钱谷诸使欺瞒上级的弊端,上奏罢除了水陆运使、度支巡院、江淮转运使等,各道的赋税全部委托观察使、刺史派遣官吏送至京城。德宗命令宰相分别兼管尚书省六曹:齐映兼管兵部,李勉兼管刑部,刘滋兼管吏部和礼部,崔造兼管户部和工部。还让户部侍郎元琇兼管诸道盐铁和酒类专营,让吉中孚兼管度支两税。

2　李希烈的将领杜文朝侵犯襄州,二月癸亥(初三),山南东道节度使樊泽进击并擒获了他。

3　崔造与元琇友好,所以让他兼管盐铁。韩滉上奏议论盐铁事务中的过失,甲戌(十四日),德宗任命元琇为尚书右丞。陕州水陆运使李泌上奏说:"请准许由集津到三门,凿穿山石,开辟车道十八里,以便避开底柱山天险。"就在这个月内,车道告竣。

4　三月,李希烈的别将侵犯郑州,义成节度使李澄出击打败了他们。李希烈军的形势日益紧迫,恰好他生了病,夏季,四月丙寅(初七),大将陈仙奇指使医生陈山甫将他毒死。陈仙奇于是派兵将李希烈的兄弟、妻子、儿女悉数诛杀,率众前来投降。甲申(二十五日),德宗任命陈仙奇为淮西节度使。

5　关中粮食已经用光,禁军中有人摘下头巾,在道上大喊:"把我拘束在军中,但不供给粮食吃,我简直成了罪人了!"德宗为此忧虑重重,适逢韩滉将三万斛米运到陕州,李泌当即奏报朝廷。德宗大喜,匆忙来到东宫,对太子说:"米已运到陕州,我父子能够活下去了!"当时,宫廷中不造酒,德宗让人上街取酒回来作乐。德宗又派遣中使告诉神策六军,军中将士都高呼万岁。

时比岁饥馑,兵民率皆瘦黑。至是麦始熟,市有醉人,当时以为嘉瑞。人乍饱食,死者复伍之一。数月,人肤色乃复故。

6　以横海军使程日华为节度使。

7　秋,七月,淮西兵马使吴少诚杀陈仙奇,自为留后。少诚素狡险,为李希烈所宠任,故为之报仇。己酉,以虔王谅为申、光、随、蔡节度大使,以少诚为留后。

8　以陇右行营节度使曲环为陈许节度使。陈许荒乱之馀,户口流散。曲环以勤俭率下,政令宽简,赋役平均,数年之间,流亡复业,兵食皆足。

9　八月癸未,义成节度使李澄薨,其子克宁谋总军务,秘不发丧。

10　丙戌,吐蕃尚结赞大举寇泾、陇、邠、宁,掠人畜,芟禾稼,西鄙骚然,州县各城守。诏浑瑊将万人,骆元光将八千人屯咸阳以备之。

11　初,上与李泌议复府兵,泌因为上历叙府兵自西魏以来兴废之由,且言:"府兵平日皆安居田亩,每府有折冲领之,折冲以农隙教习战陈。国家有事征发,则以符契下其州及府,参验发之。至所期处,将帅按阅,有教习不精者,罪其折冲,甚者罪及刺史。军还,则赐勋加赏,便道罢之。行者近不逾时,远不经岁。高宗以刘仁轨为洮河镇守使以图吐蕃,于是始有久戍之役。武后以来,承平日久,府兵浸堕,为人所贱;百姓耻之,至蒸熨手足以避其役。又,牛仙客以积财得宰相,

当时,由于连年饥荒,将士、百姓全都又瘦又黑。至此,麦子开始成熟,街市中有了醉酒之人,当时认为这是嘉兆瑞象。人们骤然吃得很饱,因此而致死的人又有五分之一。过了几个月,人们皮肤的颜色才恢复原状。

6 德宗任命横海军使程日华为节度使。

7 秋季,七月,淮西兵马使吴少诚杀死陈仙奇,自任留后。吴少诚素来狡猾阴险,被李希烈所眷宠信任,所以吴少诚为他报仇。己酉(二十二日),德宗任命虔王李谅为申、光、随、蔡节度大使,任命吴少诚为留后。

8 德宗任命陇右行营节度使曲环为陈许节度使。在兵荒马乱之后,陈许地区户口流失。曲环以勤俭的作风约束部下,所施行的行政措施与法令都很宽和简明,赋税劳役平均,在几年时间里,流亡的人们又重操旧业,兵马与粮食都充足起来。

9 八月癸未(二十七日),义成节度使李澄故去,他的儿子李克宁图谋总揽军中事务,因而他隐秘死讯,暂不公告于众。

10 丙戌(三十日),吐蕃尚结赞大规模地侵犯泾州、陇州、邠州、宁州,掳掠人口与牲畜,收割庄稼,西部边境骚动不安,州县各自据城防守。德宗颁诏命令浑瑊带领一万人,骆元光带领八千人在咸阳驻扎,以防御吐蕃。

11 当初,德宗与李泌计议恢复府兵,李泌因而为德宗依次叙述自西魏以来府兵兴起与废弃的原由,还说:"在平时,府兵都安心耕种田地,每府设置折冲府统领府兵,折冲府利用农闲时节教给府兵演练战阵。当国家有事,需要征调府兵的时候,便将调动兵马的符节下达府兵所在的州与府,经过参验,发出府兵。府兵来到指定地点,要经过将帅的审查和检阅,凡有教练演习不合标准的,要制裁府兵所在的折冲府长官,对于严重不合标准的,制裁还要牵连到该州刺史。罢兵以后,赐给勋官名号,颁发奖赏,由罢兵处各取方便路径,回到本地。凡是应征的人,时间短的,不超过三个月,时间长的,不超过一年。高宗任命刘仁轨为洮河镇守使,以便经营吐蕃,由此才有长期屯戍的兵役。武后在位以来,天下太平的日子长了,府兵逐渐没落,被人们看得轻贱了,百姓以当府兵为耻辱,以至于有为了逃避兵役而烫伤手足的。再者,牛仙客因积聚财货而得以出任宰相,

边将效之。山东戍卒多赍缯帛自随,边将诱之寄于府库,昼则苦役,夜縶地牢,利其死而没入其财。故自天宝以后,山东戍卒还者什无二三,其残虐如此。然未尝有外叛内侮,杀帅自擅者,诚以顾恋田园,恐累宗族故也。自开元之末,张说始募长征兵,谓之彍骑,其后益为六军。及李林甫为相,奏诸军皆募人为之。兵不土著,又无宗族,不自重惜,忘身徇利,祸乱遂生,至今为梗。向使府兵之法常存不废,安有如此下陵上替之患哉?陛下思复府兵,此乃社稷之福,太平有日矣。"上曰:"俟平河中,当与卿议之。"

九月丁亥,诏十六卫各置上将军,以宠功臣。改神策左、右厢为左、右神策军,殿前射生左、右厢为殿前左、右射生军,各置大将军二人、将军二人。

12　庚寅,李克宁始发父澄之丧,杀行军司马马铉,墨缞出视事,增兵城门。刘玄佐出师屯境上以制之,且使告谕切至,克宁乃不敢袭位。丁酉,以东都留守贾耽为义成节度使。克宁悉取府库之财夜出,军士从而剽之,比明殆尽。淄青兵数千自行营归,过滑州,将佐皆曰:"李纳虽外奉朝命,内蓄兼并之志,请馆其兵于城外。"贾耽曰:"奈何与人邻道而野处其将士乎?"命馆于城中。耽时引百骑猎于纳境,纳闻之,大喜,服其度量,不敢犯也。

边疆的将领都学着他的样子去做。山东戍边的士兵常常随身带着丝帛,边地的将领诱骗他们把丝帛寄存到仓库中去,白天让他们服苦役,晚上将他们拘囚在地牢中,希望他们死亡以没收他们的财物。所以,自从天宝年间以后,山东戍守边境的士兵能够回来的人不足十之二三,那残酷暴虐的程度就是这样。然而,当时还不曾有外部的叛变和内部的侮乱以及谋杀镇帅、自专旌节的人,这诚然是因为眷恋田地家园,唯恐连累本宗本族的缘故啊。自从开元末年以来,张说开始募集长期征戍的士兵,把他们称作矿骑,后来将矿骑增加到六军。到李林甫出任宰相的时候,他奏请各军都由募集来的人员组建。士兵们已经不再是本地人在本地当兵,已经没有宗族的连带关系,他们不再自重自惜,忘记自身的死活,宁可为财利而死,于是灾祸变乱发生了,至今还是朝廷的心病。假使府兵制度永远存在而未被废弃,哪里会有纲纪废弛,上下失序的祸患呢?陛下打算恢复府兵,这是国家的福气,太平盛世的到来,也就指日可待了。"德宗说:"等到将河中平定以后,朕自当与你计议此事。"

九月,丁亥(初一),德宗颁诏命令十六卫各自设置上将军,以表示对功臣的恩宠。将神策左、右厢改为左、右神策军,将殿前射生左、右厢改为殿前左、右射生军,各自设置大将军两人、将军两人。

12 庚寅(初四),李克宁开始将父亲李澄的死讯公布于众,他杀掉了行军司马马铉,穿着黑色的麻布丧服出来办理事务,在各城门都增加了兵员。刘玄佐派出军队,在州境上屯扎,以便遏制李克宁,同时让人极为严厉地告诫他,李克宁这才没敢承袭节度使的职位。丁酉(十一日),德宗任命东都留守贾耽为义成节度使。李克宁将库存的资财悉数取出,连夜出走,将士们跟在后面抢劫财物,到天亮了的时候,将资财几乎抢劫得一干二净。淄青兵数千人从行营回来,经过滑州,贾耽的将佐们都说:"虽然李纳表面上遵奉朝廷的命令,其实骨子里却包藏着吞并土地的意图,请将他的人马安排在城外住宿吧。"贾耽说:"我们与人家州道相邻,怎么能够让人家的将士住在野外呢?"于是,他让淄青兵在城中住了下来。贾耽时常带领上百人骑着马到李纳的境内打猎,李纳听说了以后,大为欣喜,他佩服贾耽的襟怀,不敢侵犯义成。

13　吐蕃游骑及好畤;乙巳,京城戒严,复遣左金吾将军张献甫屯咸阳。民间传言上复欲出幸以避吐蕃。齐映见上言曰:"外间皆言陛下已理装,具糗粮,人情恟惧。夫大福不再,陛下奈何不与臣等熟计之!"因伏地流涕,上亦为之动容。

李晟遣其将王佖将骁勇三千伏于汧城,戒之曰:"虏过城下,勿击其首;首虽败,彼全军而至,汝弗能当也。不若俟前军已过,见五方旗,虎豹衣,乃其中军也,出其不意击之,必大捷。"佖用其言,尚结赞败走。军士不识尚结赞,仅而获免。

尚结赞谓其徒曰:"唐之良将,李晟、马燧、浑瑊而已,当以计去之。"入凤翔境内,无所俘掠,以兵二万直抵城下曰:"李令公召我来,何不出犒我!"经宿,乃引退。

冬,十月癸亥,李晟遣蕃落使野诗良辅与王佖将步骑五千袭吐蕃摧砂堡;壬申,遇吐蕃众二万,与战,破之,乘胜逐北,至堡下,攻拔之,斩其将扈屈律悉蒙,焚其蓄积而还。尚结赞引兵自宁、庆北去,癸酉,军于合水之北;邠宁节度使韩游瑰遣其将史履程夜袭其营,杀数百人。吐蕃追之,游瑰陈于平川,潜使人鼓于西山;虏惊,弃所掠而去。

14　十一月甲午,立淑妃王氏为皇后。
15　乙未,韩滉入朝。
16　丁酉,皇后崩。

13　吐蕃流动作战的骑兵已经到达好畤,乙巳(十九日),京城采取了严密的防备措施,还派遣左金吾将军张献甫在咸阳屯驻。民间传说皇上准备再次出走,以便躲避吐蕃人。齐映进见德宗说:"外面都说陛下已经整顿行装,备办干粮,人们的情绪既震惊,又恐惧。一般说来,巨大的福气是不会第二次出现的,怎么陛下就不肯与我等详细计议一下呢?"他说着便跪伏于地,流下了眼泪,德宗也被他感动得改变了脸色。

李晟派遣他的将领王佖带领勇敢善战的士兵三千人在汧城埋伏下来,并且告诫他说:"当吐蕃军经过城下的时候,不要向他们的先头部队发起攻击;尽管他们的先头部队被打败了,但他们整个部队开来以后,你还是难以抵挡的。不如等他们的先头部队开过去以后,当看到军中竖着五方旗,将士穿着虎豹衣的时候,这便是他们的中军了,这时你出其不意地进击他们的中军,一定能够大获全胜。"王佖采用了李晟所讲的打法,尚结赞战败逃走。将士们不认识尚结赞,所以他才得以幸免。

尚结赞对他的徒众说:"唐朝的良将,只有李晟、马燧、浑瑊三人罢了,我们应当用计策除掉他们。"他进入凤翔境内,并不掳掠,带着士兵两万人一直开到凤翔城下说:"李令公叫我们到这里来的,为什么不出来犒劳我们?"过了一夜,尚结赞才领着人马退去。

冬季,十月癸亥(初七),李晟派遣蕃落使野诗良辅与王佖带领步兵、骑兵五千人袭击吐蕃的摧砂堡。壬申(十六日),野诗良辅与王佖军遇到吐蕃军两万人,与他们交战,打败了他们,于是乘胜追击,一直追到摧砂堡下,并攻克了摧砂堡,斩杀了堡中守将扈屈律悉蒙,烧掉了堡中的储备,才收兵回去。尚结赞领兵由宁州、庆州向北而去,癸酉(十七日),在合水北岸驻扎下来;邠宁节度使韩遊瓌派遣他的将领史履程在夜间袭击吐蕃的营地,杀了数百人。吐蕃追击史履程,韩遊瓌在平川结下阵列,暗中让人在西山擂起鼓来,吐蕃军大惊,丢掉了掳掠的物品,便离去了。

14　十一月甲午(初八),德宗册立淑妃王氏为皇后。

15　乙未(初九),韩滉进京朝见。

16　丁酉(十一日),皇后故去。

17 辛丑,吐蕃寇盐州,谓刺史杜彦光曰:"我欲得城,听尔率人去。"彦光悉众奔鄜州,吐蕃入据之。

刘玄佐在汴,习邻道故事,久未入朝。韩滉过汴,玄佐重其才望,以属吏礼谒之。滉相约为兄弟,请拜玄佐母;其母喜,置酒见之。酒半,滉曰:"弟何时入朝?"玄佐曰:"久欲入朝,但力未办耳!"滉曰:"滉力可及,弟宜早入朝。丈母垂白,不可使更帅诸妇女往填宫也!"母悲泣不自胜。滉乃遗玄佐钱二十万缗,备行装。滉留大梁三日,大出金帛赏劳,一军为之倾动。玄佐惊服,既而遣人密听之,滉问孔目吏:"今日所费几何?"诘责甚细。玄佐笑曰:"吾知之矣!"壬寅,玄佐与陈许节度使曲环俱入朝。

18 崔造改钱谷法,事多不集。诸使之职,行之已久,中外安之。元琇既失职,造忧惧成疾,不视事。既而江、淮运米大至,上嘉韩滉之功,十二月丁巳,以滉兼度支、诸道盐铁、转运等使;造所条奏皆改之。

19 吐蕃又寇夏州,亦令刺史托跋乾晖帅众去,遂据其城。又寇银州,州素无城,吏民皆溃;吐蕃亦弃之,又陷麟州。

20 韩滉屡短元琇于上;庚申,崔造罢为右庶子,琇贬雷州司户。以吏部侍郎班宏为户部侍郎、度支副使。

17 辛丑(十五日),吐蕃人侵犯盐州,对盐州刺史杜彦光说:"我们只打算得到盐州城,听凭你带着人们离开。"于是,杜彦光带领全部人众逃奔鄜州,吐蕃军占领了盐州。

刘玄佐在汴州供职,习惯了邻道不尊朝廷的先例,很长时间没有入京朝见。韩滉经过汴州,刘玄佐器重他的才能与声望,以属吏的礼节谒见韩滉。韩滉与刘玄佐相互约定结成兄弟,他请求拜望刘玄佐的母亲;刘玄佐的母亲很高兴,备办了酒席会见他。在酒至半酣的时候,韩滉说:"兄弟什么时候入京朝见呀?"刘玄佐说:"我早就打算入京朝见了,只是物力还不具备罢了。"韩滉说:"我那里的物力够你用的,兄弟应该及早入京朝见。伯母年事已高,不能让她再带着家中的各位女眷去做没入后宫的执役人啊。"刘玄佐的母亲禁不住悲哀地哭泣起来。于是,韩滉赠给刘玄佐钱二十万缗,让他置办行装。韩滉在汴州停留了三天,拿出大量的钱帛奖赏和犒劳将士,全军将士都被他打动了。刘玄佐更是既惊叹,又佩服。不久,刘玄佐派人暗中探听韩滉的情况,听到韩滉问孔目官说:"今天的费用有多少?"对孔目官的查问和督责都非常详细。刘玄佐笑着说:"我明白他的用意啦!"壬寅(十六日),刘玄佐与陈许节度使曲环一起入京朝见。

18 崔造更改钱谷的管理办法,所做的事情多数没有成功。各使的职务,已经实行了很长时间,朝廷内外都习惯于这种做法。在元琇被解除了兼管盐铁的职务以后,崔造因忧虑和恐惧而得了病,不能任职治事。不久,江淮的粮食大批运到了,德宗嘉许韩滉的功劳,十二月丁巳(初二),让韩滉兼任度支、诸道盐铁、转运等使,把崔造所条列奏上的办法完全改变了。

19 吐蕃人又侵犯夏州,也是让夏州刺史拓跋乾晖带领众人离去,于是占领了夏州城。吐蕃人再次侵犯银州,银州素来没有城墙,州中的官吏和百姓都逃散了,吐蕃也丢下了银州,又攻陷麟州。

20 韩滉屡次向德宗指责元琇的短处;庚申(初五),崔造被罢黜为右庶子,元琇被罢黜为雷州司户。德宗任命吏部侍郎班宏为户部侍郎、度支副使。

21　韩遊瓌奏请发兵攻盐州,吐蕃救之,则使河东袭其背。丙寅,诏骆元光及陈许兵马使韩全义将步骑万二千人会邠宁军,趣盐州,又命马燧以河东军击吐蕃。燧至石州,河曲六胡州皆降,迁于云、朔之间。

22　工部侍郎张彧,李晟之婿也。晟在凤翔,以女嫁幕客崔枢,礼重枢过于彧;彧怒,遂附于张延赏。给事中郑云逵尝为晟行军司马,失晟意,亦附延赏。上亦忌晟功名。会吐蕃有离间之言,延赏等腾谤于朝,无所不至。晟闻之,昼夜泣,目为之肿。悉遣子弟诣长安,表请削发为僧,上慰谕,不许。辛未,入朝,见上,自陈足疾,恳辞方镇,上不许。韩滉素与晟善,上命滉与刘玄佐谕旨于晟,使与延赏释怨。晟奉诏,滉等引延赏诣晟第谢,结为兄弟,因宴饮尽欢;又宴于滉、玄佐之第,亦如之。滉因使晟表荐延赏为相。

三年(丁卯,787)

1　春,正月壬寅,以左仆射张延赏同平章事。李晟为其子请婚于延赏,延赏不许;晟谓人曰:“武夫性快,释怨于杯酒间,则不复贮胸中矣;非如文士难犯,外虽和解,内蓄憾如故,吾得无惧哉!”

2　初,李希烈据淮西,选骑兵尤精者为左右门枪、奉国四将,步兵尤精者为左、右克平十将。淮西少马,精兵皆乘骡,谓之骡军。

21 韩游瓌上奏请求派出兵马攻打盐州,如果吐蕃前去援救盐州,便让河东军从背后袭击他们。丙寅(十一日),德宗颁诏命令骆元光以及陈许兵马使韩全义带领步兵、骑兵一万二千人,会合邠宁军,奔赴盐州,同时命令马燧率河东军进击吐蕃。马燧来到石州以后,河曲六胡州全部投降,于是将该处各部落迁徙到云州、朔州一带。

22 工部侍郎张彧是李晟的女婿。李晟在凤翔任职的时候,把女儿嫁给幕府中的宾客崔枢,对崔枢的礼遇和器重超过了张彧。张彧恼怒了,于是依附了张延赏。给事中郑云逵曾经担任李晟的行军司马,失去李晟的欢心,也依附了张延赏。德宗对李晟的功劳与声名也心怀顾忌。适逢吐蕃人散布离间的流言,张延赏等人便在朝廷中制造谤言,对李晟的攻击无所不至。李晟听说了以后,日夜哭泣,哭泣得连眼睛都肿起来了。他打发子弟全都前往长安,上表请求削去头发,去当和尚,德宗劝慰了一番,没有答应他的请求。辛未(十六日),李晟进京朝见,见到德宗以后,说自己脚上得了疾病,恳请辞去节度使的职务,德宗没有答应。韩滉素来与李晟友好,德宗命令韩滉与刘玄佐向李晟传达圣旨,让他与张延赏消除嫌怨,李晟接受了诏旨。韩滉等人带着张延赏到李晟的府第中来赔罪,二人结成兄弟,因而设宴饮酒,以尽欢言。他们又在韩滉、刘玄佐的宅第中宴饮,情况也和在李晟家中宴饮一样。于是韩滉让李晟上表荐举张延赏出任宰相。

唐德宗贞元三年(丁卯,公元787年)

1 春季,正月壬寅(十七日),德宗任命左仆射张延赏同平章事。李晟为他的儿子向张延赏求婚,张延赏没有答应。李晟对人说:"武人性情爽快,在杯酒之间消除了嫌怨,便不再把嫌怨存在心中了,不像文人那样难于冒犯,虽然表面上和解了,内心里包藏的怨恨却仍然如故,我能不心怀畏惧吗?"

2 当初,李希烈占据着淮西的时候,他选拔特别精锐的骑兵担任左右门枪、奉国四将,选拔特别精锐的步兵担任左右克平十将。淮西缺少马匹,精兵全骑骡子,人们把他们称作骡军。

　　陈仙奇举淮西降，才数月，诏发其兵于京西防秋。仙奇遣都知兵马使苏浦悉将淮西精兵五千人以行。会仙奇为吴少诚所杀，少诚密遣人召门枪兵马使吴法超等使引兵归；浦不之知。法超等引步骑四千自郦州叛归，浑瑊使其将白婆勒追之，反为所败。

　　丙午，上急遣中使敕陕虢观察使李泌发兵防遏，勿令济河。泌遣押牙唐英岸将兵趣灵宝，淮西兵已陈于河南矣。泌乃命灵宝给其食，淮西兵亦不敢剽掠。明日，宿陕西七里。泌不给其食，遣将将选士四百人分为二队，伏于太原仓之隘道，令之曰："贼十队过，东伏则大呼击之，西伏亦大呼应之。勿遮道，勿留行，常让以半道，随而击之。"又遣虞候集近村少年各持弓、刀、瓦石蹑贼后，闻呼亦应而追之。又遣唐英岸将千五百人夜出南门，陈于涧北。明日四鼓，淮西兵起行入隘，两伏发，贼众惊乱，且战且走，死者四之一；进遇唐英岸，邀而击之，贼众大败，擒其骡军兵马使张崇献。泌以贼必分兵自山路南遁，又遣都将燕子楚将兵四百自炭窑谷趣长水。贼二日不食，屡战皆败。英岸追至永宁东，贼皆溃入山谷。吴法超果帅其众太半趣长水，燕子楚击之，斩法超，杀其士卒三分之二。上以陕兵少，发神策军步骑五千往助泌，至赤水，闻贼已破而还。上命刘玄佐乘驿归汴，以诏书缘道诱之，得百三十馀人，至汴州，尽杀之。其溃兵在道，复为村民所杀，得至蔡者才四十七人。吴少诚以其少，悉斩之以闻；

陈仙奇率淮西归降才过了几个月，有诏征调他的人马到京城西边充当防秋兵。陈仙奇派遣都知兵马使苏浦带领着淮西的全部精锐兵马五千人前往。适逢陈仙奇被吴少诚杀害，吴少诚暗中派人征召门枪兵马使吴法超等人领兵回来。苏浦对发生的事情还不知道。吴法超等人带领步兵、骑兵四千人由郏州发起叛乱，返回淮西，浑瑊让他的将领白娑勒追赶吴法超，反而被吴法超打败。

　　丙午(二十一日)，德宗急忙派遣中使敕陕虢观察使李泌派兵阻止吴法超，不让他渡过黄河。李泌派遣押牙唐英岸领兵奔赴灵宝，这时淮西兵已经在黄河南岸结成阵列了。于是李泌命令灵宝供给他们食物，淮西兵也就不敢到处抢劫。第二天，淮西军在陕州城西七里处宿营，李泌不再向他们供给食品，而派遣将领率领精选出来的士兵四百人，分成两队，在太原仓的狭窄通道上埋伏起来，并命令他说："待到淮西军过去十队以后，东边的伏兵大声呼喊着进击淮西军，西边的伏兵也大声呼喊着响应东边的伏兵。不要拦遮道路，不要让他们停止不前，要始终让出半边道路，尾随着打击他们。"李泌又派遣虞候集合附近村落中的年轻人，各自拿着弓箭、兵器和瓦砾、石块等跟踪在贼兵的后面，听到呼喊声以后，也要大声响应着追击他们。李泌又派遣唐英岸带领一千五百人在夜间开出南门，在涧北结下阵列。第二天四更时分，淮西兵起身行进，进入狭窄的通道，两边伏兵齐发，淮西兵惊惶，边战边逃，死了四分之一。接着，他们遇到唐英岸的拦截阻击，淮西兵大败，唐英岸擒获了淮西军的骡军兵马使张崇献。李泌因淮西军肯定要分兵从山路向南而逃，又派遣都将燕子楚领兵四百人由炭窦谷奔赴长水县。淮西军两天没有吃饭，屡战屡败。唐英岸追击到永宁东面的时候，淮西军全部溃退到山谷中去了。吴法超果然率领他一多半人马逃往长水，燕子楚进击淮西军，斩杀吴法超，杀掉他的士兵又有三分之二。德宗因陕州兵马太少，派出神策军步兵、骑兵五千人前去援助李泌，来到赤水的时候，听说淮西军已经被打败，便返回去了。德宗命令刘玄佐乘着驿车返回汴州，沿途以诏书劝诱淮西兵，收得一百三十馀人，来到汴州以后，便将他们都杀掉了。淮西军溃散在途中的士兵，又被村落百姓杀死，得以回到蔡州的只有四十七人。吴少诚因逃回的人数太少，便将他们全部斩杀，上报朝廷闻知，

且遣使以币谢李泌,为其诛叛卒也。泌执张崇献等六十馀人
送京师,诏悉腰斩于鄜州军门,以令防秋之众。

3 初,云南王阁罗凤陷嶲州,获西泸令郑回。回,相州
人,通经术,阁罗凤爱重之。其子凤迦异及孙异牟寻、曾孙寻
梦凑皆师事之,每授学,回得挞之。及异牟寻为王,以回为清
平官。清平官者,蛮相也,凡有六人,而国事专决于回。五人
者事回甚卑谨,有过,则回挞之。

云南有众数十万,吐蕃每入寇,常以云南为前锋,赋敛重
数,又夺其险要立城堡;岁征兵助防,云南苦之。回因说异牟
寻复自归于唐曰:“中国尚礼义,有惠泽,无赋役。”异牟寻以
为然,而无路自致,凡十馀年。及西川节度使韦皋至镇,招抚
境上群蛮,异牟寻潜遣人因群蛮求内附。皋奏:“今吐蕃弃
好,暴乱盐、夏,宜因云南及八国生羌有归化之心招纳之,以
离吐蕃之党,分其势。”上命皋先作边将书以谕之,微观其趣。

4 张延赏与齐映有隙,映在诸相中颇称敢言,上浸不
悦;延赏言映非宰相器。壬子,映贬夔州刺史。刘滋罢为左
散骑常侍,以兵部侍郎柳浑同平章事。

韩滉性苛暴,方为上所任,言无不从;他相充位而已,
百吏救过不赡。浑虽为滉所引荐,正色让之曰:“先相公
以褊察为相,不满岁而罢,今公又甚焉。奈何榜吏于省中,

并且派遣使者送去礼物,感谢李泌,说这是由于李泌诛杀叛乱士卒的缘故。李泌捉住张崇献等六十馀人,将他们送往京城,德宗颁诏命令在鄜州军营门前将他们全部腰斩,借以号令防秋的将士们。

3 当初,云南王阁罗凤攻陷巂州的时候,捉获了西泸县令郑回。郑回是相州人氏,通晓经学,阁罗凤对他又赏识,又器重。阁罗凤的儿子凤迦异和孙子异牟寻、曾孙寻梦凑都以事奉老师的礼节对待他,每当教授学识的时候,郑回可以鞭打学生。及至异牟寻即位为王的时候,任命郑回为清平官。清平官这一职位,便是南诏的国相,当时设置的清平官共有六人,但国家大事只由郑回一人决断。其馀五人需要低声下气地小心事奉郑回,如果他们犯了过错,郑回便抽打他们。

云南拥有人众几十万,每当吐蕃侵犯内地的时候,经常以云南为先锋,对他们征收赋税相当繁重,还强占云南的险要之地,建立城邑堡垒;每年都要征发兵员帮助吐蕃防守,云南从中受尽了苦头。于是郑回劝说异牟寻再次主动归附唐朝,他说:"大唐崇尚礼义,对我们只会施以恩惠,不会征发赋税劳役。"异牟寻认为所言有理,但因道路不通,没有向朝廷自行传送诚意,共有十馀年之久。及至西川节度使韦皋来到镇所以后,他招徕并抚慰西川边境上的各蛮族人,异牟寻暗中派人随着各蛮族人请求归附朝廷。韦皋上奏说:"如今吐蕃背弃盟好,残暴地扰乱盐州、夏州,自当顺乎云南和八国生羌归向王化的愿望,招徕他们,以分化吐蕃的同党,削弱吐蕃的势力。"德宗命令韦皋先以边境将领的名义发布文书开导各蛮族人,暗中观察事态发展的动向。

4 张延赏与齐映有嫌隙,齐映在各位宰相中号称颇敢直言,德宗渐渐地不再赏识他了;于是张延赏上言齐映不具有宰相的才具。壬子(二十七日),齐映被贬为夔州刺史。刘滋被罢黜为左散骑常侍,德宗任命兵部侍郎柳浑为同平章事。

韩滉性情严苛暴躁,他正被德宗重用,他所说的,德宗无不听从;其他宰相不过是在相位上充数罢了,而朝中百官总是有弥补不完的过错。虽然柳浑是被韩滉推荐上来的,但他还是严肃地责备韩滉说:"前任宰相因气量狭窄,苛察细事,出任宰相不满一年便被罢免,如今你更是变本加厉了。你怎么能够在听政之地拷打官吏,

至有死者？且作福作威，岂人臣所宜？”滉愧，为之少霁威严。

5　二月壬戌，以检校左庶子崔澣充入吐蕃使。

6　戊寅，镇海节度使、同平章事、充江淮转运使韩滉薨。滉久在二浙，所辟僚佐，各随其长，无不得人。尝有故人子谒之，考其能，一无所长，滉与之宴，竟席，未尝左右视及与并坐交言。后数日，署为随军，使监库门。其人终日危坐，吏卒无敢妄出入者。

分浙江东、西道为三：浙西，治润州；浙东，治越州；宣、歙、池，治宣州；各置观察使以领之。

上以果州刺史白志贞为浙西观察使，柳浑曰：“志贞，恬人，不可复用。”会浑疾，不视事；辛巳，诏下，用之。浑疾间，遂乞骸骨；不许。

7　甲申，葬昭德皇后于靖陵。

8　三月丁酉，以左庶子李钴充入吐蕃使。

初，吐蕃尚结赞得盐、夏州，各留千馀人戍之，退屯鸣沙。自冬入春，羊马多死，粮运不继，又闻李晟克摧沙，马燧、浑瑊等各举兵临之，大惧，屡遣使求和，上未之许。乃遣使卑辞厚礼求和于马燧，且请修清水之盟而归侵地，使者相继于路。燧信其言，留屯石州，不复济河，为之请于朝。

李晟曰：“戎狄无信，不如击之。”韩游瑰曰：“吐蕃弱则求盟，强则入寇，今深入塞内而求盟，此必诈也！”韩滉曰：“今两河无虞，若城原、鄜、洮、渭四州，使李晟、刘玄佐之徒将十万众戍之，

以致出了人命呢？妄自尊大，滥用权势，这哪里是人臣所应做的事情呢？"韩滉惭愧了，因此将威严稍微收敛了一些。

5　二月壬戌（初七），德宗让检校左庶子崔澣充任入吐蕃使。

6　戊寅（二十三日），镇海节度使、同平章事、充江淮转运使韩滉故去。韩滉长期在浙江东西道任职，他所任用的下属官吏，都是分别按照他们的长处来选拔委任，没有任人不当的事情发生。曾经有位老朋友的儿子来谒见韩滉，经过考察，发现这人没有什么长处，韩滉与他一同赴宴，直至宴席终了，他都不曾向周围看上一眼，也不曾与坐在一起的人交谈。几天以后，韩滉委任他为随军，让他看管库房的大门。这人整天端坐在那儿，官吏、士卒没有敢妄自出入的。

朝廷将浙江东西道划分成三部分：浙西以润州为治所，浙东以越州为治所，宣、歙、池以宣州为治所，三处分别设置观察使，以便统领其地。

德宗任命果州刺史白志贞为浙西观察使，柳浑说："白志贞是个奸佞之人，不应该再加任用。"恰逢柳浑得了疾病，不能处理事务；辛巳（二十六日），诏书发下，终于任用了白志贞。柳浑的病情好转以后，请求退职，德宗没有答应。

7　甲申（二十九日），将昭德皇后安葬在靖陵。

8　三月丁酉（十三日），德宗让左庶子李铦充任入吐蕃使。

当初，吐蕃尚结赞在得到盐州、夏州以后，各自留下一千余人戍守其地，自己退至鸣沙县屯驻。由冬天转入春天以后，羊马多数死去，粮食运输供给不上，又听说李晟攻克摧沙堡，马燧、浑瑊等人各自起兵亲临鸣沙，尚结赞大为恐惧，屡次派遣使者请求和好，德宗没有答应他。于是尚结赞派遣使者以谦卑的辞令和丰厚的礼物向马燧求和，而且请求遵守清水会盟的约定，归还他们所侵夺的土地，派出的使者在道路上前后相继。马燧相信了尚结赞的说法，留在石州屯扎下来，不再渡过黄河，还替尚结赞向朝廷请求。

李晟说："吐蕃不讲信用，不如向他们发起进攻。"韩遊瓌说："吐蕃衰弱的时候才请求会盟，强盛的时候便侵犯内地，现在，吐蕃深入到边界之内，反而请求盟会，这一定是在骗人！"韩滉说："如今两河一带没有祸患，假如在原州、鄯州、洮州、渭州四处修筑城墙，让李晟、刘玄佐这些人带领十万人马戍守在那里，

河、湟二十馀州可复也。其资粮之费，臣请主办。"上由是不听燧计，趣使进兵。燧请与吐蕃使论颊热俱入朝论之，会浑瑊、燧、延赏皆与晟有隙，欲反其谋，争言和亲便。上亦恨回纥，欲与吐蕃和，共击之，得二人言，正会己意，计遂定。

延赏数言"晟不宜久典兵，请以郑云逵代之"。上曰："当令自择代者。"乃谓晟曰："朕以百姓之故，与吐蕃和亲决矣。大臣既与吐蕃有怨，不可复之凤翔，宜留朝廷，朝夕辅朕；自择一人可代凤翔者。"晟荐都虞候邢君牙。君牙，乐寿人也。丙午，以君牙为凤翔尹兼团练使。丁未，加晟太尉、中书令，勋、封如故；馀悉罢之。

晟在凤翔，尝谓僚佐曰："魏徵好直谏，余窃慕之。"行军司马李叔度曰："此乃儒者所为，非勋德所宜。"晟敛容曰："司马失言。晟任兼将相，知朝廷得失不言，何以为臣？"叔度惭而退。及在朝廷，上有所顾问，极言无隐；性沉密，未尝泄于人。

辛亥，马燧入朝。燧既来，诸军皆闭壁不战。尚结赞遂自鸣沙引归，其众乏马，多徒行者。

崔澣见尚结赞，责以负约。尚结赞曰："吐蕃破朱泚，未获赏，是以来，而诸州各城守，无由自达。盐、夏守将以城授我而遁，非我取之也。今明公来，欲践修旧好，固吐蕃之愿也。今吐蕃将相以下来者二十一人，浑侍中尝与之共事，

河湟地区的二十多个州是可以收复的。他们所需物资粮食的费用,请让我来主持办理。"因此,德宗没有听从马燧的意见,还敦促他及时进军。马燧请求与吐蕃使者论颊热一同入朝辩论和亲之事,适逢韩滉故去,马燧、张延赏都与李晟有嫌隙,打算反对李晟的谋略,便争着称道和亲有利。德宗也因心恨回纥,准备与吐蕃和好,以便共同进击回纥,听到马、张两人的主张正符合自己的意愿,于是便拿定了主意。

张延赏屡次说:"李晟不适合长时期执掌军事,请让郑云逵来代替他。"德宗说:"应该让他自己选择替代他的人选。"于是德宗对李晟说:"为了百姓的缘故,朕已经决定与吐蕃和亲了。既然你与吐蕃结有怨仇,所以不能再到凤翔去了,最好是留在朝廷,时时做朕的辅佐,你自己选择一个可以替代你出任凤翔的人选吧。"李晟推荐了都虞候邢君牙。邢君牙是乐寿人。丙午(二十二日),德宗任命邢君牙为凤翔尹兼团练使。丁未(二十三日),加封李晟为太尉、中书令,他的勋位、爵号仍然一如往昔,对封拜给他的其馀的官职,则一概罢除了。

李晟出任凤翔的时候,曾经对属下官吏说:"魏徵喜欢直言谏诤,我私下里很仰慕他。"行军司马李叔度说:"谏诤是读书人的作为,不是勋业、德望素著的人所应该做的。"李晟面色变得严肃起来,他说:"司马这话可说错了。我兼有将领与宰相的职任,如果知道朝廷哪里做得对、哪里做得不对,但不肯讲出来,那怎样去做一个人臣呢?"李叔度惭愧地退去了。及至李晟供职朝廷的时候,只要德宗向他征询意见,他总是极为坦率地陈说,无所隐瞒;但他生性沉着缜密,从来不曾向别人泄露。

辛亥(二十七日),马燧入京朝见。马燧来到朝廷以后,各军都关闭营门,不再出战。尚结赞急忙从鸣沙带领军队退回,他的军队缺少马匹,有许多人只好徒步而行。

崔澣见到尚结赞,责备他背弃盟约。尚结赞说:"吐蕃打败朱泚,没有得到赏赐,所以便前来了,然而诸州各自据城防守,还是无法传达我们的要求。盐州、夏州的守城将领把城池交给我们以后便逃走了,这可不是我们攻取下来的。现在您来了,打算履行前言,重新恢复原来的盟好,这正是吐蕃的愿望啊。如今吐蕃将相及以下官员前来此地的有二十一人,浑侍中曾经与他们一起讨伐朱泚,

知其忠信。灵州节度使杜希全、泾原节度使李观皆信厚闻于异域,请使之主盟。"

夏,四月丙寅,澣至长安。辛未,以澣为鸿胪卿,复使入吐蕃语尚结赞曰:"希全守灵,不可出境,李观已改官,今遣浑瑊盟于清水。"且令先归盐、夏二州。五月甲申,浑瑊自咸阳入朝,以为清水会盟使。戊子,以兵部尚书崔汉衡为副使,司封员外郎郑叔矩为判官,特进宋奉朝为都监。己丑,瑊将二万馀人赴盟所。

乙巳,尚结赞遣其属论泣赞来言:"清水非吉地,请盟于原州之土梨树;既盟而归盐、夏二州。"上皆许之。神策将马有麟奏:"土梨树多阻险,恐吐蕃设伏兵,不如平凉川坦夷。"时论泣赞已还,丁未,遣使追告之。

9　申蔡留后吴少诚,缮兵完城,欲拒朝命。判官郑常、大将杨冀谋逐之,诈为手诏赐诸将申州刺史张伯元等。事泄,少诚杀常、冀、伯元。大将宋旻、曹济奔长安。

10　闰月己未,韦皋复与东蛮和义王苴那时书,使诇伺导达云南。

11　庚申,大省州、县官员,收其禄以给战士,张延赏之谋也。时新除官千五百人,而当减者千馀人,怨嗟盈路。

12　初,韩滉荐刘玄佐可使将兵复河、湟,上以问玄佐,玄佐亦赞成之。滉薨,玄佐奏言:"吐蕃方强,未可与争。"上遣中使劳问玄佐,玄佐卧而受命。张延赏知玄佐不可用,奏以河、湟事委李抱真;抱真亦固辞。皆由延赏罢李晟兵柄,故武臣皆愤怒解体,不肯为用故也。

知道他们是讲究忠信的。灵州节度使杜希全、泾原节度使李观皆信义用事,厚道待人,闻名于异国,请让他们主持会盟吧。"

夏季,四月丙寅(十二日),崔澣来到长安。辛未(十七日),德宗任命崔澣为鸿胪卿,让他再次前往吐蕃对尚结赞说:"杜希全防守灵州,不能够离开本州疆境,李观已经改任官职,现在派遣浑瑊到清水会盟。"并且让吐蕃先归还盐州、夏州两地。五月甲申(初一),浑瑊从咸阳入京朝见,德宗任命他为清水会盟使。戊子(初五),德宗任命兵部尚书崔汉衡为清水会盟副使,任命司封员外郎郑叔矩为判官,任命特进宋奉朝为都监。己丑(初六),浑瑊带领两万馀人前往会盟地点。

乙巳(二十二日),尚结赞派遣他的下属论泣赞前来说:"清水不是吉祥的地方,请在原州的土梨树处会盟吧,会盟以后,便归还盐、夏二州。"德宗一概答应下来。神策军将领马有麟上奏说:"土梨树处多半是险阻之地,恐怕吐蕃会设下埋伏的兵马,不如在平凉川会盟,那里地势平坦。"当时,论泣赞已经回去,丁未(二十四日),德宗派遣使者追赶论泣赞,告诉他这一决定。

9 申蔡留后吴少诚整治兵器,修葺城邑,准备抗拒朝廷的命令。判官郑常、大将杨冀打算驱逐他,便假造德宗的亲笔诏书,颁赐给申州刺史张伯元等诸将领。事情泄露以后,吴少诚将郑常、杨冀、张伯元杀掉。大将宋旻、曹济逃奔长安。

10 闰五月己未(初七),韦皋再次写信给东蛮和义王苴那时,让他探听云南的情况,引导云南归附。

11 庚申(初八),朝廷大规模地削减州县官员,收回他们的薪俸,以便维持战士的供给。这种做法,是张延赏谋划的。当时,新任命的官员有一千五百人,而应当裁减的有一千多人,于是人们怨声载道。

12 当初,韩滉推荐刘玄佐,认为可以让他领兵收复河湟地区,德宗以此征求刘玄佐的意见,刘玄佐也表示赞成。韩滉故去以后,刘玄佐上奏说:"吐蕃正在强盛的时候,不能与他们争锋。"德宗派遣中使慰劳刘玄佐,刘玄佐却躺在床上接受诏旨。张延赏知道刘玄佐难以任用了,便上奏将河湟事宜交托李抱真,李抱真也坚决推辞。这完全是由于张延赏免除了李晟的兵权,而使武将愤怒不平,心灰意冷,不愿意为朝廷效力的缘故。

13　上以襄、邓扼淮西冲要,癸亥,以荆南节度使曹王皋为山南东道节度使,以襄、邓、复、郢、安、随、唐七州隶之。

14　浑瑊之发长安也,李晟深戒之以盟所为备不可不严。张延赏言于上曰:"晟不欲盟好之成,故戒瑊以严备。我有疑彼之形,则彼亦疑我矣,盟何由成?"上乃召瑊,切戒以推诚待房,勿自为猜贰以阻房情。

瑊奏吐蕃决以辛未盟。延赏集百官,以瑊表称诏示之曰:"李太尉谓吐蕃和好必不成,此浑侍中表也,盟日定矣。"晟闻之,泣谓所亲曰:"吾生长西陲,备谙房情,所以论奏,但耻朝廷为犬戎所侮耳!"

上始命骆元光屯潘原,韩遊瓌屯洛口,以为瑊援。元光谓瑊曰:"潘原距盟所且七十里,公有急,元光何从知之?请与公俱。"瑊以诏指固止之。元光不从,与瑊连营相次,距盟所三十馀里。元光壕栅深固,瑊壕栅皆可逾也。元光伏兵于营西,韩遊瓌亦遣五百骑伏于其侧,曰:"若有变,则汝曹西趣柏泉以分其势。"

尚结赞与瑊约,各以甲士三千人列于坛之东西,常服者四百人从至坛下。辛未,将盟,尚结赞又请各遣游骑数十更相觇索,瑊皆许之。吐蕃伏精骑数万于坛西,游骑贯穿唐军,出入无禁。唐骑入房军,悉为所擒,瑊等皆不知,入幕,易礼服。房伐鼓三声,大噪而至,杀宋奉朝等于幕中。瑊自幕后出,

13　由于襄州和邓州扼制着淮西的交通紧要之地,癸亥(十一日),德宗任命荆南节度使曹王李皋为山南东道节度使,将襄、邓、复、郢、安、随、唐共七州归属他来管辖。

14　浑瑊从长安出发的时候,李晟深切地告诫他在会盟地点的防备不可不严密。张延赏对德宗说:"李晟不希望会盟交好获得成功,所以他才告诫浑瑊严加防备。我们有了怀疑吐蕃的形迹,吐蕃就也要怀疑我们了,会盟还怎么能够成功呢?"于是德宗传召浑瑊,极力告诫他对待吐蕃要有诚意,不要自怀疑忌而拒绝了吐蕃的真情。

浑瑊上奏,吐蕃决定在辛未(十九日)这一天会盟。张延赏招集百官,把浑瑊的表章拿给大家看,他说:"李太尉认为与吐蕃和好必定不能成功,可这就是浑侍中的表章,会盟的日期已经确定下来了。"李晟听说此事以后,哭泣着对亲近的人说:"我生长在西部边疆,完全熟悉吐蕃的情况,我上奏论说此事的本意,只是不愿意让朝廷遭受吐蕃的侮辱罢了!"

一开始,德宗命令骆元光驻扎在潘原,韩遊瑰驻扎在洛口,以此来接应浑瑊。骆元光对浑瑊说:"潘原距离会盟地点将近七十里,倘若你发生了紧急情况,我哪里能够得到你的消息呢?请让我与你一同前往吧。"浑瑊根据诏书的意旨坚决阻止了他。骆元光不肯听命,与浑瑊的营地连接着驻扎下来,距离会盟地点有三十多里。骆元光的壕堑挖得很深,栅栏扎得很牢固,浑瑊的壕堑和栅栏却完全可以轻易跳过去。骆元光在营地西边设下伏兵,韩遊瑰也派遣骑兵五百人,在骆元光的旁边埋伏下来,他说:"如果发生变故,你们这班人便向西直奔柏泉,以便分散吐蕃的声势。"

尚结赞与浑瑊约定,双方各自派出身着铠甲的将士三千人,排列在坛场的东西两侧,再派出身着平时服装的将士四百人随着来到坛场下面。辛未(十九日),将要会盟的时候,尚结赞又要求双方各自派出流动巡逻的骑兵数十人,互相侦察对方的行动,浑瑊完全答应了他的要求。吐蕃将精锐的骑兵数万人埋伏在坛场西边,流动巡逻的骑兵在唐朝军队中穿来穿去,进进出出,不受禁止。唐朝的骑兵进入吐蕃军以后,全部被吐蕃擒获,浑瑊等人一概没有觉察,于是走入帐幕,去换礼服。吐蕃擂鼓三声,大声呼喊着赶上前来,在帐幕中杀掉了宋奉朝等人。浑瑊从帐幕后边逃出来,

偶得他马乘之,伏鬣入其衔,驰十馀里,衔方及马口,故矢过其背而不伤。唐将卒皆东走,虏纵兵追击,或杀或擒之,死者数百人,擒者千馀人,崔汉衡为虏骑所擒。浑瑊至其营,则将卒皆遁去,营空矣。骆元光发伏成陈以待之,虏追骑愕眙。瑊入元光营,追骑顾见邠宁军西驰,乃还。元光以辎重资瑊,与瑊收散卒,勒兵整陈而还。

是日上临朝,谓诸相曰:"今日和戎息兵,社稷之福!"马燧曰:"然。"柳浑曰:"戎狄,豺狼也,非盟誓可结。今日之事,臣窃忧之!"李晟曰:"诚如浑言。"上变色曰:"柳浑书生,不知边计;大臣亦为此言邪?"皆伏地顿首谢,因罢朝。是夕,韩遊瓌表言"虏劫盟者,兵临近镇"。上大惊,衔递其表以示浑。明旦,谓浑曰:"卿书生,乃能料敌如此其审乎!"上欲出幸以避吐蕃,大臣谏而止。

李晟大安园多竹,复有为飞语者,云"晟伏兵大安亭,谋因仓猝为变"。晟遂伐其竹。

癸酉,上遣中使王子恒赍诏遗尚结赞,至吐蕃境,不纳而还。浑瑊留屯奉天。

甲戌,尚结赞至故原州,引见崔汉衡等曰:"吾饰金械,欲械瑊以献赞普。今失瑊,虚致公辈。"又谓马燧之侄弇曰:"胡以马为命,吾在河曲,春草未生,马不能举足。当是时,侍中渡河掩之,吾全军覆没矣!所以求和,蒙侍中力。今全军得归,奈何拘其子孙?"

偶然得到一匹别人的马骑了上去,伏在马背上,往马口上戴嚼子,奔驰了十馀里地,嚼子才戴到马口上,所以乱箭从他背上掠过去,但他并没有受伤。唐朝的将士都向东逃跑,吐蕃放纵士兵追击,将唐军杀的杀,捉的捉,总计被杀的有数百人,被捉的有一千馀人,崔汉衡也被吐蕃骑兵擒获了。浑瑊赶到他的营地的时候,将士们都已逃跑,营中已经空荡荡的了。骆元光发动伏兵,结成阵列,等待着他,吐蕃追赶而来的骑兵只好瞪目而视。浑瑊进入骆元光的营地,吐蕃追击的骑兵回头看见邠宁军向西奔驰而去,于是也回去了。骆元光以本军的辎重资助浑瑊,与浑瑊一起招集逃散的士兵,统率着军队,整顿好阵列也向回开去。

　　就在这一天,德宗上朝,对各位宰相说:"今天与吐蕃讲和,停止战争,这是国家的福气啊!"马燧说:"对呀。"柳浑说:"吐蕃豺狼成性,不是会盟立誓便可以约束得住的。今天的事情,我私下里总在为它担心!"李晟说:"正如柳浑所说的那样。"德宗脸色一变,说:"柳浑是一个书生,不晓得边疆大计。你也说这种话吗?"大家都伏地叩头谢罪,于是便结束了朝会。在当天晚上,韩遊瓌上表说:"吐蕃劫持了会盟的人们,他们的兵马已经来到临近的州镇。"德宗大为震惊,让街使将韩遊瓌的表章传示柳浑。第二天早晨,德宗对柳浑说:"你是一个书生,预料敌情竟然能够这般确切啊!"德宗准备出走,以躲避吐蕃人,大臣们规劝他打消了念头。

　　李晟的大安园内有许多竹子,便又有人制造流言说:"李晟在大安亭设下了伏兵,图谋乘着国家发生突然变故的时候发动变乱。"于是,李晟将园内的竹子砍掉了。

　　癸酉(二十一日),德宗派遣中使王子恒带着诏书给尚结赞送去,中使来到吐蕃疆境之内,没有受到接待,只好返回。浑瑊留在奉天驻扎下来。

　　甲戌(二十二日),尚结赞来到原州故地,接见崔汉衡等人说:"我治办了金枷锁,准备用它囚禁浑瑊,以便献给赞普。现在,浑瑊跑掉了,却空自捉住你们这些人。"尚结赞又对马燧的侄子马弇说:"胡人靠马匹维系性命,我在河曲的时候,春天的草木还未萌生,马匹饿得抬不起脚来。当此时,如果马侍中渡过黄河袭击我们,我们便会全军覆没了!我们请求和好能够成功,全赖马侍中从中出力。如今我们全军得以回去了,怎么能够扣留他的子孙后代呢?"

命弇与宦官俱文珍、浑瑊将马宁俱归。分囚崔汉衡等于河、廓、鄯州。上闻尚结赞之言，由是恶马燧。

六月丙戌，以马燧为司徒兼侍中，罢其副元帅、节度使。

初，吐蕃尚结赞恶李晟、马燧、浑瑊，曰：“去三人，则唐可图也。”于是离间李晟，因马燧以求和，欲执浑瑊以卖燧，使并获罪，因纵兵直犯长安。会失浑瑊而止。张延赏惭惧，谢病不视事。

15　以陕虢观察使李泌为中书侍郎、同平章事。

16　河东都虞候李自良从马燧入朝，上欲以为河东节度使，自良固辞曰：“臣事燧日久，不欲代之为帅。”乃以为右龙武大将军。明日，自良入谢，上谓之曰：“卿于马燧，存军中事分，诚为得礼。然北门之任，非卿不可。”卒以自良为河东节度使。

17　吐蕃之戍盐、夏者，馈运不继，人多病疫思归，尚结赞遣三千骑逆之，悉焚其庐舍，毁其城，驱其民而去。灵盐节度使杜希全遣兵分守之。

18　韦皋以云南颇知书，壬辰，自以书招谕之，令趣遣使入见。

19　李泌初视事，壬寅，与李晟、马燧、柳浑俱入见。上谓泌曰：“卿昔在灵武，已应为此官，卿自退让。朕今用卿，欲与卿有约，卿慎勿报仇，有恩者朕当为卿报之。”对曰：“臣素奉道，不与人为仇。李辅国、元载皆害臣者，今自毙矣。素所善及有恩者，率已显达，或多零落，臣无可报也。”上曰：“虽然，有小恩者，亦当报之。”对曰：“臣今日亦愿与陛下为约，可乎？”上曰：“何不可！”

他让马弇与宦官俱文珍、浑瑊的将领马宁一起回国,而将崔汉衡等人分别囚禁在河州、廓州和鄯州。德宗听到尚结赞的说法,由此便嫌恶马燧了。

六月丙戌(初五),德宗任命马燧为司徒兼侍中,免除了他副元帅、节度使的职务。

当初,吐蕃尚结赞憎恶李晟、马燧、浑瑊,他说:"除去这三个人,唐朝便可以图谋了。"于是,他离间朝廷对李晟的信任,通过马燧向朝廷求和,打算借着捉拿浑瑊来出卖马燧,使两人一起受到惩罚,而他能够趁机放纵兵马直接侵犯长安。适逢浑瑊走脱,只好作罢。张延赏又惭愧,又恐惧,于是推托有病,不再处理朝中事务。

15 德宗任命陕虢观察使李泌为中书侍郎、同平章事。

16 河东都虞候李自良跟随马燧入京朝见,德宗打算任命他为河东节度使,李自良再三推辞说:"我长期事奉马燧,不想代替他担任主帅。"于是德宗任命他右龙武大将军。第二天,李自良入朝谢恩,德宗对他说:"对于马燧来说,你的做法照顾到军中事由的体统,诚然合乎礼数。但是,出镇河东这一有屈大才的任命,还是非你莫属的。"德宗终于任命李自良为河东节度使。

17 戍守盐州和夏州的吐蕃将士,因给养运送接济不上,多数患瘟疫,希望回国,尚结赞派出三千骑兵迎接他们。他们将当地的房舍全部烧掉,将城墙拆毁并驱散百姓,便离开了。灵盐节度使杜希全派兵分别防守两州。

18 韦皋认为云南人颇为知书识理,壬辰(十一日),他亲自写信劝导他们,敦促他们派遣使者入朝觐见。

19 李泌开始处理朝中事务。壬寅(二十一日),他与李晟、马燧、柳浑一起入朝觐见。德宗对李泌说:"过去你在灵武的时候,已经应该担任这一官职,但你主动谦让了。现在,朕起用了你,打算给你规定一条限制,你千万不要报复仇人。对有恩于你的人,朕自当替你报偿。"李泌回答说:"我平素尊奉道教,是不与人们结仇的。李辅国、元载都曾加害于我,如今他们自行倒台了。我平时所交好的和对我有恩惠的人,有的已经荣显闻达了,有的已经衰微没落了,我对他们是没有什么可报答的了。"德宗说:"即使如此,对有小小恩惠于你的人,也是应当报答的。"李泌回答说:"今天我也希望给陛下规定一条限制,可以吗?"德宗说:"有什么不可以的!"

泌曰：“愿陛下勿害功臣。臣受陛下厚恩，固无形迹。李晟、马燧有大功于国，闻有谗之者，虽陛下必不听，然臣今日对二人言之，欲其不自疑耳。陛下万一害之，则宿卫之士，方镇之臣，无不愤惋而反仄，恐中外之变不日复生也！人臣苟蒙人主爱信则幸矣，官于何有？臣在灵武之日，未尝有官，而将相皆受臣指画；陛下以李怀光为太尉而怀光愈惧，遂至于叛。此皆陛下所亲见也。今晟、燧富贵已足，苟陛下坦然待之，使其自保无虞，国家有事则出从征伐；无事则入奉朝请，何乐如之？故臣愿陛下勿以二臣功大而忌之，二臣勿以位高而自疑，则天下永无事矣。”上曰：“朕始闻卿言，耸然不知所谓。及听卿剖析，乃知社稷之至计也！朕谨当书绅，二大臣亦当共保之。”晟、燧皆起，泣谢。

上因谓泌曰：“自今凡军旅粮储事，卿主之；吏、礼委延赏；刑法委浑。”泌曰：“不可。陛下不以臣不才，使待罪宰相。宰相之职，不可分也，非如给事则有吏过、兵过，舍人则有六押；至于宰相，天下之事咸共平章。若各有所主，是乃有司，非宰相也。”上笑曰：“朕适失辞，卿言是也。”泌请复所减州、县官。上曰：“置吏以为人也，今户口减于承平之时三分之二，而吏员更增，可乎？”对曰：“户口虽减，而事多于承平且十倍，吏得无增乎？

李泌说:"希望陛下不要加害功臣。我蒙受陛下深厚的恩典,当然没有受害的迹象。李晟、马燧为国家建立了巨大的功劳,听说有人说他们的坏话,尽管陛下肯定不会听信,但今天我当着他们两人的面讲这些话,是希望他们不要自起疑心而已。万一陛下要加害他们,那么,值宿警卫的将士,方镇的将帅,便都会愤怒叹息,辗转不安,恐怕过不了多少日子,朝廷内外的变故就要再次发生了!如果臣下能够蒙受君主的赏识与信任,那便够幸运的了,还谈什么官职不官职的?我在灵武的时候,不曾担任官职,但大将、宰相都接受我的指点;陛下任命李怀光为太尉,但李怀光愈加恐惧,终至背叛了朝廷。这都是陛下亲眼所见的事情啊。如今李晟、马燧已经足够富贵的了,如果陛下能够坦诚地对待他们,让他们自保官爵,没有疑虑,在国家发生变故的时候便出朝随从征伐,在国家无事的时候便入朝参加朝会,有什么快乐能够与此相比呢?所以,我希望陛下不要因为他们两人的功劳太大便猜忌他们,他们两人也不要因为职位太高便自生疑心,那么,天下便永远不会发生危险了。"德宗说:"朕乍一听你的话,觉着突兀,不知道你讲的是什么。待到听了你的分析以后,才知道这是国家的根本大计啊!朕自会牢牢记住你的话,对于李、马两位大臣,朕也自当与你共同保全他们。"李晟和马燧都站了起来,哭泣着表示感谢。

于是德宗对李泌说:"从今天开始,凡是有关军队和粮食储备的事情,都交给你来主持;吏部和礼部交给张延赏主持;刑部交给柳浑主持。"李泌说:"这不妥当。陛下不嫌我没有才能,才让我出任宰相。宰相的职责,是不可分割的,不像在给事中那里要分辨出哪些是吏部的过失,哪些是兵部的过失,在中书舍人那里分成六部签署画押;至于说到宰相的职责,对天下的事情都应当共同商酌处理。如果宰相各自主持某方面的事情,这便成了专司一面的职能部门了,这可不是宰相的职责啊。"德宗笑着说:"适才是朕讲得不够妥当,你的话是对的。"李泌请求恢复被削减的州县官员。德宗说:"官吏应当是为百姓而设置的,现在户口比太平时期减少了三分之二,但官吏反而增加了,这样能行吗?"李泌回答说:"虽然户口是减少了,但是现在的事务比太平时期多出将近十倍,官吏怎么会不增加呢?

且所减皆有职而冗官不减，此所以为未当也。至德以来置额外官，敌正官三分之一，若听使计日得资然后停，加两选授同类正员官。如此，则不惟不怨，兼使之喜矣。"又请诸王未出阁者不除府官，上皆从之。乙卯，诏先所减官，并复故。

20　初，张延赏在西川，与东川节度使李叔明有隙。上入骆谷，值霖雨，道涂险滑，卫士多亡归朱泚，叔明之子昇及郭子仪之子曙、令狐彰之子建等六人，恐有奸人危乘舆，相与啮臂为盟。著行縢、钉鞋，更鞁上马以至梁州，他人皆不得近。及还长安，上皆以为禁卫将军，宠遇甚厚。张延赏知昇私出入郜国大长公主第，密以白上。上谓李泌曰："郜国已老，昇年少，何为如是？殆必有故，卿宜察之。"泌曰："此必有欲动摇东宫者。谁为陛下言之？"上曰："卿勿问，第为朕察之。"泌曰："必延赏也。"上曰："何以知之？"泌具为上言二人之隙，且曰："昇承恩顾，典禁兵，延赏无以中伤，而郜国乃太子萧妃之母也，故欲以此陷之耳。"上笑曰："是也。"泌因请除昇他官，勿令宿卫以远嫌。秋，七月，以昇为詹事。郜国，肃宗之女也。

21　甲子，割振武之绥、银二州，以右羽林将军韩潭为夏、绥、银节度使。帅神策之士五千、朔方、河东之士三千镇夏州。

22　时关东防秋兵大集，国用不充，李泌奏："自变两税法以来，藩镇、州、县多违法聚敛。继以朱泚之乱，争榷率、征罚以为军资，

而且,削减的都是有职任的官员,反而没有削减没有专职的闲散官员,这就是此次削减官员并不妥当的道理啊。自从至德年间以来,设置名额外的官员,相当于正式官员的三分之一,如果听凭他们按照在官的日期核定资历,然后停罢他们的官职,再增加文武官两选,授给他们同一类中的正额官职。这样,不仅不会遭到埋怨,还会使他们高兴了。"李泌又请求对没有到封地去的诸王不授给府官,德宗一概答应下来。乙卯,德宗颁诏命令对先前削减的官员,一律恢复原有官职。

20 当初,在张延赏任职西川的时候,与东川节度使李叔明结下了嫌隙。德宗进入骆谷以后,正值大雨连绵,路险道滑,有许多卫士逃出来,归附了朱泚。李叔明的儿子李昇和郭子仪的儿子郭曙、令狐彰的儿子令狐建等六人,唯恐有邪恶的人危及德宗,便在一块儿咬破手臂,立下盟誓。他们裹着绑腿,穿着底上钉有铁钉的皮鞋,轮流为德宗牵马,直到梁州,一概不让其他的人接近德宗。及至回到长安以后,德宗将他们全任命为禁卫将军,对他们甚是宠爱优待。张延赏了解到李昇私自在郜国大长公主的府第中出入往来,便暗中向德宗禀告了。德宗对李泌说:"郜国大长公主已经老了,李昇却很年轻,怎么能够这样做呢?大概其中必有缘故,你最好查明此事。"李泌说:"这一定是有人打算动摇太子的地位。是谁对陛下说的?"德宗说:"你不用问了,往后你慢慢为朕清查此事就是了。"李泌说:"讲此事的人一定是张延赏吧。"德宗说:"你怎么知道的?"李泌毫不保留地对德宗讲出了张延赏与李叔明有嫌隙,而且说:"李昇承蒙陛下的恩宠眷顾,掌管着禁卫亲兵,张延赏无法中伤他,然而,郜国大长公主是太子妃萧氏的生母,所以他打算用这件事来陷害他罢了。"德宗笑着说:"是的。"于是李泌请求授给李昇别的官职,不再让他值宿警卫,以便避嫌。秋季,七月,德宗任命李昇为詹事。郜国大长公主是肃宗的女儿。

21 甲子(十三日),朝廷从振武分割出绥、银二州,任命右羽林将军韩潭为夏、绥、银节度使,让他率领神策军将士五千人和朔方、河东将士三千人,前去镇守夏州。

22 当时,关东做防秋兵的兵马已经完全集结起来,国家的用度不够充足,李泌上奏说:"自从改行两税法以来,藩镇与州县往往违背规定,搜刮钱财。接着发生了朱泚作乱,地方上争着通过专买和征收获罪吏民用以赎罪的钱谷来获取钱财,用以充当军事费用,

点募自防；泚既平，自惧违法，匿不敢言。请遣使以诏旨赦其罪，但令革正，自非于法应留使、留州之外，悉输京师。其官典逋负，可征者征之，难征者释之，以示宽大；敢有隐没者，重设告赏之科而罪之。"上喜曰："卿策甚长，然立法太宽，恐所得无几！"对曰："兹事臣固熟思之，宽则获多而速，急则获少而迟。盖以宽则人喜于免罪而乐输，急则竞为蔽匿，非推鞫不能得其实，财不足济今日之急而皆入于奸吏矣。"上曰："善！"以度支员外郎元友直为河南、江、淮南句勘两税钱帛使。

初，河、陇既没于吐蕃，自天宝以来，安西、北庭奏事及西域使人在长安者，归路既绝，人马皆仰给于鸿胪，礼宾委府、县供之，于度支受直。度支不时付直，长安市肆不胜其弊。李泌知胡客留长安久者，或四十馀年，皆有妻子，买田宅，举质取利，安居不欲归。命检括胡客有田宅者停其给。凡得四千人，将停其给。胡客皆诣政府诉之，泌曰："此皆从来宰相之过，岂有外国朝贡使者留京师数十年不听归乎？今当假道于回纥，或自海道各遣归国。有不愿归，当于鸿胪自陈，授以职位，给俸禄为唐臣。人生当乘时展用，岂可终身客死邪？"于是胡客无一人愿归者，泌皆分隶神策两军，王子、使者为散兵马使或押牙，

以便检选和募集将士,自行防卫。朱泚之乱被平定以后,地方上因违犯规定而感到畏惧,故隐瞒着实情而不敢讲出来。请陛下派遣使者,颁布诏旨,赦免他们的罪过,只让他们改正以往的做法,除了按照规定应当留给诸使、留给州府的钱粮以外,其馀的一律要输送到京城中来。各地方官要处理好拖欠的赋税,对能够征缴的,要征缴上来,对难以征缴的,可以免除征缴,以显示宽大;对于胆敢隐瞒实情的,要重新颁布奖赏告发者的条令,以便惩处他们。"德宗高兴地说:"你的策略很好,但是采用的办法过于宽大,恐怕朝廷能够得到的赋税就没有多少了。"李泌回答说:"对于这件事情,我当然已经想好了。实行宽大的办法,能够得到的数量多而时间短;实行严厉的办法,能够得到的数量少而时间长。这大概是因为实行宽大的办法,人们为免除惩处而欣喜,因而乐于交纳赋税;实行严厉的办法,人们争着隐藏赋税,不经过审讯便不能够查出实情,因而得到的钱财不够接济当前的迫切需要,反而都让邪恶的官吏得去了。"德宗说:"讲得好!"于是任命度支员外郎元友直为河南、江、淮南句勘两税钱帛使。

当初,河陇地区被吐蕃攻陷,自天宝年间以来,安西、北庭的奏事人员和西域的使者来到长安,由于回去的道路已经断绝,他们的人员马匹都依赖鸿胪寺供给,礼宾院又交给府县来供应他们,而到度支领受钱财。度支不能按时支付钱财,使得长安的商市店铺负担沉重。李泌了解到胡人客使在长安居留时间很长,有的已达四十馀年,都有了妻子儿女,他们买下了田地和住宅,靠放高利贷谋取钱财,已经安心定居下来,不准备回去了。于是,他命令检核胡人客使,凡是拥有田地和住宅的人,停止对他们的给养。结果一共查得四千人,准备停止对他们的给养。胡人的客使都到相府来申诉此事,李泌说:"这都是历任宰相的过错,哪有让外国前来朝贡的使者在京城留居好几十年而不放使者回国的呢?如今应该向回纥借道,或者从海道上分别打发使者回国。如果有不愿意回去的,应当前往鸿胪寺自行说明,授给一定的职位,发给薪俸,充当唐朝的臣属。人生应当顺应时务,施展才力,怎么能够一辈子作客而死呢?"于是,胡人客使没有一个人愿意回国,李泌让他们一律分别隶属于神策两军,让胡人中的王子、使者担任无职事的兵马使,或者担任押牙,

馀皆为卒,禁旅益壮。鸿胪所给胡客才十馀人,岁省度支钱五十万缗;市人皆喜。

上复问泌以复府兵之策。对曰:"今岁征关东卒戍京西者十七万人,计岁食粟二百四万斛。今粟斗直百五十,为钱三百六万缗。国家比遭饥乱,经费不充,就使有钱,亦无粟可籴,未暇议复府兵也。"上曰:"然则奈何? 亟减戍卒归之,何如?"对曰:"陛下用臣之言,可以不减戍卒,不扰百姓,粮食皆足,粟麦日贱,府兵亦成。"上曰:"苟能如是,何为不用?"对曰:"此须急为之,过旬日则不及矣。今吐蕃久居原、会之间,以牛运粮,粮尽,牛无所用。请发左藏恶缯染为采缬,因党项以市之,每头不过二三匹,计十八万匹,可致六万馀头。又命诸冶铸农器,籴麦种,分赐沿边军镇,募戍卒,耕荒田而种之,约明年麦熟倍偿其种,其馀据时价五分增一,官为籴之。来春种禾亦如之。关中土沃而久荒,所收必厚。戍卒获利,耕者浸多。边地居人至少,军士月食官粮,粟麦无所售,其价必贱。名为增价,实比今岁所减多矣。"上曰:"善!"即命行之。

泌又言:"边地官多阙,请募人入粟以补之,可足今岁之粮。"上亦从之,因问曰:"卿言府兵亦集,如何?"对曰:"戍卒因屯田致富,则安于其土,不复思归。旧制,戍卒三年而代,及其将满,下令有愿留者,即以所开田为永业。家人愿来者,

其馀的人都当士兵,于是禁卫亲军愈发壮大了。鸿胪寺所供应的胡人客使才有十馀人,每年为度支节省的钱有五十万缗,市肆的商人也都高兴了。

德宗又向李泌询问恢复府兵的策略。李泌回答说:"今年征发关东士兵戍守京西的有十七万人,算来全年食用粮食二百零四万斛。现在粮食每斗值一百五十钱,合计需钱三百零六万缗。近来国家遭逢饥荒战乱,经费不足,即使有钱,也没有粮食可供买入,所以无暇计议恢复府兵啊。"德宗说:"这又如何是好?赶快削减戍守的士兵,让他们回去,你看行吗?"李泌回答说:"如果陛下采用我的建议,可以不用削减戍守的士兵,不用打扰百姓,而使粮食充足,谷子和麦子的价钱逐渐下降,府兵也能够重新建立。"德宗说:"果真能够如此,朕怎么会不采用你的建议呢?"李泌回答说:"这必须赶紧去做,再过十天,就来不及了。如今吐蕃人长期居住在原州和会州一带,他们用牛来运输粮食,粮食吃光以后,牛便没有用处了。请调出左藏中质地变坏的丝帛,染成花色斑斓的丝帛,通过党项人将它们卖给吐蕃人,每换一头牛,不过需要二三匹丝帛,算来拿出十八万匹丝帛,可以换来六万多头牛。再命令各冶炼所铸造农用器具,买进麦种,分别赐给边疆一带的军镇,募集戍守的士兵,让他们耕种荒田,与他们约定明年麦子成熟以后加倍偿还所用的种子,对剩下的粮食,按照当时的价钱增加五分之一,由官府收买。来年春天种庄稼还用这种办法。关中土地肥沃,荒废已久,初种必然会有丰厚的收获。戍卒从中得到好处,耕种的人们便会逐渐多起来了。边疆地区的居民极为稀少,将士们每月吃官府供应的粮食,他们所收获的谷子、麦子无处去卖,粮食的价钱必然就贱了。所以,名义上是官府增价收买,实际上却比今年粮食的价钱低得多。"德宗说:"好!"于是当即命令实行这一办法。

李泌又说:"边疆地区的官员有许多空缺,请募集人们交纳粮食,然后将他们补充为边地的官员,这样便可以使今年的粮食足够用了。"德宗又听从了他的建议,接着问道:"你说府兵也可以重新建立,此话怎讲?"李泌回答说:"戍守的士兵靠着屯田富裕起来,便会安心留在他们耕种的土地上,不再想回去了。根据原有的制度,戍守的士兵三年轮换一次,到三年将满的时候,下令凡有愿意留下来的人们,将他们所开垦的田地作为他们的永业田。如果他们家中的人愿意前来,

本贯给长牒续食而遣之。据应募之数,移报本道,虽河朔诸帅得免更代之烦,亦喜闻矣。不过数番,则戍卒土著,乃悉以府兵之法理之,是变关中之疲弊为富强也。"上喜曰:"如此,天下无复事矣。"泌曰:"未也。臣能不用中国之兵使吐蕃自困。"上曰:"计将安出?"对曰:"臣未敢言之,俟麦禾有效,然后可议也。"上固问,不对。泌意欲结回纥、大食、云南与共图吐蕃,令吐蕃所备者多;知上素恨回纥,恐闻之不悦,并屯田之议不行,故不肯言。既而戍卒应募,愿耕屯田者什五六。

23　壬申,赐骆元光姓名李元谅。

24　左仆射、同平章事张延赏薨。

原籍所在官府便发给沿途提供食品的文书来遣送他们。当地官府要根据应募的人数,以公文报告本道,这样,即使是河朔地区的各节帅也能够免除替换戍卒的烦劳,自然也是乐于听命的了。用不了几次轮番替代,戍守边地的士兵便成了定居边疆的本地人,于是一律采用有关府兵的办法来管理他们,这就可以使关中变困苦穷乏为富庶强盛了。"德宗欢喜地说:"果真如此,天下便不会再发生变故了。"李泌说:"还不止这些呢。我能够不用兵打仗,便使吐蕃自行困窘起来。"德宗说:"你有什么计策?"李泌回答说:"我还不敢讲出来。等到麦子和谷子发挥效用了,然后才可以计议此事。"德宗再三询问,都没有得到回答。李泌本意打算联合回纥、大食、云南,与他们共同图谋吐蕃,使吐蕃需要防备的敌手增多;但他知道德宗平素憎恨回纥,唯恐听到他的建议会不高兴,会连同屯田的计议也不实施了,所以他不肯讲出来。不久,屯戍的士兵响应招募,愿意留下来耕种屯田的人有十分之五六。

23 壬申(二十一日),德宗赐给骆元光姓氏与名字,叫做李元谅。

24 左仆射、同平章事张延赏故去。

卷第二百三十三　唐纪四十九

起丁卯(787)八月尽辛未(791)凡四年有奇

德宗神武圣文皇帝八

贞元三年(丁卯,787)

1　八月辛巳朔,日有食之。

2　吐蕃尚结赞遣五骑送崔汉衡归,且上表求和;至潘原,李观语之以"有诏不纳吐蕃使者",受其表而却其人。

3　初,兵部侍郎、同平章事柳浑与张延赏俱为相,浑议事数异同,延赏使所亲谓曰:"相公旧德,但节言于庙堂,则重位可久。"浑曰:"为吾谢张公,柳浑头可断,舌不可禁!"由是交恶。上好文雅酝藉,而浑质直轻佻,无威仪,于上前时发俚语。上不悦,欲黜为王府长史,李泌言:"浑褊直无他。故事,罢相无为长史者。"又欲以为王傅,泌请以为常侍,上曰:"苟得罢之,无不可者。"己丑,浑罢为左散骑常侍。

4　初,郜国大长公主适驸马都尉萧升;升,复之从兄弟也。公主不谨,詹事李升、蜀州别驾萧鼎、彭州司马李万、丰阳令韦恪,皆出入主第。主女为太子妃,始者上恩礼甚厚,主常直乘肩舆抵东宫;宗戚皆疾之。或告主淫乱,且为厌祷。上大怒,幽主于禁中,切责太子;太子不知所对,请与萧妃离婚。

德宗神武圣文皇帝八
唐德宗贞元三年(丁卯,公元787年)

1　八月辛巳朔(初一),出现日食。

2　吐蕃尚结赞派遣骑兵五人护送崔汉衡回国,并且上表请求和好。到达潘原的时候,李观对他们讲"圣上颁诏命令不许接待吐蕃的使者",接受了他们的表章,但拒绝接待他们这一行人。

3　当初,兵部侍郎、同平章事柳浑与张延赏一起出任宰相,柳浑在计议事情的时候,屡次与张延赏意见发生分歧。张延赏让亲近的人对柳浑说:"相公是有德望的老臣,只要在朝堂上少说话,宰相这一重要的职位便可保长久了。"柳浑说:"你替我向张公道歉吧,我柳浑的头可以被砍下来,舌头讲话却是不能够禁止的!"自此以后,两人便相互怀恨在心了。德宗喜欢斯文儒雅,不露锋芒,但柳浑朴实正直,轻率而简易,不讲究庄严的举止,在德宗面前时常还说一些方言俗语。德宗心中不快,打算将他贬黜为王府长史。李泌说:"柳浑气量较小,但是心地正直,没有二心。依照旧日的典章制度,宰相被罢免以后,没有担任长史的先例。"德宗又打算任命他为诸王的师傅,李泌请求任命他为常侍,德宗说:"只要能罢免他的相职,无论任命他什么官职都是可以的。"己丑(初九),柳浑被罢黜为左散骑常侍。

4　当初,郜国大长公主嫁给了驸马都尉萧升,萧升是萧复的堂兄弟。公主的行为不够检点,詹事李昇、蜀州别驾萧鼎、彭州司马李万、丰阳县令韦恪,都出入于公主的府第。公主的女儿做了太子的妃子,开始的时候,德宗对公主所施的恩典与礼数甚是优厚,公主经常直接乘着轿子到太子的东宫中去,宗室亲戚都痛恨她。有人告发公主行为放荡淫秽,而且为太子做过以诅咒制胜的祈祷。德宗大怒,将公主拘禁在宫中,严辞斥责太子。太子不知道如何回答是好,便请求与萧妃离婚。

上召李泌告之,且曰:"舒王近已长立,孝友温仁。"泌曰:
"何至于是? 陛下惟有一子,奈何一旦疑之,欲废之而立侄,
得无失计乎?"上勃然怒曰:"卿何得间人父子? 谁语卿舒王
为侄者?"对曰:"陛下自言之。大历初,陛下语臣'今日得数
子'。臣请其故,陛下言'昭靖诸子,主上令吾子之'。今陛下
所生之子犹疑之,何有于侄? 舒王虽孝,自今陛下宜努力,勿
复望其孝矣!"上曰:"卿不爱家族乎?"对曰:"臣惟爱家族,故
不敢不尽言。若畏陛下盛怒而为曲从,陛下明日悔之,必尤
臣云:'吾独任汝为相,不力谏,使至此;必复杀而子。'臣老
矣,馀年不足惜,若冤杀臣子,使臣以侄为嗣,臣未知得歆其
祀乎!"因呜咽流涕。上亦泣曰:"事已如此,使朕如何而可?"
对曰:"此大事,愿陛下审图之。臣始谓陛下圣德,当使海外
蛮夷皆戴之如父母,岂谓自有子而疑之至此乎! 臣今尽言,
不敢避忌讳。自古父子相疑未有不亡国覆家者。陛下记昔
在彭原,建宁何故而诛?"上曰:"建宁叔实冤,肃宗性急,潜之
者深耳!"泌曰:"臣昔以建宁之故,固辞官爵,誓不近天子左
右;不幸今日复为陛下相,又睹兹事。臣在彭原,承恩无比,竟
不敢言建宁之冤,及临辞乃言之,肃宗亦悔而泣。先帝自建宁
之死,常怀危惧,臣亦为先帝诵《黄台瓜辞》以防谗构之端。"上曰:
"朕固知之。"意色稍解,乃曰:"贞观、开元皆易太子,何故不亡?"

德宗传召李泌,将此事告诉了他,而且说:"近来舒王已经成年,可以册立,他性情是孝敬友爱、温和仁厚的。"李泌说:"哪至于这样做呢?陛下只有一个儿子,怎么能够一时对他有了疑心,便打算将他废掉,而去册立侄子,这不是失策吗?"德宗勃然大怒,说:"你怎么能够离间人家的父子关系?谁告诉你舒王是我的侄子?"李泌回答说:"陛下自己讲的。那是在大历初年,陛下告诉我:'今天我得到好几个儿子。'我问其中的缘故,陛下说:'皇上让我将昭靖太子的几个儿子认作我的儿子。'如今陛下对自己亲生的儿子尚且起疑心,对侄子又会怎样?虽然舒王是孝敬陛下的,但若将他立为太子,从今以后,陛下最好还是勉力而为吧,不要再指望他的孝敬了!"德宗说:"你不爱护自己的家族吗?"李泌回答说:"正因为我爱护自己的家族,所以才不敢不把话说尽。如果我怕惹怒陛下,便委曲从命,以后陛下后悔了,必定责怪我说:'我专门任命你担任宰相,你却不能极力劝谏,使我落到这般地步,我一定要也把你的儿子杀掉。'我老了,晚年的岁月没有什么可顾惜的,如果陛下冤枉地杀掉我的儿子,使我将侄子立为后嗣,我真不知道将来是否能享受他的祭祀啊!"于是他呜呜咽咽地流下了眼泪。德宗也哭泣着说:"事情已经闹成这个样子,让朕怎么办才好呢?"李泌回答说:"这可是一件大事,希望陛下审慎地设法应付吧。我最初以为陛下圣明仁德,会使大唐以外的蛮夷之人都尊奉陛下有如自己的父母,哪想到陛下连自己的儿子都怀疑到这般地步了呢!如今我已把话说尽了,不敢避开陛下不愿意让人去说的事情。自古以来,父子相互猜疑,没有不使国家灭亡、家族倾覆的。陛下还记得以前在彭原的时候,建宁王是由于什么原因被诛杀的吗?"德宗说:"建宁王叔叔实际是冤枉的,这都是由于肃宗性子急躁,而诬陷他的人又深于计虑罢了。"李泌说:"过去,由于建宁王的缘故,我坚决辞去了官职爵位,发誓不再靠近天子的身边,不幸的是今天又当了陛下的宰相,又目睹了这种事情。我在彭原的时候,承蒙肃宗皇帝无可比拟的恩典,但终究不敢说出建宁王是冤屈的,直到临辞行的时候,我才说了出来,肃宗也后悔地哭了。自从建宁王故去以后,先帝常常心怀畏惧,我也曾经给先帝诵读《黄台瓜辞》,以防备谗言构陷的苗头。"德宗说:"朕本来知道这些事情。"他的态度和脸色稍微缓和了一些,于是说:"贞观、开元年间都曾改立太子,为什么没有亡国之祸呢?"

对曰:"臣方欲言之。昔承乾屡尝监国,托附者众,东宫甲士甚多,与宰相侯君集谋反,事觉,太宗使其舅长孙无忌与朝臣数十人鞫之,事状显白,然后集百官而议之。当时言者犹云:'愿陛下不失为慈父,使太子得终天年。'太宗从之,并废魏王泰。陛下既知肃宗性急,以建宁为冤,臣不胜庆幸。愿陛下戒覆车之失,从容三日,究其端绪而思之,陛下必释然知太子之无他矣。若果有其迹,当召大臣知义理者二十人与臣鞫其左右,必有实状,愿陛下如贞观之法行之,并废舒王而立皇孙,则百代之后,有天下者犹陛下子孙也。至于开元之末,武惠妃潜太子瑛兄弟杀之,海内冤愤,此乃百代所当戒,又可法乎? 且陛下昔尝令太子见臣于蓬莱池,观其容表,非有蜂目豺声商臣之相也,正恐失于柔仁耳。又,太子自贞元以来常居少阳院,在寝殿之侧,未尝接外人,预外事,安有异谋乎? 彼谮人者巧诈百端,虽有手书如晋愍怀,衷甲如太子瑛,犹未可信,况但以妻母有罪为累乎? 幸陛下语臣,臣敢以家族保太子必不知谋。向使杨素、许敬宗、李林甫之徒承此旨,已就舒王图定策之功矣!"上曰:"此朕家事,何豫于卿,而力争如此?"对曰:"天子以四海为家。臣今独任宰相之重,四海之内,一物失所,责归于臣。况坐视太子冤横而不言,臣罪大矣!"上曰:"为卿迁延至明日思之。"

李泌回答说:"我正想谈这个问题。过去李承乾曾经屡次在皇上外出的时候代行处理国政,依托归附他的人为数众多,他居住的东宫所拥有的士兵又特别多。他与宰相侯君集图谋造反,事情被发觉以后,太宗让他的舅舅长孙无忌与朝中臣属几十人审讯他,将事情的原委都查问得一清二楚,然后太宗才召集百官来评议此事,当时的进言人尚且说:'希望陛下不要失去作为慈父的本色,让太子能够活完他自然的寿数吧。'太宗听从了这一建议,便将他连同魏王李泰一齐废黜了。既然陛下知道肃宗性情急躁,认为建宁王是冤枉的,我真是万分庆幸的了。希望陛下能够将失败的教训引以为戒,安闲地过上三天,推究此事的头绪,并将它们思考清楚,那时,陛下一定会毫无疑虑地认定太子是没有二心的。如果确有迹象,应当召集通晓义理的大臣二十人与我去审讯他的亲信,假如确有实在的情状,希望陛下实行贞观年间采用的办法,连同舒王一起废置而册立皇孙,那么,在百世以后,君临天下的人仍然是陛下的子孙后代啊。至于开元末年,武惠妃诬陷太子李瑛兄弟,杀了他们,全国的人都为他们的冤屈感到怨愤,这正是连百世以下都应当引以为教训的,难道还可以效法吗?而且,陛下过去曾经让太子在蓬莱池见过我,我看他的仪容外表,没有楚成王太子商臣那种蜂眼突出、声似豺狼的凶悍状貌,让我担心的正是太子会失之优柔仁厚啊。再者,自从贞元年间以来,太子经常住在少阳院,就在陛下下榻的宫殿旁边。他不曾接触外人,参与外界的事情,哪里会有作乱的图谋呢?那些蓄意诬陷的人机巧奸诈,手段变化多端,即使像西晋愍怀太子有亲手所写的反书,像开元年间太子李瑛有身披铠甲入宫的行动,尚且不可信是要谋反,何况太子仅仅是因为岳母犯了罪过而遭受连累的呢?幸亏陛下对我说了,我敢用我的家族来担保太子肯定不知道有此类阴谋。假如让杨素、许敬宗、李林甫一类人逢迎陛下改立的意旨,他们现在已经到舒王那里图谋拥立新太子的功劳去了!"德宗说:"这是朕的家事,与你有什么关系,而你为什么这样极力谏诤呢?"李泌回答说:"天子以四海为家。如今我独力支撑着宰相的重任,在四海之内,如果有一件事情处理失当,都是我没有尽到责任。何况眼巴巴地看着太子遭到意外的冤屈而不肯发言,我的罪过就太大了!"德宗说:"朕为你推迟到明天,用这段时间考虑此事。"

泌抽笏叩头而泣曰："如此,臣知陛下父子慈孝如初矣! 然陛下还宫,当自审思,勿露此意于左右;露之,则彼皆欲树功于舒王,太子危矣!"上曰："具晓卿意。"泌归,谓子弟曰："吾本不乐富贵,而命与愿违,今累汝曹矣。"

太子遣人谢泌曰："若必不可救,欲先自仰药,何如?"泌曰："必无此虑。愿太子起敬起孝。苟泌身不存,则事不可知耳。"

间一日,上开延英殿独召泌。流涕阑干,抚其背曰："非卿切言,朕今日悔无及矣! 皆如卿言,太子仁孝,实无他也。自今军国及朕家事,皆当谋于卿矣。"泌拜贺,因曰："陛下圣明,察太子无罪,臣报国毕矣。臣前日惊悸亡魂,不可复用,愿乞骸骨。"上曰："朕父子赖卿得全,方属子孙,使卿代代富贵以报德,何为出此言乎!"甲午,诏李万不知避宗,宜杖死。李昇等及公主五子,皆流岭南及远州。

5　戊申,吐蕃帅羌、浑之众寇陇州,连营数十里,京城震恐。九月丁卯,遣神策将石季章戍武功,决胜军使唐良臣戍百里城。丁巳,吐蕃大掠汧阳、吴山、华亭,老弱者杀之,或断手凿目,弃之而去。驱丁壮万馀悉送安化峡西,将分隶羌、浑,乃告之曰："听尔东向哭辞乡国!"众大哭,赴崖谷死伤者千馀人。未几,吐蕃之众复至,围陇州,刺史韩清沔与神策副将苏太平夜出兵击却之。

李泌抽出朝笏，向德宗叩头，还哭泣着说："这样做，我知道陛下父慈子孝的关系一如既往了！然而，陛下回宫以后，应当自己审慎地考虑，别把这一意图透露给周围的人；如果透露出去，那些人都想为舒王建立功勋，太子便危险了！"德宗说："朕完全明白你的意思。"李泌回家以后，对子弟们说："我本来并不愿意享受富贵，但是命运与心愿背道而驰，现在连累你们了。"

太子派人向李泌致谢说："如果事情肯定不可挽回，我打算先服毒自杀，你看怎么样呢？"李泌说："一定不要为此挂虑。希望太子奉行孝敬之道。如果我不在了，那倒是不知道事情会是什么样子了。"

隔了一天，德宗单独传召李泌来延英殿议事。德宗泪水纵横地哭着，抚摩着李泌脊背说："若不是你极力进言，如今朕后悔也来不及了。一切都像你说的那样，太子仁厚孝敬，确实没有二心。从现在起，军务、国政以及朕的家事，朕都与你商量。"李泌行礼道贺，趁机说："陛下神圣英明，已经明察太子无罪，臣报效国家就到此为止吧。前天，我心跳加快，魂不守舍，已经不能再办理政务了。希望准许我退职。"德宗说："朕父子依仗着你的帮助才得以保全，朕正要把子孙后代嘱托给你，使你世世代代得享富贵，以报答你的恩德，你怎么说出这样的话来了呢？"甲午（十四日），德宗颁诏说李万不晓得回避同宗，应该受杖刑而死。李昇等人及公主的五个儿子，一概流放到岭南或边远的州去。

　　5　戊申（二十八日），吐蕃率领羌族、浑族的人马侵犯陇州，营地连绵几十里地，京城震惊恐惧。九月丁卯（十七日），朝廷派遣神策军将领石季章戍守武功，派遣决胜军使唐良臣戍守百里城。丁巳（七日），吐蕃大规模地掳掠汧阳、吴山、华亭，杀戮年老体弱的人，有的砍断手臂，有的挖去眼睛，然后将他们抛弃。吐蕃军将成年壮丁一万多人全部驱赶到安化峡的西面，把他们分别归属于羌族和浑族，还告诉他们说："准许你们向着东方哭泣，告别故乡！"大家放声哭号，从山崖跳下深谷而死亡和受伤的有一千多人。没过多久，吐蕃众军再次前来，包围陇州，陇州刺史韩清沔与神策军副将苏太平在夜间派出兵马击退了他们。

6　上谓李泌曰："每岁诸道贡献,共直钱五十万缗,今岁仅得三十万缗。言此诚知失体,然宫中用度殊不足。"泌曰:"古者天子不私求财,今请岁供宫中钱百万缗,愿陛下不受诸道贡献及罢宣索。必有所须,请降敕折税,不使奸吏因缘诛剥。"上从之。

7　回纥合骨咄禄可汗屡求和亲,且请昏;上未之许。会边将告乏马,无以给之,李泌言于上曰:"陛下诚用臣策,数年之后,马贱于今十倍矣!"上曰:"何故?"对曰:"愿陛下推至公之心,屈己徇人,为社稷大计,臣乃敢言。"上曰:"卿何自疑若是?"对曰:"臣愿陛下北和回纥,南通云南,西结大食、天竺,如此,则吐蕃自困,马亦易致矣。"上曰:"三国当如卿言,至于回纥则不可!"泌曰:"臣固知陛下如此,所以不敢早言。为今之计,当以回纥为先,三国差缓耳。"上曰:"唯回纥卿勿言。"泌曰:"臣备位宰相,事有可否在陛下,何至不许臣言?"上曰:"朕于卿言皆听之矣,至于回纥,宜待子孙;于朕之时,则固不可!"泌曰:"岂非以陕州之耻邪?"上曰:"然。韦少华等以朕之故受辱而死,朕岂能忘之!属国家多难,未暇报之,和则决不可。卿勿更言!"泌曰:"害少华者乃牟羽可汗,陛下即位,举兵入寇,未出其境,今合骨咄禄可汗杀之。然则今可汗乃有功于陛下,宜受封赏,又何怨邪? 其后张光晟杀突董等九百馀人,合骨咄禄竟不敢杀朝廷使者,然则合骨咄禄固无罪矣。"上曰:"卿以和回纥为是,则朕固非邪?"对曰:"臣为社稷而言,

6　德宗对李泌说:"每年各道进贡的物品共计值钱五十万缗,今年只得到三十万缗。谈论这些事情,朕本来也知道有失体统,但是宫中的费用实在是不够用的。"李泌说:"古时候,天子不私自谋求钱财,如今请让我每年供给宫中钱一百万缗,希望陛下不要接受各道进贡的物品,并停止颁旨向各地索取财货。如果一定需要什么东西,请陛下下达敕令,将所需物品折合成税钱,防止奸邪的官吏借机搜刮钱财。"德宗听从了这一建议。

7　回纥合骨咄禄可汗屡次谋求通好,而且请求通婚,德宗没有应允。适逢边疆的将领报告缺少马匹,朝廷拨不出马匹来供给他们,李泌便对德宗说:"陛下果真能够采用我的策略,几年以后,马匹的价格便只是现在的十分之一了!"德宗说:"这是怎么回事呢?"李泌回答说:"希望陛下能够用极为公正的态度对待此事,委屈自己,顺从别人,为国家的重大谋略着想,我才敢说出来。"德宗说:"你怎么如此疑虑?"李泌回答说:"我希望陛下在北面要与回纥和好,在南面要与云南交往,在西面要与大食和天竺结交。如果能够做到这些,吐蕃便会自然困难起来,马匹也容易得到了。"德宗说:"对于云南、大食、天竺三国,就按你说的办吧,至于回纥,那是不行的!"李泌说:"我本来就知道陛下是持此态度的,所以不敢及早说出来。为当前考虑,应当将回纥排在首位,其余三国还可以略微往后排些啊。"德宗说:"只有回纥你不要谈。"李泌说:"我白白占着宰相的职位,裁定事情的可行与不可行,取决于陛下,但是哪至于不允许我讲话呢?"德宗说:"对于你所说的话,朕完全听从了。至于回纥,最好等待朕的子孙去解决。在朕在位时期,那是肯定不行!"李泌说:"莫不是由于陛下在陕州受到的耻辱吧?"德宗说:"是啊。韦少华等人由于朕的缘故蒙受羞辱而死,朕怎么会忘记那些事情? 那时适值国家多难,没有馀暇来报复他们,至于通好,那是断然不行的。你不用再说了!"李泌说:"残害韦少华的是牟羽可汗。陛下即位以后,他发兵前来侵犯,还没有走出国境,现在的合骨咄禄可汗便将他杀了。这样说来,现在的可汗对陛下是有功劳的,应当受到封赏,又哪里有什么怨恨呢? 此后,张光晟杀了突董等九百多人,合骨咄禄还是不敢诛杀朝廷的使者,这样说来,合骨咄禄当然是没有罪过的了。"德宗说:"你认为与回纥和好是对的,那朕当然是不对的了?"李泌回答说:"我是为国家讲这番话的,

若苟合取容,何以见肃宗、代宗于天上?"上曰:"容朕徐思
之。"自是泌凡十五馀对,未尝不论回纥事,上终不许。泌曰:
"陛下既不许回纥和亲,愿赐臣骸骨。"上曰:"朕非拒谏,但欲
与卿较理耳,何至遽欲去朕邪?"对曰:"陛下许臣言理,此固
天下之福也。"上曰:"朕不惜屈己与之和,但不能负少华辈。"
对曰:"以臣观之,少华辈负陛下,非陛下负之也。"上曰:"何
故?"对曰:"昔回纥叶护将兵助讨安庆绪,肃宗但令臣宴劳之
于元帅府,先帝未尝见也。叶护固邀臣至其营,肃宗犹不许。
及大军将发,先帝始与相见。所以然者,彼戎狄豺狼也,举兵
入中国之腹,不得不过为之防也。陛下在陕,富于春秋,少华
辈不能深虑,以万乘元子径造其营,又不先与之议相见之仪,
使彼得肆其桀骜,岂非少华辈负陛下邪? 死不足偿责矣。且
香积之捷,叶护欲引兵入长安,先帝亲拜之于马前以止之,叶
护遂不敢入城。当时观者十万馀人,皆叹息曰:'广平王真
华、夷主也!'然则先帝所屈者少,所伸者多矣。叶护乃牟羽
之叔父也。牟羽身为可汗,举全国之兵赴中原之难,故其志
气骄矜,敢责礼于陛下;陛下天资神武,不为之屈。当是之
时,臣不敢言其他,若可汗留陛下于营中,欢饮十日,天下岂
得不寒心哉! 而天威所临,豺狼驯扰,可汗母捧陛下于貂裘,
叱退左右,亲送陛下乘马而归。陛下以香积之事观之,则屈己
为是乎? 不屈为是乎? 陛下屈于牟羽乎? 牟羽屈于陛下乎?"

倘若我去迎合陛下，以求容身，让我怎么到天上去见肃宗和代宗呢！"德宗说："让我慢慢想一想吧。"自此以后，李泌大约奏对了十五次以上，没有一次不谈论有关回纥的事情，但德宗始终不肯答应下来。李泌说："既然陛下不肯答应与回纥和好，希望准许我退职。"德宗说："不是朕不接受规劝，只是朕想与你比较其中的道理罢了，你怎么至于马上就要离开朕呢？"李泌回答说："陛下允许我讲清道理，这当然是国家的福气啊。"德宗说："朕并不顾惜委屈自己去与回纥和好，但朕不能够辜负了韦少华这些人。"李泌回答说："在我看来，是韦少华这些人辜负了陛下，而不是陛下辜负了他们啊。"德宗说："为什么这样说呢？"李泌回答说："过去，回纥叶护领兵帮助朝廷讨伐安庆绪的时候，肃宗仅仅让我在元帅府设宴慰劳他们，先帝并不曾接见他们。就是叶护坚持邀请我到他的营垒去，肃宗仍然不肯答应。及至大批的军队将要出发的时候，先帝才与他们见面。这样做的原因在于，回纥是戎狄，豺狼成性，他们发兵进入中原腹地，我们不能不特别小心防备他们。陛下在陕州的时候，还很年轻，韦少华这些人不能周密计虑，引着万乘之主的嫡长子径直前往回纥的营垒中去，而且事先没有与回纥议定相见的礼仪，致使他们得以肆意凶暴，这难道不是韦少华这些人辜负了陛下吗？可见，就是他们死了，也是不能够偿清罪责的。而且，香积寺获胜的时候，叶护准备领兵开进长安，先帝亲自在他马前施礼来制止他，于是叶护便不敢开进长安城了。当时，看到这一情景的有十万多人，他们都叹息着说：'广平王真是华夏与蛮夷共同的主人啊！'这样说来，先帝对人的屈尊较少，而伸展的抱负却较多。叶护便是牟羽的叔父。牟羽身为可汗，率领着全国兵马奔赴中原的祸难，所以他的心志与气度是傲慢自负的，是敢于向陛下要求礼遇的，而陛下天赋的资质是神明威武的，所以并没有被他所屈服，在那个时刻，我不敢说别的，若是牟羽可汗将陛下留在营中，欢饮十天酒，天下百姓难道能不感到痛心吗？然而，陛下如天的威严所到之处，连豺狼也驯顺起来了，可汗的母亲向陛下双手献上貂皮衣服，喝退周围的人，并亲自送陛下乘马而归。陛下以香积寺的事情来看，说成委屈了陛下是对的呢？还是说成没有委屈陛下是对的呢？这是陛下向牟羽屈服了呢？还是牟羽向陛下屈服了呢？"

上谓李晟、马燧曰:"故旧不宜相逢。朕素怨回纥,今闻泌言香积之事,朕自觉少理。卿二人以为何如?"对曰:"果如泌所言,则回纥似可恕。"上曰:"卿二人复不与朕,朕当奈何!"泌曰:"臣以为回纥不足怨,向来宰相乃可怨耳。今回纥可汗杀牟羽,其国人有再复京城之勋,夫何罪乎?吐蕃幸国之灾,陷河、陇数千里之地,又引兵入京城,使先帝蒙尘于陕,此乃必报之仇,况其赞普尚存,宰相不为陛下别白言此,乃欲和吐蕃以攻回纥,此为可怨耳。"上曰:"朕与之为怨已久,又闻吐蕃劫盟,今往与之和,得无复拒我,为夷狄之笑乎?"对曰:"不然。臣曩在彭原,今可汗为胡禄都督,与今国相白婆帝皆从叶护而来,臣待之颇亲厚,故闻臣为相而求和,安有复相拒乎?臣今请以书与之约:称臣,为陛下子,每使来不过二百人,印马不过千匹,无得携中国人及商胡出塞。五者皆能如约,则主上必许和亲。如此,威加北荒,旁詟吐蕃,足以快陛下平昔之心矣。"上曰:"自至德以来,与为兄弟之国,今一旦欲臣之,彼安肯和乎?"对曰:"彼思与中国和亲久矣,其可汗、国相素信臣言,若其未谐,但应再发一书耳。"上从之。

既而回纥可汗遣使上表称儿及臣,凡泌所与约五事,一皆听命。上大喜,谓泌曰:"回纥何畏服卿如此!"对曰:"此乃陛下威灵,臣何力焉!"上曰:"回纥则既和矣,所以招云南、大食、天竺奈何?"对曰:"回纥和,则吐蕃已不敢轻犯塞矣。次招云南,则是断吐蕃之右臂也。云南自汉以来臣属中国,杨国忠无故扰之使叛,

德宗对李晟和马燧说："故人最好别再见面。朕素来怨恨回纥，现在听李泌说了香积寺的事情，朕觉着自己少理，你们两人有什么看法？"两人回答说："果真像李泌讲的那样，回纥似乎可以宽恕。"德宗说："你们两人也不赞成朕的做法，朕应当怎么去做呢？"李泌说："我认为没有足够的理由去怨恨回纥，近年以来的宰相才是应当怨恨的。如今回纥可汗诛杀了牟羽，而回纥人又立下两次收复京城的功勋，有什么罪过呢？而吐蕃庆幸我国发生灾祸，攻陷了河陇地区几千里地，还领兵进入京城，致使先帝流亡陕州，这才是一定要报的仇怨，何况当时的赞普尚且在位呢！但宰相不向陛下讲这件事情并将事情分辨明白，就准备与吐蕃和好，以便进攻回纥，这才是应当怨恨的啊。"德宗说："朕与回纥结下的怨仇为时已久，他们又听说吐蕃在会盟时作乱，现在前往与他们通和，不是要再次拒绝我们，惹来夷狄之人的耻笑吗？"李泌回答说："不是这样。往日我在彭原的时候，现在的可汗当时担任胡禄都督，他与现在的国相白婆帝一起跟随叶护前来，我接待他们，既亲善，也很优厚，所以，他们听说我出任宰相，便向我们请求和好，怎么会再次拒绝我们呢？现在请让我写一封书信与他们约定，让可汗称臣，做陛下的儿子，每次前来的使者，随员不能超过两百人，互市的马匹不能超过一千匹，不允许携带汉人以及胡族商人到塞外去。如果回纥能够遵守五条约定，那么，陛下就一定要答应与他们和好。这样，陛下的声威可以延展到北部荒远的地方，从侧面震慑吐蕃，这也足以使陛下平素的志向为之一快。"德宗说："自从至德年间以来，我们与回纥两国结成兄弟关系，现在一下子打算让他们做臣属，他们怎么肯和好呢？"李泌回答说："他们想与大唐和好已经有很长时间了。他们的可汗、国相素来相信我的话，如果一封信还不能把事情处理妥善的话，只需要再发一封书信就可以了。"德宗听从了李泌的建议。

不久，回纥可汗派遣使者上表自称儿臣，凡李泌与他们约定的五件事情，全部听从命令。德宗大喜，他对李泌说："怎么回纥这样畏惧并折服于你呢？"李泌回答说："这是陛下的声威与福气所致，我有什么力量！"德宗说："回纥已和好，又怎样招抚云南、大食和天竺呢？"李泌回答说："与回纥和好了，吐蕃便已经不敢轻易侵犯边界了。接下来招抚云南，就是砍断吐蕃右臂。自汉朝以来，云南都是中国的臣属。杨国忠没缘由地搅扰他们，使他们背叛朝廷，

臣于吐蕃,苦于吐蕃赋役重,未尝一日不思复为唐臣也。大食在西域为最强,自葱岭尽西海,地几半天下,与天竺皆慕中国,代与吐蕃为仇,臣故知其可招也。"

癸亥,遣回纥使者合阙将军归,许以咸安公主妻可汗,归其马价绢五万匹。

8 吐蕃寇华亭及连云堡,皆陷之。甲戌,吐蕃驱二城之民数千人及邠、泾人畜万计而去,置之弹筝峡西。泾州恃连云为斥候,连云既陷,西门不开,门外皆为虏境,樵采路绝。每收获,必陈兵以扞之,多失时,得空穗而已。由是泾州常苦乏食。

9 冬,十月甲申,吐蕃寇丰义城,前锋至大回原,邠宁节度使韩遊瓌击却之;乙酉,复寇长武城,又城故原州而屯之。

10 妖僧李软奴自言本皇族,见岳、渎神命己为天子,结殿前射生将韩钦绪等谋作乱。丙戌,其党告之,上命捕送内侍省推之。李晟闻之,遽仆于地曰:"晟族灭矣!"李泌问其故。晟曰:"晟新罹谤毁,中外家人千馀,若有一人在其党中,则兄亦不能救矣。"泌乃密奏:"大狱一起,所连引必多,外间人情恟惧,请出付台推。"上从之。钦绪,遊瓌之子也,亡抵邠州;遊瓌出屯长武城,留后械送京师。壬辰,腰斩软奴等八人,北军之士坐死者八百馀人,而朝廷之臣无连及者。韩遊瓌委军诣阙谢,上遣使止之,委任如初。遊瓌又械送钦绪二子;上亦宥之。

臣服于吐蕃,他们被吐蕃的繁重赋役搅扰得困苦不堪,没有一天不想再做回唐朝的臣属啊。大食在西域各国中最为强盛,由葱岭起,直抵西海边,地域几乎占天下的一半。大食与天竺都仰慕中国,而又世代与吐蕃结下怨仇,所以我知道他们是可以招抚的。"

癸亥(十三日),德宗打发回纥使者合阙将军回国,答应将咸安公主嫁给可汗,还以绢五万匹偿还他们的马价。

8　吐蕃侵犯华亭以及连云堡,将两处都攻陷了。甲戌(二十四日),吐蕃人驱赶着华亭、连云堡两城的几千百姓和数以万计的邠州、泾州人和牲畜离去,将人和牲畜安置在弹筝峡的西面。泾州靠连云堡作为前哨,连云堡失陷后,城的西门难以开放,城门外都成了吐蕃的地盘,打柴的道路被切断。每当收获的时候,必须布置军队来保卫庄稼,人们经常不能按时收获,仅得到无籽粒的禾穗而已。自此以后,泾州常常因缺少粮食而困苦不堪。

9　冬季,十月甲申(初四),吐蕃侵犯丰义城,前锋来到大回原,邠宁节度使韩遊瓌击退了他们。乙酉(初五),吐蕃又去侵犯长武城,并修筑原州的故城,以屯驻兵马。

10　兴妖作恶的僧人李软奴自称:"我本来出自皇族,看见了五岳四渎的神灵,神灵命令我去做天子。"他结交殿前射生将韩钦绪等人图谋发起变乱。丙戌(初六),他的同伙告发了他,德宗命令逮捕他,送交内侍省追究其事。李晟听到这个消息以后,骤然扑倒在地上说:"我的家族要覆灭了!"李泌询问其中的缘故,李晟说:"我新近才遭受了诽谤。在朝廷内外,我家族的人有一千多,倘若有一个人是他的同党,连你也不能挽救我了。"于是,李泌秘密上奏说:"大案一旦发生,牵连的人一定很多,外边人们的情绪震恐不安,请将此案由内侍省交付御史台审讯。"德宗同意了。韩钦绪是韩遊瓌的儿子,他逃亡到邠州,正值韩遊瓌出兵屯驻长武城,留后给他上了枷锁,送往京城。壬辰(十二日),朝廷将李软奴等八人处以腰斩,北军将士犯罪至死的有八百多人,然而,朝廷中的臣僚没有受到牵连的。韩遊瓌留下军队,自己前往朝廷谢罪,德宗派遣使者制止了他,对他的任用一如既往。韩遊瓌又将韩钦绪的两个儿子戴着枷锁押送到朝廷来,德宗也宽宥了他们两人。

11 吐蕃以苦寒不入寇,而粮运不继。十一月,诏浑瑊归河中,李元谅归华州,刘昌分其众归汴州,自馀防秋兵退屯凤翔、京兆诸县以就食。

12 十二月,韩遊瓌入朝。

13 自兴元以来,是岁最为丰稔,米斗直钱百五十、粟八十,诏所在和籴。

庚辰,上畋于新店,入民赵光奇家,问:"百姓乐乎?"对曰:"不乐。"上曰:"今岁颇稔,何为不乐?"对曰:"诏令不信。前云两税之外悉无他徭,今非税而诛求者殆过于税。后又云和籴,而实强取之,曾不识一钱。始云所籴粟麦纳于道次,今则遣致京西行营,动数百里,车摧马毙,破产不能支。愁苦如此,何乐之有?每有诏书优恤,徒空文耳!恐圣主深居九重,皆未知之也!"上命复其家。

臣光曰:甚矣唐德宗之难寤也!自古所患者,人君之泽壅而不下达,小民之情郁而不上通。故君勤恤于上而民不怀,民愁怨于下而君不知,以至于离叛危亡,凡以此也。德宗幸以游猎得至民家,值光奇敢言而知民疾苦,此乃千载之遇也。固当按有司之废格诏书,残虐下民,横增赋敛,盗匿公财,及左右谄谀日称民间丰乐者而诛之;然后洗心易虑,一新其政,屏浮饰,废虚文,谨号令,敦诚信,察真伪,辨忠邪,矜困穷,伸冤滞,则太平之业可致矣。释此不为,乃复光奇之家。夫以四海之广,兆民之众,又安得人人自言于天子而户户复其徭赋乎?

11　吐蕃苦于天气严寒,不曾前来侵犯,然而官军的粮食运输也难以接济。十一月,德宗颁诏,命令浑瑊回河中,李元谅回华州,刘昌分出部分人马回汴州,其馀防御吐蕃的兵马撤退到凤翔、京兆各县驻扎,以便就地取得粮食供给。

12　十二月,韩遊瓌入京朝见。

13　自从兴元年间以来,这一年的年景最丰熟,米一斗值一百五十钱,粟一斗值八十钱,德宗颁诏命令在丰收的地区由官府收购粮食。

庚辰(初一),德宗在新店打猎,来到农民赵光奇的家中。德宗问:“老百姓高兴吗?”赵光奇回答说:“不高兴。”德宗说:“今年庄稼颇获丰收,为什么不高兴?”赵光奇回答说:“诏令没有信用。以前说是两税以外全没有其他徭役,现在不属于两税的搜刮大约比两税还多。以后又说是由官府收购粮食,但实际是强行夺取粮食,还不曾见到过一个钱。开始的时候说是官府买进的谷子和麦子只须在道旁交纳,现在却让送往京西行营,动不动就是几百里地,车坏了,马死了,人破产了,难以支撑下去了。百姓这般忧愁困苦,有什么可高兴的? 每次颁发诏书都说优待并体恤百姓,只是一纸空文而已! 恐怕圣明的主上深居在九重皇宫里面,对这些是全然不曾知晓的吧!”德宗命令免除他家的赋税和徭役。

臣司马光说:唐德宗真是太难以醒悟了! 自古以来,人们所担忧的,是君主的恩泽壅塞着,不能传达到下面去,小民的情绪郁结着,不能通报到上边来。所以,君主在上面忧心怜恤,但百姓并不归向;百姓在下面忧愁怨苦,但君主并不晓得,终于导致百姓流离反叛,国家倾危败亡,大约道理就在于此。幸亏德宗因打猎得以来到百姓家中,正赶上赵光奇敢进直言,又了解民间的疾苦,这真是千载难逢的际遇啊。唐德宗本来应当按查有关部门搁置诏书,残酷地侵害百姓,横暴地增加赋税,盗窃和隐没公家资财的情况,以及自己周围那些天天称道民间丰熟喜乐的阿谀奉承之徒,将他们诛而杀之;然后洗除杂念,改变计虑,刷新朝政,摒弃浮华的装饰,废除空洞的具文,谨饬号令,勉励诚信,审察真伪,辨别忠奸,哀怜困穷,昭雪冤屈,天下太平的业绩便可以实现了。然而,唐德宗丢开这些不肯去做,却去免除赵光奇一家的赋役。然而,四海广大,百姓众多,又怎能人人都亲自向天子讲明情况,户户都得以免除徭役与赋税呢?

14 李泌以李轼奴之党犹有在北军未发者,请大赦以安之。

四年(戊辰,788)

1 春,正月庚戌朔,赦天下。诏两税等第,自今三年一定。

2 李泌奏京官俸太薄,请自三师以下悉倍其俸;从之。

3 壬申,以宣武行营节度使刘昌为泾原节度使。甲戌,以镇国节度使李元谅为陇右节度使。昌、元谅皆帅卒力田,数年,军食充羡,泾、陇稍安。

4 韩游瓖之入朝也,军中以为必不返,饯送甚薄。游瓖见上,盛陈筑丰义城可以制吐蕃;上悦,遣还镇。军中忧惧者众。游瓖忌都虞候虞乡范希朝有功名,得众心,求其罪,将杀之。希朝奔凤翔,上召之,置于左神策军。游瓖帅众筑丰义城,二版而溃。

5 二月,元友直运淮南钱帛二十万至长安,李泌悉输之大盈库。然上犹数有宣索,仍敕诸道勿令宰相知。泌闻之,惆怅而不敢言。

臣光曰:王者以天下为家,天下之财皆其有也。阜天下之财以养天下之民,己必豫焉。或乃更为私藏,此匹夫之鄙志也。古人有言:贫不学俭。夫多财者,奢欲之所自来也。李泌欲弭德宗之欲而丰其私财,财丰则欲滋矣。财不称欲,能无求乎?是犹启其门而禁其出也!虽德宗之多僻,亦泌所以相之者非其道故也。

14　李泌因李软奴的同伙还有在北军任职而未曾被揭发的人,便请求皇帝实行大赦,以使他们安定下来。

唐德宗贞元四年(戊辰,公元788年)

1　春季,正月庚戌朔(初一),大赦天下。皇帝颁诏命令:从今以后,两税的等次每三年重定一次。

2　李泌奏称在京官员的薪俸过于菲薄,请求自三师以下的官员全部加倍发给薪俸,德宗照准。

3　壬申(二十三日),德宗任命宣武行营节度使刘昌为泾原节度使。甲戌(二十五日),任命镇国节度使李元谅为陇右节度使。刘昌与李元谅都率领士兵努力种田,几年以后,军中粮食充足,有了盈余,泾州和陇州逐渐安定下来。

4　韩遊瓌入京朝见的时候,军中将士认为他肯定一去难返,为他饯别送行,备办得甚为菲薄。韩遊瓌见到德宗以后,极力陈述修筑丰义城可以控制吐蕃,德宗闻言大悦,便打发他重新返回本镇。于是,很多军中将士忧虑恐惧。韩遊瓌嫉妒都虞候虞乡人范希朝有功绩和名声,得到大家的拥护,便寻找他的罪过,准备杀掉他。范希朝逃奔凤翔,德宗召他回京,在左神策军中安置下来。韩遊瓌率领部众修筑丰义城,只修筑了四尺高,便塌落下来了。

5　二月,元友直将淮南的二十万钱帛运送到长安,李泌将它们悉数送到大盈内库。然而,德宗仍然屡次传旨向地方索取财物,还命令各道不要让宰相知道。李泌听说了以后,心中懊恼而不敢直言。

　　臣司马光说:君主把整个天下当做自己的家,天下的资财都是他所拥有的。使天下的资财繁盛起来,以赡养天下的百姓,自己也一定是快乐的。有的君主竟然还要经营私人储藏,这是凡夫的鄙下的志趣。古人说过:贫穷的人不用学节俭的品德。一般说来,富有资财,是产生奢侈的欲望的根源。李泌打算消弭德宗的欲望而充实他的私人资财,资财充实了,欲望便也滋长起来了。资财不能满足欲望,怎么能够没有需索呢?这就像打开大门而禁止出行一样啊!虽然说德宗是有许多偏执之处的,但也是由于李泌出任他的宰相所做的事情并不符合正道的缘故啊。

6　咸阳人或上言："臣见白起,令臣奏云:'请为国家扞御西陲。正月,吐蕃必大下,当为朝廷破之以取信。'"既而吐蕃入寇,边将败之,不能深入。上以为信然,欲于京城立庙,赠司徒。李泌曰:"臣闻'国将兴,听于人'。今将帅立功而陛下褒赏白起,臣恐边臣解体矣!若立庙京城,盛为祈祷,流闻四方,将长巫风。今杜邮有旧祠,请敕府县葺之,则不至惊人耳目矣。且白起列国之将,赠三公太重,请赠兵部尚书可矣。"上笑曰:"卿于白起亦惜官乎?"对曰:"人神一也。陛下傥不之惜,则神亦不以为荣矣。"上从之。

泌自陈衰老,独任宰相,精力耗竭,既未听其去,乞更除一相,上曰:"朕深知卿劳苦,但未得其人耳。"上从容与泌论即位以来宰相曰:"卢杞忠清强介,人言杞奸邪,朕殊不觉其然。"泌曰:"人言杞奸邪而陛下独不觉其奸邪,此乃杞之所以为奸邪也。傥陛下觉之,岂有建中之乱乎?杞以私隙杀杨炎,挤颜真卿于死地,激李怀光使叛,赖陛下圣明窜逐之,人心顿喜,天亦悔祸。不然,乱何由弭?"上曰:"杨炎以童子视朕,每论事,朕可其奏则悦,与之往复论难,即怒而辞位;观其意以朕为不足与言故也。以是交不可忍,非由杞也。建中之乱,术士豫请城奉天,此盖天命,非杞所能致也!"泌曰:"天命,他人皆可以言之,惟君相不可言。盖君相所以造命也。若言命,则礼乐刑政皆无所用矣。纣曰:'我生不有命在天?'

6　咸阳居民中有人进言说:"我看见白起了,他让我上奏说:'请让我为国家捍卫西部边疆。正月来临以后,吐蕃一定会大规模入侵,我自当为朝廷打败他们,以使别人信从。'"不久,吐蕃前来侵犯,边疆将领打败了他们,使他们未能深入。德宗认为事有应验,准备在京城建立祠庙,追封白起为司徒。李泌说:"我听说:'国将兴,听于人。'现在将帅立下功勋,陛下反而追封白起,我恐怕边疆的臣下就要人心离散了!如果在京城建立祠庙,大事祈祷,在各地传播开来,将会助长相信巫祝的风气。如今杜邮有白起的旧祠,请敕令所在府县修葺祠堂,便不至于使人们的视听受到惊动了。而且,白起是诸侯国中的将领,追封为三公,地位过高,请追封他为兵部尚书就可以了。"德宗笑着说:"你对白起也吝惜官位吗?"李泌说:"人和神是一致的。倘若陛下不珍惜官位,神也就不认为追封官位是荣耀的了。"德宗听从了他的建议。

李泌上言说自己年老体弱,独自担任宰相的职务,精神气力消耗殆尽,既然不能听凭他离开相位,请求再任命一位宰相。德宗说:"朕深深了解你的劳碌,只是没有找到合适的人选罢了。"德宗不慌不忙地与李泌谈论自己即位以来的宰相说:"卢杞忠实而清廉,强干而耿直,人们说卢杞邪恶,朕觉得他实在不是这个样子。"李泌说:"人们都说卢杞是邪恶的,唯独陛下不能觉察他的邪恶,这正是卢杞堪称邪恶的道理所在啊。倘若陛下觉察了他的邪恶,难道会发生建中年间的变乱吗?卢杞因私人的嫌隙而杀了杨炎,将颜真卿排挤到必死之地,激怒李怀光,使他背叛了朝廷,全仗着陛下神圣英明,将他流放了,人们的心情顿时高兴起来,上天也追悔所造成的灾祸。否则,变乱怎么能够消弭呢?"德宗说:"杨炎把朕看作小孩子,每当议论事情的时候,朕赞成他的奏陈,他就高兴,朕与他反复辩论诘难,他便气冲冲地要求辞去相位,朕看他的本意,是认为不值得与朕交谈吧。由于这个原因,朕与他相互不能容忍,这并不是由于卢杞啊。至于建中年间的变乱,道术之士预先便建议修筑奉天城,可见这恐怕是天命如此,而不是卢杞能够招致的!"李泌说:"关于天命,别人都可以谈论它,只有君王和宰相不能谈论,因为君王和宰相就是制造命运的人物。如若谈论命运,礼乐刑政便全然没有用场了。殷纣王说:'我生来不就是由天命决定的吗?'

此商之所以亡也!"上曰:"朕好与人较量理体:崔祐甫性褊躁,朕难之,则应对失次,朕常知其短而护之。杨炎论事亦有可采,而气色粗傲,难之辄勃然怒,无复君臣之礼,所以每见令人忿发,馀人则不敢复言。卢杞小心,朕所言无不从;又无学,不能与朕往复,故朕所怀常不尽也。"对曰:"杞言无不从,岂忠臣乎? 夫'言而莫予违',此孔子所谓'一言丧邦'者也!"上曰:"惟卿则异彼三人者。朕言当,卿有喜色;不当,常有忧色。虽时有逆耳之言,如向来纣及丧邦之类。朕细思之,皆卿先事而言,如此则理安,如彼则危乱,言虽深切而气色和顺,无杨炎之陵傲。朕问难往复,卿辞理不屈,又无好胜之志,直使朕中怀已尽屈服而不能不从,此朕所以私喜于得卿也。"泌曰:"陛下所用相尚多,今皆不论,何也?"上曰:"彼皆非所谓相也。凡相者,必委以政事;如玄宗时牛仙客、陈希烈,可以谓之相乎! 如肃宗、代宗之任卿,虽不受其名,乃真相耳。必以官至平章事为相,则王武俊之徒皆相也。"

7 刘昌复筑连云堡。

8 夏,四月乙未,更命殿前左、右射生曰神威军,与左右羽林、龙武、神武、神策号曰十军。神策尤盛,多戍京西,散屯畿甸。

这正是商朝灭亡的原因啊！"德宗说："朕喜欢跟别人比较治国的经验：崔祐甫性情狭隘急躁，朕诘问他，他回答得语无伦次，朕知道他的短处，便经常维护他。杨炎议论事情，还是有可以采纳的意见的，但是他态度粗率狂傲，朕诘问他，他动不动就勃然大怒，毫不顾及君臣的礼节，所以一看到他，就叫人生气，其馀的人则不敢再说话了。卢杞小心谨慎，凡是朕所说的，他没有不听从的，加上他没有学识，不能与朕反复争论，所以朕想要说的话经常是没有穷尽的。"李泌回答说："卢杞对陛下的话无不听从，难道就是忠臣吗？'我讲的话，是没有人敢于违背的'，这正是孔子所说的'一句话讲出来可以使国家灭亡'的意思啊！"德宗说："只有你与他们三人是不同的。朕讲得妥当，你的脸上是喜气洋洋的；朕讲得不妥当，你的脸上便常常显出忧愁的样子。虽然你时而会说出刺耳的话来，就如刚才你谈到商纣王以及使国家灭亡这一类话一样，但是，朕仔细琢磨过你讲的话，全是你在事情发生以前所做的忠告，按照这些话去做，就会政治清明，国家安定，而按照朕原来那些想法去做，就会招致危机，引发变乱。虽然你说的话深深切中朕的缺失，但是面色和蔼温顺，不像杨炎那样傲气凌人。朕反复对你诘责，你在言辞和道理上并不屈从，但又没有逞强好胜的意图，直至使朕内心已经完全屈服，因而不能不听从你的意见。这便是朕为得到你而自己高兴的原因啊。"李泌说："陛下任用的宰相还多着呢，如今一概不加评论，这是为什么呢？"德宗说："他们都不是人们所说的宰相啊。凡是出任宰相的，就一定要把行政事务交给他们。比如玄宗时期的牛仙客、陈希烈，能够把他们称作宰相吗？又如肃宗、代宗任用你，虽然你没有得到宰相的名称，但这就是真正的宰相了。如果一定认为官职达到平章事才是宰相，那么，王武俊这一类人便都是宰相了。"

7 刘昌重新修筑连云堡。

8 夏季，四月乙未（十八日），德宗又将殿前左、右射生军改名为左、右神威军，与左右羽林、龙武、神武、神策各军合起来号称十军。其中神策军尤其壮大，他们多数戍守京西，零散地驻扎在京郊地区。

9　福建观察使吴诜轻其军士脆弱，苦役之。军士作乱，杀诜腹心十馀人，逼诜牒大将郝诚溢掌留务。诚溢上表请罪，上遣中使就赦以安之。

10　乙未，陇右节度使李元谅筑良原故城而镇之。

11　云南王异牟寻欲内附，未敢自遣使，先遣其东蛮鬼主骠旁、苴梦冲、苴乌星入见。五月乙卯，宴之于麟德殿，赐赉甚厚，封王给印而遣之。

12　辛未，以太子宾客吴凑为福建观察使，贬吴诜为涪州刺史。

13　吐蕃三万馀骑寇泾、邠、宁、庆、鄜等州。先是，吐蕃常以秋冬入寇，及春多病疫而退。至是，得唐人，质其妻子，遣其将将之，盛夏入寇；诸州皆城守，无敢与战者，吐蕃俘掠人畜万计而去。

14　夏县人阳城以学行著闻，隐居柳谷之北，李泌荐之；六月，征拜谏议大夫。

15　韩遊瓌以吐蕃犯塞，自戍宁州；病，求代归。秋，七月庚戌，加浑瑊邠宁副元帅，以左金吾将军张献甫为邠宁节度使，陈许兵马使韩全义为长武城行营节度使。献甫未至，壬子夜，遊瓌不告于众，轻骑归朝。戍卒裴满等惮献甫之严，乘无帅之际，癸丑，帅其徒作乱，曰："张公不出本军，我必拒之。"因剽掠城市，围监军杨明义所居，使奏请范希朝为节度使。都虞候杨朝晟避乱出城，闻之，复入，曰："所请甚契我心，我来贺也！"乱卒稍安。朝晟潜与诸将谋，晨勒兵，召乱卒谓曰：

9　福建观察使吴诜因部下将士怯懦软弱而轻视他们,极力役使他们。于是,将士发起变乱,杀掉了吴诜的亲信十多个人,逼迫吴诜写文书召大将郝诚溢掌管留后事务。郝诚溢上表请求治罪,德宗派遣中使就地赦免,使他安下心来。

10　乙未,陇右节度使李元谅将良原旧有的城池修筑起来,并镇守在那里。

11　云南王异牟寻打算归附朝廷,但不敢自行派遣使者,于是首先派遣东蛮鬼主骠旁、苴梦冲、苴乌星入京朝见。五月乙卯(八日),德宗在麟德殿设宴款待他们,对他们的赏赐甚为丰厚,还封他们为王,发给印绶,然后打发他们回去。

12　辛未(二十四日),德宗任命太子宾客吴凑为福建观察使,将吴诜贬黜为涪州刺史。

13　吐蕃的三万多骑兵侵犯泾、邠、宁、庆、鄜等州。在此之前,吐蕃经常选择秋天和冬天前来侵犯,及至春天,往往因染上瘟疫而退却。至此,吐蕃得到唐朝的百姓后,将他们的妻子儿女留作人质,派遣吐蕃将领带领着这些百姓,在夏天最热的日子里前来侵犯,各州都据城守备,没有人敢同他们交战,吐蕃俘获掳掠了数以万计的人丁与牲畜,便离去了。

14　夏县人阳城以学问与品行为世所知,他在柳谷北面隐居,李泌推荐他;六月,他被征召任命为谏议大夫。

15　由于吐蕃侵犯边塞,韩遊瓌亲自戍守宁州;但他得了病,于是请求派人将自己替代回去。秋季,七月庚戌(初五),德宗加封浑瑊为邠宁副元帅,任命左金吾将军张献甫为邠宁节度使,任命陈许兵马使韩全义为长武城行营节度使。在张献甫没有到职之前,壬子(七日),在深夜里,韩遊瓌没有告诉众人,便轻装骑马回朝廷去了。戍卒裴满等人害怕张献甫对大家严加管束,便乘着没有主帅的时机在癸丑(八日)这一天率领他的同伙发起变乱。他说:"张公本不出于本军,我一定要抗拒他。"于是,他们到市肆密集的地方去抢劫,还包围了监军杨明义的住所,让他上奏请求任命范希朝为本镇节度使。都虞候杨朝晟躲避变乱,逃出城来,听说要请范希朝出任节度使,便又进入城中,他说:"你们所请求的,很合我的心意,我是来庆贺的呢!"作乱的士兵稍微安定了一些。杨朝晟暗中与各将领计议了一番,早晨率领着兵马,召集作乱的士兵,对他们说:

"所请不行,张公已至邠州,汝辈作乱当死,不可尽杀,宜自推列唱帅者。"遂斩二百餘人,帅众迎献甫。上闻军众欲得范希朝,将授之。希朝辞曰:"臣畏游瓌之祸而来,今往代之,非所以防窥觎,安反仄也。"上嘉之,擢为宁州刺史,以副献甫。游瓌至京师,除右龙武统军。

16　振武节度使唐朝臣不严斥候,己未,奚、室韦寇振武,执宣慰中使二人,大掠人畜而去。时回纥之众逆公主者在振武,朝臣遣七百骑与回纥数百骑追之,回纥使者为奚、室韦所杀。

17　九月庚申,吐蕃尚志董星寇宁州,张献甫击却之;吐蕃转掠鄜、坊而去。

18　元友直句检诸道税外物,悉输户部,遂为定制,岁于税外输百餘万缗、斛,民不堪命。诸道多自诉于上,上意寤,诏:"今年已入在官者输京师,未入者悉以与民;明年以后,悉免之。"于是东南之民复安其业。

19　回纥合骨咄禄可汗得唐许昏,甚喜,遣其妹骨咄禄毗伽公主及大臣妻并国相、跌跌都督以下千餘人来迎可敦,辞礼甚恭,曰:"昔为兄弟,今为子婿,半子也。若吐蕃为患,子当为父除之!"因詈辱吐蕃使者以绝之。冬,十月戊子,回纥至长安,可汗仍表请改回纥为回鹘;许之。

20　吐蕃发兵十万将寇西川,亦发云南兵。云南内虽附唐,外未敢叛吐蕃,亦发兵数万屯于泸北。韦皋知云南计方犹豫,

"你们所要求的事情难以实现了,张公已经来到邠州,你们发动变乱,应当处死,但不会将你们都杀了,你们最好自己推举出带头的人来。"于是他斩杀了两百馀人,率领大家迎接张献甫。德宗听说军中人众愿意让范希朝统领,便准备授给他这一职务。范希朝推辞说:"我是因畏忌韩遊瓌的迫害才回来的,如今前去替代他的职务,这可不是防范阴谋、安定动荡局面的办法啊。"德宗嘉许他,将他提升为宁州刺史,作为张献甫的副手。韩遊瓌来到京城以后,被任命为右龙武统军。

16 由于振武节度使唐朝臣未能严密侦察敌情,己未(十四日),奚人和室韦人侵犯振武,捉住前来安抚军心的中使两人,在大量掳掠人口和牲畜以后,便离去了。当时,迎接公主的回纥人众正在振武,唐朝臣派遣骑兵七百人与回纥骑兵数百人追击他们,回纥的使者被奚人、室韦人杀掉了。

17 九月庚申(十一日),吐蕃的尚志董星侵犯宁州,张献甫击退了他们,吐蕃转而在鄜州和坊州掳掠了一番,便离去了。

18 元友直检查各道在税收以外加征的财物,并将它们全部上缴户部,以后这种做法便成了固定的制度,每年要在税收以外缴纳一百馀万缗、斛,百姓难以忍受这种索求。各道经常向德宗反映这种情况,德宗心里理解他们的疾苦,于是颁诏:"今年已经收入官府的税收以外的财物可以运往京城,还没有收入官府的,全部交还给百姓。从明年起,悉数免除。"于是,东南地区的百姓又安心从事他们的本业了。

19 回纥合骨咄禄可汗得到唐朝允许通婚的消息以后,非常高兴,便派出他的妹妹骨咄禄毗伽公主以及大臣的妻子,连同国相、跌跌都督以下一千多人,前来迎接可汗的妻子,措辞与执礼都很恭敬。他们说:"往日两国结为兄弟,如今可汗是皇上的女婿,是皇上的半个儿子了。如果吐蕃危害朝廷,儿子自当为父亲除去他们。"于是回纥责骂、侮辱了吐蕃的使者,与吐蕃断绝了往来。冬季,十月戊子(十四日),回纥使者来到长安,可汗上表请求将回纥改称为回鹘,德宗答应了下来。

20 吐蕃征发十万兵马,准备侵犯西川,同时也征发了云南兵马。云南虽然暗中已经归附唐朝,但表面上还不敢背叛吐蕃,因而也派出数万兵马在泸水北岸驻扎。韦皋了解到云南王还拿不定主意,

乃为书遗云南王,叙其叛吐蕃归化之诚,贮以银函,使东蛮转致吐蕃。吐蕃始疑云南,遣兵二万屯会川,以塞云南趣蜀之路。云南怒,引兵归国。由是云南与吐蕃大相猜阻,归唐之志益坚;吐蕃失云南之助,兵势始弱矣。然吐蕃业已入寇,遂分兵四万攻两林骠旁,三万攻东蛮,七千寇清溪关,五千寇铜山。皋遣黎州刺史韦晋等与东蛮连兵御之,破吐蕃于清溪关外。

21　庚子,册命咸安公主,加回鹘可汗长寿天亲可汗。十一月,以刑部尚书关播为送咸安公主兼册回鹘可汗使。

22　吐蕃耻前日之败,复以众二万寇清溪关,一万攻东蛮;韦皋命韦晋镇要冲城,督诸军以御之。嶲州经略使刘朝彩出关连战,自乙卯至癸亥,大破之。

23　李泌言于上曰:“江、淮漕运以甬桥为咽喉,地属徐州,邻于李纳,刺史高明应年少不习事,若李纳一旦复有异图,窃据徐州,是失江、淮也,国用何从而致?请徙寿、庐、濠都团练使张建封镇徐州,割濠、泗以隶之;复以庐、寿归淮南,则淄青慑息而运路常通,江、淮安矣。及今明应幼呆可代,宜征为金吾将军。万一使他人得之,则不可复制矣。”上从之。以建封为徐、泗、濠节度使。建封为政宽厚而有纲纪,不贷人以法,故其下无不畏而悦之。

24　横海节度使程日华薨,子怀直自知留后。

25　吐蕃屡遣人诱胁云南。

便写了一封给云南王的书信，在信中陈述了云南王叛离吐蕃，归于王化的诚意，装在银饰的盒子中，让东蛮转交吐蕃。吐蕃开始怀疑云南，便派兵两万在会川驻扎，以便堵住云南前往蜀中的通路。云南大怒，领兵回国去了。自此以来，云南与吐蕃互相猜疑，云南归顺唐朝的意图愈发坚定，而吐蕃失去云南的帮助，军队的声势便开始削弱了。然而，吐蕃已经出兵，于是分出四万兵马攻打两林、骠旁，三万兵马攻打东蛮，七千兵马侵犯清溪关，五千兵马侵犯铜山。韦皋派遣黎州刺史韦晋等人与东蛮联合，抵御吐蕃，在清溪关外面打败了他们。

21　庚子(二十六日)，德宗册封咸安公主，加封回鹘可汗为长寿天亲可汗。十一月，任命刑部尚书关播为护送咸安公主兼册回鹘可汗使。

22　吐蕃以不久前遭受的失败为耻辱，又派兵马二万侵犯清溪关，派兵马一万进攻东蛮；韦皋命令韦晋镇守处于交通要道的城市，监督各军抵御吐蕃。巂州经略使刘朝彩出关连续作战，从乙卯(十一日)到癸亥(十九日)，大破吐蕃。

23　李泌对德宗说："甬桥是江淮地区水道运输的要冲，此地归徐州管辖，与李纳相邻，刺史高明应年纪轻，不晓事，如果李纳有一天又有了背叛朝廷的意图，偷偷占领了徐州，这就等于把江淮地区失掉了，国家的用度将从哪里得来呢？请改任寿、庐、濠三州都团练使张建封镇守徐州，分割出濠州、泗州来隶属于他，再将庐州、寿州划归淮南，那么淄青就会恐惧收敛，运输通道就会保持畅通无阻，江淮地区便安定了。趁着现在高明应年幼无知，可以替代，最好将他征召为金吾将军。万一让别人得到徐州，便不能够重加控制了。"德宗听从了这一建议，任命张建封为徐、泗、濠节度使。张建封办理政务宽容仁厚而又深明法度，严格执法，所以，他的部下没有人不畏惧他，但又悦服他。

24　横海节度使程日华故去，他的儿子程怀直自行执掌留后事务。

25　吐蕃屡次派人引诱、威胁云南。

五年(己巳,789)

1　春,二月丁亥,韦皋遗异牟寻书,称:"回鹘屡请佐天子共灭吐蕃,王不早定计,一旦为回鹘所先,则王累代功名虚弃矣。且云南久为吐蕃屈辱,今不乘此时依大国之势以复怨雪耻,后悔无及矣。"

2　戊戌,以横海留后程怀直为沧州观察使。怀直请分弓高、景城为景州,仍请朝廷除刺史。上喜曰:"三十年无此事矣!"乃以员外郎徐伸为景州刺史。

3　中书侍郎、同平章事李泌屡乞更命相。上欲用户部侍郎班宏,泌言宏虽清强而性多凝滞,乃荐窦参通敏,可兼度支盐铁;董晋方正,可处门下。上皆以为不可。参,诞之玄孙也,时为御史中丞兼户部侍郎;晋为太常卿。至是泌疾甚,复荐二人。庚子,以董晋为门下侍郎,窦参为中书侍郎兼度支转运使,并同平章事。以班宏为尚书,依前度支转运副使。

参为人刚果峭刻,无学术,多权数,每奏事,诸相出,参独居后,以奏度支事为辞,实专大政。多引亲党置要地,使为耳目;董晋充位而已。然晋为人重慎,所言于上前者未尝泄于人,子弟或问之,晋曰:"欲知宰相能否,视天下安危。所谋议于上前者,不足道也。"

三月甲辰,李泌薨。泌有谋略而好谈神仙诡诞,故为世所轻。

4　初,上思李怀光之功,欲宥其一子,而子孙皆已伏诛;戊辰,

唐德宗贞元五年(己巳,公元789年)

1 春季,二月丁亥(十四日),韦皋给异牟寻写去一封书信,内称:"回鹘屡次请求帮助皇上一同去消灭吐蕃,如果大王还不及早确定自己的谋略,有朝一日被回鹘赶在前头,大王世代相沿的功劳与名声便白白丢弃掉了。而且,云南长期遭受吐蕃欺压的屈辱,如今若还不乘着这一时机,依靠大国的力量,来报复怨仇,洗雪耻辱,以后后悔也来不及了。"

2 戊戌(二十五日),德宗任命横海留后程怀直为沧州观察使。程怀直请求在所辖地区内将弓高、景城分割出来,设置景州,还要求朝廷任命刺史。德宗高兴地说:"三十年以来,没有过这类事情了!"于是,任命员外郎徐伸为景州刺史。

3 中书侍郎、同平章事李泌屡次请求再任命宰相。德宗打算起用户部侍郎班宏,李泌说班宏虽然清廉强干,但生性拘泥粘滞,于是荐举说窦参通达敏捷,可以兼任度支盐铁事务;又荐举说董晋端平正直,可以任职于门下省。皇上都认为不行。窦参是窦诞的玄孙,当时正担任御史中丞兼户部侍郎;董晋当时正担任太常卿。至此,李泌的病情已经极为严重,他再次推荐两人。庚子(二十七日),德宗任命董晋为门下侍郎,任命窦参为中书侍郎兼度支转运使,两人均同平章事。还任命班宏为户部尚书,依然如前担任度支转运副使。

窦参为人刚强果断,严厉苛刻,没有学问,多有权术,每当上奏事情的时候,各位宰相一齐出来,惟独窦参留在后面,借口奏报度支事宜,实际是要独揽朝中重大的政务。他还大量延引亲友同党,将他们安插在重要的部门中,让他们刺探消息,董晋只是勉强填补相位的空缺罢了。然而,董晋为人端重谨慎,他在皇上面前所说的话,从不向别人泄露出去,有时他的子弟询问他与皇上谈话的内容,董晋说:"要想知道一个宰相是否有才能,就去看国家是安定的,还是危殆的。我在皇上面前策划计议的事情,是不值一提的。"

三月甲辰(初二),李泌故去。李泌有计谋,多韬略,但是喜欢谈论神仙诡异怪诞之事,所以被世人轻视。

4 当初,德宗想起李怀光立下的功劳,打算宽宥他的一个儿子,但是,李怀光的子孙后代已经全部被处以死刑了。戊辰(二十六日),

诏以怀光外孙燕八八为怀光后,赐姓名李承绪,除左卫率胄曹参军,赐钱千缗,使养怀光妻王氏及守其墓祀。

5 冬,十月,韦皋遣其将曹有道将兵与东蛮、两林蛮及吐蕃青海、腊城二节度战于嶲州台登谷,大破之,斩首二千级,投崖及溺死者不可胜数,杀其大兵马使乞藏遮遮。乞藏遮遮,虏之骁将也,既死,皋所攻城栅无不下;数年,尽复嶲州之境。

6 易定节度使张孝忠兴兵袭蔚州,驱掠人畜;诏书责之,逾旬还镇。

7 琼州自乾封中为山贼所陷,至是,岭南节度使李复遣判官姜孟京与崖州刺史张少迁攻拔之。

8 十二月庚午,闻回鹘天亲可汗薨,戊寅,遣鸿胪卿郭锋册命其子为登里罗没密施俱录忠贞毗伽可汗。先是,安西、北庭皆假道于回鹘以奏事,故与之连和。北庭去回鹘尤近,诛求无厌,又有沙陀六千馀帐与北庭相依。及三葛禄,白服突厥皆附于回鹘,回鹘数侵掠之。吐蕃因葛禄,白服之众以攻北庭,回鹘大相颉干迦斯将兵救之。

9 云南虽贰于吐蕃,亦未敢显与之绝。壬辰,韦皋复以书招谕之。

六年(庚午,790)

1 春,诏出岐山无忧王寺佛指骨迎置禁中,又送诸寺以示众,倾都瞻礼,施财巨万;二月乙亥,遣中使复葬故处。

2 初,朱滔败于贝州,其棣州刺史赵镐以州降于王武俊,既而得罪于武俊,召之不至。田绪残忍,其兄朝,仕李纳为齐州

德宗颁诏命令以李怀光的外孙燕八八作为李怀光的继承人,赐给姓氏名字,叫做李承绪,任命他为左卫率胄曹参军,赐给钱一千缗,让他供养李怀光的妻子王氏,以及为李怀光扫墓祭祀。

5　冬季,十月,韦皋派遣他的将领曹有道领兵与东蛮、两林蛮以及吐蕃的青海、腊城两节度在巂州台登谷交战,大破敌军,斩首两千人,敌兵跳下山崖和落入水中而死的人多得无法计算,还杀掉了敌军的大兵马使乞藏遮遮。乞藏遮遮是敌军中骁勇的将领,在他死后,韦皋所攻打的城池寨栅无不陷落,经过数年,完全收复了巂州全境。

6　易定节度使张孝忠起兵袭击蔚州,驱赶并掳掠人丁与牲畜,德宗颁诏书责备他,他在十几天以后又返回本镇。

7　琼州自从乾封年间便被山中的黎人所攻陷,至此,岭南节度使李复派遣判官姜孟京与崖州刺史张少迁攻下了琼州。

8　十二月庚午(初三),德宗听说回鹘天亲可汗故去,戊寅(十一日),派遣鸿胪卿郭锋册封他的儿子为登里罗没密施俱录忠贞毗伽可汗。在此之前,安西、北庭需要向回鹘借道,以便向朝廷奏报事情,所以他们便与回鹘联合起来。北庭距离回鹘尤其近,回鹘对他们的需索毫无止境,又有沙陀六千多帐与北庭相互依存。还有三葛禄部和白服突厥,都依附于回鹘,而回鹘屡次侵扰劫掠他们。于是,吐蕃利用葛禄和白服突厥的人众前去攻打北庭,回鹘的大国相颉干迦斯领兵援救他们。

9　虽然云南对吐蕃怀有二心,但也不敢公开与吐蕃断交。壬辰(二十五日),韦皋再次写书信劝诱开导他们归附朝廷。

唐德宗贞元六年(庚午,公元 790 年)

1　春季,德宗颁诏命令取出岐山无忧王寺中佛的手指骨,迎接并安置在宫廷中,然后又送到各个寺院中去,以便让大家观看。全京城的人都前去瞻仰礼拜,布施的钱财数额异常巨大。二月乙亥(八日),德宗派遣中使将佛的手指骨重新安葬到原处。

2　当初,朱滔在贝州被打败的时候,他的棣州刺史赵镐率本州向王武俊投降。不久,他对王武俊做了失礼的事情,王武俊传召他,他不肯前去。田绪生性残忍,他的哥哥田朝在李纳处做官,担任齐州

刺史。或言纳欲纳朝于魏,绪惧。判官孙光佐等为绪谋,厚赂纳,且说纳招赵镐取棣州以悦之,因请送朝于京师;纳从之。丁酉,镐以棣州降于纳。三月,武俊使其子士真击之,不克。

3　回鹘忠贞可汗之弟弑忠贞而自立,其大相颉干迦斯西击吐蕃未还。夏,四月,次相帅国人杀篡者而立忠贞之子阿啜为可汗,年十五。

4　五月,王武俊屯冀州,将击赵镐,镐帅其属奔郓州;李纳分兵据之。田绪使孙光佐如郓州,矫诏以棣州隶纳;武俊怒,遣其子士清伐贝州,取经城等四县。

5　回鹘颉干迦斯与吐蕃战不利,吐蕃急攻北庭。北庭人苦于回鹘诛求,与沙陀酋长朱邪尽忠皆降于吐蕃;节度使杨袭古帅麾下二千人奔西州。六月,颉干迦斯引兵还国,次相恐其有废立,与可汗皆出郊迎,俯伏自陈擅立之状,曰:"今日惟大相死生之。"盛陈郭锋所赍国信,悉以遗之。可汗拜且泣曰:"儿愚幼,若幸而得立,惟仰食于阿多,国政不敢豫也。"虏谓父为阿多,颉干迦斯感其卑屈,持之而哭,遂执臣礼,悉以所遗颁从行者,己无所受。国中由是稍安。

秋,颉干迦斯悉举国兵数万将复北庭,又为吐蕃所败,死者大半。袭古收馀众数百,将还西州,颉干迦斯绐之曰:"且与我同至牙帐"。既而留不遣,竟杀之。安西由是遂绝,莫知存亡,而西州犹为唐固守。

刺史。有人说李纳打算将田朝交回魏州，田绪为之恐惧。判官孙光佐等人为田绪策划：以丰厚的物品赠给李纳，并且劝说李纳招引赵镐，以获取棣州，用这个方式取悦李纳，并乘机请求李纳将田朝送往京城，李纳听从了田绪的建议。丁酉（三十日），赵镐率棣州归降了李纳。三月，王武俊让他的儿子王士真进击赵镐，未能取胜。

3　回鹘忠贞可汗的弟弟杀了忠贞可汗而自立为可汗，回鹘的大相颉干迦斯向西进击吐蕃还没回来。夏季，四月，回鹘次相率领国中百姓杀了篡位者而拥立忠贞可汗的儿子阿啜为可汗，当时阿啜才十五岁。

4　五月，王武俊在冀州驻扎下来，准备进击赵镐，赵镐率领他的部下逃奔郓州，李纳分出一支兵马占据了棣州。田绪让孙光佐前往郓州，诈称有诏书命令将棣州隶属于李纳；王武俊发怒，便派遣他的儿子王士清讨伐贝州，夺取了经城等四个县。

5　回鹘颉干迦斯与吐蕃交战不利，吐蕃急切地进攻北庭。北庭人苦于回鹘的搜刮，便与沙陀的酋长朱邪尽忠一起向吐蕃投降；北庭节度使杨袭古率领部下两千人逃奔西州。六月，颉干迦斯领兵回国，次相唯恐他另有废立，便与可汗一同前往郊外迎接，跪在地上陈述自己擅自扶立的情况，还说："我的生死，今天只有让大相来决定了。"他郑重地摆出郭锋带来的传国印信，全部交给了颉干迦斯。可汗一边行礼，一边哭泣着说："我年幼无知，如果有幸被立为可汗，惟有依赖阿爹过活，不敢过问国家政事。"回鹘人将父亲称作阿爹。颉干迦斯被他卑躬屈己的态度打动了，也扶着他哭了。于是，颉干迦斯以为臣的礼节对待可汗，将可汗交给他的物品全部发给随行的人们，自己一点也没有接受。于是，回鹘国内渐渐安定下来。

秋季，颉干迦斯率领全国兵马数万人准备收复北庭，又一次被吐蕃打败，死去的人马有一多半。杨袭古收拾残馀兵马数百人，准备返回西州，颉干迦斯欺骗他说："姑且和我一起到牙帐走一趟吧。"接着，颉干迦斯将他扣留下来，不让他回去，最后将他杀死了。由此，安西与朝廷的联系便断绝了，也不知安西是存是亡。然而，西州仍然在为唐朝固守。

葛禄乘胜取回鹘之浮图川,回鹘震恐,悉迁西北部落于
牙帐之南以避之;遣达北特勒梅录随郭锋偕来,告忠贞可汗
之丧,且求册命。先是,回鹘使者入中国,礼容骄慢,刺史皆
与之钧礼。梅录至丰州,刺史李景略欲以气加之,谓梅录曰:
"闻可汗新没,欲申吊礼。"景略先据高垄而坐,梅录俯偻前
哭。景略抚之曰:"可汗弃代,助尔哀慕。"梅录骄容猛气,索
然俱尽。自是回鹘使至,皆拜景略于庭,威名闻塞外。

冬,十月辛亥,郭锋始自回鹘还。

6　十一月庚午,上祀圜丘。

7　上屡诏李纳以棣州归王武俊,纳百方迁延,请以海州
易之于朝廷;上不许。乃请诏武俊先归田绪四县上从之。十
二月,纳始以棣州归武俊。

七年(辛未,791)

1　春,正月己巳,襄王僙薨。

2　二月癸卯,遣鸿胪少卿庾铤册回鹘奉诚可汗。

3　戊戌,诏泾原节度使刘昌筑平凉故城,以扼弹筝峡
口;浃辰而毕,分兵戍之。昌又筑朝谷堡;甲子,诏名其堡曰
彰信;泾原稍安。

4　初,上还长安,以神策等军有卫从之劳,皆赐名兴元元
从奉天定难功臣,以官领之,抚恤优厚。禁军恃恩骄横,侵暴百
姓,陵忽府县,至诟辱官吏,毁裂案牍。府县官有不胜忿而刑之
者,朝笞一人,夕贬万里。由是府县虽有公严之官,莫得举其职。

葛禄部乘胜攻取回鹘的浮图川,回鹘震惊恐惧,将西北方面的部落全部迁徙到牙帐的南面来,以便躲避葛禄部。回鹘派遣达北特勒梅录跟随郭锋一道来唐朝,上报忠贞可汗的丧事,并请求册立新可汗。以前,回鹘的使者来到大唐的时候,礼节和容色骄横傲慢,刺史都与他们平礼相待。现在梅录来到丰州,该州刺史李景略打算在气概上压倒他,便对梅录说:"听说可汗新近故去,我要向你表示哀悼的礼节。"于是,李景略首先靠着高的坟丘坐了下来,梅录在他前面低头曲背地哭泣着。李景略安慰他说:"可汗离开人世,我与你一样悲哀地怀念他。"梅录骄横的容色和凶猛的气势索然尽失了。自此以后,回鹘使者前来,都要在庭中礼拜李景略,李景略的威望与名声传播到边塞以外。

冬季,十月辛亥(十九日),郭锋开始从回鹘返回。

6 十一月庚午,德宗祭祀圜丘。

7 德宗屡次颁诏,命令李纳将棣州归还王武俊,李纳千方百计地拖延,还请求用海州与朝廷换取棣州,德宗不肯答应。于是他又请颁诏命令王武俊首先将经城等四县归还田绪,德宗听从了他的建议。十二月,李纳将棣州归还王武俊。

唐德宗贞元七年(辛未,公元791年)

1 春季,正月己巳(初八),襄王李僙故去。

2 二月癸卯(十二日),德宗派遣鸿胪少卿庾铤册立回鹘奉诚可汗。

3 戊戌(初七),德宗颁诏命令泾原节度使刘昌修筑平凉旧城,以便扼制弹筝峡的出口。刘昌只用了十二天时间便修筑告竣,分出兵马,前去戍守。刘昌又修筑了朝谷堡,甲子,德宗颁诏给该堡命名为彰信堡。泾原逐渐安定下来。

4 当初,德宗回到长安,因神策等军有护卫侍从的功劳,一律赐名为兴元元从奉天定难功臣,委任官员统领各军,对各军的抚慰和体恤都很优厚。禁军仗恃着恩宠而骄傲专横,欺凌百姓,凌驾于府县之上,以至于辱骂官吏,撕毁官府文书。府县官吏中有人愤怒难忍而对他们用刑,但早晨拷打了一个禁军人员,晚上便被贬黜到万里之外。因此,虽然府县也有公正严明的官员,但无法将自己的职事办好。

市井富民，往往行赂寄名军籍，则府县不能制。辛巳，诏神威、六军吏士与百姓讼者，委之府县，小事牒本军，大事奏闻。若军士陵忽府县，禁身以闻，委御史台推覆。县吏辄敢笞辱，必从贬谪。

5　癸未，易定节度使张孝忠薨。

6　安南都护高正平重赋敛，夏，四月，群蛮酋长杜英翰等起兵围都护府，正平以忧死，群蛮闻之皆降。五月辛巳，置柔远军于安南。

7　端王遇薨。

8　韦皋比年致书招云南王异牟寻，终未获报。然吐蕃每发云南兵，云南与之益少。皋知异牟寻心附于唐，讨击副使段忠义，本阁罗凤使者也，六月丙申，皋遣忠义还云南，并致书敦谕之。

9　秋，七月戊寅，以定州刺史张昇云为义武留后。

10　庚辰，以虔州刺史赵昌为安南都护，群蛮遂安。

11　八月丙午，以翰林学士陆贽为兵部侍郎，馀职皆解；窦参恶之也。

12　吐蕃攻灵州，为回鹘所败，夜遁。九月，回鹘遣使来献俘；冬，十二月甲午，又遣使献所获吐蕃酋长尚结心。

13　福建观察使吴凑，为治有声，窦参以私憾毁之，且言其病风。上召至京师，使之步以察之，知参之诬，由是始恶参。丁酉，以凑为陕虢观察使以代参党李翼。

商市中的富人,往往通过行贿而在军人名册上挂名,于是府县便不能控制他们了。辛巳,诏书说:神威军与六军将士与百姓打官司的,要将诉讼案件交给府县办理,对于小事,发文书通报本军,对于大事,上奏朝廷闻知。如果军中将士凌驾于府县之上,应当囚禁其人,上报知闻,交付御史台审问核查。如果县中官吏竟敢拷打侮辱将士,一定要按降职远谪论处。

5　癸未,易定节度使张孝忠故去。

6　由于安南都护高正平征收赋税繁重,夏季,四月,群蛮的首长杜英翰等人起事,发兵围困都护府,高正平因忧虑而死,群蛮听说这一消息以后,全归降了。五月辛巳(二十二日),朝廷在安南设置柔远军。

7　端王李遇故去。

8　近年以来,韦皋发信招抚云南王异牟寻,始终没有得到回报。然而,每当吐蕃向云南征发兵员的时候,云南发给吐蕃的兵员却越来越少了。由此,韦皋知道异牟寻本心是归附唐朝的,讨击副使段忠义,原来是阁罗凤的使者,六月丙申(初七),韦皋派遣段忠义返回云南,并且给异牟寻写去书信,劝导他归顺朝廷。

9　秋季,七月戊寅(十九日),德宗任命定州刺史张昪云为义武军留后。

10　庚辰(二十一日),德宗任命虔州刺史赵昌为安南都护,于是群蛮安定下来了。

11　八月丙午(十八日),德宗任命翰林学士陆贽为兵部侍郎,其他职务一概解除;这是由于窦参嫌恶他的缘故。

12　吐蕃攻打灵州,被回鹘击败,便连夜逃走了。九月,回鹘的使者前来进献俘虏。冬季,十二月甲午(初八),回鹘又派遣使者进献所俘获的吐蕃首长尚结心。

13　由于福建观察使吴凑有善于处理政务的名声,窦参因私人的怨恨而诋毁他,而且说他患了风痹。德宗将吴凑传召到京城,让他迈步行走,以便从中察看,结果知道窦参是骗人的,因此,开始憎恶窦参。丁酉(十一日),德宗任命吴凑为陕虢观察使,借以取代窦参的同党李翼。

14　睦王述蒐。

15　吐蕃知韦皋使者在云南，遣使让之。云南王异牟寻绐之曰："唐使，本蛮也，皋听其归耳，无他谋也。"因执以送吐蕃。吐蕃多取其大臣之子为质，云南愈怨。

勿邓酋长苴梦衝，潜通吐蕃，扇诱群蛮，隔绝云南使者。韦皋遣三部落总管苏峞将兵至琵琶川。

14　睦王李述故去。

15　吐蕃得知韦皋的使者来到云南以后,便派遣使者责备云南王。云南王异牟寻欺骗来使说:"唐朝的使者本来便是蛮人,韦皋听任他回来,并没有别的图谋。"于是便将韦皋的使者抓起来,送交给吐蕃。吐蕃带走许多云南大臣的儿子作为人质,云南愈发怨恨吐蕃了。

勿邓部落的酋长苴梦衝,暗中勾结吐蕃,煽动诱惑群蛮,隔断云南使者与唐朝的往来,韦皋派遣两林、勿邓、丰琶三部落的总管苏峗领兵来到琵琶川。

卷第二百三十四　唐纪五十

起壬申(792)尽甲戌(794)五月凡二年有奇

德宗神武圣文皇帝九
贞元八年(壬申,792)

1　春,二月壬寅,执梦衝,数其罪而斩之;云南之路始通。

2　三月丁丑,山南东道节度使曹成王皋薨。

3　宣武节度使刘玄佐有威略,每李纳使至,玄佐厚结之,故常得其阴事,先为之备;纳惮之。其母虽贵,日织绢一匹,谓玄佐曰:"汝本寒微,天子富贵汝至此,必以死报之。"故玄佐始终不失臣节。庚午,玄佐薨。

4　山南东道节度判官李实知留后事,性刻薄,裁损军士衣食。鼓角将杨清潭帅众作乱,夜,焚掠城中,独不犯曹王皋家;实逾城走免。明旦,都将徐诚缒城而入,号令禁遏,然后止;收清潭等六人斩之。实归京师,以为司农少卿。实,元庆之玄孙也。丙子,以荆南节度使樊泽为山南东道节度使。

5　初,窦参为度支转运使,班宏副之。参许宏,俟一岁以使职归之,岁馀,参无归意;宏怒。司农少卿张滂,宏所荐也,参欲使滂分主江、淮盐铁,宏不可;滂知之,亦怨宏。及参为上所疏,乃让度支使于宏,又不欲利权专归于宏,乃荐滂于上。以滂为户部侍郎、盐铁转运使,仍隶于宏以悦之。

德宗神武圣文皇帝九
唐德宗贞元八年(壬申,公元792年)

1 春季,二月壬寅(十七日),韦皋捉获苴梦衝,在数说他的罪行以后,斩杀了他,前往云南的道路开始畅通了。

2 三月丁丑(二十三日),山南东道节度使曹成王李皋故去。

3 宣武节度使刘玄佐威严而有谋略,每当李纳的使者到来时,刘玄佐便深深地结纳他们,所以经常能够得知李纳的秘事,预先做好防备;李纳忌惮他。他的母亲虽地位尊贵,但每天都要织绢帛一匹。她对刘玄佐说:"你本来门第卑微,天子使你富裕尊贵到这般地步,你一定要不惜一死,报答天子。"所以,刘玄佐自始至终不曾失去为臣的节操。庚午(十六日),刘玄佐故去。

4 山南东道节度判官李实执掌留后事务,他生性苛酷,削减将士的给养。掌管鼓角的将领杨清潭率领众人发动变乱,夜里在城中纵火抢劫,唯独不冒犯曹王李皋一家,李实翻越城墙逃走,得以不死。第二天早晨,都将徐诚用绳索缒入城中,发布命令,禁止变乱,此后变乱便停止了;徐诚收捕了杨清潭等六人,斩杀了他们。李实回到京城,德宗任命他为司农少卿。李实是李元庆的玄孙。丙子(二十二日),德宗任命荆南节度使樊泽为山南东道节度使。

5 当初,窦参出任度支转运使,班宏担任他的副职。窦参向班宏许诺,等到一年以后,便将度支转运使的正职交给他。过了一年多时间,窦参还没有交出使职的意思,班宏大怒。司农少卿张滂是由班宏荐举上来的,窦参打算让张滂分管江淮地区的盐铁事务,班宏不肯答应,张滂听说此事,也怨恨班宏。及至窦参被德宗疏远以后,他才将度支使让给班宏,但是他又不愿意让财政大权独自落到班宏手中,于是便向德宗推荐张滂。德宗任命张滂为户部侍郎、盐铁转运使,仍然隶属于班宏,以便取悦于他。

窦参阴狡而愎，恃权而贪，每迁除，多与族子给事中申议之。申招权受赂，时人谓之"喜鹊"。上颇闻之，谓参曰："申必为卿累，宜出之以息物议。"参再三保其无他，申亦不悛。左金吾大将军虢王则之，巨之子也，与申善。左谏议大夫、知制诰吴通玄与陆贽不叶，窦申恐贽进用，阴与通玄、则之作谤书以倾贽；上皆察知其状。夏，四月丁亥，贬则之昭州司马，通玄泉州司马，申道州司马；寻赐通玄死。

6 刘玄佐之丧，将佐匿之，称疾请代，上亦为之隐，遣使即军中问："以陕虢观察使吴凑为代可乎？"监军孟介、行军司马卢瑗皆以为便，然后除之。凑行至汜水，玄佐之柩将发，军中请备仪仗，瑗不许，又令留器用以俟新使；将士怒。玄佐之婿及亲兵皆被甲，拥玄佐之子士宁释衰绖，登重榻，自为留后。执城将曹金岸、浚仪令李迈，曰："尔皆请吴凑者！"遂囚之；卢瑗逃免。士宁以财赏将士，劫孟介以请于朝。上以问宰相，窦参曰："今汴人指李纳以邀制命，不许，将合于纳。"庚寅，以士宁为宣武节度使。士宁疑宋州刺史翟良佐不附己，托言巡抚，至宋州，以都知兵马使刘逸准代之。逸准，正臣之子也。

7 乙未，贬中书侍郎、同平章事窦参为郴州别驾，贬窦申锦州司户。以尚书左丞赵憬、兵部侍郎陆贽并为中书侍郎、同平章事。憬，仁本之曾孙也。

窦参阴险狡诈而又刚愎自用,凭借着手中的权力,贪图财利,每当任命官员的时候,他往往与担任给事中的族侄窦申计议其事。窦申借此招揽权势,收受贿赂,当时的人们把他叫做"喜鹊"。德宗听到了一些风声,便对窦参说:"窦申肯定会连累你的,最好将他调出朝廷,也好平息众人的议论。"窦参反复担保窦申没做别的事情,窦申却依然不肯悔改。左金吾大将军虢王李则之是李巨的儿子,与窦申交好。左谏议大夫、知制诰吴通玄与陆贽关系不睦,窦申唯恐陆贽被提拔任用,便暗中与吴通玄、李则之编造攻击陆贽的书函,排挤他。德宗完全查清了他们的情况。夏季,四月丁亥(初三),德宗将李则之贬为昭州司马,将吴通玄贬为泉州司马,将窦申贬为道州司马。不久,德宗又让吴通玄自裁而死。

　　6　刘玄佐去世以后,将佐隐瞒实情,声称刘玄佐得了重病,请求派人替代,德宗也装作不知道,还派遣使者到军中询问:"让陕虢观察使吴凑来替代刘玄佐的职务可以吗?"监军孟介、行军司马卢瑗一致认为这是适宜的,此后德宗才任命了吴凑。吴凑来到汜水的时候,刘玄佐的灵柩正要出殡,军中将士请求为他备办仪仗,卢瑗不肯答应,还命令留着器物用具,等新任观察使到来时使用。将士生气了。刘玄佐的女婿以及随身护卫的士兵都穿上铠甲,簇拥着刘玄佐的儿子刘士宁脱去丧服,登上主帅的座位,自命为留后。他们逮捕了守城将领曹金岸和浚仪县令李迈,对两人说:"你们都是主张迎接吴凑的人!"于是将他们两人剐杀了。卢瑗逃脱,幸免于死。刘士宁用钱财奖赏将士,劫持着孟介,让他向朝廷请求任命。德宗询问宰相的意见,窦参说:"现在汴州人指望着李纳,才敢于请求任命,如果不答应,他们就要与李纳联合了。"庚寅(初六),德宗任命刘士宁为宣武节度使。刘士宁怀疑宋州刺史翟良佐没有归附自己,便假托巡视的名义,来到宋州,让都知兵马使刘逸准替代了他。刘逸准是刘正臣的儿子。

　　7　乙未(十一日),德宗将中书侍郎、同平章事窦参贬为郴州别驾,将窦申贬为锦州司户。让尚书左丞赵憬、兵部侍郎陆贽一并出任中书侍郎、同平章事。赵憬是赵仁本的曾孙。

8　张滂请盐铁旧簿于班宏,宏不与。滂与宏共择巡院官,莫有合者,阙官甚多。滂言于上曰:"如此,职事必废,臣罪无所逃。"丙午,上命宏、滂分掌天下财赋,如大历故事。

9　壬子,吐蕃寇灵州,陷水口支渠,败营田。诏河东、振武救之,遣神策六军二千戍定远、怀远城;吐蕃乃退。

10　陆贽请令台省长官各举其属,著其名于诏书,异日考其殿最,并以升黜举者。五月戊辰,诏行贽议。

未几,或言于上曰:"诸司所举皆有情故,或受货赂,不得实才。"上密谕贽:"自今除改,卿宜自择,勿任诸司。"贽上奏,其略曰:"国朝五品以上,制敕命之,盖宰相商议奏可者也。六品以下则旨授,盖吏部铨材署职,诏旨画闻而不可否者也。开元中,起居、遗、补、御史等官,犹并列于选曹。其后幸臣专朝,舍金议而重己权,废公举而行私惠,是使周行庶品,苟不出时宰之意,则莫致也。"又曰:"宣行以来,才举十数,议其资望,既不愧于班行,考其行能,又未闻于阙败。而议者遽以腾口,上烦圣聪。道之难行,亦可知矣! 请使所言之人指陈其状,其人受贿,某举有情,付之有司,核其虚实;谬举者必行其罚,诬善者亦反其辜。何必贷其奸赃,不加辩诘?

8 张滂请班宏交出原有的盐铁账簿,班宏不肯给他。张滂与班宏一起选任巡院官,两人的意见没有相合的时候,因而缺任的官员为数很多。张滂向皇帝进言说:"像这个样子,职任以内的事必然要荒废了,我的罪责是无法逃脱的了。"丙午(二十二日),德宗命令班宏与张滂分别掌管全国的财税,一如大历年间的先例。

9 壬子(二十八日),吐蕃侵犯灵州,毁去水口支流的渠道,破坏屯田。德宗颁诏命令河东、振武二军前去援救,派遣神策六军共两千人戍守定远和怀远二城;于是吐蕃撤退了。

10 陆贽请求让中书、门下、尚书三省的长官各自推举本省的属官,将他们的名字登录到诏书上,以便日后按名单考核他们办事成绩的优劣,并且据此提升或贬黜他们的推举人。五月戊辰(十四日),德宗颁诏命令实施陆贽的建议。

没过多久,有人对德宗说:"各部门推举的属官都弄虚作假,有的人还收受贿赂,所以不能得到真有才干的人。"德宗暗中晓示陆贽说:"今后任官改官,最好由你亲自选择,不要让各有关机构办理。"于是,陆贽进上奏章,大略是说:"本朝对于五品以上的官员,是通过诏书来加以任命的,这便是经由宰相互相商酌计议,上奏圣上批准的任命方法。对于六品以下的官员的任命方法,则是通过圣上的旨意来授予的官职,即经由吏部铨选人材,署任职务,圣上在诏旨上标上一个'闻'字,但不置可否。在开元年间,起居、拾遗、补阙、御史等官职,还是由吏部选任上报的。此后,宠臣专擅朝政,丢开众人的公议而扩大自己的权力,废弃公开的选举而推行私人的恩惠,使宰相奏任官员的办法遍及各级官员,如果不经过现任宰相的同意,就无法任官。"他又说:"由三省长官各自推举属官的办法宣布实行以来,只推举了十几个人。评议他们的资历与声望,已是无愧于他们的班列位次,考查他们的品行与才能,又没有听说有缺失败坏的地方。然而议论的人骤然横加批评,向上打搅陛下的视听。治道的难以实行,于此也可见一斑了。请让进言的人指出并陈述具体情况,讲清楚哪个人接受了贿赂,哪个人推举时作弊,将这些人交付有关部门,核实所言是实在的,还是没有根据的。对推举失误的人一定要实行惩罚,对诬告好人的人也要反过来追究他们的罪责。为什么一定要姑息作弊与贪赃行为而不肯给以分辨与追究呢?

私其公议,不出主名,使无辜见疑,有罪获纵,枉直同贯,人何赖焉!又,宰相不过数人,岂能遍谙多士?若令悉命群官,理须展转询访;是则变公举为私荐,易明扬以暗投,情故必多,为弊益甚。所以承前命官,罕不涉谤。虽则秉钧不一,或自行情,亦由私访所亲,转为所卖。其弊非远,圣鉴明知。"又曰:"今之宰相则往日台省长官,今之台省长官乃将来之宰相,但是职名暂异,固非行举顿殊。岂有为长官之时则不能举一二属吏,居宰相之位则可择千百具僚;物议悠悠,其惑斯甚。盖尊者领其要,卑者任其详,是以人主择辅臣,辅臣择庶长,庶长择佐僚,将务得人,无易于此。夫求才贵广,考课贵精。往者则天欲收人心,进用不次,非但人得荐士,亦得自举其才。然而课责既严,进退皆速,是以当代谓知人之明,累朝赖多士之用。"又曰:"则天举用之法伤易而得人,陛下慎简之规太精而失士。"上竟追前诏不行。

11　癸酉,平卢节度使李纳薨,军中推其子师古知留后。

12　六月,吐蕃千馀骑寇泾州,掠田军千馀人而去。

将公开的评议变成私下进行的活动,而不肯公布发言人的名字,使无罪的人遭受怀疑,使有罪的人得到纵容,无论亏理还是有理,全都一律对待,人们还有什么依靠呢?加之,宰相不过只有几个人,哪能普遍熟悉众多的士子?如果让宰相任命所有的官员,理应反复询问访求,但这样便将公开举用变成私下推荐,将明察举贤转变成暗中投靠,弄虚作假的事情肯定很多,形成的流弊愈发严重。所以,承续以前的办法任命官员,很少有不牵涉谤议的。虽然说这因为宰相把握标准不够一致,有时会自行作弊,但也由于私下访问亲近的人们,反而被他们捉弄了。这一弊病并不是很久前的事情,陛下圣明垂鉴,分明知道这些事情。"他又说:"现在的宰相,就是过去的三省长官,现在的三省长官,便是将来的宰相,这不过是职务的名称暂时不同,本不是推举官员与任命官员在职权上有区别。担任三省长官的时候不能够举用一两个下属的官吏,到出任宰相以后便可选拔成百上千个官员,难道有这样的道理吗?众人的议论飘忽不定,他们的迷惑以这一点最为严重。一般说来,尊贵者统领事务的纲要,卑下者负责细节的处理,所以,君主选任宰相,宰相选任各部门的长官,各部门的长官选任处于辅助地位的官吏,要想务求用人得当,便无法改变这种做法。大凡寻求人才贵在广博,考核官吏的成绩贵在专精。过去武则天存心收买人心,提拔官吏不拘等次,不但百姓可以推荐士子,还可以自己推举自己。然而,那时对官吏的考核与督责非常严厉,官吏的升降都很迅速,所以当世认为武则天是有知人的明智的,连续几朝都仰仗她选拔出来的众多士子为朝廷效力。"他又说:"武则天推举任用人才方法的失误在于变动太快,但是能够得到人才,陛下慎重选择官吏的方法过于精细,反而会失去人才。"德宗终于还是追回了前不久颁发的诏书,不再实行。

11 癸酉(十九日),平卢节度使李纳故去,军中将士推举他的儿子李师古执掌留后事务。

12 六月,吐蕃骑兵一千馀人侵犯泾州,掳掠屯田军一千多人,便离去了。

13　岭南节度使奏:"近日海舶珍异,多就安南市易,欲遣判官就安南收市,乞命中使一人与俱。"上欲从之。陆贽上言,以为:"远国商贩,惟利是求,缓之斯来,扰之则去。广州素为众舶所凑,今忽改就安南,若非侵刻过深,则必招携失所,曾不内讼,更荡上心。况岭南、安南,莫非王土,中使、外使,悉是王臣,岂必信岭南而绝安南,重中使以轻外使。所奏望寝不行。"

14　秋,七月甲寅朔,户部尚书判度支班宏薨。陆贽请以前湖南观察使李巽权判度支,上许之。既而复欲用司农少卿裴延龄,贽上言,以为:"今之度支,准平万货,刻刻则生患,宽假则容奸。延龄诞妄小人,用之交骇物听。尸禄之责,固宜及于微臣;知人之明,亦恐伤于圣鉴。"上不从。己未,以延龄判度支事。

河南、北、江、淮、荆、襄、陈、许等四十馀州大水,溺死者二万馀人,陆贽请遣使赈抚。上曰:"闻所损殊少,即议优恤,恐生奸欺。"贽上奏,其略曰:"流俗之弊,多徇诡谀,揣所悦意则侈其言,度所恶闻则小其事。制备失所,恒病于斯。"又曰:"所费者财用,所收者人心,苟不失人,何忧乏用?"上许为遣使,而曰:"淮西贡赋既阙,不必遣使。"贽复上奏,以为:"陛下息师含垢,宥彼渠魁,惟兹下人,所宜矜恤。昔秦、晋仇敌,穆公犹救其饥,况帝王怀柔万邦,唯德与义,宁人负我,无我负人。"八月,遣中书舍人京兆奚陟等宣抚诸道水灾。

13　岭南节度使奏称:"近些时候,海上来的大船运载着珍奇的货物,往往开到安南买卖交易,我准备派遣判官去安南收买,请派中使一人与判官同去。"德宗打算准奏。陆贽进言认为:"远方各国经商贩卖,唯利是图,对他们宽和,他们就前来,对他们有所烦扰,他们就离去。广州历来是各处船舶汇集的地方,现在忽然改道去安南,如果不是广州方面侵渔刻剥过于严重,那肯定就是他们招引远方各国商人的办法不对头,他们不曾自责,却还想动摇陛下的心志。况且,岭南与安南,无不是陛下的国土,中使与外使无不是陛下的臣属,何必相信岭南而拒绝安南,重视中使而轻视外使呢?希望陛下将岭南的奏议废止了,不要实行。"

14　秋季,七月甲寅朔(初一),户部尚书、判度支班宏故去。陆贽奏请任命前湖南观察使李巽暂时兼管度支,德宗准许了这一建议。不久,德宗又打算起用司农少卿裴延龄,陆贽进言认为:"如今度支使的职任,需要运输各种货物,平抑物价,如果刻薄吝啬,便会生出麻烦;如果宽容,便会姑息邪恶。裴延龄是一个荒诞虚妄的小人,起用他会震骇人们的视听。任用了他,尸位素餐的罪责,固然应当有我这微末小臣的一份;若说到知人善任的明德,恐怕也会有损陛下圣明的裁鉴。"德宗不肯听从。己未(初六),德宗让裴延龄兼管度支事务。

河南、河北、江、淮、荆、襄、陈、许等四十馀州洪水泛滥,淹死了两万馀人,陆贽请求派遣使者赈济抚慰。德宗说:"听说损失很少,如果议行丰厚的抚恤,恐怕会生出奸诈欺骗的事情来。"陆贽上奏,大略是说:"世俗的弊病,往往是曲从人意,阿谀奉承,揣摩到人主喜欢什么,便夸大其辞;猜度到人主讨厌听见什么,便缩小其事。朝廷所采取的措施与防备失去凭依,问题就经常出在这里。"他又说:"赈济灾民,消耗的是资财,得到的是人心。如果不失去百姓的拥护,还用为缺少用度发愁吗?"德宗答应派遣使者,但又说:"既然淮西不向朝廷缴纳赋税,就不要派遣使者赈济他们了。"陆贽再次上奏认为:"陛下停息战事,隐忍包容,宽宥了那些作乱者的首领,对于这些处于下层的人们,自当加以怜惜。过去在诸侯国中秦国和晋国成了仇敌,秦穆公仍然救济晋国的饥荒,况且帝王招抚万邦,只有实行仁德与信义,宁可让别人辜负我们,不能让我们辜负别人。"八月,德宗派遣中书舍人京兆人奚陟等人前往各道宣诏抚慰遭受水灾的人们。

15　以前青州刺史李师古为平卢节度使。

16　韦皋攻维州，获其大将论赞热。

17　陆贽上言，以边储不赡，由措置失当，蓄敛乖宜，其略曰："所谓措置失当者，戍卒不隶于守臣，守臣不总于元帅。至有一城之将，一旅之兵，各降中使监临，皆承别诏委任。分镇亘千里之地，莫相率从；缘边列十万之师，不设谋主。每有寇至，方从中覆，比蒙征发赴援，寇已获胜罢归。吐蕃之比中国，众寡不敌，工拙不侔，然而彼攻有馀，我守不足。盖彼之号令由将，而我之节制在朝，彼之兵众合并而我之部分离析故也。所谓蓄敛乖宜者，陛下顷设就军、和籴之法以省运，制与人加倍之价以劝农，此令初行，人皆悦慕。而有司竟为苟且，专事纤啬，岁稔则不时敛藏，艰食则抑使收籴。遂使豪家、贪吏，反操利权，贱取于人以俟公私之乏。又有势要、近亲、羁游之士，委贱籴于军城，取高价于京邑，又多支缯绽充直。穷边寒不可衣，鬻无所售，上既无信于下，下亦以伪应之，度支物估转高，军城谷价转贵。度支以苟售滞货为功利，军城以所得加价为羡馀。虽设巡院，转成囊橐。至有空申簿帐，伪指囷仓，计其数则亿万有馀，考其实则百十不足。"

15　德宗任命前任青州刺史李师古为平卢节度使。

16　韦皋攻打维州，俘虏了吐蕃大将论赞热。

17　陆贽进言认为，边疆的储备不充足，是由于处理不恰当，对粮食的储积和征收都不合时宜，他大略是说："所说的处理不恰当，指的是戍边的士兵不由守边的将领管辖，守边的将领不由元帅统领。以至于有时对同一城中的将士，同一军中的官兵，朝廷都分别派遣中使监督，是按不同的诏旨委以职任。朝廷所划分的军镇绵亘在远届千里的土地上，无法相互统属；沿着边疆布置了十万军队，没有设置主谋的人物。每当有敌寇前来，也正好是自己内部倾轧瓦解之时，及至得到朝廷征调的军队前来救援的时候，敌寇已经取得胜利，罢兵而归了。吐蕃与大唐相比，众寡不相匹敌，工巧与拙笨不能对比，然而吐蕃发动进攻，还有馀力，我军处于防守，仍然力量不足。其原因大概就在于他们发布命令是由将领掌管，我军的调度管束却由朝廷控制；他们的兵力合成一个整体，而我军的各部却是分散的。所说的对粮食的储积和征收都不合时宜，指的是前不久陛下规定由官府前往军屯处收购粮食以便节省运输的办法，命令付给人们加倍的粮食价钱，以示勉励农耕的措施。这一命令实行的初期，百姓都是悦服而向往的。然而，有关部门争相得过且过地混日子，专门干琐屑悭客的事情。年景丰熟的时候，有关部门不肯将粮食按时征收并储藏起来；五谷歉收的时候，他们却强行指使有关人员收购粮食。于是，这便使豪门富室、贪官污吏反而掌握了财利的权柄，用贱价向人们收购粮食，等到公家与私人缺粮的时候再卖出去。加之，有一些权势之家、亲近宠幸之臣、游食之人委托军镇低价收买粮食，再运往京城，高价出售，而且人们往往支付葛布麻布充当粮食的价值。荒远的边疆葛布麻布做的衣服在严寒季节里不能御寒，又卖不掉，既然上对下不讲信用，下也就以欺诈回报上。度支规定的物价变得高了，军镇流行的谷价就变得贵了。度支通过随意售出滞销的货物获取利益，军镇从粮食的加价中得到额外的收入。虽然设有巡院访查各地，实际上巡院反而成了藏污纳垢之所。以至于有人凭空申报账目，虚指粮食储存，计算粮食数额虽然超过亿万，考核存粮的实况却不足十分之一。"

又曰:"旧制以关中用度之多,岁运东方租米,至有斗钱运斗米之言。习闻见而不达时宜者,则曰:'国之大事,不计费损,虽知劳烦,不可废也。'习近利而不防远患者,则曰:'每至秋成之时,但令畿内和籴,既易集事,又足劝农。'臣以两家之论,互有长短,将制国用,须权重轻。食不足而财有馀,则弛于积财而务实仓廪;食有馀而财不足,则缓于积食而啬用货泉。近岁关辅屡丰,公储委积,足给数年。今夏江、淮水潦,米贵加倍,人多流庸。关辅以谷贱伤农,宜加价以籴而无钱;江、淮以谷贵人困,宜减价以粜而无米。而又运彼所乏,益此所馀,斯所谓习见闻而不达时宜者也。今江、淮斗米直百五十钱,运至东渭桥,儳直又约二百,米糙且陈,尤为京邑所贱。据市司月估,斗粜三十七钱。耗其九而存其一,馁彼人而伤此农,制事若斯,可谓深失矣!顷者每年自江、湖、淮、浙运米百一十万斛,至河阴留四十万斛,贮河阴仓,至陕州又留三十万斛,贮太原仓,馀四十万斛输东渭桥。今河阴、太原仓见米犹有三百二十馀万斛,京兆诸县斗米不过直钱七十。请令来年江、淮止运三十万斛至河阴,河阴、陕州以次运至东渭桥,其江、淮所停运米八十万斛,委转运使每斗取八十钱于水灾州县粜之,以救贫乏,计得钱六十四万缗,减儳直六十九万缗。请令户部先以二十万缗付京兆,令籴米以补渭桥仓之缺数,斗用百钱以利农人。

陆贽又说："依据原有的制度，由于关中费用浩繁，每年都需要从东部地区运输粮米，以至于有一斗钱运一斗米的说法。对此，只晓得见闻之谈而不能通达时势随机行事的人便会说：'这是国家的大事，不应该计较损耗，虽然知道运粮的事是劳苦烦剧的，但是这是不可废止的啊。'只晓得眼前利益而不懂得预防长远的忧患的人又会说：'每到秋天庄稼收获的时候，只让官府在京城周围收购粮食，这既容易把事情办好，又足以勉励农耕。'我认为这两派的议论各有所长，各有所短。要想节制国家的用度，必须权衡轻重。如果粮食不足而钱财有馀，便应该延缓钱财积累，而务必使粮仓充盈起来；如果粮食有馀而钱财不足，便应该推迟储备粮食，而节省使用货币。近年以来，关中地区连年丰收，公家储备的粮食积聚起来，足够供应好几年的给养。今年夏天，江淮地带雨水成灾，粮米贵了一倍，有许多人流亡他乡，沦为雇工。关中地区因谷物跌价，损害了农民的利益，应当提高粮价收购，但没有这笔钱；江淮地区因谷物昂贵，百姓困窘不堪，应当降低粮价出售，但没有这些米。现在反而将江淮地区所缺少的粮食运送出来，用以增益粮食已经有馀的关中地区，这就是我所说的只晓得见闻之谈而不能够通达时势随机行事啊。如今江淮地区一斗米价值一百五十钱，运送到东渭桥以后，雇运的价钱每斗大约又要付两百钱，然而，运来的米碾磨不精，而且放陈了，所以在京城的价钱尤其低贱。根据市司公布的本月的价钱，一斗米出售的价值为三十七钱。耗费了米价的十分之九而仅剩下十分之一，让江淮地区的百姓挨饿，却又损害关中地区农民的利益，像这样办事，可以说是严重的失误。在不久以前，每年从江、湖、淮、浙运米一百一十万斛，运到河阴，留下四十万斛，储存在河阴仓；运到陕州，再留下三十万斛，储存在太原仓；剩下的四十万斛输送到东渭桥。现在，河阴仓和太原仓现存的米仍然有三百二十多万斛，京兆府所属各县每斗米不过值七十钱。请让江淮地区明年只运送三十万斛到河阴，再让河阴、陕州依次运送到东渭桥，将江淮地区停止运送的八十万斛米，交给转运使，每斗定价八十钱，运往发生水灾的州县出售，以便救助缺乏粮食的人们，算来共计可得钱六十四万缗，减少雇运钱六十九万缗。请让户部首先拿出二十万缗，交给京兆府，让京兆府收购粮米，以便弥补东渭桥处缺运的数额，可以每斗定价一百钱，以使农民得到好处。

以一百二万六千缗付边镇,使籴十万人一年之粮,馀十万四千缗以充来年和籴之价。其江、淮米钱、僦直并委转运使折市绫、绢、𬘘、绵以输上都,偿先贷户部钱。"

九月,诏西北边贵籴以实仓储,边备浸充。

18　冬,十一月壬子朔,日有食之。

19　吐蕃、云南日益相猜,每云南兵至境上,吐蕃辄亦发兵,声言相应,实为之备。辛酉,韦皋复遗云南王书,欲与共袭吐蕃,驱之云岭之外,悉平吐蕃城堡,独与云南筑大城于境上,置戍相保,永同一家。

20　左庶子姜公辅久不迁官,诣陆贽求迁,贽密语之曰:"闻窦相屡奏拟,上不允,有怒公之言。"公辅惧,请为道士。上问其故,公辅不敢泄贽语,以闻参言为对。上怒参归怨于君;己巳,贬公辅为吉州别驾,又遣中使责参。

21　庚午,山南西道节度使严震奏败吐蕃于芳州及黑水堡。

22　初,李纳以棣州蛤蛦有盐利,城而据之;又戍德州之南三汊城,以通田绪之路。及李师古袭位,王武俊以其年少,轻之,是月,引兵屯德、棣,将取蛤蛦及三汊城;师古遣赵镐将兵拒之。上遣中使谕止之,武俊乃还。

23　初,刘怦薨,刘济在莫州,其母弟澭在父侧,以父命召济而以军府授之。济以澭为瀛州刺史,许他日代己。既而济用其子为副大使,澭怨之,擅通表朝廷,遣兵千人防秋。济怒,发兵击澭,破之。

请再拿出一百零二万六千缗,交给边疆军镇,让各军镇购进可供十万人吃一年的粮食。剩下的钱十万四千缗,可以用来充当明年官府收购粮食的本钱。对江淮地区的米钱和雇运钱,要一并委托转运使经折算后购买绫、绢、绝、绵,运往京城,偿还原先向户部所借的钱。"

九月,德宗颁诏命令西北边疆官府以高价收购粮食,以便充实粮仓的储备,于是,边地的储备逐渐充足起来。

18　冬季,十一月壬子朔(初一),出现日食。

19　吐蕃与云南的互相猜疑与日俱增。每当云南的兵马开到边境上的时候,吐蕃总是也派出兵马来,声称前来接应云南,实际上是在防备云南。辛酉(十日),韦皋再次给云南王送去书信,希望与云南一起袭击吐蕃,将他们驱逐到云岭以外,全部摧毁吐蕃的城关堡垒,仅与云南在边境上修筑起一座大城,设置戌守人员自相保卫,永远像一家人般地和睦相处。

20　左庶子姜公辅长期没有升官,便到陆贽处请求升迁。陆贽暗中告诉他说:"听说窦相屡次上奏准备提拔你,皇上不肯允许,而且说了恼怒你的话。"姜公辅害怕了,便请求去做道士。德宗询问其中的缘故,姜公辅不敢泄露陆贽说的话,便回答说这是听窦参说的。皇帝恼怒窦参把怨恨推给君主,己巳(十八日),将姜公辅贬为吉州别驾,还派遣中使去责备窦参。

21　庚午(十九日),山南西道节度使严震上奏说,他们在芳州与黑水堡打败吐蕃。

22　当初,李纳因棣州的蛤蝼有盐产之利,便在那里筑城据守;还戌守德州南面的三汉城,以便打通与田绪联系的道路。等到李师古承袭节度使职位以后,王武俊因李师古年纪还轻,便轻视他,就在这一月,王武俊领兵在德州与棣州驻扎,准备攻取蛤蝼与三汉城;李师古派遣赵镐领兵抵御他。德宗派遣中使劝告王武俊罢手,于是王武俊领兵而回。

23　当初,刘怦故去的时候,刘济正在莫州,他的同母弟刘澭正在父亲身边,便以父亲的名义召回刘济,将节度使的军府交给了他。刘济让刘澭出任瀛州刺史,向他许下将来由他代替自己的诺言。不久,刘济起用自己的儿子为副大使,刘澭怨恨刘济,便擅自向朝廷上表,派兵一千人充作防秋兵。刘济大怒,派兵进击刘澭,并打败了他。

24 左神策大将军柏良器,募才勇之士以易贩鬻者,监军窦文场恶之。会良器妻族饮醉,寓宿宫舍。十二月丙戌,良器坐左迁右领军。自是宦官始专军政。

九年(癸酉,793)

1 春,正月癸卯,初税茶。凡州、县产茶及茶山外要路,皆估其直,什税一,从盐铁使张滂之请也。滂奏:"去岁水灾减税,用度不足,请税茶以足之。自明年以往,税茶之钱,令所在别贮,俟有水旱,以代民田税。"自是岁收茶税钱四十万缗,未尝以救水旱也。

滂又奏:"奸人销钱为铜器以求赢,请悉禁铜器。铜山听人开采,无得私卖。"

2 二月甲寅,以义武留后张昇云为节度使。

3 初,盐州既陷,塞外无复保障;吐蕃常阻绝灵武,侵扰鄜坊。辛酉,诏发兵三万五千人城盐州,又诏泾原、山南、剑南各发兵深入吐蕃以分其势,城之二旬而毕;命盐州节度使杜彦光戍之,朔方都虞候杨朝晟戍木波堡。由是灵、夏、河西获安。

4 上使人谕陆贽,以"要重之事,勿对赵憬陈论,当密封手疏以闻";又"苗粲以父晋卿往年摄政,尝有不臣之言,诸子皆与古帝王同名,今不欲明行斥逐,兄弟亦各除外官,勿使近屯兵之地";又"卿清慎太过,诸道馈遗,一皆拒绝,恐事情不通,如鞭靴之类,受亦无伤"。贽上奏,其略曰:"昨臣所奏,惟赵憬得闻,

24 左神策大将军柏良器,招募既有才干、又很勇敢的人更换军中的买卖人,监军窦文场憎恶他。恰巧柏良器妻子的族人喝醉了酒,曾在宫中值宿的房舍中过夜。十二月丙戌(五日),柏良器获罪,贬任为右领军。自此,宦官开始专擅军中大政。

唐德宗贞元九年(癸酉,公元793年)

1 春季,正月癸卯(二十四日),开始征收茶税。凡是生产茶叶的州、县以及通往茶山的重要道路,都要估算茶叶的价值,收取十分之一的茶税,这是听从盐铁使张滂的建议才实行的。张滂上奏:"去年因发生水灾而减少税收,国家的费用不够,请征收茶税来补足税收的缺额。从明年以后,对征收茶税得到的钱,可以让征收茶税所在地另行储存,等遇到水旱灾害的时候,用此钱代替百姓的田税。"自此以后,朝廷每年征收茶税得钱四十万缗,但不曾用来救济水旱灾害。

张滂又上奏说:"奸邪的人将钱熔化,铸成铜器,借以求利。请禁止制造一切铜器,任凭人们开采产铜的矿山,但不能私自出卖。"

2 二月甲寅(二十九日),德宗任命义武留后张昇云为节度使。

3 当初,盐州陷落以后,边疆地区不再有防守的屏障,吐蕃经常截断灵武的通路,侵害搅扰鄜州、坊州。辛酉,德宗颁诏派兵三万五千人修筑盐州城,还颁诏命令泾原、山南、剑南各自派兵深入吐蕃地区,以便分散吐蕃的势力。盐州城经二十天的修筑便告竣了,朝廷命令盐州节度使杜彦光前往戍守,命令朔方都虞候杨朝晟戍守木波堡。从此以后,灵州、夏州、河西一带获得安宁。

4 德宗让人晓示陆贽,说是"对于机要而重大的事情,不要当着赵憬的面陈述议论,应当将亲手所写的奏疏密封后上报朕闻知";又说:"对于苗粲,因他的父亲苗晋卿当年代理朝政的时候,曾经有过不合臣礼的言论,几个儿子都与古代帝王的名字相同,应当予以处罚,现在不准备公开驱逐他,对他的兄弟也分别授给外地的官职,但不能让他们接近驻扎军队的地方。"又说:"你清廉谨慎得太过分了,对于各道赠送的物品,你一概拒不接受,恐怕在事物的情理上是讲不通的,比如马鞭长靴一类的东西,接受了也无伤事体。"陆贽进上奏章,大略是说:"昨天我上奏的事情,只有赵憬知道,

陛下已至劳神,委曲防护。是于心膂之内,尚有形迹之拘,迹同事殊,鲜克以济。恐爽无私之德,且伤不吝之明。"又曰:"爵人必于朝,刑人必于市,惟恐众之不睹,事之不彰。君上行之无愧心,兆庶听之无疑议,受赏安之无怍色,当刑居之无怨言,此圣王所以宣明典章,与天下公共者也。凡是潜诉之事,多非信实之言,利于中伤,惧于公辩。或云岁月已久,不可究寻;或云事体有妨,须为隐忍;或云恶迹未露,宜假他事为名;或云但弃其人,何必明言责辱?词皆近于情理,意实苞于矫诬,伤善售奸,莫斯为甚!若晋卿父子实有大罪,则当公议典宪;若被诬枉,岂令阴受播迁。夫听讼辨谗,必求情辨迹,情见迹著,辞服理穷,然后加刑罚焉,是以下无冤人,上无谬听。"又曰:"监临受贿,盈尺有刑。至于士吏之微,尚当严禁,矧居风化之首,反可通行? 贿道一开,展转滋甚,鞭靴不已,必及金玉。目见可欲,何能自窒于心? 已与交私,何能中绝其意? 是以涓流不绝,溪壑成灾矣。"又曰:"若有所受,有所却,则遇却者疑乎见拒而不通矣;若俱辞不受,则咸知不受者乃其常理,复何嫌阻之有乎?"

陛下已经极为劳心费神,辗转曲折地提防回护。这表明陛下在亲近信任的大臣中间,行为举止还是有种种拘束的,然而,外面表现出来的迹象相同,而内里包含的事实不同,很少能够把事情办好。恐怕会违背毫无私心的德行,而且损害不惜改过的明智。"他又说:"一定要在朝廷上给人以爵赏,一定要在闹市中处人以死刑,这是担心大家看不见这些事情,唯恐事情办理得不够显明。君主问心无愧地实行赏罚,百姓毫无疑议地听任处治,接受奖赏的人毫无愧色地安心受赏,应当受刑的人毫无怨言地接受惩处,这是圣明的君主发扬光大法令制度,并与百姓公开共同遵行的结果啊。凡是谗言诽谤的事情,多数不是实在可信的言论,利于阴谋陷害而害怕公开论辩。一旦进行公开论辩,有的说已经过了很长时间,难以追究下去;有的说妨碍事情的体统,需要克制忍耐;有的说不良的行迹还未暴露出来,最好以其他事情为借口;有的说只要抛弃他本人就行了,为什么一定要明确表示责备与侮辱呢? 这些措词都与情理接近,而其中实在包藏着假托名义、诬陷别人的意图,伤害善良,散布邪恶,没有比这些说法更为严重的了! 倘若苗晋卿父子确实有大罪恶,那就应当公开按照法律议处;如果他们遭到不实之辞的冤屈,怎么能够让他们暗中遭受流亡迁徙? 一般说来,听取诉讼,分辨谗言,必须寻求实情,辨别形迹。 实情显现,形迹昭著,无话可说而无理可辩,这时再施加刑罚,由此下面才没有遭受冤屈的人,上面才没有错听人言的过失。"他又说:"监督有关部门的长官收受贿赂,只要所得财物折为布帛以后满了一尺,便以刑律相加。下至卑微的士民属吏,尚且该当严格禁止行贿,何况宰相是风俗教化的倡导者,怎么反而能够放过他们受贿的行为呢? 贿赂的途径一经打通,反复实行,就会益加严重,赠送马鞭和长靴没有止息,必然发展到赠送金玉。眼睛看见愿意得到的东西,怎么能够在心中自行打消得到它的念头呢? 已经跟赠物人结交了私情,怎么能够中途拒绝他的请求啊? 所以,如果不断绝行贿的涓涓细流,就要填满溪涧沟壑而泛滥成灭了!"他又说:"假如对赠送的物品有的接受,有的推却,赠品被推却了的人便会怀疑自己遭受拒绝而办事难以顺利。如果一概推辞而不接受,人们便都知道不接受赠品才是通常的道理,又怎么会生出疑虑来呢?"

5 初，竇參惡左司郎中李巽，出為常州刺史。及參貶郴州，巽為湖南觀察使。汴州節度使劉士寧遺參絹五十匹，巽奏參交結藩鎮。上大怒，欲殺參，陸贄以為參罪不至死，上乃止。既而復遣中使謂贄曰："參交結中外，其意難測，社稷事重，卿速進文書處分。"贄上言："參朝廷大臣，誅之不可無名。昔劉晏之死，罪不明白，至今眾議為之憤邑，叛臣得以為辭。參貪縱之罪，天下共知；至于潛懷異圖，事迹曖昧。若不推鞫，遽加重辟，駭動不細。竇參于臣無分，陛下所知，豈欲營救其人，蓋惜典刑不濫。"三月，更貶參讙州司馬，男女皆配流。

上又命理其親黨，贄奏："罪有首從，法有重輕，參既蒙宥，親黨亦應末減；況參得罪之初，私黨並已連坐，人心久定，請更不問。"從之。上又欲籍其家貲，贄曰："在法，反逆者盡沒其財，贓污者止征所犯，皆須結正施刑，然後收籍。今罪法未詳，陛下已存惠貸，若簿錄其家，恐以財傷義。"時宦官左右恨參尤深，謗毀不已。參未至讙州，竟賜死于路。竇申杖殺，貨財、奴婢悉傳送京師。

6 海州團練使張昇璘，昇雲之弟，李納之婿也，以父大祥歸于定州，嘗于公座罵王武俊，武俊奏之。夏，四月丁丑，詔削其官，遣中使杖而囚之。定州富庶，武俊常欲之，因是遣兵襲取義豐，掠安喜、無極萬餘口，徙之德、棣。

5　当初，窦参嫌恶左司郎中李巽，将他斥逐为常州刺史。及至窦参被贬为郴州别驾的时候，李巽正担任湖南观察使。汴州节度使刘士宁赠给窦参绢帛五十匹，李巽申奏窦参与藩镇交往。德宗非常气愤，打算杀掉窦参，陆贽认为窦参的罪过不至于处以死刑，德宗才没有处死窦参。不久，德宗又派遣中使对陆贽说："窦参与朝廷内外官员交往，他的意图难以测度，这关系到国家存亡，事情重大，你快奏进一份处治他的公文。"陆贽进言说："窦参是朝廷大臣，要诛杀他不能没有名义。过去，刘晏被处死的时候，罪状不够清楚，直到今天，大家还在议论，为他愤懑不平，而背叛朝廷的臣属却在其中找到借口。窦参贪婪放纵，这是天下人都知道的，至于说他是否暗中包藏别的图谋，事情的迹象还模糊不清。如果不进行审讯，骤然间便将他治以重罪，对舆论的惊动绝不会小。窦参和我没有情分，这是陛下所了解的，这并不是我打算营救他这个人，而是顾惜朝廷的常规，不宜越轨而行。"三月，德宗又将窦参贬为谨州司马，家中男女人口一概被发配到边远地方。

德宗又命令处治与窦参亲近的同党，陆贽上奏说："犯罪有首脑与胁从的区分，刑法有重惩与轻处的不同，既然窦参蒙受宽宥，与他亲近的同党也应该从轻论罪。况且窦参刚刚被判罪的时候，他的党羽已经一并连带受罚，现在人心久已安定下来，请不要再追究下去。"德宗听从了这一建议。德宗又打算没收窦参全家的资财入官，陆贽说："在刑法上明文规定，对于反叛忤逆的人，没收全部财产入官；对于盗窃贪污的人，只惩戒犯法者本人，而且都必须经过结案判定，才能施加刑罚，此后才能没收家产。如今对窦参没有详细地依法判罪，陛下对他已经存心加惠，予以宽恕，如果现在又要登记他的家产，恐怕会因财物而损害道义。"当时，宦官周围的人怀恨窦参尤其深切，对窦参的诽谤仍然没有止息。窦参没有到达谨州，德宗最终在半路上赐他自裁而死。窦申服杖刑而死，他们的财物和奴婢全部由驿站送往京城去了。

6　海州团练使张昇璘是张昇云的弟弟，李纳的女婿，他因父亲两周年的忌日需要祭奠而回到定州，曾经在公开场合辱骂王武俊，王武俊将此事申奏上去。夏季，四月丁丑（二十九日），德宗颁诏革除张昇璘的官职，派遣中使用棍棒责打并囚禁了他。定州物产丰饶，人民众多，王武俊经常希望得到此地，因此派兵暗中攻取义丰，掳掠了安喜和无极的百姓一万多人，将他们迁徙到德州和棣州。

昇云闭城自守,屡遣使谢之,乃止。

上命李师古毁三汊城,师古奉诏;然常招聚亡命,有得罪于朝廷者,皆抚而用之。

7　五月甲辰,以中书侍郎赵憬为门下侍郎、同平章事;义成节度使贾耽为右仆射,右丞卢迈守本官,并同平章事。迈,翰之族子也。憬疑陆贽恃恩,欲专大政,排己置之门下,多称疾不豫事,由是与贽有隙。

8　陆贽上奏论备边六失,以为:"措置乖方,课责亏度,财匮于兵众,力分于将多,怨生于不均,机失于遥制。

"关东戍卒,不习土风,身苦边荒,心畏戎虏。国家资奉若骄子,姑息如倩人。屈指计归,张颐待哺;或利王师之败,乘扰攘而东溃;或拔弃城镇,摇远近之心。岂惟无益,实亦有损。复有犯刑谪徙者,既是无良之类,且加怀土之情,思乱幸灾,又甚戍卒。可谓措置乖方矣。

"自顷权移于下,柄失于朝,将之号令既鲜克行之于军,国之典常又不能施之于将,务相遵养,苟度岁时。欲赏一有功,翻虑无功者反仄;欲罚一有罪,复虑同恶者忧虞。罪以隐忍而不彰,功以嫌疑而不赏,姑息之道,乃至于斯。故使忘身效节者获诮于等夷,率众先登者取怨于士卒,偾军蹙国者不怀于愧畏,

张昇云关闭城门，自行防守，屡次派遣使者向王武俊道歉，王武俊才停止了对他的攻掠。

德宗命令李师古毁除三汊城，李师古接受了诏旨。然而，他经常招募聚集逃亡的人，凡是对朝廷犯有罪行的人，他都抚慰并任用。

7　五月甲辰（二十七日），德宗任命中书侍郎赵憬为门下侍郎、同平章事；任命义成节度使贾耽为右仆射，又让右丞卢迈署理本官，与贾耽一起同平章事。卢迈是卢翰的族侄。赵憬怀疑陆贽仗恩恃宠，准备独揽朝廷大政，将自己排挤到门下省，于是往往托病不问朝政。由此以后，他与陆贽便结下嫌隙。

8　陆贽进上奏疏，论说边疆防御的六种过失，他认为："处理办法违背方策，考核督责缺少法度，资财被众多的士兵所耗尽，兵力被众多的将领所分散，怨恨由分配不均产生出来，战机因朝廷在远处控制而丧失。

"来自关东的戍边士兵，不熟悉边疆固有的风俗习惯，身受边塞之困苦，心中畏惧戎虏。朝廷像对娇生惯养的儿子那样拿出资财来奉养他们，像对女婿那样无原则地宽容他们。他们屈指计算归期，张嘴等待喂饭。有时在官军的失败中寻找方便，乘着混乱之机向东溃退；有时又舍弃城邑市镇，动摇远近各地的民心。让他们戍守边防，不但没有益处，实际上还有损害。戍边的士兵中更有触犯刑律流放而来的人，本来就是些不良之辈，再加上怀念故土的情绪，他们希图变乱兴起，庆幸灾祸发生，就比戍边的士兵更严重了。这些便可以称作处理办法违背方策了。

"近来权力转移到下面，朝廷失去了权柄，将领发布的命令既很少能够在军队中执行，国家惯常的法规又不能够在将领中实施，上下务求相互姑息，苟且度日。朝廷计算奖赏一个有功劳的人，反而顾虑没有功劳的人会因此动荡不安；准备惩罚一个犯下罪行的人，又要顾虑与他狼狈为奸的人会因此忧虑不安。人们犯下的罪行，因克制忍耐而不能给以揭露；人们立下的功劳，因怕猜疑而不能给予奖赏。无原则的宽容态度，竟然达到了这种程度，以致使忘记自身、竭尽忠诚的人在同辈中招致责备，使率领众人首先登上敌城的人在士兵中自取埋怨，使倾覆军旅、逼迫朝廷的人心中没有一点惭愧与畏惧，

缓救失期者自以为智能。此义士所以痛心，勇夫所以解体。可谓课责亏度矣。

"虏每入寇，将帅递相推倚，无敢谁何，虚张贼势上闻，则曰兵少不敌。朝廷莫之省察，唯务征发益师，无裨备御之功，重增供亿之弊。闾井日耗，征求日繁，以编户倾家破产之资，兼有司榷盐税酒之利，总其所入，岁以事边。可谓财匮于兵众矣。

"吐蕃举国胜兵之徒，才当中国十数大郡而已，动则中国惧其众而不敢抗，静则中国惮其强而不敢侵，厥理何哉？良以中国之节制多门，蕃丑之统帅专一故也。夫统帅专一，则人心不分，号令不贰，进退可齐，疾徐如意，机会靡愆，气势自壮。斯乃以少为众，以弱为强者也。开元、天宝之间，控御西北两蕃，唯朔方、河西、陇右三节度。中兴以来，未遑外讨，抗两蕃者亦朔方、泾原、陇右、河东四节度而已。自顷分朔方之地，建牙拥节者凡三使焉，其馀镇军，数且四十，皆承特诏委寄，各降中贵监临，人得抗衡，莫相禀属。每俟边书告急，方令计会用兵，既无军法下临，惟以客礼相待。夫兵，以气势为用者也；气聚则盛，散则消；势合则威，析则弱。今之边备，势弱气消，可谓力分于将多矣。

"理戎之要，在于练核优劣之科以为衣食等级之制，使能者企及，否者息心，虽有厚薄之殊而无觖望之衅。今穷边之地，

使故意不肯按期发兵援救的人认为自己机智能干。这便是有节操的人痛楚悲伤,勇敢的人心灰意冷的原因。这便可以称作考核督责缺少法度了。

"每当异族前来侵犯的时候,将帅交相推诿倚靠,没有人敢于查问,凭空张扬敌军的声势上报朝廷,就说是兵力太少,不能抵敌。朝廷未能检查实情,只是致力于征调人马,增加兵力,结果没有增益防备的功效,反而使军需供应更加疲困。村落百姓日益消耗,官府索求日益繁多。用在编入户倾家荡产才交纳上来的物资,加上有关部门专卖食盐与征收酒税的钱财,将这些收入合在一起,每年拿来从事边备,这便可以称作资财被众多的士兵所耗尽了。

"吐蕃全国可以拿起武器当兵的人,只抵得上大唐十几个大郡的人数罢了。一有战事发生,大唐便害怕他们人马众多,不敢抵抗他们;战事平息以后,大唐又忌惮他们人马强盛,不敢侵犯他们,这是什么道理呢?这实在是由于大唐军队需要接受许多部门的指挥调度,而吐蕃军队却集中在一个将领的统帅之下的缘故。一般说来,如果军队的统帅是专一的,便会使人心不分散,号令不重复,军队的进退可以整齐划一,行军的快慢能够符合统帅的意愿,而且不会丧失战机,军队的气势自然便强盛了。这便是变少成多,变弱为强的原因啊。在开元、天宝年间,控制西北地区吐蕃、突厥两部番人,只有朔方、河西、陇右三处的节度使。国家中兴以来,来不及对外讨伐,派去抵抗吐蕃、回纥两部番人的,也只有朔方、泾原、陇右、河东四处的节度使。不久前,朝廷划分朔方的地域,于是建立军府、拥有旌节的便有三个节度使了,其馀的镇军为数差不多还有四十个。军队的主帅一概接受特别诏旨的委任,朝廷还要各自派显贵的侍从宦官前来监督,他们可以与军中主帅相互对抗,两人互不从属。每当边疆告急文书到来,朝廷这才命令他们盘算如何采取军事行动。既然没有军法下达,他们只好用宾客的礼节相互对待。大凡军事行动,是要讲究气势的:士气凝聚便旺盛,士气离散便消沉;声势会合便威猛,声势离析便衰弱。现在的边疆防御,声势衰微,士气消沉,这便可以称作兵力被众多的将领所分散了。

"治理军队的关键,在于精细地核查将士的优劣品类,据以制定有关军饷等级的制度,使有能力的人能够得到较好的待遇,而使没有能力的人消除非分之想,虽然其间包含着待遇丰厚与菲薄的区别,但不会产生怨恨不满的事端。现在,在荒远的边境的土地上,

长镇之兵,皆百战伤夷之馀,终年勤苦之剧,然衣粮所给,唯止当身,例为妻子所分,常有冻馁之色。而关东戍卒,怯于应敌,懈于服劳,衣粮所颁,厚逾数等。又有素非禁旅,本是边军,将校诡为媚词,因请遥隶神策,不离旧所,唯改旧名,其于廪赐之饶,遂有三倍之益。夫事业未异而给养有殊,苟未忘怀,孰能无愠?可谓怨生于不均矣。

"凡欲选任将帅,必先考察行能,可者遣之,不可者退之。疑者不使,使者不疑,故将在军,君命有所不受。自顷边军去就,裁断多出宸衷,选置戎臣,先求易制。多其部以分其力,轻其任以弱其心,遂令爽于军情亦听命,乖于事宜亦听命。戎虏驰突,迅如风飙,驲书上闻,旬月方报。守土者以兵寡不敢抗敌,分镇者以无诏不肯出师,贼既纵掠退归,此乃陈功告捷。其败丧则减百而为一,其捃获则张百而成千。将帅既幸于总制在朝,不忧罪累,陛下又以为大权由己,不究事情。可谓机失于遥制矣。

"臣愚谓宜罢诸道将士防秋之制,令本道但供衣粮,募戍卒愿留及蕃、汉子弟以给之。又多开屯田,官为收籴,寇至则人自为战,时至则家自力农,与夫倏来忽往者,岂可同等而论哉?

长期镇守的士兵，都是身经百战，遍体创伤，又长年经受无以复加的劳苦与艰辛。但是，供应他们的衣服与口粮，只限于本人，而这些东西通常都要被他们的妻子儿女分去一部分，所以他们经常面有饥寒之色。然而，在关东地区戍守的士兵，害怕与敌人应战，不愿意承担勤苦的劳作，但是颁发给他们的衣服与口粮，却高出好几个等级。又有平素就不属于禁军，本来就是边防军队的，他们的将领编造逢迎之辞，乘机请求遥遥隶属于神策军，他们并不离开原来的驻地，只更改了原有的名称，便得到了丰饶的军饷颁赐，收到三倍的好处。所从事的工作没有不同，而颁发的给养却有区别，如果人们尚不能淡然忘却利禄，有谁能够不为之恼怒呢？这便可以称作怨恨由分配不均产生出来了。

　　“大凡打算选择任用将帅，必须事先考核验察他的品行与才能，对满意的人选，便派遣出去；对于不满意的人选，便退还回去。疑人不用，用人不疑，所以将在外，君命有所不受。近来，对边防军队的调动，由规划到决断，多数出于陛下的心意，选拔安排军中的将领，首先要求容易辖制。增加部队的数目，借以分散他们的势力，减轻他们的职任，借以削弱他们的心志，于是使他们即便不符合军队的实情也要服从命令，即便违反事情的规律也要服从命令。异族兵马奔驰冲突，像暴风一样迅速，而我军由驿站传递文书上报朝廷，却需要一整月的时间才能答复下来。守卫疆土的将领因兵力少而不敢抵抗敌军，分守军镇的将领因没有诏命而不肯出兵，敌军纵兵掳掠以后便撤退了，这时将领们便陈述功劳，向朝廷报捷。在兵败人亡的时候，他们便将损失减少到百分之一；在有所俘获的时候，他们便将所得由一百张扬成一千。将帅既庆幸朝廷统揽全局，不用为朝廷加罪担忧，陛下又认为自己独操大权，不再追究事情的真伪。这便可以称战机因朝廷在远处控制而丧失一空了。

　　“依我愚见看来，应当废止征调各道将士充防秋兵的制度，命令各道只供应衣服与口粮，招募愿意留下来的戍边士兵以及番族人、汉族人的子弟，将这些给养供应他们。还要大量开辟屯田，由官府收购屯田收获的粮食。敌寇到来时，屯田上的士兵每个人都要自行参加战斗，农忙之时，屯田上的士兵每一家都要自行努力务农，这与那种频繁调动士兵、来去匆忙的情况相比，难道能够同日而语吗？

又宜择文武能臣为陇右、朔方、河东三元帅,分统缘边诸节度使,有非要者,随所便近而并之。然后减奸滥虚浮之费以丰财,定衣粮等级之制以和众,弘委任之道以宣其用,悬赏罚之典以考其成。如是,则戎狄威怀,疆场宁谧矣!"上虽不能尽从,心甚重之。

9 韦皋遣大将董勔等将兵出西山,破吐蕃之众,拔堡栅五十馀。

10 丙午,门下侍郎、同平章事董晋罢为礼部尚书。

11 云南王异牟寻遣使者三辈,一出戎州,一出黔州,一出安南,各赍生金、丹砂诣韦皋,金以示坚,丹砂以示赤心。三分皋所与书为信,皆达成都。异牟寻上表请弃吐蕃归唐,并遗皋帛书,自称唐云南王孙、吐蕃赞普义弟日东王。皋遣其使者诣长安,并上表贺。上赐异牟寻诏书,令皋遣使慰抚之。

12 贾耽、陆贽、赵憬、卢迈为相,百官白事,更让不言。秋,七月,奏请依至德故事,宰相迭秉笔以处政事,旬日一易;诏从之。其后日一易之。

13 剑南、西山诸羌女王汤立志、哥邻王董卧庭、白狗王罗陀匄、弱水王董辟和、南水王薛莫庭、悉董王汤悉赞、清远王苏唐磨、咄霸王董邈蓬及逋租王,先皆役属吐蕃,至是各帅众内附。韦皋处之于维、保、霸州,给以耕牛种粮。立志、陀匄、辟和入朝,皆拜官,厚赐而遣之。

还应该选拔有能力的文武大臣出任陇右、朔方、河东三处的主将，让他们分别统领分布在边境一带的各位节度使，对于不重要的节镇，按照方便与就近的原则加以合并。此后，还要减少不正当和不切实的费用，以使资财充实起来；确定有关屯田将士的衣服、口粮的等级，以调整将士之间的关系；扩大委托信任将帅的原则，以显示将帅的作用；公布奖赏与惩罚的准则，以考核屯田将士的成绩。这样，异族便会畏服归附，国家的边境便会安宁了。"虽然德宗未能完全听从他的建议，但在内心却对他非常推重。

9　韦皋派遣大将董勔等人领兵开出西山，打败吐蕃的兵马，攻克堡垒、栅栏五十多处。

10　丙午(二十九日)，门下侍郎、同平章事董晋被罢免为礼部尚书。

11　云南王异牟寻派遣使者共三批，一批取道戎州，一批取道黔州，一批取道安南，各自携带着金矿石和朱砂前往韦皋处，金矿石用以表示心地坚定，朱砂用以表示心地真诚。云南又将韦皋给他们写的书信分成三份作为凭信，全都带到成都来了。异牟寻上表请求背弃吐蕃，归顺唐朝，并且给韦皋送去用缣帛写成的文书，称自己为唐云南王孙、吐蕃赞普义弟日东王。韦皋打发云南使者前往长安，并且上表祝贺。德宗向异牟寻颁赐了诏书，命令韦皋派遣使者慰问安抚云南。

12　贾耽、陆贽、赵憬、卢迈四人担任宰相，对百官禀报的事情交互推让，不肯发言。秋季，七月，他们上奏请求依据至德年间的惯例，由各位宰相轮流在政事堂执笔，以便处理行政事务，每十天一换人，德宗颁诏同意此议。后来，又改为一天一换人。

13　居住在剑南、西山一带的羌女王汤立志、哥邻王董卧庭、白狗王罗陀匆、弱水王董辟和、南水王薛莫庭、悉董王汤悉赞、清远王苏唐磨、咄霸王董邈蓬以及逋租王，原先都臣属于吐蕃，受其役使，至此，他们各自率领本部人众归附。韦皋将他们安置在维州、保州和霸州，供给他们耕牛与粮种。汤立志、罗陀匆、董辟和入京朝见，德宗一律授给官职，给他们优厚的赏赐，然后打发他们回去。

14　癸卯，户部侍郎裴延龄奏："自判度支以来，检责诸州欠负钱八百馀万缗。收诸州抽贯钱三百万缗，呈样物三十馀万缗，请别置欠负耗剩季库以掌之，染练物则别置月库以掌之。"诏从之。欠负皆贫人无可偿，徒存其数者，抽贯钱给用随尽，呈样、染练皆左藏正物。延龄徙置别库，虚张名数以惑上。上信之，以为能富国而宠之，于实无所增也，虚费吏人簿书而已。

京城西污湿地生芦苇数亩，延龄奏称长安、咸阳有陂泽数百顷，可牧厩马。上使有司阅视，无之，亦不罪也。

左补阙权德舆上奏，以为："延龄取常赋支用未尽者充羡馀以为己功。县官先所市物，再给其直，用充别贮。边军自今春以来并不支粮。陛下必以延龄孤贞独立，时人丑正流言，何不遣信臣覆视，究其本末，明行赏罚？今群情众口喧于朝市，岂京城士庶皆为朋党邪？陛下亦宜稍回圣虑而察之。"上不从。

15　八月庚戌，太尉、中书令、西平忠武王李晟薨。

16　冬，十月甲子，韦皋遣其节度巡官崔佐时赍诏书诣云南，并自为帛书答之。

17　十一月乙酉，上祀圜丘，赦天下。

18　刘士宁既为宣武节度使，诸将多不服。士宁淫乱残忍，出畋辄数日不返，军中苦之。都知兵马使李万荣得众心，士宁疑之，夺其兵权，令摄汴州事。十二月乙卯，士宁帅众二万畋于外野；万荣晨入使府，召所留亲兵千馀人，诈之曰：

14 癸卯(七日)，户部侍郎裴延龄上奏说："我自从兼管度支事务以来，查收各州亏欠钱计有八百多万缗，收取各州抽贯钱三百万缗，进呈上贡样品三十多缗。请将归还亏欠和消耗所剩的钱另外交给季库掌管，而将着色熟绢另外交给月库掌管。"德宗颁诏同意此议。亏欠官府钱的，都是一些贫穷的人，无法偿还，徒然存留着亏欠的数额，抽贯钱用来支付用度，随用随光，进呈上贡样品与着色熟绢本来都是应归左藏储存的物品。裴延龄徒然将它们安放到别的仓库里，虚张名目与数额，以此迷惑德宗。德宗信以为真，认为他能够使国家富裕起来，因而宠爱他，实际上他什么也没有增加，只是白白浪费吏人的账簿罢了。

京城西面有一片低洼潮湿的地面，生长着几亩地的芦苇，裴延龄上奏声称在长安与咸阳一带有面积可达数百顷的坡地与水沼，可以放牧厩中的马匹。德宗让有关部门前去核实观看，并没有坡地与水沼，可还是不肯归罪于他。

左补阙权德舆上奏认为："裴延龄将支付使用而尚未用光的经常性的赋税，拿来充当正常赋税以外的收益，并将此作为自己的功劳。县官先购买物品，再交付物品的价钱，以此充当另外的储存。自从今年春天以来，边疆的军队都没有支付口粮。如果陛下认为裴延龄独守节操，出类拔萃，而时下之人嫉害正直，散布谣言，为什么不派遣一位可信的臣下重行审察，推究事情的原委，公开实行奖赏或惩罚？现在，大家情绪激愤，议论纷纷，在朝廷与市肆喧闹不已，难道京城的士子与庶民都已经结成宗派私党了吗？陛下也应该改变一下自己的考虑，调查他一下了。"皇帝没有采纳他的建议。

15 八月庚戌(初四)，太尉、中书令、西平忠武王李晟故去。

16 冬季，十月甲子(十八日)，韦皋派遣他的节度巡官崔佐时携带诏书前往云南，并且亲自用缣帛写成文书来答复云南王。

17 十一月乙酉(初十)，德宗祭祀圜丘，大赦天下。

18 刘士宁出任宣武节度使以后，将领们多数并不服他。刘士宁纵欲放荡而生性残忍，每当外出打猎的时候，总是好几天都不回来，军中将士因此困苦不堪。都知兵马使李万荣得到大家的拥护，刘士宁猜疑他，剥夺了他的兵权，命令他代理汴州事务。十二月乙卯(初十)，刘士宁带领两万人到城外的郊野去打猎。李万荣早晨走进节度使的府署，召集刘士宁留下来的亲兵一千多人，欺骗他们说：

"敕征大夫入朝,以吾掌留务,汝辈人赐钱三十缗。"众皆拜。又谕外营兵,皆听命。乃分兵闭城门,使驰白士宁曰:"敕征大夫,宜速即路,少或迁延,当传首以献。"士宁知众不为用,以五百骑逃归京师,比至东都,所馀仆妾而已。至京师,敕归第行丧,禁其出入。

淮西节度使吴少诚闻变,发兵屯郾城,遣使问故,且请战。万荣以言戏之,少诚惭而退。

上闻万荣逐士宁,使问陆贽,贽上奏,以为今军州已定,宜且遣朝臣宣劳,徐察事情,冀免差失,其略曰:"今士宁见逐,虽是众情,万荣典军,且非朝旨。此安危强弱之机也,愿陛下审之慎之。"上复使谓贽:"若更淹迟,恐于事非便。今议除一亲王充节度使,且令万荣知留后,其制即从内出。"贽复上奏,其略曰:"臣虽服戎角力谅匪克堪,而经武伐谋或有所见。夫制置之安危由势,付授之济否由才。势如器焉,惟在所置,置之夷地则平;才如负焉,唯在所授,授逾其力则踣。万荣今所陈奏,颇涉张皇,但露徼求之情,殊无退让之礼,据兹鄙躁,殊异循良。又闻本是滑人,偏厚当州将士,与之相得,才止三千,诸营之兵已甚怀怨。据此颇僻,亦非将材,若得志骄盈,不悖则败。悖则犯上,败则偾军。"又曰:"苟邀则不顺,苟允则不诚,

"敕旨征召大夫入京朝见,任命我掌管留后事务,还颁赐给你们每人三十缗。"大家都拜谢应命。李万荣又开导外营的士兵,他们也都服从命令了。于是,他分别派兵关闭了城门,让人骑马跑去禀告刘士宁说:"敕旨征召大夫,大夫应当迅速登程,如果稍有拖延,我便要将大夫的首级传送京师,献给朝廷了。"刘士宁知道大家不肯听从自己的命令,便带着五百骑兵逃回京城,及至来到东都洛阳的时候,只剩下他的仆从与姬妾了。刘士宁来到京城以后,德宗颁布敕旨,命他回府第为父亲刘玄佐守丧,禁止他与外界联系。

淮西节度使吴少诚听到宣武变乱以后,便派兵在鄢城驻扎,派遣使者质问李万荣驱逐刘士宁的缘故,而且向他挑战。李万荣讲了一番嘲弄吴少诚的话,吴少诚便惭愧地撤退了。

德宗听到李万荣驱逐刘士宁的消息后,让人征求陆贽的意见,陆贽上奏认为,现在宣武军与汴州城都已经安定下来了,最好派遣朝廷的官员前去宣布慰劳的诏旨,缓缓察看事态的发展,以期避免过失。他大略是说:"如今刘士宁被驱逐,虽然是由大家的情绪所导致的,但是李万荣掌管军事,也并不是朝廷的旨意,这是关系安危强弱的时机,希望陛下审慎再审慎。"德宗又让人对陆贽说:"如果再拖延下去,恐怕对事态的发展是不利的。现在打算任命一位亲王担当节度使,准备命令李万荣执掌留后事务,有关这一任命的制书就要从内廷发出来了。"陆贽再次上奏,大略是说:"虽然我对佩带着兵器比武的事情不能胜任,但是对筹划军事并破坏敌人计划的事情也许还是有一些见解的。一般说来,控制安危是由形势决定的,委任官职的成功与否是由才能决定的。形势就如同器物一样,就看如何安放,安放在平地上就是平稳的;才能就如同背负东西,就看负重多少,负担过重就会仆地不起。如今李万荣上奏陈述的内容,颇为猖狂,只显露出要求任命的态度,绝没有谦让的礼数,根据这种鄙下浮躁的行为来看,他与奉公守法的人大有区别。又听说李万荣本来是滑州人氏,因而偏袒厚待本州的将士,但与他投合的滑州将士,只有三千人,而各军营的士兵已经甚为抱怨。根据这种偏颇不公的态度来看,他也不是担任将领的材料。倘若李万荣如愿以偿,骄傲自满起来,结果不是行为忤逆,就是自取灭亡。既然是行为忤逆,就会犯上作乱;既然是自取灭亡,就会使军队倾覆。"他又说:"苟且要求是不合正道的,苟且应允是没有诚意的,

君臣之间,势必嫌阻。与其图之于滋蔓,不若绝之于萌芽。”又曰:“为国之道,以义训人,将教事君,先令顺长。”又曰:“方镇之臣,事多专制,欲加之罪,谁则无辞?若使倾夺之徒便得代居其任,利之所在,人各有心,此源潜滋,祸必难救。非独长乱之道,亦关谋逆之端。”又曰:“昨逐士宁,起于仓卒,诸郡守将固非连谋,一城师人亦未协志。各计度于成败之势,回遑于逆顺之名,安肯捐躯与之同恶?”又曰:“陛下但选文武群臣一人命为节度,仍降优诏,慰劳本军。奖万荣以抚定之功,别加宠任,褒将士以辑睦之义,厚赐资装,揆其大情,理必宁息。万荣纵欲跋扈,势何能为?”又曰:“傥后事有愆素,臣请受败桡之罪。”上不从。壬戌,以通王谌为宣武节度大使,以万荣为留后。

19　丁卯,纳故驸马都尉郭暧女为广陵王淳妃。淳,太子之长子。妃母,即升平公主也。

十年(甲戌,794)

1　春,正月,剑南、西山羌、蛮二万馀户来降;诏加韦皋押近界羌、蛮及西山八国使。

2　崔佐时至云南所都羊苴咩城,吐蕃使者数百人先在其国,云南王异牟寻尚不欲吐蕃知之,令佐时衣牂柯服而入。佐时不可,曰:“我大唐使者,岂得衣小夷之服?”异牟寻不得已,夜迎之。佐时大宣诏书,异牟寻恐惧,顾左右失色;业已归唐,乃歔欷流涕,俯伏受诏。郑回密见佐时教之,故佐时尽得其情,

势必会使君臣之间生出嫌疑。与其在嫌疑滋长蔓延起来以后再去图谋,不如在萌芽状态便去根绝。"他又说:"治理国家的原则,是用正道教诲于人,要让人事奉君主,先要使人服从长官。"他又说:"掌握一方兵权的军事长官,办事往往专断独行,要想把罪名加给他们,谁不能找到借口?倘若谁是倾轧强取的人,谁就能够替代前任,占据他的职务,那么,面对利益,人们各自都想得到它,这个念头一经暗中滋生,所产生的祸患肯定是难以挽救的。这不单是助长变乱的途径,也关系到谋逆的发端。"他又说:"昨日宣武将士赶走刘士宁,是匆促发生的,各州县的守将固然不曾合谋,汴州一城众人也并非意见统一。他们各自估量着形势发展或成或败的种种可能,彷徨在从逆作乱与顺承朝廷之间,怎么肯捐弃性命,与他狼狈为奸呢?"他又说:"陛下只需在文武群臣中选择一个人任命他为节度使,并颁布宽和的诏旨,慰劳李万荣军。以镇抚安定宣武的功劳奖励李万荣,对他另外加以恩宠与委任;以上下和睦的道理表扬宣武将士,赐给优厚的物资与装备,估计宣武军的大体情势,照理说是一定会安定平息下来的。即使李万荣打算骄纵专横,在这种情势下,又怎么能够办得到呢?"他又说:"倘若以后的事情超出我原来的估计,请让我接受破坏军旅的罪罚。"德宗不肯听从。壬戌(十七日),德宗任命通王李谌为宣武节度大使,任命李万荣为留后。

19 丁卯(二十二日),将已故的驸马都尉郭暧的女儿聘娶为广陵王李淳妃。李淳是太子的长子,郭妃的母亲便是升平公主。

唐德宗贞元十年(甲戌,公元794年)

1 春季,正月,剑南、西山一带的羌人、蛮人两万多户前来归降,德宗颁诏加封韦皋为押近界羌、蛮及西山八国使。

2 崔佐时来到云南的都城羊苴咩城,好几百名吐蕃的使者原先便在云南国中。云南王异牟寻还不打算让吐蕃知道自己已经归附唐朝,便让崔佐时穿着牂柯人的服装进入羊苴咩城。崔佐时认为不恰当,他说:"我是大唐朝廷的使者,怎么能穿着小小夷人的衣服呢?"异牟寻没有办法,只好在夜晚迎接他。崔佐时大声宣读诏书,异牟寻害怕了,他望着周围的人们,连脸色都改变了。然而,已经归顺唐朝,只好抽抽咽咽地流着眼泪,跪在地上接受诏旨。郑回暗中去见崔佐时,教给他如何去做。崔佐时完全了解了其中的情由,

因劝异牟寻悉斩吐蕃使者,去吐蕃所立之号,献其金印,复南诏旧名;异牟寻皆从之。仍刻金契以献。异牟寻帅其子寻梦凑等与佐时盟于点苍山神祠。

先是,吐蕃与回鹘争北庭,大战,死伤甚众,征兵万人于云南。异牟寻辞以国小,请发三千人,吐蕃少之;益至五千,乃许之。异牟寻遣五千人前行,自将数万人踵其后,昼夜兼行,袭击吐蕃。战于神川,大破之,取铁桥等十六城,虏其五王,降其众十馀万。戊戌,遣使来献捷。

3 瀛州刺史刘澭为兄济所逼,请西扞陇坻,遂将部兵千五百人、男女万馀口诣京师。号令严整,在道无一人敢取人鸡犬者。上嘉之,二月丙午,以为秦州刺史、陇右经略军使,理普润。军中不击柝,不设音乐。士卒病者,澭亲视之,死者哭之。

4 乙丑,义成节度使李融薨。丁卯,以华州刺史李复为义成节度使。复,齐物之子也。复辟河南尉洛阳卢坦为判官。监军薛盈珍数侵军政,坦每据理以拒之。盈珍常曰:"卢侍御所言公,我固不违也。"

5 横海节度使程怀直入朝,厚赐遣归。

6 夏,四月庚午,宣武军乱,留后李万荣讨平之。先是,宣武亲兵三百人素骄横,万荣恶之,遣诣京西防秋;亲兵怨之。大将韩惟清、张彦琳诱亲兵作乱,攻万荣;万荣击破之。亲兵掠而溃,多奔宋州,宋州刺史刘逸准厚抚之。惟清奔郑州,彦琳奔东都。

因而劝说异牟寻悉数斩杀吐蕃的使者,除去吐蕃封立的名号,献出吐蕃给予的金印,恢复南诏这一原来的名称,异牟寻完全听从了这些建议,还刻成金质的契约献给崔佐时。异牟寻带领他的儿子寻梦凑等人与崔佐时在点苍山神祠会盟。

在此之前,吐蕃与回鹘争夺北庭,发生激战,死亡与负伤的人为数众多,便向云南征调兵员一万人。异牟寻借口国家微小,请求派兵三千人,吐蕃嫌少,云南将兵员增加到五千人,吐蕃才答应下来。异牟寻派遣五千人在前面行进,自己却率领好几万人跟随在他们后边,日夜兼程,前去袭击吐蕃。云南与吐蕃在神川交战,大破吐蕃,占领了铁桥等十六座城堡,俘虏了吐蕃的五个王公,降服吐蕃人众十馀万之多。戊戌(二十四日),云南派遣使者前来进献捷报。

3 瀛州刺史刘澭被哥哥刘济所逼迫,便请求到西边去保卫陇坻地区,于是,他带领部下士兵一千五百人以及男女家眷一万馀口前往京城。由于号令严明整肃,沿途没有一个人强取百姓的鸡狗,德宗很是嘉许他。二月丙午(初三),德宗任命刘澭为秦州刺史、陇右经略军使,以普润为治所。刘澭不让人敲打着木梆在军中巡夜,也不设置音乐。士兵病了,刘澭亲自去看望他们;士兵死了,刘澭亲自去哀哭他们。

4 乙丑(二十二日),义成节度使李融故去。丁卯(二十四日),德宗任命华州刺史李复为义成节度使。李复是李齐物的儿子。李复征召河南县尉洛阳人卢坦担任判官,由于监军薛盈珍屡次干扰军中政事,卢坦往往依据理法反对他。薛盈珍经常说:"卢侍御讲的话都是为公家着想,我当然不能够违背他。"

5 横海节度使程怀直入京朝见,德宗给予优厚的赏赐,然后打发他回去。

6 夏季,四月庚午(二十八日),宣武军发生变乱,留后李万荣讨伐并平定了变乱。在此之前,由于宣武军的亲兵三百人素来骄矜专横,李万荣憎恶他们,便派遣他们到京城西面当防秋兵,亲兵都怨恨他。大将韩惟清、张彦琳诱使亲兵发起叛乱,进攻李万荣,李万荣击败了他们。亲兵边掳掠,边溃退,多数逃奔宋州,宋州刺史刘逸准优厚地安抚他们。韩惟清逃奔郑州,张彦琳逃奔东都洛阳。

万荣悉诛乱者妻子数千人。有军士数人呼于市曰:"今夕兵大至,城当破。"万荣收斩之,奏称刘士宁所为。五月庚子,徙士宁于郴州。

7　钦州蛮酋黄少卿反,围州城,邕管经略使孙公器奏请发岭南兵救之;上不许,遣中使谕解之。

8　陆贽上言:"郊礼赦下已近半年,而窜谪者尚未沾恩。"乃为三状拟进。上使谓之曰:"故事,左降官准赦量移,不过三五百里,今所拟稍似超越,又多近兵马及当路州县,事恐非便。"贽复上言,以为:"王者待人以诚,有责怒而无猜嫌,有惩沮而无怨忌。斥远以儆其不恪,甄恕以勉其自新;不儆则浸及威刑,不勉而复加黜削,虽屡进退,俱非爱憎。行法乃暂使左迁,念材而渐加进叙,又知复用,谁不增修?何忧乎乱常,何患乎蓄憾?如或以其贬黜,便谓奸凶,恒处防闲之中,长从摈弃之例,则是悔过者无由自补,蕴才者终不见伸。凡人之情,穷则思变,含凄贪乱,或起于兹。今若所移不过三五百里,则有疆域不离于本道,风土反恶于旧州,徒有徙家之劳,实增移配之扰。又,当今郡府,多有军兵,所在封疆,少无馆驿,示人疑虑,体又非弘。乞更赐裁审。"

李万荣悉数诛杀了作乱将士的妻子儿女计有好几千人。有几个军士在街市中大声呼喊说:"今天晚上,部队大规模开来,汴州城就会被攻破。"李万荣收捕斩杀了他们,还上奏声称这是刘士宁所做的事情。五月庚子(二十八日),朝廷将刘士宁迁移到郴州去了。

7 钦州蛮人的酋长黄少卿造反,包围了州城,邕管经略使孙公器上奏请求征调岭南军队前去救援,德宗不允许,派遣中使宣旨劝解他们。

8 陆贽进言说:"自从圜丘祭天,大赦天下的赦令颁下,至今已经将近半年时间了,但是,贬官流放的人们还没有沾润到大赦的恩典。"于是他写成三个状书,进呈上来。德宗让人告诉他说:"根据惯例,对降职的官员可以依照赦令酌情迁移到近处来,但不能超过三五百里地,现在,你拟定的迁官办法似乎稍微超过了规定,安置的地点又往往接近军队驻地,或者是处于进京路线上的州县,此事恐怕不够妥当。"陆贽再次进言认为:"君王要以诚意对待众人,可以责备臣下,对他们发怒,但不能够猜疑他们。可以惩处臣下败坏事功的行为,但不能够怨恨他们。将臣下斥逐远方,是为了警告他们没有恭谨听命;甄别并宽恕臣下的过失,是为了劝勉他们重新做人。不加警告,就会使臣下逐渐触犯刑法;不加劝勉,只会使臣下再遭贬黜。虽然君王屡次进用或罢黜臣下,但完全不是出于个人的好恶。执行法规,这是让臣下暂时降职,以后顾念臣下的才能,便又逐渐地加以提拔任用,臣下知道自己还能够再次被起用,有谁还不加强自身的修养呢? 又何必为打乱常规变乱而发愁,为留下遗憾而担心呢? 如果因臣下被降职免官,便认为他们是奸邪凶恶的,永远将他们置于防备与禁阻之中,使他们长期废免,不得任用,这便是让悔改的人无法自行弥补过失,使蕴含着才华的人终究不能施展抱负。大凡人之常情,穷困潦倒,就希望变革;身境凄苦,便图谋作乱,变乱或许就产生于此。如果现在迁移被贬的官员不能超过三五百里地,便会发生仍然没有离开原先被贬去的州道,而风土人情反而比原来更为恶劣的情况,空有迁徙家室的劳顿,实际上是增加了迁徙流亡的骚扰。此外,现在的州府,往往驻扎着军队,而州境之内,驿站的房舍是很少或者没有的。既让人们感到疑虑,于国体也不够宽宏。请陛下再予以斟酌审核吧。"

上性猜忌,不委任臣下,官无大小,必自选而用之,宰相进拟,少所称可;及群臣一有谴责,往往终身不复收用;好以辩给取人,不得敦实之士;艰于进用,群材滞淹。贽上奏谏,其略曰:"夫登进以懋庸,黜退以惩过,二者迭用,理如循环。进而有过则示惩,惩而改修则复进,既不废法,亦无弃人,虽纤介必惩而用材不匮。故能使黜退者克励以求复,登进者警饬而恪居,上无滞疑,下无蓄怨。"又曰:"明主不以辞尽人,不以意选士,如或好善而不择所用,悦言而不验所行,进退随爱憎之情,离合系异同之趣,是由舍绳墨而意裁曲直,弃权衡而手揣重轻,虽甚精微,不能无谬。"又曰:"中人以上,迭有所长,苟区别得宜,付授当器,各适其性,各宣其能,及乎合以成功,亦与全才无异。但在明鉴大度,御之有道而已。"又曰:"以一言称惬为能而不核虚实,以一事违忤为咎而不考忠邪。其称惬则付任逾涯,不思其所不及,其违忤则罪责过当,不恕其所不能,是以职司之内无成功,君臣之际无定分。"上不听。

贽又请均节财赋,凡六条:

德宗生性猜疑而又妒忌，不肯信任臣下，无论官职是大是小，一定要由自己选拔任用，对于宰相进呈的规划，很少称许认可；群臣一旦遭到斥责，往往一辈子不再收录起用；好以能言善辩为条件选取人才，不能得到敦厚忠实的人选；对官吏的提拔任用困难重重，各种人才沉抑于下，不得升进。陆贽上奏进谏，大略是说："提拔任用是为了勉励功劳，贬抑降职是为了惩戒过失，两方面交相为用，其中的道理就如同圆环周而复始。受到任用以后又有了过失，便需要给予惩罚，受到惩罚以后又修正过来了，便应该再提升上来，这既不会荒废法度，也不会捐弃人才，即使对任何细微的过失都一定加以惩罚，但可供使用的人才仍然不会缺乏。所以，这可以使受到贬逐的人勉励自己力求恢复官职，也可以使被提升的人告诫自己恭谨地任官办事，使上面没有难解的疑虑，下面没有积蓄的怨恨。"他又说："明智的君主不会根据言词来使用人才，也不会按照主观的意想去选拔士子，如果对自己所亲善的人便不加选择地任用，如果喜欢一个人的言词便不去检验他的行为，升官降职全随着个人的爱憎情感而转移，亲疏远近全凭着人们与自己的志趣相同与否而决定，这是舍弃墨线墨斗而靠心意来判断线段的曲直，丢开秤锤秤杆而用双手来揣量物体的轻重的作法，即使极其精细，还是不能没有谬误。"他又说："中等智能以上的人们，是互有长处的，如果能够恰当地区分辨别人们的长处，交付给人们的职任与他们的才具相当，各自适应人们的性情，分别发挥他们的能力，及至将大家聚合在一起，成就了事功，这与人人都是全才也是没有区别的。要做到这一点，只在于善于识别，胸襟开阔，驾驭有方罢了。"他又说："由于一句话讲得使自己惬意，便以为讲话人是有才能的，因而不再核查他的实际情况；由于一件事违背了自己的意志，便以为办事人是有罪过的，因而不再考究他是忠是邪。对讲话使人惬意的人，将超过他能力极限的重任交给他，而不去考虑这是他所难以胜任的；对于办事违背自己意志的人，将有失公允的罪责加给他，不肯宽恕他的无能为力，这就使人在职务范围以内难得成就事功，使君臣之间没有确定的责任。"德宗没有听从他的建议。

陆贽又请求调节财税，共有六条：

其一,论两税之弊。其略曰:"旧制赋役之法,曰租、调、庸。丁男一人受田百亩,岁输粟二石,谓之租。每户各随土宜出绢若绫若绝共二丈,绵三两,不蚕之土输布二丈五尺,麻三斤,谓之调。每丁岁役,则收其庸,日准绢三尺,谓之庸。天下为家,法制均一,虽欲转徙,莫容其奸,故人无摇心而事有定制。及羯胡乱华,黎庶云扰,版图堕于避地,赋法坏于奉军。建中之初,再造百度,执事者知弊之宜革而所作兼失其原,知简之可从而所操不得其要。凡欲拯其弊,须穷致弊之由。时弊则但理其时,法弊则全革其法。所为必当,其悔乃亡。兵兴以来,供亿无度,此乃时弊,非法弊也。而遽更租、庸、调法,分遣使者,搜摘郡邑,校验簿书,每州取大历中一年科率最多者以为两税定额。夫财之所生,必因人力,故先王之制赋入,必以丁夫为本。不以务穑增其税,不以辍稼减其租,则播种多;不以殖产厚其征,不以流寓免其调,则地著固;不以饬励重其役,不以窳怠蠲其庸,则功力勤。如是,故人安其居,尽其力矣。两税之立,惟以资产为宗,不以丁身为本;曾不寤资产之中,有藏于襟怀囊箧,物虽贵而人莫能窥;其积于场圃囷仓,直虽轻而众以为富。

第一条，论述两税法的弊端。他大略是说："依照国家原有的制度，征派赋税徭役的办法，称作租、调、庸。成年男子每人可以得到田地一百亩，每年交纳粮食二石，这称作租。每户人家各自按照不同的土地所生产出来的不同产品，交纳绢或者绫，或者绝，一共二丈，丝绵三两，对于不出产桑蚕的土地，交纳棉布二丈五尺，麻三斤，这称作调。对每个成年男子每年应当承担的徭役，则是收取雇人代役所应该偿付的佣金，每天以交纳绢三尺为标准，这称作庸。在这样的制度下，天下成为一家，在法令制度上是平均如一的，即使有人打算辗转迁徙，这样的奸谋也是无处可以容纳的，所以，当时人们不会有动荡不安情绪，而事情都有固定的规制。及至羯胡安禄山、史思明祸乱中华，百姓如乱云纷扰，户籍与地图因朝廷躲避他处而毁去，税法因供应军需而破坏。在建中初年，重新建置各种制度，执掌朝政的人知道旧弊应当革除，但建立新制时却连本意都抛弃了，也知道应当从简，却没把握住要领。大凡打算改正以往的弊端，必须穷究导致弊端的原由。如果是时势造成的弊端，便应当只就时势来加以治理；如果是制度造成的弊端，便应该完全革除这一制度。所做的事情一定是确当的，一切悔恨必将消亡。在战事兴起以来，对军队的供给没有限度，这正是时势造成的弊端，而不是制度造成的弊端啊。然而，朝廷急忙更改了租、庸、调法，分别派遣使者，搜刮郡县，核实验证赋役簿籍，每州选取大历年间征收赋税最多的年份，便以此年的数额作为两税的定额。大凡财富的产生，一定是由人力造成的，所以先代的君王制定赋税收入，一定要以成年男丁为依据。不因致力耕耘而增加税收，也不因停止种植而减少田租，人们便愿意多加播种了；不因产业扩大而多加征收，也不因寄居他乡而免去纳调，人们便牢固地定居下来了；不因勤勉自励而加重徭役，也不因懒惰懈怠而免除输庸，人们便会辛勤劳作了。这些都做到了，人们就会安心居住下来，竭尽力气务农了。两税的设立，只以资财产业为依据，不以人丁多少为根本，人们竟不懂得，在资财产业中，有的可以收藏在怀里或口袋、箱子里，虽然物品贵重，但人们无法查看；有的堆积在场院、田圃、粮仓中，虽然价值低廉，但大家却以为这是富有。

有流通蕃息之货，数虽寡而计日收赢；有庐舍器用之资，价虽高而终岁无利。如此之比，其流实繁，一概计估算缗，宜其失平长伪。由是务轻资而乐转徙者，恒脱于徭税；敦本业而树居产者，每困于征求。此乃诱之为奸，驱之避役，力用不得不弛，赋入不得不阙。复以创制之首，不务齐平，供应有烦简之殊，牧守有能否之异，所在徭赋，轻重相悬，所遣使臣，意见各异，计奏一定，有加无除。又大历中供军、进奉之类，既收入两税，今于两税之外，复又并存。望稍行均减，以救凋残。"

其二，请二税以布帛为额，不计钱数。其略曰："凡国之赋税，必量人之力，任土之宜。故所入者惟布、麻、缯、纩与百谷而已。先王惧物之贵贱失平，而人之交易难准，又定泉布之法以节轻重之宜，敛散弛张，必由于是。盖御财之大柄，为国之利权，守之在官，不以任下。然则谷帛者，人之所为也；钱货者，官之所为也。是以国朝著令，租出谷，庸出绢，调出缯、纩、布，曷尝有禁人铸钱而以钱为赋者也？今之两税，独异旧章，但估资产为差，便以钱谷定税，临时折征杂物，每岁色目颇殊，唯计求得之利宜，靡论供办之难易。所征非所业，所业非所征，遂或增价以买其所无，减价以卖其所有，一增一减，

有的是便于交易与增殖的财货,虽然数量不大,但收取盈利是按日计算的;有的是茅棚房舍与器皿用具等资产,虽然定价很高,但常年没有增益可图。这样的比较,种类实在繁多,一律估计价钱并折算成缗,这种办法有失公允,助长作弊,便是自然而然的了。由此,专门谋求细软的财货而愿意辗转迁徙的人们,总是能够摆脱徭役和赋税;追求农业而置备下定居的产业的人们,却往往为赋税征收而困顿。这简直是诱导人们去做奸邪的事情,驱赶着他们去逃避徭役,于是使劳役的效能不得不松懈下来,使赋税的收入不得不欠缺起来。又因两税处于创立制度的初期,没有追求制度的整齐划一,物资的供应办法有繁琐与简便的区别,州府长官有精明与愚笨的不同,各处的徭役赋税,轻重悬殊,朝廷派遣的使者,意见各有分歧,但计划上奏,一经决定,就只有增加,没有减除。加之,大历年间的供军、进奉一类的杂征,既然已经收到两税中去了,现在却在两税以外,又保留了这些名目。希望陛下逐渐实行赋税的平均与削减,以便救助凋零衰落的百姓。"

第二条,请求以布帛作为两税征收的税额,不再按钱数计算税额。他大略是说:"大凡国家的赋税,必须估量人们的承受能力,根据土地出产的实际条件来加以制定。因此,国家征收来的赋税,只有布、麻、丝织品、丝绵和各种谷物罢了。先代的君王恐怕物品的价格失平,而人们物物交换缺少标准,又制定了钱币制度,以便节制物品流通中轻重缓急的机宜,财货的聚集与分散,废弛与盛旺,都一定要以此为依据。因此,治理财利的重大权柄,即国家的财政大权,只能由官府执掌,不能把它交给下面的人。由此可见,谷物与丝帛,是百姓所生产的;钱财货币,是官府制造的。所以,我朝法令明文规定:以谷物交租,以绢交庸,以丝帛、丝绵、布匹交调,何曾有过禁止人们铸造钱币,却又以钱币充当赋税的事情呢?唯独现在实行的两税法,与原有的典章大相径庭。两税法只通过估算资财产业来规定征税的等级,于是以钱币和谷物为数额确定了税收,还要临时折算为杂物征收,而杂物的种类每年也大有区别,但官府只算计如何得到税收才是方便有利的,而不考虑备办这些物品的难易程度。官府要征收的物品不是人们生产的物品,人们生产的物品不是官府要征收的物品,于是,人们有时需要加价购买他们所没有的物品,而减价出卖他们所拥有的物品,一方面加价,另一方面却是减价,

耗损已多。望勘会诸州初纳两税年绢布,定估比类当今时价,加贱减贵,酌取其中,总计合税之钱,折为布帛之数。"又曰:"夫地力之生物有大限。取之有度,用之有节,则常足;取之无度,用之无节,则常不足。生物之丰败由天,用物之多少由人。是以圣王立程,量入为出,虽遇灾难,下无困穷。理化既衰,则乃反是,量出为入,不恤所无。桀用天下而不足,汤用七十里而有馀,是乃用之盈虚在节与不节耳。"

其三,论长吏以增户、加税、辟田为课绩。其略曰:"长人者罕能推忠恕易地之情,体至公徇国之意。迭行小惠,竞诱奸氓,以倾夺邻境为智能,以招萃逋逃为理化。舍彼适此者既为新收而有复,倏往忽来者又以复业而见优。唯怀土安居,首末不迁者,则使之日重,敛之日加。是令地著之人恒代惰游赋役,何异驱之转徙,教之浇讹?此由牧宰不克弘通,各私所部之过也。"又曰:"立法齐人,久无不弊,理之者若不知维御损益之宜,则巧伪萌生,恒因沮劝而滋矣。请申命有司,详定考绩。若当管之内,人益阜殷,所定税额有馀,

其间的损耗已经是很多的了。希望核定各州最初实行两税那一年所交纳的绢帛布匹总额，按照现在通行的物价确定绢帛布匹总额的价值，如果物价偏低就加价，如果物价偏高就减价，斟酌取中定价，然后一总计算全部税收应得的价钱，折合成布匹丝帛的数额。"

他又说："大凡土地生长物产的能力是有一个最大限度的。因而，索取物产有限度，使用物产有节制，才能经常充裕；索取物产没有限度，使用物产没有节制，就会经常匮乏。生长物产的丰饶与衰歉是由自然规律决定的，消费物产的多少却是由人们本身决定的。所以，圣明的君王立下法规，估量收入的情况以制定支出的计划，即使是遇到灾害祸难，民间仍然不会困顿窘迫。在政治与教化衰败以后，却恰好与此相反，估量支出的情况以制定收入的计划，并不考虑没有这些收入又怎么办。夏桀使用天下的物产，但还是不够用，商汤使用七十里地的物产，但还是有剩馀，这就说明物产使用的盈馀与亏耗在于有无节制罢了。"

第三条，论说上级长官将户口增长、税收增加、田土垦辟作为考核成绩的根据。他大略是说："为人长官的人很少能够推究在地位相互变易以后忠诚与宽恕是什么情形，也不能体察大公无私，为国献身是何等情意。他们交替着给人们一些小小的恩惠，争着诱引奸民，把与相邻的州道的相互排挤与争夺视为精明能干，将招徕和聚集逃亡的人口视为政治清明、教化大行。由外地迁到此处的人既由于新近才被收罗而得以免征赋税，往来倏忽不定的人又因属于恢复故业而受到优待，只有对那些依恋故土、安心定居、自始至终不肯迁徙他乡的人，却役使日见繁重，征收日益增加。这就使定居一处的人经常替懒散游荡的人提供赋税与徭役，这与驱赶人辗转流徙，唆使人浇薄欺诈又有什么区别呢？这都是由于地方官与宰相缺少广博通达的见识，各自对自己所统领的事务怀有私心的过错啊！"他又说："设置法规，治理人民，时间长了，没有不产生弊病的，如果掌管法规的人不懂得掌握时机，适时变革，便会使奸巧诈伪萌生，并经常由于执法者不听劝告而滋长。请向有关部门发布命令，详细制定考核成绩的办法。如果在应管辖的地域以内，人口愈益富实繁盛，在完成规定的税收数额以后仍有剩馀，

任其据户口均减,以减数多少为考课等差。其当管税物通比,每户十分减三者为上课,减二者次焉,减一者又次焉。如或人多流亡,加税见户,比校殿罚亦如之。"

其四,论税限迫促。其略曰:"建官立国,所以养人也;赋人取财,所以资国也。明君不厚其所资而害其所养,故必先人事而借其暇力,先家给而敛其馀财。"又曰:"蚕事方兴,已输缣税,农功未艾,遽敛谷租。上司之绳责既严,下吏之威暴愈促。有者急卖而耗其半直,无者求假而费其倍酬。望更详定征税期限。"

其五,请以税茶钱置义仓以备水旱。其略曰:"古称九年、六年之蓄者,率土臣庶通为之计耳,固非独丰公庾,不及编氓也。近者有司奏请税茶,岁约得五十万贯,元敕令贮户部,用救百姓凶饥。今以蓄粮,适副前旨。"

其六,论兼并之家,私敛重于公税。其略曰:"今京畿之内,每田一亩,官税五升,而私家收租殆有亩至一石者,是二十倍于官税也。降及中等,租犹半之。夫土地王者之所有,耕稼农夫之所为,而兼并之徒,居然受利。"又曰:"望凡所占田,约所条限,裁减租价,务利贫人。法贵必行,慎在深刻,

便听凭该地长官根据户口平均减税,依照减税数量的多少来规定考核官吏成绩的等级。关于减税的数量与应管辖税收物资通常的比率,每户纳税减少十分之三的,考核成绩为上等,减少十分之二的,考核成绩为次一等,减少十分之一的,考核成绩为再次一等。如果人口多有流离散失,于是在现存户口上增加税收,考查成绩居于劣等,其惩罚办法,也按照前述原则处理。"

第四条,论述征收税务的期限失于紧迫。他大略是说:"设置百官,创立国家,是以养民为目的的;向百姓征收赋税,索取财货,是以供给国家为目的的。贤明的君王不肯为了丰厚的供给而使所养的人民受到损害,所以必须首先办好人们应做的事情,而后借用人们的馀力,必须首先使家家富足起来,而后征收人们剩馀的资财。"他又说:"养蚕的事情刚刚开始,已经要交纳布帛的税收了;农田的活计还没有结束,已经赶忙征收谷物的田租了。既然上级长官的管束督责是严厉的,下级官吏的欺凌暴虐也就益发紧迫了。尚有东西可以纳税的人赶忙出卖物品,因而要损耗一半的价值;没有东西可以纳税的人求人借贷,因而要加倍还债。希望再详慎地制定征收税务的期限。"

第五条,请求用征收的茶税钱来设置义仓,以便防备水旱灾害。他大略是说:"古时候关于国家在三十年内要有九年、六年粮食储备的说法,是将疆域以内的臣民全部计算在内,而不是单单让公家的谷仓丰足而不把编入户籍的百姓计算在内。近来,有关部门上奏请求征收茶税,每年大约可以得到钱五十万贯,原来的敕令要求将茶税钱储存在户部,用来救济百姓的饥荒。现在,用这笔钱储备粮食,恰好符合以前的旨意。"

第六条,论述吞并土地的人家,私下收租比官府征税更为繁重。他大略是说:"如今在京城周围地区之内,每一亩田地,官府征税五升,但私人收租有的大约每亩多达一石,是官府征税的二十倍。降到中等田地,所收田租仍有半石之多。一般说来,土地,是归君王所有的;耕种,是由农夫完成的。然而,吞并土地之徒居然在其中得到了好处。"他又说:"希望对一切被占有的田地,预先规定限制性的条款,裁减田租的价钱,务必让贫困的人得到好处。设立法规,可贵的是一定要坚决实行下去,需要谨慎的是防止深究苛察。

裕其制以便俗，严其令以惩违，微损有馀，稍优不足。失不损富，优可赈穷。此乃安富恤穷之善经，不可舍也。"

将制度设立得宽和一些是为了方便大众,将法令规定得严厉一些是为了惩戒违法者,要微微损伤一点富裕人家的收入,而稍稍照顾一下贫穷人家的利益,使富裕人家的损失并不至于有伤富足,而使对贫穷人家的照顾足以赈济穷困。这便是安定富人,体恤贫民的美好的筹措,是不可舍弃的啊。"

卷第二百三十五　唐纪五十一

起甲戌(794)六月尽庚辰(800)凡六年有奇

德宗神武圣文皇帝十
贞元十年(甲戌,794)

1　六月壬寅朔,昭义节度使李抱真薨。其子殿中侍御史缄与抱真从甥元仲经谋,秘不发丧,诈为抱真表,求以职事授缄;又诈为其父书,遣裨将陈荣诣王武俊假货财。武俊怒曰:"吾与乃公厚善,欲同奖王室耳,岂与汝同恶邪? 闻乃公已亡,乃敢不俟朝命而自立,又敢告我,况有求也!"使荣归,寄声质责缄。

昭义步军都虞候王延贵,汝州梁人也,素以义勇闻。上知抱真已薨,遣中使第五守进往观变,且以军事委王延贵。守进至上党,缄称抱真有疾不能见。三日,缄乃严兵诣守进,守进谓之曰:"朝廷已知相公捐馆,令王延贵权知军事。侍御宜发丧行服。"缄愕然,出,谓诸将曰:"朝廷不许缄掌事,诸君意如何?"莫对。缄惧,乃归发丧,以使印及管钥授监军。守进召延贵,宣口诏令视事,趣缄赴东都。元仲经出走,延贵悉归罪于仲经,捕斩之。诏以延贵权知昭义军事。

德宗神武圣文皇帝十

唐德宗贞元十年(甲戌,公元 794 年)

1　六月壬寅朔(初一),昭义节度使李抱真故去。他的儿子殿中侍御史李缄,与李抱真的表外甥元仲经谋划,先不将李抱真故去的消息公告于众,伪造李抱真的表章,请求将节度使的职务授给李缄;还伪造他父亲的书信,派遣副将陈荣前往王武俊处借用钱财。王武俊生气地说:"我与你父亲深深交好,是为了共同辅助朝廷而已,怎么会与你狼狈为奸呢? 听说你父亲已经故去,你竟敢不等待朝廷的任命便擅自继位,还敢告诉我,况且有求于我!"他让陈荣回去,口头传达他对李缄的质问与责备。

昭义步军都虞候王延贵,是汝州梁地人氏,平素以见义勇为知名。德宗知道李抱真已经故去了,便派遣中使第五守进前去观察形势的发展变化,将要把军中事务交付给王延贵。第五守进来到上党的时候,李缄声称李抱真重病在身,不能接见。过了三天,李缄才全副武装地去见第五守进,第五守进告诉他说:"朝廷已经知道李相公去世了,并且已让王延贵暂且代理军中事务。侍御最好还是将消息公之于众,为你父亲服丧守孝吧。"李缄惊讶不已,出来以后,他对各将领说:"朝廷不允许我执掌军中事务,诸位意下如何?"没有人回答他。李缄害怕了,便回去将李抱真的死讯公布于众,把节度使的印信和钥匙交给监军。第五守进召来王延贵,口头宣布诏旨,命令王延贵任职,催促李缄前往东都洛阳。元仲经外出逃走,王延贵把罪责全部加给元仲经,逮捕并斩杀了他。德宗颁诏任命王延贵暂且代理昭义军中事务。

2 云南王异牟寻遣其弟凑罗栋献地图、土贡及吐蕃所给金印,请复号南诏。癸丑,以祠部郎中袁滋为册南诏使,赐银窠金印,文曰"贞元册南诏印"。滋至其国,异牟寻北面跪受册印,稽首再拜,因与使者宴,出玄宗所赐银平脱马头盘二以示滋。又指老笛工、歌女曰:"皇帝所赐《龟兹乐》,惟二人在耳。"滋曰:"南诏当深思祖考,子子孙孙尽忠于唐。"异牟寻拜曰:"敢不谨承使者之命?"

3 赐义武节度使张昇云名茂昭。

4 御史中丞穆赞按度支吏赃罪,裴延龄欲出之,赞不从。延龄谮之,贬饶州别驾,朝士畏延龄侧目。赞,宁之子也。

5 韦皋奏破吐蕃于峨和城。

6 秋,七月壬申朔,以王延贵为昭义留后,赐名虔休。

昭义行军司马、摄洺州刺史元谊闻虔休为留后,意不平,表请以磁、邢、洺别为一镇。昭义精兵多在山东,谊厚赍以悦之。上屡遣中使谕之,不从。

临洺守将夏侯仲宣以城归虔休,虔休遣磁州刺史马正卿督裨将石定蕃等将兵五千击洺州。定蕃帅其众二千叛归谊,正卿退还。诏以谊为饶州刺史,谊不行。虔休自将兵攻之,引洺水以灌城。

7 黄少卿陷钦、横、浔、贵等州,攻孙公器于邕州。

8 九月,王虔休破元谊兵,进拔鸡泽。

9 裴延龄奏称官吏太多,自今缺员请且勿补,收其俸以实府库。上欲修神龙寺,须五十尺松,不可得,延龄曰:

2 云南王异牟寻派遣他的弟弟凑罗栋献上地图、土产贡物和吐蕃授给的金质印信，请求恢复南诏的国号。癸丑(十二日)，德宗任命祠部郎中袁滋为册南诏使，赐给以银作底的金质印信，印文称作"贞元册南诏印"。袁滋来到云南国，异牟寻面向北方跪拜着接受了册封的印信，叩头至地，拜了两拜，接着便设宴招待使者，拿出玄宗赐给的两个银平脱马头盘，给袁滋看。还指着年迈的吹笛者和歌女说："皇帝赐给《龟兹乐》时带来的乐工，只有这两个人还活着。"袁滋说："南诏应当深深仰慕祖先的事迹，子子孙孙对唐朝竭尽忠心。"异牟寻行着礼说："我怎敢不恭谨地承受使者的教导？"

3 德宗赐给义武节度使张昇云新的名字，叫做张茂昭。

4 御史中丞穆赞按察度支司门的官吏贪赃的罪行，裴延龄打算为他们开脱，穆赞不肯听从。于是，裴延龄诬陷他，使他被贬为饶州别驾，朝中百官对裴延龄畏惧得不敢正眼相看。穆赞是穆宁的儿子。

5 韦皋奏报在峨和城打败吐蕃。

6 秋季，七月壬申朔(初一)，德宗任命王延贵为昭义留后，赐给他新的名字，叫做王虔休。

昭义行军司马、摄洺州刺史元谊听说王虔休担任了留后，心中愤慨不满，上表请求将磁州、邢州、洺州另外组成一个镇。昭义的精锐兵马多数驻扎在山东，元谊给予丰厚的待遇，以便取悦他们。德宗屡次派遣中使晓示他，但他不肯听从。

临洺的守城将领夏侯仲宣率领全城归顺了王虔休，王虔休派遣磁州刺史马正卿督促副将石定蕃等人领兵五千人进击洺州。石定蕃率领他的部众两千人向元谊叛变投降，马正卿撤退而还。于是德宗颁诏任命元谊为饶州刺史，元谊不肯前去就任。王虔休亲自领兵攻打元谊，还引来洺水淹灌洺州城。

7 黄少卿攻陷了钦、横、浔、贵等州，在邕州进攻孙公器。

8 九月，王虔休打败元谊的兵马，进军攻克鸡泽。

9 裴延龄上奏声称官吏太多，从今以后，对于官吏中出现的缺员，请暂且不要补充，以便收取这部分薪俸，用来充实国家的库存。德宗打算修建神龙寺，需要五十尺长的松木，但无法找到，裴延龄说：

"臣近见同州一谷,木数千株,皆可八十尺。"上曰:"开元、天宝间求美材于近畿犹不可得,今安得有之?"对曰:"天生珍材,固待圣君乃出,开元、天宝,何从得之?"

延龄奏:"左藏库司多有失落,近因检阅使置簿书,乃于粪土之中得银十三万两,其匹段杂货百万有馀。此皆已弃之物,即是羡馀,悉应移入杂库以供别敕支用。"太府少卿韦少华不伏,抗表称:"此皆每月申奏见在之物,请加推验。"执政请令三司详覆;上不许,亦不罪少华。延龄每奏对,恣为诡谲,皆众所不敢言亦未尝闻者,延龄处之不疑。上亦颇知其诞妄,但以其好诋毁人,冀闻外事,故亲厚之。

群臣畏延龄有宠,莫敢言,惟盐铁转运使张滂、京兆尹李充、司农卿李铦以职事相关,时证其妄,而陆贽独以身当之,日陈其不可用。十一月壬申,贽上书极陈延龄奸诈,数其罪恶,其略曰:"延龄以聚敛为长策,以诡妄为嘉谋,以掊克敛怨为匪躬,以靖譖服谗为尽节,总典籍之所恶以为智术,冒圣哲之所戒以为行能,可谓尧代之共工,鲁邦之少卯也。迹其奸蠹,日长月滋,阴秘者固未尽彰,败露者尤难悉数。"又曰:"陛下若意其负谤,则诚宜亟为辩明。陛下若知其无良,又安可曲加容掩?"又曰:"陛下姑欲保持,曾无诘问,延龄谓能蔽惑,

"近来我在同州看到一处山谷,谷内有好几千棵树木,都是高八十尺的。"皇帝说:"开元、天宝年间在京城周围寻找上好的木材尚且无法找到,现在怎么会有这么多的木材?"裴延龄回答说:"上天生出珍贵的木材,当然是等待圣明的君主出世时才会出现,开元、天宝期间,怎么能够得到这些呢?"

裴延龄上奏说:"左藏库执掌的物品损失遗失很多,近来由于检阅使去放账簿,于是在垃圾中得到银子十三万两,成匹成段的布帛和零杂货物超过一百万。这都是已经丢弃的物品,也就成为额外的收入,应当全部搬到杂库去,好供给陛下另外颁敕支取使用。"太府少卿韦少华不承认这一说法,便上表直言声称:"这都是每月申报上奏的现存物品,请加以推究验查。"主持政务的长官请求命令中书省、门下省与御史台三部门详细审察,德宗没有答应,但也不责怪韦少华。每当裴延龄当面回答德宗提出的问题时,任意去说怪诞的事情,都是大家所不敢说、也不曾听说过的,裴延龄却将这些事情说得无可怀疑。德宗也知道裴延龄是荒诞虚妄的,但由于他喜欢恶意诬蔑别人,希望从他那里听到外间的事情,所以亲近厚待他。

群臣畏惧裴延龄得到宠信,没有人敢于发言,只有盐铁转运使张滂、京兆尹李充、司农卿李铦,由于职分以内的事务与裴延龄有关联,所以时常证实他的虚妄,而陆贽独自以自身抵挡裴延龄,经常陈说他是不可任用的。十一月壬申(初三),陆贽上书极力陈诉裴延龄的邪恶诡诈,数说他的罪恶,大略是说:"裴延龄将搜刮财货当作长远的方策,将诡诈妄为当作美善的计谋,将苛剥民财、聚集怨恨当作不顾及自身的利益,将惯于诬陷、专进谗言当作竭尽臣下的节操,他汇总典籍所憎恶的东西,用来作为自己的智谋与权术,他冒犯圣人贤人的告诫,用来作为自己的品行与才能,可以称他为唐尧时代的共工,春秋时代鲁国的少正卯。考察他邪恶害政的行为,每天都在增长,每月都在滋蔓,隐秘着的事情固然没有完全显示出来,败露了的事情尤其难以数说。"他又说:"倘若陛下认为他蒙受了诽谤,那么,诚然应当赶快为他分辩明白。倘若陛下知道他不是善良之辈,又怎么能够为他容忍掩饰呢?"他又说:"陛下打算姑且保全护持他,对他从来不加责问,裴延龄以为他能够蒙蔽欺惑陛下,

不复惧思。移东就西,便为课绩,取此适彼,遂号羡馀,愚弄朝廷,有同儿戏。"又曰:"矫诡之能,诬罔之辞,遇事辄行,应口便发,靡日不有,靡时不为,又难以备陈也。"又曰:"昔赵高指鹿为马,臣谓鹿之与马,物理犹同;岂若延龄掩有为无,指无为有?"又曰:"延龄凶妄,流布寰区,上自公卿近臣,下逮舆台贱品,喧喧谈议,亿万为徒,能以上言,其人有几? 臣以卑鄙,任当台衡,情激于衷,虽欲罢而不能自默也。"书奏,上不悦,待延龄益厚。

10 十二月,王虔休乘冰合度壕,急攻洺州。元谊出兵击之,虔休不胜而返;日暮冰解,士卒死者太半。

11 中书侍郎、同平章事陆贽以上知待之厚,事有不可,常力争之。所亲或规其太锐,贽曰:"吾上不负天子,下不负所学,他无所恤。"裴延龄日短贽于上。赵憬之入相也,贽实引之,既而有憾于贽,密以贽所讥弹延龄事告延龄,故延龄益得以为计。上由是信延龄而不直贽。贽与憬约至上前极论延龄奸邪,上怒形于色,憬默而无言。壬戌,贽罢为太子宾客。

12 初,勃海文王钦茂卒,子宏临早死,族弟元义立。元义猜虐,国人杀之,立宏临之子华屿,是为成王,改元中兴。华屿卒,复立钦茂少子嵩邻,是为康王,改元正历。

不再怀有畏惧的心思。他把东边的移动到西边去,就成为考课的成绩,将这边的拿到那边去,于是称额外的收入,如此欺骗玩弄朝廷,就如小儿游戏一般。"他又说:"裴延龄虚伪诡诈的才能,诬蔑不实的言辞,遇事便要表现,随口便要讲出,没有一天不发生这种事情,没有一时不在做这种事情,这是难以完全陈述出来的了。"他又说:"过去赵高有过指鹿为马的事情,我认为鹿与马,就事物的常理说来还属于同一种类,哪里比得上裴延龄将存在着的东西掩饰为不存在的东西,将不存在的东西指划成存在着的东西呢?"他又说:"裴延龄的凶顽虚妄,已经在全国传布开来,上自公侯卿相等陛下亲近的大臣,下至地位低下的奴们,喋喋杂杂地谈说议论他的,有成千上万,但能够将此进言的人又有几个?我以低微鄙陋之身,担当着宰相大臣的职任,由于真情在内心中激荡不已,即使打算不再谈论此人,但我还是不能够自行沉默下去啊。"此书奏进以后,德宗很不高兴,反而愈加厚待裴延龄了。

10　十二月,王虔休乘着冰冻封合的时候,越过城壕,急速攻打洺州。元谊派出兵马向他进去,王虔休无法取胜,只好回军;日落时分,冰冻消融,王虔休的士兵死去的有一多半。

11　中书侍郎、同平章事陆贽因皇帝知遇,对待他情义深厚,凡有不同意的事情,经常竭力争议。有些与他亲近的人规劝他说,这样做过于显露锋芒,陆贽说:"只要我上不辜负天子,下不辜负平生的学问,别的事情就没有值得顾惜的了。"裴延龄天天地在德宗面前指责陆贽的短处。赵憬出任宰相,实在是由于陆贽引荐了他,不久,他对陆贽有了不满意的地方,便暗中将陆贽抨击裴延龄的事情告诉了裴延龄本人,所以裴延龄愈发有了设计攻击陆贽的理由。从此,德宗相信了裴延龄的话,因而不再认为陆贽是对的了。陆贽与赵憬约好了到皇帝面前极力论说裴延龄的邪恶,德宗的怒气在脸色上都表现出来了,而赵憬却沉默不语。壬戌(二十三日),陆贽被罢免为太子宾客。

12　当初,勃海文王大钦茂故去,儿子大宏临早死,族弟大元义即位。大元义猜忌而残暴,国中的人们杀掉了他,拥立大宏临的儿子大华屿,这便是成王,年号更改为中兴。大华屿故去,又拥立大钦茂的小儿子大嵩邻,这便是康王,年号更改为正历。

十一年(乙亥,795)

1　春;二月乙巳,册拜嵩邻为忽汗州都督、勃海王。

2　陆贽既罢相,裴延龄因谮京兆尹李充、卫尉卿张滂、前司农卿李铦党于贽。会旱,延龄奏言:"贽等失势怨望,言于众曰:'天下旱,百姓且流亡,度支多欠诸军刍粮,军中人马无所食,其事奈何?'以动摇众心,其意非止欲中伤臣而已。"后数日,上猎苑中,适有神策军士诉云:"度支不给马刍。"上意延龄言为信,遽还宫。夏,四月壬戌,贬贽为忠州别驾,充为涪州长史,滂为汀州长史,铦为邵州长史。

初,阳城自处士征为谏议大夫,拜官不辞。未至京师,人皆想望风采,曰:"城必谏诤,死职下。"及至,诸谏官纷纷言事细碎,天子益厌苦之。而城方与二弟及客日夜痛饮,人莫能窥其际,皆以为虚得名耳。前进士河南韩愈作《争臣论》以讥之,城亦不以屑意。有欲造城而问者,城揣知其意,辄强与酒。客或时先醉仆席上,城或时先醉卧客怀中,不能听客语。及陆贽等坐贬,上怒未解,中外惴恐,以为罪且不测,无敢救者。城闻而起曰:"不可令天子信用奸臣,杀无罪人。"即帅拾遗王仲舒、归登、右补阙熊执易、崔邠等守延英门,上疏论延龄奸佞,贽等无罪。上大怒,欲加城等罪。太子为之营救,上意乃解,令宰相谕遣之。于是金吾将军张万福闻谏官伏阁谏,趋往至延英门,大言贺曰:"朝廷有直臣,天下必太平矣!"遂遍拜城与仲舒等,已而连呼:"太平万岁! 太平万岁!"万福,武人,年

唐德宗贞元十一年(乙亥,公元795年)

1　春季,二月乙巳(初七),册封大嵩邻为忽汗州都督、勃海王。

2　陆贽被罢除宰相职务以后,裴延龄就诬陷京兆尹李充、卫尉卿张滂、前司农卿李铦与陆贽结为朋党。适逢天气干旱,裴延龄上奏说:"陆贽等人因失去权势而怨恨不满,他们对大家说:'天下干旱,百姓将要流离散亡了,度支亏欠各军粮草很多,军中的人马没有吃的,这种事情将怎么办才好?'他们以此动摇大家的心意,他们的企图恐怕不限于中伤我一个人就算了事。"过了几天,德宗在林苑中打猎,恰巧有神策军的将士申诉说:"度支不供给喂马的草料。"德宗猜测裴延龄的话是可信的,急忙回到宫中。夏季,四月壬戌(二十五日),将陆贽贬为忠州别驾,将李充贬为涪州长史,将张滂贬为汀州长史,将李铦贬为邵州长史。

当初,阳城由未做官的士人被征召为谏议大夫,对任命他的官职并不推辞。阳城还没有来到京城,人们便思慕他的风度文采,都说:"阳城肯定会直言规谏,效忠职守以至于死。"及至阳城来到朝廷以后,各个谏官谈论政事时纷纷讲些细小琐碎的事情,德宗愈加厌烦不堪。然而,阳城却正与自己的两个弟弟以及宾客日夜开怀饮酒,人们对他摸不着边际,都认为他是浪得虚名罢了。前进士河南人韩愈写了一篇《争臣论》来讥讽他,阳城也并不介意。有人打算前去质问阳城,阳城揣度清楚来人的用意以后,总是强劝来人饮酒。有时客人先醉倒在酒席上,有时阳城先醉躺在客人的怀抱中,不能听客人讲话了。及至陆贽等人获罪被贬以后,德宗的怒气尚未消散,朝廷内外怨惧不安,都认为对他们的罪罚将是难以测度的,因而没有人敢营救他们。阳城闻知此情,站起来说道:"不能让天子相信任用奸臣,杀害没有罪过的人。"他当即带领拾遗王仲舒、归登、右补阙熊执易、崔邠等人在延英门守候着,奏上疏章,论说裴延龄邪恶谄谀,而陆贽等人是没有罪过的。德宗大怒,准备将阳城等人治罪。太子为此而出面营救,德宗的态度才缓和下来,使宰相宣旨让他们离去。当此时,金吾将军张万福听说谏官跪在延英殿阁进谏,便快步前往延英门,大声祝贺道:"朝廷有直言的臣下,天下肯定要太平了!"于是,他逐一拜谢阳城与王仲舒等人,随即连声大呼:"太平万岁! 太平万岁!"张万福是一员武将,年纪有

八十馀,自此名重天下。登,崇敬之子也。时朝夕相延龄,阳城曰:"脱以延龄为相,城当取白麻坏之,恸哭于庭。"有李繁者,泌之子也,城尽疏延龄过恶,欲密论之,以繁故人子,使之缮写,繁径以告延龄。延龄先诣上,一一自解。疏入,上以为妄,不之省。

3　丙寅,幽州奏破奚王啜利等六万馀众。

4　回鹘奉诚可汗卒,无子,国人立其相骨咄禄为可汗。骨咄禄本姓跌跌氏,辩慧有勇略,自天亲时典兵马用事,大臣诸酋长皆畏服之。既为可汗,冒姓药葛罗氏,遣使来告丧,自天亲可汗以上子孙幼稚者,皆内之阙庭。

5　五月丁丑,以宣武留后李万荣、昭义左司马领留后王虔休皆为节度使。

6　甲申,河东节度使李自良薨。戊子,监军王定远奏请以行军司马李说为留后。说,神通之五世孙也。

7　庚寅,遣秘书监张荐册拜回鹘可汗骨咄禄为腾里逻羽录没密施合胡禄毗伽怀信可汗。

8　癸巳,以李说为河东留后,知府事。说深德王定远,请铸监军印。监军有印自定远始。

9　秋,七月丙寅朔,阳城改国子司业,坐言裴延龄故也。

10　王定远自恃有功于李说,专河东军政,易置诸将;说不能尽从,由是有隙。定远以私怒拉杀大将彭令茵,埋马矢中,将士皆愤怒。说奏其状,定远闻之,直诣说,拔刀刺之;说走免。

八十多岁,自此以后,他的名声便为天下推重了。归登是归崇敬的儿子。当时,随时都有任命裴延龄为宰相的可能,阳城说:"倘若让裴延龄出任宰相,我就会将任命他的白麻诏书拿来毁掉,还要在朝廷上痛哭一场。"有个叫李繁的人,是李泌的儿子,阳城疏陈裴延龄的全部过失与罪恶,想秘密弹劾他,因李繁是旧友的儿子,便让他誊抄疏章,李繁却径直将此事告诉了裴延龄。裴延龄事先前往德宗处逐条自行解释,待到疏章送入内廷以后,皇帝认为这是虚妄的,便不去观看这一疏章了。

3　丙寅(二十九日),幽州奏报打败奚王啜利等人的部众六万多人。

4　回鹘奉诚可汗故去,没有子嗣,国中的人们拥立他的国相骨咄禄为可汗。骨咄禄本来姓跌跌氏,善辩而有才智,勇敢而有谋略,自从天亲可汗以来,他便掌管军事,执掌大权,大臣和各部首长都折服于他。骨咄禄当了可汗以后,冒充姓药葛罗氏,派遣使者前来上报丧事,还将天亲可汗以前各可汗年纪幼小的子孙后代,全部送交给朝廷。

5　五月丁丑(十一日),德宗将宣武留后李万荣、昭义左司马领留后王虔休同时任命为节度使。

6　甲申(十八日),河东节度使李自良故去。戊子(二十二日),监军王定远上奏请求任命行军司马李说为留后。李说是李神通的五世孙。

7　庚寅(二十四日),德宗派遣秘书监张荐册封回鹘可汗骨咄禄为腾里逻羽录没密施合胡禄毗伽怀信可汗。

8　癸巳(二十七日),德宗任命李说为河东留后,代理府中事宜。李说深深感激王定远,请求铸造监军的印信。监军有印信便是由王定远开始的。

9　秋季,七月丙寅朔(初一),阳城被改任为国子司业,这是由于他非难裴延龄而获罪的缘故。

10　王定远自己依仗着为李说立下功劳,便专擅河东的军政大事。由于调动安排各将领时,李说不能够完全听从他的意见,因此产生了嫌隙。王定远因私忿用杖出杀大将彭令菌,将他的尸体掩埋在马粪中,将士们都愤怒了。李说奏陈此事的情状,王定远听说以后,径直来到李说处,拔出刀来刺杀李说,李说逃脱,得以幸免。

定远召诸将,以箱贮敕及告身二十馀通,示之曰:"有敕,令说诣京师,以行军司马李景略为留后,诸君皆迁官。"众皆拜。大将马良辅窃视箱中,皆定远告身及所受敕也,乃麾众曰:"敕告皆伪,不可受也。"定远走登乾阳楼,呼其麾下,莫应,逾城而坠,为枯柿所伤而死。

11　八月辛亥,司徒兼侍中北平庄武王马燧薨。

12　闰月戊辰,元谊以洺州诈降;王虔休遣裨将将二千人入城,谊皆杀之。

13　九月丁巳,加韦皋云南安抚使。

14　横海节度使程怀直,不恤士卒,猎于野,数日不归。怀直从父兄怀信为兵马使,因众心之怨,闭门拒之;怀直奔归京师。冬,十月丁丑,以怀信为横海留后。

15　南诏攻吐蕃昆明城,取之;又虏施、顺二蛮王。

十二年(丙子,796)

1　春,正月庚子,元谊、石定蕃等帅洺州兵五千人及其家人万馀口奔魏州;上释不问,命田绪安抚之。

2　乙丑,以浑瑊、王武俊并兼中书令。己巳,加严震、田绪、刘济、韦皋并同平章事;天下节度、观察使,悉加检校官以悦其意。

3　三月甲午,韦皋奏降西南蛮高万唐等二万馀口。

4　乙巳,以闲厩、宫苑使李齐运为礼部尚书,户部侍郎裴延龄为户部尚书,使职如故。齐运无才能学术,专以柔佞得幸于上,每宰相对罢,则齐运次进决其议。或病卧家,上欲有所除授,往往遣中使就问之。

王定远将各将领召集起来,拿出箱中存放着的敕书和告身二十多通,一边给大家看,一边说:"我这里带着敕书,命令李说前往京城,任命行军司马李景略为留后,诸位全都提升官职。"大家都行礼听命。大将马良辅偷偷向箱中看去,发现箱中放的都是王定远的告身和他所接受的敕书,于是指挥大家说:"敕书和告身都是假的,大家不能接受啊。"王定远跑出去,登上乾阳楼,招呼他的部下,部下无人答应,他在翻越城墙时摔了下来,被枯树枝戳伤致死。

11　八月辛亥(十七日),司徒兼侍中北平庄武王马燧故去。

12　闰八月戊辰(四日),元谊让洺州诈称归降,王虔休派遣裨将带领两千人进入城内,元谊将他们全部杀掉了。

13　九月丁巳(二十三日),德宗加封韦皋为云南安抚使。

14　横海节度使程怀直,不肯体恤士兵,在野外打猎,好几天都不回来。程怀直的堂兄程怀信担任兵马使,趁着大家心怀不满,便关闭城门,不让程怀直进城,程怀直只好逃回京城。冬季,十月丁丑(十四日),德宗任命程怀信为横海留后。

15　南诏进攻吐蕃的昆明城,并占领了该城,南诏还俘虏了施、顺二蛮的国王。

唐德宗贞元十二年(丙子,公元 796 年)

1　春季,正月庚子(初七),元谊、石定蕃等人率领洺州士兵五千人以及他们的家属一万多口逃奔魏州,德宗将他们的事情搁置下来,不予追问,还命令田绪安抚他们。

2　乙丑,德宗使浑瑊、王武俊一并兼任中书令。己巳,德宗加封严震、田绪、刘济、韦皋一并同平章事,对全国的节度使、观察使,全部加封检校官职,以便取悦众人。

3　三月甲午(初二),韦皋奏报降服了西南蛮高万唐等共两万多口。

4　乙巳(十三日),德宗任命闲厩、宫苑二使李齐运为礼部尚书,任命户部侍郎裴延龄为户部尚书,所担任的使职一如既往。李齐运既无才能,又无学术,专门使用阴柔诡谀的手段取得德宗的宠幸,每当宰相回答完德宗的问话以后,李齐运便接着上前裁定他们的主张。有时他卧病在家,德宗准备任命官员,便经常派遣中使到他家中征询他的意见。

5　丙子,诏王遄薨。

6　魏博节度使田绪尚嘉诚公主;有庶子三人,季安最幼,公主子之,以为副大使。夏,四月庚午,绪暴薨;左右匿之,使季安领军事,年十五。乙亥,发丧,推季安为留后。

7　庚辰,上生日。故事,命沙门、道士讲论于麟德殿,至是,始命以儒士参之。四门博士韦渠牟嘲谈辩给,上悦之,旬月,迁右补阙,始有宠。

8　五月丙申,邠宁节度使张献甫暴薨,监军杨明义请都虞候杨朝晟权知留后。甲辰,以朝晟为邠宁节度使。

9　六月乙丑,以监句当左神策窦文场、监句当右神策霍仙鸣皆为护军中尉,监左神威军使张尚进、监右神威军使焦希望皆为中护军。初,上置六统军,视六尚书,以处节度使罢镇者,相承用麻纸写制。至是,文场讽宰相比统军降麻。翰林学士郑纲奏言:"故事惟封王、命相用白麻,今以命中尉,不识陛下特以宠文场邪,遂为著令也?"上乃谓文场曰:"武德、贞观时,中人不过员外将军同正耳,衣绯者无几。自辅国以来,堕坏制度。朕今用尔,不谓无私。若复以麻制宣告天下,必谓尔胁我为之矣。"文场叩头谢。遂焚其麻,命并统军自今中书降敕。明日,上谓纲曰:"宰相不能违拒中人,朕得卿言方悟耳。"是时窦、霍势倾中外,藩镇将帅多出神策军,台省清要亦有出其门者矣。

5　丙子,诏王李遄故去。

6　魏博节度使田绪娶嘉诚公主为妻子,有庶出的儿子三人,其中田季安年纪最小,嘉诚公主将他认作自己的儿子,使他担当了副大使的职务。夏季,四月庚午(初九),田绪突然故去,他的亲信将死讯隐瞒下来,让田季安统领军中事务,这时他才十五岁。乙亥(十四日),他们将田绪的死讯公布于众,推举田季安担任留后。

7　庚辰(十九日),这一天是德宗的诞辰。依照惯例,让僧人、道士在麟德殿讲经论道,至此,开始让儒学之士参与其中。四门博士韦渠牟讥言讽语,很有辩论的口才,德宗赏识他,过了一个月,他被提升为右补阙,开始得到德宗宠幸。

8　五月丙申(初六),邠宁节度使张献甫突然故去,监军杨明义奏请使都虞候杨朝晟暂时代理留后事务。甲辰(十四日),德宗任命杨朝晟为邠宁节度使。

9　六月乙丑(初六),德宗命监句当左神策窦文场、监句当右神策霍仙鸣都担任护军中尉,命监左神威军使张尚进、监右神威军使焦希望都担任中护军。当初,德宗设置左右羽林、龙武、神武六军统军,比照六部尚书,用来安置免除节镇职务的节度使,相沿使用麻纸书写制书。至此,窦文场婉言暗示宰相,对护军中尉、中护军的任命要比照任命统军的成例,颁降白麻纸诏书。翰林学士郑絪上奏说:"根据惯例,只有封拜王位、任命宰相才使用白麻纸,现在要用白麻纸任命护军中尉,不知陛下这是特别以此宠任窦文场呢,还是就此便成为定式呢?"于是,德宗对窦文场说:"在武德、贞观时期,宦官的职位不超过员外将军置同正品而已,连穿戴绯色朝服的都没有几个人。自从李辅国以来,制度被败坏了。现在朕任用你,不能说没有私情。如果再使用白麻纸书写制书向天下宣告,肯定要说这是你胁迫我写的了。"窦文场叩头认错。于是德宗烧掉任命中尉的白麻纸制书,命令从今以后连同统军的任命也由中书省颁降敕书。第二天,德宗对郑絪说:"连宰相都不能违抗宦官的意旨,朕得到你的进言才算醒悟了。"这时候,窦文场、霍仙鸣的权势压倒朝廷内外官员,藩镇的将领与主帅大多出于神策军,尚书省、中书省与门下省中职务尊贵、掌握枢要的官员也有出于宦官门下的了。

10　宣武节度使李万荣病风,昏不知事,霍仙鸣荐宣武押牙刘沐可委军政。辛巳,以沐为行军司马。

11　宣歙观察使刘赞卒。

初,上以奉天窘乏,故还宫以来,尤专意聚敛。藩镇多以进奉市恩,皆云"税外方圆",亦云"用度羡馀",其实或割留常赋,或增敛百姓,或减刻利禄,或贩鬻蔬果,往往私自入,所进才什一二。李兼在江西有月进,韦皋在西川有日进。其后常州刺史济源裴肃以进奉迁浙东观察使,刺史进奉自肃始。及刘赞卒,判官严绶掌留务,竭府库以进奉,征为刑部员外郎,幕僚进奉自绶始。绶,蜀人也。

12　李万荣疾病,其子迺为兵马使。甲申,迺集诸将责李湛、伊娄说、张丕以不忧军事,斥之外县。上遣中使第五守进至汴州,宣慰始毕,军士十馀人呼曰:"兵马使勤劳无赏。刘沐何人,为行军司马?"沐惧,阳中风,舁出。军士又呼曰:"仓官刘叔何给纳有奸。"杀而食之。又欲斫守进,迺止之。迺又杀伊娄说、张丕。都虞候匡城邓惟恭与万荣乡里相善,万荣常委以腹心,迺亦倚之。至是,惟恭与监军俱文珍谋,执迺,送京师。秋,七月乙未,以东都留守董晋同平章事,兼宣武节度使,以万荣为太子少保,贬迺虔州司马。丙申,万荣薨。

邓惟恭既执李迺,遂权军事,自谓当代万荣,不遣人迎董晋。晋既受诏,即与僚从十馀人赴镇,不用兵卫。至郑州,迎者不至。

10 宣武节度使李万荣中风,神志昏迷,不晓事务,霍仙鸣推荐宣武押牙刘沐可以委以军中大政。辛巳(二十二日),德宗任命刘沐为行军司马。

11 宣歙观察使刘赞故去。

当初,德宗因在奉天的时候财政窘迫困乏,所以自从回到宫廷以来,尤其注意搜刮财货。有许多藩镇凭着进献贡物来换取德宗的恩宠,贡物都称作"税外方圆",也称作"用度美馀",实际上有的是从固定税收中分割出一部分留下来,有的对百姓增加征税的数额,有的削减官吏的俸禄,有的贩卖蔬菜瓜果,经常是藩镇官员中饱私囊,真正能够进献上去的只有十分之一二。李兼在江西每月都要进献贡物,韦皋在西川每天都要进献贡物。后来,常州刺史济源人裴肃凭着进献贡物被升任为浙东观察使,刺史进献贡物便是由裴肃开始的。及至刘赞故去以后,判官严绶掌管留后事务,竭尽库存来进献贡物,于是被征召为刑部员外郎,幕僚进贡物便是由严绶开始的。严绶是蜀地人。

12 李万荣得了重病,他的儿子李迺担任兵马使的职务。甲申(二十五日),李迺召集各将领,指责李湛、伊娄说、张丕不关心军中事务,将他们摈斥到外县去了。德宗派遣中使第五守进来到汴州,他才将抚慰的诏旨宣布完毕,便有十多个将士大声喊道:"兵马使辛勤劳苦,但没有奖赏。刘沐是什么人物,竟让他担任行军司马?"刘沐害怕了,佯装中风,被抬了出来。将士又大声喊道:"仓官刘叔何供应出纳时使用了不正当的手段!"大家将他杀死,分吃了他的肉。将士们还准备砍死第五守进,李迺制止了他们。李迺又杀掉伊娄说和张丕。都虞候匡城人邓惟恭与李万荣是同乡,又相互友好,李万荣经常把他当亲信看待,李迺也依仗着他。至此,邓惟恭与监军俱文珍策划,捉住李迺,将他送往京城。秋季,七月乙未(初六),德宗任命东都留守董晋同平章事,兼宣武节度使,任命李万荣为太子少保,将李迺贬为虔州司马。丙申(七日),李万荣故去。

邓惟恭捉住李迺以后,于是代理军中事务,自认为应该代替李万荣的职务,不肯派人迎接董晋。董晋接受诏命以后,立即与十多个随从人员前往汴州,也不带人马护卫。来到郑州的时候,没有人前来迎接。

郑州人为晋惧,或劝晋且留观变。有自汴州出者,言于晋曰:
"不可入。"晋不对,遂行。惟恭以晋来之速,不及谋。晋去城
十馀里,惟恭乃帅诸将出迎。晋命惟恭勿下马,气色甚和,惟
恭差自安。既入,仍委惟恭以军政。

初,刘玄佐增汴州兵至十万,遇之厚,李万荣、邓惟恭每
加厚焉。士卒骄,不能御,乃置腹心之士,幕于公庭庑下,挟
弓执剑以备之,时劳赐酒肉。晋至之明日,悉罢之。

13　戊戌,韩王迥薨。
14　壬子,诏以宣武将士邓惟恭等有执送李廼功,各迁
官赐钱。其为廼所胁,邀逼制使者,皆勿问。

15　八月乙未朔,日有食之。
16　己巳,以田季安为魏博节度使。
17　丙子,以汝州刺史陆长源为宣武行军司马。朝议以
董晋柔仁多可,恐不能集事,故以长源佐之。长源性刚刻,多
更张旧事;晋初皆许之,案成则命且罢,由是军中得安。

18　丙戌,门下侍郎、同平章事赵憬薨。
19　初,上不欲生代节度使,常自择行军司马以为储帅。
李景略为河东行军司马,李说忌之。回鹘梅录入贡,过太原,
说与之宴,梅录争坐次,说不能遏。景略叱之,梅录识其声,趋
前拜之曰:"非丰州李端公邪?"又拜,遂就下坐。座中皆属目于
景略。说益不平,乃厚赂中尉窦文场,使去之。会有传回鹘
将入寇者,上忧之,以丰州当虏冲,择可守者;文场因荐景略。

郑州人都替董晋担心,有的还劝董晋留下来,观看事态的发展变化。有一个来自汴州的人对董晋说:"你不能进汴州城。"董晋不回答,便上路了。由于董晋来得太快,邓惟恭来不及商议对策了。在董晋来到距汴州城十多里地的地方时,邓惟恭才率领各将领出城迎接。董晋让邓惟恭不必下马,脸色相当平和,邓惟恭自觉心中稍微安定了一些。进城以后,董晋依然将军中大政交给邓惟恭处理。

当初,刘玄佐将汴州士兵增加到十万人,以优厚的给养对待他们,李万荣与邓惟恭往往还要增加给养。这导致士兵骄纵,不能控制,只好安排亲信将士,在官署的走廊里扎下帐篷,带着弓,握着剑,以便防备骄兵,还要不时用酒肉奖赏慰劳他们。董晋来到的第二天,将驻扎在官署走廊里的将士全数撤除了。

13 戊戌(初九),韩王李迥故去。

14 壬子(二十三日),德宗下诏,认为宣武将士邓惟恭等人立下捉送李迺的功劳,各自给与提升官职,颁赐赏钱。对那些受李迺胁迫、阻截威逼德宗所派使者的人们,一概不加追究。

15 八月乙未朔(初一),出现日食。

16 己巳(十一日),德宗任命田季安为魏博节度使。

17 丙子(十八日),德宗任命汝州刺史陆长源为宣武行军司马。朝中的议论认为董晋柔弱仁厚,有求必应,恐怕难以把事情办好,因此派陆长源佐助他。陆长源生性刚强苛刻,往往改变惯例,董晋开始的时候全答应了他,结论判定出来以后,却命令姑且罢除,由此,军中将士得以安定下来。

18 丙戌(二十八日),门下侍郎、同平章事赵憬故去。

19 当初,德宗不打算在节度使生前便取代他们,经常亲自选任行军司马,作为副帅。李景略担任河东行军司马,李说忌妒他。回鹘的梅录入京进贡,经过太原,李说设宴接待,梅录争入坐的顺序,李说不能遏制。李景略呵斥梅录,梅录尚能辨别他的声音,便快步上前向他行礼说:"莫不是丰州的李侍御吗?"梅录又一次行礼以后,才在下首的座位上坐下来。就座的人们都归心于李景略。李说愈发愤郁不满,便以丰厚的物品贿赂中尉窦文场,让窦文场将他调离。适逢有人传说回鹘将要前来侵扰,德宗忧虑此事,因丰州地当回鹘前来的要冲之地,便选拔可以守卫丰州的人选,窦文场趁机推荐了李景略。

九月甲午,以景略为丰州都防御使。穷边气寒,土瘠民贫,景略以勤俭帅众,二岁之后,储备完实,雄于北边。

20　卢迈得风疾,庚子,贾耽私忌,宰相绝班,上遣中使召主书承旨。

21　丙午,户部尚书、判度支裴延龄卒;中外相贺,上独悼惜之。

22　壬子,吐蕃寇庆州。

23　冬,十月甲戌,以谏议大夫崔损、给事中赵宗儒并同平章事。损,玄暐之弟孙也,尝为裴延龄所荐,故用之。

24　十一月乙未,以右补阙韦渠牟为左谏议大夫。上自陆贽贬官,尤不任宰相,自御史、刺史、县令以上皆自选用,中书行文书而已。然深居禁中,所取信者裴延龄、李齐运、户部郎中王绍、司农卿李实、翰林学士韦执谊及渠牟,皆权倾宰相,趋附盈门。绍谨密无损益;实狡险掊克;执谊以文章与上唱和,年二十余,自右拾遗召入翰林;渠牟形神恍躁,尤为上所亲狎,上每对执政,漏不过三刻,渠牟奏事率至六刻,语笑款狎往往闻外,所荐引咸不次迁擢,率皆庸鄙之士。

25　宣武都虞候邓惟恭内不自安,潜结将士二百余人谋作乱。事觉,董晋悉捕斩其党,械惟恭送京师。己未,诏免死,汀州安置。

十三年(丁丑,797)

1　春,正月壬寅,吐蕃遣使请和亲。上以吐蕃数负约,不许。

九月甲午(初六),皇帝任命李景略为丰州都防御使。荒远的边疆地区天气寒冷,土地瘠薄,人民贫困,李景略以勤俭的作风给大家做出表率,两年以后,器械完备,粮仓充实,丰州在北部边境上雄强起来了。

20 卢迈得了风疾,庚子(十二日),贾耽赶上亲人的忌日,宰相无人值班,德宗派遣中使召来主书承接诏旨。

21 丙午(十八日),户部尚书、判度支裴延龄故去,朝廷内外相互庆贺,只有德宗悼念怜惜他。

22 壬子(二十四日),吐蕃侵犯庆州。

23 冬季,十月甲戌(十七日),德宗任命谏议大夫崔损、给事中赵宗儒一并同平章事。崔损是崔玄暐弟弟的孙子,曾经得到裴延龄的推荐,所以德宗才起用他。

24 十一月乙未(初八),德宗任命右补阙韦渠牟为左谏议大夫。自从陆贽贬官以来,德宗尤其不肯信任宰相,对御史、刺史、县令以上的官员,都是亲自选拔任用,中书省只是收发文书罢了。然而,德宗住在深宫之中,取得德宗信任的人裴延龄、李齐运、户部郎中王绍、司农卿李实、翰林学士韦执谊以及韦渠牟,都是权势压倒宰相,趋炎附势的人挤满家门。王绍恭谨缜密,不改成法;李实狡黠阴险,搜刮民财;韦执谊以文章与德宗相互唱和,年仅二十有余,便由右拾遗被征召进入翰林院;韦渠牟的形貌神态轻薄浮躁,但尤为德宗亲昵,德宗每次与主持政务的官员谈话,漏壶的刻符不会超过三刻时间,而韦渠牟奏陈事情一般长达六刻时间,亲昵的说笑声常常可以从外边听到,他推荐的人都不拘等次地得到提拔,而他们大都是些庸俗鄙陋的人。

25 宣武都虞候邓惟恭内心感到不安,便暗中结纳了将士二百多人,谋划发起变乱。事情被察觉以后,董晋全部逮捕并杀掉了他的同伙,将邓惟恭加上枷锁,送往京城。己未,德宗下诏命免除邓惟恭一死,在汀州安置。

唐德宗贞元十三年(丁丑,公元 797 年)

1 春季,正月壬寅(十五日),吐蕃派遣使者请求和好。由于吐蕃屡次背弃和约,德宗不肯答应。

2　上以方渠、合道、木波皆吐蕃要路，欲城之，使问邠宁节度使杨朝晟："须几何兵？"对曰："邠宁兵足以城之，不烦他道。"上复使问之曰："向城盐州，用兵七万，仅能集事。今三城尤逼虏境，兵当倍之，事更相反，何也？"对曰："城盐州之众，虏皆知之。今发本镇兵，不旬日至塞下，出其不意而城之，虏谓吾众亦不减七万，其众未集，不敢轻来犯我。不过三旬，吾城已毕，留兵戍之，虏虽至，无能为也。城旁草尽，不能久留。虏退则运刍粮以实之，此万全之策也。若大集诸道兵，逾月始至，虏亦集众而来，与我争战，胜负未可知，何暇筑城哉？"上从之。二月，朝晟分军为三，各筑一城。军吏曰："方渠无井，不可屯军。"判官孟子周曰："方渠承平之时，居人成市，无井何以聚人乎？"命浚智井，果得甘泉。三月，三城成。夏，四月庚申，杨朝晟军还至马岭，吐蕃始出兵追之，相拒数日而去。朝晟遂城马岭而还，开地三百里，皆如其素。

3　庚午，义成节度使李复薨。庚辰，以陕虢观察使姚南仲为义成节度使。监军薛盈珍方大会，闻之，言曰："姚大夫书生，岂将才也？"判官卢坦私谓人曰："姚大夫外虽柔，中甚刚，监军侵之，必不受。军府之祸，自此始矣，吾恐为所留。"遂自他道潜去。南仲果以牒请之，不遇，得免。既而盈珍与南仲有隙，幕府多以罪贬，有死者。

2 由于方渠、合道、木波都是吐蕃的交通要道，德宗准备在那里筑城，便让人询问邠宁节度使杨朝晟："需要多少兵马？"杨朝晟回答说："邠宁的兵马足够筑城的了，不必烦劳其他州道了。"德宗又让人问他说："以往修筑盐州城，用了七万兵马，才刚刚能够成就事功。如今方渠、合道、木波三城离吐蕃的疆境更为迫近，需要的人马自当是加倍的了，事情反而相反，这是为什么呢？"杨朝晟回答说："修筑盐州城的人马，吐蕃完全清楚。现在我们却是征调本镇的兵马，不超过十天，就能赶到边境，出其不意地修筑三城，吐蕃以为我军人数不会少于七万，他们的人众未能集中，便不敢轻易前来侵犯我军。不超过三十天时间，我们将三城修筑完毕，留下兵马戍守在那里，即使吐蕃来了，也没有办法了。待三城旁边的野草被吃光以后，吐蕃便无法久留了。吐蕃撤退以后，我们便运送粮草充实三城，这才是万全之策。如果大规模地集结各道兵马，一个多月以后才能赶到，但吐蕃也会集结人众前来，与我们交战争锋，连谁胜谁败都无从知道，哪里还有时间修筑三城呢？"德宗听从了他的建议。二月，杨朝晟将军队分为成三部分，各自修筑一座城。军吏说："方渠没有水井，不能屯驻军队。"判官孟子周说："在国家太平相承的时候，来方渠定居的人形成了街市，如果没有水井，怎么能够使人口聚集在这里呢？"于是，他命令人们疏浚废井，果然得到甘美的井泉。三月，三城修筑成功。夏季，四月庚申(初五)，杨朝晟的军队回到马岭县，吐蕃这才发兵追赶杨朝晟，与杨朝晟对抗了好几天，才撤兵离去。于是，杨朝晟修筑马岭城后率军返回，开辟土地三百里，事情完全像他预先所说的那样。

3 庚午(十五日)，义成节度使李复故去。庚辰(二十五日)，德宗任命陕虢观察使姚南仲为义成节度使。监军薛盈珍正在聚众议事，听说此事以后便说："姚大夫是一个读书人，哪能算是将才呢？"判官卢坦私下对人说："虽然姚大夫表面上柔弱，但骨子里却很刚强，如果监军侵犯他，他肯定不能接受。军府的祸患，从此便要开始了，我担心的是会被他留下来。"于是他由别的路径暗中离去。姚南仲果然发了公文请他，由于没有遇到，他才得以不受征召。不久，薛盈珍与姚南仲结下嫌隙，幕府人员多半因罪受到贬黜，有的人便因此而死去了。

4　吐蕃赞普乞立赞卒，子足之煎立。

5　六月壬午，韦皋奏吐蕃入寇，巂州刺史曹高仕破之于台登城下。

6　光禄少卿同正张茂宗，茂昭之弟也，许尚义章公主；未成婚，茂宗母卒，遗表请终嘉礼，上许之。秋，八月癸酉，起复茂宗左卫将军同正。左拾遗义兴蒋乂上疏谏，以为："兵革之急，古有墨衰从事者，未闻驸马起复尚主也。"上遣中使谕之，不止，乃特召对于延英，谓曰："人间多借吉成婚者，卿何执此之坚？"对曰："婚姻、丧纪，人之大伦，吉凶不可渎也。委巷之家，不知礼教，其女孤贫无恃，或有借吉从人，未闻男子借吉娶妇者也。"太常博士韦彤、裴堪复上疏谏；上不悦，命趣下嫁之期，辛巳，成婚。

7　九月己丑，中书侍郎、同平章事卢迈以病罢为太子宾客。

8　冬，十月，淮西节度使吴少诚擅开刀沟入汝，上遣中使谕止之，不从。命兵部郎中卢群往诘之，少诚曰："开此水，大利于人。"群曰："君令臣行，虽利，人臣敢专乎？公承天子之令而不从，何以使下吏从公之令乎？"少诚遽为之罢役。

9　十二月，徐州节度使张建封入朝。先是，宫中市外间物，令官吏主之，随给其直。比岁以宦者为使，谓之宫市，抑买人物，稍不如本估。其后不复行文书，置白望数百人于两市及要闹坊曲，阅人所卖物，但称宫市，则敛手付与。

4 吐蕃赞普乞立赞故去,他的儿子足之煎即位。

5 六月壬午(二十八日),韦皋奏称吐蕃前来侵犯,巂州刺史曹高仕在台登城下打败了他们。

6 光禄少卿员外置同正员张茂宗,是张茂昭的弟弟,已定下与义章公主婚配,但在没有成婚以前,张茂宗的母亲故去了,她在死前留下表章请求让儿子完成婚礼,德宗答应了她的要求。秋季,八月癸酉(二十日),在服丧未满的情况下,德宗起用张茂宗为左卫将军员外置同正员。左拾遗义兴人蒋义上疏规劝,认为:"在战事急迫的时候,古时候曾有过身穿黑色麻布丧服便处理事务的先例,但是没有听说过在丧服未满之前就起用驸马迎娶公主的事情。"德宗派遣中使开导他,他仍然不肯停止议论,于是德宗特别召他到延英殿谈话,对他说:"民间往往有在服丧期间完婚的事例,你为什么如此顽固地坚持反对呢?"蒋义回答说:"婚姻与丧事,是人们的根本性的伦理,无论吉礼还是凶礼都是不能亵渎的。陋巷中的人家,不懂得礼仪教化,那些幼年丧父、贫困无依的女子,或许有人在服丧期内嫁人,没听说过男子在服丧期期娶妻的事情。"太常博士韦彤、裴堪又上疏进谏,德宗心中不快,让人催促赶紧定下公主下嫁的日期,辛巳(二十八日),张茂宗与义章公主完婚。

7 九月己丑(初七),中书侍郎、同平章事卢迈因病被罢黜为太子宾客。

8 冬季,十月,淮西节度使吴少诚擅自开通刀沟,引入汝水,德宗派遣中使宣旨制止他,他不肯听从。德宗命令兵部郎中卢群前去责问他,吴少诚说:"开通这一河流,对百姓非常有利。"卢群说:"君主下令,臣下行令。即使开河有利,做臣下的便敢专断了吗?你接到天子的命令却不肯听从,又怎么能够让下边的官吏听从你的命令呢?"于是吴少诚连忙将开河之役停止下来了。

9 十二月,徐州节度使张建封入京朝见。在此之前,宫廷中购买外面的物品,命令官吏主持其事,随时付给购物的价钱。近年以来,任命宦官为使者,称作宫廷采买,低价购买人们的物品,逐渐与本来的价值不相符合了。在此以后,不再行使文书,宦官在长安东、西两市以及地当要冲、繁华热闹的小街曲巷上安排了好几百个四处张望、白白取人物品的人,被称作"白望","白望"到处察看人们出卖的物品,只要自称是宫廷采买,人们便只好把物品拱手交付给他们。

真伪不复可辩,无敢问所从来及论价之高下者,率用直百钱物买人直数千物,多以红紫染故衣、败缯,尺寸裂而给之,仍索进奉门户及脚价钱。人将物诣市,至有空手而归者,名为宫市,其实夺之。商贾有良货,皆深匿之;每敕使出,虽沽浆、卖饼者皆撤业闭门。尝有农夫以驴负柴,宦者称宫市取之,与绢数尺,又就索门户,仍邀驴送柴至内。农夫啼泣,以所得绢与之;不肯受,曰:"须得尔驴。"农夫曰:"我有父母妻子,待此然后食。今以柴与汝,不取直而归,汝尚不肯,我有死而已。"遂殴宦者,街吏擒以闻,诏黜宦者,赐农夫绢十匹。然宫市亦不为之改,谏官御史数谏,不听。建封入朝,具奏之,上颇嘉纳。以问户部侍郎判度支苏弁,弁希宦者意,对曰:"京师游手万家,无土著生业,仰宫市取给。"上信之,故凡言宫市者皆不听。

十四年(戊寅,798)

1　春,二月乙亥,名申、光、蔡军曰彰义。

2　夏,闰五月庚申,以神策行营节度使韩全义为夏、绥、银、宥节度使。全义时屯长武城,诏帅其众赴镇。士卒以夏州碛卤,又盛夏,不乐徙居;辛酉,军乱,杀大将王栖岩,全义逾城走。都虞候高崇文诛首乱者,众然后定。崇文,幽州人也。丙子,以崇文为长武城都知兵马使,不降敕,令中使口宣授之。

人们不再能够分辨真假,也没有人敢询问他们的由来和讲论价钱的高低,他们一般是用价值一百钱的物品换取人们价值好几千钱的物品,经常用染上红色、紫色的陈旧的衣服和变坏的丝帛,按照尺寸撕下来付给卖主,还要勒索所谓进奉门户钱和脚价钱。人们带着物品到市场上去,甚至有空着手回家的人,他们名义上叫作宫廷采买,实际上却是向人夺取。如果商人有上好的货物,便都暗中隐藏起来,每当宫廷使者出来的时候,即使是卖汤水面饼的人家,也都停止营业,关闭门户。曾经有一个农夫,用驴驮着木柴来卖,宦官自称宫廷采买,拿走他的木柴,给了他几尺绢,又就地索取进奉门户钱,还要求用驴将木柴送到内廷去。农夫哭了,把得到的绢又给了宦官,宦官不肯接受,说:"必须得到你的这头驴才行。"农夫说:"我家有父母、妻子、儿女,要靠它赚钱糊口。现在我把木柴给了你,不向你要价钱就往回走了,而你还是不肯放我,我也只有和你拼了!"于是农夫殴打了宦官,街市的属吏捉住他上报,德宗颁诏将宦官废免,赐给农夫十匹绢。然而,宫廷采买并不因此而改变,谏官与御史们屡次规谏,德宗都不肯听从。张建封入朝以后,将宫廷采买的事情条陈奏上,德宗很是嘉许他,也想采纳他的意见。德宗又就此事询问户部侍郎、判度支苏弁的意见,苏弁迎合宦官的意旨,回答说:"京城中空手闲荡的人们有万家之多,都没有一定的住所,也没有一定的职业,就靠着宫廷采买获取营生之资了。"德宗相信了他的话,所以对所有指责宫廷采买的话,全听不进去了。

唐德宗贞元十四年(戊寅,公元798年)

1 春季,二月乙亥(二十四日),朝廷将申、光、蔡军命名为彰义军。

2 夏季,闰五月庚申(十一日),德宗任命神策行营节度使韩全义为夏、绥、银、宥四州节度使。当时,韩全义在长武城屯驻,德宗颁诏命令他率领部众前去就任。由于夏州是沙碛盐卤之地,又值盛夏天气,士兵们不愿意迁徙到那里居住,辛酉(十二日),军队发生哗变,杀死大将王栖岩,韩全义翻越城墙逃走。都虞候高崇文诛杀了带头哗变的人,此后大家才安定下来。高崇文是幽州人。丙子(二十七日),德宗任命高崇文为长武城都知兵马使,不颁发敕书,而是让中使口头宣布授与此职。

3 秋,七月壬申,给事中、同平章事赵宗儒罢为右庶子,以工部侍郎郑馀庆为中书侍郎、同平章事。

4 八月,初置左、右神策统军。时禁军戍边,禀赐优厚,诸将多请遥隶神策军,称行营,皆统于中尉,其军遂至十五万人。

5 京兆尹吴凑屡言宫市之弊,宦者言凑屡奏宫市,皆右金吾都知赵泓、田秀岩之谋也;丙午,泓、秀岩坐流天德军。

6 九月丙申,以陕虢观察使于𬱟为山南东道节度使。

7 丁卯,杞王倕薨。

8 彰武节度使吴少诚遣兵掠寿州霍山,杀镇遏使谢详,侵地五十馀里,置兵镇守。

9 太学生薛约师事司业阳城,坐言事,徙连州;城送之郊外。上以城党罪人,己巳,左迁城道州刺史。城治民如治家,州之赋税不登,观察使数加诮让,城自署其考曰:“抚字心劳,征科政拙,考下下。”观察使遣判官督其赋,至州,城先自囚于狱。判官大惊,驰入,谒城于狱曰:“使君何罪?某奉命来候安否耳。”留一二日未去,城不复归。馆门外有故门扇横地,城昼夜坐卧其上,判官不自安,辞去。其后又遣他判官往按之,他判官载妻子中道逸去。

10 冬,十月丁酉,通王谌薨。

11 庚子,夏州节度使韩全义奏破吐蕃于盐州西北。

12 明州镇将栗锽杀刺史卢云,诱山越作乱,攻陷浙东州县。

十五年(己卯,799)

1 春,正月甲寅,雅王逸薨。

3　秋季，七月，壬申(二十五日)，德宗将给事中、同平章事赵宗儒罢黜为右庶子，任命工部侍郎郑馀庆为中书侍郎、同平章事。

4　八月，最初设置左、右神策军统军。当时，禁卫亲军戍守边疆，待遇优越而丰厚，各将领往往请求遥遥隶属于神策军，号称神策军行营，一概归中尉统领，于是神策军达到十五万人之多。

5　京兆尹吴凑屡次谈到宫廷采买的弊病，宦官说吴凑屡次奏陈宫廷采买，完全出于右金吾都知赵洽与田秀岩的谋划，丙午(二十九日)，赵洽与田秀岩获罪，被流放天德军。

6　九月丙申，德宗任命陕虢观察使于頔为山南东道节度使。

7　丁卯(二十一日)，杞王李倕故去。

8　彰武节度使吴少诚派兵掳掠寿州霍山县，杀了镇遏使谢详，侵占土地五十多里，设置兵马在此处镇守。

9　太学生薛约以师长之礼对待国子司业阳城，因言事获罪，迁徙连州，阳城把他送到郊野以外。德宗认为阳城与有罪之人结党，己巳(二十三日)，将阳城降职为道州刺史。阳城治理百姓如同治理家人一般，州中的赋税收不上来，观察使有好几次加以谴责，于是阳城自行题写他的任官考核成绩道："扶养爱护百姓，心神为之劳瘁，无奈征收科派，采取措施不利，考核成绩为下下。"观察使派遣判官督促他征税，判官来到道州的时候，阳城事先已经将自己囚禁在监狱中了。判官大惊，急奔进去，在监狱中谒见阳城说："您有什么罪过？我是接受命令前来问候您安康的啊。"判官逗留了一两天还没有离去，阳城便不回家。判官下榻的馆舍门外有一块旧门扇横放在地上，阳城就日夜坐卧在门扇上，判官感到不安，便辞别而去了。此后，观察使又派遣另外一个判官前往按察阳城，这个判官却乘车载着妻子儿女在中途逃跑了。

10　冬季，十月丁酉(二十一日)，通王李谌故去。

11　庚子(二十四日)，夏州刺史韩全义奏称在盐州西北处打败吐蕃。

12　明州镇将栗锽杀掉刺史卢云，诱使山越人发起变乱，攻陷了浙东的一些州县。

唐德宗贞元十五年(己卯，公元 799 年)

1　春季，正月甲寅(初九)，雅王李逸故去。

2　二月丁丑，宣武节度使董晋薨；乙酉，以其行军司马陆长源为节度使。长源性刻急，恃才傲物。判官孟叔度，轻佻淫纵，好慢侮将士，军中皆恶之。董晋薨，长源知留后，扬言曰："将士弛慢日久，当以法齐之耳！"众皆惧。或劝之发财以劳军，长源曰："我岂河北贼，以钱买健儿求节钺邪？"故事，主帅薨，给军士布以制服，长源命给其直。叔度高盐直，下布直，人不过得盐三二斤。军中怨怒，长源亦不为之备。是日，军士作乱，杀长源、叔度，脔食之，立尽。监军俱文珍以宋州刺史刘逸准久为宣武大将，得众心，密书召之；逸准引兵径入汴州，乱众乃定。

3　以常州刺史李锜为浙西观察使、诸道盐铁转运使。锜，国贞之子也。闲厩、宫苑使李齐运受其赂数十万，荐之于上，故用之。锜刻剥以事进奉，上由是悦之。

4　庚辰，浙东观察使裴肃擒栗锽于台州，斩之。

5　己丑，以刘逸准为宣武节度使，赐名全谅。

6　三月甲寅，吴少诚遣兵袭唐州，杀监军邵国朝、镇遏使张嘉瑜，掠百姓千馀人而去。

7　戊午，昭义节度使王虔休薨；戊辰，以河阳、怀州节度使李元淳为昭义节度使。

8　夏，四月癸未，以安州刺史伊慎为安、黄等州节度使。

9　癸巳，山南西道节度使严震薨。

10　南诏异牟寻遣使与韦皋约共击吐蕃，皋以兵粮未集，请俟他年。

2 二月丁丑(初三),宣武节度使董晋故去,乙酉(十一日),德宗任命宣武的行军司马陆长源为节度使。陆长源性情刻薄急躁,自负其才,傲视于人。判官孟叔度行为不够稳重,淫邪放纵,喜欢轻视侮辱将士,军中将士都憎恶他。董晋故去的时候,陆长源执掌留后事务,夸大其辞地说:"将士们松懈怠慢的时间已经很久了,应当用法令来整治!"大家都很害怕。有人劝说他散发财物慰劳全军,陆长源说:"我怎能像河北的贼帅那样,拿钱收买士兵向朝廷邀求封拜节度使呢?"根据惯例,主帅故去,应该发给将士一些布匹,以作丧服之用,陆长源命令发给价值相应的物品。孟叔度抬高盐的价钱,压低布的价钱,人们得到的盐不超过两三斤。军中将士既怨恨,又恼怒,但陆长源仍然没有因此而做好防备。就在这一天,将士们发起变乱,杀掉陆长源和孟叔度,将他们割碎,吃他们的肉,立刻吃得精光。监军俱文珍因宋州刺史刘逸准长期担任宣武的大将,得到大家的拥护,便写了一封密信,召他前来,刘逸准领兵径直开进汴州,变乱的人众才安定下来。

3 德宗任命常州刺史李锜为浙西观察使、诸道盐铁转运使。李锜是李国贞的儿子。闲厩、宫苑使李齐运接受他的贿赂有几十万,于是向德宗推荐他,所以德宗才会起用他。李锜通过苛刻盘剥而使进献的贡物增加,因此德宗便赏识他。

4 庚辰(初六),浙东观察使裴肃在台州捉获了栗锽,将他斩杀了。

5 己丑(十五日),德宗任命刘逸准为宣武节度使,赐给他新的名字,叫作刘全谅。

6 三月甲寅(初十),吴少诚派兵袭击唐州,杀掉监军邵国朝、镇遏使张嘉瑜,俘掠百姓一千多人,便离去了。

7 戊午(十四日),昭义节度使王虔休故去,戊辰(二十四日),德宗任命河阳、怀州节度使李元淳为昭义节度使。

8 夏季,四月癸未(初九),德宗任命安州刺史伊慎为安、黄等州节度使。

9 癸巳(十九日),山南西道节度使严震故去。

10 南诏异牟寻派遣使者约韦皋共同进击吐蕃,韦皋认为兵马粮草尚未集结,请南诏等待来年再说。

11 山南西道都虞候严砺诇事严震,震病,使知留后,遗表荐之。秋,七月乙巳,以砺为山南西道节度使。

12 八月,陈许节度使曲环薨。乙未,吴少诚遣兵掠临颍。陈州刺史上官涗知陈许留后,遣大将王令忠将兵三千救之,皆为少诚所虏。丙午,以涗为陈许节度使,少诚遂围许州。涗欲弃城走,营田副使刘昌裔止之曰:"城中兵足以办贼,但闭城勿与战,不过数日,贼气自衰,吾以全制其弊,蔑不克矣。"少诚昼夜急攻,昌裔募勇士千人凿城出击少诚,大破之,城由是全。昌裔,兖州人也。少诚又寇西华,陈许大将孟元阳拒却之。陈许都知兵马使安国宁与上官涗不叶,谋翻城应少诚;刘昌裔以计斩之。召其麾下,人给二缣;伏兵要巷,见持缣者悉斩之,无得脱者。

13 庚辰,宣武节度使刘全谅薨。军中思刘玄佐之恩,推其甥都知兵马使匡城韩弘为留后。弘将兵,识其材鄙勇怯,指顾必堪其事。

14 丙辰,诏削夺吴少诚官爵,令诸道进兵讨之。

15 辛酉,以韩弘为宣武节度使。先是,少诚与刘全谅约共攻陈许,以陈州归宣武。使者数辈犹在馆,弘悉驱出斩之;选卒三千,会诸军击少诚于许下。少诚由是失势。

16 冬,十月乙丑,邕王谅薨。太子之子也,上爱而子之,及薨,谥曰文敬太子。

11　山南西道都虞候严砺逢迎严震,严震生病以后,让他代理留后事务,死前写下遗表推荐他。秋季,七月乙巳(初三),德宗任命严砺为山南西道节度使。

12　八月,陈许节度使曲环故去。乙未(二十四日),吴少诚派兵掳掠临颍。陈州刺史上官涗代理陈许留后事务,派遣大将王令忠领兵三千人前去援救临颍,但都被吴少诚俘获了。丙午,德宗任命上官涗为陈许节度使,于是吴少诚围困许州。上官涗准备丢下州城逃走,营田副使刘昌裔劝阻他说:"城中的兵力是足够对付敌人的,只要闭门守城,不与敌军交战,过不了几天,敌军的气势自然衰落下去,我们以养精蓄锐之师遏制敌方的困顿疲乏之师,是不会不取胜的。"吴少诚夜以继日地急切攻打许州,刘昌裔募集了勇士一千人,凿开城洞,前去攻击吴少诚,大破敌军,因此许州城得以保全。刘昌裔是宛州人。吴少诚又去侵犯西华,陈许大将孟元阳率兵阻击,打退了敌军。陈许都知兵马使安国宁与上官涗关系不睦,图谋翻城接应吴少诚,刘昌裔定计斩杀了他。刘昌裔将安国宁的部下召集起来,每人发给布帛两匹,却又在紧要的街巷埋伏了士兵,凡是见到拿着布帛的人,一概斩杀,没有一个人能够逃脱出去。

13　庚辰,宣武节度使刘全谅故去。军中将士怀念刘玄佐的恩惠,便推举他的外甥都知兵马使匡城人韩弘担任留后。韩弘统率将士,能够识别他们的有才与无才,勇敢与怯懦,凡是有所委派,一定让将士能够胜任。

14　丙辰(十五日),德宗颁诏革除吴少诚的官职爵位,命令各道进兵讨伐吴少诚。

15　辛酉(二十日),德宗任命韩弘为宣武节度使。在此之前,吴少诚与刘全谅约定共同攻打陈许,答应将来将陈州归属于宣武。吴少诚派至宣武的好几批使者仍然住在客舍中,韩弘将他们全数驱赶出来,斩杀了他们,于是,韩弘选拔三千士兵,会合各军,在许州城下进击吴少诚。由此,吴少诚失去了优势。

16　冬季,十月乙丑,邕王李谅故去。李谅是太子的儿子,德宗喜欢他,把他当作儿子看待,及至李谅故去,德宗给他追加谥号,称作文敬太子。

17　山南东道节度使于頔、安黄节度使伊慎、知寿州事王宗与上官涚、韩弘进击吴少诚,屡破之。十一月壬子,于頔奏拔吴房、朗山。

18　十二月辛未,中书令、咸宁王浑瑊薨于河中。瑊性谦谨,虽位穷将相,无自矜大之色。每贡物必躬自阅视,受赐如在上前,由是为上所亲爱。上还自兴元,虽一州一镇有兵者,皆务姑息。瑊每奏事,不过,辄私喜曰:"上不疑我。"故能以功名终。

19　六州党项自永泰以来居于石州。永安镇将阿史那思暕侵渔不已,党项部落悉逃奔河西。

20　诸军讨吴少诚者既无统帅,每出兵,人自规利,进退不壹。乙未,诸军自溃于小溵水,委弃器械、资粮,皆为少诚所有。于是始议置招讨使。

21　吐蕃众五万分击南诏及巂州,异牟寻与韦皋各发兵御之;吐蕃无功而还。

十六年(庚辰,800)

1　春,正月,恒冀、易定、陈许、河阳四军与吴少诚战,皆不利而退。夏绥节度使韩全义本出神策军,中尉窦文场爱厚之,荐于上,使统诸军讨吴少诚。二月乙酉,以全义为蔡州四面行营招讨使,十七道兵皆受全义节度。

2　宣武军自刘玄佐薨,凡五作乱,士卒益骄纵,轻其主帅。韩弘视事数月,皆知其主名。有郎将刘锷,常为唱首。三月,

17　山南东道节度使于𫖮、安黄节度使伊慎、知寿州事王宗与上官涗、韩弘进军攻击吴少诚，屡次打败敌军。十一月壬子（十二日），于𫖮奏称攻克了吴房与朗山。

18　十二月辛未（初二），中书令、咸宁王浑瑊在河中故去。浑瑊生性谦虚谨慎，虽然自己的职位已经达到将相的顶巅，但没有流露过骄矜自大的神色。每当进献物品的时候，他一定要亲身过目验看，接受赏赐的时候，就像在皇上面前那样恭谨，因此，他得到德宗的亲近与宠爱。德宗从兴元回到长安以后，对于即使是在一个州一个镇拥有兵权的将领，一律务求宽容忍让。每当浑瑊奏陈事情，未被皇帝送交门下省与中书省的时候，他总是私自欢喜地说："皇上不曾怀疑我。"所以，他能够使功劳与声名保存终生。

19　自从永泰年间以来，六州党项便在石州居住下来。永安镇将阿史那思暕无休止地侵夺吞没六州党项财富，于是党项各部落全部逃奔到河西去了。

20　讨伐吴少诚的各路兵马既没有统帅，每当出兵的时候，人们又各自图谋自身的利益，致使军队行动不能统一。乙未（二十六日），各路军马在小溵水处自行溃散，弃置下来的各种器具和物资食粮，全部被吴少诚所占有。在这种情况下，朝廷才开始计议设置招讨使。

21　吐蕃五万人众分别进击南诏与巂州，异牟寻与韦皋各自征调兵马抵御吐蕃，吐蕃一无所获，只好回军。

唐德宗贞元十六年（庚辰，公元800年）

1　春季，正月，恒冀、易定、陈许、河阳四镇军马与吴少诚交战，全部失利撤退。夏绥节度使韩全义本来出自神策军，中尉窦文场赏识厚待他，把他推荐给皇上，让他统领各镇军马讨伐吴少诚。二月乙酉（十七日），德宗任命韩全义为蔡州四面行营招讨使，十七道兵马都要接受韩全义的节制调度。

2　自从刘玄佐故去以来，宣武军共计发生了五次变乱，将士愈发骄横放纵，轻视本军主帅。韩弘就任治事几个月以后，对变乱头领的名字都了解清楚了。有一个叫刘锷的郎将，经常第一个带头闹事。三月，

弘陈兵牙门,召锷及其党三百人,数之以"数预于乱,自以为功",悉斩之,血流丹道。自是至弘入朝二十一年,士卒无一人敢讙呼于城郭者。

3　义成监军薛盈珍为上所宠信,欲夺节度使姚南仲军政,南仲不从,由是有隙。盈珍谮其幕僚马总,贬泉州别驾。福建观察使柳冕谋害总以媚盈珍,遣幕僚宝鼎薛戎摄泉州事,使按致总罪,戎为辩析其无辜。冕怒,召戎,囚之,使守卒恣为侵辱。如此弥月,徐诱之使诬总,戎终不从;总由是获免。冕,芳之子也。

盈珍屡毁南仲于上,上疑之。盈珍乃遣小吏程务盈乘驿诬奏南仲罪。牙将曹文洽亦奏事长安,知之,晨夜兼行,追及务盈于长乐驿,与之同宿。中夜,杀之,沈盈珍表于厕中;自作表雪南仲之冤,且首专杀之罪,亦作状白南仲,遂自杀。明旦,门不启,驿吏排之入,得表、状于文洽尸旁。上闻而异之,征盈珍入朝。南仲恐盈珍谗之益深,亦请入朝。夏,四月丙子,南仲至京师,待罪于金吾;诏释之,召见。上问:"盈珍扰卿邪?"对曰:"盈珍不扰臣,但乱陛下法耳。且天下如盈珍辈,何可胜数? 虽使羊、杜复生,亦不能行恺悌之政,成攻取之功也。"上默然,竟不罪盈珍,仍使掌机密。

盈珍又言于上曰:"南仲恶政,皆幕僚马少微赞之也。"诏贬少微江南官,遗中使送之,推坠江中而死。

韩弘在牙门前面陈列兵马,召来刘锷与他的同伙三百人,数说他们是"屡次参与变乱,还自认为立下功劳",将他们全部斩杀,鲜血染红了道路。自此以后,直至韩弘入京朝见,共有二十一年,没有一个将士敢在城邑内外喧哗叫闹。

3 义成监军薛盈珍受到德宗的宠爱信任,打算削夺节度使姚南仲在军中的行政大权,姚南仲不肯依从,由此两人便结下嫌隙。薛盈珍诬陷姚南仲幕府中的僚属马总,使他被贬为泉州别驾。福建观察使柳冕为了向薛盈珍献媚而图谋陷害马总,便派遣幕府的僚属宝鼎人氏薛戎代理泉州事务,让他按察罗织马总的罪名,薛戎却为马总申辩分析,说他是无罪的。柳冕恼怒了,便将薛戎召回,将他囚禁起来,还让看守的士兵肆意凌辱他。就这个样子过了足足一个月,慢慢地引诱他诬蔑马总,但薛戎始终不肯依从,马总因此得以免罪。柳冕是柳芳的儿子。

薛盈珍屡次向德宗诽谤姚南仲,德宗便怀疑他了。于是薛盈珍派下级官吏程务盈乘坐驿车上京以不实之辞参奏姚南仲的罪过。这时,牙将曹文洽也正要前往长安申奏事由,了解此事以后,他昼夜兼程,在长乐驿追上了程务盈,与他一起住宿下来。到了半夜时分,曹文洽将程务盈杀死,把薛盈珍的上表投到厕所中,自己写了昭雪姚南仲冤屈的表章,而且自首擅自杀人的罪过,又写了禀告姚南仲的状文,于是自杀了。第二天早晨,曹文洽房间的门打不开,驿站的吏卒撞门而入,在曹文洽的尸体旁边发现了他的表章与状文。德宗听说此事以后感到诧异,便征召薛盈珍入京朝见。姚南仲担心薛盈珍会更加起劲地谗毁他,因此也请求入京朝见。夏季,四月丙子(初八),姚南仲来到京城,在金吾仗等候治罪,德宗颁诏决定释放他并召见他。德宗问他说:"是薛盈珍干扰你吗?"姚南仲说:"薛盈珍这不是干扰我,而是败坏陛下的法度啊。况且全国像薛盈珍这种人,哪里可以数得过来呢? 即使让晋朝的羊祜、杜预重新活过来,也不能施行和乐简易政务,成就克敌取胜的功业啊。"德宗沉默不语,终究不肯惩罚薛盈珍,依然让他执掌禁军的机要职任。

薛盈珍又向德宗进言说:"姚南仲实行的不良军政措施,都是幕府僚属马少微助成的。"于是德宗颁诏将马少微贬黜为长江以南的官员,又派遣中使护送他,将他推落到长江中淹死了。

4　黔中观察使韦士宗,政令苛刻;丁亥,牙将傅近等逐之,出奔施州。

5　新罗王敬则卒,庚寅,册命其嫡孙俊邕为新罗王。

6　韩全义素无勇略,专以巧佞货赂结宦官得为大帅,每议军事,宦者为监军者数十人坐帐中争论,纷然莫能决而罢。天渐暑,士卒久屯沮洳之地,多病疫,人有离心。五月庚戌,与吴少诚将吴秀、吴少阳等战于溵南广利原,锋镝才交,诸军大溃;秀等乘之,全义退保五楼。少阳,沧州清池人也。

7　山南东道节度使于頔因讨吴少诚,大募战士,缮甲厉兵,聚敛货财,恣行诛杀,有据汉南之志,专以慢上陵下为事。上方姑息藩镇,知其所为,无如之何。頔诬邓州刺史元洪赃罪,朝廷不得已流洪端州,遣中使护送至枣阳。頔遣兵劫取归襄州,中使奔归。頔表洪责太重,上复以洪为吉州长史。乃遣之。又怒判官薛正伦,奏贬峡州长史。比敕下,頔怒已解,复奏留为判官。上一一从之。

8　徐、泗、濠节度使张建封镇彭城十馀年,军府称治,病笃,请除代人。辛亥,以苏州刺史韦夏卿为徐、泗、濠行军司马。敕下,建封已薨。夏卿,执谊之从祖兄也。徐州判官郑通诚知留后,恐军士为变,会浙西兵过彭城,通诚欲引入城为援。军士怒,壬子,数千人斧库门,出甲兵擐执之,围牙城,劫建封子前虢州参军愔令知军府事,杀通诚及大将段伯熊等数人,械系监军。上闻之,以吏部员外郎李鄘为徐州宣慰使。

4　黔中观察使韦士宗施行的行政措施与法令繁琐刻薄,丁亥(十九日),牙将傅近等人驱逐韦士宗,韦士宗出逃到施州去了。

5　新罗王金敬信故去。庚寅(二十二日),德宗册封他的嫡孙金俊邕为新罗王。

6　韩全义平素并不勇武,也没有谋略,专门靠着逢迎讨好和财物贿赂来结纳宦官,才得以担当各军的主帅,每当计议军政事务的时候,担任监军的宦官几十个人坐在帐幕中议论纷纭,争执难下,难以裁决,只好作罢。天气逐渐炎热起来,士兵长期屯驻在低洼潮湿地带,许多人得了瘟疫,人心有些涣散了。五月庚戌(十三日),韩全义与吴少诚的将领吴秀、吴少阳等人在溵水南面的广利原交战,才一交锋,韩全义所率各军纷纷溃退,吴秀等人压了上来,韩全义退军防守五楼。吴少阳是沧州清池人。

7　由于讨伐吴少诚,山南东道节度使于頔大规模募集士兵,整治衣甲,砥砺刀兵,搜刮物资钱财,任意杀害部下,有了盘踞汉水以南地区的企图,专门以欺上凌下为能事。德宗对藩镇存心宽容忍让,虽然知道他做的事情,但又拿他没有什么办法。于頔诬告邓州刺史元洪犯有贪赃的罪行,朝廷出于无奈,将元洪流放端州,派遣中使护送他前往枣阳。于頔派兵劫持元洪返回襄州,中使逃了回去。于頔上表说对元洪的责罚过于严重,德宗便又任命洪为吉州长史,于頔这才让元洪前去吉州。于頔又曾恼怒判官薛正伦,上奏将他贬为峡州长史。及至敕书颁发下来的时候,于頔的怒气已经平息,便再奏请将薛正伦留任为判官。德宗完全依从了他的要求。

8　徐、泗、濠节度使张建封镇守彭城十多年,主持的幕府号称政务清明,病危之时,他请求任命替代自己的人。辛亥(十四日),德宗任命苏州刺史韦夏卿为徐、泗、濠行军司马。敕书颁布下来时,张建封已经故去。韦夏卿与韦执谊有同一曾祖父,是韦执谊的堂兄。徐州判官郑通诚掌管留后事务,担心将士发起变乱,适逢浙西兵马经过彭城,郑通诚打算延引浙西军进城援助自己。将士大怒,壬子(十五日),好几千人用斧头劈开仓库的大门,取出铠甲兵器,全副武装起来,包围了牙城,劫持了张建封的儿子、前虢州参军张愔,让他掌管幕府事务,还杀死郑通诚以及大将段伯熊等几人,将监军用枷锁拘禁起来。德宗听了这一消息后,任命吏部员外郎李廊为徐州宣慰使。

郿直抵其军,召将士宣朝旨,谕以祸福,脱监军械,使复其位,凶党不敢犯。愔上表称兵马留后,郿以非朝命,不受,使削去,然后受之以归。

9　灵州破吐蕃于乌兰桥。

10　丙寅,韦士宗复入黔中。

11　湖南观察使河中吕渭奏发永州刺史阳履赃贿;履表称所敛物皆备进奉,上召诣长安。丁丑,命三司使鞫之,诘其物费用所归,履曰:"已市马进之矣。"又诘:"马主为谁?马齿几何?"对曰:"马主,东西南北之人,今不知所之;按《礼》,齿路马有诛,故不知其齿。"所对率如此。上悦其进奉之言,释之,但免官而已。

12　丙戌,加淄青节度使李师古同平章事。

13　徐州乱兵为张愔表求旄节,朝廷不许;加淮南节度使杜佑同平章事,兼徐、濠、泗节度使,使讨之。佑大具舟舰,遣牙将孟准为前锋;济淮而败,佑不敢进。泗州刺史张伾出兵攻埇桥,大败而还。朝廷不得已除愔徐州团练使,以伾为泗州留后,濠州刺史杜兼为濠州留后,仍加佑兼濠泗观察使。

兼,正伦五世孙也,性狡险强忍。建封之疾亟也,兼阴图代之,自濠州疾驱至府。幕僚李藩与同列,入问建封疾,出见之,泣曰:"仆射疾危如此,公宜在州防遏,今弃州此来,欲何为也?宜速去,不然,当奏之。"兼错愕出不意,遂径归。建封薨,藩归扬州。

李廊径直抵达彭城军中,召集将士,宣布朝廷的旨意,以祸福去就的道理开导他们,解除了监军身上的枷锁,让他恢复原来的职位,参加变乱的一伙人都不敢冒犯。张愔献上表章,自称兵马留后,李廊认为张愔的兵马留后职务不是朝廷任命的,便不肯接受,让他除去这一称谓,然后才接受表章,带着回朝廷去了。

9 灵州兵马在乌兰桥打败吐蕃。

10 丙寅(二十九日),韦士宗重新进入黔中幕府。

11 湖南观察使河中人吕渭上奏揭发永州刺史阳履贪污行贿,阳履上表自称所征收的物品都是准备进献的贡物,德宗传召阳履来到长安。丁丑,德宗命令中书省、门下省、御史台三司审讯阳履,问他征收物品所得到的物资费用到哪里去了,阳履说:"已经购买马匹进献上来了。"又问他:"卖马的主人是谁?马匹的年齿是多少?"阳履回答说:"卖马的主人,是东西南北之人,现在我不知道他到哪里去了。根据《曲礼》的说法,倘若估量君主所用马匹的年齿,是要遭受责罚的,所以我不知道马匹的年齿。"阳履的答复一般都是这个样子。德宗喜欢他进献贡物的说法,便释放了他,仅仅免除了他的官职罢了。

12 丙戌,德宗加封淄青节度使李师古为同平章事。

13 徐州变乱的士兵替张愔上表邀求节度使的旌节,朝廷不肯答应,而加封淮南节度使杜佑为同平章事,兼任徐、濠、泗节度使,让他讨伐徐州。杜佑大力备办船只,派遣牙将孟准担任前锋,但是横渡淮水的时候便失败了,杜佑也不敢前进了。泗州刺史张伾派兵进攻埇桥,大败而回。朝廷出于无奈,只好任命张愔为徐州团练使,任命张伾为泗州留后,任命濠州刺史杜兼为濠州留后,还加封杜佑兼任濠、泗观察使。

杜兼是杜正伦的五世孙,生性狡黠阴险,强悍残忍。在张建封病危的时候,杜兼图谋替代张建封,从濠州急忙策马赶到主帅的幕府。幕府的僚属李藩与同事们进去问候张建封的病情,出来的时候,看见了杜兼,便哭泣着说:"张仆射的疾病危险到如此地步,你应当留在濠州,防止意外,现在你却丢开州城,来到这里,你打算干什么呢?你最好赶快离开,否则我准会参奏你的。"杜兼仓促惊惧,出于意料之外,于是径直回去了。张建封故去以后,李藩也回扬州去了。

兼诬奏藩于建封之薨摇动军情,上大怒,密诏杜佑使杀之。佑素重藩,怀诏旬日不忍发,因引藩论佛经曰:"佛言果报,有诸?"藩曰:"有之。"佑曰:"审如此,君宜遇事无恐。"因出诏示藩。藩神色不变,曰:"此真报也。"佑曰:"君慎勿出口,吾已密论,用百口保君矣。"上犹疑之,召藩诣长安,望见藩仪度安雅,乃曰:"此岂为恶者邪?"即除秘书郎。

14 新罗王俊邕卒,国人立其子重熙。

15 秋,七月,吴少诚进击韩全义于五楼,诸军复大败,全义夜遁,保溵水县城。

16 卢龙节度使刘济弟源为涿州刺史,不受济命;济引兵击擒之。

17 九月癸卯,义成节度使卢群薨;甲戌,以尚书左丞李元素代之。贾耽曰:"凡就军中除节度使,必有爱憎向背,喜惧者相半,故众心多不安。自今愿陛下只自朝廷除人,庶无他变。"上以为然。

18 中书侍郎、同平章事郑馀庆与户部侍郎、判度支于𬱃素善,𬱃所奏事,馀庆多劝上从之。上以为朋比,庚戌,贬馀庆郴州司马,𬱃泉州司户。𬱃,颀之兄也。

19 癸丑,吴少诚进逼溵水数里置营,韩全义复帅诸军退保陈州。宣武、河阳兵私归本道,独陈许将孟元阳、神策将苏光荣帅所部留军溵水。全义以诈诱昭义将夏侯仲宣、义成将时昂、河阳将权文变、河中将郭湘等,斩之,欲以威众。

杜兼以不实之辞奏陈李藩在张建封故去之际动摇军心,德宗大怒,暗中颁诏命令杜佑将李藩杀掉。杜佑素来器重李藩,将诏书在怀中揣了十天,不忍心实施,于是叫来李藩,与他谈论佛教经典说:"佛家讲究因果报应,有这回事吗?"李藩说:"有这回事。"杜佑说:"假如确实如此,你遇到事情最好不要恐慌。"于是他拿出诏书,给李藩看。李藩神情容色一点也没有改变,他说:"这是真正的报应啊。"杜佑说:"你小心别说出去,我已经秘密上奏论陈,用我一家百口来担保你了。"德宗仍然怀疑李藩,传召李藩来到长安,看到李藩仪表风度安闲优雅,这才说:"这怎么会是作恶的人呢?"当即任命李藩为秘书郎。

14 新罗王金俊邕故去,国中的人们拥立他的儿子金重熙为王。

15 秋季,七月,吴少诚在五楼进击韩全义,各路军马再次大败,韩全义连夜逃走,去防守溵水县城。

16 卢龙节度使刘济的弟弟刘源担任涿州刺史,不服从刘济的命令,刘济领兵进击并擒获了他。

17 九月癸卯(初八),义成节度使卢群故去,甲戌,德宗任命尚书左丞李元素替代卢群的职位。贾耽说:"大凡由军队中就地任命节度使,肯定会有爱憎不一、向背各异的情况发生,喜欢与恐惧的人们各占一半,所以大家的心绪往往难以安定。从今以后,希望陛下只从朝廷中任命官员,大约就不会发生别的变故了。"德宗认为贾耽讲得很对。

18 中书侍郎、同平章事郑馀庆与户部侍郎、判度支于颀素来友善,对于于颀上奏的事情,郑馀庆往往劝说德宗依从他的意见。德宗认为他们相互勾结,庚戌(十五日),德宗将郑馀庆贬为郴州司马,将于颀贬为泉州司户。于颀是于顿的哥哥。

19 癸丑(十八日),吴少诚进军逼迫到距离溵水县只有几里的地方安置营垒,韩全义又率领各军退保陈州。宣武、河阳兵马私自返回本道去了,只有陈许将领孟元阳、神策军将领苏光荣率领部下留在溵水县驻扎。韩全义使用诈谋将昭义将领夏侯仲宣、义成将领时昂、河阳将领权文变、河中将领郭湘等人诱来,斩杀了他们,打算借此威慑人众。

全义至陈州,刺史刘昌裔登城谓之曰:"天子命公讨蔡州,今乃来此,昌裔不敢纳,请舍于城外。"既而昌裔赏牛酒入全义营犒师,全义惊喜,心服之。己未,孟元阳等与吴少诚战,杀二千馀人。

20 庚申,以太常卿齐抗为中书舍人、同平章事。

21 癸亥,以张愔为徐州留后。

22 冬,十月,吴少诚引兵还蔡州。先是,韦皋闻诸军讨少诚无功,上言"请以浑瑊、贾耽为元帅,统诸军。若重烦元老,则臣请以精锐万人下巴峡,出荆楚以剪凶逆。不然,因其请罪而赦之,罢两河诸军以休息公私,亦策之次也。若少诚一旦罪盈恶稔,为麾下所杀,则又当以其爵位授之,是除一少诚,生一少诚,为患无穷矣"。贾耽言于上曰:"贼意盖亦望恩贷,恐须开其生路。"上从之。会少诚致书币于监官军者求昭洗,监军奏之。戊子,诏赦少诚及彰义将士,复其官爵。

23 己丑,河东节度使李说薨;甲午,以其行军司马郑儋为节度使。上择可以代儋者,以刑部员外郎严绶尝以幕僚进奉,记其名,即用为行军司马。

24 吐蕃数为韦皋所败,是岁,其曩贡、腊城等九节度婴、笼官马定德帅其部落来降。定德有智略,吐蕃诸将行兵,皆禀其谋策,常乘驿计事。至是以兵数不利,恐获罪,遂来奔。

韩全义来到陈州的时候，刺史刘昌裔登上城楼对他说："天子命令你讨伐蔡州，现在你却到这里来了，我不敢接纳你们，请在城外住宿吧。"不久，刘昌裔带着牛酒，来到韩全义的营地犒劳将士，韩全义喜出望外，心中折服了。己未（二十四日），孟元阳等人与吴少诚接战，杀掉两千多人。

20　庚申（二十五日），德宗任命太常卿齐抗为中书舍人、同平章事。

21　癸亥（二十八日），德宗任命张愔为徐州留后。

22　冬季，十月，吴少诚领兵返回蔡州。在此之前，韦皋听说各军讨伐吴少诚毫无功效，便进言说："请任命浑瑊、贾耽为元帅，统领各军。如果陛下不愿意烦劳资高望重的大臣，那么，我请求带领精锐兵马一万人直下巴峡，东出荆楚，前去剿灭凶顽忤逆。否则请趁着吴少诚承认罪过的时机便赦免了他，停罢两河各军，以便使公家与私人得以休养生息，这也算是次一等的策略了。倘若吴少诚有朝一日罪恶满盈，被部下杀掉，便又要将吴少诚的官爵职位授给谋杀者，这是除去一个吴少诚，又生出一个吴少诚，就会没完没了地生出祸患来了。"贾耽对皇帝说："叛贼的本意大概也是希望陛下能够宽宥他们，恐怕需要给他们留出一条生路。"德宗听从了他的建议。适逢吴少诚给官军的监军送去书信与财物，要求为他洗清冤诬，监军将此意奏报上去。戊子（二十三日），德宗颁诏赦免吴少诚以及彰义的将士，恢复他们的官职爵位。

23　己丑（二十四日），河东节度使李说故去，甲午（二十九日），德宗任命河东行军司马郑儋为节度使。德宗又选择可以替代郑儋的人选，由于刑部员外郎严绶曾经以幕府僚属的身份进献贡物，德宗记得他的名字，于是便起用他担任行军司马。

24　吐蕃军屡次被韦皋打败，就在这一年，吐蕃襄贡、腊城等九节度婴、笼官马定德率领本部落前来投降。马定德机智而有谋略，吐蕃诸将领出兵打仗，都按照他的计策行事，他经常坐着驿车进行谋划。至此，由于他用兵屡次失利，担心获罪，于是逃亡而来。

卷第二百三十六 唐纪五十二

起辛巳(801)尽乙酉(805)凡五年

德宗神武圣文皇帝十一
贞元十七年(辛巳,801)

1 春,正月甲寅,韩全义至长安,窦文场为掩其败迹;上礼遇甚厚。全义称足疾,不任朝谒,遣司马崔放入对。放为全义引咎,谢无功,上曰:"全义为招讨使,能招来少诚,其功大矣,何必杀人然后为功邪!"闰月甲戌,归夏州。

2 韦士宗既入黔州,妄杀长吏,人心大扰。士宗惧,三月,脱身亡走。夏,四月辛亥,以右谏议大夫裴佶为黔州观察使。

3 五月壬戌朔,日有食之。

4 朔方邠、宁、庆节度使杨朝晟防秋于宁州,乙酉,薨。

初,浑瑊遣兵马使李朝宷将兵戍定平。瑊薨,朝宷请以其众隶神策军;诏许之。

杨朝晟疾亟,召僚佐谓曰:"朝晟必不起,朔方命帅多自本军,虽徇众情,殊非国体。宁州刺史刘南金,练习军旅,宜使摄行军,且知军事,比朝廷择帅,必无虞矣。"又以手书授监军刘英倩,英倩以闻。军士私议曰:"朝廷命帅,吾纳之,即命刘君,吾事之;若命帅于他军,彼必以其麾下来,吾属被斥矣,必拒之。"

德宗神武圣文皇帝十一

唐德宗贞元十七年(辛巳,公元801年)

1 春季,正月甲寅(二十一日),韩全义来到长安,窦文场替他遮掩军队溃败的行迹,德宗以非常隆重的礼数对待他。韩全义声称得了脚病,不能上朝谒见,派遣司马崔放入朝回答德宗的提问。崔放替韩全义承认过失,以没有取得成效而谢罪,德宗说:"韩全义担任招讨使,能够将吴少诚招来,这个功劳就够大的了,为什么一定要将人们杀死,然后才算是功劳呢?"闰正月甲戌(十一日),韩全义回夏州去了。

2 韦士宗进入黔州以后,胡乱杀害高级官员,人心大为混乱。韦士宗害怕了,三月,他脱出身来,逃亡而去。夏季,四月辛亥(二十日),德宗任命右谏议大夫裴佶为黔州观察使。

3 五月壬戌朔(初一),出现日食。

4 朔方邠、宁、庆节度使杨朝晟在宁州充防秋兵。乙酉(二十四日),杨朝晟故去。

当初,浑瑊派遣兵马使李朝寀领兵戍守定平。浑瑊故去以后,李朝寀请示将他的部众隶属于神策军,德宗颁诏答应了他的请求。

杨朝晟病情加剧,便召集辅佐自己的僚属,对他们说:"我肯定不行了,对朔方军主帅的任命,人选往往出自本军,虽然说这是顺从大家的意愿,但实在不符合国家的体统。宁州刺史刘南金熟悉军事,最好让他代理行军司马,暂且让他掌管军中事务,及至朝廷选任节帅的时候,就肯定没有可忧虑的事情了。"杨朝晟又把亲笔书信交给监军刘英倩,刘英倩又上报朝廷闻知。将士们私下议论说:"朝廷任命主帅,我们是接纳的,即便是任命刘君,我们也是事奉他的。倘若从别的军队中任命主帅,那位主帅肯定要把他的部下带过来,我们这一班人就会遭受排斥了,所以我们一定要抵制此事。"

己丑,上遣中使往察军情,军中多与南金。辛卯,上复遣高品薛盈珍赍诏诣宁州。六月甲午,盈珍至军,宣诏曰:"朝寀所将本朔方军,今将并之,以壮军势,威戎狄,以李朝寀为使,南金副之,军中以为何如?"诸将皆奉诏。

丙申,都虞候史经言于众曰:"李公命收弓刀而送甲胄二千。"军士皆曰:"李公欲内麾下二千为腹心,吾辈妻子其可保乎?"夜,造刘南金,欲奉以为帅,南金曰:"节度使固我所欲,然非天子之命则不可。军中岂无他将乎!"众曰:"弓刀皆为官所收,惟军事府尚有甲兵,欲因以集事。"南金曰:"诸君不愿朝寀为帅,宜以情告敕使。若操甲兵,乃拒诏也。"命闭门不内。军士去,诣兵马使高固,固逃匿;搜得之,固曰:"诸君能用吾言则可。"众曰:"惟命。"固曰:"毋杀人,毋掠金帛。"众曰:"诺。"乃共诣监军,请奏之。众曰:"刘君既得朝旨为副帅,必挠吾事。"诈称监军命,召计事,至而杀之。

戊戌,制以李朝寀为邠宁节度使。是日,宁州告变者至,上追还制书,复遣薛盈珍往调军情。壬寅,至军,军中以高固为请,盈珍即以上旨命固知军事。

或传戊戌制书至邠州,邠军惑,不知所从,奸人乘之,且为变。留后孟子周悉内精甲于府廷,日飨士卒,内以悦众心,外以威奸党。邠军无变,子周之谋也。

己丑(二十八日),德宗派遣中使前往朔方察看军中的情势,军中将士多数亲附刘南金。辛卯(三十日),德宗再次派遣高品级中使薛盈珍携带诏书前往宁州。六月甲午(三日),薛盈珍来到军中,宣布诏旨说:"李朝寀率领的军队本来属于朔方军,现在准备将此军与你们合并,以便壮大军队的声势,威慑异族之人,任命李朝寀为节度使,让刘南金充任他的副职,军中将士认为怎么样呢?"各将领都接受了诏命。

丙申(初五),都虞候史经对大家说:"李公命令收缴弓箭刀剑,并且送去两千套盔甲。"将士们都说:"李公打算收纳自己的部下两千人,作为亲信,我们的妻子儿女还能得到保全吗?"夜间,大家来到刘南金处,打算拥戴他出任主帅,刘南金说:"出任节度使,固然是我所愿意的,然而,如果不是由天子任命的,那就不合适了。难道军队中就没有别的将领可以拥戴了吗?"大家说:"弓箭刀剑全被长官收缴去了,只有军事府还储藏着铠甲兵器,我们打算凭着军事府的武器聚众起事。"刘南金说:"如果诸位不愿意让李朝寀担任主帅,最好将其中的情由告诉圣上的使者。假如动起武来,就是抗拒诏命了。"于是刘南金让人关了门,不让众人进去。将士们离开以后,又到兵马使高固那里去,高固逃避开来,但将士们还是将他搜寻到了。高固说:"如果诸位能够按我说的去做,我就答应你们的要求。"大家说:"我们唯命是听。"高固说:"不得杀人,不得掳掠钱财布帛。"大家说:"好吧。"于是,高固与大家一起到监军那里去,请监军奏报大家的要求。大家说:"既然刘君得到朝廷的旨意,出任副主帅,他肯定要阻挠我们的事情。"大家假意声称监军下达命令,传召他计议事情,刘南金一到,大家便将他杀了。

戊戌(初八),德宗颁发制书任命李朝寀为邠宁节度使。就在这一天,报告宁州变乱的人来到朝廷,德宗将制书追回,再次派遣薛盈珍前去刺探军中的情势。壬寅(十一日),薛盈珍来到军中,军中将士请求任命高固,薛盈珍当即以德宗的旨意命令高固掌管军中事务。

有人将戊戌日颁布的制书传到邠州,邠州军惶惑犹疑,不知道应当听哪一个诏命,邪恶之徒利用这一时机,将要发起变乱。留后孟子周将精锐甲兵全部安置到官署的庭院中,每天大宴将士,对内是要博得大家的欢心,对外是威慑乱法犯禁的那一伙人。邠州军队没有发生变乱,就是由于有孟子周从中谋划的缘故。

5　李锜既执天下利权,以贡献固主恩,以馈遗结权贵,恃此骄纵,无所忌惮,盗取县官财,所部官属无罪受戮者相继。浙西布衣崔善贞诣阙上封事,言宫市、进奉及盐铁之弊,因言锜不法事。上览之,不悦,命械送锜。锜闻其将至,先凿坑于道旁。己亥,善贞至,并锁械内坑中,生瘗之。远近闻之,不寒而栗。锜复欲为自全计,增广兵众,选有材力善射者谓之挽强,胡、奚杂类谓之蕃落,给赐十倍他卒。转运判官卢坦屡谏不悛,与幕僚李约等皆去之。约,勉之子也。

6　己酉,以高固为邠宁节度使。固,宿将,以宽厚得众,节度使忌之,置于散地,同列多轻侮之。及起为帅,一无所报复,军中遂安。

7　丁巳,成德节度使王武俊薨。

8　秋,七月戊寅,吐蕃寇盐州。

9　辛巳,以成德节度副使王士真为节度使。

10　己丑,吐蕃陷麟州,杀刺史郭锋,夷其城郭,掠居人及党项部落而去。锋,曜之子也。

僧延素为虏所得,虏将有徐舍人者,谓延素曰:"我英公五代孙也。武后时,吾高祖建义不成,子孙流播异域,虽代居禄位典兵,然思本之心不忘,顾宗族大,无由自拔耳。今听汝归。"遂纵之。

5 李锜执掌全国的财政大权以后,通过进献贡物来巩固主上的恩宠,通过赠送财物来结纳地位高、有权势的人,依仗着这一点而骄横放纵,没有一点顾忌与畏惧,非法盗占国库的财物,他统领的属吏中无罪而遭到杀害的人相继不断。浙西平民崔善贞前往朝廷进献秘密奏章,谈论宫廷采买、进献贡物以及经营盐铁的弊病,因而讲到李锜不安法纪的事情。德宗看了他的奏章,很不高兴,命令将他用枷锁拘禁着送交给李锜。李锜听说他就要到来,事先在道路旁边挖了一个土坑。己亥(初八),崔善贞到了,李锜将他连同枷锁一起推进坑中,活埋了他。远近各地的人们听说此事以后,都不寒而栗了。李锜又做了些想要自我保全的安排:增加士兵的人数,选拔多才强力、善于射箭的人,将他们称作"挽强";对所收容的胡、奚等各族人,将他们称作"蕃落",对他们的供给与赏赐,是其他士兵的十倍。转运判官卢坦屡次劝谏,他都不肯悔改,于是卢坦与幕僚李约等人都离开了他。李约是李勉的儿子。

6 己酉(十八日),德宗任命高固为邠宁节度使。高固是一员老将,因待人宽和仁厚而得到大家的拥护,过去的节度使妒忌他,给他安排了一个闲散的职务,同事们往往轻视侮辱他。及至被起用为主帅,高固没有对任何一人实行报复,于是军中将士便安定下来了。

7 丁巳(二十六日),成德节度使王武俊故去。

8 秋季,七月戊寅(十八日),吐蕃侵犯盐州。

9 辛巳(二十一日),德宗任命成德节度副使王士真为节度使。

10 己丑(二十九日),吐蕃攻陷麟州,杀死刺史郭锋,铲平了麟州城郭,对当地居民以及党项部落掳掠了一番,便离去了。郭锋是郭曜的儿子。

僧人延素被吐蕃俘获以后,有个叫做徐舍人的吐蕃将领对延素说:"我是英国公李勣的五世玄孙。在武后时期,我的高祖徐敬业树立义旗,没有成功,子孙后代流亡迁徙到异国他乡,虽然我家世代身居官位,掌管军事,然而怀念故土之心难以忘却,只是我的宗族人口众多,没有机会自己解脱出来罢了。现在,我准许你回国吧。"于是徐舍人放走了延素。

上遣使敕韦皋出兵深入吐蕃以分其势,纾北边患。皋遣将将兵二万分出九道,攻吐蕃维、保、松州及栖鸡、老翁城。

11　河东节度使郑儋暴薨,不及命后事,军中喧哗,将有他变。中夜,十馀骑执兵召掌书记令狐楚至军门,诸将环之,使草遗表。楚在白刃之中,操笔立成。楚,德棻之族也。八月戊午,以河东行军司马严绶为节度使。

12　九月,韦皋奏大破吐蕃于雅州。
13　左神策中尉窦文场致仕,以副使杨志廉代之。

14　韦皋屡破吐蕃,转战千里,凡拔城七,军镇五,焚堡百五十,斩首万馀级,捕虏六千,降户三千,遂围维州及昆明城。冬,十月庚子,加皋检校司徒兼中书令,赐爵南康郡王。南诏王异牟寻虏获尤多,上遣中使慰抚之。

15　戊午,盐州刺史杜彦先弃城奔庆州。

十八年(壬午,802)
1　春,正月,骠王摩罗思那遣其子悉利移入贡。骠国在南诏西南六千八百里,闻南诏内附而慕之,因南诏入见,仍献其乐。
2　吐蕃遣其大相兼东鄙五道节度使论莽热将兵十万解维州之围,西川兵据险设伏以待之。吐蕃至,出千人挑战,虏悉众追之,伏发,虏众大败,擒论莽热,士卒死者太半。维州、昆明竟不下,引兵还。乙亥,皋遣使献论莽热,上赦之。

德宗派遣使者命令韦皋派兵深入到吐蕃疆域中去,以便分散他们的势力,缓解北部边疆的战祸。韦皋派遣将领率兵两万人分别由九条路线进发攻取吐蕃的维州、保州和松州以及栖鸡和老翁城。

11 河东节度使郑儋突然故去,来不及安排后事,军中将士噪杂地大声喊叫,将要发生异常的变故。半夜时分,十多个人骑着马,握着兵器,将掌书记令狐楚召到军营门口,各将领围绕着他,让他起草郑儋的临终表章。在明晃晃的兵器中间,令狐楚拿起笔来,一会儿就写成了,令狐楚是令狐德棻的同族后人。八月,戊午(二十八日),德宗任命河东行军司马严绶为节度使。

12 九月,韦皋奏称在雅州大破吐蕃。

13 左神策中尉窦文场辞官归居,德宗让左神策中尉副使杨志廉替代他的职务。

14 韦皋屡次打败吐蕃,转战千里,共计攻克城池七座,军镇五个,焚烧堡垒一百五十个,斩首一万多,捉住吐蕃六千人,招降人口三千户,并包围了维州以及昆明城。冬季,十月庚子(十一日),德宗加封韦皋检校司徒,兼中书令,颁赐爵位为南康郡王。南诏王异牟寻俘获掳掠尤其繁多,德宗派遣中使慰问安抚他。

15 戊午(二十九日),盐州刺史杜彦先放弃州城,逃奔庆州。

唐德宗贞元十八年(壬午,公元802年)

1 春季,正月,骠国国王摩罗思那派遣他的儿子悉利移入朝进贡。骠国在南诏西南方六千八百里处,听说南诏归附朝廷,也产生了向往之情,于是随着南诏入京朝见,还献上他们的音乐。

2 吐蕃派遣国中大相兼东部边邑五道节度使论莽热率领十万兵马,前来解除维州的包围,西川兵马凭依险要,设下埋伏,等待论莽热的到来。吐蕃来到以后,西川军派出一千人前来挑战,吐蕃以全军追击他们,伏兵发动,吐蕃人马大败,论莽热被擒获,士兵死去了一多半。然而,西川军最终还是没有攻克维州与昆明城,只好领兵返回。乙亥(十八日),韦皋派遣使者献上论莽热,德宗赦免了他。

3　浙东观察使裴肃既以进奉得进,判官齐总代掌后务,刻剥以求媚又过之。三月癸酉,诏擢总为衢州刺史。给事中长安许孟容封还诏书,曰:"衢州无他虞,齐总无殊绩,忽此超奖,深骇群情。若总必有可录,愿明书劳课,然后超资改官,以解众疑。"诏遂留中。己亥,上召孟容,慰奖之。

4　秋,七月辛未,嘉王府谘议高弘本正牙奏事,自理逋债。乙亥,诏"公卿庶僚自今勿令正牙奏事,如有陈奏,宜延英门请对"。议者以为:"正牙奏事,自武德以来未之或改,所以达群情,讲政事。弘本无知,黜之可也,不当因人而废事。"

5　淮南节度使杜佑累表求代,冬,十月丁亥,以刑部尚书王锷为淮南副节度使兼行军司马。

6　己酉,鄜坊节度使王栖曜薨。中军将何朝宗谋作乱,夜,纵火。都虞候裴玢潜匿不救火,旦,擒朝宗,斩之。以同州刺史刘公济为鄜坊节度使,以玢为行军司马。

十九年(癸未,803)
1　春,二月丁亥,名安黄军曰奉义。
2　己亥,安南牙将王季元逐其观察使裴泰,泰奔朱鸢。明日,左兵马使赵匀斩季元及其党,迎泰而复之。
3　甲辰,杜佑入朝。三月壬子朔,以佑检校司空、同平章事;以王锷为淮南节度使。

3 浙东观察使裴肃靠着进献贡物得以升迁以后,判官齐总代替他掌管留后事务,而齐总通过剥削财物来讨好皇上的行为,又超过了裴肃。三月癸酉(十七日),德宗颁诏提拔齐总为衢州刺史。给事中长安人许孟容将诏书封合退还,他说:"衢州没有别的忧患,齐总没有特殊的政绩,忽然如此破格奖拔于他,使大家深感惊骇。如果齐总肯定有值得录用的地方,希望明确写出他的劳绩与考课,然后再超越资历改任官职,以便消除大家的疑惑。"于是诏书被留在禁中,没有再批下来。己亥,德宗召见许孟容,慰问并嘉奖了他。

4 秋季,七月辛未(十七日),嘉王府的谘议参军高弘本在正殿奏报事情的时候,为自己申述所欠债务的事。乙亥(二十一日),德宗颁诏说:"从今以后,不要让公卿与众臣僚在正殿奏陈事情,如果需要奏陈,应当到延英门去请求召问对答。"议论此事的人们认为:"在正殿陈奏事情,自从武德年间以来,从来没有丝毫的改变,为的是传达众人之情,讲论如何施政办事。高弘本不懂规矩,将他贬黜就可以了,不应当因高弘本一人而废除正常的制度。"

5 淮南节度使杜佑多次上表请求派人替代自己,冬季,十月丁亥(初四),德宗任命刑部尚书王锷为淮南节度副使,兼任行军司马。

6 己酉(十六日),鄜坊节度使王栖曜故去。中军将领何朝宗图谋发起变乱,到了夜间,便放起火来。都虞候裴玢暗中躲藏,不去救火,却在天亮时分,擒获了何朝宗,将他斩杀。德宗任命同州刺史刘济为鄜坊节度使,任命裴玢为行军司马。

唐德宗贞元十九年(癸未,公元 803 年)

1 春季,二月丁亥(初六),朝廷将安黄军命名为奉义军。

2 己亥(十八日),安南牙将王季元驱逐本地观察使裴泰,裴泰逃奔朱鸢。第二天,左兵马使赵匀斩杀王季元以及他的同伙,迎接裴泰恢复职务。

3 甲辰(二十三日),杜佑入京朝见。三月壬子朔(初一),德宗任命杜佑为检校司空、同平章事,任命王锷为淮南节度使。

4　鴻臚卿王權請遷獻、懿二祖于德明、興聖廟，每禘祫，正太祖東向之位；從之。

5　乙亥，以司農卿李實兼京兆尹。實為政暴戾，上愛信之。實恃恩驕傲，許人薦引，不次拜官，及誣譖斥逐，皆如期而效，士大夫畏之側目。

6　夏，四月，涇原節度使劉昌奏請徙原州治平涼；從之。

7　乙亥，吐蕃遣其臣論頗熱入貢。

8　六月辛卯，以右神策中尉副使孫榮義為中尉，與楊志廉皆驕縱招權，依附者眾，宦官之勢益盛。

9　壬辰，遣右龍武大將軍薛伾使于吐蕃。

10　陳許節度使上官涚薨，其婿田偁欲脅其子使襲軍政。牙將王沛，亦涚之婿也，知其謀，以告監軍范日用，討擒之。乙未，以陳許行軍司馬劉昌裔為節度使。沛，許州人也。

11　自正月不雨至于秋七月。

12　己未，中書侍郎、同平章事齊抗以疾罷為太子賓客。

13　初，翰林待詔王伾善書，山陰王叔文善棋，俱出入東宮，娛侍太子。伾，杭州人也。

叔文譎詭多計，自言讀書知治道，乘間常為太子言民間疾苦。太子嘗與諸侍讀及叔文等論及宮市事，太子曰："寡人方欲極言之。"眾皆稱贊，獨叔文無言。既退，太子自留叔文，謂曰："向者君獨無言，豈有意邪？"叔文曰："叔文蒙幸太子，有所見，敢不以聞。太子職當視膳問安，不宜言外事。

4 鸿胪卿王权请求将献祖、懿祖二人的神主迁移到供奉德明皇帝、兴圣皇帝神主的庙堂中,每当对诸祖神主举行盛大的合祭时,将太祖的神主安置在朝着正东方向的位子上,德宗听从了这一建议。

5 乙亥(二十四日),德宗任命司农卿李实兼京兆尹。李实处理政务粗暴乖张,德宗却宠爱信任他。李实仗恃着恩宠而骄横傲慢,应许为人们推荐延引,不拘等次授给官职,以及诬陷驱逐他人,全都在他预言的日期里应验,官员们害怕他,连正眼看他都不敢。

6 夏季,四月,泾原节度使刘昌上奏请求将原州的治所迁徙到平凉去,德宗依从了他。

7 乙亥(初七),吐蕃派遣臣下论颊热入朝进贡。

8 六月辛卯(十二日),德宗任命右神策中尉副使孙荣义为中尉,孙荣义与杨志廉都骄横放纵,各揽大权,依附他们的人为数众多,宦官的势力愈加盛大了。

9 壬辰(十三日),德宗派遣右龙武大将军薛伾出使吐蕃。

10 陈许节度使上官涗故去以后,他的女婿田俛准备胁迫上官涗的儿子承袭军中大政。牙将王沛,也是上官涗的女婿,他了解田俛的谋划以后,便将此事报告给监军范日用,讨伐并擒获了田俛。乙未(十六日),德宗任命陈许行军司马刘昌裔为节度使。王沛是许州人。

11 由正月起,一直持续到秋季七月份,都不曾下雨。

12 己未,中书侍郎、同平章事齐抗因病被罢免为太子宾客。

13 当初,翰林待诏王伾擅长书法,山阴人王叔文擅长下棋,都在东宫出出进进,侍奉太子,供太子娱乐。王伾是杭州人。

王叔文诡计多端,自称读过书而懂得治理国家的办法,经常趁机向太子讲说民间的疾苦。太子曾经与各位侍读以及王叔文等人谈论到宫廷采买的事情,太子说:"寡人正准备就此事尽力进言。"大家都表示称赞,唯独王叔文不发一言。大家退去以后,太子亲自将王叔文留下来,对他说:"刚才只有你不发一言,恐怕是有用意的吧?"王叔文说:"我承蒙太子的钟爱,只要发现问题,怎敢不告诉太子闻知? 太子的职分应当是省视进食、问候平安,最好不要议外间的事情。

陛下在位久，如疑太子收人心，何以自解？"太子大惊，因泣曰："非先生，寡人无以知此。"遂大爱幸，与王伾相依附。

叔文因为太子言："某可为相，某可为将，幸异日用之。"密结翰林学士韦执谊及当时朝士有名而求速进者陆淳、吕温、李景俭、韩晔、韩泰、陈谏、柳宗元、刘禹锡等，定为死友。而凌准、程异等又因其党以进，日与游处，踪迹诡秘，莫有知其端者。藩镇或阴进资币，与之相结。淳，吴人，尝为左司郎中；温，渭之子，时为左拾遗；景俭，瑀之孙，进士及第；晔，滉之族子；谏，尝为侍御史；宗元、禹锡，时为监察御史。

左补阙张正一上书，得召见。正一与吏部员外郎王仲舒、主客员外郎刘伯刍等相亲善，叔文之党疑正一言己阴事，令执谊反谮正一等于上，云其朋党，游宴无度。九月甲寅，正一等皆坐远贬，人莫知其由。伯刍，迺之子也。

14　盐夏节度判官崔文先权知盐州，为政苛刻。冬，闰十月庚戌，部将李庭俊作乱，杀而脔食之。左神策兵马使李兴幹戍盐州，杀庭俊以闻。

15　丁巳，门下侍郎、同平章事崔损薨。

16　十一月戊寅朔，以李兴幹为盐州刺史，得专奏事；自是盐州不隶夏州。

17　十二月庚申，以太常卿高郢为中书侍郎，吏部侍郎郑珣瑜为门下侍郎，并同平章事。珣瑜，馀庆之从父兄弟也。

18　建中初，敕京城诸使及府县系囚，每季终委御史巡按，

陛下在位的时间长了,如果怀疑太子收揽人心,太子怎么为自己解释呢?"太子大惊,因而哭泣着说:"若不是先生这一席话,寡人无法知道这个道理。"于是,太子对王叔文极为宠爱,而王叔文则与王伾相互依托。

王叔文趁机对太子说:"某人可以担任宰相,某人可以担任将领,希望太子在将来起用他们。"王叔文暗中结交翰林学士韦执谊以及当时已有名声、但希图快速晋升的朝廷官员陆淳、吕温、李景俭、韩晔、韩泰、陈谏、柳宗元、刘禹锡等人,约定为生死相托的朋友。另外,凌准、程异等人又靠着这一伙人得以进用,时时与他们交游往来,行踪都很诡诈隐秘,没有人了解他们的端倪。有些藩镇暗中进献资财礼物,与他们相互结纳。陆淳是吴中人,曾经担任左司郎中;吕温是吕渭的儿子,当时担任左拾遗;李景俭是李瑀的孙子,进士及第;韩晔是韩滉的族侄;陈谏曾经担任侍御史。柳宗元与刘禹锡,当时担任监察御史。

左补阙张正一上书言事,得到德宗的召见。张正一与吏部员外郎王仲舒和主客员外郎刘伯刍等人相互亲近友善,王叔文一伙怀疑张正一讲过自己的秘事,便让韦执谊向德宗诬陷张正一等人,说他们私结朋党,交游饮宴,没有限度。九月甲寅(初六),张正一等人都获罪被贬远方,人们都不知道其中的缘由。刘伯刍是刘迺的儿子。

14 盐夏节度判官崔文先暂且掌管盐州事务,处理政务繁琐刻薄。冬季,闰十月庚戌(初三),部将李庭俊发起变乱,杀死崔文先,还割碎他的肢体,吃了他的肉。戍守盐州的左神策兵马使李兴幹又杀死李庭俊,上报朝廷闻知。

15 丁巳(初十),门下侍郎、同平章事崔损故去。

16 十一月戊寅朔(初一),德宗任命李兴幹为盐州刺史,允许他单独奏报事情,从此,盐州不再隶属于夏州。

17 十二月庚申(十三日),德宗任命太常卿高郢为中书侍郎,任命吏部侍郎郑珣瑜为门下侍郎,一并同平章事。郑珣瑜是郑馀庆的堂兄弟。

18 建中初年,德宗敕令京城各使以及府县,对于在押的囚犯,在每季度终结的时候,要委托御史分行各地,予以按察,

有冤滥者以闻;近岁,北军移牒而已。监察御史崔薳遇下严察,下吏欲陷之,引以入右神策军。军使以下骇惧,具奏其状。上怒,杖薳四十,流崖州。

19 京兆尹嗣道王实务征求以给进奉,言于上曰:"今岁虽旱而禾苗甚美。"由是租税皆不免,人穷至坏屋卖瓦木、麦苗以输官。优人成辅端为谣嘲之;实奏辅端诽谤朝政,杖杀之。

监察御史韩愈上疏,以"京畿百姓穷困,应今年税钱及草粟等征未得者,请俟来年蚕麦"。愈坐贬阳山令。

二十年(甲申,804)

1 春,正月丙戌,天德军都防御团练使、丰州刺史李景略卒。初,景略尝宴僚佐,行酒者误以醯进。判官京兆任迪简以景略性严,恐行酒者得罪,强饮之,归而呕血;军士闻之泣下。及李景略卒,军士皆曰判官仁者,欲奉以为帅。监军抱置别室,军士发扃取之。监军以闻,诏以代景略。

2 吐蕃赞普死,其弟嗣立。

3 夏,四月丙寅,名陈许军曰忠武。

4 左金吾大将军李昇云将禁兵镇咸阳,疾病,其子政谞与虞候上官望等谋效山东藩镇,使将士奏摄父事。六月壬子,昇云卒。甲寅,诏追削昇云官爵,籍没其家。

对确实冤枉失实的案件,要上报朝廷闻知。近年以来,北军只转发一道公文就算了事。监察御史崔蓬对待下属严厉而苛察,下属官吏打算陷害他,便领着他进入右神策军。神策军使以下的人们惊怕恐惧,拟成奏章上报了他的事状。德宗大怒,将崔蓬杖责四十棍,流放到崖州去了。

19 京兆尹嗣道王李实专务征收财富,以便进献贡物,他对德宗说:"虽然今年出现旱情,但庄稼长得很好。"因此朝廷对租税一概不予免除,以致人们穷困到拆除房屋,出卖屋瓦椽木与麦苗来交纳官税的地步。戏子成辅端作歌谣讥嘲李实,李实奏称成辅端诽谤朝廷大政,用杖刑杀害了他。

监察御史韩愈进献奏疏认为:"京城周围地区的百姓贫穷困顿,对于所有未能征收上来的今年的税钱以及草秧、谷物等,请等到明年蚕成麦熟时节再去征收。"于是,韩愈获罪,被贬为阳山县令。

唐德宗贞元二十年(甲申,公元 804 年)

1 春季,正月丙戌(初十),天德军都防御团练使、丰州刺史李景略故去。当初,李景略曾经设宴招待辅佐自己的官吏们,巡行劝酒的人错把醋送了上来。由于李景略生性严厉,判官京兆人任迪简唯恐巡行劝酒的人遭受罪罚,勉强把醋喝了下去,回去以后便因此吐血了,将士们听说此事以后,都流下了眼泪。及至李景略故去以后,将士们都说判官任迪简是一位仁厚长者,准备拥戴他出任主帅。监军将任迪简抱到另外的房间中安置,将士们打开门栓将他夺取出来。监军将此事上报朝廷闻知,于是德宗颁布诏书任命他替代李景略的职务。

2 吐蕃赞普故去,他的弟弟继位。

3 夏季,四月丙寅(二十二日),朝廷将陈许军命名为忠武军。

4 左金吾大将军李昇云带领禁卫军镇守咸阳,得了重病,他的儿子李政谭与虞候上官望等人图谋仿效山东藩镇的做法,指使将士上奏请求让自己代理父亲的职事。六月壬子(初九),李昇云故去。甲寅(十一日),德宗颁诏追夺李昇云官职爵位,没收他家的财产。

5 昭义节度使李长荣薨，上使中使以手诏授本军大将，但军士所附者即授。时大将来希皓为众所服，中使将以手诏付之。希皓言于众曰："此军取人，合是希皓，但作节度使不得。若朝廷以一束草来，希皓亦必敬事。"中使言："面奉进止，只令此军取大将拔与节钺，朝廷不别除人。"希皓固辞。兵马使卢从史其位居四，潜与监军相结，起出伍曰："若来大夫不肯受诏，从史请且句当此军。"监军曰："卢中丞若如此，此亦固合圣旨。"中使因探怀取诏以授之。从史捧诏，再拜舞蹈。希皓亟回挥同列，北面称贺。军士毕集，更无一言。秋，八月己未，诏以从史为节度使。

6 九月，太子始得风疾，不能言。

顺宗至德弘道大圣大安孝皇帝
永贞元年（乙酉，805）

1 春，正月辛未朔，诸王、亲戚入贺德宗，太子独以疾不能来，德宗涕泣悲叹，由是得疾，日益甚。凡二十馀日，中外不通，莫知两宫安否。

癸巳，德宗崩。苍猝召翰林学士郑絪、卫次公等至金銮殿草遗诏。宦官或曰："禁中议所立尚未定。"众莫敢对。次公遽言曰："太子虽有疾，地居冢嫡，中外属心。必不得已，犹应立广陵王；不然，必大乱。"絪等从而和之，议始定。次公，河东人也。太子知人情忧疑，紫衣麻鞋，力疾出九仙门，召见诸军使，人心粗安。

5　昭义节度使李长荣故去，德宗让中使带着亲笔诏书授给本军中的大将，只要是能让将士都归心的人，便可授给。当时，大将来希皓被大家所敬服，中使准备把亲笔诏书交付给他。来希皓在大家面前说："在这一军队中物色人选，当然是我来希皓了，但我不能担当节度使的职责。如果朝廷让一把草来担当节度使，我也一定会恭敬地事奉他的。"中使说："我当面接受圣上的旨意，只让从这一军队的大将中选拔节度使并授给旌节，朝廷没有另外任命别人。"来希皓坚决推辞。兵马使卢从史，在军中位居第四，暗中与监军相互结纳，这时他从队伍中站出来说："如果来大夫不愿意接受诏书，请让我姑且管理这支军队吧。"监军说："如果卢中丞这样去做，这当然也是符合圣上的意旨的。"于是中使从怀中拿出诏书，授给卢从史。卢从史捧着诏书，先后拜了两次，再向德宗遥遥朝拜。来希皓赶忙回去指挥同事，面向北方祝贺。将士全集合起来，再没有提出异议。秋季，八月己未(十七日)，德宗颁诏任命卢从史为节度使。

6　九月，太子开始身患中风，不能讲话。

顺宗至德弘道大圣大安孝皇帝
唐顺宗永贞元年(乙酉，公元 805 年)

1　春季，正月辛未朔(初一)，诸王、亲戚前来宫中向德宗祝贺，唯独太子因病不能到来，德宗流着眼泪，唉声叹气，从此患病，并一天比一天加重。大约二十多天，内宫与外廷断了消息，都不知道德宗与太子平安与否。

癸巳(二十三日)，德宗驾崩。人们匆匆忙忙地把翰林学士郑絪、卫次公等人叫到金銮殿，起草德宗的遗诏。有个宦官说："内廷计议册立谁人还没有确定呢。"大家都不敢答话。卫次公赶忙说："虽然太子身患疾病，但是身居嫡长的地位，为朝廷内外所归向。如果没有别的办法，也应该册立广陵王，否则，肯定要出大乱子。"郑絪等人也随声附和卫次公的意见，这才算议定下来。卫次公是河东人。太子知道人们的情绪还在担忧疑虑，便身着紫衣，足穿麻鞋，勉强支撑着有病的身体，走出九仙门，召见各军使，才使人心略微安定了一些。

甲午,宣遗诏于宣政殿,太子缞服见百官;丙申,即皇帝位于太极殿。卫士尚疑之,企足引领而望之,曰:"真太子也!"乃喜而泣。

时顺宗失音,不能决事,常居宫中施帘帷,独宦者李忠言、昭容牛氏侍左右;百官奏事,自帷中可其奏。自德宗大渐,王伾先入,称诏召王叔文,坐翰林中使决事。伾以叔文意入言于忠言,称诏行下,外初无知者。以杜佑摄冢宰。二月癸卯,上始朝百官于紫宸门。

2　己酉,加义武节度使张茂昭同平章事。

3　辛亥,以吏部郎中韦执谊为尚书左丞、同平章事。王叔文欲掌国政,首引执谊为相,己用事于中,与相唱和。

4　壬子,李师古发兵屯西境以胁滑州。时告哀使未至诸道,义成牙将有自长安还得遗诏者,节度使李元素以师古邻道,欲示无外,遣使密以遗诏示之。师古欲乘国丧侵噬邻境,乃集将士谓曰:"圣上万福,而元素忽传遗诏,是反也,宜击之。"遂杖元素使者,发兵屯曹州,且告假道于汴。宣武节度使韩弘使谓曰:"汝能越吾界而为盗邪?有以相待,无为空言!"元素告急,弘使谓曰:"吾在此,公安无恐。"或告:"蒭棘夷道,兵且至矣,请备之。"弘曰:"兵来,不除道也。"不为之应。师古诈穷变索,且闻上即位,乃罢兵。元素表请自贬,朝廷两慰解之。元素,泌之族弟也。

甲午(二十四日)，德宗的遗诏在宣政殿宣布了，太子穿着丧服，接见朝廷官员，丙申(二十六日)，太子在太极殿正式继承皇位。卫士们仍然怀疑登位的是不是太子，便踮着脚，伸着脖子，向殿上张望了一番，这才说："的确是真正的太子！"于是，卫士们高兴得哭了。

当时，顺宗无法讲话，不能处理朝中事务，经常住在宫中，周围挂着帘幕，只有宦官李忠言、牛昭容在顺宗身边侍奉，朝中官员奏请什么事情，顺宗便在帘幕中认可他们的奏请。自从德宗病情垂危以来，王伾率先进入内廷，声称有诏传召王叔文，让他坐在翰林院中处理朝中事务。王伾将王叔文的意图带进内廷，告诉李忠言，便声称诏书颁发下来，外界起初没有人知道这一内情。任命杜佑担任冢宰。二月癸卯(三日)，顺宗在紫宸门初次受朝中官员的朝见。

2　己酉(九日)，顺宗加封义武节度使张茂昭为同平章事。

3　辛亥(十一日)，顺宗任命吏部郎中韦执谊为尚书左丞、同平章事。王叔文打算执掌国家大政，便首先延引韦执谊出任宰相，自己在内廷当权，与他相互呼应。

4　壬子(十二日)，李师古派兵驻扎在本道的西部边境上，以便威胁滑州。当时，告哀使还没有来到各道，有个义成牙将从长安回来，得到了德宗的遗诏，义成节度使李元素觉得李师古是与自己相邻的州道，不把他当作外人看，便派遣使者秘密地把遗诏让他看了。李师古打算趁着德宗故去侵吞相邻州道的辖地，便集合将士，对他们说："圣上福缘无疆，李元素却忽然传布遗诏，这是造反啊，应当向他出击。"于是，李师古杖打李元素的使者，派兵前往曹州驻扎，准备告知汴州，借道攻打李元素。宣武节度使韩弘让人告诉他说："你能越过我的疆界去做盗贼吗？我专门在这里等着你，你不要说空话！"李元素向宣武告急，韩弘让人告诉他说："有我在这里，你尽管放心，不必恐慌。"有人说："李师古在铲除草棘、平整道路，他的兵马快要打过来了，请对他多加防备。"韩弘说："如果真是有军队开过来，就不去清除道路了。"韩弘并不对此作出反应，李师古的机谋诈变用尽了，加上听说顺宗已经即位，便停止用兵。李元素上表请求贬职，朝廷两次派人来宽慰他。李元素是李泌的本家弟兄。

吴少诚以牛皮鞋材遗师古,师古以盐资少诚,潜过宣武界,事觉。弘皆留,输之库,曰:"此于法不得以私相馈。"师古等皆惮之。

5　辛酉,诏数京兆尹道王实残暴掊敛之罪,贬通州长史。市井欢呼,皆袖瓦砾遮道伺之,实由间道获免。

6　壬戌,以殿中丞王伾为左散骑常侍,依前翰林待诏,苏州司功王叔文为起居舍人、翰林学士。

伾寝陋、吴语,上所褻狎;而叔文颇任事自许,微知文义,好言事,上以故稍敬之,不得如伾出入无阻。叔文入至翰林,而伾入至柿林院,见李忠言、牛昭容计事。大抵叔文依伾,伾依忠言,忠言依牛昭容,转相交结。每事先下翰林,使叔文可否,然后宣于中书,韦执谊承而行之。外党则韩泰、柳宗元等主采听外事。谋议唱和,日夜汲汲如狂,互相推奖,曰伊、曰周、曰管、曰葛,颀然自得,谓天下无人。荣辱进退,生于造次,惟其所欲,不拘程式。士大夫畏之,道路以目。素与往还者,相次拔擢,至一日除数人。其党或言曰,"某可为某官",不过一二日,辄已得之。于是叔文及其党十馀家之门,昼夜车马如市。客候见叔文、伾者,至宿其坊中饼肆、酒垆下,一人得千钱,乃容之。伾尤阘茸,专以纳贿为事,作大匮贮金帛,夫妇寝其上。

吴少诚将制作牛皮鞋的材料赠送给李师古,李师古用食盐资助吴少诚,在偷越宣武边界的时候,事情被察觉了。韩弘将他们运送的物品全部扣留,运进仓库,还说:"根据法令,这些东西是不允许私自互相赠送的。"李师古等人对他都心怀忌惮了。

　　5　辛酉(二十一日),顺宗颁诏历数京兆尹道王李实残忍暴虐地聚敛民财的罪行,将他贬为通州长史。街市中居民喜悦地呼喊着,都在袖中带着瓦砾,拦住道路,等候李实到来,李实由小道走开,才得以逃脱。

　　6　壬戌(二十二日),顺宗任命殿中丞王伾为左散骑常侍,依然如前充任翰林待诏,任命苏州司功王叔文为起居舍人、翰林学士。

　　王伾状貌丑陋,口操吴地方言,为顺宗所亲近宠幸;而王叔文颇以能办大事自我称道,稍稍懂得一些文辞大义,喜欢谈论朝中事务,顺宗因此而对他采取敬重的态度,不像王伾那样在内宫任意往来,通行无阻。王叔文进入翰林院,而王伾进入柿林院,得以与李忠言和牛昭容会面议事。大致说来,王叔文依赖王伾,王伾依赖李忠言,李忠言依赖牛昭容,几个人转相勾结。每遇一事,他们首先下达翰林院,让王叔文做出判断,然后向中书省宣布,由韦执谊承命奉行。他们在外廷的同党则有韩泰、柳宗元等人,主持搜集探听外界的事情。他们策划计议,相互应和,夜以继日,急切如狂,还互相推崇,说他们是伊尹,是周公,是管仲,是诸葛亮,豪壮得意,认为天下再没有别的人物。他们使荣宠与屈辱、晋升与贬斥发生于仓促之间,只要他们想要做什么,便可不受规程法式的约束。公卿百官对他们心怀畏惧,敢怒而不敢言。平素与他们有交往的人们,一个接着一个地被提拔升官,以至于一天以内便封拜好几个人。只要他们的同党中有人说"某人可以担任某官",过不了一两天,此人便已经得到这一职位。当此时,王叔文及其同党十多家的门前,昼夜车马往来,门庭若市。等候谒见王伾、王叔文的客人,以至于要在他们所住街坊的饼店酒家中过夜,饼店酒家收取每人一千钱,方肯收留为房客。王伾尤其猥琐卑下,专门以收受贿赂为能事,他制作了一个收藏金钱丝帛的大柜子,他们夫妇两人便在大柜子上就寝。

7　甲子，上御丹凤门，赦天下，诸色逋负，一切蠲免，常贡之外，悉罢进奉。贞元之末政事为人患者，如宫市、五坊小儿之类，悉罢之。

先是，五坊小儿张捕鸟雀于闾里者，皆为暴横以取人钱物，至有张罗网于门不许人出入者，或张井上使不得汲者，近之，辄曰："汝惊供奉鸟雀！"即痛殴之，出钱物求谢，乃去。或相聚饮食于酒食之肆，醉饱而去。卖者或不知，就索其直，多被殴詈；或时留蛇一囊为质，曰："此蛇所以致鸟雀而捕之者，今留付汝，幸善饲之，勿令饥渴。"卖者愧谢求哀，乃携挈而去。上在东宫，皆知其弊，故即位首禁之。

8　乙丑，罢盐铁使月进钱。先是，盐铁月进羡馀而经入益少；至是，罢之。

9　三月辛未，以王伾为翰林学士。

10　德宗之末，十年无赦，群臣以微过谴逐者皆不复叙用，至是始得量移。壬申，追忠州别驾陆贽、郴州别驾郑馀庆、杭州刺史韩皋、道州刺史阳城赴京师。

贽之秉政也，贬驾部员外郎李吉甫为明州长史，既而徙忠州刺史。贽昆弟门人咸以为忧，至而吉甫忻然以宰相礼事之。贽初犹惭惧，后遂为深交。吉甫，栖筠之子。韦皋在成都，屡上表请以贽自代。贽与阳城皆未闻追诏而卒。

7 甲子(二十四日),顺宗驾临丹凤门,大赦天下罪囚;对各种名目的租税拖欠,一律免除;在固定的贡品以外,停止所有的贡物进献。对贞元末年损害百姓利益的施政措施,如宫市和鹃、鹘、鹞、鹰、狗五坊给役一类,全部罢除。

在此之前,在民间张网捕捉鸟雀的五坊给役,尽做些暴虐豪横的事情,借以索取人们的钱财物品。他们中甚至有人把罗网张设在人家门口,不许人们出入,或者把罗网张设在水井上面,使人们无法汲水。如果有人走近前来,五坊给役便说:"你惊动了准备奉献朝廷的鸟雀!"当即狠狠殴打来人,直至来人拿出钱财物品来求情谢罪,才肯离开。有些五坊给役相互聚集在酒店中吃吃喝喝,吃饱喝醉才离去。有些卖主不知道他们的身份,当场向他们索取酒饭钱,于是往往被打骂一顿,有时或者会留下一袋蛇作为抵押品,还说:"这些蛇是用来捕捉鸟雀的,现在留交给你,最好妥善地饲养它们,别让它们挨饿受渴。"卖主愧悔道歉,苦苦哀求,五坊给役这才带着这袋蛇走开。顺宗在东宫当太子的时候,便完全知道这些弊病,所以即位后率先禁止五坊给役为恶。

8 乙丑(二十五日),顺宗免除盐铁使每月进献的月进钱。在此之前,盐铁使每月进献正税以外的杂税钱,但正常的经费收入却越来越少,至此,便将月进钱免除了。

9 三月辛未(初二),顺宗任命王伾为翰林学士。

10 德宗在位的末期,有十年时间没有发布过大赦的敕令,因微小过失被谪降斥逐的众多官员全都不能再按等级次第得以进用,至此,他们才得以量情升迁。壬申(初三),顺宗追召忠州别驾陆贽、郴州别驾郑馀庆、杭州刺史韩皋、道州刺史阳城前往京城。

陆贽执掌朝政的时候,将驾部员外郎李吉甫贬为明州长史,不久,又将他改任为忠州刺史。陆贽的兄弟和弟子们都为此担忧,陆贽来到忠州以后,李吉甫欣然以对待宰相的礼数事奉他。起初陆贽还感到惭愧和恐惧,后来便与李吉甫成了交情深厚的朋友。李吉甫是李栖筠的儿子。韦皋在成都,也屡次上表请求让陆贽来代替自己。但陆贽和阳城都在听到追召他们回京的诏书之前便故去了。

11　丙戌,加杜佑度支及诸道盐铁转运使。以浙西观察使李锜为镇海节度使,解其盐铁转运使。锜虽失利权而得节旄,故反谋亦未发。

12　戊子,名徐州军曰武宁,以张愔为节度使。

13　加彰义节度使吴少诚同平章事。

14　以王叔文为度支、盐铁转运副使。先是叔文与其党谋,得国赋在手,则可以结诸用事人,取军士心,以固其权。又惧骤使重权,人心不服,藉杜佑雅有会计之名,位重而务自全,易可制,故先令佑主其名,而自除为副以专之。叔文虽判两使,不以簿书为意,日夜与其党屏人窃语,人莫测其所为。

以御史中丞武元衡为左庶子。德宗之末,叔文之党多为御史,元衡薄其为人,待之莽卤。元衡为山陵仪仗使,刘禹锡求为判官,不许。叔文以元衡在风宪,欲使附己,使其党诱以权利,元衡不从,由是左迁。元衡,平一之孙也。

侍御史窦群奏屯田员外郎刘禹锡挟邪乱政,不宜在朝。又尝谒叔文,揖之曰:"事固有不可知者。"叔文曰:"何谓也?"群曰:"去岁李实怙恩挟贵,气盖一时,公当此时,逡巡路旁,乃江南一吏耳。今公一旦复据其地,安知路旁无如公者乎?"其党欲逐之,韦执谊以群素有强直名,止之。

11　丙戌(十七日),顺宗加封杜佑为度支使和诸道盐铁转运使。任命浙西观察使李锜为镇海节度使,解除他盐铁转运使的职务。李锜虽然失去了财政大权,但得到了节度使的旌节,所以他反叛朝廷的阴谋也就没有表露出来。

12　戊子(十九日),顺宗将徐州军命名为武宁军,任命张愔为武宁节度使。

13　顺宗加封彰义节度使吴少诚为同平章事。

14　顺宗任命王叔文为度支副使和盐铁转运副使。在此之前,王叔文与他的同党谋议,将国家的赋税收入抓到手中,就能够用此来交结各方面当权人物,争取得到将士的拥护,以便巩固他们手中的权力。他又担心骤然担任握有重大财权的使职,人们不能心悦诚服,便借着杜佑平素有善于管理财物的名声,地位尊显而务求保全自己,又为人平易,可以控制,所以首先让杜佑在名义上主持财政,而任命自己为副职,以便专擅财政。虽然王叔文兼任了度支与盐铁转运两项使职,但他并不把簿籍文书放在心上,而是日夜与他的同党在一起,屏退外人,私下密谈,他在干什么,人们都不得而知。

顺宗任命御史中丞武元衡为左庶子。德宗在位的末期,王叔文的同党多担任御史,武元衡鄙薄他们的为人,对待他们全不以为意。武元衡担任山陵仪仗使的时候,刘禹锡请求担任判官,武元衡没有答应。由于武元衡在御史台任职,王叔文打算让他依附自己,便让他的同党以权势与财利引诱他,武元衡不肯服从,因此便被降职。武元衡是武平一的孙子。

侍御史窦群奏陈屯田员外郎刘禹锡居心邪恶,扰乱朝政,不应当留在朝中任职。窦群又曾经谒见王叔文,向他拱手说道:"现在当然还有未见分晓的事情。"王叔文说:"你指的是什么事情?"窦群说:"去年李实倚仗着恩宠与尊贵的地位,他的气焰在一段时间里将大家都压倒了,你在当时,还在道路旁边犹豫徘徊,才不过是江南的一个小吏罢了。现在你一时又占据了他那样的地位,你怎么知道路旁没有像你当年那样的人物呢?"王叔文的同党打算将他斥逐到朝廷以外,韦执谊因窦群素有刚强耿直的名望,便制止了他们。

15 上疾久不愈,时扶御殿,群臣瞻望而已,莫有亲奏对者。中外危惧,思早立太子,而王叔文之党欲专大权,恶闻之。宦官俱文珍、刘光琦、薛盈珍皆先朝任使旧人,疾叔文、忠言等朋党专恣,乃启上召翰林学士郑絪、卫次公、李程、王涯入金銮殿,草立太子制。时牛昭容辈以广陵王淳英睿,恶之。絪不复请,书纸为"立嫡以长"字呈上;上颔之。癸巳,立淳为太子,更名纯。程,神符五世孙也。

16 贾耽以王叔文党用事,心恶之,称疾不出,屡乞骸骨。丁酉,诸宰相会食中书。故事,宰相方食,百寮无敢谒见者。叔文至中书,欲与执谊计事,令直省通之,直省以旧事告,叔文怒,叱直省。直省惧,入白。执谊逡巡惭赧,竟起迎叔文,就其阁语良久。杜佑、高郢、郑珣瑜皆停箸以待,有报者云:"叔文索饭,韦相公已与之同食阁中矣。"佑、郢心知不可,畏叔文、执谊,莫敢出言。珣瑜独叹曰:"吾岂可复居此位?"顾左右,取马径归,遂不起。二相皆天下重望,相次归卧,叔文、执谊益无所顾忌,远近大惧。

17 夏,四月壬寅,立皇弟谔为钦王,诚为珍王;子经为郯王,纬为均王,纵为溆王,纾为莒王,绸为密王、总为郇王,约为邵王,结为宋王,缃为集王,绿为冀王,绮为和王,绚为衡王,缯为会王,绾为福王,纮为抚王,绲为岳王,绅为袁王,纶为桂王,缂为翼王。

15　顺宗的疾病许久不能痊愈,只好不时让人扶着他登上大殿,会见群臣,群臣也只有从远处看一看皇上罢了,从没有亲自回答过皇上的提问。朝廷内外的官员们都感到忧惧不安,希望及早册立太子,然而,王叔文一党准备独揽大权,讨厌听到人们的这种议论。宦官俱文珍、刘光琦、薛盈珍都是前朝任用的旧臣,他们忌恨王叔文、李忠言等人树立朋党,专横恣肆,便启奏顺宗传召翰林学士郑絪、卫次公、李程、王涯等人前往金銮殿草拟册立太子的制书。当时,牛昭容一伙人因广陵王李淳英俊明达,便憎恶他。郑絪不再请示,在纸上写了"立嫡以长"几个字上呈顺宗,顺宗点了点头。癸巳(二十四日),册立李淳为太子,改名为李纯。李程是李神符的五世孙。

16　贾耽因王叔文一党当权,对他们心怀憎恶,便托称有病,不再出门,屡次请求退职。丁酉(二十八日),各位宰相在中书省共同进餐。根据惯例,宰相正在进餐的时候,不允许百官晋见宰相。王叔文来到中书省,打算跟韦执谊商量事情,便让中书省值班官吏去通知韦执谊。中书省值班官吏将旧典告诉了王叔文,王叔文怒气冲冲地呵斥他。值班官吏害怕了,便进入中书省向韦执谊禀报。韦执谊迟疑徘徊,面色羞红,但他还是起身出来迎接王叔文,到他办公的阁中交谈了好长时间。杜佑、高郢、郑珣瑜都放下筷子,等他回来。后来,有传信人前来报告说:"王叔文要饭,韦相公已经与他在阁中共同进餐了。"杜佑、高郢内心明白这样做是不对的,但畏惧王叔文、韦执谊,便不敢开口发言。唯独郑珣瑜叹息着说:"我岂能再在这个位子上呆下去?"他将身旁的人们看了一眼,牵出马来,径直回家,于是不再前来办事。贾耽、郑珣瑜两位宰相都是在天下负有崇高声望的人物,由于两人相继归隐退卧,王叔文、韦执谊愈加没有可顾虑与忌惮的了,而远近各地的人们却大为恐惧了。

17　夏季,四月壬寅(初三),顺宗册立弟弟李谓为钦王,李诚为珍王;册立儿子李经为郑王,李纬为均王,李纵为淑王,李纾为莒王,李绸为密王,李总为郇王,李约为邵王,李结为宋王,李缃为集王,李绿为冀王,李绮为和王,李绚为衡王,李缯为会王,李綰为福王,李纮为抚王,李绲为岳王,李绅为袁王,李纶为桂王,李缚为翼王。

18 乙巳,上御宣政殿,册太子。百官睹太子仪表,退,皆相贺,至有感泣者,中外大喜。而王叔文独有忧色,口不敢言,但吟杜甫题《诸葛亮祠堂》诗曰:"出师未捷身先死,长使英雄泪满襟。"闻者哂之。

先是,太常卿杜黄裳为裴延龄所恶,留滞台阁,十年不迁,及其婿韦执谊为相,始迁太常卿。黄裳劝执谊帅群臣请太子监国,执谊惊曰:"丈人甫得一官,奈何启口议禁中事?"黄裳勃然曰:"黄裳受恩三朝,岂得以一官相买乎?"拂衣起出。

戊申,以给事中陆淳为太子侍读,仍更名质。韦执谊自以专权,恐太子不悦,故以质为侍读,使潜伺太子意,且解之。及质发言,太子怒曰:"陛下令先生为寡人讲经义耳,何为预他事?"质惶惧而出。

19 五月辛未,以右金吾大将军范希朝为左右神策京西诸城镇行营节度使。甲戌,以度支郎中韩泰为其行军司马。王叔文自知为内外所憎疾,欲夺取宦官兵权以自固,藉希朝老将,使主其名,而实以泰专其事。人情不测其所为,益疑惧。

20 辛卯,以王叔文为户部侍郎,依前充度支、盐铁转运副使。俱文珍等恶其专权,削去翰林之职。叔文见制书,大惊,谓人曰:"叔文日时至此商量公事,若不得此院职事,则无因而至矣。"王伾即为疏请,不从。再疏,乃许三五日一入翰林,去学士名。叔文始惧。

18 乙巳(初六),顺宗驾临宣政殿,册封太子。官员们目睹太子仪表堂堂,退下来以后,纷纷互相庆贺,以至有人感动得哭泣了,朝廷内外都非常高兴。然而,唯独王叔文脸上带着忧虑的神色,口中又不敢说什么,只是吟诵杜甫所作《诸葛亮祠堂》诗道:"出师未捷身先死,长使英雄泪满襟。"听到他读诗的人们都讥笑他。

在此之前,太常卿杜黄裳遭到裴延龄的嫌恶,因而停留在侍御史的职位上,历时十年,不得升迁,及至他的女婿韦执谊出任宰相以后,才被提升为太常卿。杜黄裳劝说韦执谊率领群臣请求太子代理国政,韦执谊吃惊地说:"丈人刚刚得以进升官职,怎么能够开口就议论宫廷中的事情?"杜黄裳气得脸色都变了,他说:"我蒙受肃宗、代宗、德宗三朝的恩典,难道能够凭着升迁一个官职就把我收买了吗?"于是,杜黄裳生气地用手撩起衣裳,起身离去。

戊申(初九),顺宗任命给事中陆淳为太子侍读,还给他改名为陆质。韦执谊认为自己独揽大权,唯恐太子心中不快,所以使陆质出任侍读,让他暗中察看太子的意向,而且就便向他解释。及至陆质谈这方面的内容时,太子生气地说:"陛下命令先生为寡人讲解经书义理而已,为什么要把别的事情拉扯进来?"陆质只好惶恐地走出去了。

19 五月辛未(初三),顺宗任命右金吾大将军范希朝为左右神策、京西诸城镇行营节度使。甲戌(初六),任命度支郎中韩泰为范希朝的行军司马。王叔文知道自己被朝廷内外的官员们所憎恶忌恨,打算争取宦官手中的兵权来巩固自己的地位,借着范希朝作为朝中老将的声望,让他在名义上主持军事,但实际上是让韩泰专擅兵权。人们猜不出他们要做些什么,愈加疑惑恐惧。

20 辛卯(二十三日),顺宗任命王叔文为户部侍郎,依然如前充任度支副使和盐铁转运副使。俱文珍等人憎恶王叔文独揽大权,设法免除了他翰林学士的职务。王叔文看到制书以后,大为震惊,他对别人说:"我每天按时到这里来商量公务,如果不能够在翰林院担任职务,就没有到这里来的理由了。"王伾当即替王叔文上疏请求保留学士职务,顺宗不肯听从。王伾再次上疏,顺宗才允许王叔文隔三五天到翰林院来一次,但仍免除翰林学士的职称。王叔文开始恐惧了。

21 六月己亥，贬宣歙巡官羊士谔为汀州宁化尉。士谔以公事至长安，遇叔文用事，公言其非。叔文闻之，怒，欲下诏斩之，执谊不可；则令杖杀之，执谊又以为不可；遂贬焉。由是叔文始大恶执谊，往来二人门下者皆惧。

先时，刘辟以剑南支度副使将韦皋之意于叔文，求都领剑南三川，谓叔文曰："太尉使辟致微诚于公，若与某三川，当以死相助；若不与，亦当有以相酬。"叔文怒，亦将斩之，执谊固执不可。辟尚游长安未去，闻贬士谔，遂逃归。执谊初为叔文所引用，深附之，既得位，欲掩其迹，且迫于公议，故时时为异同；辄使人谢叔文曰："非敢负约，乃欲曲成兄事耳！"叔文诟怒，不之信，遂成仇怨。

22 癸丑，韦皋上表，以为："陛下哀毁成疾，重劳万机，故久而未安。请权令皇太子亲监庶政，候皇躬痊愈，复归春宫。臣位兼将相，今之所陈，乃其职分。"又上太子笺，以为："圣上远法高宗，亮阴不言，委政臣下，而所付非人。王叔文、王伾、李忠言之徒，辄当重任，赏罚任情，堕纪紊纲。散府库之积以赂权门；树置心腹，遍于贵位；潜结左右，忧在萧墙。窃恐倾太宗盛业，危殿下家邦，愿殿下即日奏闻，斥逐群小，使政出人主，则四方获安。"

21　六月己亥(初二),顺宗将宣歙巡官羊士谔贬为汀州宁化县尉。羊士谔因公务来到长安,适逢王叔文当权,便公开谈论他的错误。王叔文得知这一消息以后,非常生气,打算发布诏书,将他斩杀,韦执谊不肯同意;王叔文又打算用杖刑将他打死,韦执谊认为也不能这样做;于是将羊士谔以贬官论处。自此,王叔文开始非常嫌恶韦执谊,在他们二人门下往来的人们都恐惧起来了。

不久前,剑南支度副使刘闢把韦皋的意图转达给王叔文,要求统领剑南三川,刘闢对王叔文说:"韦太尉让我向您致以卑微的诚意,他说倘若您把三川交给韦某管辖,韦某自当不惜一死,尽力帮助您;倘若您不肯把三川交给韦某管辖,韦某也自会有办法向您回报。"王叔文生气了,又打算将刘闢斩杀,韦执谊坚决不肯同意。在刘闢游览长安,还没有离去的时候,听说王叔文将羊士谔贬斥了,便逃回剑南。韦执谊当初被王叔文延引重用的时候,是深深依附王叔文的,在取得宰相地位以后,韦执谊打算遮掩以往的行迹,而且经受着公众舆论的压力,所以时常做出一些与王叔文意见相左的事情,事后他总是让人向王叔文道歉说:"我并不敢违背约定,这是打算多方设法成就老兄的事情罢了!"王叔文怒气冲冲地骂了起来,全不相信韦执谊的话,于是两个人便结下了怨仇。

22　癸丑(十六日),韦皋进献表章认为:"陛下因哀痛亲人谢世而身染疾病,每天又为处理纷纭繁重的政务而加重了烦劳,所以过了这么长的时间,身体还没有康复。请陛下暂时让皇太子亲自监理各项政务,等陛下的身体痊愈以后,再让皇太子回返东宫。我一身兼有大将与宰相的职务,现在我所奏陈的事情,正是我职守以内应尽的本分。"韦皋又向太子进献笺书认为:"圣上遥遥效法高宗皇帝,居丧而不肯发言,将朝廷大政交托给臣下,但是所交托的人选并不适当。王叔文、王伾、李忠言一类人,独自担当着重大的职任,实行奖赏与惩罚,全听凭自己的私情,败坏并扰乱了朝廷的法度。他们动用国库的积蓄,以便贿赂执政的权臣;他们扶植安插亲信人员,遍及各个显贵的职位;他们暗中结纳圣上的侍从人员,使忧患蕴含在宫室的门屏之内。我私下里担心他们会倾覆太宗皇帝创下的盛美基业,会危害殿下的家国,希望殿下即日奏报圣上闻知,将这一群小人驱逐出去,使朝政掌握在人主手中,各地臣民便会获得安宁了。"

皋自恃重臣,远处西蜀,度王叔文不能动摇,遂极言其奸。俄而荆南节度使裴均、河东节度使严绶笺表继至,意与皋同,中外皆倚以为援,而邪党震惧。均,光庭之曾孙也。

23　王叔文既以范希朝、韩泰主京西神策军,诸宦者尚未寤。会边上诸将各以状辞中尉,且言方属希朝。宦者始寤兵柄为叔文等所夺,乃大怒曰:"从其谋,吾属必死其手。"密令其使归告诸将曰:"无以兵属人。"希朝至奉天,诸将无至者。韩泰驰归白之,叔文计无所出,唯曰:"奈何!奈何!"无几,其母病甚。丙辰,叔文盛具酒馔,与诸学士及李忠言、俱文珍、刘光琦等饮于翰林。叔文言曰:"叔文母病,以身任国事之故,不得亲医药,今将求假归侍。叔文比竭心力,不避危难,皆为朝廷之恩。一旦去归,百谤交至,谁肯见察以一言相助乎?"文珍随其语辄折之,叔文不能对,但引满相劝,酒数行而罢。丁巳,叔文以母丧去位。

24　秋,七月丙子,加李师古检校侍中。

25　王叔文既有母丧,韦执谊益不用其语。叔文怒,与其党日夜谋起复,必先斩执谊而尽诛不附己者,闻者恟惧。

自叔文归第,王伾失据,日诣宦官及杜佑请起叔文为相,且总北军。既不获,则请以为威远军使、平章事,又不得。其党皆忧悸不自保。是日,伾坐翰林中,疏三上,不报,知事不济,行且卧。至夜,

韦皋倚仗着自己是身居要职的大臣,又在遥远的西蜀地区任职,估量着王叔文不能动摇他的地位,于是尽情说出王叔文的奸邪。不久,荆南节度使裴均、河东节度使严绶给顺宗的表章和给太子的笺书相继送到,所讲的意思与韦皋相同,朝廷内外的官员们都倚赖他们作为外援,而邪恶的党人们却震惊恐惧了。裴均是裴光庭的曾孙。

23 王叔文使范希朝、韩泰主持京西神策军以后,诸宦官仍然没有明白其中的道理。适逢边疆各将领各自呈送书状向中尉陈辞,而且提到他们刚刚归属范希朝统辖。宦官们开始明白兵权已经被王叔文等人夺走,于是大为恼怒地说:"如果按照他们的计谋干下去,我们这些人肯定要死在他们手里。"于是秘密命令各边防来使回去禀告各将领说:"不要将军队归属别人。"范希朝来到奉天的时候,各将领没有前来的。韩泰骑马回来报告了这一情况,王叔文无计可施,只是说:"这可怎么办?这可怎么办?"没过多久,王叔文的母亲病情严重。丙辰(十九日),王叔文备办了丰盛的酒食,与各位翰林学士和李忠言、俱文珍、刘光琦等人在翰林院饮酒,王叔文发话说道:"我的母亲有病,过去因我承担着国家政务的缘故,无法亲自为母亲求医访药,现在我准备请假回家侍奉母亲。近来我竭尽心力,不避危险艰难,这都是为了报答朝廷的恩典。我一旦离开朝廷,返回家乡去,各种诽谤纷至沓来,谁肯体察我的隐衷,说一句话帮助我呢?"俱文珍总是随着王叔文的话抢白他,王叔文无法对答,只好斟满了酒劝大家喝,酒过数巡,便散了宴席。丁巳(二十日),王叔文因母亲故世而免除了官位。

24 秋季,七月丙子(初九),顺宗加封李师古为检校侍中。

25 王叔文为母亲服丧以后,韦执谊益发不肯采用他的意见了。王叔文大怒,与他的同党日夜图谋再被起用,并一定要首先斩杀韦执谊,把不肯附和自己的人们全部诛灭,听说此事的人们都震恐不安了。

自从王叔文回家以后,王伾失去着落,便天天到宦官和杜佑那里请求起用王叔文担任宰相,并且统领北军。既然没有得到认可,他便请求任命王叔文为威远军使、平章事,但是又没有得到认可。他的同党都忧恐惊悸,感到难以自保了。这一天,王伾坐在翰林院中,接连三次上疏,全不见回复,知道难以成事,坐卧不宁。到了夜间,

忽叫曰："伾中风矣!"明日,遂舆归不出。己丑,以仓部郎中、判度支案陈谏为河中少尹;伾、叔文之党至是始去。

26　癸巳,横海军节度使程怀信薨,以其子副使执恭为留后。

27　乙未,制以"积痪未复,其军国政事,权令皇太子纯句当"。时内外共疾王叔文党与专恣,上亦恶之。俱文珍屡启上请令太子监国,上固厌倦万机,遂许之。又以太常卿杜黄裳为门下侍郎,左金吾大将军袁滋为中书侍郎,并同平章事。俱文珍等以其旧臣,故引用之。又以郑珣瑜为吏部尚书,高郢为刑部尚书,并罢政事。太子见百官于东朝堂,百官拜贺;太子涕泣,不答拜。

八月庚子,制"令太子即皇帝位,朕称太上皇,制敕称诰"。

辛丑,太上皇徙居兴庆宫,诰改元永贞,立良娣王氏为太上皇后。后,宪宗之母也。

壬寅,贬王伾开州司马,王叔文渝州司户。伾寻病死贬所。明年,赐叔文死。

乙巳,宪宗即位于宣政殿。

28　丙午,升平公主献女口五十。上曰:"上皇不受献,朕何敢违?"遂却之。庚戌,荆南献毛龟二,上曰:"朕所宝惟贤。嘉禾、神芝,皆虚美耳,所以《春秋》不书祥瑞。自今凡有嘉瑞,但准令申有司,勿复以闻。及珍禽奇兽,皆毋得献。"

29　癸丑,西川节度使南康忠武王韦皋薨。皋在蜀二十一年,重加赋敛,丰贡献以结主恩,厚给赐以抚士卒,

王伾忽然大叫道："我中风啦!"第二天,他被抬回家中,于是再也不曾走出家门。己丑(二十二日),顺宗任命仓部郎中、判度支案陈谏为河中少尹。至此,王伾、王叔文的同党开始从朝中被斥逐出去了。

26　癸巳(二十六日),横海军节度使程怀信故去,顺宗任命他的儿子节度副使程执恭为留后。

27　乙未(二十八日),顺宗颁布制书称:"由于朕旧病在身,未能康复,军务与国政中的一切施政要务,暂时命令皇太子李纯代为办理。"当时,朝廷内外的官员们都痛恨王叔文的党羽肆意专断,顺宗也憎恶他们。俱文珍屡次启奏顺宗,请求命令皇太子监理国政,顺宗本来对处理日常的纷繁政务就感到厌倦了,于是同意了俱文珍的请求。又任命太常卿杜黄裳为门下侍郎,任命左金吾大将军袁滋为中书侍郎,二人一并同平章事。俱文珍等人认为他们是朝廷的老臣,所以延引起用了他们。还任命郑珣瑜为吏部尚书,任命高郢为刑部尚书,一并免去二人的宰相职务。太子在东朝堂会见百官,百官行礼祝贺,太子哭得泪流满面,没有向百官答礼。

八月庚子(初四),顺宗颁布制书称:"命令太子即帝位,朕号称太上皇,朕颁布的制书敕令称作诰。"

辛丑(初五),太上皇迁移到兴庆宫居住,颁布诰命,改年号为永贞,将良娣王氏立为太上皇后。太上皇后是宪宗的母亲。

壬寅(初六),将王伾贬为开州司马,将王叔文贬为渝州司户。不久,王伾在贬地病死。第二年,宪宗赐王叔文自裁而死。

乙巳(初九),宪宗在宣政殿即位。

28　丙午(初十),升平公主进献女子五十人。宪宗说:"太上皇不接受进献,朕怎么敢违背他呢?"于是,将进献的女子推却了。庚戌(十四日),荆南进献两只毛龟,宪宗说:"朕只把贤人当作宝物,嘉禾、神芝一类,都是徒有美名罢了,所以《春秋》才不肯记载祥征瑞兆。从今以后,凡是发现吉庆祥瑞之物,只允许依照令式申报有关部门,不需要再行奏朕闻知。至于珍奇的禽兽,一概不许进献。"

29　癸丑(十七日),西川节度使南康忠武王韦皋故去。韦皋在蜀中任职二十一年,对百姓征收繁重的赋税,通过进献丰美的贡物,来维系主上的恩典,靠着发放优厚的军饷来安抚部下的将士,

士卒婚嫁死丧，皆供其资费，以是得久安其位而士卒乐为之用，服南诏，摧吐蕃。幕僚岁久官崇者则为刺史，已复还幕府，终不使还朝，恐泄其所为故也。府库既实，时宽其民，三年一复租赋，蜀人服其智谋而畏其威，至今画像以为土神，家家祀之。

支度副使刘阐自为留后。

30　朗州武陵、龙阳江涨，流万馀家。

31　壬午，奉义节度使伊慎入朝。

32　辛卯，夏绥节度使韩全义入朝。全义败于溵水而还，不朝觐而去，上在藩邸，闻其事而恶之；全义惧，乃请入朝。

33　刘阐使诸将表求节钺，朝廷不许；己未，以袁滋为剑南东西川、山南西道安抚大使。

34　度支奏裴延龄所置别库，皆减正库之物别贮之。请并归正库，从之。

35　辛酉，遣度支、盐铁转运副使潘孟阳宣慰江、淮，行视租赋、榷税利害，因察官吏否臧，百姓疾苦。

36　癸亥，以尚书左丞郑馀庆同平章事。

37　九月戊辰，礼仪使奏："曾太皇太后沈氏岁月滋深，迎访理绝。按晋庾蔚之议，寻求三年之外，俟中寿而服之。伏请以大行皇帝启攒宫日，皇帝帅百官举哀，即以其日为忌。"从之。

遇到将士婚配丧葬的时候,一概供给他们所需的费用,所以他能够长期任职,安然无恙,而将士们也愿意为他效力,终于得以慑服南诏,挫败吐蕃。对于在幕府供事多年、官位已高的僚属,韦皋便让他们出任刺史,当他们任职期满以后,便让他们重返幕府,到底不肯让他们回朝供职,这是因为韦皋担心他们将自己的所作所为泄露出来的原故。在军府的库存充实起来以后,韦皋还时常缓解治下百姓的负担,每隔三年,便实行一次赋税豁免,蜀地的人们佩服他的才智与权谋,同时又畏惧他的威严,时至今日,人们还在供奉他的画像,把他当作土神,家家户户都祭祀他。

支度副使刘闢自命为西川留后。

30 朗州的武陵县和龙阳县境内沅江水暴涨,淹没一万多户人家。

31 壬午,奉义节度使伊慎入京朝见。

32 辛卯,夏绥节度使韩全义入京朝见。韩全义在溵水战败后返回京城,没有朝见便离开了。宪宗在王府生活的时候,得知此事而憎恶韩全义,韩全义害怕了,便请求入京朝见。

33 刘闢指使诸将领上表请求任命自己为节度使,朝廷不肯答应,己未(二十三日),宪宗任命袁滋为剑南东西川、山南西道安抚大使。

34 度支奏称,裴延龄设置的别库,一概是减少正库的物品,移至别库,分别储存,请求将别库的物品一并归还正库,宪宗听从了这一建议。

35 辛酉(二十五日),宪宗派遣度支、盐铁转运副使潘孟阳前去安抚江淮地区,巡视租赋、各项物品专卖和税收的利弊,就便视察官吏的为政得失和百姓的疾苦。

36 癸亥(二十七日),宪宗任命尚书左丞郑馀庆为同平章事。

37 九月戊辰(初二),礼仪使上奏说:"曾太皇太后沈氏失踪年深月久,在情理上说,已经没有继续访求迎接的必要。根据晋朝庾蔚之的说法,倘若寻找亲人已经超过三年仍未找到,便可以等到他八十岁诞辰的时候,为他服丧。请在为大行皇帝开启攒宫下葬的日子,由圣上率领百官致哀,就以这一天作为曾太皇太后沈氏的忌日。"宪宗听从了这一建议。

38　壬申,监修国史韦执谊奏,始令史官撰《日历》。

39　己卯,贬神策行军司马韩泰为抚州刺史,司封郎中韩晔为池州刺史,礼部员外郎柳宗元为邵州刺史,屯田员外郎刘禹锡为连州刺史。

40　冬,十月丁酉,右仆射、同平章事贾耽薨。

41　戊戌,以中书侍郎、同平章事袁滋同平章事,充西川节度使;征刘辟为给事中。

42　舒王谊薨。

43　太常议曾太皇太后谥曰睿真皇后。

44　山人罗令则自长安如普润,矫称太上皇诰,征兵于秦州刺史刘澭,且说澭以废立。澭执送长安,并其党杖杀之。

45　己酉,葬神武孝文皇帝于崇陵,庙号德宗。

46　十一月己巳,祔睿真皇后、德宗皇帝主于太庙。礼仪使杜黄裳等议,以为:"国家法周制,太祖犹后稷,高祖犹文王,太宗犹武王,皆不迁。高宗在三昭三穆之外,请迁主于西夹室。"从之。

47　壬申,贬中书侍郎、同平章事韦执谊为崖州司马。执谊以尝与王叔文异同,且杜黄裳婿,故独后贬。然叔文败,执谊亦自失形势,知祸将至,虽尚为相,常不自得,奄奄无气,闻人行声,辄惶悸失色,以至于贬。

48　戊寅,以韩全义为太子少保,致仕。

49　刘辟不受征,阻兵自守;袁滋畏其强,不敢进。上怒,贬滋为吉州刺史。

50　复以右庶子武元衡为御史中丞。

38 壬申（初六），监修国史韦执谊奏称，开始命令史官修撰《日历》。

39 己卯（十三日），宪宗将神策行军司马韩泰贬为抚州刺史，将司封郎中韩晔贬为池州刺史，将礼部员外郎柳宗元贬为邵州刺史，将屯田员外郎刘禹锡贬为连州刺史。

40 冬季，十月丁酉（初二），右仆射、同平章事贾耽故去。

41 戊戌（初三），宪宗任命中书侍郎、同平章事袁滋为同平章事，充任西川节度使，征召刘闢为给事中。

42 舒王李谊故去。

43 太常寺计议将曾太皇太后沈氏的谥号称作睿真皇后。

44 山人罗令则从长安前往普润，诈称太上皇颁布诰命，向秦州刺史刘澭征调兵马，而且劝说刘澭再行废立。刘澭将罗令则捉送长安，朝廷将罗令则连同他的同伙一并以杖刑处死。

45 己酉（十三日），宪宗将神武孝文皇帝在崇陵安葬，庙号称作德宗。

46 十一月己巳（初四），宪宗将睿真皇后与德宗皇帝的神主奉入太庙，举行祔祭。礼仪使杜黄裳等人经过计议，主张："国家效法周朝的制度，太祖犹如后稷，高祖犹如周文王，太宗犹如周武王，他们的神主一律不宜迁移。高宗列在三昭三穆以外，所以请将高宗的神主迁移到西夹室中去。"宪宗听从了这一建议。

47 壬申（初七），宪宗将中书侍郎、同平章事韦执谊贬为崖州司马。由于韦执谊曾经与王叔文意见分歧，而且又是杜黄裳的女婿，所以只有他在最后才遭贬斥。然而，在王叔文失败以后，韦执谊也失去了原来的权力与地位，他知道祸事即将来临，尽管仍然担任着宰相的职务，但是经常心不自安，变得气息奄奄，就是听到行人的脚步声，都会惊惶失色，直到被贬，都是这个样子。

48 戊寅（十三日），宪宗任命韩全义为太子少保，退休归居。

49 刘闢不肯接受征召，拥兵自守。袁滋害怕刘闢强悍难制，不敢前去。宪宗生气了，便将袁滋贬为吉州刺史。

50 宪宗将右庶子武元衡重新任命为御史中丞。

51 朝议谓王叔文之党或自员外郎出为刺史,贬之太轻;己卯,再贬韩泰为虔州司马,韩晔为饶州司马,柳宗元为永州司马,刘禹锡为朗州司马。又贬河中少尹陈谏为台州司马,和州刺史凌准为连州司马,岳州刺史程异为郴州司马。

52 回鹘怀信可汗卒,遣鸿胪少卿孙杲临吊,册其嗣为腾里野合俱录毗伽可汗。

53 十二月甲辰,加山南东道节度使于頔同平章事。

54 以奉义节度使伊慎为右仆射。

55 己酉,以给事中刘阐为西川节度副使、知节度事。上以初嗣位,力未能讨故也。右谏议大夫韦丹上疏,以为:"今释阐不诛,则朝廷可以指臂而使者,惟两京耳。此外谁不为叛!"上善其言。壬子,以丹为东川节度使。丹,津之五世孙也。

56 辛酉,百官请上上皇尊号曰应乾圣寿太上皇;上尊号曰文武大圣孝德皇帝。上许上上皇尊号而自辞不受。

57 壬戌,以翰林学士郑絪为中书侍郎、同平章事。

58 以刑部郎中杜兼为苏州刺史。兼辞行,上书称李锜且反,必奏族臣;上然之,留为吏部郎中。

51　朝廷大臣经过计议认为,王叔文一党中有人由员外郎出任刺史,对他们贬责太轻,己卯(十四日),宪宗再次将韩泰贬为虔州司马,将韩晔贬为饶州司马,将柳宗元贬为永州司马,将刘禹锡贬为郎州司马。还将河中少尹陈谏贬为台州司马,将和州刺史凌准贬为连州司马,将岳州刺史程异贬为郴州司马。

52　回鹘怀信可汗故去,宪宗派遣鸿胪少卿孙杲前往吊唁,将怀信可汗的后嗣册立为腾里野合俱录毗伽可汗。

53　十二月甲辰(初九),宪宗加封山南东道节度使于頔为同平章事。

54　任命奉义节度使伊慎为右仆射。

55　己酉(十四日),任命给事中刘闢为西川节度副使、知节度使事,这是由于宪宗认为自己刚刚继位,没有足够的力量去讨伐他的缘故。右谏议大夫韦丹上疏主张:"如今开释了刘闢的死罪,朝廷可以挥臂指使的地区,便只有东西两京了。在两京以外,还有谁不想背叛朝廷呢?"宪宗很重视韦丹的意见。壬子(十七日),宪宗任命韦丹为东川节度使。韦丹是韦津的五世孙。

56　辛酉(二十六日),百官请求给太上皇进献尊号,称作应乾圣寿太上皇,给宪宗进献尊号,称作文武大圣孝德皇帝。宪宗允许给太上皇进献尊号,但对自己的尊号却推辞不受。

57　壬戌(二十七日),宪宗任命翰林学士郑细为中书侍郎、同平章事。

58　宪宗任命刑部郎中杜兼为苏州刺史。杜兼辞别赴任的时候,上书声称李锜将要造反,必定要奏请将他的家族诛灭,宪宗同意杜兼的看法,将他留任为吏部郎中。